Reihe: Unerwünschte Bücher zur Kirchengeschichte Nr. 1

AHRIMAN-Verlag

Unser Programm ist die

Wiederkehr des Verdrängten

Ketzer – Hexen – Inquisitoren

Alonso Berruguete: Der Hl. Domenicus verbrennt mehrere Ketzer.
(Madrid, Prado)

J. R. Grigulevič

Ketzer – Hexen – Inquisitoren

Herausgegeben und eingeleitet
von Fritz Erik Hoevels

Inhalt

Vorwort zur 2. Auflage

Bedenkt man die erheblichen Betriebsbehinderungen, denen alle Publikationen dieses Verlags andernfalls unverlegter Bücher ausgesetzt sind, die mehr als absurden, doch wohlorganisierten Verleumdungen, die gewisse Kreise an der Quelle der Staatsmacht über ihn im Buchhandel ausstreuen, seit es ihm fast geglückt war, die von sehr langer Hand und höchster Stelle vorbereitete Verleihung des »Friedenspreises des Deutschen Buchhandels« an die vatikannahe proiranische Propagandistin, d.h. Klerikalfaschismus-Verteidigerin Annemarie Schimmel zu verhindern, so wirkt es fast wie ein Wunder, daß dieses wertvolle Buch über die vielleicht verbrecherischste Organisation der Weltgeschichte in zweiter Auflage erscheinen kann. Nicht nur Götter also, sondern auch menschliche Anstrengung und Fleiß können Wunder vollbringen.

Die Bedeutung Grigulevičs liegt nicht nur darin, daß sein Buch die wohl beste Informationsquelle über seinen Gegenstand für wissensdurstige Leser liefert, die in dieser gedrängten Form zu haben ist – alle anderen Werke zum Gegenstand sind entweder weniger umfassend im Ansatz oder bedeutend umfangreicher, so daß sie kaum zur Orientierung in einem Zuge dienen können; daneben gibt es natürlich noch viele Werke zu diesem meist unerwünschten historischen Gegenstand, deren Wert durch apologetische Tendenz verringert wird – möge der Leser selber vergleichen und urteilen! Denn der zweite Vorteil, den ein so übersichtliches Werk über die Inquisition liefert, besteht daraus, eine gute Grundlage für Strukturvergleiche mit kurzlebigeren, aber aktuelleren verbrecherischen Organisationen bereitzustellen, denen der weltliche Arm zur Verfügung stand (falls man sie nicht einfach mit ihm gleichsetzen will), so beispielsweise aus der Zeit des Stalinismus. Wer etwa die deprimierenden, aber vorzüglichen Bücher Wadim S. Rogowins über diese Zeit staatsgedeckter Massenkriminalität durcharbeitet, wird bemerken, wie sehr die aus diesem Buch gewinnbaren Erkenntnisse die aus jenen Büchern gewinnbaren erhellen können – und umgekehrt. Auch die nicht nur bedrohlich, sondern oberflächlich betrachtet fast geisteskrank wirkende Sektenhetze unserer Gegenwart, initiiert und entscheidend getragen von Kirchenfunktionären der privilegierten Konfessionen, läßt sich auf der Grundlage solcherart gewonnener historischer Kenntnis viel besser verstehen.

Es ist interessant, daß die Reaktionen von Kirchenvertretern auf die erste Auflage dieses Buches entweder aus aberwitzigen Verleumdungen seines Autors bestanden – dieser, der zu Trotzkis Lebzeiten nie einen Fuß auf mexikanischen Boden gesetzt hat, soll »glaubwürdigen Informationen aus Rußland zufolge«, über deren Inhalt und Quelle wir natürlich kein Sterbenswörtchen erfahren, an dessen Ermordung beteiligt gewesen sein, ferner, auch für einen russischen Lehrstuhlinhaber für mittelalterliche Geschichte eine immerhin etwas zeitraubende Nebentätigkeit, KGB-Agent gewesen sein, phantasiert ein katholischer Geschichtsprofessor[1] – oder aber, das Buch ohne weitere Argumentation als »überflüssig« bezeichnen, da es keine »neuen Forschungsergebnisse« enthalte[2]. Nun dürfte es nach Auswertung des allergrößten Teils der zugänglichen Quellen in den letzten rund zweihundert Jahren sehr schwierig sein, durch neu gewonnene Informationen diesem Ergebnis allzuviel Neues hinzuzufügen – **aber ist denn überhaupt irgend etwas hinzugekommen**, das das längst ermittelte Bild nennenswert oder auch nur überhaupt modifizieren könnte? Die Kirchenvertreter wissen keine einzige zu nennen, ebensowenig, wie sie auch nur eine einzige Aussage des Buches in Zweifel ziehen – und das heißt doch wohl, daß das auch sachlich nicht möglich ist, denn sonst hätten sie es sicherlich versucht. Die »neue Forschung« entpuppt sich jedesmal, wenn man ihr auf den Grund geht – nehmen wir etwa das unter diesem Stichwort offiziell hochgepriesene, in der Sache grotesk naive Buch von Andreas Beck ›Der Untergang der Templer‹ (Herder-Verlag, spektrum 4575) –, als bloße apologetische Úmschreibung der Geschichte im Rahmen der seit dreißig Jahren laufenden, mit dem Untergang des Ostblocks galoppierend voranschreitenden prokirchlichen Restauration.

Alle Úmschreibungen der Geschichte werden durch historische Kenntnisse und historisches Verständnis behindert, ebenso wie neues Unrecht, welches durch sie erleichtert werden soll. Möge dieses Buch seinen Lesern helfen können, selber zu Sandkörnchen statt Öltropfen in der historischen Unrechtsmaschine zu werden!

Fritz Erik Hoevels

[1]Historische Zeitschrift Band 263 (1996), p. 767.

[2]Revue d'Histoire Ecclesiastique 1997, Kath. Univ. Löwen (Louvain), p. 302. Gemeint sind nach 1980 erschienene Titel, da 1980 die letzte Bearbeitung des vorliegenden Buches stattfand (dessen Autor bald danach verstorben ist).

Vorwort

Sehr früh, schon als ich noch zur Grundschule ging, hatte ich begonnen, mir alle möglichen Informationen über die Verfolgung von Ketzern, Juden und Hexen zu beschaffen, las unermüdlich jedes erreichbare Buch über die Inquisition (oder die wieder an sie anknüpfenden KZ-Greuel der neueren, durch die nachlassende Wirkung der französischen Aufklärung auf höherer Stufe der Technik wieder zum Mittelalter zurücksinkenden Zeit); Ausgangspunkt war die farbige Illustration eines Grimmschen Märchens gewesen, die mich noch vor meiner Einschulung tief beeindruckt hat: auf dem schon angezündeten Scheiterhaufen steht die Heldin der Geschichte – bald wird sie auf wundersame Weise errettet werden, aber das geschieht leider häufiger im Märchen als auf echten Scheiterhaufen oder in echten Gaskammern –, und davor sitzen auf erhöhten Plätzen, irgendwie von einer größeren Volksmenge umgeben, der an seiner Krone kenntliche König und ein ebenfalls an seiner Kopfbedeckung und Kleidung erkennbarer Bischof. Ein heutiges Märchenbuch hätte gewiß den »Fehler« vermieden, einem Kind das Wesen des Mittelalters so bildhaft und treffend vor Augen zu führen, aber dieses stammte noch aus dem letzten Jahrhundert – und die Spur war gelegt. Die spätestens mit fünf Jahren aufgeschnappte, ziemlich treffende Erzählung vom Ende Savonarolas, das mir damals so ungerecht vorkam wie seither, tat ein übriges, um meine Neugier mit Zähigkeit zu paaren; ich merkte allmählich und zu meinem großen Schrecken, daß das Mittelalter auch in der Gegenwart keineswegs so tot war – noch dies jemals gewesen war –, wie die offizielle Darstellung und das allgemeine Gerede einem weismachen wollen, erkannte in den etwa in der Pubertät unter den Schülern ausbrechenden, unter wechselnden Namen geführten, aber immer strukturgleichen Empiriokritizismusdebatten und dem auch von einem Teil der Lehrer getragenen, ansonsten aus jeder geeigneten Pore von Schulbüchern, Zeitungen und anderen Medien ausdünstenden Genörgel an Wissenschaft und Wissenschaftlichkeit, »bloßer« Vernunftargumentation u. ä. die wohlvertraute Stimme, die nur ein wenig geliftete Fresse der inzwischen ganz gut bekannten mittelalterlichen Inquisitoren und ihrer kirchenväterlichen Vorläufer wieder – und hatte begriffen, daß für die Existenz eines wirklich rationalistischen Menschen, dessen Ehrgeiz der konsequente Bruch jedes Denkverbotes ist, auch in der Gegenwart durchaus eine vitale gesellschaftliche Bedrohung besteht, ganz im Gegensatz zum gängigen Gequatsche vom »mündigen Bürger«, der »Erziehung zum selbständigen Denken«, vom »freien Westen« gar oder wie dergleichen von Jahrzehnt zu Jahrzehnt wechselnde Schlag- und Hüllworte der immergleichen Lüge lauten mögen. Ich blieb auf der Hut, vertiefte mein historisches Wissen (schrieb auch mit vierzehn Jahren meinen ersten, natürlich sehr schlechten historischen Roman, dessen Sujets man leicht erraten kann – mit sechzehn folgte der zweite, kaum besser, aber, bei ähnlicher Thematik von Pest, Reliquienhandel und naheliegenderweise Hexenjagd und Ketzerverfolgung, wenigstens satirisch und nicht pathetisch gehalten) und bemerkte immer deutlicher die extrem geringe Dicke der Vernunftkruste, auf welcher wir, aufgeklärte Opfer oder mühseligst oder eben nicht mehr gezügelte Täter, auf dem Lavastrom der gefährlichsten Irrationalität driften. (Diese Einsicht, nebenbei, erklärt einen großen Teil meines damals gleichzeitig erwachenden Interesses an der Psychoanalyse sowie, etwas später und bedingt durch die Lücke, welche die Wissenschaft Freuds bei der Erforschung historischer Spezifität lassen muß, am Marxismus, und zwar zunächst in keiner Weise politisch gerichtet, sondern nur wissenschaftlich.)

Man darf mir also, zumal seither so viel Zeit verflossen ist und meine Neugier angehalten hat, wohl zutrauen, daß mir eine ganze Menge Bücher über Religionsgeschichte, Hexenwahn, gesteuerte Pogrome und eben die Inquisition bekannt geworden ist; trotzdem ist mir niemals eines begegnet, das auf so wenigen Seiten die Mechanik der Vorgänge, das Wesentliche am historischen Ablauf, das Funktionieren der machtgetragenen Terrorapparate verständlich macht und machen kann wie das vorliegende Buch von Grigulevič. (Ich gestehe z. B., daß mir der Sinn und die innere Mechanik der so außerordentlich gut mit Stalins »Moskauer Prozessen« vergleichbaren Templerprozesse nie zuvor auch nur entfernt so transparent geworden wäre wie durch die verhältnismäßig wenigen Seiten Grigulevič' zu dem nun doch recht oft und breit behandelten Thema, das den Informierten im malerischen Vienne, der angenehmen Durchgangsstation nach dem schönen Midi, ganz andere als die naheliegenden romantischen Touristengefühle empfinden läßt, nicht anders als die Ortsschilder von Dachau, Sobibor oder auch Béziers.)

Natürlich kommt der Detailinteressierte um das Monumentalwerk von Lea nicht herum, wird darin auch immer wieder einmal nachschlagen müssen; doch es ist nicht zu übersehen, daß der Verfasser selber darin oftmals den Überblick verliert, in peinlicher Weise die absurden Klischees der Verfolger selber übernimmt, während er deren ja einzig überlebende Dokumente auswertet – so gibt es bei ihm nicht nur wahrheitswidrig eine historische Verbindung von den schon jahrhundertelang bis auf die letzte Greisin von den Christen ermordeten Manichäern zu den Katharern, immerhin wie jene eine städtisch-vorbürgerlich fundierte und intellektuell anspruchsvolle Religionsbewegung, sondern sogar zu der etwa gleichzeitig mit ihnen vernichteten, äußerst bodenständigen und geistig wenig regsamen bosnischen Nationalkirche, und zwar aus dem einzigen Grund, weil die Mörder den Namen der ersten Welle ihrer Opfer ganz wahllos und unkritisch auch gerne ihren späteren anhängten, wenn diese durch das unbeliebteste aller Verbrechen, nämlich die freiwillige und dennoch effiziente Selbstorganisation, an diese erinnerten und daher das identische Haßmaximum in ihren Verfolgern auslösten. – Dieses und manches mehr hätte Lea durchaus durchschauen können; da er zusätzlich wichtige geographische Lücken lassen muß, zu denen die Überfülle des Materials auch den eifrigsten und reichsten Einzelnen zwingt, bleibt auch sein Riesenwerk immer noch ergänzungs- und verbesserungsbedürftig.

Dennoch aber hat gerade die dokumentarische Faktenfülle, durch die Leas Werk ungeachtet aller Darstellungsmängel nun einmal die Geschichtsfälschern so verhaßte Authentizität atmet oder, mit einem veralteten, aber treffenden Ausdruck sei's gesagt, »die vergangene Zeit lebendig macht«, auch ein ganzes Heer offener oder verdeckter Sympathisanten der historischen Verbrecher auf den Plan gerufen, deren bisweilen auch erklärtes Ziel es ist, »Lea überflüssig zu machen«.

Mit verdecktem Visier und für ein sogenanntes »linkes« Publikum – nun ja, wer hoch steht, sehe, daß er nicht tief falle, und: *crema, quod adorasti* nicht vergessen – unterzieht sich dieser Mühe etwa Lothar Baier, der in einem Buch mit dem unangenehm flapsigen Titel »Die große Ketzerei« (Berlin 1984, WAT 108) Vorgeschichte und Geschichte des Albigenserkreuzzugs historisch durchaus treffend, in der Analyse der politischen Hintergründe sogar vorzüglich darstellt – aber nicht nur kühl bis ans Herz hinan, sondern vor allem so, daß der Vorgang der Glaubensverfolgung, das Prinzip des Gewissenszwangs, der moralischen und intellektuellen Dogmenkritik im Strudel der politischen und ökonomischen Interessen vollständig ersaufen. Marxismus oder Paramarxismus als Entlastungsangriff zugunsten der Kirche? Es wäre nicht das erste Mal! Aber so richtig verrät die Stoßrichtung des Büchleins sein höchst befremdlicher und unverständlicher Untertitel: »Verfolgung und Ausrottung der Katharer durch Kirche und Wissenschaft.« – Durch die Wissenschaft?! Hat es im 12. Jahrhundert etwa schon eine Wissenschaft gegeben? Und wie sollte es dieser gelungen sein, sich an der Mehrheit der Südfranzosen und zahlreichen Oberitalienern dazu derart blutig zu vergreifen?

Des Rätsels Lösung: Die Inquisitoren gingen von einem gewissen Zeitpunkt an **systematisch** vor und schrieben **Handbücher** – wenn dat man keine Wissenschaft ist! (»Theologie wird Polizeiwissenschaft«, heißt das p. 147 pointiert bei Baier). So wissen wir's endlich wieder seit den entsprechenden Haßtiraden des hl. Augustinus, und alle Englein singen's laut: die **Wissenschaft** ist an allem schuld! – Zwar ist die Verbindung des zweiten Hauptopfers der Inquisition neben den religiösen Monopolbrechern, der Wissenschaft eben, mit seinen klassischen Verfolgern gelinde gesagt etwas gezwungen – für WimS-Kenner sei an die »Verfilmung von Platos Höhlen**gleichnis**« erinnert (»*Gleich nies*elt's, gehn wir also in die Höhle!«) –, aber wen stört's? – Damit ist die Tendenz dieser **heimlichen** Kirchenentlastungsliteratur schon ganz gut beschrieben, und wenn wir jetzt noch bedenken, daß auch die Kirche samt ihren Bischöfen nur aus Menschen bestand (die NSDAP und SS aber nicht? – muß man unbedingt erst einen

Krieg verlieren, um moralisch treffend gewertet zu werden?) – und die Opfer ja gewiß auch da und dort Leidenschaften und Mängel aufwiesen, so ist ja alles mal wieder relativ wie Einstein ... der dafür freilich gar nichts kann ...

Schon viel deutlicher kirchennah – und zugleich universitärer – wurde auch beispielsweise ein gewisser Malcolm Lambert, den ich am besten »Lambert Imprimatur« nennen werde, zu jenem Zweck einmal von den Medien auf den Sockel gehoben, viel Wind um ihn gemacht und er dem interessierten Nachwuchspublikum nachhaltig empfohlen, damit dieses von dem gerade nachgedruckten, ehrlicheren, aber nicht sehr flüssig lesbaren Lea weggelockt werde; diesen Herrn Imprimatur kennzeichnen am besten seine eigenen Wendungen, etwa sein Tadel für Lea, daß dieser »keinerlei wohlwollendes Verständnis für die Ideale der Kirchenmänner aufbrachte, die sich der Verfolgung hingaben« (p. 13), oder etwa ein Sätzchen wie: »Man benützte Schriften (sc. der Gnostiker) ganz naiv als Übermittler einer Märchenliteratur. In den Händen der Bogomilen aber wurden sie zu einer Giftquelle: So wurde altes Gedankengut, das auf spätjüdische Apokalyptik sowie auf den Gnostizismus zurückging, dazu verwendet, um der häretischen Lehre eine Form zu geben.« (p. 40) – wie schrecklich aber auch! Oder wir hören von einem gewissen Tanchelm, der von einem katholischen Priester getötet wurde, nachdem er eine Zeitlang unter mächtigem Beifall des Stadtvolkes von Antwerpen Kirchenkritik geübt hatte, »daß hier sehr viel weniger Häresie und Ausschreitung im Spiel war, als die Quellen vermuten lassen, so daß wir mit einigem Recht in Tanchelm einen Gregorianer sehen können, der, besonders zum Schluß, in den Donatismus abglitt.« (p. 94)[1] – In was man nun doch so alles abgleiten kann! (Im englischen Original heißt das bestimmt: »lapsed into«; ich hielt es nicht der Mühe wert, dort nachzusehen.) Dabei muß der Leser wissen, daß dieser offenbar minderwertige, wenn nicht verwerfliche »Donatismus« nichts anderes als die Ansicht ist, die kirchlichen Sakramente seien unwirksam, wenn sie von unwürdigen Klerikern gespendet werden, eine, will mir scheinen, katholizismusimmanent ohne weiteres naheliegende Ansicht, welche, angeführt von dem Bischof Donatus, viele Jahrhunderte früher zur Zeit des heiligen Augustinus, der zu den gegen sie einsetzenden Massenverfolgungen nicht gerade wenig beitrug, viele Zehntausende Anhänger in der damaligen kirchlichen Kernlandschaft Nordafrika aufwies, oftmals die erdrückende Mehrheit in einer Diözese, und deren Niedermetzelung und gänzliche Ausrottung sozusagen ein hartes Stück Arbeit war.

---

[1] Alles aus: Malcolm D. Lambert, Ketzerei im Mittelalter. Häresien von Bogumil bis Hus. Übers. aus d. Engl. von Gerhard Windfuhr. München: Callwey 1981. – In einer Fußnote zu der vorgeführten Stelle läßt sich Lambert »Imprimatur« noch in eine Diskussion der Frage mit einem Gegner ein, ob der unglückliche Tanchelm nicht am Ende doch ein »echter« Ketzer gewesen sei!

Wenn unser Meister Imprimatur nun so lange danach einen internen Kirchenkritiker späterer Zeiten, der diese Episode der Kirchengeschichte wahrscheinlich gar nicht kannte, ohne weiteres mit dem Etikett einer längst nur noch Eingeweihten bekannten, untergegangenen Dogmen- oder Ritenkritik belegt, so stellt er sich aufs schönste in die Tradition seiner verflossenen Geistesverwandten, die nicht selten einen durch ihre Folterkunst »überführten Ketzer« wegen der Zugehörigkeit zu gleich drei oder vier derzeit jahrhundertelang untergegangenen, oft einander ausschließenden Glaubensrichtungen verbrannten – der Leser wird im vorliegenden Buch auf Beispiele stoßen, leider freilich auch auf Analogien in der Gegenwart, wenn er z. B. erfährt, unter welch einander ausschließenden und noch dazu sämtlich ganz absurden Etiketten **wir**, d. h. die Herausgeber dieses und ähnlicher Bücher, oftmals in der gleichen Woche von staatlich protegierten und genährten Verleumderkreisen zumindest in effigie »verbrannt« werden sollen. Doch lassen wir diese Ausflüge in die Gegenwart. –

Einen weiteren sollten wir uns freilich doch gestatten, da er von großem Nutzen bei der Diagnose des Pfäffischen in der langen Geschichte wie der häßlichen Gegenwart ist, und dafür bietet unser Lambert nun einmal sein vorzügliches Beispiel. Paßt irgendwelchen machttragenden und verfolgungsfähigen Ideologen irgendeine Erkenntnis nicht, z. B. daß drei und drei sechs ist – mit geistlicher oder juristischer Logik kann man ja sieben herauskommen lassen, z. B. indem man das Pluszeichen mitrechnet und dann über die Berechtigung dieser Operation im Kritikfalle wahnsinnig lange herumredet –, dann nennt man jene, die auf dem richtigen Rechenergebnis bestehen, einfach »Hexisten« (nach griech. hex = dt. sechs), und ein Geistesverwandter unseres Lambert vermag dann ohne weiteres über jemanden, der an ideologisch unerwünschter Stelle einen mutigen, auf Grund der Ketten seiner erziehungsbedingten Vergangenheit vielleicht noch ungeschickten Anlauf zu korrektem Rechnen nahm, behaupten, er sei »in den Hexismus abgeglitten«. (Wie aktuell das alles ist, beweist z. B. der auch schon vor Dawkins' treffenden Ausführungen bestehende Brauch rezenter Dunkelmänner, den Versuch, zusammengesetzte Dinge zu verstehen, mit dem diffamierend gemeinten Etikett »Reduktionismus« zu belegen – die Bekämpfung des wissenschaftlichen Denkens wird heute wie damals von den gleichen Inquisitoren bzw. deren Geistesverwandten oder wirklichen Amtsnachfolgern getrieben wie diejenige der religiösen Monopolbrecher, oftmals in Personalunion.) –

Nun sollten wir aber Herrn Imprimatur endgültig verlassen; der vorgeführte Dunkelmännergeist stinkt aus derart vielen Wendungen seines gefeierten Buches, daß ihre Demonstration endlos wäre. Wozu aber bekam er dann in diesem Vorwort so breiten Raum? Deshalb, weil er eine ebenso authentische Frucht vom Baume des ach so geistesfreien, »pluralistischen«, ja sogar »kritischen« Westens ist wie der

Autor des vorliegenden Buches eine vom ach so verfemten und inzwischen ja auch von den militärischen Schlingpflanzen seines traditionellen Gegners erstickten Ost-Baumes, wenn auch von einem seiner gesündesten Zweige. Wer sich, oft aus Erziehung vorschnell, bei der einen oder anderen Wendung Grigulevič', die seine Herkunft verrät, zu einem nun immerhin so aufwendig andressierten Abwehrreflex provozieren läßt, der möge in der gleichen Sekunde bedenken, daß die Alternative Lambert Imprimatur heißt – oder noch Verlogeneres, noch betulicher und verdeckter Verlogenes, das da so üppig wuchert auf dem neuerlich wieder so erfolgreich ausgeweiteten Boden der Rechtsgültigkeit von Hitlers Konkordat von 1933 und Adenauers Subsidiaritätsgesetzen. Man lese und vergleiche – und findet rasch die Wahrheit. Denn auf dem durch Hitler so gründlich und erfolgreich von aller Aufklärung und ernsthaften Opposition freigeräumten Boden von Großwestdeutschland ist die Veröffentlichung der historischen Wahrheit in vielen Punkten schon ein regelrechter Akt des Widerstandes geworden, gerade wenn es um die Verbrechen der Kirche, jene »Akte des Glaubens« (span. auto da fé) geht.

Denn während jeder, der die Verbrechen der Nazis, sofern sie nicht gerade ihrer eigentlichen politischen Bestimmung dienten, im geringsten leugnen oder herunterrechnen will, mit der allerschärfsten und gnadenlosesten Bestrafung zu rechnen hat, gilt für die Verbrechen der Kirche gerade das Gegenteil. Für die Behauptung einer »Auschwitzlüge« gelten strenge Strafen, für die Behauptung einer »Inquisitionslüge« winken eher Belohnungen – etwa der Aufstieg im Museumsdienst oder in der Universitätshierarchie. Jetzt, gegen Ende dieses mehr als sein Vorläufer geplagten Jahrhunderts, setzt die Kirche, der das aufgeklärte Bürgertum in seiner Aufstiegsphase eine Schlappe verpaßt hatte, zur endgültigen Leugnung ihrer die Nazis eher übertreffenden Verbrechen an, versucht, die Zahl ihrer Opfer herunterzurechnen, die Verantwortung für die Hexenverfolgung zu leugnen und sogar die Inquisition selber reinzuwaschen, während sie gleichzeitig Haß und Gewalt gegen standhafte Wissenschaftlichkeit ebenso wie gegen religiöse Monopolbrecher in Verflechtung mit einem willigen Staat ausstreuen läßt: Wachsamkeit ist geboten!

Und dazu ist die Kenntnis der Vergangenheit nötig, da sich nichts verstehen läßt, dessen Entstehung bzw. Geschichte man nicht verstanden hat. Religiöser Totalitarismus – hier paßt das Wort einmal wirklich –, eben der Massenterror der Inquisition, ihrer Vor- und Ausläufer, war für die europäische Geschichte, vergleicht man sie etwa mit der ganz andersgearteten und hierin so entschieden glücklicheren chinesischen, vielleicht konstitutiver als jedes andere Element, liefert auf jeden Fall den wichtigsten Schlüssel zu den meisten ihrer Auffälligkeiten und Morbiditäten bis hin zur Popperei der Gegenwart oder dem »Antisemitismus« des Dritten Reiches, jenem mörderischen falschen Rassismus, der in Wahrheit nur die – vor allem spanische, auch hier ist nähere Kenntnis verblüffend – christliche Tradition wieder aufnimmt und ohne diese weder entstehen noch auch nur eine Sekunde lang hätte bestehen können – auch die beiden einzigen anderen echten Völkermorde der neueren Geschichte, der der Jungtürken an den Armeniern und der der Ustascha-Kroaten an den Serben ihres Zugriffsbereiches, waren ja nur scheinbar nationalistisch oder rassistisch motiviert, sondern nur oberflächlich verkappte Religionsverfolgungen.

Wer diese mißbilligt und daher ihre Wiederkehr unter neuen Masken ver- oder wenigstens behindern will, dem nützt dabei die Kenntnis der modellbildenden Geschichte. Um diese Kenntnisnahme der verleugneten Tatsachen zu erleichtern, haben wir, d. h. der Herausgeber und seine Mitkämpfer, dieses andernfalls wohl verlorene Buch unter den Trümmern des zusammengebrochenen Ostblocks hervorgezogen und übergeben es hiermit dem wißbegierigen Publikum.

.—.

Am Original sind folgende Veränderungen vorgenommen worden: erstens haben uns die Fortschritte der Drucktechnik erlaubt, die Fußnoten ohne extreme Mehrkosten **unter** den Text zu setzen; die sehr langen darunter wurden jedoch, unter Beibehaltung der alten Numerierung, als mit **Buchstaben** gekennzeichneter Anhang hinter das **jeweilige** Kapitel gesetzt. Einige wenige Passagen, die nicht zum behandelten Thema gehören, sondern erkennbare Zugeständnisse des Autors an seine damaligen Vorgesetzten darstellen und mithin Fremdkörper im Text bilden, wurden gestrichen. Die Abbildungen, die ursprünglich in den Anhang verbannt waren, wurden nach Möglichkeit in den Textzusammenhang plaziert und erweitert.

Freiburg i. Br., den 1.2.1995

Fritz Erik Hoevels

Erstes Kapitel

Die Inquisition vor dem Gericht der Geschichte

Der Streit ist noch nicht zu Ende

Wie, von neuem zieht man die Inquisition vor das Gericht der Geschichte? So mag der Leser erstaunt fragen, der dieses Buch aufschlägt. Ist nicht die Inquisition schon viele Male von Historikern verschiedener Länder, Epochen und Richtungen verurteilt worden, gibt es darüber nicht Berge von Büchern? Lohnt es sich überhaupt, ihre Verbrechen wieder aufzurollen? Was kann man noch Neues über sie sagen, welche noch unbekannten Kabalen und Grausamkeiten enthüllen? Werden die folgenden Überlegungen des Autors etwas an dem hinlänglich bekannten Urteil über sie ändern, das die Geschichte schon längst gefällt hat?

Derartige berechtigte Zweifel befallen nicht nur den Leser, sondern auch den Forscher, der in die Labyrinthe der Geschichte einzudringen beabsichtigt, um noch nicht entdeckte Geheimnisse der Inquisition ans Licht zu bringen. So beginnt zum Beispiel der französische Gelehrte Jean Guiraud sein zweibändiges Werk über die mittelalterliche Inquisition mit den Worten: »Kann es nicht als anmaßend und müßig zugleich erscheinen, nach so vielen Autoren noch etwas über die Inquisition schreiben zu wollen? Angefangen von den Inquisitoren des 13. bis 15. Jh., die in ihren Instruktionen und Richtlinien die Häretiker und deren Lehren zu dem Zwecke beschrieben, die Arbeit der Agenten des Heiligen Offiziums zu erleichtern, bis hin zu den Schriftstellern unserer Zeit, den Anklägern und Verteidigern der Inquisition, die soviel Streit heraufbeschworen – haben sie nicht schon alles über diese Inquisition gesagt, und riskieren wir nicht, in endlose Wiederholungen zu verfallen, wenn wir uns auf Forschungen dieser Art einlassen?« [1]

Solche Befürchtungen sind unbegründet. Allerdings ist die Literatur unüberschaubar. Eine bei weitem nicht vollständige Bibliographie zur Geschichte der Inquisition, die von dem Holländer E. van der Vekené im Jahre 1963 herausgegeben wurde, zählt ca. 2000 Titel auf. [2] In diesem Meer von Büchern befinden sich sowohl Quellen und Zeugnisse von Zeitgenossen als auch polemische Traktate und schließlich pikante

---

1 *Guiraud, J.*, Histoire de l'Inquisition au moyen âge. Vol. I: Origines de l'Inquisition dans le midi de la France. Cathares et vaudois, Paris 1935, S. 5.

2 *van der Vekené, E.*, Bibliographie der Inquisition. Ein Versuch, Hildesheim 1963. Vgl. dazu auch *Grundmann, H.*, Bibliographie zur Ketzergeschichte des Mittelalters (1900–1966), Rom 1967, 93 S.

Essays von der Art des Buches des Franzosen Roland Gagey »Das sexuelle Bild der Inquisition«[3].

Und doch ist bei weitem noch nicht alles über die Tätigkeit des »heiligen Tribunals« bekannt. Viele Archive der Inquisition sind dem Forscher noch immer nicht zugänglich.

Noch ist keine wissenschaftliche Periodisierung der Inquisition ausgearbeitet. Es fehlt ein vollständiges Bild der häretischen Bewegung des Mittelalters, eine umfassende Geschichte der Häresien, gegen die ja in erster Linie der Terror der Inquisition gerichtet war. Wir wissen noch wenig über die Tätigkeit der Inquisition in den Kolonien, und bis heute ist die Geschichte der päpstlichen Inquisition, der Kongregation des Heiligen Offiziums, noch nicht geschrieben.

In russischer Sprache gibt es eine Reihe von Arbeiten zur Geschichte der Inquisition; aber sie sind schon seit langem keinem großen Leserkreis mehr zugänglich. In den Jahren 1911/12 wurde das Werk des amerikanischen Gelehrten Henry Charles Lea »Geschichte der Inquisition im Mittelalter« in der Übersetzung von A.V. Baškirov unter der Redaktion von S.G. Lozinskij herausgegeben, der seinerseits auf der Grundlage des von ihm selbst in spanischen Archiven gesammelten Materials eine wertvolle Arbeit über die spanische Inquisition schrieb.[4]

Die erste sowjetische Arbeit über dieses Thema war die glänzende publizistische Schrift von M.M. Šejnman »Mit Feuer und Blut im Namen Gottes«, die erstmalig im Jahre 1924 erschien, im Verlauf der zwanziger Jahre neu aufgelegt und auch in andere Sprachen übersetzt wurde. 1927 erschien das populärwissenschaftliche Buch von Lozinskij »Die heilige Inquisition«, und 1936 gab derselbe Autor seine Übersetzung des klassischen Werkes »Geschichte des spanischen heiligen Tribunals« heraus, das von dem ehemaligen Sekretär dieser Institution, Juan Antonio Llorente, vor 150 Jahren veröffentlicht worden war.

Es gibt außerdem noch einige sowjetische Forschungen zu Einzelgebieten der Geschichte der Inquisition[5]; aber sie erschienen alle in kleinen Auflagen, und heute findet man sie nur noch in den großen Bibliotheken.

Obwohl das Wort »Inquisition« zum Gattungsnamen wurde und in das Vokabular des modernen Menschen einging, ist über die Inquisition selbst mit Ausnahme

---

[3] *Gagey, R.*, Le visage sexuel de l'Inquisition, Paris 1952. Diesen Aspekt behandeln auch neuere, auf die Neugier der Käufer spekulierende Werke, die in der BRD herausgekommen sind, etwa *Barnheim, F.*, Erotik und Hexenwahn, Stuttgart-Bad Cannstatt 1965, oder das reißerisch aufgemachte, sich als Porno-Literatur gebende Buch von *Stanley, J.F.*, Grauen, Wollust, Folter, Koitus im Hexenkult, Hamburg 1970.

[4] *Lozinskij, S.G.*, Istorija inkvizicii v Ispanii, St. Petersburg 1914.

[5] *Parnach, V.*, Ispanskie i portugalskie poety – žertvy inkvizicii, Moskau 1934; *Vygodskij, M.Ja.*, Galilei i inkvizicija. Teil I: Moskau/Leningrad 1934; *Rožicyn, V.S.*, Džordano Bruno i inkvizicija, Moskau 1955; *Šachnovič, M.I.*, Goja protiv papstva i inkvizicii, Moskau 1955.

einiger weniger Fakten, die den Schul- und Hochschullehrbüchern sowie den Chrestomathien und Enzyklopädien entstammen, dem großen Leserkreis verhältnismäßig wenig bekannt.

Dabei ist sie eine jener Institutionen, deren Tätigkeit im Verlauf vieler Jahrhunderte einen ungeheuren Einfluß auf die Schicksale der Völker Europas und Amerikas nahm, indem sie deren Kampf um die Befreiung von sozialer und geistiger Unterdrückung hemmte. Worin liegt nun das Geheimnis der Langlebigkeit dieser Einrichtung, deren Name allein schon der christlichen Welt Schrecken einflößte? Worin liegen die Ursachen ihrer Entstehung und ihres Verfalls? Was für Menschen waren die Inquisitoren – »Opfer der Pflicht«, Fanatiker, bereit, die grausamsten Verbrechen zu begehen, nur um die Kirche vor scheinbaren oder wirklichen Feinden zu schützen, oder herz- und seelenlose kirchliche Polizeibeamte, die in blindem Gehorsam die Aufträge ihrer Obrigkeit erfüllten? Wer waren ihre Opfer? Welche Menschen verfolgte die Inquisition und wofür?

Auf alle diese Fragen muß der Historiker des »heiligen Tribunals« Antwort geben.

Zu den Verbrechen der Inquisition ist in der heutigen Zeit besonders auch deshalb eine Stellungnahme nötig, weil ihre Verteidiger noch nicht ausgestorben sind und weil ihre »bewährten« Methoden auch noch heute mit Erfolg von den zeitgenössischen Domini canes[6] angewandt werden, die die kapitalistische Ordnung mit nicht weniger Verbissenheit und mit nicht geringerer Grausamkeit verteidigen als seinerzeit die dominikanischen Inquisitoren die feudale Gesellschaftsordnung. *

Vor 200 Jahren schrieb der Herausgeber des »Handbuchs« des spanischen Inquisitors Nicolas Eymeric aus der zweiten Hälfte des 14. Jh., das die verbrecherischen Methoden des »heiligen Tribunals« enthüllte: »Möglicherweise finden sich ehrliche Menschen und empfindsame Seelen, die uns dafür tadeln werden, daß wir diese schrecklichen Bilder der Vergangenheit wieder ausgraben und bekanntmachen. Sie fragen, welchen Nutzen oder welche Befriedigung man davon haben kann, daß man sich mit solch ekelhaften Dingen beschäftigt. Um ihre Vorwürfe abzuwehren, genügt

---

[6] Domini canes = Hunde des Herrn, Herrenhunde: eine von den Dominikanern ursprünglich sich selbst – halb im Ernst, halb im Scherz – beigelegte, dann aber immer mehr von anderen schimpfwörtlich und abwertend gebrauchte Anspielung auf ihren vom Stifter Dominicus abgeleiteten Ordensnamen und ihren Eifer im Aufspüren der Ketzer. Vgl. auch den Hund im Wappen der Dominikaner (Kapitel II, Anm. 58; Kapitel IV, Anm. 3).

* Damit das nicht wieder als typisch sowjetischer, »überlebter«, »überwundener« usw. Zungenschlag erscheint, erinnere der Leser sich einfach der wahrlich keinem anderen als dem genannten Zweck dienenden Blut- und Mordorgien auch in den nach-hitlerschen faschistischen Staaten, unter denen Chile, Argentinien, Griechenland, Brasilien, Uruguay und Spanien zu Lebzeiten des Verfassers nur besonders hervorstachen (Anm. d. Hrsg.).

es zu bemerken: Gerade deshalb, weil diese Bilder so abscheulich sind, müssen wir sie zeigen, damit sie Entsetzen hervorrufen.«[7]

Ebendeshalb haben auch die großen Aufklärer und Freigeister des 18. Jh. die Verbrechen der Inquisition angeprangert. Ihre leidenschaftlichen, zornigen, entlarvenden Schriften gegen die Inquisition, gegen die von ihr angewandten Foltermethoden und andere Grausamkeiten haben in nicht geringem Maße dazu beigetragen, daß die terroristische Tätigkeit dieses außerordentlichen kirchlichen Tribunals eingestellt werden mußte.

Über die Inquisition, so erklärte Jemeljan Jaroslavskij 1924 in seinem Vorwort zu dem schon erwähnten Buch von M. M. Šejnman, muß man »ebendeshalb schreiben, weil die Religion heute dem Atheismus gegenübergestellt wird als Grundlage einer Moral, die angeblich die besten und gesündesten Beziehungen zwischen den Menschen herstellt; deswegen ist es nützlich zu zeigen, wie die religiösen Systeme zu den größten Grausamkeiten, Quälereien, Folterungen, Scheiterhaufen und Massenvernichtungen führten. Und das geschah aus dem Grunde, weil die Religion in der Klassengesellschaft eines der Instrumente der Klassenunterdrückung, der Aufrechterhaltung der Klassenherrschaft ist – ebenso wie das Gericht, die Polizei und das Heer.«[8]

Der Historiker, der heute über die Inquisition forscht, kann darüber hinaus zu seiner Rechtfertigung noch gewichtige Gründe ins Feld führen: Gibt es nicht gewisse Verbindungslinien zwischen den Scheiterhaufen der mittelalterlichen Inquisition und den Krematorien der faschistischen Konzentrationslager, zwischen den Folterkammern des »heiligen Tribunals« und den Polizeigefängnissen der modernen kapitalistischen Gesellschaft, zwischen den mittelalterlichen Hexenprozessen und der Hexenjagd, die seinerzeit von McCarthy und seinen Mitarbeitern betrieben wurde? Unsichtbare Fäden verbinden die Gegenwart mit der Vergangenheit. Die deutschen Faschisten griffen bewußt auf Traditionen des Katholizismus zurück, die ihnen für ihre Zwecke geeignet erschienen, so u. a. auf die Ordenstradition. In den Gesprächen mit Rauschnigg erklärte Hitler, er würde für das, was ihm vorschwebe, lieber den Ausdruck Orden gebrauchen, obwohl er sich des romantischen Charakters dieses Wortes bewußt sei. Dabei dürften ihm vor allem der Jesuitenorden mit seiner soldatischen Disziplin, der

---

7 »Le Manuel des Inquisiteurs, à l'usage des Inquisitions d'Espagne et de Portugal. Un abrégé de l'ouvrage intitulé: Directorium inquisitorum, composé vers 1358 par Nicolas Eymeric, grand Inquisiteur dans le Royaume de Aragón.« On y adjoint une courte historie de l'établissement de l'Inquisition dans le Royaume de Portugal, tirée du latin de Louis à Paramo, à Lissabonne MDCCLXII, S. 197 f. Die Erstauflagen erschienen unter folgendem Titel: Nicolas Eymericus, Directorium Inquisitorum cum commentariis Francisci Pegnae, Rom 1570, 1575, 1578, 1585, 1587; Venedig 1595, 1607 und öfter.

8 *Šejnman, M.*, Ognem i krovju vo imja boga, Moskau 1924, S. 3.

Dominikanerorden mit seiner Inquisition und der Deutschritterorden mit seiner Ostkolonisation vor Augen gestanden haben. Himmler, der die größte Ordensbibliothek besaß, gab die Losung aus: »So sind wir angetreten und marschieren nach unabänderlichen Gesetzen als ein nationalsozialistischer, soldatischer Orden nordisch bestimmter Männer und als geschworene Gemeinschaft ihrer Sippen den Weg in eine ferne Zukunft.« Deshalb konnte Rolf Hochhuth in seinem Drama »Der Stellvertreter« nicht ohne eine gewisse Berechtigung den SS-Arzt zum Priester Ricardo Fontana sprechen lassen: »Wir sind die Dominikaner des technischen Zeitalters ... Ein Kulturkreis, der um die Seele seiner Jugend mit einer Kirche wirbt, auf deren Konto die Herren Inquisitoren fallen, endet folgerichtig, wenn er zu seiner Leichenfeier die Fackeln aus unseren Menschenöfen holt ... Erst die Kirche hat gezeigt, daß man die Menschen verheizen kann wie Koks. Allein in Spanien habt ihr ohne Krematorien dreihundertfünfzigtausend Menschen eingeäschert, fast alle lebendig ...«[9] Mit dem gleichen Recht hätten sich die so überaus frommen amerikanischen Verteidiger »christlicher Werte« in Vietnam auf das Beispiel der Inquisition berufen können, die wehrlose Frauen, Kinder und Greise dieses vielgeprüften Landes verbrannt, geschändet und gefoltert haben.

Ist es ein Zufall, daß die amerikanischen Justiztheoretiker die »Erfahrungen« der mittelalterlichen Inquisition studieren? Im August 1965 erwarb die Michigan-Universität, deren Leitung, wie später bekannt wurde, mit der CIA in Verbindung stand, in der BRD für eine große Summe Geldes eine Spezialbibliothek von 1400 Bänden über die mittelalterliche Strafjustiz. Diese Bücher sollten, wie die Reuteragentur mitteilte, den US-Spezialisten, die im Polizeiapparat arbeiteten, als »wertvolles« Hilfsmittel dienen. Muß man sich da wundern, daß die Inquisition auch heute noch ihre Verteidiger und Anhänger findet, die ihre Verbrechen zu verschleiern, ihre Einrichtung zu rechtfertigen, die »segensreiche« Wirkung ihrer blutigen Taten für die Geschichte der Menschheit nachzuweisen, den »Humanismus« der Inquisitoren, ihren »rechtschaffenen«, um nicht zu sagen engelhaften Charakter und ihren vorbildlichen Lebenswandel darzulegen versuchen?

Der französische klerikale Schriftsteller Charles Pichon, Autor einer Untersuchung über den Vatikan, fordert dazu auf, »das genannte Tribunal historisch zu werten, ohne Leidenschaften und Vorurteile«.[10] Ja, diese Aufrufe zur Leidenschaftslosigkeit,

---

[9] Zum Verhältnis von Nationalsozialismus und katholischem Ordenswesen vgl. *Mohr, H.*, Katholische Orden und deutscher Imperialismus, Berlin 1965, S. 161 f.; *Schellenberg, W.*, Memoiren, München 1956, S. 39 f.; *Gamm, H.-J.*, Der braune Kult, Hamburg 1967, passim. Die Stelle aus dem Theaterstück in *Hochhuth, R.*, Der Stellvertreter. Schauspiel. Mit einem Vorwort von *Piscator, E.*, Berlin 1966, S. 242.

[10] *Pichon, Ch.*, Le Vatican, Paris 1960, S. 251. In seiner schon früher erschienenen und auch ins Deutsche übersetzten »Geschichte des Vatikans« (Essen 1950) schreibt er im gleichen Sinne: »Es wäre gewiß

zur Objektivität bei der Erforschung der Inquisition! Sie gehen stets von denen aus, die ihre Verbrechen zu rechtfertigen suchen. Dabei kann jede leidenschaftslose und vorurteilslose Untersuchung der Inquisition nur zu einem Urteil gelangen: »Schuldig des Verbrechens gegen die Menschheit!«

Die modernen Verteidiger der Inquisition beschuldigen Kritiker der Übertreibung und der Verleumdung der Tätigkeit des »heiligen Tribunals«. So schreibt ein zeitgenössischer katholischer Historiker, das Mitglied der spanischen Königlichen Akademie der Geschichte Antonio Ballesteros Beretta: »Viele Polemiken hat das Thema Inquisition hervorgerufen. Die Zahl ihrer Opfer wurde übertrieben, und in der Hitze der polemischen Leidenschaften sprach man grundlos von einer besonderen Habsucht der Mitarbeiter des heiligen Tribunals. Wie jeder gesellschaftliche Organismus hatte auch die Inquisition ihre Mängel und Unzulänglichkeiten; aber man muß vermerken, daß alle Übertreibungen entsprechend bestraft wurden.«[11]

Solche Verteidiger der Inquisition sind wie Zwillinge den Apologeten des Nazismus verwandt, welche diejenigen, die die ungeheuerlichen Verbrechen Hitlers und seiner Henker entlarven, ähnlicher »Verfehlungen« beschuldigen. Einer der »objektiven« Faschismus-Forscher, der westdeutsche Historiker Franz Scheidl, schrieb im Jahre 1968 in seinem siebenbändigen Werk »Geschichte der Verfemung Deutschlands«: »... meine Nachforschungen ergaben, daß die meisten dieser Behauptungen (der fortschrittlichen Historiker über den Faschismus, J. G.) niederträchtige Verallgemeinerungen, Übertreibungen, Verfälschungen und Verleumdungen, Erfindungen und infame Lügen sind ...«[12]

---

unbillig, beeinflußt von Voltaireschen Schmähschriften oder von romantischen Zeitungsgeschichten, die Inquisition ihrerseits zu richten. Zweifellos haben die ersteren die Zahl der Opfer maßlos übertrieben, und zweifellos die zweiten, im Sinne der Anschwärzung, die Motive entstellt, die jene Geistlichen beseelen konnten. Aber es ist nicht zu bestreiten, daß diese Geistlichen, wenn sie die Aktennotiz machten: ›Dem weltlichen Arm zu überlassen‹, genau wußten, daß diese kleine Zeile ein Todesurteil besagte. Die damals übliche Praxis der unmenschlichen Strafen, die Roheit der Sitten, die Einfalt des Übereifers (sic!), die gewohnheitsmäßige Sachlichkeit der Richter können wohl zur gültigen Erklärung dieser Verfahren herangezogen werden, will sagen: als mildernde Umstände dienen; aber sie schaffen den schweren Irrtum nicht aus der Welt, der zu den Schattenseiten der mittelalterlichen Kirche gerechnet werden muß wie die Simonie, die Laieninvestitur und das Konkubinat der Geistlichen. Nur müßte man vielleicht wissen, ob unsere ›fortschrittliche‹ Epoche mit ihren Praktiken von gestern und heute das Recht hat, von oben herab Lektionen und Verdikte zu erteilen« (S. 47 f.).

[11] *Ballesteros Beretta, A.*, Sintesis de Historia de España, Barcelona 1952, S. 233 f.

[12] *Scheidl, F. J.*, Geschichte der Verfemung Deutschlands, 7 Bde., Wien 1967 ff. In der von *Scheidl* selbst verfaßten Ankündigung auf der letzten Seite der bisher erschienenen Bände heißt es u. a.: »Weil aber meine Nachforschungen ergaben, daß die meisten dieser Behauptungen niederträchtige Verallgemeinerungen, Übertreibungen, Verfälschungen und Verleumdungen, Erfindungen und infame Lügen sind, werde ich leidenschaftlich bis zum letzten Atemzuge für die Wahrheit und die Entlarvung dieser Verleumdungen, gegen den Haß der Welt, gegen die Verfemung des deutschen Volkes durch das

Dasselbe behaupteten Kardinal Frings und andere katholische Prälaten. Als ob die Konzentrationslager nicht mehr im Gedächtnis wären, in denen Millionen unschuldiger Opfer gequält wurden! Als ob die zahllosen Verbrechen gegen die Menschlichkeit vergessen wären, die die faschistischen Verbrecher begingen!

Man muß auch daran erinnern, daß der Vatikan nach dem Zweiten Weltkrieg Kriegsverbrecher vor der verdienten Vergeltung rettete, indem er sie mit gefälschten Pässen nach Spanien, Portugal und in Länder Lateinamerikas schleuste, daß er forderte, diesen Verbrechern gegenüber »Humanität« walten zu lassen, und daß er seit dieser Zeit zusammen mit den rechtsstehenden Kreisen der BRD für die Einstellung gerichtlicher Verfolgungen dieser Feinde der Menschheit eintritt.

Jeder der zahlreichen Apologeten der Inquisition hat seine Argumente. Die einen behaupteten, die Inquisition habe nur kurze Zeit gewirkt und dabei niemanden gefoltert und hingerichtet; nicht die Inquisitoren hätten die Häretiker verbrannt, sondern die staatlichen Organe; der päpstliche Stuhl habe nur eine sehr entfernte Beziehung zur Inquisition gehabt; wenn Untaten verübt worden seien, dann nur von der spanischen Inquisition, aber dafür trage das spanische Königtum die Verantwortung, dem die Inquisition untergeordnet war, nicht aber der Heilige Stuhl. Andere Verteidiger der Inquisition versuchen, die Verantwortung für die blutigen Taten der mittelalterlichen Henker auf deren Opfer abzuwälzen, die durch ihre Unbotmäßigkeit die Kirche zu solchen harten Maßnahmen »gezwungen« hätten.

Solche Argumente treffen wir z. B. in der Arbeit eines italienischen Fürsprechers der Inquisition, bei Agostino Ceccaroni. Die Ursachen für das Entstehen der Inquisitionstribunale, so behauptet er, waren die »Gewalttaten, die die Häretiker verübten, angefangen von der Zeit, da die Kirche den Katakomben entstieg – Gewalttaten, die das Ziel verfolgten, das Fundament zu zerstören, auf dem die Kirche Jesu Christi aufgebaut ist, und die damit selbst nicht nur eine gerechte Reaktion seitens der Kirche herausforderten, sondern auch eine gerechte gesellschaftliche Vergeltung (vendetta).« [13]

Ceccaroni erkennt jedoch an: »Die spanische Inquisition verübte alle möglichen Exzesse, wie sie nur durch politische Leidenschaften, verbunden mit der Barbarei und Unwissenheit jener Zeit, hervorgerufen werden konnten.« Aber die Verantwortung für die Taten der spanischen Inquisition, so meint er, falle auf die Königsmacht. Was die päpstliche Inquisition betrifft, so hat sie angeblich »nie Exzesse solcher Art sich zuschulden kommen lassen«; es sei eine Tatsache, daß die Opfer der spanischen

---

Weltjudentum und für die Verteidigung der Ehre Deutschlands kämpfen« (Bd. 1, S. 164; Bd. 6, Innenseite des hinteren Umschlagdeckels). Schon diese Ankündigung allein zeigt die revanchistischen Tendenzen dieses Machwerks.

[13] *Ceccaroni, A.*, Piccola Enciclopedia Ecclesiastica, Mailand 1953, S. 716.

Inquisition bei ihr sogar Schutz suchten, und das nicht ohne Erfolg.[14] Es versteht sich, daß Ceccaroni es für überflüssig hält, zur Erhärtung seines Standpunktes irgendwelche Beweise anzuführen – weil er nämlich keine hat. Aber das Fehlen von Beweisen hat die Verteidiger der Inquisition noch nie in Verlegenheit gebracht.

Auch die offizielle vatikanische »Katholische Enzyklopädie« sucht die Inquisition reinzuwaschen und zu verteidigen: »Die Modernen haben die Einrichtung der Inquisition hart verurteilt und ihr vorgeworfen, daß sie gegen die Freiheit des Gewissens gerichtet sei. Aber sie vergessen dabei, daß man in der Vergangenheit eine solche Freiheit nicht kannte und daß die Häresie unter den gesund denkenden Menschen jener Zeit nur Entsetzen hervorrief; und das war sicherlich die große Mehrheit selbst in den Ländern, die von der Häresie am meisten angesteckt waren. Auch darf man nicht vergessen, daß in einigen Ländern das Tribunal der Inquisition nur sehr kurze Zeit bestand und daher eine begrenzte Bedeutung hatte, wie z. B. in Süditalien, in den spanischen Königreichen während des 13. und 14. Jh. sowie in Deutschland. In Rom selbst verschwand sie sehr schnell: der Prozeß gegen Luther im Jahre 1518 wurde dem Generalauditor der Apostolischen Kammer übertragen.«[15]

Die Autoren des zitierten Artikels verschweigen schamhaft die Prozesse gegen Giordano Bruno, Galilei, Campanella und viele andere Opfer der römischen Inquisition. Sie geben sich den Anschein, als ob ihnen die Verbrechen der päpstlichen Inquisition, der Kongregation des Heiligen Offiziums, nicht bekannt seien. In den Darstellungen dieser kirchlichen Apologeten stellt sich die Inquisition nicht so schrecklich dar, wie sie angeblich die »Feinde« der katholischen Kirche zeichnen, d. h. solche Forscher, die von objektiven Positionen aus an die Erforschung der Tätigkeit des »heiligen Tribunals« herangehen. Trotz der offensichtlichen und nicht anzuzweifelnden historischen Fakten leugnen diese kirchlichen Autoritäten rundweg, daß das Papsttum und die Kirche überhaupt eine Verantwortung für die Hunderttausende durch die Inquisition vernichteten Leben tragen. Kardinal Alfredo Ottaviani, der letzte »Inquisitor«, der die ehemalige Kongregation des Heiligen Offiziums leitete, behauptet in seinem Buch über das katholische Recht sogar, daß die katholische Kirche, getreu dem christlichen Gebot der allgemeinen Liebe, nie das »Recht des Schwertes« benutzt und nie das Blut ihrer Gegner vergossen habe; das habe die Staatsmacht getan, auf deren Handlungen einzuwirken die Kirche keine Möglichkeit sah. Die Kirche habe die Häretiker allein aus der Kirche ausgeschlossen.[16]

---

[14] Ebenda, S. 717.

[15] Enciclopedia Cattolica, Bd. 7, Vatikanstadt 1951, S. 47.

[16] *Ottaviani, A.*, Institutiones Iuris Publici Ecclesiastici, Bd. 1, Rom 1958, S. 293.

Anscheinend gibt sich der Exinquisitor keine Rechenschaft darüber, in welch schiefe Position ihn eine solche Argumentation bringt, denn nach der kirchlichen Lehre war die Exkommunikation, das Anathema, eine Strafe, die hundertmal schrecklicher, entsetzlicher und qualvoller war als die Folter und jede Art von physischer Bestrafung. Wenn man nämlich den Theologen glauben soll, so beraubt der Ausschluß aus der Kirche die Seele des Gläubigen des ewigen Heils und verurteilt ihn zum Schmoren im höllischen Feuer, während doch die irdischen Schmerzen und selbst der Tod nur eine unbedeutende Episode, ein Augenblick im Leben des Menschen sind.

Unwahr ist auch die Behauptung Ottavianis, die Kirche hätte keine Möglichkeit gehabt, in diesen Dingen auf die Staatsmacht einzuwirken; die Verbrennung eines Häretikers durch die weltlichen Organe erfolgte ja auf Grund des Kirchenbannes sowie mit Zustimmung und Billigung, ja auf Geheiß der Kirche, die bis heute noch keines der Urteile, die die Inquisitionstribunale fällten, aufhob mit Ausnahme desjenigen über Jeanne d'Arc. Geht man also von der katholischen Glaubenslehre aus, so brennen die hunderttausend Opfer des »heiligen Tribunals« weiter im Feuer der Hölle.

Wenn Ottaviani behauptet, die Kirche habe niemals vom »Recht des Schwertes« Gebrauch gemacht, so verstößt er weiterhin gegen den 1917 vom päpstlichen Stuhl angenommenen Codex des kanonischen Rechts (Codex iuris canonici – CIC), dessen Schutz er als Haupt der Kongregation des Heiligen Offiziums sich mit seiner ganzen inquisitorischen Strenge angelegen sein ließ. Wir möchten Kardinal Ottaviani daran erinnern, daß der Paragraph 2214 des CIC lautet: »Die Kirche hat das genuine und eigene Recht (ius nativum et proprium), ihre Untertanen bei Verbrechen sowohl mit geistlichen als auch mit weltlichen Mitteln zu bestrafen; dieses Recht ist unabhängig von jeder anderen menschlichen Gewalt.« [17]

Damit bei niemandem ein Zweifel darüber bleibe, was unter den »weltlichen Strafen« zu verstehen sei, wird in einem kirchenrechtlichen Kommentar zu diesem Paragraphen folgendes gesagt: »Wenn man den Charakter der Kirche als vollkommene Gesellschaft in Betracht zieht, so kann sie jede beliebige Strafe zur Erreichung ihrer Ziele und zur Verteidigung der sozialen Ordnung (!) verhängen. Deshalb haben wir auch keinen Grund, ihr das Recht auf Verhängung der Todesstrafe abzuerkennen, wenn sie das in irgendeinem Falle für notwendig erachten sollte. Die Tatsache, daß es der Kirche heute faktisch nicht möglich ist, Urteile auf weltliche Strafen zu vollstrecken, weil sie dazu nicht die Macht und die Mittel besitzt, bedeutet nicht,

---

[17] Hier zitiert nach *Mörsdorf, K.*, Lehrbuch des Kirchenrechts auf Grund des Codex iuris canonici. Begründet von *Eichmann, E.*, fortgeführt von *Mörsdorf, K.*, Bd. 3: Prozeß- und Strafrecht, 7., verbesserte und erweiterte Auflage, München/Paderborn/Wien 1954, S. 335 ff.; *Jone, H.*, Gesetzbuch der katholischen Kirche. Erklärung der Kanones, Bd. 3: Prozeß- und Strafrecht, Paderborn 1953.

daß sie nicht das Recht hätte, zu solchen Strafen zu verurteilen.«[18] Nach dem CIC sind die Kommunisten automatisch (eo ipso) aus der Kirche exkommuniziert. Im Kommentar zum Paragraphen 2314 des Codex, in dem es heißt, daß alle der Apostasie vom katholischen Glauben, der Häresie und der Spaltertätigkeit Schuldigen automatisch aus der Kirche ausgeschlossen sind, wird vermerkt: »Diese Verbrechen begehen alle die, die sich öffentlich zur materialistischen, antichristlichen Lehre der Kommunisten bekennen und insbesondere die, die sie verteidigen und verkünden.«[19] Wenn auch die Kirche nach dem Zweiten Vatikanischen Konzil von der Politik der Exkommunikation im großen und ganzen Abstand genommen hat, so hat sie doch bis heute den obengenannten Paragraphen des CIC nicht zurückgenommen.

Über das Verhältnis Kardinal Ottavianis zu den Kommunisten kann man sich ein Urteil bilden, wenn man sich die Bezeichnungen ansieht, die er bei ihrer Nennung verwendet: »Satanische Feinde der Kirche«, »Barbaren« und »Kannibalen«.[20] Mit »Sündern« solchen Schlages haben die Inquisition und die auf ihr Geheiß wirkende weltliche Macht sehr streng abgerechnet, wie sich der Kardinal auch drehen und wenden mag.

Einige Verteidiger der Inquisition verweisen darauf, daß die Idee der Intoleranz keine Besonderheit des christlichen Glaubens darstellt, sondern daß sie auch allen orientalischen Despotien und nicht zuletzt der griechischen und römischen Gesellschaft eigen war. Auf diese Weise sucht z. B. der amerikanische klerikale Historiker William Thomas Walsh die Inquisition zu rechtfertigen.[21] Andere wiederum behaupten, man müsse zum Verständnis der Inquisition auch die allgemeine Wildheit und Grausamkeit der Sitten in Betracht ziehen, die das Mittelalter angeblich aufwies.

---

[18] Código de Derecho Canonico u legislación complementaria, Madrid 1950, S. 796. – Daß die Kirche ihr »ius nativum et proprium« auf Strafgewalt nicht aufgegeben hat, bestätigt auch *W. M. Plöchl* in seiner Geschichte des Kirchenrechts, Bd. 4: Das katholische Kirchenrecht der Neuzeit, Teil 2, Wien/München 1966, S. 358 ff. »Die augenscheinlichsten Merkmale der Entwicklung der kirchlichen Strafgewalt sind zunächst im steten Rückgang des Machtbereichs der Jurisdiktionsträger zu sehen. Nicht in der Reformation war hier die Hauptursache zu suchen, sondern vielmehr war es die immer mehr erstarkende Gewalt des Staats und der öffentlichen Organe, sei es des feudalen, des absoluten oder später des konstitutionellen und demokratischen Staates, die die kirchliche Strafgewalt einengte, verdrängte und verbot ... Das zweite äußere Merkmal ist in der Tatsache zu sehen, daß die Kirche selbst, *ohne je ihr ius nativum et proprium auf eine Strafgewalt,* die sie schon im Dekretalenrecht verankert hatte, *aufzugeben,* auf dem Tridentinischen Konzil den entscheidenden und richtungweisenden Beschluß faßte, die Bischöfe und sonstigen Obern zu ermahnen, daß sie *die Hirten und nicht die Schläger* der ihnen Anvertrauten seien und daß sie diese nicht beherrschen, sondern als Söhne und Brüder behandeln sollten« (Hervorhebungen vom Herausgeber).

[19] Ebenda, S. 835 ff.

[20] *Ottaviani, A.*, Il Baluardo, Rom 1961, S. 20, 27.

[21] *Walsh, W. Th.*, Personajes de la Inquisición, Madrid 1948, S. 24.

Die militanten Dunkelmänner vor allem aus dem Lager der klerikalen Anhänger des Franco-Regimes, dieses konsequenten Verfechters der »geheiligten Traditionen« des kirchlichen Tribunals, rechtfertigten nicht nur die Verbrechen der mittelalterlichen Inquisition, sondern plädierten auch für die Anwendung ähnlicher Methoden in unserer Zeit. Einer dieser Neuinquisitoren, der spanische Augustiner-Eremit Miguel de la Pinta Llorente, stellte in einem Buch, das in der Mitte des 20. Jh. die blutigen Taten der Inquisition verherrlicht, die Frage: »Wenn eine Gesellschaft von Anhängern des Atheismus, d. h. von Leuten, die Gott stürzen wollen, überschwemmt ist; wenn in unseren modernen und schönen Städten die Kräfte des Bösen das verderbliche Fluidum der Hybris verbreiten und alle moralischen und ethischen Postulate mit Verachtung überschütten; wenn diese Städte voll sind von solchen ›Übermenschen‹ – ist es dann nicht ein unabwendbares Bedürfnis der Menschheit, Tribunale zu schaffen, die die Aufgabe hätten, polizeiliche Repressionen anzuwenden sowie energische und wirksame Methoden zu entwickeln; und ist es dann nicht vollkommen gleich, ob diese Tribunale als Polizeidepartements oder als Generalinquisition bezeichnet werden? Das ist alles!«[22]

Welch pathologischer Haß spricht aus diesen Worten des spanischen Augustiners! Aber wen kann eine solche Argumentation überzeugen? Nicht ohne Grund klagte der Professor des theologischen Seminars von Burgos in Spanien, Nicolas López Martinez: »Bis heute hat noch niemand überzeugend die Notwendigkeit der Inquisition, ein wirkliches Bedürfnis für diese Institution nachgewiesen.«[23] Das hinderte ihn allerdings nicht daran, seinerseits diese Institution zu rechtfertigen, die nach seinen Worten ein Opfer der Verleumdung geworden sei. »Die ganze Welt weiß«, so proklamierte er nicht ohne Selbstbewußtsein, »daß sowohl die römischen Päpste als auch die überwältigende Mehrheit der bedeutenden Theologen sie gebilligt haben. Anzunehmen, die Inquisition sei eine Einrichtung mit äußerst verderblichen Zielen gewesen, hieße deshalb, die Autorität des Heiligen Stuhls mit Füßen zu treten und an eine ungeheuerliche kollektive Verderbtheit einer ganzen historischen Periode zu glauben.«[24]

Alle diese Argumente, die die große Mehrheit der heutigen Advokaten der Inquisition vorträgt, sind nicht neu. Im großen und ganzen wiederholen sie – etwas modernisierend – die Hauptthesen eines alten Apologeten der Inquisition, des

---

[22] *Llorente, M. de la Pinta,* La Inquisición española y los problemas de la cultura y de la intolerancia, Madrid 1953, S. 7 f.

[23] *Martinez, N. López,* Los judaizantes castellanos y la Inquisición en tiempo de Isabel la Catolica, Burgos 1964, S. 11.

[24] Ebenda, S. 258 ff.

Ideologen der französischen Restauration Joseph de Maistre[25], der während seiner Emigration in Petersburg im Jahre 1815 zu ihrer Rechtfertigung das bekannte Pamphlet »Briefe an einen russischen Edelmann über die spanische Inquisition« schrieb. Dieses Werk wurde in Paris 1821 herausgegeben und bildet seit dieser Zeit eine ständige Quelle der Begeisterung für alle Eiferer des »heiligen Tribunals« bis auf unsere Tage.

Obwohl Joseph de Maistre nur die spanische Inquisition behandelt, die 1812 durch die liberalen Cortes von Cádiz aufgehoben worden war, so versuchte er doch, die Inquisition als Ganzes reinzuwaschen und ihre gesellschaftliche Nützlichkeit zu beweisen. Betrachten wir kurz seine Argumentation: Er beginnt mit der Behauptung, daß alle großen Staatsmänner sich durch Intoleranz gegen Andersdenkende auszeichnen und daß sie unduldsam sein müssen, denn darin liege gerade das Unterpfand ihrer Erfolge. Hätte es in Frankreich während des 18. Jh. eine Inquisition gegeben, die Revolution von 1789 hätte nicht stattgefunden. Nach solchen »theoretischen« Erwägungen geht de Maistre zur Begründung seiner Hauptthese über: »Für alles, was es in der Tätigkeit des Tribunals an Grausamem und Schrecklichem gibt, insbesondere für die Todesurteile, trägt die weltliche Gewalt die Verantwortung; das war ihre Sache, dafür muß man von ihr und nur von ihr allein Rechenschaft verlangen. Auf der anderen Seite: für alle Mildherzigkeit, die eine so große Rolle in der Tätigkeit des Tribunals spielte, trägt die Kirche die Verantwortung, die sich für die Folter nur insoweit interessierte, als sie versuchte, diese abzuschaffen oder zu mildern. In dieser Beziehung blieb die Kirche stets unwandelbar. Es ist heute schon nicht nur mehr ein Fehler, sondern ein Verbrechen zu behaupten, daß die Geistlichen Todesurteile fällen könnten.«[26] An allen diesen Behauptungen ist auch nicht ein Wort wahr.

Die Vertreter der Kirche schickten Menschen in den Tod – lange vor Joseph de Maistre und noch viele Jahre nach seinem ebenso leidenschaftlichen wie unbewiesenen Pamphlet zur Verteidigung der Inquisition. Aber muß man heute noch Joseph de Maistre widerlegen, nachdem in ihrem Gesetzbuch schwarz auf weiß das Recht der Kirche auf Fällung von Todesurteilen über die Apostaten niedergelegt ist?

Was die Scheiterhaufen und Folterungen betrifft, so suchte de Maistre auch in dieser Frage die Verantwortung von der Inquisition auf den Staat abzuwälzen,

---

[25] Graf Joseph Marie de Maistre (1754–1821) ein Jesuit, war in den Jahren von 1803–1817 Gesandter des (entthronten) Königs von Sardinien in Petersburg.

[26] *de Maistre, J. M.*, Considérations sur la France, suivi de l'essai sur le principe génerateur des constitutions politiques, et des lettres à un gentilhomme russe sur l'Inquisition Espagnole, Brüssel 1858, S. 297 ff. Briefe an einen russischen Edelmann über die spanische Inquisition, übersetzt von Pfeilschifter und M. v. S., Offenbach 1836, S. 35 ff.

wobei er jedoch gleichzeitig die Anwendung dieser Mittel rechtfertigte. »Von Natur aus ist die Inquisition gut, sanft und erhaltend; das ist der allgemeine, unvertilgbare Charakter aller kirchlicher Einrichtungen; das sieht man zu Rom und wird es überall, wo die Kirche zu befehlen hat, finden. Wenn aber die weltliche Macht diese Einrichtung sich zueignet und um ihrer eigenen Sicherheit willen es angemessen findet, dieselbe strenger zu machen, dann kann die Kirche nicht weiter dafür einstehen.«[27]

Wenn de Maistre die Inquisition mit den weltlichen außerordentlichen Gerichten gleichstellte, so gab er sich offenbar keine Rechenschaft darüber, daß er sie damit selbst entlarvte als ein Instrument, mit dessen Hilfe die weltliche Gewalt den Widerstand der Volksmassen unterdrückte.

Das Pamphlet de Maistres zur Verteidigung der Inquisition erwies sich gewissermaßen als ein Blindschuß. Noch bevor es nämlich das Licht der Welt erblickte, war 1817 in Frankreich ein vierbändiges Werk erschienen: die »Kritische Geschichte der spanischen Inquisition«. Es stammte von dem ehemaligen Sekretär dieser Einrichtung, dem Geistlichen Juan Antonio Llorente, der auf der Basis einer gewaltigen Menge von Archivdokumenten die blutigen Taten des »heiligen Tribunals« unwiderlegbar entlarvte. Diese »Kritische Geschichte« Llorentes, die in viele europäische Sprachen übersetzt wurde, zwang für eine lange Zeit die Apologeten der Inquisition zum Schweigen. Ein weiterer, nicht minder empfindlicher Schlag für sie war das dreibändige Werk des amerikanischen Historikers Henri Charles Lea »Geschichte der Inquisition im Mittelalter«, das erstmals im Jahre 1888 aufgelegt wurde. Diese Arbeit Leas – an Reichtum der benutzten Quellen und Literatur bis dahin unübertroffen – wird sogar von einigen energischen Verteidigern der Kirche anerkannt als »breiteste, tiefste und gründlichste Geschichte der Inquisition« unter allen Werken, die bisher zu diesem Thema geschrieben wurden.[28]

Obwohl der päpstliche Stuhl unter dem Druck der öffentlichen Meinung gezwungen war, in seinen Besitzungen die Inquisitionstribunale zu verbieten, so fuhr er jedoch fort – und zwar bis zu den letzten Tagen der Existenz des Kirchenstaates im Jahre 1870 –, sein Recht auf Verfolgung der Häretiker und auf die Anwendung von »Zwangsmaßnahmen« gegen sie zu verteidigen, d. h., er verteidigte weiterhin das Recht auf Existenz der Inquisition. In seinem apostolischen Schreiben vom 22. August 1881 verurteilte Pius IX. alle jene, die versuchten, »die Kirche der äußeren Jurisdiktion und der Gewalt, Zwang auszuüben, zu berauben, die ihr gegeben

---

[27] Ebenda, S. 285 bzw. 16.

[28] *Vacandard, E.*, The Inquisition. A critical and historical study of the coercive power of the church, New York 1940, S. VI.

ist, um die Sünder auf den Weg der Wahrheit zurückzuführen«. In dem »Syllabus« (»Volle Aufzählung der Hauptverirrungen unserer Zeit«), der im Jahre 1864 in Form einer Anlage zur Enzyklika »Quanta cura« herausgegeben wurde und eine traurige Berühmtheit erlangte, wird das Anathema über all jene ausgesprochen, die behaupteten, daß »die Kirche nicht das Recht hat, Gewalt anzuwenden« (Ecclesia vim inferendi potestatem non habet: »Syllabus« Nr. 24).[29]

Als sich die katholische Kirche gegen Ende des 19. Jh. unter Leo XIII. umorientierte und sich um ein Bündnis mit der Bourgeoisie zum gemeinsamen Kampf gegen die revolutionäre Arbeiterbewegung bemühte, da wagten ihre Theologen es von neuem, zur Verteidigung des »heiligen Tribunals« anzutreten. Wie wir schon zeigten, wiederholten viele von ihnen nur die Argumentation ihres glänzendsten, wenn auch ebenso wie sie erfolglosen Vorgängers, Joseph de Maistre. Andere, insbesondere die nicht wenigen Streiter gegen den Kommunismus, lobten die Inquisition wegen ihrer Wirksamkeit im Kampf gegen die Häretiker.

Auf durchaus orthodoxen Positionen eines Verteidigers der Inquisition stand auch der bekannte spanische Historiker und Literaturwissenschaftler Marcellino Menéndez y Pelayo (1856–1912). Seine Anschauungen in dieser Frage sind in seinem vierbändigen Werk zur Geschichte der spanischen häretischen Bewegung niedergelegt, das gegen Ende der siebziger Jahre des vorigen Jahrhunderts erstmalig veröffentlicht wurde.[30] Obwohl Menéndez y Pelayo diese Arbeit im Alter von 20 Jahren geschrieben hatte, gründet sie sich doch auf eine gewaltige Anzahl von Primärquellen und gilt in ihrer Art als ein klassisches Werk. Indem er die verschiedenartigen spanischen Häresien vom 1. bis zum 19. Jh. eingehend untersucht, rechtfertigt der Autor nicht nur ihre Verfolgung, sondern lobt und verherrlicht direkt das Wirken der Inquisition.

Die Auffassung des Menéndez y Pelayo in dieser Frage verdient Beachtung, da die klerikalen und kirchlichen Autoren, die »die Ehre und den Ruhm« des spanischen »heiligen Tribunals« verteidigen, seine Argumentation auch heute noch benutzen.

In seinen Untersuchungen über die Inquisition geht Menéndez von folgender Prämisse aus: »Der spanische Genius war in höchstem Maße vom katholischen Geist durchdrungen; die Häresie bei uns ist eine zufällige und vorübergehende Erscheinung.«[31] Wenn das aber wirklich so ist, lohnt es sich dann, so fragt man

---

[29] Ebenda, S. 182 ff. Syllabus, Satz 24. Vgl. unten Kapitel III, Anm. 24.

[30] Die letzte Ausgabe dieses Werkes: *Menéndez y Pelayo, M.*, Historia de los Heterodoxos españolas, Bd. 1–4, Buenos Aires 1945.

[31] Ebenda, Bd. 1, S. 51.

sich, »den Garten einzuzäunen« und eine Inquisition zum Kampf gegen solche Zufälligkeiten zu gründen? Der wahrhaft Gläubige muß das Wirken der Inquisition bejahen, behauptet Menéndez. Er schreibt: »Wer anerkennt, daß die Häresie das schlimmste Verbrechen und die schwerste Sünde ist, die zum Himmel schreit und die Existenz der bürgerlichen Gesellschaft bedroht, der muß das Prinzip der dogmatischen Toleranz, d. h. eine indifferente Haltung gegenüber Wahrheit und Lüge, ablehnen, der muß folgerichtig die geistliche und physische Bestrafung der Häretiker bejahen, der muß mit der Inquisition einverstanden sein.«[32]

Nach Meinung des Autors war die Vertreibung der Juden aus Spanien gegen Ende des 15. Jh. eine unvermeidliche Folge der antijüdischen Stimmungen, die angeblich in der spanischen Gesellschaft der damaligen Zeit vorherrschten.[33] »Die Entscheidung des katholischen Königs«, so behauptet der spanische Gelehrte, »war weder schlecht noch gut; sie war das unter den damaligen Bedingungen einzig Mögliche und historisch Unvermeidliche.«[34] Aber selbst wenn man den Standpunkt des Autors teilt, daß die antijüdischen Ressentiments im 15. Jh. alle Schichten der spanischen Gesellschaft erfaßten – obwohl das, wie wir sehen werden, durchaus nicht der Wirklichkeit entsprach –, bleibt die Beraubung der Maranen[35] und zahlreicher anderer Opfer durch die Inquisition und die Krone ein Kapitel, das Menéndez mit Stillschweigen übergeht.

Der Autor ist der Ansicht, daß »dieser Rassenkampf widerwärtig war und eine der Hauptursachen für den Niedergang Spaniens« bildete[36]; das hindert ihn jedoch nicht, die Legenden über die Ritualmorde zu wiederholen, die die Konvertiten angeblich praktizierten. Allerdings sieht er sich gezwungen anzuerkennen, daß die Vertreibung der Juden und die Verfolgung der »Neuchristen« durch die Inquisition nicht der Festigung der religiösen Einheit dienten, sondern im Gegenteil diesen Prozeß hemmten.[37] Für Menéndez y Pelayo ist die Intoleranz »ein notwendiges Gesetz der menschlichen Vernunft in ihrem gesunden Zustand«[38]. Auf der anderen Seite konzediert er jedoch, daß die Intoleranz in Gestalt der spanischen Inquisition im Interesse der feudalabsolutistischen Monarchie Spaniens

---

[32] Ebenda, Bd. 3, S. 284.

[33] Das königliche Edikt vom Jahre 1492 befahl die Ausweisung aller Juden, die den katholischen Glauben nicht annahmen.

[34] *Menéndez y Pelayo, M.*, a. a. O., Bd. 2, S. 280.

[35] So wurden die Juden benannt, die den katholischen Glauben angenommen hatten.

[36] *Menéndez y Pelayo, M.*, a. a. O., Bd. 2, S. 277.

[37] Ebenda, S. 284.

[38] Ebenda, Bd. 3, S. 283.

handelte: »Aber gibt es denn überhaupt ein solches religiöses System, das in seiner Organisation und Tätigkeit nicht mit den politischen und sozialen Mächten verbunden wäre? Niemals wird ein religiöses Gebäude angegriffen, ohne daß gleichzeitig auch das soziale Gebäude erzittert und Gefahr läuft zusammenzustürzen.«[39]

Gleichzeitig polemisiert Menéndez jedoch gegen jene, die die spanische Inquisition als ein Instrument des königlichen Absolutismus betrachten: »Sie war ihrem Wesen nach kirchlich; ihre Richter wurden nie als königliche Richter bezeichnet, sondern waren apostolische Inquisitoren. Wer kann daran zweifeln, daß die spanische Inquisition die gleiche war wie die römische, sowohl den zu verhandelnden Fällen nach als auch in ihren Methoden?«[40] Die letzteren waren allerdings hier wie dort die gleichen, aber die Ziele waren verschieden. War die spanische Inquisition ein Instrument in der Hand des dortigen Absolutismus, so diente die päpstliche in erster Linie den Interessen der katholischen Gegenreformation.

Völlig unbegründet und haltlos ist der Versuch des Menéndez y Pelayo nachzuweisen, daß die Inquisition eine spezifische Erscheinungsform der Demokratie im Spanien des 15. bis 18. Jh. war. Der Autor behauptet: »Diejenigen, die die Inquisition als ein Instrument der Tyrannei verurteilten, müssen heute anerkennen, daß sie eine Volkstyrannei war, eine Tyrannei der Rasse und des Blutes, eine stolze Volksabstimmung, eine demokratische Gerechtigkeit, die alle Köpfe, vom König bis zum Plebejer, vom Bischof bis zum Magnaten, einander gleichstellte.«[41]

Die historischen Tatsachen widerlegen diese Behauptung. Die Inquisition wurde mit Gewalt und durch Terror dem spanischen Volk von der Kirche und der Königsmacht aufgezwungen. Das Volk befreite sich von dieser Form der »Demokratie« bei der ersten sich bietenden geschichtlichen Möglichkeit. Und wenn die Volksbewegung in Spanien sich durch scharfe antiklerikale Kundgebungen auszeichnete, so war eine der Ursachen dafür die vielhundertjährige Herrschaft der Inquisition.

Für deren moderne Apologeten sind auch die Anschauungen des dem Leser schon bekannten Theologieprofessors Nicolas López Martinez charakteristisch. Er verteidigt energisch das Recht der Kirche und der Zivilorgane auf Verfolgung und Bestrafung der Häretiker und motiviert dies damit, daß die Häresie »die soziale Ordnung untergräbt«[42]. Das ist eine offene Anerkennung der Tatsache, daß die Inquisition den Interessen der herrschenden Ausbeuterklasse diente.

---

[39] Ebenda, S. 285.

[40] Ebenda, S. 286.

[41] Ebenda, Bd. 4, S. 100.

[42] *Martinez, N. López*, a. a. O., S. 264.

Es entsteht nun naturgemäß die Frage: Wenn die Inquisition, wie ihre Verteidiger behaupten, eine göttliche Einrichtung zur Stützung der idealen christlichen Sozialordnung war, wie sie die spanische Monarchie verkörperte: warum ist dann diese Ordnung trotzdem zusammengebrochen und mit ihr jenes Instrument der »göttlichen Vorsehung«? Darum, so antwortet López Martinez, weil die Inquisition nicht energisch genug (!) gearbeitet hat und deshalb mit den »häretischen, im Grunde revolutionären Bewegungen«, die Spanien nach 1492 zerfleischten, nicht völlig abrechnen konnte.[43]

Ein anderer katholischer Historiker, Vicente Palacio Atard, ruft zur »Objektivität« in der hier anstehenden Frage auf. »Um die Inquisition zu verstehen«, verkündet er, »ist es notwendig, dem polemischen Zank abzusagen. Das hilft uns bei der Erkenntnis, daß die Inquisition an und für sich weder gut noch schlecht war, daß sie keine Einrichtung des göttlichen Rechtes darstellte, sondern von Menschen geschaffen wurde und deshalb unvollkommen sein mußte.«[44] Palacio Atard ruft also dazu auf, die Inquisition leidenschaftslos zu betrachten und alle Umstände, die ihre Schuld mildern, in Betracht zu ziehen: die Epoche, die menschliche Schwachheit, die seit jeher bestehende Unvollkommenheit menschlicher Einrichtungen, das angeblich über die Maßen hitzige Temperament der Spanier und ähnliches mehr. Er erinnert an alles und vergißt nur eines: die Opfer der Inquisition, die Verbrechen der Inquisition. Und das ist wiederum natürlich, denn sein Ziel besteht ja darin, die Henker des »heiligen Tribunals« abzuschirmen und zu rechtfertigen.

Die koloniale Inquisition Lateinamerikas gehört zwar längst der Vergangenheit an; aber die reaktionären Regimes, die in unseren Tagen dort von den US-Imperialisten ausgehalten werden, haben nicht nur deren Praxis der Verfolgung fortschrittlicher Menschen, der Kämpfer für Freiheit und nationale Unabhängigkeit übernommen, sondern übertreffen ihre Vorgänger noch in Terror, Folter und Quälereien. Deshalb ist es nicht verwunderlich, daß sich dort heute auch Verteidiger der kolonialen Inquisition finden, die deren Verbrechen zu rechtfertigen suchen.

Der reaktionäre mexikanische Historiker Alfonso Junco bemüht sich in seinem Buch »Inquisition über die Inquisition«[45], seine Leser davon zu überzeugen, daß die koloniale Inquisition von den edelsten Absichten getragen war, daß sie die Folter »human« anwandte, daß sie sich ihren Opfern gegenüber »mit Achtung« verhielt, daß sie »demokratische« Interessen vertrat, einen Fortschritt im Rechtswesen darstellte, die Kultur verteidigte und dergleichen mehr. Es versteht sich, daß

---

[43] Ebenda, S. 374.

[44] *Atard, V. Palacio,* Razón de la Inquisición, Madrid 1954, S. 14.

[45] *Junco, A.,* Inquisición sobre la Inquisición, Mexiko 1951.

Junco sich keine Mühe gibt, irgendwelche Beweise zur Stützung seiner Behauptungen beizubringen: solche gibt es nämlich nicht. Junco erklärt, daß er die Inquisition im Interesse der historischen Wahrheit lobe; in Wirklichkeit tut er das jedoch mit dem Ziel, den gegenwärtigen Terror und die Verfolgung progressiver Persönlichkeiten zu rechtfertigen, die die Reaktion ebenfalls aus »edlen Absichten« heraus anzuwenden vorgibt: nämlich, wie sie behauptet, im Interesse der Demokratie und der »christlichen Zivilisation«. Mit dem gleichen schonungslosen Zynismus verteidigt die koloniale Inquisition der Jesuit Mariano Cuevas in seiner fünfbändigen Geschichte der katholischen Kirche Mexikos. Er meint gar, die Inquisition sei von der »göttlichen Vorsehung« in die spanischen Kolonien gesandt worden und habe sich dort als »heilige, belebende« Institution erwiesen. Er schreibt: »Natürlich muß man die Tatsache bedauern, daß sich auf Neuspanien[46] die drohende und erbarmungslose Hand der Inquisition legte, den gezückten Degen in der Faust, dessen Spitze gegen das Volk gerichtet war. Da es jedoch im Volke wegen der allgemeinen Verderbtheit des Menschengeschlechts schändliche Glieder gibt, die nicht anders als unter der Furcht vor Feuer und Schwert im Namen der Liebe und der edlen Ideale handeln, so ist die Anwendung von Feuer und Schwert eben im Interesse der Erhaltung der Gesellschaft notwendig und durchaus wünschenswert. Deshalb spielen jene die Rolle von Dummköpfen, die das Tribunal angreifen; verdanken wir seinem gerechten Wirken doch in beträchtlichem Maße die besseren Tage unseres gesellschaftlichen und religiösen Lebens.«[47]

Allerdings gibt es unter den heutigen Apologeten der Inquisition auch solche, die ein übermäßiges Lob ihrer Tätigkeit und das Bestreben, ihre Verbrechen um jeden Preis zu rechtfertigen, als schädlich und für die Interessen der Kirche selbst als gefährlich ansehen. Zumindest in Worten treten sie für eine wissenschaftliche, objektive Behandlung der Geschichte der Inquisition ein – nach dem Grundsatz, daß selbst die bitterste Wahrheit für die Kirche immer noch vorteilhafter ist als die Lüge, und das um so mehr, als die Wahrheit über die Inquisition heute schon allgemein bekannt ist.

Der Stammvater dieser »objektiven« klerikalen Schule ist der französische Geistliche E. Vacandard. Er schrieb 1906 seine »kritische« Geschichte der Inquisition, die seitdem in viele Sprachen übersetzt wurde. Er tadelt die kirchlichen Apologeten, die die verbrecherischen Methoden dieser Einrichtung durch Hinweise auf die Praxis der weltlichen Gerichte zu rechtfertigen suchen, und meint: »Wenn die Inquisition Calvins und der französischen Revolutionäre auch die Verurteilung der Menschheit

---

[46] Dies war die Bezeichnung Mexikos während der Zeit der spanischen Herrschaft.

[47] *Cuevas, M.*, Historia de la Iglesia en México, Bd. 3, Mexiko 1946, S. 152.

verdient, so folgt daraus durchaus nicht, daß die Inquisition der katholischen Kirche gerechtfertigt war. Wir müssen diese Institution objektiv erforschen und richten, und zwar vom Standpunkt der Moral, der Gerechtigkeit und der Religion aus, anstatt ihre Exzesse mit den anstößigen Handlungen anderer Tribunale zu vergleichen.«[48] Indem Vacandard diese Idee weiterentwickelt, warnt er die übermäßig eifrigen Verteidiger des »heiligen Tribunals«: »Der katholische Apologet handelt gegen seine Pflicht, wenn er nur zur Freude und Erbauung seiner Gläubigen schreibt. Wir müssen davon ausgehen, daß die Geschichte der Inquisition unvermeidlich Dinge aufdeckt, deren Existenz wir nicht einmal ahnten; unsere Vorurteile dürfen uns nicht als Hindernis dienen, ein ehrliches Verhältnis zu den Tatsachen zu gewinnen. Das einzige, was wir zu fürchten haben, ist der Vorwurf, wir fürchteten die Wahrheit.«[49]

Vacandard verpflichtet sich daher, die Wahrheit zu schreiben, nichts als die reine Wahrheit. Wie aber erfüllt er diese Verpflichtung? Er schrieb aus den Werken H. Ch. Leas gewissenhaft die heute unbestreitbaren Fakten über die terroristische Tätigkeit der Inquisition ab. Er erkannte sogar an, daß die römischen Päpste, die Synoden und die Inquisitoren, auch wenn sie nicht unmittelbar an der Verhängung von Todesurteilen Anteil hatten, nichtsdestoweniger leidenschaftlich an der Hinrichtung der Häretiker interessiert waren, die zur weiteren Veranlassung dem weltlichen Arm übergeben worden waren. »Es ist zweifellos durch Fakten und Dokumente bewiesen«, schreibt Vacandard, »daß die Kirche in Gestalt ihrer Päpste alle ihr zur Verfügung stehenden Mittel einschließlich der Exkommunikation nutzte, um die weltlichen Mächte zur Hinrichtung der Häretiker zu veranlassen. Die Exkommunikation wurde besonders gefürchtet, da gemäß dem kanonischen Recht der Exkommunizierte zum Tode verurteilt werden konnte, wenn sie nicht innerhalb eines Jahres aufgehoben wurde. Deshalb hatten die damaligen Herrscher keine andere Wahl, diese Strafe zu umgehen, als bedingungslos die Urteile der Kirche zu vollziehen.«[50]

Aber obwohl Vacandard die Verantwortlichkeit des Papsttums und der Kirche für die Taten der Inquisition nicht leugnet, versucht er doch, sie reinzuwaschen. Die Kirche, so erklärt dieser französische Abate, vermittelt den Menschen die auf dem Wege der Offenbarung erhaltenen Wahrheiten, die für ihr Heil notwendig sind. »Wenn sie zur Verteidigung dieser Wahrheiten in einem bestimmten Zeitalter Mittel einsetzt, die vom folgenden Zeitalter verurteilt werden, so beweist das nur, daß sie den Sitten und Ideen folgt, die in der sie umgebenden Welt jeweils herrschen. Aber die Kirche hält streng darauf, daß die Menschen ihre Handlungen nicht für unfehlbar

---

[48] *Vacandard, E.*, a. a. O, S. V f.

[49] Ebenda, S. VIII f.

[50] Ebenda, S. 129 ff.

und für ewige Regeln einer absoluten Gerechtigkeit halten. Sie erkennt bereitwillig an, daß sie bisweilen auch in der Wahl der taktischen Mittel irren kann. Das System der Verteidigung und Sicherung, das sie im Mittelalter anwandte, erwies sich zumindest bis zu einem gewissen Grade als erfolglos. Wir können aber nicht behaupten, daß es absolut ungerecht und absolut unmoralisch gewesen sei.«[51]

Seinerzeit hatte Joseph de Maistre noch behauptet, daß ihm nichts über Verbrechen der Inquisition bekannt sei. Hier aber erklärt der Geistliche Vacandard, daß alle diese Verbrechen kennen. Heißt das nun, daß er die Inquisition verurteilt? Nein, im Gegenteil: er rechtfertigt sie. Die Inquisition vollbrachte teuflische Untaten? fragt der »objektive« Vacandard. Ja, aber man darf sie nicht übertreiben, zumal die Kirche sich selbst ja auch nicht für unfehlbar hält. Hat aber nicht die Inquisition gerade diejenigen auf die Scheiterhaufen geschickt, die an ihrer Unfehlbarkeit zweifelten? Auch auf diese »heimtückische« Frage hält der Abate eine kluge Antwort bereit. Nicht nur, daß er diese Tatsache nicht leugnet; er vermerkt auch mit Genugtuung, daß die Kirche tatsächlich und durchaus erfolgreich mit solcherart »Skeptikern« abrechnete. Aber, so beeilt er sich zur Rechtfertigung hinzuzufügen, diese Abrechnungen bildeten nicht ein »System der Unterdrückung«, sondern ein »System des Schutzes« der Kirche vor den sie bedrohenden Häretikern; ein derartiges »Schutzsystem« aber darf man nicht als »absolut ungerecht und absolut unmoralisch« bezeichnen. So kommt bei Vacandard schließlich heraus, daß an den blutigen Taten der Inquisition die Häretiker selbst schuld seien; denn wenn sie nicht gewesen wären, hätte es auch die Inquisition und deren Verbrechen nicht gegeben.

Vacandard hatte eine Reihe von Nachfolgern, die bis in unsere Tage fortfahren, von solch »objektiven« Positionen aus die Geschichte der Inquisition darzulegen, indem sie versuchen, mit allen möglichen Sophismen deren verbrecherische Handlungen zu rechtfertigen oder zu beschönigen. Einer von den Gesinnungsgenossen Vacandards, der französische Bischof Célestin Douais, behauptet, die Inquisitionstribunale seien im Interesse der Häretiker geschaffen worden, da sie diese vor Massenpogromen und unkontrollierbaren Verfolgungen seitens der weltlichen Mächte schützten; seien diese doch an der Konfiskation ihres Eigentums interessiert gewesen. Die Inquisition sicherte ihnen ein »gerechtes« Gericht. »Die Tribunale der Inquisition«, schreibt Douais, »dienten auch der Erhaltung der Zivilisation der Epoche, denn sie festigten die Ordnung und verhinderten die Verbreitung des Bösen; sie verteidigten die Interessen des Jahrhunderts und schützten wirksam die christliche Ideologie und die soziale Gerechtigkeit.«[52]

---

[51] Ebenda, S. 187.

[52] *Douais, C.*, L'Inquisition, ses origines, sa procédure, Paris 1906, S. 63.

Die gleichen Ansichten äußert ein anderer moderner Inquisitionshistoriker, der amerikanische Prälat Shannon. Er erklärt: »Die Errichtung der heiligen Tribunale mit speziellen Richtern, die einen ständigen Kampf gegen die Häresie führten, war zwar keine notwendige, aber ohne Zweifel eine logische Folge des Fortschritts in der kirchlichen Gesetzgebung zur Bekämpfung der Häresie.« [53] Offensichtlich war diese Art von Argumentation dem Dramatiker Bernard Shaw gut bekannt, denn sein Inquisitor aus dem Drama »Die heilige Johanna«, das zu Anfang der zwanziger Jahre unseres Jahrhunderts geschrieben wurde, wiederholt sie fast wörtlich in der Gerichtsszene: »Der Ketzer in den Händen des heiligen Amtes ist vor Gewalttätigkeit geschützt, er ist eines gerechten Verhöres sicher, und selbst wenn er schuldig ist, kann er den Tod nicht erleiden, wenn der Sünde die Reue folgt.« [54] Sind das nicht die Überlegungen Vacandards und seiner Nachfolger? Übrigens teilen bei weitem nicht alle Kirchenmänner deren Anschauungen über die Inquisition. Schon der von uns erwähnte spanische Theologe Nicolas López Martinez, der das Recht der Kirche auf Anwendung von Zwangsmaßnahmen gegen ihre Gegner auch in unserer Zeit verteidigt, kritisiert Vacandard heftig dafür, daß er angeblich den Feinden der Kirche Zugeständnisse macht, wenn er ihr nur das Recht auf moralische Einwirkung zugesteht, obwohl die vielhundertjährige Praxis der Inquisition und die autoritativen Aussagen der Kirchenväter solche »freigeistigen« Anschauungen verurteilen. [55]

Schließlich muß man noch eine Schule bürgerlicher Historiker erwähnen, die der Ansicht sind, die Tätigkeit der Inquisition sei in der Hauptsache gegen die Juden gerichtet gewesen. [56] Aber diese Auffassung entspricht nicht der historischen Wahrheit. Zwar waren tatsächlich in Spanien und seinen überseeischen Besitzungen und ebenso in Portugal während einzelner Perioden die Juden Verfolgungen seitens der Inquisition ausgesetzt; jedoch in anderen katholischen Ländern ist das nicht oder nur in ganz geringem Maße festzustellen. Mehr noch: in den päpstlichen Gebieten verfolgte die Inquisition die Juden überhaupt nicht; jüdische Bankiers gewährten den römischen Päpsten Gelddarlehen selbst in den Perioden der grausamsten Jagden auf ihre iberischen Glaubensgenossen. Dafür aber verfolgte und verurteilte die Inquisition stets die plebejischen und bürgerlichen Häretiker, die Freidenker, die Vorkämpfer für soziale Gerechtigkeit, die Gegner der kolonialen

---

[53] *Shannon, A. Ch.,* The Popes and Heresy in the thirteenth century, Villanova, Penns. 1949, S. 57.

[54] *Shaw, G. B.,* Die heilige Johanna. Dramatische Chronik in sechs Szenen und einem Epilog, in: ders., Dramatische Werke, Bd. 2, Berlin 1956, S. 462 ff.

[55] *Martinez, N. López,* a. a. O., S. 269.

[56] Vgl. *Rios, J. Amador de los,* Historia social, politica y religiosa de los iudios en España y Portugal, 3 Bde., Madrid 1875/76; *Baer, F.,* Die Juden im christlichen Spanien, 3 Bde., Berlin 1929; *Neumann, A. A.,* The Jews in Spain, 2 Bde., Philadelphia 1944.

Ausbeutung, die Gelehrten, die mit ihren Entdeckungen die religiösen Dogmen widerlegten, die Kämpfer für den gesellschaftlichen Fortschritt – von den großen Utopisten des Mittelalters angefangen bis hin zu den Kommunisten unserer Tage.

Es soll nicht verschwiegen werden, daß sich neuerdings auch im »kritischen Katholizismus« die Stimmen mehren, die sich ohne Vorbehalte von der Inquisition distanzieren, um dadurch ein für allemal dieses düstere Kapitel ihrer Kirchengeschichte zu bewältigen. So schrieb Josef Eger in seinen »Kritischen Betrachtungen« im Jahre 1970: »Es gehört zum Schauderhaftesten der Kirchen- und Ordensgeschichte, daß ausgerechnet ein Orden sich für eine ›Inquisition‹ zur Verfügung stellte, deren Existenz zwar irgendwie zu verstehen, aber niemals vom Evangelium her zu rechtfertigen ist. Es bedarf noch vieler Buße und Sühne, um das ganz aufzuarbeiten ... Daß man auf dem Gebiet des Glaubens nie zwingen darf, das hätten doch alle bestehenden religiösen Gemeinschaften ... mit Wort und Tat und, wenn nötig, mit klarem Protest verkünden müssen.«[57]

So bewegt die Frage nach dem Platz der Inquisition in der Geschichte, nach den Zielen und Methoden ihrer Tätigkeit auch weiterhin die Forscher der verschiedenen Richtungen. Deshalb ist diese Einrichtung ein Blatt in der Geschichte, das noch nicht abgeschlossen ist. Der Streit geht weiter ...

Seit Adam und Eva - Begriff und Chronologie der Inquisition

Es gibt verschiedene Ansichten darüber, was man eigentlich unter Inquisition zu verstehen hat und welches ihr chronologischer Rahmen ist.

Wenn man unter Inquisition die Verurteilung und Verfolgung Andersdenkender, insbesondere der Apostaten, durch die herrschende Kirche verstehen will, dann muß man folgerichtig die Betrachtung auf die ganze Geschichte der christlichen Kirche ausdehnen, von ihrer Entstehung an bis zur Gegenwart; denn die Bischöfe haben von ihren ersten Anfängen an bis zum heutigen Tag für sich das Recht in Anspruch genommen, alle Gläubigen zu verurteilen und aus der Kirche auszuschließen, die sie als Häretiker ansehen. Einige Forscher behandeln diese Frage sogar noch umfassender und sind der Meinung, daß die Inquisition ein charakteristisches Attribut nicht nur der katholischen, sondern auch der protestantischen und der orthodoxen Kirche ist.

Wenn man die Inquisition dagegen enger faßt und unter diesem Terminus die Tätigkeit bestimmter Tribunale der katholischen Kirche versteht, die sich mit den

---

[57] *Eger, J.*, Herz der Kirche? Kritische Betrachtungen zum Ordensleben, Freiburg i. Br. 1970, S. 94.

Häretikern befaßt, so steht allein die Zeit von der Entstehung dieser Tribunale im 12./13. Jh. bis zu ihrer allgemeinen Abschaffung in der ersten Hälfte des 19. Jh. zur Debatte. Aber auch danach existierte beim Vatikan noch bis zum Jahre 1965 die Kongregation des »Heiligen Offiziums« als Nachfolgeinstitution der Inquisition.

Anhänger beider Ansichten über diese Einrichtung kann man sowohl unter den kirchlichen als auch unter den weltlichen Historikern finden.

Der erste von ihnen, der den Terminus Inquisition im weitesten Sinne auffaßte, war der Inquisitor von Sizilien, ein Spanier namens Luis Paramo, der im Jahre 1598 in Madrid ein Buch in lateinischer Sprache »Über die Entstehung und Entwicklung der heiligen Inquisition« (De origine et progressu Officii Sanctae Inquisitionis) veröffentlichte. Dieser Traktat ist die erste Arbeit über die Geschichte der Inquisition, die vom Standpunkt der offiziellen Doktrin der katholischen Kirche aus geschrieben wurde. Sie diente als Antwort auf die damals neu auftauchende protestantische Literatur, die die Schrecken der Inquisition brandmarkte. In seinem Bemühen, die Tätigkeit des »heiligen Tribunals« zu rechtfertigen, begann Paramo mit der Darlegung ihrer Geschichte sozusagen seit Erschaffung der Welt. Der erste Inquisitor, so behauptete er, war Gott selbst, und die ersten Häretiker Adam und Eva. Gott vertrieb beide, die vor ihm schuldig geworden waren, aus dem Paradies, nachdem er sie vorher seinem Verhör und seinem Gericht unterworfen hatte. »Die Inquisitoren«, so fährt Paramo fort, »verfolgen genau die gleiche Prozedur, die sie von Gott selbst übernommen haben.«[58]

Die Kleidung, mit der Adam und Eva nach ihrem unvorsichtigen Genuß der verbotenen Frucht ihre Nacktheit bedeckten, hält Paramo für den ersten »Sanbenito«[59] – das »Armesünderhemd«, das zu tragen die Opfer der Inquisition verurteilt wurden. Die Vertreibung der Stammeltern der Menschheit aus dem Paradies nennt er die erste Konfiskation – der »ewigen Seligkeit«, den Prototyp jener weitaus realeren und fühlbareren Konfiskationen, die die Inquisition in der Folgezeit gegenüber dem Eigentum ihrer Opfer durchführte. Aber all das, so scheint es, genügte Gott noch nicht; er verurteilte die Menschen auch dazu, bis zum »Jüngsten Gericht«

---

[58] *Paramo, L.*, De origine et progressu Officii Sanctae Inquisitionis, Madrid 1598. Zitiert nach: Le Manuel des Inquisiteurs à l'usage des Inquisitions d'Espagne et de Portugal, Lissabon 1762, S. 182 ff.

[59] Der Sanbenito (spanisch; zusammengezogen aus saco bendito = gesegneter Bußsack), auch Zamarra genannt, war ein Schandkleid, das die von der Inquisition Verurteilten zur Buße zeitweilig tragen mußten; mit ihm wurden auch die zum Tode Verurteilten zur Hinrichtung geführt. Er bestand aus einem Skapulier aus gelber Leinwand und war vorn und hinten mit einem roten Andreaskreuz versehen (bei reuigen Ketzern), oft auch mit Flammen und Teufeln bemalt (bei »hartnäckigen« Ketzern, die dem »weltlichen Arm« übergeben wurden). Er ist wahrscheinlich aus einem Sack entstanden, den die Büßer des Frühchristentums trugen. Die zum Tode Verurteilten trugen außerdem noch die Caroza, eine hohe Ketzermütze aus Papier oder Pappe, auf die ebenfalls Teufelsgestalten gemalt waren (portug.: carocha).

zahllose Krankheiten, Epidemien, Überschwemmungen, Erdbeben, Kältewellen, Hungersnöte und Kriege zu erleiden; er verurteilte die Menschen dazu, in Schmerzen geboren zu werden, ihr täglich Brot im Schweiße ihres Antlitzes zu essen und tierische Angst vor dem Tode zu empfinden. Sogar das irdische Leben des Gerechten füllte er an mit allen möglichen Strapazen, Leiden und Prüfungen.

Wenn aber Gott so hart gegenüber dem Menschengeschlecht, einschließlich der Gerechten, verfuhr, so behaupteten die mittelalterlichen Apologeten der Inquisition, dann kannte sein Zorn gegen die unbotmäßigen und widerspenstigen Nachkommen Adams und Evas erst recht keine Grenzen. Hatte er nicht mittels der Sintflut einmal sogar die ganze Menschheit vernichtet, wobei er nur Noah und seine Familie verschonte; hatte er nicht die Bewohner Sodoms und Gomorrhas lebendig verbrannt, indem er »Schwefel und Feuer«[60] auf sie regnen ließ (die erste Atombombe, wie einige hypermoderne Bibelinterpreten heute behaupten); sprach er nicht zu den murrenden Kindern Israels in der Wüste: »Eure Leiber sollen in dieser Wüste verfallen; alle, die ihr gezählt seid von 20 Jahren und darüber, die ihr wider mich gemurrt habt«[61]; hatte er nicht »feurige Schlangen« über die gesandt, die auf der gleichen Wanderung »kleinmütig« wurden[62]; und schlug er nicht »des Volkes 50 000 und 70 Mann«, allein »darum, daß sie die Lade des Herrn angesehen hatten«[63]? Im Vergleich mit diesen Massenschlächtereien des alttestamentlichen Gottes, von denen hier nur ein kleiner Ausschnitt geboten wurde, erscheinen die Verbrechen eines Torquemada fast wie ein Kinderspiel. Der damalige Gott war nicht nur unversöhnlich, unbarmherzig und über die Maßen grausam gegenüber denen, die von seinen Geboten abwichen oder seine geheimen »unerforschlichen Ratschlüsse« falsch auslegten, er forderte von seinen Anhängern auch die gleiche Haltung, dieselbe Grausamkeit und Erbarmungslosigkeit gegenüber allen Apostaten – insbesondere in solchen Fällen, wo diese versuchten, die Rechtgläubigen zu »verführen«. »Wenn Dich Dein Bruder, Deiner Mutter Sohn, oder Dein Sohn oder Deine Tochter oder das Weib in Deinen Armen oder Dein Freund, der Dir ist wie Dein Herz, heimlich überreden würde und sagen: Laß uns gehen und anderen Göttern dienen, die Du nicht kennst noch Deine Väter ..., so willige nicht darein und gehorche ihnen nicht. Auch soll Dein Auge seiner nicht schonen, und Du sollst Dich seiner nicht erbarmen und ihn verbergen, sondern ihn erwürgen. Deine Hand soll die erste über ihm sein, daß man ihn töte, und danach die Hand des ganzen Volkes.«[64]

---

[60] 1. Mos. 19, 24.

[61] 4. Mos. 14, 29.

[62] 4. Mos. 21, 6.

[63] 1. Sam. 6, 19.

[64] 5. Mos. 13, 7–10, vgl. auch 5. Mos. 17, 1–6.

Nach der Meinung Paramos war Jesus Christus »der erste Inquisitor des Neuen Testaments. Er begann mit der Ausübung seiner Pflichten schon am dritten Tage nach seiner Geburt, als er durch die drei Weisen aus dem Morgenlande mitteilen ließ, daß er erschienen sei, und führte sie fort, als er Herodes tötete, indem er veranlaßte, daß die Würmer seinen Leib zerfraßen ... Nach Jesus Christus übernahmen der heilige Petrus, der heilige Paulus und die anderen Apostel das Amt des Inquisitors, das sie den nachfolgenden Päpsten und Bischöfen hinterließen.«[65] Auf diese Weise, so vermerkt Paramo nicht ohne Genugtuung, »grünte und blühte der Baum der Inquisition; seine Wurzeln und Zweige verbreiteten sich über die ganze Welt, und er brachte die süßesten Früchte.«[66]

Eine solche Bezugnahme auf die Bibel ermöglichte es den klerikalen Verfechtern der Inquisition, auf der einen Seite den »göttlichen Ursprung« des »heiligen Tribunals« und auf der anderen Seite dessen »Ewigkeitscharakter« nachzuweisen. Diese Betrachtungsweise Paramos wurde im Laufe der folgenden Jahrhunderte auf vielfache Art und Weise von den kirchlichen Autoren übernommen. So behauptete z. B. Marino Marini, einer der engsten Mitarbeiter Papst Pius' IX., in einem Traktat, der dem Inquisitionsprozeß gegen Galilei gewidmet war: »Das Inquisitionstribunal ist so alt, daß man Jesus Christus selbst als seinen Begründer und Gesetzgeber ansehen muß.«[67]

Moderne Apologeten der Kirche erkennen heute ebenfalls an, daß diese im Verlauf ihrer gesamten Geschichte die Häresien und die Häretiker verfolgt hat. Schon der von uns zitierte W. Th. Walsh schrieb, daß die Kirche »während der ganzen zweitausend Jahre ihres Bestehens Unduldsamkeit gegenüber jeder Art von Sünden, wo immer sie auftauchten, zeigte, insbesondere gegenüber solchen, die die Größe Gottes beleidigten ... So ist die Unduldsamkeit nicht die am meisten typische Besonderheit der Kirche, sondern einfach eine Sache der Verteidigung, die ihr vom Allerhöchsten zusammen mit ihrer göttlichen Mission anvertraut wurde.«[68] E. Vacandard vertritt den gleichen Standpunkt. Die erste Periode der Inquisition verlegt er in das 5. bis 6. Jh., als die Bischöfe, dem Beispiel der legendären Apostel Petrus und Paulus folgend, alle die Christen aus der Kirche ausschlossen und sie mit dem Anathema belegten, die nach ihrer Meinung von der offiziellen Lehre abwichen.

---

[65] Le Manuel des Inquisiteurs, a. a. O., S. 190.

[66] Ebenda, S. 191.

[67] *Marini, M.*, Galilei e l'Inquisizione. Memorie Storico-critiche dirette alla Romana Academia di Archeologia, Rom 1850, S. 11.

[68] *Walsh, W. Th.*, a. a. O., S. 33.

Verständlicherweise hatte die Kirche in ihrer frühesten Periode keine Möglichkeit, physisch mit jenen abzurechnen, die sie als Apostaten betrachtete. Erst im 4. Jh., als das Christentum zur herrschenden Religion im Römischen Reich wurde, ging die Kirche vom »Wort« (der Exkommunikation) auch zur »Tat« (Gewalt) über.

Einige weltliche Historiker behandeln die Geschichte der Inquisition ebenfalls in diesem erweiterten Sinne. So heißt es zum Beispiel in dem Artikel über die Inquisition, der in der Encyclopedia Britannica veröffentlicht wurde: »Es wäre nicht richtig zu behaupten, daß die Inquisition im 13. Jh. in fertiger Gestalt mit all ihren Prinzipien und Einrichtungen erschienen sei. Sie war das Resultat oder, besser gesagt, ein weiterer Schritt auf dem Wege einer langen Entwicklung, deren Anfänge mindestens im 4. Jahrhundert gesehen werden müssen.«[69] Der Autor dieses Artikels teilt die Geschichte der Inquisition in zwei große Perioden ein: die episkopale Periode vom 4. bis zum 13. Jh., in der sich die Bischöfe mit der Verfolgung der Häretiker befaßten, und die Mönchsperiode vom 14. bis zum 19. Jh., in der besondere Inquisitionstribunale existierten, die von Dominikanern und Franziskanern geleitet wurden. Diese Periodisierung wurde auch von der russischen vorrevolutionären Historiographie übernommen, so von M. Pokrovskij[70] und dem bekannten Spanienkenner W. Piskorskij. Letzterer unterschied neben der episkopalen und der Mönchs-Inquisition noch eine spanische Inquisition (seit 1480, als sie in Form eines obersten kirchlichen Tribunals, der Suprema, in Spanien zu arbeiten begann).[71]

In der sowjetischen Historiographie der zwanziger Jahre überwog die Auffassung der Inquisition im weiteren Sinne des Wortes. Dieser Standpunkt wurde z. B. in dem Nachwort der Gesellschaft »Atheist« zum Buch S. G. Lozinskijs »Die heilige Inquisition« formuliert: »Der Beginn der Inquisition (in anderer Form und unter anderer Bezeichnung) fällt zusammen mit den Anfängen der christlichen Kirche selbst, und ebenso ist die chronologische Einengung der Geschichte der Inquisition auf das Mittelalter nicht richtig. Bis in unsere Zeit hinein existiert in der päpstlichen Administration zu Rom das Heilige Offizium.[72] Wenn die Kirche in der Gegenwart ihre Gegner nicht mehr Verhören und Folterungen unterzieht und auf dem Scheiterhaufen verbrennt, so erklärt sich das ausschließlich dadurch, daß die weltliche Gewalt sich heute der Forderung der Kirche, die Urteile ihrer Gerichte zu vollstrecken, nicht mehr unterwirft.«[73]

---

[69] Encyclopedia Britannica, Bd. 12, Chicago 1946, S. 377.

[70] *Pokrovskij, M.*, Srednevekovye eresi i inkvizicija, in: Kniga dlja čtenija po istorii srednich vekov, pod red. *Vinogradova, I. G.*, 2. Aufl., Moskau 1897, S. 681.

[71] *Piskorskij, V.*, Inkvizicija, in: Enciklopedičeskij slovar' Brokkgauza i Efrona, Bd. 13, St. Petersburg 1894, S. 180.

[72] Die genaue Bezeichnung ist: Kongregation des Heiligen Offiziums.

[73] *Lozinskij, S. G.*, Svataja inkvizicija, Moskau 1927, S. 298.

Die Mehrheit der gegenwärtigen sowjetischen Historiker, darunter auch der Autor dieses Buches, begreift die Inquisition allerdings im engeren Sinne des Wortes, wenn sie auch im Unterschied zu den klerikalen und vielen anderen bürgerlichen Forschern der Meinung ist, daß diese Einrichtung auch nach der Abschaffung der »heiligen Tribunale« unter dem Namen der Kongregation des Heiligen Offiziums weiterexistierte.

Es versteht sich von selbst, daß die Inquisition nicht in einem »leeren« Raum entstand. Der Schaffung der »heiligen Tribunale« ging ein jahrhundertelanger Kampf der herrschenden Kirchenkreise gegen die Häresie voraus, in dessen Verlauf auch die theoretischen Begründungen für die Notwendigkeit der Anwendung verschiedener Arten und Formen von Gewalt gegenüber den Häretikern ausgearbeitet wurden, und zwar einer Gewalt, die bis zur physischen Vernichtung reichte. Das war keine leichte Aufgabe, denn zur Rechtfertigung der Inquisition mußten die Theologen die »Religion der Liebe und Barmherzigkeit«, als welche sich das Christentum ausgibt, ersetzen durch eine Religion des Hasses und der Gewalt. Diese Transformation der Lehre erforderte Jahrhunderte.

Der dem Leser schon bekannte französische Bischof Célestin Douais leugnet zwar nicht, daß die Kirche stets gegen Andersdenkende vorging, aber er behauptet gleichzeitig: Der die Inquisition auszeichnende Charakterzug ist nicht so sehr der Charakter der von ihr untersuchten Verbrechen, die Gerichtsprozedur oder die Form der Bestrafung, sondern vielmehr das Vorhandensein eines ständigen Richters, der mit Vollmachten für die Verfolgung der Häretiker ausgestattet war.[74] Dieser Standpunkt wird auch von dem amerikanischen Inquisitionshistoriker A. Ch. Shannon voll und ganz geteilt: »Die wirkliche Inquisition«, so schreibt er, »ist eine Einrichtung, die vom Heiligen Stuhl geschaffen wurde, mit speziell ernannten Richtern für die Untersuchung, das Gericht und die Verurteilung der Häretiker.«[75] Er vermerkt auch, daß der Terminus Inquisition (von lat. inquisitio = Untersuchung) erst mit der Entstehung dieser Tribunale auftaucht.

Man kann sich also weder mit der Meinung des Inquisitors Paramo einverstanden erklären, der den Beginn der Inquisition bis zu dem Strafgericht vorverlegt, das der Allerhöchste über Adam und Eva verhängte, noch mit der des Bischofs Douais, der die Geschichte dieser Institution erst mit der Tätigkeit der »heiligen Tribunale« beginnen läßt. Schon in der frühen Periode des Christentums waren die Bischöfe und unter ihnen die römischen Päpste mit Vollmachten ausgestattet, die Häretiker zu verfolgen, zu richten und zu bestrafen; und sie haben diese Vollmachten die

---

[74] *Douais, C.*, a. a. O., S. 40.

[75] *Shannon, A. Ch.*, a. a. O., S. 49.

ganze Kirchengeschichte hindurch ausgeübt. Auch nach der Auflösung des Heiligen Offiziums haben sie sie noch inne, und zwar gemäß dem Codex iuris canonici, der immer noch gültig ist. Solche Rechte hatten und haben auch die allgemeinen Konzilien. Wenn man von diesen Fakten ausgeht, so muß man anerkennen, daß die »heiligen Tribunale« durchaus nicht die einzige Form der Inquisition waren.

Eine eingehende Periodisierung der Inquisitionsgeschichte nimmt der progressive italienische Historiker P. Longone vor. Er teilt diese dabei in folgende Etappen: die »primitive« Inquisition der Zeit des frühen Christentums; die kaiserliche Inquisition, die nach den Weisungen der christlichen Imperatoren von den römischen Präfekten und den Statthaltern ausgeübt wurde; die bischöfliche Inquisition seit dem Zerfall des römischen Imperiums bis hin zum 13. Jh.; die eigentliche Inquisition (das »heilige Tribunal«), an deren Spitze der Papst stand und die unmittelbar von den Dominikanern und Franziskanern geleitet wurde; die staatliche Inquisition, die gemeinsam von der weltlichen und kirchlichen Obrigkeit durchgeführt wurde, und zwar mit Unterstützung der kirchlichen Hierarchie; die spanische Inquisition, die ein Großinquisitor leitete, der vom König ernannt und vom Papst bestätigt wurde; die koloniale Inquisition (der Spanier und Portugiesen) und schließlich die allgemeine Inquisition, das ist die römische in Gestalt der Kongregation des Heiligen Offiziums, die seit 1542 bis in unsere Tage existiert.[76] Bei dieser Einteilung feste chronologische Grenzen zu ziehen, ist allerdings schwer. In der vielhundertjährigen, von so vielen Wirren durchzogenen Geschichte der katholischen Kirche kann man beispielsweise die inquisitorische Tätigkeit der Bischöfe von der der »heiligen Tribunale« nicht immer scharf abgrenzen. Es sind Fälle bekannt, wo trotz des Bestehens der Inquisition die Kirchenführung die Bischöfe und andere kirchliche Instanzen mit der Durchführung der Prozesse gegen ihre ideologischen Gegner beauftragte; das war etwa bei Luther der Fall oder bei dem Prozeß gegen Jan Hus, der vom Konstanzer Konzil selbst geführt wurde. Hier übernahm dieses selbst die Rolle des Inquisitionstribunals. Es gab auch Fälle, in denen die inquisitorischen Funktionen und Vollmachten durch das »heilige Tribunal« selbst den Bischöfen oder Bevollmächtigten der Mönchsorden übertragen wurden. So beauftragte die spanische Inquisition kurz nach der Eroberung der amerikanischen Kolonien durch die Spanier die örtlichen Hierarchen dort mit der Wahrnehmung ihrer Funktion. Nach der Auflösung des Inquisitionstribunals im 19. Jh. gingen deren Aufgaben wiederum an die Bischöfe über, die fortfuhren, die Apostaten und Ketzer zu bestrafen, indem sie sie mit Kirchenbußen oder der Exkommunikation belegten, da die fehlende Unterstützung seitens der weltlichen Macht ihnen nun die Möglichkeit nahm, physische Gewalt bei der Bestrafung der Ungehorsamen anzuwenden.

---

[76] *Longone, P.*, Quando ardevano i roghi de la Inquisizione, in: Vie Nuove 1961, Nr. 27, S. 24.

Die modernen Kirchenhistoriker sind aus leicht verständlichen Gründen geneigt, das Inquisitionstribunal als eine charakteristische Erscheinung nur für einzelne christliche Länder, nicht aber für die Kirche als Ganzes zu betrachten. Namhafte Forscher haben sich allerdings gegen diesen Standpunkt gewandt. So ist z. B. der französische Gelehrte Jean Guiraud der Ansicht, daß »die Inquisition nicht nur einer Nation oder einer Region eigentümlich war, sondern in fast allen christlichen Ländern wirkte, wo die Häresie gegen die Kirche auftrat ... So hing das Ausmaß ihrer Tätigkeit von den Bedingungen ab, die in diesen Ländern herrschten.«[77]

Eine strittige Frage in der Historiographie ist die nach dem Entstehungsdatum der Inquisitionstribunale. Sie wird von den einzelnen Forschern ganz verschieden beantwortet. Der bekannte deutsche Historiker des vergangenen Jahrhunderts F. Ch. Schlosser, Autor einer achtzehnbändigen Weltgeschichte, die Karl Marx exzerpierte, vertrat die Meinung, daß die Inquisition zwischen 1198 und 1230 gegründet wurde. In den berühmten »Chronologischen Auszügen« von Karl Marx werden die Ansichten Schlossers wie folgt wiedergegeben: »*Nun 1198 Innozenz III. ward Papst; setzt sofort Untersuchungs- und Verfolgungskommission* ein, ernennt also seinen Legaten einen *Cistercienser* Mönch und Mönch desselben Ordens: *Peter von Castelnau*; erteilt ihnen schriftliche Befehle, worin alle *Elemente der späteren Ketzergeschichte (i. e. der Inquisition)*. Diese beginnen ihre ersten Operationen, setzen unter andrem den *Bischof von Toulouse* ab (der wie andre Bischöfe hier Eingriff in seine Rechte sieht), an dessen Stelle vom Domkapitel der Stadt erwählt und von ihnen bestätigt *Foulques von Toronet*.

Verfolgung der Ketzer heftiger, seit der honourable *›heilige‹ (Hund) Dominikus* (Stifter des Dominikanerordens) und andre fanatische *spanische Geistliche* sich den päpstlichen Legaten anschließen, auch den *König von Aragón* zur Einmischung anregen ... *1229 Gregor IX.* – unter Billigung des ›heiligen‹ Louis IX. – führt *Glaubens- oder Inquisitionsgerichte* gegen die Ketzer ein (auch Graf Raimund muß zustimmen) (verfiel diesen Gerichten – von welchem Stand auch immer – wer den Ketzern Aufnahme oder Schutz gewährt oder ihren Verfolgern Unterstützung versagt).

1230: ... *wird die furchtbare Gewalt dieser Gerichte den Bischöfen* entzogen, übertragen dem 20 Jahre *früher errichteten Bettelorden der Dominikanerklöster*; durch *Konzilbeschlüsse* Pfaffen bei Verlust ihres Amts zu *Polizeibeamten der Kirche* (Spionen) und *Henkersknechten ihrer Pfarrkinder* gemacht! Aufstände im Land hier und da, Vertreibung der Ketzerrichter in einigen Städten etc.«[78]

---

[77] *Guiraud, J.*, a. a. O., Bd. 1, S. VIII f.

[78] Marx-Engels-Archiv, Bd. 5, Moskau 1938, S. 235, 240 f. Der deutsche Text wurde freundlicherweise vom Institut für Marxismus-Leninismus beim ZK der KPdSU in Moskau zur Verfügung gestellt.

In der vorrevolutionären russischen und der sowjetischen Literatur existieren in dieser Frage ebenfalls verschiedene Auffassungen. Pokrovskij war der Meinung, daß die Inquisition sich zwischen 1184 und 1252 endgültig herausbildete. Er schrieb: »Im Jahre 1184 schrieb Lucius III. vor, die Häretiker der weltlichen Gewalt zur Bestrafung zu übergeben, aber der Sachverhalt sollte vorher durch den örtlichen Bischof geklärt werden, was für den Angeklagten noch äußerst vorteilhaft war, denn die Bischöfe waren zu eng mit der örtlichen Bevölkerung verbunden, um diese durch Grausamkeiten irgendwelcher Art gegen sich aufzubringen. Auch die Päpste bemühten sich sichtlich um größtmögliche Mäßigung; noch Innozenz III. verbot die Anwendung von Wasser und glühendem Eisen bei der peinlichen Befragung. Im Jahre 1232 übergab Gregor IX. die Sache der Verfolgung der Häretiker ganz in die Hände der Dominikaner. Dieser Orden, entstanden und groß geworden auf dem Felde des Kampfes mit den Häretikern, durch keine weltlichen Überlegungen und Sorgen beengt, war um so unerbittlicher als der Bischof, je höher er in asketischer Beziehung über ihm stand. Die Ablösung der bischöflichen Inquisition durch die dominikanische können wir daher mit vollem Recht als einen Schritt auf dem Wege der Verstärkung der Intoleranz betrachten. Im Jahre 1252 erlaubte Innozenz IV., die der Häresie Verdächtigen peinlich zu befragen. Und damit erhielt der Inquisitionsprozeß seine endgültige Form.«[79] Weiterhin vermerkt Pokrovskij: »Ähnlich wie der Zölibat wurde auch die Inquisition nicht auf einmal geschaffen. Nachdem jedoch das eine wie das andere von der Kirche angenommen war, trat sie auch weder von diesem noch von jenem je wieder zurück. Als der Katholizismus die materielle Unterstützung durch die weltlichen Mächte verlor, hörte die Verfolgung nur deshalb auf, weil sie physisch unmöglich geworden war.«[80]

Nach der Meinung des sowjetischen Historikers B. J. Ramm entstand die Inquisition als Tribunal in der Periode vom Ende des 12. Jh. bis zum Jahre 1232; dies ist das Jahr, in dem ihre Funktion von Gregor IX. den Dominikanern übertragen wurde.[81] Allerdings wird in der gleichen »Geschichte des Mittelalters«, in der die Arbeit von Ramm veröffentlicht ist, in der chronologischen Tabelle (die von V. L. Romanova zusammengestellt wurde) gesagt, daß die »Organisation der Inquisition« in das Jahr 1209 fällt.

J. A. Engelhardt äußert in der »Sowjetischen Historischen Enzyklopädie« die Meinung, daß die Inquisition während der Albigenserkriege von Papst Innozenz III.

---

[79] *Pokrovskij, M.*, a. a. O., S. 681.

[80] Ebenda, S. 682.

[81] Istorija srednich vekov, Bd. 1, Moskau 1966, S. 495; in der 2. Aufl. von 1977 geändert in 1. Hälfte des 13. Jh. (S. 388).

(1198–1216) gegründet wurde und ihre endgültige Gestalt unter Gregor IX. (1227–1241) annahm.[82] Nach der Ansicht von Jean Guiraud bilden die Jahre von 1227 bis 1229 gleichfalls den entscheidenden Meilenstein; damals nämlich gingen die Besitzungen des Grafen von Toulouse an die französische Krone über und wurde »die Zusammenarbeit zwischen kirchlicher und weltlicher Macht zur Aufspürung und Bestrafung der Häretiker eingeführt«[83].

Der amerikanische Historiker A. Ch. Shannon setzt den Anfang der Inquisition dagegen erst in das Jahr 1231, obwohl er zugibt, daß sie keinen »Geburtstag« besitzt; in diesem Jahre wurden auf Grund eines Edikts Gregors IX., das alle Abtrünnigen aus der Kirche ausschloß, in Rom Inquisitoren ernannt, die nicht nur das Recht der Untersuchung, sondern auch das der Rechtsprechung über die Häretiker besaßen.[84]

Diese Meinungsverschiedenheiten in der Datierung erklären sich offensichtlich durch die außerordentliche Vielzahl der im Verlauf des 12. und 13. Jh. herausgegebenen Dokumente, die gegen die Häretiker gerichtet und ihrem Inhalt nach sehr vielfältig sind. Wir meinen, daß sich die Inquisition in Form eines besonderen Tribunals während der ersten Hälfte des 13. Jh. herausgebildet hat.

Der Versuch, eine allgemeine Geschichte der Inquisition zu schreiben, die all ihre Etappen und Verzweigungen erfaßt, wurde nur von einem Forscher unternommen: von H. Ch. Lea (1825–1909); aber es gelang ihm nicht, sein Vorhaben voll zu verwirklichen. Die Tätigkeit der päpstlichen Inquisitionskongregation (Kongregation des Heiligen Offiziums) wurde von ihm nicht behandelt. Möglicherweise reichte ihm die Zeit hierfür nicht mehr, oder er nahm Abstand von diesem Thema, weil ihm die Quellen nicht zugänglich waren oder aus anderen uns nicht bekannten Gründen. Das Fehlen eines solchen Abschnittes in den Arbeiten von Lea und anderen Historikern, insbesondere auch bei Jean Guiraud, schirmt unserer Meinung nach das Papsttum von der Verantwortung für die Verbrechen der Inquisition ab, indem es die falsche Vorstellung erweckt, als ob der »Heilige Stuhl« der Tätigkeit der Tribunale ferngestanden habe. In Wirklichkeit aber war dieser der eigentliche Urheber und Organisator ihrer Tätigkeit im Weltmaßstab – einer Tätigkeit, die im Verlauf der Jahrhunderte nur die Methoden und Formen wechselte und in den verschiedenen Epochen verschiedene Objekte ihrer Verfolgung wählte.[85]

---

[82] Sovetskaja istoričeskaja enciklopedija, Bd. 6, Moskau 1966, Sp. 36 f.

[83] *Guiraud, J.*, a. a. O., Bd. 1, S. 419.

[84] *Shannon, A. Ch.*, a. a. O., S. 60 ff.

[85] Guiraud nennt die Kongregation der Inquisition und die spanische Inquisition, die 1481 gegründet wurde, Inqusitionen der »Neuzeit« im Unterschied zu der mittelalterlichen Inquisition des 12. bis 15. Jh., auf deren Untersuchung sich sein Werk beschränkt (S. IX).

Ein anderer, nicht minder wesentlicher Mangel, der vielen weltlichen Inquisitionshistorikern eigen ist, besteht darin, daß diese ihren Gegenstand nur als mittelalterliche Institution betrachten, die die Interessen der feudalen Kirche sowie der feudalen Ordnung insgesamt verteidigte. Die Geschichte der Inquisition endet aber erst im 20. Jahrhundert.

Die bürgerliche und die klerikale Historiographie sind nicht imstande, die Ursachen des Entstehens und die Tätigkeit der Inquisition zu erklären sowie die Gründe für ihre Langlebigkeit aufzudecken. Die antiklerikalen Historiker betrachten sie hingegen als eine Folge der organischen »Fehlerhaftigkeit« der katholischen Kirche und des ihr eigentümlichen Geistes der Unduldsamkeit; sie ignorieren dabei allerdings die Tatsache, daß auch die protestantische, die orthodoxe und andere christliche Kirchen, aber auch die anderen Religionen, ihre Gegner mit nicht geringerer Erbitterung bekämpften. Die modernen klerikalen Verteidiger der Inquisition halten sie – auch wenn sie ihr heuchlerisches Bedauern über deren »Extreme« äußern – für ein Instrument der »göttlichen Vorsehung«, mit dessen Hilfe die Kirche angeblich die Gesellschaft vor der Zersetzung bewahrte; im Falle Spaniens aber, so sagen sie, förderte sie den nationalen Zusammenschluß und die nationale Einheit.

Die Existenz der Häresien und der sie bekämpfenden Inquisition kann man nur erklären, wenn man von einem marxistischen Verständnis der Geschichte ausgeht. Den Schlüssel zu all diesen historischen Erscheinungen muß man im Klassenkampf suchen, der die Feudalgesellschaft auseinanderriß, und in der Stellung, die die katholische Kirche in dieser einnahm – eben jene Kirche, die nach einem treffenden Ausdruck von Friedrich Engels »die Feudalverfassung mit dem Heiligenschein göttlicher Weihe«[86] umgab. Karl Marx und Friedrich Engels haben als erste die sozialen Beweggründe der mittelalterlichen Häresien aufgedeckt. Friedrich Engels zeigte, daß »alle allgemein ausgesprochenen Angriffe auf den Feudalismus, vor allem Angriffe auf die Kirche, alle revolutionären, gesellschaftlichen und politischen Doktrinen zugleich und vorwiegend theologische Ketzereien sein mußten«[87]. In der Periode des Zerfalls der feudalen Ordnung wurden die »heiligen Tribunale«, wie Karl Marx bezüglich der spanischen Inquisition vermerkt, in den Händen der absolutistischen Macht ein mächtiges Instrument zur Unterdrückung ihrer Gegner. Seit Beginn des 16. Jh. benutzten Spanien und Portugal die Inquisition zum Zwecke der kolonialen Versklavung der Völker Amerikas und Asiens; in der Renaissanceperiode führte diese Institution den Kampf gegen die humanistischen und rationalistischen Weltanschauungen; im 18. Jh. erklärte sie den

---

[86] *Engels, F.,* Einleitung zur engl. Ausgabe der »Entwicklung des Sozialismus von der Utopie zur Wissenschaft«, in: MEW, Bd. 22, Berlin 1963, S. 299.

[87] *Engels, F.,* Der deutsche Bauernkrieg, in: MEW, Bd. 7, Berlin 1960, S. 343 f.

Aufklärern und philosophischen Materialisten den Krieg, im 19. Jh. dann den Patrioten, die für die Unabhängigkeit der Kolonien eintraten, den Kämpfern für die Einigung Italiens und denen für demokratische Reformen in Spanien. Die päpstliche Kongregation trat gegen die entstehende Arbeiterbewegung, gegen den Sozialismus auf, sie sprach das Anathema aus über die Revolution von 1848 und die Pariser Kommune; im 20. Jh. schließlich sind ihre Hauptfeinde der Kommunismus, die Sowjetunion und die Länder des sozialistischen Weltsystems.

So diente die Inquisition im Verlauf ihrer jahrhundertelangen Geschichte dem Feudalismus und Absolutismus, dem Kolonialismus und Kapitalismus. Wenn im Mittelalter ihre Tätigkeit mit Einkerkerungen, Folterungen und Autodafés verbunden war, so geht sie in der neuen und neuesten Zeit, in der sie von der »Funktion des Henkers« entlastet wurde, mit verfeinerten Methoden vor; ihre Waffen sind jetzt lediglich das Anathema, die Exkommunikation sowie der Index der verbotenen Bücher, in den die Werke vieler hervorragender progressiver Gelehrter und Denker aufgenommen wurden. W. I. Lenin vermerkt: »Ausnahmslos alle unterdrückenden Klassen bedürfen zur Aufrechterhaltung ihrer Herrschaft zweier sozialer Funktionen: der Funktion des Henkers und der Funktion des Pfaffen.«[88] Durch die Inquisition vereinigte die Kirche in sich beide Funktionen bis zu der Zeit, da die Bourgeoisie ihr zusammen mit den Ländereien auch die »Funktion des Henkers« abnahm und ihr nur noch die Pflicht des »Pfaffen« überließ.

Das mußte kurz zur geschichtlichen Stellung der Inquisition gesagt werden. Dabei sei noch einmal betont: Ihre Opfer waren die mittelalterlichen Häretiker und »Abtrünnigen«, die persönlichen Feinde der Päpste und der kirchlichen Hierarchen, die zwangsweise zum Katholizismus bekehrte Bevölkerung, die unterdrückten Völker der Kolonien, die Humanisten, die den religiösen Obskurantismus kritisierten, die Feinde des absolutistischen Regimes, die Aufklärer und philosophischen Materialisten, die großen Gelehrten, die patriotischen Kämpfer für die Unabhängigkeit der Kolonien, die Verfechter der Trennung von Kirche und Staat, die rationalistischen Schriftsteller, die ersten Arbeiterführer, die Sozialisten und Kommunisten sowie die progressiven Denker der Gegenwart. Nie aber hat die Inquisition die Kolonisatoren, die Kapitalisten und Imperialisten, die Faschisten und andere Ausbeuter und Feinde des Menschengeschlechts verfolgt, mit dem Bann belegt und verurteilt. Gerade darin muß man die Gründe suchen, die die Zählebigkeit dieser Institution erklären; aber darin liegen auch die Ursachen für ihren Fall.

Es ist wahr: Die Agonie der Inquisition war lang und schmerzhaft. Aber kein »Wunder«, keine mystischen Beschwörungen und noch viel weniger die zügellose

---

[88] *Lenin, W. I.*, Der Zusammenbruch der II. Internationale, in: Werke, 4. Ausg., Bd. 21, Berlin 1960, S. 226.

antikommunistische Predigt konnten ihr die frühere Macht zurückgeben. Das Todesurteil für die Kongregation der Inquisition unterschrieb die Kirche selbst. Im Jahre 1965 gab dieses altersschwach gewordene Monstrum, geboren aus Aberglauben und religiösen Vorurteilen, großgezogen und gepflegt von der Kirche und den weltlichen Machthabern, schließlich seinen Geist auf und verschied.[89] Dieses Ereignis vollzog sich fast unbemerkt, da die Welt jene Einrichtung schon längst als vollkommen überflüssig betrachtet hatte.

So endete die jahrhundertelange Geschichte der Inquisition, deren terroristische Tätigkeit im Endergebnis die Vorwärtsbewegung der Geschichte nicht aufzuhalten vermochte. Sie ist ein anschauliches, warnendes Beispiel für alle modernen Imitatoren der »heiligen Sache«, die mit den Mitteln des Polizeiterrors und der Geheimdienste die Existenz einer auf Willkür und Ausbeutung beruhenden kapitalistischen Ordnung künstlich zu verlängern trachten.

Wie die Verbrechen der Inquisition aufgedeckt wurden Historiographie der Inquisition

Das »heilige Gericht« war ein geheimes Tribunal. Seine Diener mußten einen feierlichen Eid leisten, über alles strikt zu schweigen, was sich auf ihre Tätigkeit bezog. Einen solchen Eid leisteten auch die Opfer; denen, die Geheimnisse der Inquisition ausplauderten, drohten die gleichen Strafen wie den Häretikern. Das Bestreben der Inquisitoren, alles, was sich auf ihre Tätigkeit bezog, in tiefes Dunkel zu hüllen, war durchaus nicht etwa durch die Befürchtung hervorgerufen, daß die Aufdeckung ihrer blutigen Taten ihnen schaden oder der Autorität der Kirche Abbruch tun könne. Das befürchteten sie am allerwenigsten; betrachteten sie doch ihre Verbrechen als eine »heilige Sache«, sanktioniert durch den Stellvertreter Gottes auf Erden persönlich wie auch durch die weltlichen Mächte. Sie waren stolz auf ihre Berufung zu Inquisitoren, und um das zu zeigen, richteten sie ihre Opfer öffentlich in feierlichen »Glaubensakten«, den Autodafés.

Ihre Tätigkeit hielten sie deshalb unter einem dichten Schleier verborgen, weil sie befürchteten, daß die Aufdeckung ihrer Methoden deren Wirksamkeit schwäche und

---

[89] Die Kongregation des Heiligen Offiziums erhielt am 7. Dezember 1965 einen neuen Namen: Kongregation für die Glaubenslehre, und ein neues Statut, wonach u. a. keiner mehr verurteilt werden dürfe, ohne vorher die Möglichkeit zu seiner Verteidigung gehabt zu haben. Bis dahin war der Beschuldigte meist nicht gehört worden, und die Indizierung seines Werkes erfolgte auf Grund von Denunziationen, deren Herkunft er nie erfuhr; sie traf ihn meist plötzlich, ohne daß er vorher von einem Verfahren, das gegen ihn lief, Kenntnis hatte.

daß die Häretiker dies benutzen könnten, um dem »heiligen Gericht« Widerstand zu leisten, indem sie Spuren verwischten und ihre illegalen Organisationen besser tarnten. Denn je weniger der Häretiker von der Tätigkeit der Inquisition wußte, um so größere Furcht mußte er vor ihr empfinden, um so leichter war es, ihn zu fangen, ihn zum Geständnis seiner Schuld zu zwingen und ihn wieder mit der Kirche zu »versöhnen«.

Die Renaissance zerriß erstmalig den Schleier des Geheimnisses, der die Tätigkeit der »heiligen Inquisition« im Verlauf der Jahrhunderte umgeben hatte. Die Humanisten und die Protestanten eröffneten einen Feldzug gegen die Tätigkeit des »heiligen Gerichts«.[90] In den protestantischen Ländern erschienen jetzt Erinnerungen ehemaliger Häftlinge der Inquisition, die aus ihren Gefängnissen entflohen oder freigelassen worden waren. In ihnen wurden die blutigen Taten der »heiligen Väter« eingehend beschrieben – die Quälereien und Folterungen, denen ihre Opfer unterworfen worden waren. Diese Art von Literatur verbreitete sich rasch über ganz Europa und rief allenthalben Unwillen, Empörung und Verurteilung hervor. Eine dieser Arbeiten, verfaßt von einem ehemaligen Häftling der Inquisition in Sevilla, Raimundo Gonzáles de Montes, erschien unter dem Titel »Die Taten der Inquisition« (Sanctae Inquisitionis artes aliquot delectae et palam traductae) in Heidelberg 1567 und wurde im Verlauf von zwei Jahren ins Französische, Deutsche, Englische und Holländische übersetzt. Nicht geringeren Erfolg hatte eine Schrift des Franzosen Gabriel Dellon, die von seinen Leiden in den Kerkern der portugiesischen Inquisition in Goa (Indien) berichtete und in Leiden (Holland) im Jahre 1678 herauskam; sie wurde in den folgenden zwei Jahrhunderten an die zwanzigmal in verschiedenen Sprachen und Ländern wieder veröffentlicht.[91]

Diese entlarvende Literatur rief ihrerseits eine Vielzahl apologetischer theologischer Schriften auf den Plan, in denen die Autoren das Recht der Inquisition auf Verfolgung der Häretiker verteidigten und dabei so viele Geheimnisse ausplauderten, daß sie eben dadurch den Gegnern wieder neue Argumente lieferten für ihre Angriffe auf das »heilige Gericht«. Zudem entlarvten die Kirchenmänner sich selbst, indem sie solche blutrünstigen Werke empfahlen wie den »Hexenhammer« der Inquisitoren Jakob Sprenger und Heinrich Institoris.[92] Dieses Opus, das den

---

[90] Nach den längst nicht vollständigen bibliographischen Angaben des Handbuchs von E. van der Vekené wurden im 16. Jh. 109 Bücher und Broschüren über die Inquisition, im 17. Jh. dagegen schon 191, im 18. Jh. 137 und im 19. Jh. 710 Titel veröffentlicht (einschließlich Zeitschriftenartikel). Für das 20. Jh. bis einschließlich 1961 werden 859 Titel aufgeführt (*van der Vekené, E.*, a. a. O.).

[91] *Dellon, G.*, Relation de l'Inquisition en Goa, Leyden 1687.

[92] Der Hexenhammer von Jakob Sprenger und Heinrich Institoris. Zum ersten Male ins Deutsche übertragen und eingeleitet von *Schmidt, J. W. R.*, 3 Bde., 7. Aufl., Berlin 1922/23.

Inquisitoren als Handbuch zur Vernichtung der Hexen diente, wurde erstmalig in den achtziger Jahren des 15. Jh. veröffentlicht und seither in den katholischen Ländern mehrfach herausgegeben. Im Jahre 1692 erschien andererseits das Werk des Philipp van Limborch zur Geschichte der Inquisition, in dem zum ersten Mal die Tätigkeit des Tribunals in Frankreich, Italien und anderen Ländern historisch beleuchtet wurde, und zwar unter Bezugnahme auf päpstliche Dokumente und Beschlüsse verschiedener Konzilien.[93]

Die Inquisitionsliteratur des 18. Jh. trug im allgemeinen Pamphletcharakter. Das konnte auch nicht anders sein, da die Archive der Inquisition, in denen sich genaue Beweise für deren verbrecherische Tätigkeit befanden, den Autoren noch nicht zugänglich waren. Nach der Französischen Revolution von 1789 machte die siegreiche Bourgeoisie der Tätigkeit der Inquisition ein Ende und zerbrach die Schlösser ihrer Geheimarchive in einer Reihe von Ländern. Napoleon schaffte die Inquisition in seinem gesamten Herrschaftsbereich ab, darunter auch in Spanien. Gerade hier, wo sie am schlimmsten gewütet hatte, erschien in den Jahren 1812/13 erstmals eine zweibändige Ausgabe von Originaldokumenten, die sich auf ihre Tätigkeit bezogen.[94] Autor dieser Publikation war der ehemalige Sekretär der spanischen Inquisition, Juan Antonio Llorente (1756–1823), aus dessen Feder bald auch die erste auf Quellen beruhende Geschichte dieses Tribunals erschien. Llorente war von den Ideen der Aufklärung des 18. Jh. beeinflußt und arbeitete, wie auch andere spanische Liberale, mit Joseph Bonaparte zusammen, in der Hoffnung, die Franzosen würden in Spanien die notwendig gewordenen progressiven Reformen durchführen. Im Auftrag der französischen Machthaber machte sich Llorente an die Aufzeichnung der Geschichte der spanischen Inquisition, deren Archive zu seiner Verfügung standen. Die Niederlage Napoleons zwang ihn jedoch, Spanien zu verlassen und nach Paris zu fliehen, wo er sein vierbändiges Werk in französischer Sprache während der Jahre 1817 und 1818 veröffentlichte. Erst 1822 erschien es in seiner Originalsprache in Barcelona und Madrid, wohin Llorente nach dem Sieg der spanischen Revolution im Jahre 1820 zurückgekehrt war. Sein Buch wurde in viele andere europäische Sprachen übersetzt und erlebte 24 Ausgaben.[95] Die russische Version erschien 1936 in Moskau.

---

93 *Limborch, Ph. van,* Historia Inquisitionis cui subjungitur liber sententiarum inquisitionis Tholosanae ab anno Christi 1305 ad annum 1323, Amsterdam 1692.

94 *Llorente, J. A.,* Anales de la Inquisición de España. Desde el establecimiento de la Inquisición por los reyes católicos hasta el año 1808, 2 Bde., Madrid 1812/13.

95 Eine populärwissenschaftliche Darlegung, die von L. Gallois geschrieben und 1822 in Paris veröffentlicht wurde, erlebte 16 Auflagen in verschiedenen Sprachen, darunter zwei in russisch. Ein anderes populärwissenschaftliches Buch der französischen Schriftstellerin Subervique, die unter dem Pseudonym Féréal schrieb und ebenfalls auf den Materialien von Llorente fußte, hatte in achtzig Jahren (1845–1933) 40 Auflagen (deutsch von *Alvensleben, L. v.).*

Eine »Kritische Geschichte der spanischen Inquisition« – so hatte Llorente sein Werk genannt, das sich auf ein gewaltiges Archivmaterial stützte und vor der Welt das wahre Bild der blutigen Tätigkeit der »heiligen Tribunale« in Spanien enthüllte. Die katholische Kirche und ihre Apologeten versuchen bis auf den heutigen Tag vergeblich, Llorente zu widerlegen, indem sie ihn der Ungenauigkeit, der Übertreibung und eines schlechten Stils beschuldigen und sich bemühen, ihn persönlich dadurch zu diffamieren, daß sie ihn als einen Protegé der Franzosen und beinahe als einen Schurken hinstellen, der sich angeblich einen Teil des Inquisitionsvermögens unrechtmäßig angeeignet habe.[96]

Doch welche Mängel die Arbeit Llorentes auch aufwies, sie bleibt heute noch, nach 150 Jahren, eines der grundlegenden Quellenwerke zur Geschichte der Inquisition, an dem kein Forscher gleichgültig vorbeigehen kann, mag er nun ein Gegner oder ein Lobredner des Tribunals sein. Der besondere Wert der Untersuchung des ehemaligen Hauptsekretärs der spanischen Inquisition besteht in den von ihm aufgezählten Fakten und den zitierten Dokumenten, deren Glaubwürdigkeit keinem Zweifel unterliegt.

Im 19. Jh. erreichte die Inquisitionshistoriographie ihre volle Blüte. Es erschien eine Menge verschiedenartigster Arbeiten, darunter Monographien und Dokumentenbände, zur Geschichte dieser Einrichtung und der häretischen Bewegungen in Spanien, Frankreich, Italien und Deutschland. Die Vielzahl und Reichhaltigkeit dieser Veröffentlichungen veranlaßte den französischen Historiker Charles Molinier zu dem Ausspruch, daß die Schaffung einer Inquisitionsgeschichte durch einen einzelnen »fast ein chimärisches Unternehmen« sei.

Allein es fand sich ein Forscher, der die Kraft hatte, ein solches in Wahrheit großartiges Vorhaben zu verwirklichen. Es war der schon genannte H. Ch. Lea – durchaus kein Berufshistoriker, sondern ein Verleger und Buchhändler, der sich mit der Geschichte der Inquisition nur als Hobby in seiner arbeitsfreien Zeit befaßte. Lea war nie in Europa und hat also nicht in europäischen Archiven gearbeitet; seine solide Vermögenslage jedoch gestattete es ihm, Korrespondenten anzustellen. Diese durchforsteten also in seinem Auftrag alle zugänglichen europäischen Archive bei der Suche nach verwertbaren Dokumenten, von denen sie im Verlauf vieler Jahre Kopien anfertigten und an Lea in die Vereinigten Staaten sandten. Gestützt auf solche Materialien und im Besitz eines außergewöhnlichen literarischen und Forschertalents, schrieb Lea eine für die damalige Zeit umfassende dreibändige Geschichte der

---

[96] So fügte z. B. der katholische Apologet Joseph Chowanetz in seinem Machwerk »Die Inquisition, was und wie sie wirklich war«, Aachen 1857, eine Charakteristik des Inquisitionsschreibers Llorente ein, in der er die von Hefele und de Maistre erhobenen Verdächtigungen gegen diesen zusammentrug und sich bemühte, seine Glaubwürdigkeit durch persönliche Diffamierung zu erschüttern (S. 145 ff.).

mittelalterlichen Inquisition (1888)[97], eine vierbändige Geschichte der spanischen Inquisition (1906/07) sowie eine Geschichte der Inquisition in den spanischen Kolonien Amerikas (1908) – Werke, die in Übersetzungen die ganze Welt durchliefen und bis in unsere Zeit hinein immer wieder Neuauflagen erleben.

Die weltweite Beachtung der Werke von H. Ch. Lea, in denen erstmalig mit solcher Vollständigkeit, Gründlichkeit und Überzeugungskraft das entsetzliche Bild des Inquisitionsterrors in vielen Ländern gezeichnet wurde, zwang die klerikalen Historiker dazu, die Taktik des Schweigens aufzugeben, die sie jetzt in eine lächerliche Lage gebracht hatte, und sich ernsthaft mit der Untersuchung aller Dinge zu beschäftigen, die mit der Geschichte der kirchlichen Gerichte verbunden waren. Der Vatikan jedoch legte – aus verständlichen Gründen! – sogar seinen eigenen Forschern noch Hindernisse in den Weg, indem er die sekretierten Archive der Kongregation des Heiligen Offiziums unter Verschluß hielt, in denen noch viele Geheimnisse der Inquisitionsgerichte verborgen lagen.

Zu Anfang des 20. Jh. noch beklagte sich der bekannte Apologet des Papsttums, Ludwig Pastor, darüber, daß es ihm nicht erlaubt werde, die Inquisitionsdokumente einzusehen, die im Vatikanischen Geheimarchiv lagerten. »Wenn die gegenwärtige Kongregation des Sant' Uffizio«, schrieb er, »noch an dem sonst fast allgemein aufgegebenen System absoluter Geheimhaltung von historischen Akten, die mehr als dreieinhalb Jahrhunderte alt sind, festhält, so schädigt sie dadurch nicht bloß die Geschichtsschreibung, sondern noch mehr sich selbst, denn nach wie vor werden Unzählige alle, auch die schlimmsten Anklagen gegen das Institut der römischen Inquisition für wahr halten.«[98]

Aber trotz aller Anstrengungen des Vatikans, vor der Weltöffentlichkeit die Wahrheit über die Verbrechen der Inquisition zu verbergen, erblickte im 19. und 20. Jh. doch eine Reihe sehr wichtiger Dokumente das Licht der Öffentlichkeit, insbesondere solche, die die Prozesse gegen Galilei und Giordano Bruno betrafen. Die Geschichte dieser Veröffentlichungen erinnert in vielen Partien an einen Abenteuerroman.

Folgendes geschah z. B. mit der Veröffentlichung der Akten des Galilei-Prozesses: Der erste Versuch, sie zu veröffentlichen, wurde noch auf Anweisung Napoleons

---

[97] *Lea, H. Ch.*, Geschichte der Inquisition im Mittelalter. Autorisierte Übersetzung, bearb. v. *Wieck, H./Rachel, M.*, revidiert und hrsg. v. *Hansen, J.*, Mit einer Abhandlung: Die Inquisition und die Geschichtsforschung, von *Fredericq, P.*, 3 Bde., Bonn 1905, 1909, 1913. Das Werk erschien in russischer Übersetzung von *Lozinskij, S. G.*, in zwei Bänden: Istorija inkvizicii v srednie veka, St. Petersburg 1911/12.

[98] *Pastor, L. v.*, Geschichte der Päpste seit dem Ausgang des Mittelalters. Mit Benutzung des päpstlichen Geheimarchivs und vieler anderer Archive, Bd. 5: Paul III. (1534–1549), 1.–4. Aufl., Freiburg i. Br. 1909, S. 712.

unternommen, der zu diesem Zweck 1810 die diesbezüglichen Dokumente dem päpstlichen Archiv in Rom entnehmen und nach Paris bringen ließ. Sein Sturz verhinderte jedoch die Realisierung dieses Vorhabens. Die Bourbonen kehrten nach Paris zurück; König von Frankreich wurde Ludwig XVIII., und in Rom faßte Papst Pius VII. wieder Fuß. Sein Vertreter in Paris, Gaetano Marini, forderte unverzüglich von der französischen Regierung die Rückgabe der Akten des Galilei-Prozesses. Bald kehrte jedoch Napoleon von der Insel Elba nach Paris zurück; Ludwig und sein Gefolge flohen erneut aus Frankreich; Gaetano Marini aber starb, ohne die so sehnlichst gewünschten Dokumente zurückerhalten zu haben. Als nach den »hundert Tagen« die Bourbonen wieder in Paris auftauchten, erneuerte der nunmehrige Vertreter des Papstes, Marino Marini, ein Enkel des verstorbenen Gaetano, die Bitte des Heiligen Stuhls um Rückgabe der Galilei-Akten. Der Innenminister, an den er sich gewandt hatte, verwies ihn an den Hofminister, den Grafen Blacas d'Aulps. Dieser benachrichtigte ihn einige Zeit später, daß die Dokumente gefunden seien und ihm demnächst ausgehändigt würden. Allerdings hatte er es nicht eilig, sein Versprechen einzulösen; er erfand den Vorwand, die Akten seien Ludwig XVIII. übergeben worden, der sich persönlich mit ihnen vertraut machen wolle. Um diese Zeit wurde Marini nach Rom zurückbeordert, und an seiner Stelle wurde Ginnasi ernannt. 1817 nahm jedoch Marini seinen früheren Posten wieder ein und forderte erneut die Rückgabe der Galilei-Dokumente. Diesmal teilte ihm der neue Hofminister, Graf Pradel, mit, daß die Akte verschwunden und die französische Regierung deshalb nicht in der Lage sei, sie dem päpstlichen Stuhl wieder zuzustellen.

Man muß dazu noch bemerken, daß auf Veranlassung Napoleons nicht nur die Galilei-Akten, sondern auch ein beträchtlicher Teil weiterer Dokumente der päpstlichen Inquisition von Rom nach Paris gebracht worden waren. Diese hatte Marini ebenfalls zurückgefordert; man händigte sie jedoch nicht ihm, sondern seinem Nachfolger Ginnasi aus. Als Marini im Jahre 1817 nach Paris zurückkehrte, entdeckte er, daß Ginnasi viele Inquisitionsdokumente den Pariser Händlern als Einwickelpapier verkauft hatte. »Es gelang mir«, schrieb Marini, »über 600 Bände in den Läden der Fisch- und Fleischhändler zu entdecken.«[99] Aber Marinis Verhalten war nicht viel besser als das Ginnasis. Er erhielt vom Vatikan die Weisung, die am meisten kompromittierenden Inquisitionsdokumente zu verbrennen; statt dessen jedoch setzte er sie in einer Papierfabrik als »Makulatur« ab. Man zahlte ihm für diese »Ware« 4300 Franken – eine damals recht ansehnliche Summe, aus der man schließen kann, daß er eine ziemlich hohe Anzahl solcher Dokumente verkauft hatte.

---

[99] *Rožicyn, V. S.*, Džordano Bruno i inkvizicija, Moskau 1955, S. 335.

Was jedoch die Akten des Galilei-Prozesses betraf, so gelang es dem päpstlichen Stuhl erst nach 30 Jahren, sie zurückzuerhalten. Eine Mitteilung des französischen Gelehrten Jean Baptiste Biot (1774–1862), die im Jahre 1858 veröffentlicht wurde, besagt nämlich, daß sie Gregor XVI. vom französischen König Louis Philippe 1846 übergeben wurden. [100] Im Jahre 1927 allerdings trug Kardinal Mercati, der Präfekt der Vatikanischen Archive, eine andere Version vor, nach der sie schon 1843 über den päpstlichen Nuntius in Wien von der damals dort lebenden Witwe des Grafen Blacas restituiert wurden. Wie dem auch sei, die Dokumente befanden sich in den vierziger Jahren des vorigen Jahrhunderts wiederum im Vatikan. Sie waren damals unter der Verwaltung des uns schon bekannten Marini, der die Stellung eines Präfekten der päpstlichen Archive innehatte. Im Jahre 1848 brach auch in Rom die Revolution aus, und die Stadt wurde zur Republik erklärt. Papst Pius IX. floh nach Civitavecchia, und auch Marini verbarg sich, nicht ohne vorher die Galilei-Akte aus dem päpstlichen Archiv vorsorglich entfernt zu haben. Ein Jahr später gewann der Papst die Herrschaft über die Stadt wieder, und auch Marini kehrte auf seinen früheren Posten zurück. Nach seiner damaligen Ankunft in Rom unter dem Schutz der französischen Truppen übermachte Pius IX. die Akte der Vatikanischen Bibliothek. Im gleichen Jahre gab Marini sein Buch »Galilei und die Inquisition« (Galilei e l'Inquisizione, Memorie storicocritiche) heraus. [101] Darin wurden erstmals Dokumente aus dem Galilei-Prozeß zitiert, allerdings in gekürzter und »präparierter« Form mit dem Ziel, die Verfahrensweise der Inquisition gegen den berühmten Gelehrten zu rechtfertigen. Die Publikation Marinis rief infolge ihrer Gewissenlosigkeit allgemeine Empörung in der wissenschaftlichen Welt Europas hervor. Die Gelehrten forderten vom Vatikan, endlich alle Dokumente, die sich auf die Verfolgung Galileis durch die Inquisition bezogen, vollständig freizugeben. Unter dem Druck der öffentlichen Meinung sah sich der Vatikan denn auch gezwungen nachzugeben. Er übertrug die Veröffentlichung der genannten Akten dem französischen klerikalen Historiker Henri de l'Epinois, der sie 1867 in der Zeitschrift »Revue des questions historiques« in einem Artikel »Galilei – sein Prozeß, seine Verurteilung« (Galilei, son procès, sa condamnation) abdrucken ließ. Ob hier alle Dokumente, die zum Galilei-Prozeß gehörten, veröffentlicht wurden, ist bis auf den heutigen Tag allerdings nicht bekannt; es ist möglich, daß sich im Vatikan noch weitere befinden. Auf jeden Fall ist es charakteristisch, daß dieser seinerzeit sogar einem solch rechtgläubigen katholischen Gelehrten wie dem deutschen Historiker Moritz Cantor den Zutritt zu den Prozeßakten verweigerte. Auch Marini Alberi, der erstmalig eine

---

[100] *Biot, J. B.*, Mélanges scientifiques et litteraires, 3 Bde., Paris 1888.

[101] *Vygodskij, M. Ja.*, Galilei i inkvizicija, Moskau/Leningrad 1934, S. 200–206.

vollständige Ausgabe der Werke Galileis herausbrachte, die in Florenz von 1842 bis 1856 erschien, durfte sie nicht einsehen.

Drei Jahre nach der Veröffentlichung von l'Epinois gab Silvestro Gherardi vierzehn neue Dokumente heraus: die Protokolle der Inquisition.[102] Er hatte im Jahre 1848/49 den Posten eines Unterrichtsministers in der römischen revolutionären Regierung bekleidet und im Vatikanischen Geheimarchiv nach Dokumenten gesucht, die auf den Galilei-Prozeß Bezug hatten. Die Akten des Prozesses, die zwischen Rom, Paris, Prag und Wien umhergewandert waren, konnte er jedoch nicht ausfindig machen, da Marini, wie wir sahen, sie an sich genommen hatte; dafür aber fielen ihm andere Zeugnisse aus dem Archiv der Inquisition in die Hände.

Er stellte fest, daß diese ihre Akten in zwei Sammlungen aufbewahrte: Die erste unter der Rubrik »Decreta« enthielt die Sitzungsprotokolle und Beschlüsse der Generalkongregation und des präsidierenden Papstes, die andere unter der Rubrik »Processus« die Protokolle von Verhören der Angeklagten wie der Zeugen sowie die Urteile. Ein drittes Register (Rubricelle) diente zum Auffinden der Positionen der beiden Sammlungen.

Gherardi fertigte damals in der Zeit der Revolutionsereignisse nur Exzerpte von den 10 wichtigsten Aktenstücken an.[103] Die Niederlage der Republik zwang ihn bald, Rom zu verlassen und nach Genua zu fliehen, von wo aus es ihm erst 20 Jahre später durch seine Freunde in Rom gelang, die vollständigen Texte zu erhalten und sie zu veröffentlichen.[104]

Nicht geringere Anstrengungen kosteten die Suche und die Veröffentlichung der Dokumente des Inquisitionsprozesses gegen Giordano Bruno. Im Jahre 1848 forderte Domenico Berti, Unterrichtsminister in der römischen Republik und Biograph Brunos, vom Vatikanischen Geheimarchiv Dokumente an, die auf diesen Prozeß Bezug hatten. Auf Anweisung Pius' IX. erhielt er folgende Antwort: »Die Archive des Heiligen Officiums, die auf das sorgfältigste gesichtet und eingehend studiert wurden, zeugen davon, daß Giordano Bruno sich seinerzeit vor dem Gericht befand. Allerdings bieten sie keinerlei Unterlagen, die es erlaubten festzustellen, welches Urteil im Zusammenhang mit den gegen ihn erhobenen Beschuldigungen über ihn gefällt wurde. Noch weniger ist es möglich zu klären, ob ein Beschluß folgte oder nicht. Ein sehr aufmerksamer Forscher, der die im Archiv lagernden Materialien äußerst sorgfältig studiert hat, gibt folgende Auskunft: Die Mehrzahl der zum

---

102 *Gherardi, S.*, Il processo Galileo riveduto sopra documenti di nuova fonte, Florenz 1870.

103 Vgl. *Schumacher, E.*, Der Fall Galilei. Das Drama der Wissenschaft, Berlin 1964, S. 173 ff. (Die Kirche und der tote Galilei).

104 *Rožicyn, V. S.*, a. a. O., S. 336.

Prozeß gehörenden Aktendeckel ist gefüllt mit Papieren, auf denen die Tinte verblichen ist. Deshalb besteht der größte Teil der Dokumente aus vergilbten Blättern, von denen man nur sagen kann, daß sie einmal beschrieben waren.«[105] Wie wir noch sehen werden, log Pius IX. in seiner Antwort an Berti auf die unverzeihlichste Art und Weise. Trotzdem gelang es diesem, einige zum Prozeß gegen Bruno gehörende Dokumente zu ergattern, die er 1876 in seinem Buch »Copernico e le vicende del sistema Copernico in Italia« veröffentlichte. Die Bruno-Akte selbst aber blieb weiterhin hinter sieben Siegeln in den Geheimfächern des Vatikans.

Im Jahre 1886 gelangte sie dann in die Hände eines der Beamten des Vatikanischen Geheimarchivs, Gregorio Palmeri, der von diesem Fund Papst Leo XIII. berichtete. Der Papst forderte die Akte für sich selbst an und befahl Palmeri strengstes Stillschweigen darüber. 1925 wurden in Italien 26 bisher nicht bekannte Inquisitionsdokumente veröffentlicht, die sich auf den Prozeß gegen Bruno bezogen. Im gleichen Jahr fand Kardinal Mercati, der Präfekt des Vatikanischen Archivs, unter den Papieren Pius' IX. ein anderes Exemplar des Prozesses. Nachrichten darüber drangen in die Presse, und der Vatikan sah sich gezwungen, die Erlaubnis zur Publikation zu erteilen: diese wurde jedoch – nicht ohne Absicht – erst siebzehn Jahre später, nämlich 1942, verwirklicht.[106]

Auf diese Weise erfuhr die Welt Einzelheiten dieses Verfahrens gegen Giordano Bruno erst 342 Jahre nach seiner Hinrichtung. In russischer Sprache erschien dieses Dokument 1958 in Übersetzung und mit einem Kommentar von A. Ch. Gorfunkelja.[107]

Obwohl im 20. Jh. die Publikation von Dokumenten zur Geschichte der Inquisition der verschiedenen Länder an Umfang beträchtlich zunahm, war das, was erschien, jedoch nur ein Bruchteil der Materialien, die sich in den Archiven befinden und deren größter Teil den Forschern immer noch nicht zugänglich ist. Es genügt zu sagen, daß im spanischen Staatsarchiv (Archivio Historico nacional) in Simancas ungefähr 400 000 nicht publizierte Akten des »heiligen Tribunals« lagern, und im Nationalarchiv Portugals (Arquivo Nacional da Torre do Tombo) in Lissabon zählt man ungefähr 40 000.[108] Die überwiegende Mehrheit dieser Akten wurde noch von

---

[105] Ebenda.

[106] *Mercati, A.*, Il sommario del processo di Giordano Bruno con appendice di documenti sull'eresia e l'Inquisizione a Modena nel secolo XVI, Città del Vaticano 1942.

[107] Džordano Bruno pered sudom inkvizicii (Kratkoe izloženie sledstvennogo dela Džordano Bruno). Perevod i kommentarii *Gorfunkelja, A. Ch.*, in: Voprosy istorii religii i ateizma, Bd. 6, Moskau 1958, S. 349–416.

[108] Viele diesbezügliche Dokumente gingen verloren. Das Schloß der Inquisition in Lissabon, in dem diese aufbewahrt wurden, brannte zweimal aus; im Jahre 1755 litt es unter einem Erdbeben; in der Periode der französischen Besetzung (1808–1812) hielt sich der Stab der Okkupationstruppen in ihm auf; im Jahre 1821 wurde es durch die aufständische Bevölkerung der portugiesischen Hauptstadt zerstört.

niemandem studiert. Insbesondere ist noch viel zum Studium der portugiesischen Inquisition zu tun. Ihr bedeutendster Historiograph war und ist bis heute Alexandre Herculano (1810–1877).[109] Sein Werk zur Geschichte der Inquisition in Portugal legte den Grundstein für die wissenschaftliche Erforschung des »heiligen Tribunals« in diesem Lande.

Alexandre Herculano, ein Vertreter der Romantik, liberal und antiklerikal, schrieb seine Arbeit zur »Erbauung der Nachwelt« und als Antwort auf die Reaktionäre, die seine Zeitgenossen, die Anhänger der Französischen Revolution von 1789 und der ihr folgenden bürgerlichen Umwälzungen der Blutgier, der Grausamkeit und des Terrorismus beschuldigten. »Wenn man uns täglich vorwirft«, heißt es bei ihm, »daß die gegenwärtigen Revolutionen unvernünftig seien, daß sie zu Exzessen führten, die durch unduldsame Menschen hervorgerufen wurden, daß sie Verbrechen duldeten, die von einigen Fanatikern verübt wurden und, wenn man so will, von einigen Heuchlern, die neue Ideen verkündeten, so haben wir ohne Zweifel das Recht, auch die Vergangenheit vor Gericht zu ziehen, um uns vorzusehen, daß wir nicht noch einmal Opfer von reaktionären Strömungen werden, und um uns davon zu überzeugen, ob uns wirklich die ultramontanen, hypermonarchischen Bestrebungen Ordnung, Frieden und Glück sichern, wenn wir von neuem die Menschenrechte und die Toleranzidee aufgeben ...« Er erinnert dann an die 40 000 Inquisitionsfälle, deren Akten in den portugiesischen Archiven liegen, und bemerkt: »Die Vorsehung hat sie für uns aufbewahrt, damit sie die Rolle des Rächers übernehmen für die zahlreichen Verbrechen der Inquisition; wir aber (d. h. diejenigen, die die Tätigkeit der Inquisition entlarven, J. G.), obwohl wir glauben, nach eigenem Willen zu handeln, spielen vielleicht nur die Rolle eines Werkzeuges der göttlichen Vorsehung.«[110]

Herculano entdeckte im wahrsten Sinne des Wortes die portugiesische Inquisition nicht nur für einen breiten Leserkreis, sondern auch für die Historiker. Seine Forschungen, gegründet auf Quellen des Archivs im Torre do Tombo, dessen Direktor er viele Jahre lang war, haben bis heute ihre wissenschaftliche Bedeutung nicht verloren.

Ein wechselvolles Schicksal hatte auch die Aufdeckung der Verbrechen der Inquisition in Lateinamerika. Nach der Vertreibung der spanischen Kolonisatoren

---

Von einer Erhaltung des vollständigen Inquisitionsarchivs konnte unter diesen Bedingungen natürlich keine Rede sein.

[109] *Herculano, A.*, Da origem e establecimento da Inquisicão em Portugal, 3 Bde., Lissabon 1854–1859. Englische Übersetzung: History of the Origin and Establishment of the Inquisition in Portugal, Stanford 1926.

[110] Ebenda, S. 200.

und der Bildung unabhängiger lateinamerikanischer Staaten blieben diese Untaten noch jahrzehntelang verborgen. Das hatte verschiedene Ursachen: Obwohl die Spanier vertrieben waren, gaben sie die Hoffnung noch nicht auf, eines Tages wieder in ihre Kolonien zurückzukehren. Deshalb vernichteten die Patrioten aus Furcht vor einer Restauration vielerorts die Archive des verhaßten Tribunals. Die Inquisitoren ihrerseits fürchteten die verdiente Strafe seitens der Patrioten und versteckten oder vernichteten während der Periode der Unabhängigkeitskriege die sie kompromittierenden Dokumente. Viele wurden auch in den Jahren der zahlreichen ausländischen Interventionen und der Bürgerkriege gestohlen oder kamen sonstwie abhanden; manche schließlich gingen durch Brände und Erdbeben verloren. So wurden z. B. wertvolle Inquisitionsarchive in Cartagena (im heutigen Kolumbien) während der Zeit der hunderttägigen Belagerung dieser Stadt durch das spanische Strafexpeditionsheer unter dem Kommando des Marschalls Morillo im Jahre 1815 vernichtet. Die amerikanischen Okkupanten, die die Hauptstadt Mexikos 1848 plünderten, ließen nicht wenige wertvolle Dokumente mitgehen, darunter auch solche, die die Tätigkeit der Inquisition betrafen. Bekannt ist auch, daß der Geistliche Fischer, der persönliche Beichtvater Kaiser Maximilians (1864–1867), während der französischen Intervention in Mexiko eine große Menge von Dokumenten nach Frankreich und in den Vatikan entführte. Wertvolle Archivalien gingen in der Zeit des chilenisch-peruanischen Krieges verloren. 12 Kisten mit Inquisitionsdokumenten, die dem in Mexiko lebenden amerikanischen Obersten David Fergensson gehörten, wurden schließlich 1888 durch Feuer vernichtet.

Noch zu Beginn des 20. Jh. wurden viele Inquisitionsakten durch US-Spekulanten in Mexiko entwendet und für hohe Geldsummen an Privatpersonen in den Vereinigten Staaten verkauft. »Der Aufkauf und Verkauf von mexikanischen Originaldokumenten«, schrieb der USA-Historiker Samur B. Liebmann, »wurde zu einem profitablen Geschäft. Gewisse Leute veranlaßte das zum Diebstahl von Materialien aus dem Nationalarchiv Mexikos, andere zum gesetzwidrigen Hinausschmuggeln solcher Dokumente aus Mexiko.«[111] Einige solcher großen Transaktionen sind bekannt geworden. Im Jahre 1906 verkaufte der Buchhändler A. Nott in den USA 31 Bände von Inquisitionsdokumenten aus den Jahren 1601 bis 1692. Ein anderer amerikanischer Schmuggler, William Blake, verhandelte an eine Privatbibliothek der USA im Jahre 1907 für 1 500 Dollar 47 Bände mit Akten der mexikanischen Inquisition.

Obwohl ein Teil dieser Dokumente, die sich auf die Tätigkeit der Inquisition in den Kolonien beziehen, in den Archiven der lateinamerikanischen Länder erhalten

---

[111] *Liebmann, S. B.*, A Guide to Jewish References in Mexican Colonial Era 1521–1821, Philadelphia 1964, S. 33.

blieb[112], galt ihr Hauptarchiv in Spanien bis in das letzte Viertel des 19. Jh. als verschollen.

Als sich von der zweiten Hälfte des 19. Jh. an die Unabhängigkeit der Länder Lateinamerikas festigte und die politische Lage in einigen Republiken sich stabilisierte, erschienen auch verschiedene Werke lateinamerikanischer Forscher zur Geschichte der kolonialen Inquisition. Im Jahre 1863 wurden gleichzeitig zwei Arbeiten veröffentlicht. Die erste unter dem Titel »Annalen der Inquisition in Lima« hatte Ricardo Palma (1833–1919) zum Autor, einen fortschrittlichen peruanischen Publizisten. Dieses Werk erlebte viele Auflagen und wurde vom Autor ständig ergänzt. Es wird auch noch in unserer Zeit neu aufgelegt als Teil jener populären historischen Grundrisse des Verfassers, die unter dem einheitlichen Reihentitel »Peruanische Traditionen« zusammengefaßt sind. Der Autor der zweiten Arbeit »Was war die Inquisition in Chile?« war der chilenische liberale Historiker Benjamin Vicuña Mackenna; er veröffentlichte sie in der Zeitschrift »Revista de Buenos Aires«. Einige Jahre später, nämlich 1868, brachte dieser Historiker in Valparaiso eine Untersuchung heraus, die François Moyen gewidmet war, einem Opfer des »heiligen Tribunals« in Lima.[113]

Allerdings trugen diese und die folgenden Arbeiten fragmentarischen und populärwissenschaftlichen Charakter. Das war nicht verwunderlich, denn ihren Autoren waren ja die verschwundenen Archive der kolonialen Inquisition nicht mehr zugänglich; aber nur aus ihnen konnte die Tätigkeit des »heiligen Tribunals« wissenschaftlich rekonstruiert werden. Dessen Verbrechen wären wer weiß wie lange unbekannt geblieben, wenn nicht ein glücklicher Zufall den Forschern zu Hilfe gekommen wäre.

Im Jahre 1883 wurden nach siebzehnjähriger Unterbrechung die diplomatischen Beziehungen zwischen Chile und Spanien wieder aufgenommen. Zum Sekretär der chilenischen Mission in Madrid wurde der junge, äußerst produktive Historiker Toribio Medina (1852–1930) ernannt, Autor einer dreibändigen Geschichte der kolonialen Literatur in Chile und anderer Untersuchungen.

Als Medina sein Amt in der Hauptstadt Spaniens antrat, ging er unverzüglich daran, einen langgehegten Traum zu verwirklichen: jenes Schloß im Dorf Simancas, unweit von Valladolid, aufzusuchen, das nach einer Verfügung Karls V. aus dem

[112] Die größte Anzahl von ihnen befindet sich im Nationalarchiv Mexikos, die Sammlung zählt 1553 Bände, die die Periode von 1521–1823 umspannen. Die Bestandsübersicht allein füllt 15 Bände.

[113] *Mackenna, B. V.,* Francisco Moyen o lo que fue la Inquisición en América, Valparaiso 1868.

Jahre 1540 zum Aufbewahrungsort für die Staatsdokumente gemacht worden war, darunter auch für die, welche die spanische Kolonialverwaltung betrafen. Zu dem Zeitpunkt, da Medina das Archiv in Simancas aufsuchte, waren seine 51 Säle vollgestopft mit Zehntausenden von Aktendeckeln, gefüllt mit Dokumenten. Sich in einer solchen »Wirtschaft« zurechtzufinden war schwierig genug, da es keinerlei Bestandsnachweise gab. Aber das entmutigte den von echtem Forscherdrang beseelten chilenischen Gelehrten nicht; seine Verpflichtungen als Diplomat vergessend, vergrub er sich viele Wochen lang in die alten Handschriften. Die Bemühungen Medinas wurden mit dem verdienten Erfolg gekrönt. In einem der dunklen und feuchten Schloßkeller, genannt der »Bischofsbrunnen«, stieß er unverhofft auf das Archiv der Kolonialinquisition, das aufzufinden er schon längst nicht mehr gehofft hatte. Aber geben wir Medina selbst das Wort: »Als ich Ende 1884 die Schwelle jenes monumentalen Archivs überschritt, das in dem kleinen Dörfchen Simancas gelegen war, kam es mir nicht im entferntesten in den Sinn, daß gerade dort die Akten des Tribunals der amerikanischen Inquisition verborgen lagen oder daß ich mich jemals mit einem ähnlichen Thema beschäftigen würde. Trotzdem begann ich damit, diese Papiere zu sichten in der Hoffnung, irgendwelche wichtige Fakten zu finden, die die Kolonialgeschichte Chiles betreffen ... Als ich sie studierte, gelangte ich immer mehr zu der Überzeugung, daß diese Dokumente von großem Interesse für die Kenntnis des Lebens jener amerikanischen Völker waren, die sich unter der Herrschaft der Metropole befanden. Gleichzeitig überzeugte ich mich davon, daß alles, was bisher über die Inquisition geschrieben worden war, nicht dem Reichtum der hier entdeckten Dokumente entsprach, deren Bedeutung weit über die Grenzen des Themas selbst hinausgingen.«[114]

Zwei Jahre arbeitete Medina im Archiv von Simancas und vollbrachte eine wahrhaft titanische Leistung: Er fertigte eigenhändig Kopien Tausender Dokumente an. Das von ihm gesammelte Material umfaßte 65 große Bände, die zur Zeit das Nationalarchiv in Santiago de Chile birgt. Nachdem der Gelehrte mit diesem wertvollen Gepäck in die Heimat zurückgekehrt war, ging er unverzüglich daran, eine Geschichte der Inquisition von Spanisch-Amerika zu schreiben. Von der phänomenalen Arbeitskraft Medinas zeugt allein die Tatsache, daß er schon 1887, nur ein Jahr nach seiner Rückkehr in die Heimat, ein zweibändiges Werk veröffentlichte, das der Geschichte des Inquisitionstribunals in Peru gewidmet war. Im Jahre 1890 folgte ein weiteres Standardwerk »Geschichte des heiligen Inquisitionstribunals in Chile«. 1899 kamen gleichzeitig drei Untersuchungen heraus: über die Tätigkeit der Inquisitionstribunale in Cartagena, im Vizekönigreich La Plata und auf den Philippinen. 1905

---

[114] *Medina, J. T.,* Historia del Tribunal del Santo Oficio de la Inquisición en Chile, Santiago 1952, S. XI.

veröffentlichte Medina eine zweibändige Geschichte der Inquisition von Mexiko, und schließlich erschien im Jahre 1914 noch eine letzte Arbeit in dieser Reihe »Die frühe mexikanische Inquisition (1493–1569)«. Diese Werke, die bis auf den heutigen Tag in bezug auf das verarbeitete Material unübertroffen sind, deckten zum ersten Mal die verbrecherische Tätigkeit der Inquisition in den amerikanischen Kolonien Spaniens in allen Einzelheiten auf. Im Unterschied zu den anderen liberalen Historikern, die die Aufzählung der Verbrechen des »heiligen Tribunals« mit einer scharfen Verurteilung der katholischen Kirche und der spanischen Kolonisatoren insgesamt verbanden, befolgt Medina jedoch die »objektivistische« Methode der bloßen Darlegung des Materials. In der Regel enthält er sich irgendwelcher Schlußfolgerungen oder Beschuldigungen an die Adresse der kirchlichen Hierarchie und der spanischen Kolonialbehörden; er gibt die Gerichtsprozesse, die Protokolle der Verhöre, die Folterungen sowie die Urteile des »heiligen Tribunals«, die offiziellen Mitteilungen über die stattgefundenen Autodafés und andere Dokumente aus den Archiven der Inquisition einfach wieder und überläßt es dem Leser selbst, die entsprechenden Schlußfolgerungen zu ziehen. Eine solche Methode der Behandlung des Materials war durchaus gerechtfertigt, denn sie nahm den Kirchenmännern und Klerikalen die Möglichkeit, den Gelehrten zu verdächtigen, er strebe danach, die Kirche und die Kolonialbehörden zu verunglimpfen.[115]

Allerdings erfuhren die Werke Medinas zu seinen Lebzeiten keine weite Verbreitung in Lateinamerika, hauptsächlich deshalb, weil sie in nur sehr geringfügigen Auflagen von 200 bis 400 Exemplaren erschienen, die von den Kirchenmännern und ihren Bundesgenossen rasch aufgekauft und vernichtet wurden.

Erst im Jahre 1915 erlebte in Buenos Aires die Arbeit Medinas zur Geschichte der Inquisition im Vizekönigreich La Plata eine Neuauflage, und erst im Jahre 1945 wurde vom chilenischen Parlament zum 100. Geburtstag dieses großen Gelehrten ein Gesetz über die Schaffung eines »Historischen und bibliografischen Fonds José Toribio Medina« angenommen, dem die Neuausgabe aller Werke dieses fruchtbaren Historikers übertragen wurde. Leider gab dieser Fonds bis heute nur zwei Arbeiten zur Geschichte der Inquisition in Chile und Peru heraus. Im gleichen Jubiläumsjahr erlebten die Werke Medinas zur Geschichte der Inquisition auch in Mexiko und Kolumbien eine Neuauflage. Die Arbeiten dieses Forschers wurden ausgiebig von H. Ch. Lea benutzt, der kurz vor seinem Tode im Jahre 1908 den Titel »Die Inquisition in den spanischen Besitzungen« veröffentlichte. Diese Arbeit

---

[115] J. T. Medina war ein außerordentlich produktiver Gelehrter. Aus seiner Feder stammen 300 Bücher und Broschüren sowie über 500 Artikel. Die von ihm gesammelte einzigartige Bibliothek mit 40 000 Bänden schenkte er dem Staat, dem er auch seine Dokumentensammlung zur Geschichte der Inquisition vermachte.

wurde 1922 neu herausgegeben, jedoch, soweit uns bekannt ist, nicht in andere Sprachen übersetzt.

Im 20. Jh. erschien eine Reihe weiterer Arbeiten, insbesondere zur Geschichte der kolonialen Inquisition in Mexiko.

Großes Interesse rief der Dokumentenband hervor, den der mexikanische Gelehrte Genaro Garcia im Jahre 1906 unter dem Titel »Die Inquisition in Mexiko, ihre Entstehung, Jurisdiktion, Rechte, Prozesse, Autodafés, ihr Verhältnis zu den Zivilbehörden, ihre Zeremonien, Etikette und andere Dinge« veröffentlichte.[116] Neue Quellen wurden auch in dem Buch des argentinischen Historikers Boleslav Lewin »Die Inquisition im spanischen Amerika (Juden, Protestanten und Patrioten)« publiziert, das im Jahre 1962 in Buenos Aires herauskam.[117]

Alle diese Arbeiten brachten jedoch wenig Neues im Vergleich mit den Werken José Toribio Medinas, die bis heute die Hauptquelle unseres Wissens über die Tätigkeit der kolonialen Inquisition bleiben.

So wurden die Verbrechen der Inquisition von wahrheitsliebenden Historikern aufgedeckt und der Öffentlichkeit bekannt, aber noch längst nicht alle und nicht in allen Ländern. Viele blutige Taten des »heiligen Tribunals« sind noch in den Forschern unzugänglichen Archiven verborgen. Ihre Aufbereitung und Publikation werden ohne Zweifel unsere Kenntnisse über die Tätigkeit dieser kirchlichen Terrororganisation erweitern und präzisieren.

---

[116] *Garcia, G.*, La Inquisición de México, Mexiko 1906.

[117] *Lewin, B.*, La Inquisición en Hispanoamérica, Buenos Aires 1962.

Zweites Kapitel

Die Inquisition vor der Inquisition

Ihr Ursprung

In seinem Bemühen, die verbrecherische Inquisition um jeden Preis zu rechtfertigen, schrieb Joseph de Maistre, sie komme wie alle derartigen Einrichtungen, die bestimmt sind, große Wirkungen hervorzubringen, »durch eine unbegreifliche Verbindung der Umstände in ihren weiteren Gang« [1].

Indes wurde die Inquisition nicht für »große Dinge« gegründet, und die Ursachen, die diese Erscheinung hervorgerufen haben, sind durchaus nicht unbegreiflich; sie liegen in der sozialen Natur der christlichen Religion und Kirche selbst, die ihrer Theorie nach über den Klassen steht und an die besitzlosen Massen appelliert, die das Hauptkontingent der Gläubigen bilden, in der Praxis aber den Interessen der Ausbeuterklassen dient.

Eine der Besonderheiten des Christentums besteht darin, daß es immer von schärfsten Gegensätzen zerrissen war: in seiner Anfangsperiode durch einen erbitterten Kampf zwischen den verschiedenen Richtungen, später den Kampf zwischen der herrschenden Richtung, die von der Führungsspitze vertreten wurde, und den zahlreichen oppositionellen Strömungen, die deren Wahrheit und Rechtschaffenheit bestritten; diese Strömungen spiegelten die Stimmung der besitzlosen oder besitzarmen Massen wider und wurden von der Führungsspitze für ungesetzlich, für häretisch erklärt.

Die Kirche verband ihr Schicksal mit dem der Ausbeuterklassen der Gesellschaft und deren Staat und verwarf damit den Traum der Urchristen von der Errichtung eines »Gottesreiches auf Erden«. Sie begann die soziale Ungleichheit zu heiligen; sie rief die Leidenden und Unterdrückten dazu auf, sich mit ihrer Lage abzufinden, und versprach ihnen dafür eine Belohnung nach dem Tode. Das ist eine der wichtigsten Ursachen für die im Verlauf vieler Jahrhunderte auftretenden verschiedenartigsten Häresien, die die Autorität und die Macht der Kirche sowie die von ihr mit dem Heiligenschein umhüllte Ausbeuterordnung bekämpften.

Deshalb folgt die Häresie der Kirche wie ein untrennbarer Schatten im Verlauf ihrer ganzen Geschichte. Sie war vielgestaltig und unzerstörbar. Sie war nicht zu

---

[1] *de Maistre, J.M.*, Considérations sur la France, suivi de l'essai sur le principe génerateur des constitutions politiques, et des lettres à un gentilhomme russe sur l'Inquisition Espagnole, Brüssel 1858, S. 285; Briefe an einen russischen Edelmann über die spanische Inquisition, Offenbach 1836, S. 4.

besiegen, weder durch Überredung noch durch Drohung und Verleumdung; man konnte sie nicht vernichten, weder mit Feuer noch mit dem Schwert. Häresie – das ist stets eine Opposition gegen die herrschende Kirche, die ihrerseits aus Furcht, ihre Macht zu verlieren, bestrebt ist, jene mit allen Kräften zu vernichten. Daher rührt die für die Kirche so charakteristische Intoleranz.

Die Häresien spiegelten in den aufeinanderfolgenden historischen Epochen sehr widersprüchliche Interessen von verschiedenen sozialen Gruppen und Schichten wider, aber stets traten sie sowohl gegen die kirchliche Hierarchie als auch gegen die Ungerechtigkeit der herrschenden Ausbeuterordnung auf, mit der die Kirche untrennbar verbunden war. Sie stellten eine besondere Form des Klassenkampfes dar, die für das Mittelalter, für eine feudale Welt, die nur in religiösen Kategorien dachte, charakteristisch ist. Sie drückten die Anschauungen dieser oder jener Schicht des Bürgertums bzw. der Bauernschaft aus und wurden auch von bestimmten nationalen oder regionalen Interessen geprägt.

Allen diesen sehr unterschiedlichen und oft nicht nur die offizielle Kirche, sondern auch sich gegenseitig unerbittlich bekämpfenden Häresien drückte jede Epoche ihren eigenen Stempel auf und bereitete ihnen die verschiedensten Schicksale. Die religiöse Intoleranz entstand schon in den frühchristlichen Gemeinden durch die Atmosphäre jenes Kampfes, den diese einerseits unter sich um die Gewinnung von Anhängern und andererseits mit dem römischen Staat um das Recht auf ihre Existenz führten. Die ersten christlichen Gemeinden, zerstreut über das riesige Römische Reich, stellten ein buntes Konglomerat verschiedenster Schulen und Richtungen dar. Man kann sich ein Bild davon machen anhand der großen Anzahl unterschiedlich lautender Evangelien und Sendschreiben, die unter den frühen Anhängern des Christentums verbreitet waren. Der Kampf unter ihnen wurde ausgefochten für oder gegen die Beibehaltung der demokratischen Gemeindestruktur, für oder gegen die Anerkennung der bestehenden Gesellschaftsordnung, für oder gegen den endgültigen Bruch mit dem Judaismus, aus dessen Mitte das Christentum hervorgegangen war und dessen strenges Ritual die Verbreitung der neuen Religion unter den sogenannten Heiden behinderte.

Einen Niederschlag dieses inneren Kampfes im frühen Christentum finden wir schon im Neuen Testament. In den frühen christlichen Gemeinden war der Glaube verbreitet, daß das »Reich Gottes auf Erden« in allernächster Zeit anbrechen werde. »Wahrlich, ich sage euch«, so lesen wir im Evangelium des Matthäus, »es stehen etliche hier, die nicht schmecken werden den Tod, bis daß sie den Menschensohn kommen sehen in seinem Reich.«[2] Aber die Jahre und Jahrzehnte vergingen, die

---

[2] Matth. 16, 28.

Lage der Christen änderte sich immer wieder, aber diese Verheißungen erfüllten sich nicht, das »Millennium«, das Tausendjährige Reich, brach nicht an. Die Gläubigen belagerten ihre Prediger und forderten von ihnen eine Erklärung, wann es denn endlich soweit sei. Diese antworteten ihnen, nach der Apostelgeschichte zu urteilen: »Es gebührt euch nicht, zu wissen Zeit oder Stunde, welche der Vater in seiner Macht bestimmt hat.«[3]

Solche Antworten konnten die Fragenden nicht zufriedenstellen. Die Vorsteher der christlichen Gemeinden waren daher schließlich bestrebt, mit allen ihnen zur Verfügung stehenden Mitteln sich von solchen »Murrenden« zu befreien, indem sie sie auf die entsprechenden Stellen des Neuen Testaments verwiesen. Im Johannes-Evangelium sagt Christus zu den Zweifelnden und Ungehorsamen: »Wer nicht in mir bleibt, der wird weggeworfen wie eine Rebe und verdorrt, und man sammelt sie und wirft sie ins Feuer, und müssen brennen.«[4] Dieser Vers ebnete den späteren Inquisitoren den Weg; er diente ihnen als Mandat für die Scheiterhaufen, die die Autodafés krönten.

Derselbe unduldsame Ton gegenüber Andersdenkenden findet sich auch anderenorts. Der unbekannte Verfasser der Petrusbriefe droht z. B. den Unzufriedenen mit härtesten Strafen; auch darauf haben in der Folgezeit die Inquisitoren Bezug genommen, um ihr verbrecherisches Vorgehen zu rechtfertigen. Der Autor sieht angeblich voraus, welch scharfe Formen mit der Zeit der Kampf der verschiedenen Strömungen im Christentum annimmt, wenn er schreibt: »Es waren aber auch falsche Propheten unter dem Volk, wie auch unter euch sein werden falsche Lehrer, die neben einführen verderbliche Sekten und verleugnen den Herrn, der sie erkauft hat, und werden über sich selbst herbeiführen eine schnelle Verdammnis.«[5]

Gott, so warnt er, wird ebenso erbarmungslos, wie er die gefallenen Engel bestrafte, auch die Häretiker züchtigen, »allermeist aber die, so da wandeln nach dem Fleisch in der unreinen Lust und die Herrschaft verachten. Frech und eigensinnig, zittern sie nicht davor, die Majestäten zu lästern.«[6] Er scheut nicht vor »scharfen« Ausdrücken zurück; er vergleicht sie mit Hunden, die zu ihrem Auswurf zurückkehren, mit Säuen, die sich »im Kot« wälzen. »Das sind Brunnen ohne Wasser«, spricht der erzürnte Autor, »und Wolken, vom Windwirbel umgetrieben. Ihr Teil ist die dunkelste Finsternis.«[7] Von christlicher Milde ist hier nichts zu spüren.

---

[3] Act. Ap. 1, 7.

[4] Joh. 15, 6.

[5] 2. Petr. 2, 1.

[6] Ebenda, 2, 10.

[7] Ebenda, 2, 17; 2, 22.

Ähnliche Aussprüche gegen die »Murrenden« und »Schimpfenden« finden wir auch im Brief des Judas. Er erinnert daran, daß Gott im Alten Testament mit Feuer und Schwert gegen die Ungehorsamen und Widerspenstigen vorging, und droht: »Ihresgleichen sind auch diese Träumer, die ihr Fleisch beflecken, die Herrschaft verachten und die Majestäten lästern.«[8] Nicht weniger streng gegen Andersdenkende ist der Apostel Paulus. Im Galaterbrief warnt er: »Aber so auch wir oder ein Engel vom Himmel euch würde das Evangelium predigen anders, als wir euch gepredigt haben, der sei verflucht.«[9] Im ersten Timotheusbrief polemisiert er gegen die »teuflischen« gelehrten Asketen, »die da gebieten, nicht ehelich zu werden und zu meiden die Speisen, die Gott dazu geschaffen hat, daß sie mit Danksagung genommen werden von den Gläubigen und denen, die die Wahrheit erkennen«[10]. Dort teilt er auch mit, daß er den Hymenäus und Alexander »dem Satan« übergeben habe, »daß sie gezüchtigt werden und nicht mehr lästern«[11]. Im zweiten Timotheusbrief klingen diese Motive der Intoleranz mit noch größerer Schärfe an. Paulus verkündet seinem Jünger, daß die Zeit nicht ferne sei, »da sie die heilsame Lehre nicht leiden werden; sondern nach ihren eigenen Lüsten werden sie sich selbst Lehrer aufladen, wonach ihnen die Ohren jucken, und werden die Ohren von der Wahrheit wenden und sich zu den Fabeln kehren«[12]. Mehr noch: Er teilt mit, daß er selbst schon ein Opfer ihrer Lügenapostel sei, und fordert Timotheus zu energischem Handeln auf: »Predige das Wort, stehe dazu, es sei zur Zeit oder zur Unzeit; weise zurecht, drohe, ermahne mit aller Geduld und Lehre.«[13] Das war, wie Engels bemerkte, »ein – man kann sagen – darwinistischer Kampf um die ideelle Existenz«[14], der mit dem Sieg der episkopalen Richtung endete; diese drückte die Stimmungen und Interessen der reichsten und einflußreichsten Schichten der Gläubigen aus, die mit dem römischen Adel verbunden waren. Die oppositionellen Elemente wurden isoliert und mittels Exkommunikation unterdrückt. Anstelle der ursprünglich zerstreuten christlichen Gemeinden entstand nun eine zentralisierte kirchliche Organisation, die von den Bischöfen geleitet wurde, unter denen mit der Zeit der römische die führende Rolle zu spielen begann.

Der Einfluß des Christentums wuchs in die Breite und in die Tiefe. Zur gleichen Zeit aber drangen mächtige hellenistische und orientalische Strömungen vor; sie

---

8 Judas 8.

9 Gal. 1, 8.

10 1. Tim. 4, 3.

11 Ebenda, 1, 20.

12 2. Tim. 4, 3–4.

13 Ebenda, 4, 2.

14 *Engels, F.,* Bruno Bauer und das Urchristentum, in: MEW, Bd. 19, Berlin 1962, S. 305.

enthielten Elemente »heidnischer« Lehren, die dem Christentum fremd waren. Es entstanden neue Häresien. Die gefährlichsten davon waren um die Mitte des 2. Jh. die der Gnostiker und die Montanisten, gegen die die eben entstandene kirchliche Hierarchie in erster Linie zu Felde zog.

Die Gnostiker suchten das Christentum mit den hellenistischen Mysterienlehren zu vereinen.[15]

Einen anderen Inhalt hatte die montanistische Lehre, die nach ihrem Gründer Montanus benannt ist. Sie setzte die egalitären und asketischen Traditionen des frühen Christentums fort.

Der Kampf gegen diese Lehren verlief unter komplizierten Umständen, wobei Perioden der offenen – »legalen« – Tätigkeit der Kirche mit Perioden der Verfolgungen sich abwechselten. Letztere richteten sich sowohl gegen sie als auch gegen andere christliche Strömungen, die von der Kirche selbst bekämpft wurden. Unter den genannten Umständen mußte der Streit mit friedlichen Mitteln ausgefochten werden. Wenn man den apostolischen Traditionen folgt, so denunzierten und beschuldigten sich die feindlichen Gruppen gegenseitig, ohne mit Worten zimperlich zu sein, aller möglichen Verletzungen der Glaubenslehre sowie der verschiedensten Arten von Lastern – des Betrugs, der Lüge und Verleumdung, der Eigensucht, der Habsucht, der Wollust, kurz gesagt: aller Todsünden.

Die Schriften der Gnostiker, der Montanisten und anderer Häretiker wurden teilweise von der Kirche vernichtet und sind daher nicht überliefert. Was die polemischen Praktiken der Kirchenanhänger betrifft, so kann man von ihnen eine Vorstellung erhalten anhand des Werkes »Entlarvung und Widerlegung der fälschlich sogenannten Gnosis (5 Bücher gegen die Häresien)« des Lyoner Bischofs Irenäus, der in der zweiten Hälfte des 2. Jh. lebte. Irenäus hielt die Gnostiker und Montanisten für Abtrünnige und deshalb für »Söhne des Teufels und Engel des Verführers«, für »Diebe und Räuber«.

Nach ihm entzieht Gott seine Gnade allen, die ihm nicht gehorchen, so wie ein Vater seine ungehorsamen Söhne enterbt. In seiner Polemik gegen die Montanisten verteidigte Irenäus heftig die Rechtmäßigkeit der Regierung des Römischen Reiches, indem er darauf hinwies, daß diese wie jede irdische Herrschaft von Gott geschaffen sei: »Die irdische Herrschaft fürchtend, sollen die Menschen sich nicht nach Art der Fische gegenseitig verschlingen, sondern durch die Bestimmungen der Gesetze die vielfache Ungerechtigkeit der Heiden hintanhalten.«[16] Allerdings muß Irenäus

---

[15] Vgl. *Kozik, P. Z.*, Social'nye osnovy christianskogo sektanstva II–III vv., Kasan 1966, S. 332.

[16] Bibliothek der Kirchenväter. Des hl. Irenäus ausgewählte Schriften ins Deutsche übersetzt: Des hl. Irenäus fünf Bücher gegen die Häresien, übers. v. *Klebba, E.*, 2 Bde., Kempten/München 1912, lib. V, c. 24, S. 537.

zugeben, daß nicht jede Regierung im Interesse ihrer Untertanen handelt. »Einige (Könige) sollen dienen zur Besserung und zum Nutzen ihrer Untergebenen und zur Bewahrung der Gerechtigkeit, andere sollen Furcht einflößen, strafen und tadeln, andere verhöhnen, beschimpfen und unterdrücken, wie es jene auch verdienen, indem über alle, wie wir gesagt haben, in gleicher Weise das gerechte Gericht Gottes einherschreitet.«[17] Jedoch warnt Irenäus seine Gegner: Nicht den Menschen stehe es an, ihre Könige zu richten, sondern Gott allein, der jedem von ihnen nach seinem Verdienst vergilt. Doch rettete seine Verteidigung der römischen Macht ihn persönlich nicht vor der kaiserlichen Justiz, deren Opfer er in der Zeit der Massenverfolgungen von Christen wurde.

Im Kampf mit den feindlichen Strömungen festigte die Episkopalkirche ihre Position; sie formulierte ihre eigene Glaubenslehre und stabilisierte ihre Organisation. In bestimmtem Maße traf das auch für die Häretiker zu; jedoch im Endergebnis standen alle Vorteile auf der Seite des Siegers, d. h. der Kirche.

Die Polemik gegen die häretischen Theologen brachte eine propagandistisch-apologetische Literatur hervor, deren Verbreitung ebenfalls der Festigung kirchlicher Positionen diente. Mit der Verbreitung des Christentums erstarkten alle konservativen Elemente, die die Unterordnung unter die Behörden und Sklavenhalter predigten. Aufrufe zum Gehorsam finden sich schon in der frühchristlichen Literatur; dies ist ein Beweis dafür, daß die Vorsteher der Gemeinden ständig bestrebt waren, die Gläubigen aus den unteren Schichten von gewaltsamen Aktionen abzuhalten und sie dem Staat und ihren Herren gegenüber unterwürfig zu halten. Mit der Entstehung der kirchlichen Organisation klingen diese Aufrufe immer eindringlicher. Die Bischöfe, die mit den mächtigen Familien des Reiches liiert waren, unterstrichen auf diese Weise den friedlichen Charakter der christlichen Lehre, betonten das »Widerstehet nicht dem Bösen« und versicherten, das Christentum siege nicht auf dem Wege eines gewaltsamen Umsturzes der herrschenden ungerechten Ordnung, sondern mit Hilfe einer moralischen, geistigen Besserung (Vervollkommnung), eines rechtschaffenen Lebens und der Beobachtung der kirchlichen Riten. Möglicherweise wurde diese pazifistische Doktrin von einigen christlichen Führern als taktische Maßnahme betrachtet, die darauf berechnet war, das Mißtrauen der herrschenden Kreise des Reiches zu zerstreuen. Die politische Erfahrung veranlaßte die christlichen Leiter zu einer »friedlichen Durchdringung«; denn Gewalthandlungen gegen die herrschende Ordnung versprachen nur eine Niederlage.

Aber wie sich auch die episkopale Führung der Kirche anstrengen mochte, durch ihre treuuntertänigen Erklärungen die Wachsamkeit und das Mißtrauen der

---

[17] Ebenda, S. 538.

kaiserlichen Macht einzuschläfern: Die Entstehung der weitverzweigten und disziplinierten kirchlichen Organisation selbst, die auf die führende Rolle in der Gesellschaft prätendierte, mußte letzten Endes repressive Maßnahmen des Staates gegen sie hervorrufen. In der zweiten Hälfte des 3. Jh. versuchte dieser, durch Terror die ihn bedrohende kirchliche Organisation zu zerbrechen und sich ihre Reichtümer anzueignen. Aber das Christentum hatte schon zu tiefe Wurzeln geschlagen, als daß man es mit roher Gewalt hätte ausrotten können. Die Verfolgungen halfen vielmehr beim stärkeren Zusammenschluß der Christen, bei Ausgleich der inneren Gegensätze, beim Abklingen der dogmatischen Streitigkeiten und bei der Säuberung der Reihen der Gläubigen von schwankenden, kleinmütigen Elementen, die unter dem Druck der Repressionen ihrem Glauben entsagten.

Die kaiserliche Macht, die dies bald bemerkt hatte, änderte nun ihre Taktik und beschritt den Weg des Paktierens mit der Kirchenführung. Dies wurde um so mehr möglich, als das Christentum selbst zu jener Zeit (gegen Ende des 3., Anfang des 4. Jh.) eine große Evolution durchmachte und sich aus einer Religion der Sklaven und Unterdrückten in eine Religion verwandelte, die Sklaverei und Unterdrückung rechtfertigte. Die kaiserliche Macht erkannte, daß es für sie vorteilhaft war, zu einer Einigung mit der Kirche zu kommen und deren Unterstützung zu gewinnen. Im Jahre 311 erließ daher Kaiser Galerius ein Toleranzedikt, und zwei Jahre später stellte Kaiser Konstantin durch das Mailänder Edikt die christliche Kirche rechtlich den anderen im Reich verbreiteten Kulten gleich. Dieses Edikt von 313 bedeutete den Beginn des Bündnisses der christlichen Kirche mit dem Staat. Im Zusammenhang mit einer solchen neuen Lage entstanden jedoch neue Gegensätze und tauchten neue Häresien auf. Die Geistlichkeit appellierte deshalb an den Kaiser, der, obwohl selbst noch Heide, die Rolle eines, wie er sagte, »Bischofs für die äußeren Angelegenheiten der Kirche«, d. h. eines obersten Schiedsrichters in kirchlichen Streitigkeiten, übernommen hatte.

Eine dieser Streitigkeiten unter Konstantin betraf das Verhältnis zu den Apostaten, die hauptsächlich unter den vermögenden Christen zu finden waren; diese hatten sich in der Zeit der Verfolgungen unter Kaiser Decius 249–250 aus Feigheit oder aus dem Wunsch heraus, Stellung und Eigentum zu retten, vom christlichen Glauben äußerlich losgesagt und die »heiligen Bücher« den Behörden zur Verbrennung ausgeliefert, bzw. sie hatten sich von den Repressionen losgekauft, während zur gleichen Zeit andere den Märtyrertod dem Abfall vorgezogen hatten. Diese Leute – man nannte sie »Gefallene« oder »Verräter« – wollten jetzt in den Schoß der Kirche zurückkehren. Die Mehrheit der römischen Geistlichkeit, die mit den reichen Christen liiert war, trat für die Wiederaufnahme der Abgefallenen ein; eine Minderheit dagegen – die Rigoristen mit dem römischen Bischof Novatian an der Spitze – sprach sich gegen deren Rückkehr in die Kirche aus. Novatian wurde von seinem Posten entfernt und von den örtlichen Synoden verurteilt; er fand jedoch Unterstützung bei den christlichen Gemeinden Nordafrikas. Ein beträchtlicher Teil des Klerus dieser römischen Provinz forderte unter Führung des Bischofs Donatus für die »Gefallenen«, die in den Schoß der Kirche zurückkehren wollten, eine zweite Taufe. Diese Bewegung der Donatisten wurde von demokratisch gesinnten Christen unterstützt.

Ein radikaler Flügel der Donatisten, die Circumcellionen (Umherirrende, Umherschweifende), zerstörten in diesem Zusammenhang die großen Güter, befreiten Sklaven und überfielen die Wucherer, die Sklavenhalter und die Bischöfe.[18] Die offizielle Kirche, die sich auf die kaiserliche Gewalt stützen konnte, versuchte ein ganzes Jahrhundert lang, die donatistische Bewegung zu unterdrücken. Aber deren Aufruf, zu den Traditionen des frühen Christentums zurückzukehren, fand einen größeren Anklang bei der christlichen Bevölkerung Nordafrikas als die Appelle der römischen Hierarchie, sich der kaiserlichen Macht unterzuordnen.

Nachdem das Christentum zur Staatsreligion geworden war und eine starke Schicht von Gebildeten theoretische Ansprüche an dieses stellte, entwickelte sich eine christliche Glaubenslehre, die diesen Ansprüchen gerecht zu werden versuchte. Dabei konnte es nicht ausbleiben, daß infolge des Einflusses verschiedener philosophischer Strömungen mannigfaltige Auslegungen und Interpretationen der christlichen Lehre auftraten, deren Vertreter sich gegenseitig der Häresie beschuldigten. Diese dogmatischen Kämpfe wurden bald zu einer Angelegenheit der breiten Öffentlichkeit, und das Eingreifen des Staates entschied oft darüber, was als kirchliche Lehre, als Dogma festgelegt und was als Häresie abgelehnt wurde. Der hauptsächlichste Gegenstand des Streites war zunächst das Problem der Natur Christi, sein angebliches Gott-Mensch-Sein (christologischer Streit).

Zu Beginn des 4. Jh. war es diesbezüglich der Arianismus, der die Gemüter bewegte und den ersten großen Dogmenkampf hervorrief. Arius, von Geburt ein Libyer, lebte in der zweiten Hälfte des 3. und zu Anfang des 4. Jh.; er starb 336. Er stand unter dem Einfluß antiker Philosophen und war der Auffassung, daß Jesus Christus ein Wesen sei, das nicht ewig, sondern von Gott erschaffen, das gottähnlich, aber nicht Gott gleich sei. Trotz der Verurteilung des Arianismus durch die Konzilien von Nicäa (in Bithynien) im Jahre 325 und von Konstantinopel im Jahre 381 und trotz grausamer Verfolgungen behielt er noch lange seinen Einfluß auf die christlichen Auffassungen. Viele germanische Völker nahmen das Christentum in

---

[18] *Ranovič, A. B.,* O rannom christianstve, Moskau 1959, S. 541; *Diligenskij, G. G.,* Severnaja Afrika v IV–V vekach, Moskau 1961, S. 233; *Büttner, Th./Werner, E.,* Circumcellionen und Adamiten. Zwei Formen der mittelalterlichen Häresie, Berlin 1959, S. 49.

seiner, für sie verständlicheren Form an. Im 5. Jh. entstand dann die nestorianische Häresie, die von Nestorius, dem Patriarchen von Konstantinopel, ausging. Er vertrat die Meinung, daß in Christus zwei getrennte Personen existierten, eine göttliche und eine menschliche, und daß der »Gottessohn« sich mit dem Menschen Jesus nachträglich vereinigt habe. Folglich sei Jesus Christus ein gewöhnlicher Mensch und seine Mutter nicht Gottesgebärerin (griechisch: theotokos), sondern Christusgebärerin (Christotokos), da sie einen Menschen und nicht einen Gottessohn geboren habe. Die Lehre des Nestorius wurde auf dem 3. Ökumenischen Konzil in Ephesus 431 für häretisch befunden und verurteilt. Es begann eine großangelegte Verfolgung der Nestorianer, von denen viele zur Auswanderung gezwungen wurden.

Nach einem allerdings fragwürdigen Bericht wurde auf dem gleichen Konzil von Ephesus auch die pelagianische Irrlehre verurteilt, deren Initiator der britische Mönch Pelagius (ca. 360–418) gewesen war. Er leugnete die Lehre von der Erbsünde und behauptete, daß die Gläubigen durch ihren eigenen Willen auch außerhalb der Kirche gerettet werden könnten. Nach seiner Verurteilung entstand die semipelagianische Lehre, die einen Versuch darstellte, die Ansichten des Pelagius mit der kirchlichen Orthodoxie zu versöhnen; aber auch sie wurde auf mehreren Provinzialsynoden, insbesondere zu Karthago 417 und 418, verurteilt. Ihre Anhänger waren gleichfalls zahlreichen Verfolgungen ausgesetzt.

Im 4. Jh. verursachte außer dem Arianismus die dualistische Lehre der Manichäer der Kirche große Schwierigkeiten. Deren Ansichten, im 3. Jh. im Iran entstanden, hatten sich rasch in Asien und Europa ausgebreitet. Als ihr Begründer gilt der Perser Mani (ca. 215–276), der von der persischen Priesterkaste der Häresie beschuldigt und vom Schah hingerichtet worden war. Die Manichäer lehrten, daß in der Welt ein ständiger Kampf des Lichtes mit der Finsternis, des Geistes mit dem Körper, Gottes mit dem Teufel stattfinde, daß das irdische Sein eine Verkörperung des Bösen sei und daß der Mensch deshalb die Aufgabe habe, durch Verwerfung der Welt und die Loslösung von ihr zum Sieg des Lichtes beizutragen. Dieses Ziel konnte nach der Lehre des Manichäismus nur erreicht werden durch eine strenge asketische Haltung, durch Ehelosigkeit, Verleugnung der Reichtümer und sogar des Privateigentums. Jedoch war eine solche Lebensführung nur für die »Auserwählten« verbindlich, für die manichäischen Mönche, in deren Reihen die einfachen Gläubigen erst im hohen Alter aufgenommen werden konnten. Der Manichäismus faßte tiefe Wurzeln besonders im Byzantinischen Reich, wo eine seiner Abarten, das Paulikianertum, trotz aller Verfolgungen seine Positionen bis ins 9. Jh. hinein hielt.

Wir haben längst nicht alle dogmatischen Streitigkeiten aufgezählt, die das frühe wie das spätere Christentum spalteten und erschütterten. Unter einer religiösen Hülle wurde hierbei der Kampf um durchaus materielle Interessen von Menschen verschiedenster Gesellschaftsklassen ausgetragen. Die kirchliche Hierarchie, deren

Interessen mit denen der Ausbeuterklassen immer mehr identisch wurden, führte einen erbitterten Kampf gegen die Häresien. Das Unvermögen, mit ihnen durch friedliche Mittel fertig zu werden, überzeugte die kirchlichen Würdenträger jedoch von der Notwendigkeit, gegen sie mit Zwangsmaßnahmen vorzugehen.

Einer der ersten Theologen, die die Notwendigkeit der Anwendung von Gewalt gegenüber den Häretikern bis zu deren physischer Vernichtung begründeten, war Augustinus (354–430), der größte kirchliche Theologe in der Periode der Spätantike bzw. des Frühmittelalters. Er wurde von der Kirche in den Rang eines Heiligen und Kirchenlehrers erhoben und wird von ihr bis auf den heutigen Tag als unbestrittene theologische Autorität betrachtet. Augustinus war mit zwanzig Jahren Manichäer geworden, sagte sich dann aber von dieser Lehre los und führte einen energischen Kampf gegen die Donatisten, Arianer, Manichäer, Pelagianer und gegen die Anhänger anderer häretischer Lehren, die zur damaligen Zeit die christliche Welt spalteten. Augustinus Anschauungen über den Kampf gegen die Häretiker durchliefen drei Entwicklungsstadien. Zuerst suchte er mit den Mitteln der Propaganda – auf dem Wege theologischer Polemik – die Donatisten und andere Häretiker zu überzeugen. Dann empfahl er, sich ihnen gegenüber mit »gemäßigter Strenge« (temperata severitas) zu verhalten, d. h. gegen sie mit Mitteln der Repression – unter Ausnahme der Folter und der Todesstrafe – vorzugehen. Schließlich riet er dann zur Anwendung aller Repressivmaßnahmen gegen die Häretiker, einschließlich der Folter und der Todesstrafe, wodurch er sich vollends den »Ruhm« des ersten Theologen der Inquisition verdiente.

Wie argumentierte dieser Kirchenlehrer bei der Begründung für die Anwendung harter Maßnahmen gegen die Häretiker? Er führte hier zweierlei Arten von Argumenten an: kirchliche und weltliche. Zunächst berief er sich auf die von uns schon zitierten Stellen des Alten und Neuen Testaments über die Bestrafung der Abtrünnigen und kam zu folgendem Schluß: Die christliche Nächstenliebe verpflichtet nicht nur dazu, dem Abtrünnigen zu helfen, sich selbst zu retten, sondern auch, wenn er sich nicht freiwillig von seinen verderblichen Anschauungen lossagt, ihn dazu zu zwingen. Augustinus verglich die Häretiker mit verirrten Schafen und die Kleriker mit Hirten, deren Aufgabe es sei, diese Schafe zur Herde zurückzuführen – wenn es nötig sein sollte, auch mit Stock und Knüppel. Es ist nicht notwendig, ein verirrtes Schaf zu töten; es genügt, dieses Schaf zu züchtigen, um es gehörig zu belehren. Die Züchtigung ist keine sehr strenge Bestrafung, denn die Eltern züchtigen ja auch ihre ungehorsamen Kinder, die Lehrer ihre unfolgsamen Schüler, und selbst die Bischöfe, die weltlichen Gerichten vorstehen, verurteilen gewöhnlich Rechtsbrecher zur Züchtigung. Deshalb ist es durchaus legitim, mit diesem Ziel auch die Folter anzuwenden, die ja nur dem sündigen Fleisch, dem »Gefängnis der Seele«, Schaden antut; wichtig sei allein, daß man mit ihrer Hilfe den Häretiker auf den Weg der Wahrheit zurückbringen kann.

Wenn entsprechend der biblischen Lehre die untreue Gattin bestraft werden muß, so mit noch größerem Recht der von den kirchlichen Dogmen Abgefallene, dessen Seele dem Herrn untreu geworden sei. Es ist nicht wichtig, behauptet Augustinus, daß der Häretiker sich von seinem falschen Glauben aus Furcht vor der Strafe lossagt, denn »die vollkommene Liebe besiegt letzten Endes die Furcht«. Die Kirche hat das Recht, ihre verirrten Söhne mit Gewalt zu zwingen, wieder in ihren Schoß zurückzukehren, wenn diese andere verführen und dadurch deren Seelenheil gefährden. Die logische Schlußfolgerung aus derartigen Überlegungen war: Es ist besser, die Häretiker zu verbrennen, als ihnen die Möglichkeit zu geben, »in den Verirrungen zu erstarren«. »Sie (die Häretiker, J. G.) töten die Seelen der Menschen, während die Obrigkeit nur ihre Leiber der Folterung unterwirft; sie rufen ewigen Tod hervor, aber beklagen sich dann, wenn die Behörden sie dem zeitlichen Tod überantworten.«[19] Nach Augustinus ist die Bestrafung der Häresie kein Übel, sondern ein »Akt der Liebe«.

Nachdem er so die theologischen Argumente zugunsten seiner These erschöpft hat, aber offensichtlich doch irgendwie an deren Überzeugungskraft zweifelt, geht Augustinus das Problem unter pragmatischen Gesichtspunkten an. Hierbei führt er aus: Über die Wirksamkeit von Maßnahmen urteilt man nach ihren Resultaten. Die Anwendung von Gewalt gegenüber den Abtrünnigen ist für die Kirche vorteilhaft, da sie das gewünschte Resultat bringt. Die Androhung der Folter und der Todesstrafe stellt den Häretiker nämlich vor die Wahl, in seiner Verirrung zu verharren, »durch den Feuerofen der Qualen« und seines Lebens verlustig zu gehen oder »klüger zu werden«, sich von den falschen Lehren loszusagen und in den Schoß der Kirche zurückzukehren. Viele Häretiker scheuen sich, diese Wahl zu treffen wegen der den Menschen in Sachen des Glaubens eigenen Unentschlossenheit oder wegen der Befürchtung, sich die Verachtung ihrer Gesinnungsgenossen zuzuziehen. Um sich zu entscheiden, bedürfen sie eines Anstoßes; ein solcher aber ist die Anwendung »starker Mittel«, die von den Kirchenlehrern empfohlen werden.

Die mittelalterlichen Inquisitoren beriefen sich auf die Autorität des heiligen Augustinus, wenn sie darangingen, die Folter und die Scheiterhaufen zu rechtfertigen. Allerdings suchen die modernen Apologeten der Kirche Augustinus von dem Makel, ein Vorläufer der Inquisition zu sein, reinzuwaschen. Einer dieser »Reinwäscher«, der Engländer W. G. Sparrow-Simpson, urteilt folgendermaßen: »Es ist schwer, antihistorischer und ungerechter zu sein, als wenn man sich Augustinus als einen frühchristlichen Torquemada vorstellt. Daß seine unglückliche und fehlerhafte

[19] *Vacandard, E.*, The Inquisition. A critical and historical study of the coercive power of the church, New York 1940, S. 15.

Auslegung der biblischen Worte ein tödlicher Präzedenzfall war und zu traurigen Folgen führte, ist leider Wahrheit, so schmerzhaft es sein mag, dies einzugestehen. Aber Augustinus war nicht der einzige große Denker, der nicht alle Folgen seiner Lehre vorauszusehen vermochte – die, so kann man kühn behaupten, kein anderer so entschieden verurteilt hätte als er selbst.«[20] Sicher kann man das »kühn behaupten«, aber es zu beweisen ist unmöglich. Eher ist das Gegenteil richtig, denn die Geschichte der Inquisition zeigt, daß »Theoretiker« solchen Schlages selten ihre fanatischen Ansichten ändern und daß sie auch von der »Praxis« nicht geschreckt werden.

Die Qualen der Häretiker erquicken die Seelen dieser Rechtschaffenen, für die das letzte Ziel alles, das Blut aber, das in seinem Namen vergossen wird, nichts bedeutet.

Sparrow-Simpson und seinesgleichen wissen das sehr gut, und wenn sie mit solchem Eifer Augustinus reinzuwaschen versuchen, so nur deshalb, um die Inquisition auf ihren mittelalterlichen Rahmen einzuengen, um zu beweisen, daß sie eine zwar bedauerliche, aber nur zufällige und kurze Episode in der Kirchengeschichte darstellt, obwohl sie in Wirklichkeit bis in die jüngste Zeit hinein ein untrennbares und ständiges Attribut ihrer Tätigkeit gewesen ist.

Augustinus stand nicht allein da mit seiner Kreuzzugspredigt gegen die Häretiker. Sein Zeitgenosse, der heilige Hieronymus (ca. 347–420), rief ganz ähnlich dazu auf, Vigilantius, einen Priester aus Aquitanien, zu töten, dem er vorwarf, daß er die Reliquienverehrung der Heiligen und Märtyrer ablehne. Hieronymus suchte zu beweisen, daß eine solche Bezeugung des Eifers für die Verteidigung der »göttlichen Sache« keine Grausamkeit sei, denn die Bestrafung des Sünders sei die beste Form der Frömmigkeit; sie führe durch den Tod des Leibes zur Rettung der unsterblichen Seele. Die christliche Kirche, die jetzt eine Bundesgenossin der kaiserlichen Macht geworden war, stützte sich auf deren Hilfe bei der Unterdrückung ihrer Rivalen, der heidnischen Kulte, und ihrer inneren Opposition, der zahlreichen häretischen Strömungen. Auf ihre Veranlassung verbot der römische Kaiser Theodosius I. (379–395), unter dem das Christentum als alleinige Staatsreligion anerkannt wurde (380), die übrigen Religionen und konfiszierte den Landbesitz der heidnischen Tempel zugunsten der christlichen Kirche. Diese nannte ihn dafür dankbar den »Großen«. In den achtziger Jahren und zu Anfang der neunziger Jahre erließ Theodosius eine Reihe von Edikten über die Verfolgung der Heiden und Häretiker (Manichäer), in denen gegen sie der Verlust der staatsbürgerlichen Rechte, die Konfiskation der Güter und schließlich die Todesstrafe (Strafe für Majestätsverbrechen, 392) bzw. die Verbannung ausgesprochen wurden. Die Präfekten wurden

---

[20] *Sparrow-Simpson, W. G.,* The Letters of St. Augustine, London 1919, S. 113 f.

verpflichtet, Inquisitoren (Untersuchungsrichter) sowie Denunzianten (Geheimagenten) zum Aufspüren verborgener Manichäer und anderer »Majestätsverbrecher« zu ernennen.

Dieses Gesetz gegen die Manichäer ist eine Art Vorbild für die künftige Inquisition: Zum ersten Mal in der Geschichte des Imperiums wurden die Anhänger eines religiösen Kults in den Rang von Staatsverbrechern erhoben und es wurde ein spezieller geheimer Untersuchungsapparat mit uneingeschränkten Vollmachten zu ihrer Auffindung und Bestrafung geschaffen.

In der Folgezeit, als die Inquisition selbst bestand, beriefen sich alle kirchlichen Apologeten zu deren Rechtfertigung gerade auf dieses Gesetz.

Mit der Verlegung der Hauptstadt des Reiches nach Konstantinopel (330) wurde Italien allmählich zum westlichen Randgebiet des Staates, das die kriegerischen Stämme, die aus den Tiefen Europas aufbrachen, zu zerstören und zu unterwerfen trachtete. Ihr alter Traum war, nach Rom zu gelangen und sich der unermeßlichen Reichtümer dieser Stadt zu bemächtigen. Das Imperium verfügte nicht mehr über eine ausreichende bewaffnete Macht, um Rom vor den Anstürmen der Barbarenheere zu schützen. Die Hauptfigur wurde hier mit der Zeit der römische Bischof, der Papst, in dessen Hände die politische und ökonomische Macht der Stadt überging. Der Aufenthalt der Kaiser im fernen Konstantinopel, zu dem die Verbindung immer mehr erschwert wurde (eine Reise von der alten zur neuen Hauptstadt dauerte ohnehin drei Monate), und schließlich die endgültige Teilung des Imperiums in eine östliche (Byzanz) und eine westliche Reichshälfte im Jahre 395 kamen dem römischen Papst entgegen. Als die Barbaren vor den Toren der Stadt erschienen, trat er mit ihnen in Unterhandlungen und stiftete Frieden (was jene jedoch nicht hinderte, zweimal, im Jahre 410 und 452, Rom zu erstürmen, es zu plündern und teilweise zu zerstören).

Die Autorität und die Stellung des Papstes festigten sich gegen Ende des 5. Jh. noch mehr, als das weströmische Imperium zu bestehen aufhörte. Die Barbaren, seine Erben, übernahmen die Religion der Besiegten. Sie rechneten mit dem römischen Papst, nicht mit dem Imperator. So trat der König der Franken, Chlodwig (481–511), im Jahre 498 nach seinem Sieg über die Alemannen zum Katholizismus über. Aber es dauerte noch zweieinhalb Jahrhunderte, bis der Papst seiner kirchlichen Tiara die Krone des weltlichen Herrschers hinzufügte. Das geschah im Jahre 756, als der fränkische König Pippin der Jüngere (751–768), von Papst Stephan II. im Jahre 754 gesalbt, nach Siegen über die Langobarden dem Papst die diesen entrissenen Gebiete übergab: das Exarchat von Ravenna und die Pentapolis (die Romagna mit Ravenna als Sitz des Exarchen) sowie den Dukat von Rom (mit Teilen Südtoskanas und Kampaniens). Nun besaß der Papst einen beträchtlichen Teil Italiens, und außerdem gehörten ihm beträchtliche Ländereien in Spanien.

Die Erhöhung des Papsttums fiel zusammen mit der Unterdrückung der letzten frühmittelalterlichen Häresie (der Adoptianisten), die im sarazenischen Spanien im 8. Jh. entstanden war. Die Anhänger dieser Lehre behaupteten, daß Christus eine menschliche Natur hatte und Sohn Gottes nur durch Adoption geworden sei (filius Dei adoptivus). Die Lehre wurde von mehreren Synoden in Regensburg, Aachen und Rom (unter Leo III.) verurteilt und hörte nach dem Tode ihres Hauptvertreters, Felix von Urgel (818), bald auf zu existieren.

Unter den Bedingungen des Feudalismus gewann die Kirche in den Ländern Westeuropas eine gewaltige Macht und unermeßliche Reichtümer. Sie verwandelte sich nach einem Wort von Friedrich Engels in die »allgemeinste Zusammenfassung und Sanktion der bestehenden Feudalherrschaft«[21]. Große Feudalherren wurden kirchliche Hierarchen und umgekehrt. Das ganze geistige Leben der Gesellschaft befand sich unter der Kontrolle der Kirche. Die oppositionellen egalitären Bestrebungen, die im 4. und 5. Jh. die Form von Häresien angenommen hatten, wurden jetzt in das Prokrustesbett der mönchischen Bewegung gezwängt, einer Bewegung der Abkehr von der Welt. Die eisernen Fesseln der feudalen Ausbeutung erschienen den bäuerlichen Massen dieser Zeit als ewig und unerschütterlich. Es blieb nur ein Ausweg, eine Hoffnung: in eine andere Welt zu flüchten, eine mystische Welt religiöser Träume und Erscheinungen. Die feudale Ordnung, errichtet mit dem Segen der Kirche und unter ihrer direkten Anteilnahme, beruhte ebenso wie die vorausgehende Sklavenhalterordnung auf der Unterdrückung und Ausbeutung des Volkes. Als im Schoße dieser feudalen Ordnung neue gesellschaftliche Verhältnisse entstanden und die Volksmassen in Gestalt der Bauern und Bürger aus dem jahrhundertelangen Schlaf erwachten und von neuem in Bewegung gerieten, richtete sich ihr Zorn in erster Linie gegen die Geistlichkeit – die Bischöfe, Äbte und Mönche, die auf Kosten des Volkes ein behagliches Leben führten, das soziale Joch heiligten und in Lastern versunken waren; gegen das »neue Babylon«, das katholische Rom; gegen den neuen Antichrist, den römischen Papst. Und da entstanden neue Häresien; zum Kampf gegen sie wurde die »heilige Inquisition« geschaffen.

Vorboten neuer Stürme

Das zweite Jahrtausend traf die christliche Welt in dunkler Besorgnis an. »Im elften Jahrhundert«, schrieb Hegel, »verbreitete sich allgemein durch ganz Europa die Furcht vor dem herannahenden Jüngsten Gericht und der Glaube an den nahen

---

[21] *Engels, F.*, Der deutsche Bauernkrieg, in: MEW, Bd. 7, S. 343.

Untergang der Welt. Das innerliche Grauen trieb die Menschen zu den widersinnigsten Handlungen. Einige haben ihr ganzes Besitztum der Kirche geschenkt und ihr Leben in beständiger Buße hingebracht, die meisten haben sich der Schwelgerei ergeben und ihr Besitztum verpraßt. Die Kirche allein gewann dabei an Reichtum durch Schenkungen und Vermächtnisse.«[22]

Das Ende der Welt kam nicht, aber die Elemente der Gärung sammelten sich weiter an. Die inneren feudalen Fehden, die nicht aufhörenden Konflikte mit äußeren Gegnern erschütterten im 11. Jh. die feudale Ordnung. Der mittelalterliche Krieg zerstörte planmäßig und ohne Gnade, denn man wollte die wirtschaftliche und soziale Macht des Gegners durch Brand und Vernichtung der Ernten, der Bauwerke und Dörfer treffen. Vom Hunger gequält, lebten die unterdrückten Massen zeitweise in einem physischen, sozialen und politischen Elend, das in den untersten Schichten oft geradezu katastrophale Ausmaße annahm. Nach Rodulfus Glaber (985–1047) sammelten die Menschen z. B. während der großen Hungersnot 1032/33, »nachdem sie wilde Tiere und Vögel gegessen hatten, unter der Herrschaft eines verheerenden Hungers alles mögliche Aas und andere, kaum auszusprechende schreckliche Dinge auf, um sie zu essen. Einige nahmen, um dem Tode zu entgehen, ihre Zuflucht zum Wurzelwerk des Waldes und zum Grün der Blumen. Wütender Hunger ließ die Menschen selbst menschliches Fleisch verschlingen. Reisende wurden von Stärkeren verschleppt, ihre Glieder abgeschnitten, gekocht und verzehrt ... Viele zeigten Kindern eine Frucht oder ein Ei, lockten sie damit an abgelegene Orte, brachten sie um und verschlangen sie. Anderswo wurden Tote ausgegraben, um den Hunger zu stillen ... Man sah nur bleiche und abgezehrte Gesichter. Viele zeigten eine durch Aufblähung gedunsene Haut; die menschliche Stimme wurde spitz, den kurzen Schreien sterbender Vögel vergleichbar.« Ähnliche Schilderungen finden sich bei vielen anderen Chronisten dieser Zeit. Vom Hunger in Deutschland während der Jahre von 1066 bis 1072 berichtet z. B. Adam von Bremen: »... und man fand viele Arme tot auf den Plätzen.« Zu den verschiedenen Katastrophen »kamen noch die Übeltaten des bösen Geistes«, schreibt der eben genannte Rodulfus Glaber.

Trotz aller Not stieg die Bevölkerungszahl im 11. Jh. jedoch unaufhörlich an. Grundlage dieses Wachstums waren die Fortschritte in der landwirtschaftlichen Produktion (verbesserte Anbaumethoden, Rodungen, Vermehrung der tierischen Arbeitskraft, verbesserte Werkzeuge u. dgl.). Langsam, aber unaufhaltsam wuchs ein neues Element im Feudalismus heran: die Städte, deren Bürgerschaft im erbitterten Kampf gegen die feudalen Stadtherren ihre Freiheit zu erringen oder zu verteidigen hatte. Immer häufiger und kühner traten vor allem die niederen Schichten der Städte

---

[22] *Hegel, G. W. F.*, Die germanische Welt, Leipzig 1929, S. 819 (Philosophie der Weltgeschichte, Bd. IV).

auf mit Protesten und Aktionen gegen den Klerus, der unermüdlich seine Schäflein schor. Der Zehnte, den er von allen Feldfrüchten und vom Vieh, aber auch von sämtlichen anderen Wirtschaftsprodukten forderte, lastete ebenso wie jede andere Abgabe auf dem Volke. Der Luxus, mit dem er den Gottesdienst, die Kirchen und Altäre ausschmückte, und nicht zuletzt das anspruchsvolle Leben der hohen Geistlichkeit standen im krassen Gegensatz zur Armut der ausgebeuteten Bevölkerung.

Ein anderes Element der Unruhe war das Papsttum selbst, das dank der Begünstigung durch die weltlichen Feudalen, die Fürsten, Könige und Kaiser, zu einer mächtigen internationalen Kraft wurde, die über einen gewaltigen Bodenbesitz und andere materielle Werte verfügte und nach der Führungsrolle in der feudalen Welt strebte. Dieses Streben des Papsttums nach Hegemonie aber führte notwendigerweise zum Zusammenstoß mit der weltlichen Macht, die in Verteidigung ihrer Interessen bisweilen sogar nicht abgeneigt war, die Häretiker in ihrem Kampf gegen das Papsttum als Stützen zu benutzen.

Die widersprüchlichen Kräfte der feudalen Gesellschaft gerieten nunmehr in Bewegung; es änderte sich das gewohnte Verhältnis der sozialen Klassen und Schichten; die alten Begriffe wurden umgekehrt, unerschütterliche kirchliche Dogmen angezweifelt. Die antifeudalen Bewegungen nahmen die Form religiöser Häresien an.

Das erste Donnergrollen, das die kommenden Stürme anzeigte, ertönte während des 10. Jh. in Bulgarien, das dem Byzantinischen Reich, welches das Land zu verschlingen trachtete, verzweifelten Widerstand entgegensetzte. Dort hatte eine Neuauflage des Paulikianertums tiefe Wurzeln geschlagen: die Lehre der Bogomilen. Sie spiegelte die Stimmungen der Bauernschaft wider, die sich gegen die feudale und nationale Versklavung zur Wehr setzte. Die Anhänger dieser Lehre lehnten den Reichtum und die irdischen Güter ab und betrachteten die Armut als höchste Tugend; einige von ihnen negierten auch das Privateigentum. Die Bogomilen verwarfen ebenso den kirchlichen Kult, die Sakramente, die Reliquien, die Ikonen und das Kreuz; Kirchen und Klöster hielten sie für Fronhöfe des Teufels.

Nach der Eroberung Bulgariens durch Byzanz nahmen in der bulgarischen Kirche Griechen die führenden Positionen ein, Beamte der byzantinischen Regierung. Das Volk sah in ihnen jedoch Ausländer, die die Interessen Konstantinopels vertraten. Die Bogomilen nahmen an den Aufständen gegen die byzantinischen Machthaber aktiven Anteil. Die kirchlichen und weltlichen Behörden des byzantinischen Imperiums verfolgten sie daher auf die entschiedenste Weise. Sie sprachen über sie das Anathema aus, warfen sie in Gefängnisse, deportierten sie, verbrannten ihre Führer auf dem Scheiterhaufen und konfiszierten ihr Eigentum. Im Jahre 1111 wurde in Konstantinopel der hervorragende Bogomilenprediger Vasilij öffentlich verbrannt. Doch ungeachtet des grausamen Terrors gelang es den Behörden nicht, das Bogomilentum zu vernichten, das auf dem Balkan bis ins 14. Jh. weiterexistierte.

Im 11. Jh. erhob sich eine neue Welle häretischer Bewegungen in Italien und Frankreich, die in erster Linie gegen das Papsttum und die kirchliche Hierarchie gerichtet war und die Rückkehr zu den Traditionen des Urchristentums predigte. Die Häretiker forderten die strenge Einhaltung des biblischen Gebots: »Wer nicht arbeitet, soll auch nicht essen.« Ihre Anhänger waren Bauern und Handwerker. Die kirchliche Hierarchie, die die abweichenden Lehren in den Augen der Gläubigen zu kompromittieren trachtete, hängte ihnen die verleumderischen Etiketten der alten Häresien des 4. und 5. Jh. an, die von den Ökumenischen Konzilien und den Kirchenvätern verurteilt worden waren. Aber die neuen Häresien unterschieden sich wesentlich von den alten. Hatten diese doch hauptsächlich den Charakter innerkirchlicher Strömungen getragen; sie waren im wesentlichen an der Peripherie der christlichen Welt entstanden und gegen die römische Sklavenhalterordnung und die Kompromisse mit ihr gerichtet. Die neuen Häresien dagegen wurzelten in den unteren Volksschichten Westeuropas und richteten sich auf der einen Seite gegen die feudale Ordnung, auf der anderen aber gegen die Kirche als Ganzes. Einige kirchliche Apologeten suchen diese Häresien als eine Art ansteckende Krankheit darzustellen, die vom Osten, aus Byzanz, nach Westeuropa hereingetragen wurde. Aber in Wirklichkeit verhielt es sich anders: Obwohl einige Kontakte zwischen den Häresien beider Regionen nachgewiesen werden können, entstanden und entwickelten sich die italienischen und französischen »Irrlehren« des 11. Jh. hauptsächlich in den niederen Schichten, die Analphabeten waren und von den theologischen Feinheiten der Griechen nichts wußten und verstanden. Wie der italienische Historiker R. Morghen vermerkt, »gibt es weder Texte noch Dokumente, die beweisen, daß die neuen Häresien, die im Westen nach 1000 entstanden, eine Fortsetzung der alten sind«[23].

Die Quelle der Inspiration für die neuen Häretiker war ausschließlich die Bibel, die der Kirche und ihrer Lehre entgegengestellt wurde. Sie wurde in den Händen der Häretiker zu einer gefährlichen Waffe gegen die Kirche, und diese verbot schließlich auf den Synoden[24] von 1229 und 1234 den Laien das Bibellesen in der

---

[23] *Morghen, R.*, Problèmes sur l'origine de l'hérésie au Moyen Age, in: Revue historique 90 (236) 1966, S. 3.

[24] Synode ist der griechische Ausdruck, Konzil die lateinische Bezeichnung für eine Versammlung von Kirchenvertretern (meist Geistlichen, teilweise auch Laien), die ursprünglich einberufen wurde zur Regelung von Streitigkeiten und zur Festlegung bestimmter Normen. Erst im 4. Jh. wurden ökumenische Konzilien oder ökumenische Synoden einberufen, zuerst nach Nicäa im Jahre 325; hier wurde bestimmt, daß jährlich zwei Provinzialsynoden (Versammlungen der Vertreter einer Kirchenprovinz) stattzufinden hätten. Seit dem 6. Jh. gab es auch Diözesansynoden (Versammlungen einer Diözese, eines Bistums). Die Kirchengeschichtsschreibung zählt bis zum Mittelalter acht, im Mittelalter elf (wobei die Versammlungen von Basel, Ferrara und Florenz, 1431–1439, als eines gerechnet werden und das Konzil von Trient,

Landessprache. Selbst die »Dogmatische Konstitution über die göttliche Offenbarung«, die das Zweite Vatikanische Konzil verabschiedete, forderte noch »Übersetzungen der heiligen Texte, die mit den notwendigen und wirklich ausreichenden Erklärungen versehen sind« (VI, 25). Nur wenn die Übersetzungen »mit Zustimmung der kirchlichen Autorität« zustande gekommen seien, dürften sie von den Gläubigen benutzt werden (VI, 22).

Die weltlichen Häresien zu Beginn des zweiten Jahrtausends entstanden in einer Gesellschaft, in der sich die Städte und mit ihnen die Ware-Geld-Beziehungen mit ihren lokalen und Fernhandelsmärkten entfalteten, in der das Streben nach Vereinigung neuen Typs aufkam und sich das gesellschaftliche Bewußtsein wandelte. Es zeichnen sich die Konturen neuer Völker als das Resultat einer Verschmelzung verschiedener ethnischer Elemente ab. Neue gesellschaftliche Schichten entstanden in den Städten, die für sich Rechte forderten, welche bis dahin anderen gehört hatten.[25]

Bekanntlich war es Friedrich Engels, der als erster das soziale Wesen jener Häresien untersuchte, und zwar in seinem Werk »Der deutsche Bauernkrieg«, das 1850 niedergeschrieben wurde. Er teilte sie in drei Gruppen ein: in die patriarchalische Ketzerei, die, reaktionär der Form und dem Inhalt nach, Ausdruck des Widerstandes isolierter bäuerlicher Gemeinden (»der patriarchalischen Alpenhirten«) »gegen die zu ihnen vordringende Feudalität« war; in die Ketzerei der Städte, die die »Opposition der dem Feudalismus entwachsenen Städte gegen ihn« ausdrückte; und schließlich in die bäuerlich-plebejischen und plebejischen Ketzereien, die die radikalsten waren und in bewaffnete antifeudale Aufstände mündeten. Die Ketzerei der Städte, nach Engels »die eigentlich offizielle Ketzerei des Mittelalters – wandte sich hauptsächlich gegen die Pfaffen, deren Reichtümer und politische Stellung sie angriff«. Ähnlich wie in der Folgezeit die Bourgeoisie eine »wohlfeile« Regierung forderte, so wollten die mittelalterlichen Städtebürger vor allem eine »wohlfeile Kirche«. »Der Form nach reaktionär, wie jede Ketzerei, die in der Fortentwicklung der Kirche und der Dogmen nur eine Entartung sehen kann, forderte die bürgerliche Ketzerei Herstellung der urchristlichen einfachen Kirchenverfassung und Aufhebung des exklusiven Priesterstandes. Diese wohlfeile

---

1545–1563, das letzte war) und in der Neuzeit eins: das Erste Vatikanische Konzil (1869/70). Die im Lateran selbst gehaltenen Konzilien werden auch für sich gezählt (erstes bis fünftes Laterankonzil 1123, 1139, 1179, 1215 und 1512). Das erste Ökumenische Konzil der neuesten Zeit war das II. Vatikanum (1962–1965); es ist das 21. Ökumenische Konzil. Zwischen den Provinzialsynoden und den Ökumenischen Konzilien sind die Plenarkonzilien (Zusammenkünfte von Vertretern mehrerer Kirchenprovinzen), die Nationalsynoden und Regionalsynoden angesiedelt, die besonders nach dem Zweiten Vatikanischen Konzil in Form der Bischofskonferenzen neuen Auftrieb erhielten.

[25] *Morghen, R.*, a. a. O., S. 10.

Einrichtung beseitigte die Mönche, die Prälaten, den römischen Hof, kurz alles, was in der Kirche kostspielig war.«[26]

Anschließend gibt Engels folgende Charakteristik der bäuerlich-plebejischen Häresie: »Sie teilte zwar alle Forderungen der bürgerlichen Ketzerei in betreff der Pfaffen, des Papsttums und der Herstellung der urchristlichen Kirchenverfassung, aber sie ging zugleich unendlich weiter. Sie verlangte die Herstellung des urchristlichen Gleichheitsverhältnisses unter den Mitgliedern der Gemeinde und seine Anerkennung als Norm auch für die bürgerliche Welt. Sie zog von der ›Gleichheit der Kinder Gottes‹ den Schluß auf die bürgerliche Gleichheit und selbst teilweise schon auf die Gleichheit des Vermögens. Gleichstellung des Adels mit den Bauern, der Patrizier und bevorrechteten Bürger mit den Plebejern, Abschaffung der Frondienste, Grundzinsen, Steuern, Privilegien und wenigstens der schreiendsten Vermögensunterschiede waren Forderungen, die mit mehr oder weniger Bestimmtheit aufgestellt und als notwendige Konsequenzen der urchristlichen Doktrin behauptet wurden.«[27]

Im 11. bis 13. Jh. verbanden sich die städtischen und die bäuerlich-plebejischen Häresien zu einem einheitlichen, antifeudalen Strom. Erst im 14. und 15. Jh. kristallisierten sich diese Häresien als selbständige Strömungen heraus.

Hauptherde der neuen Häresien in Westeuropa waren im 11. Jh. Norditalien, Frankreich und bis zu einem gewissen Grade auch Deutschland. Hier erhoben sich die bäuerlichen Massen, durch die Räubereien der weltlichen und geistlichen Herren zur Verzweiflung getrieben, immer häufiger gegen ihre Unterdrücker und lehnten die offizielle Kirche ab. Im Jahre 997 war die Normandie, im Jahre 1023 die Bretagne Schauplatz bäuerlicher Massenerhebungen, und zu ihrer Niederschlagung wurden große Ritterheere aufgeboten. 1095 wurde Frankreich wiederum von Bauernaufständen erfaßt. In den Jahren von 1069 bis 1071 schlug die Flamme des Aufstandes auch nach England hinüber, im Jahre 1073 erfaßte sie Sachsen, wo die Bauern Königsgüter und Fronhöfe stürmten. Diese bewaffneten Aufstände waren vielfach begleitet vom Auftauchen neuer Häresien, die sich gegen den weltlichen und den kirchlichen Zehnten richteten. Zu Beginn des 11. Jh. entstand in der Champagne die Häresie des Leuthard, der dazu aufrief, der Kirche die Zahlung des Zehnten zu verweigern. Im Jahre 1022 ergriff diese häretische Bewegung Orléans und Toulouse; die Anhänger dieser Bewegung »bekannten sich offensichtlich zur Lehre der Manichäer«, wie Llorente schreibt. Eine Häresie ähnlichen Charakters verbreitete sich in Arras und ebenso in Deutschland, und zwar im Raum von Köln und Bonn.

---

[26] *Engels, F.*, Der deutsche Bauernkrieg, in: MEW, Bd. 7, S. 344.

[27] Ebenda, S. 345.

Bei der Unterdrückung dieser Bewegungen fanden erstmalig Massenhinrichtungen von Häretikern durch Verbrennung statt. Nach einem Beschluß der Provinzialsynode von Orléans wurden im Jahre 1022 auf Befehl des französischen Königs Robert II. (996–1031) zehn Ketzer zum Scheiterhaufen verurteilt, die sich geweigert hatten, ihren Irrlehren abzuschwören. Unter den Verurteilten befand sich auch Etienne, der Beichtvater der Königin Constance, der Gemahlin Roberts II. Bei dem Bericht hierüber bemerkt Llorente: »Zu welch äußerstem Grimm die Menschen blinder Eifer führen kann, zeigt das Beispiel der Königin, die früher ihre Sünden zu Füßen des Geistlichen Etienne gebeichtet hatte und sich jetzt nicht scheute, die Hand gegen ihn zu erheben und ihn mit einem Stock aufs Haupt zu schlagen, als er aus der Kathedrale herauskam, um an den Ort der Hinrichtung geführt zu werden. Die Verurteilten waren schon von den Flammen erfaßt, als plötzlich viele von ihnen hinausschrien, daß sie sich verirrt hätten und sich der Kirche zu unterwerfen wünschten. Aber es war schon zu spät: die Herzen aller waren dem Mitleid verschlossen.«[28]

In Köln und Bonn fanden ebenfalls Massenhinrichtungen statt. 1034 wurden auf Befehl des Erzbischofs Aribert von Mailand der Führer der dortigen Häretiker, Gerardo de Monteforte, und viele seiner Anhänger öffentlich verbrannt. Im 11. Jh. wurde die Hinrichtung von Ketzern in den Ländern Europas zu einer gewohnten Erscheinung.

Die Verfolgungen der Häretiker ergaben jedoch keine wesentlichen Resultate, denn die Ursache, die diese Häresien hervorbrachte, die schwere Lage der Volksmassen, änderte sich nicht nur nicht zum Besseren, sondern verschlechterte sich ständig. Man konnte die Häretiker oft verhältnismäßig leicht unterdrücken: Ihre Führer und Prediger warf man ins Gefängnis oder richtete sie hin, die einfachen Anhänger aber siedelte man in der Regel um und konfiszierte ihr Eigentum. Aber viele von ihnen gingen in die Illegalität, in schwer zugängliche ländliche Gebiete oder Gebirgsgegenden. Es verging dann einige Zeit, und die Häresie flammte mit neuer Kraft auf, jetzt an einem anderen Ort und bisweilen auch unter neuer Bezeichnung.

Zu Beginn des 12. Jh. wurde Frankreich von neuen Massenbewegungen erschüttert, die gegen den kirchlichen Kult und die kirchliche Hierarchie gerichtet waren. Im Süden wurden sie von Peter von Bruys und seinem Schüler Henryk angeführt, im Norden von Tanchelm von Flandern, der viele Anhänger unter den dortigen Handwerkern fand. Im Jahre 1113 treffen wir eine Häresie, die das Privateigentum leugnete, im Gebiet von Soissons und dann in Périgueux.[29] Die Empörung über das

---

[28] *Llorente, J. A.*, Kritičeskaja istorija ispanskoj inkvizicii, Bd. 1, Moskau 1936, S. 46 f.

[29] *Sidorova, N. A.*, Petr Abeljar – predstavitel' srednevekovogo svobodomyslija, in: Petr Abeljar: Istorija moich bedstvij. Perevod s latinskogo. Izdanie podgotovili *Droboglav, D. A./Sidorova, N. A.*, i dr., Moskau 1959, S. 186 ff.

Verhalten der kirchlichen Hierarchen, deren Käuflichkeit und Lasterhaftigkeit zeigte sich auch in der Bewegung der Patarener in Mailand; sie ergriff die niederen Schichten der Stadtbevölkerung um die Mitte des 11. Jahrhunderts. Die Pataria, wie überhaupt die Mehrheit der ketzerischen Sekten des 11. Jh., verurteilte die Simonie (den Kauf- und Verkauf kirchlicher Ämter und Würden) sowie die Anhäufung von Reichtümern durch die Kirche, und sie forderten die Ehelosigkeit des Klerus. Eine Weile gelang es den Patarenern, das Übergewicht in Mailand zu erlangen; sie vertrieben den Erzbischof und seinen Anhang aus der Stadt und schlossen die Kirchen. Am Anfang unterstützte der Papst die Patarener, weil er mit ihrer Hilfe die hohe Hierarchie unter seine Kontrolle bringen wollte. Als jedoch die Bewegung einen radikalen Charakter annahm, wurde sie vom Papsttum verraten. Ein Führer der Patarener, der Diakon Ariald, wurde vom Klerus ergriffen und grausam umgebracht. Die Patarener wurden verfolgt und aus Mailand vertrieben; sie zerstreuten sich über die verschiedensten Gebiete Norditaliens.[30]

Es wäre falsch zu glauben, die Kirche wäre in dieser Etappe gegen die häretischen Bewegungen nur mit Zwangsmitteln vorgegangen. Das Papsttum versuchte auch andere Mittel zur Festigung der eigenen Macht, zur Gesundung des kirchlichen Organismus, zur Heilung seiner schlimmsten Geschwüre einzusetzen. Solche Versuche wurden auch »von unten« her, d. h. von einzelnen Klöstern und Bischöfen, unternommen. Zu ihnen gehört z. B. die cluniazensische Reform (so benannt nach dem Kloster Cluny in Frankreich, wo sie entstand), die im 11. Jh. zu einer beträchtlichen Festigung der ökonomischen Macht und der Autorität des Papsttums führte. Die cluniazensischen Reformer wandten sich gegen die weltliche Investitur kirchlicher Hierarchen, die diese zu Vasallen weltlicher Herren machte; sie verurteilten die Simonie, die nach einem Ausdruck des Papstes Gregor VII. (1073–1085) die Kirche zu einer Prostituierten im Dienste des Teufels machte. Sie prangerten die Verwilderung der Sitten und die Gier nach weltlichen Reichtümern bei den Klerikern und Mönchen an und forderten eine Reform der Klöster auf der Grundlage einer strengen Regel, deren Unabhängigkeit von der weltlichen Feudalität (vom Eigenkirchenwesen) und der lokalen Weltgeistlichkeit, die strenge Einhaltung der Ehelosigkeit der Mönche, Demut, Gehorsam und den Verzicht auf persönliches Eigentum. Die cluniazensische Reform wurde vom hohen Adel unterstützt, der seinerseits die ihr zugehörigen Klöster seinem Einfluß unterzuordnen suchte. So gerieten viele reformierte Klöster in Abhängigkeit von örtlichen Herren, die sie mit Boden- und Waldschenkungen bedachten.[31]

---

[30] *Werner, E.*, Pauperes Christi, Leipzig 1956, S. 125 ff.

[31] *Čajkovskaja, O. G.*, Kljunijskoe dviženie X–XI vv., ego social'nij i političeskij charakter, in: Voprosy

Gegen Ende des Jahrhunderts entstanden neue Mönchsorden, die Zisterzienser und die Kartäuser; beide zeichneten sich durch strenge Regeln aus, insbesondere der Kartäuserorden. Doch welch strenge Normen der Lebensführung hier auch aufgestellt wurden, mit welchen Strafen für die Übertretung der Regeln, für die »moralische Zersetzung« die Kirche auch drohen mochte – all das erwies sich als unfähig und unwirksam, die »Schwachheit des Fleisches« zu überwinden. Die Theologen, die diese Erscheinung zu erklären versuchten, behaupteten, daß an ihr das Wirken mächtiger Dämonen schuld sei. Die hinterlistigen Machenschaften dieser Feinde Gottes und des Menschengeschlechtes beschrieb ausführlich der Zisterzienserabt Richalmus, der in den Jahren von 1216 bis 1219 der Abtei Schöntal vorstand, in seinem »Buch der Offenbarungen über die Nachstellungen und Tücken der Teufel gegen die Menschen«. In der Schrift wird erörtert, wie der Teufel durch mannigfaltigste List, Täuschung und Schrecken aller Art die Priester bei der Messe zu plagen sucht. Der Abt Richalmus belauscht, nach eigenem Geständnis, sehr häufig Gespräche, die von bösen Geistern untereinander geführt wurden. Diese Teufel verursachen Brechreiz, nachdem einer kommuniziert hat. Lassen wir den Abt nun selbst darüber sprechen. Er sagt: »Wenn es mir begegnete, daß ich an dem Tage der Kommunion des Brechens halber hinausgehen müßte, so liefe ich zum Fischteich, um hineinzuspeien und das Gespiene dann abzuwaschen; wäre aber kein Teich in der Nähe, so würde ich es in ein Gefäß tun, und wenn auch dieses nicht vorhanden, so in mein Gewand. Ich sage Euch aber: das beste Mittel gegen das Erbrechen ist das Zeichen des Kreuzes. Bekreuzigt euch, und zwar recht häufig. Auch mir, wenn ich verdaue, verursachen die Teufel oft Ekel – denn es ärgert sie, daß ich den Leib stärke; sie sähen es am liebsten, wenn ich übermäßig fastete; aber durch das Kreuzzeichen vertreibe ich den Ekel.« Richalmus klagt, daß er einmal durch die boshaften Teufel an der Abhaltung der Messe verhindert worden sei, da sie ihm Schwindel zugeschickt hätten. »In derselben Nacht«, fährt er fort, »zur Zeit der Vigilien, hörte ich einen Teufel zum anderen sagen, er solle mich heiser machen. Dieser antwortete ihm: ihm fehle dazu die Gelegenheit; er habe sie nur, um Blähungen hervorzubringen. Zu allem suchen sie nämlich Gelegenheit«, fügt der Abt hinzu, »und finden sie oft bei den geringsten Dingen. Wenn sich jemand zur Messe vorbereitet, so pflegen sie dem Priester allerlei in Erinnerung zu bringen, wodurch er gestört, betrübt, verwirrt und geärgert wird, und dasselbe tun sie auch bei Empfang des Sakraments, damit er vor Gott der heiligen Kommunion unwürdig erscheine« (Kap. I). »Die guten Geister sind zwar auch zu unserem Heile um uns, sie regen uns zu Heiligem an;

istorii religii i ateizma, Bd. 8, Moskau 1960, S. 285 f. Vgl. dazu *Werner, E.*, Die gesellschaftlichen Grundlagen der Klosterreform im 11. Jahrhundert, Berlin 1953, S. 31–35.

aber die Bösen verleiten ihrerseits wieder zu weltlichen und abscheulichen Liedern« (Kap. III).

In demselben Abschnitt behauptet der Abt, daß es die Teufel vor allem auf die Oberen und Prälaten abgesehen hätten. Daher suchten sie ihn selbst auf dem Chore in Schlaf zu bringen und wollten ihm durchaus die Augenlider schließen. Als ein Novize, der mit dem Abt plaudert, dabei sagt, daß dieser auf dem Chore öfter Töne von sich gebe wie einer, der schlafe, ja schnarche, da überzeugt ihn der Abt, daß dies die Teufel hervorriefen. Richalmus fährt fort: »Wenn man sagt, daß nur ein einziger Teufel dem Menschen nachstelle, so ist dies nicht wahr, da mehrere einen jeden verfolgen. Denn wie wenn jemand, ins Meer eingetaucht, ringsum unten und oben von Wasser umgeben ist, gerade so umströmen auch die Teufel von allen Seiten den Menschen. Denn woher sonst hat der Frater, der gestern das Invitatorium gesungen, den Mangel an Stimme gehabt, als von den Teufeln? Da ich dies wußte, machte ich sogleich ein Kreuz gegen den Bruder hin, und sofort gingen die übrigen Verse besser, wie ihr gehört habt. Ich aber lachte über die Teufel, da sie ohnmächtig fliehen mußten, obschon sie sehr ungehalten waren. Aber auch gute Geister sind um uns, schlichten Feindschaften und verschaffen uns allerlei Gutes. Wenn uns die guten Geister helfen oder ermahnen, dann stellen uns die bösen allerdings um so mehr nach. Ein guter Engel verläßt jedoch nie einen Menschen, der ihm anvertraut ist, sondern bleibt ihm auch bei dem abscheulichsten Laster anhänglich und sucht ihn, soviel er vermag, davon abzuhalten.« Auf die Frage des Novizen, was mit dem »soviel er vermag« gemeint sei und ob denn die guten Engel nicht viel, wenn nicht gar alles vermögen, antwortete Richalmus: er glaube nicht, daß ein guter Engel alles, was er will, bei einem sündhaften Menschen zu bewirken imstande sei, weil bei dem Sünder die Gnade fehle. Der Novize erzählte dann, daß er neulich in der Vigilie des Heiligen Michael das Responsorium zur Vesper gesungen und dabei etwas gefehlt habe; er wolle sich daher das nächste Mal bekreuzigen. Richalmus bestärkte ihn hierin, da das Kreuz viel helfe, obschon es bei der Menge der Teufel, die den Menschen umlagern, auch nicht immer die gehörige Wirkung habe. Wenn deren wenige sind, helfe es aber viel. »Denn bisweilen umgeben sie den Menschen gleich einem dichten Gewölbe, so daß gar kein Luftloch zwischen ihnen Platz hat. Indessen was wir Gutes tun und sprechen, gehört den guten Geistern, und alles Böse eignet den bösen, so daß ich schließlich kaum weiß, was mir zukommt, wenn ich spreche ... Die bösen Geister schädigen die Menschen leiblich und geistig; sie verursachen Traurigkeit, Mißmut und ähnliche Verstimmungen. Wenn sich die Menschen zu zerstreuen suchen, so weichen die Dämonen, und hierin, nicht in der Zerstreuung, liegt der Grund des Besserbefindens« (Kap. IV). »Seht her«, ruft Richalmus, »wie mich die Teufel während des Sprechens durch Husten plagen; durch den Husten sprechen die Dämonen miteinander.« Im fünften Kapitel versichert der Abt abermals, daß es nicht nur einer, sondern eine große Menge von Teufeln sei, die Böses gegen uns im Schilde führen. Wenn einer weniger kräftig auf den Menschen eindringt, so stellen sich gleich andere ein, die denselben mehr reizen, seinen Willen gefangennehmen und ihn, wohin sie wollen, fortreißen. »Wenn ich«, sagt Richalmus, »bei der geistlichen Lektüre sitze, so schicken sie den Schlaf über mich; dann pflege ich meine Hände auszustrecken, daß sie kalt werden. Aber dann stechen sie mich unter dem Gewande gleich einem Floh und ziehen meine Hand dahin, damit diese im Gewand sich erwärme und ich dadurch zum Lesen faul werde. Dieselben legen mir auch zuweilen die Hand unter die Backe, damit ich um so besser schlafe. Sehet, so stellen uns die Teufel auch in den geringsten Kleinigkeiten ein Bein« (Kap. V). Die Dämonen bewirken auch die Schläfrigkeit während der heiligen Lektüre. Richalmus behauptet, die Teufel könnten veranlassen, daß sich ein Toter mehrere Tage hindurch bewege (Kap. VII). Sie begleiteten und umgäben uns immerwährend (Kap. X). Sie raubten den Schlaf. Die Dämonen, die innerlich sich befänden, wüßten nicht, was außen geschieht, und umgekehrt – hierbei beruft sich der Abt auf seine eigene Erfahrung (Kap. XI). Die Menge der Teufel, die den Menschen umlagern, sei so groß wie die der Atome der Sonne, und, sagt Richalmus, »ich habe sie auch in solcher Atomform gesehen«. Er vergleicht ihre Anzahl mit dem Staube und mit dem Sande (Kap. XII). Sie bewegten den Leib und die Glieder der Menschen, denen sie nachstellten, zu allem Bösen. Sie machten die Nasen der Menschen runzelig und verzerrten die Lippen. Hat jemand eine hübsche Nase, so machten sie dieselbe oft voll Runzeln, damit sie häßlich werde. Sähen sie, daß jemand die Lippen ehrbar schließen will, so ließen sie, um ihn zu verunstalten, die untere herabhängen. »Sehet! ein Teufel hing zwanzig Jahre hindurch an dieser Lippe, nur um sie hängend zu machen.« Die Dämonen setzten den Menschen in der Art zu, daß es ein Wunder sei, wenn sie noch lebten. Beschützte uns nicht die göttliche Gnade, so würde niemand der Wut der Teufel entgehen können. »Seht! ich pflege den Hut aufzusetzen, weil das äußere Licht das innere bedeckt; da könnt ihr kaum glauben, wie sehr sie dabei hinderlich sind, wie sie mich am Kopfe jucken, damit ich, wenn ich mich kratze, den Hut abnehme.« Als der Novize, der dem Abt zuhörte, erwähnt, daß es in seinem Bauche während des Schreitens geknurrt habe, ruft Richalmus: »Ah, das tun sie (die Teufel) mir täglich an ...

Nie darf jemand sagen, daß die Teufel auch nur einen Augenblick uns zu plagen und zu versuchen ablassen ... Wie einer an der Waage immer auf das Zünglein sieht, ob es steige oder sinke, so beobachten die Teufel den Menschen unablässig. Je mehr Christlichkeit der Mensch hat, mit desto größerer Heftigkeit greifen sie ihn an, gleich einem Pferde, das im Galopp zum Angriff in die Schlacht sprengt. Ist der Mensch weniger christlich, so pausieren sie und lassen von der Quälerei ab.« Auf die Frage, ob denn die Teufel nicht auch müde würden von dem unablässigen

Quälen anderer, antwortete Richalmus: Allerdings! und erzählt, daß er bei einem Laienbruder, welcher der Erklärung der Ordensregel zugehört, die Ohren mit einem Pflaster verklebt gesehen und sogleich erkannt habe, daß dies einer jener Teufel getan hätte, die das Geschäft und die Aufgabe haben, die Menschen am Hören des Wortes Gottes zu behindern, indem sie ihnen die Ohren zustopften. Richalmus stellt die Behauptung auf, daß es den Teufeln unangenehm sei, wenn jemand seiner Sünden wegen getadelt oder bestraft werde und sich bessere, und zwar aus dem Grunde, weil derjenige, der Strafe leidet, das, um dessentwillen er gestraft worden ist, vermeidet – und nicht nur das, sondern auch andere Übertretungen, wodurch er stärker wird und den Teufeln widersteht (Kap. XIV). Außerdem sei es diesen auch darum zuwider, weil die Bestrafung des einen auch andere von der Begehung der Sünde abschrecke. Die Teufel stünden auch um die Betten herum (Kap. XV). Sie foppten die Menschen (Kap. XX); Richalmus hat es selbst erfahren: sie haben es Tag und Nacht auf uns abgesehen. Sie machen uns alle Arbeit schwerer (Kap. XXI) – und der Abt erzählt ein Beispiel: »Als wir eines Tages zum Bau einer Mauer Steine zusammenlasen, um sie auf einen Haufen zu werfen, hörte ich die Teufel hinter den Steinen sagen: Ist das eine schwere Arbeit! Dies sagten sie aber nur, um die Klosterbrüder, wenn sie die Worte hörten, zum Murren und Auflehnen aufzureizen.« Die Teufel sprächen durch Geräusch; jedwedes Geräusch sei ihre Stimme. »Seht!« sagt Richalmus, »indem ich an meinem Ärmel ziehe und dadurch ein Rauschen entsteht, sprechen die Teufel durch dieses Geräusch. Wenn ich mich kratze, so sprechen sie durch das Gekratze. Jedes Geräusch, das es gibt, ist ihre Stimme« (Kap. XXII). Eine ganz besondere Wirkung übten das Salz und das Weihwasser aus. »Die Kraft des Salzes habe ich oft erfahren«, sagt Richalmus (Kap. XXIV). »Bei Tische, wenn die Teufel meinen Appetit weggeholt hatten und ich eine Wenigkeit vom Salze kostete, so war er wieder da; nach kurzem war er aber wieder weg, wie ich auch bezüglich des Kreuzes bemerkte, daß es nur eine kleine Weile Kraft hatte. Wenn ich dann wieder etwas Salz nahm, spürte ich neue Eßlust ... Oft, wenn ich mich wieder dem Weihwasser näherte«, fährt Richalmus fort, »stürmten die Teufel auf mich ein; sobald ich mich aber besprengt hatte, wichen sie gleich einem, der vor dem Untertauchen, der Überschwemmung und der Todesgefahr flieht« (Kap. XXIV). Als Richalmus eines Tages den Novizen fragt, warum er heute nicht wie gewöhnlich gegessen habe, und dieser antwortet, weil er voll und satt gewesen, ruft jener: »Nehmt Euch in acht! Ich habe gehört, wie die Teufel sich gegen Euch verschworen haben, Euch die Speise zu entziehen, indem sie sagten: wie lange er doch lebt; warum haben wir ihn auch so lange geschont!« Mein Gott! ruft der Novize, wie kann ich mit vollem Bauche essen? »Das bewirken sie«, erklärt Richalmus, »auch mir haben sie oft den Bauch groß gemacht, den Mund mit Schleim gefüllt und auf alle Weise den Appetit geraubt, bis ich mich vor Tische mit Weihwasser sprengte, was dann auch half. Dasselbe taten sie einem Frater von uns während des ganzen Sommers, bis daß er starb. – Warum zerknittert Ihr den Halm zwischen Euren Fingern und zieht ihn unnötigerweise durch dieselben? Seht, auch dies veranlassen sie Euch zu tun« (Kap. XXVI)... »Wenn die Menschen husten, so ruft damit ein Teufel den anderen an; das Husten ist nur ein Gespräch miteinander« (Kap. XXVII). Richalmus betrachtet es als Irrtum zu meinen, man werde von Läusen und Flöhen gebissen, da es eigentlich die Teufel seien, die auch in dieser Art die Menschen quälten. Auf die Frage des Novizen, wovon denn jene leben, antwortete Richalmus, daß sie sich vom Schweiße nähren (Kap. XXIX). Im Kapitel XLVI bekennt der Abt, daß er gegen die Flohbisse das Zeichen des Kreuzes anwende, und rät dem Novizen, dasselbe zu tun, da er aus Erfahrung spreche. Auch durch die Stimme der Vögel unterhalten sich die Teufel, wie er weiterhin ausführt. Obschon die Teufel durch das Zeichen des Kreuzes sehr gepeinigt würden, hielten sie doch stand und suchten soviel als möglich zu schaden. »Nach meiner Erfahrung«, fügt Richalmus hinzu, »ist aber doch nichts wirksamer als das Kreuz, wenn seine Kraft auch nicht lange andauert, denn sie kehren bald wieder, gleich einem tapferen Krieger, der sich verwunden und durchbohren läßt, bevor er weicht; so machen sie es auch« (Kap. XXX). Zur Messe kämen sie mit der größten Angst »wegen der Pein, die sie kraft des Sakramentes erdulden«. Richalmus macht in diesem Kapitel (XXXI) dem Novizen den Vorwurf, daß er und alle seine Genossen gewöhnlich nur ein halbes Kreuz machten. Keiner schlage ein vollständiges Kreuz, und dadurch würden die Teufel erst recht zu Plackereien aufgefordert. Über die Wirksamkeit des Kreuzes läßt sich Richalmus im siebenten Hauptstück seines Werkes aus. Er beteuert, daß er sicher schon ganz zugrunde gegangen wäre, wenn ihn dieses nicht erhalten hätte. »Bevor ich die Macht des Kreuzes recht kannte«, sagte er, »wurde ich aufs ärgste gepeinigt und ausgezehrt.« Man könne das Kreuz auch geheim machen, ohne daß es die Teufel wahrnähmen. Diese seien auch die Ursache der Blähungen. »Oft«, sagt Richalmus, »treiben sie mir den Bauch dermaßen auf, daß ich den Gürtel ungewöhnlich auflassen muß; wenn sie dann davon abstehen, ziehe ich den Gürtel zusammen in gewohnter Weise. Wenn sie dann wiederkommen und ihn so finden, quälen und ängstigen sie mich so, daß ich leide« (Kap. XXXVII). Die Teufel bewirken auch den Rausch (Kap. XXXVII). »Heute haben wir guten Wein getrunken«, sagt Richalmus, »und siehe! es gibt eine Menge Betrunkener im Saale über und um uns. So war es auch am Tage Allerheiligen, wie ich neulich erwähnte, wo wir den guten Wein tranken und die Masse der Betrunkenen so groß war, daß ich sowohl im Kloster als auch im Oratorium am Gehen gehindert wurde, besonders um den Hörsaal und das Refectorium herum. Am anderen Morgen jedoch waren sie alle verschwunden, und das Kloster war leer.« Auf die Frage des Novizen, woher sie gekommen seien, antwortete Richalmus: »Es waren diejenigen (Teufel), die sich in den Weinhäusern gewöhnlich aufzuhalten pflegen, gekommen und hatten unsere Zecher zu ihrer Verstärkung dahingelockt.« »Was machen denn die Teufel daselbst?« fragt der Novize, worauf Richalmus sagt: »Sie machen die Leute trunken, und zwar können sie dies auch ohne Wein.« Im folgenden Kapitel erzählt er, wie ihn ein Teufel zur Unzucht habe verleiten wollen, er demselben aber widerstanden habe. Die Teufel, namentlich die gehobeneren, muntern sich gegenseitig zum Bösen auf (Kap. XLIII), denn es gibt unter ihnen hervorragende und ausgezeichnete Teufel, welche die untergeordneten möglichst anzuspornen suchen. Richalmus klagt (Kap. XLIV), daß ihm die Teufel häufig Zahnweh verursachten, besonders wenn er sich vor der Messe den Mund wasche. Als er etwas Wein getrunken hatte und darauf husten mußte, behauptete er, daß dies auch von den Teufeln herrühre, die ihm den Wein verleiden wollten, weil er ihm schmecke und seiner Natur gemäß sei. Die Teufel nähmen diejenige Gestalt an, welche zu ihren Unternehmungen passe (Kap. XLIX). Sie suchten die Geistlichen durch Zerstreuungen von ihrem Berufe abzuhalten, führten z. B. einen aus dem Kloster in die Stadt, ließen ein Pferd satteln und ihn fortreiten (Kap. LIV). Die Teufel sprächen auch Latein (Kap. LXIII). Die guten sowohl als die bösen Geister hätten eine bestimmte Ordnung nach Rang und Amt. So hätten die bösen Dämonen in allen Klöstern ihre Beamte, welche den einzelnen Berufspflichten der Menschen entgegenwirkten; derjenige, welcher der Abtei entgegen sei, hieße unter ihnen z. B. der Abt, Prior usw. (Kap. LXX). Sie hätten ihre Freude daran, wenn sie das Gute verhindern könnten (Kap. LXXII). In der Luft gäbe es noch feinere und geriebenere Teufel, von denen die plumpen unter ihnen unterwiesen würden (Kap. LXXIV). Richalmus hörte einmal zu, als ein Teufel einem anderen untergeordneten die Weisung gab: Kleinherzige und Arme solle er durch Zorn und Traurigkeit, die Reichen oder Starken hingegen durch Stolz und Hochmut zugrunde richten (Kap. LXXIV). Liebe und Dankbarkeit gegen Gott sei gegen den Sinn des Teufels (Kap. LXXVII), so wie auch das Festhalten am Guten dem Teufel zuwider wäre (Kap. LXXXVIII). Richalmus erörtert, wie die Teufel bestrebt sind, die Conventualen von der leiblichen Arbeit dadurch abzuhalten, daß sie dieselben bedauerten und sagten: »Ihr Armen! Ihr müßt ja arbeiten wie die Sklaven! Welch unerträgliche Arbeiten! Ist es nicht eine Schmach, so angestrengt arbeiten zu müssen (Kap. CXXIII)?«

Diese Offenbarungen, die 130 Kapitel umfassen, beweisen, daß der Teufel im 13. Jahrhundert in allen Falten des gewöhnlichen Lebens steckte. Der ehrliche Abt, weit entfernt davon, blenden zu wollen, sprach seine innerste Überzeugung aus, die dem Wesen nach zugleich die damals allgemein gängige Anschauung war. [32]

---

[32] *Roskoff, G.*, Geschichte des Teufels, Bd. 2, Leipzig 1869, Reprint Aalen 1967, S. 335–343. Wiedergegeben wurden hier Auszüge aus: Beati Richalmi speciosae vallis in Franconia Abbatis ord. Cisterciensis liber Revelationum de insidiis et versutiis Daemonum adversus homines, in: *Pez, B.*, Thesaurus Anecdotorum

Wenn aber die Kraft des Teufels so groß war, daß selbst die Diener Gottes vor ihr kapitulieren mußten – bedeutete das nicht, daß sie selbst sich aus Gottesdienern in Diener des Herrschers der Unterwelt verwandelten, daß das Gebet aus ihrem Munde seine Kraft verlor, daß sie unfähig waren, Gefäße oder Kanäle der göttlichen Gnade zu sein, und deshalb das Sakrament, von ihrer Hand gespendet, keine Wirkung haben könne? Die Häretiker beantworteten diese Frage positiv und forderten bzw. praktizierten den Boykott der »sündigen«, im Konkubinat lebenden oder simonistischen Geistlichkeit oder gar deren Abschaffung insgesamt. Als Antwort darauf stellte das Papsttum die Lehre auf, daß die heiligen Sakramente ihre Wirkung behielten, unabhängig davon, ob sie von sündhaften oder rechtschaffenen Priestern gespendet würden. Obwohl diese Doktrin die klerikalen Pharisäer rechtfertigte und um der Autorität des Klerus insgesamt willen deren Lasterhaftigkeit praktisch deckte, indem sie den Boykott schlechter Priester für illegal erklärte, wurde sie in der Praxis von den Gläubigen akzeptiert oder zumindest toleriert, wie so viele andere kirchliche Lehren, die bestimmte Grundthesen des frühen Christentums revidierten. Wenn auch die Kirche teilweise Gewalt anwenden mußte, um den Gläubigen ihren Willen aufzuzwingen, so kann man doch nicht leugnen, daß solche Lehren, die den menschlichen Schwächen entgegenkamen, auch auf einen bestimmten Kreis von Gläubigen anziehend wirkten. Die Kirche lehrte, daß der Sünder gerettet werden könne mit Hilfe der heiligen Sakramente, der Beichte und des Abendmahls, die angeblich über eine übernatürliche Kraft verfügten; das entsprach völlig den Interessen der Reichen und Mächtigen.

Eine andere Maßnahme, die für einige Zeit die Opposition der unteren Volksmassen gegen die Kirche dämpfte, waren die Kreuzzüge, die sowohl gegen den muslimischen Orient unter der Losung der »Befreiung des Heiligen Grabes« (Orientkreuzzüge) als auch gegen die Ketzer innerhalb der eigenen Länder (Ketzerkreuzzüge) organisiert wurden. An ihnen nahm nicht nur die Masse der beutelüsternen Ritterschaft teil, sondern auch viele Tausende von Armen und Notleidenden zogen mit, vertrauend auf die Versprechungen des Papstes Urban II., des Initiators des ersten Kreuzzuges, die er auf der Synode zu Clermont im Jahre 1095 machte: »Jerusalem, das ist der Nabel der Welt, das fruchtbarste Land im Vergleich zu allen übrigen Ländern der Welt, buchstäblich ein zweites Paradies ... Wer hier bekümmert und arm ist, wird dort reich und froh sein.«[33] Die Päpste ließen allen

novissimus, Bd. 1, Augsburg 1721, col. 376 ff.

33 *Zaborov, M. I.*, Papstvo i krestovye pochody, Moskau 1960, S. 41. – Fulcher von Chartres, Historia Jherosolymitana, in: Recueil des historiens des croisades. Historiae occidentales, Bd. 3, Paris 1866, S. 324. Vgl. dazu *Erdmann, C.*, Die Entstehung des Kreuzzugsgedankens, Stuttgart 1935, S. VII; *Werner, E.*, Die Kreuzzugsidee im Mittelalter, in: Wissenschaftliche Zeitschrift der Karl-Marx-Universität Leipzig 1–2/1957–58, S. 137.

Teilnehmern am Kreuzzug ihre Sünden nach und schlugen vor, wie sie es nannten, »durch eine kleine Mühe die ewige Seligkeit zu gewinnen«.

Unter der Fahne der Befreiung des Heiligen Landes bzw. des Heiligen Grabes konnte der römische Papst die Rolle eines Einigers und Hauptes aller christlichen Herrscher übernehmen; mit den Kreuzzügen vermochte man die feudalen Räuberbanden in Europa loszuwerden, die die ländlichen Ortschaften verwüsteten, und mit ihnen alle unruhigen Elemente und alle, die es nach irdischen Gütern gelüstete. Im Falle eines Mißlingens verlor der Stellvertreter Gottes nur seine tatsächlichen oder potentiellen Rivalen; ein Sieg über die Ungläubigen aber verhieß ihm unermeßliche Reichtümer und ewigen Ruhm. Besonders die ersten Kreuzzüge dienten der Festigung der Autorität des Papstes und nährten die Illusion, er sei imstande, die Qualen der Leidenden und Bedürftigen zu lindern; sie ließen in vielen Ländern wieder den Glauben an das »Millennium« erwachen. Und obgleich diese Hoffnungen und Träume teilweise schon nach dem ersten Kreuzzug in beträchtlichem Maße dahinschwanden – als nämlich klar wurde, daß von ihm nur die kirchliche Hierarchie und die Führungsschicht der Kreuzfahrer profitiert hatten –, so brachte doch die Idee der Befreiung des Heiligen Grabes dem Papsttum noch lange nicht nur materielle, sondern auch geistige Dividende.

Sowohl die Kreuzzüge als auch die cluniazensische Reform konnten jedoch nur zeitweilig die Flamme der allgemeinen Unzufriedenheit mit der bestehenden religiösen und sozialen Ordnung dämpfen, die im 11. Jh. aufzuflackern begann. Unter der Asche glimmten die Kohlen weiter, und es bedurfte nur eines genügend starken Windstoßes, um das Feuer mit noch größerer Kraft als früher auflodern zu lassen.

Die neue Gefahr entstand dort, wo man sie am wenigsten erwartete, unter den Theologen selbst. Ihr hervorragendster »Theoretiker« wurde Peter Abaelard (1079–1142), ein Pariser Theologe und Zeitgenosse des ersten Kreuzzuges, ihr »Praktiker« aber Arnold von Brescia (etwa 1100–1155), ein Schüler und Anhänger Abaelards. Dieser unternahm in seiner Schrift »Sic et non« (»Ja und Nein«, 1122) und anderen Werken erstmalig den Versuch, die kirchliche Lehre einer rationalen Kritik zu unterziehen, indem er die in ihr enthaltenen Widersprüche aufdeckte. Er erhob die Vernunft auf den ersten Platz und verkündete das Recht der Gläubigen, auch kirchliche Autoritäten anzuzweifeln. Nach den Worten eines Zeitgenossen wollte der französische Philosoph an nichts glauben, was er nicht vorher mit dem Verstand »zerspalten« hätte.[34]

Das Papsttum und seine Anhänger, unter diesen besonders Abt Bernhard von Clairvaux, sahen in den Anschauungen Abaelards einen Angriff auf die Grundlagen

---

[34] Geschichte der Philosophie, Bd. 1, Berlin 1959, S. 258.

des Glaubens selbst. In einem seiner Berichte nach Rom über Abaelard schrieb Bernhard, daß »dieser sich gottlos in bezug auf den Glauben ausgedrückt hat; er untergräbt die Unerschütterlichkeit des Glaubens und die Reinheit der Kirche; er überschreitet die Grenzen, die unsere Väter gesetzt haben, wenn er vom Glauben, den Sakramenten und der heiligen Dreifaltigkeit schreibt und über sie urteilt ... In seinen Büchern zeigt er sich als Vater der Lüge und als Schöpfer verdrehter Lehren; er erweist sich als Häretiker nicht so sehr in seinen Verirrungen als vielmehr in der Hartnäckigkeit bei der Verteidigung seiner Fehler. Er ist ein Mensch, der seinen Glauben verletzt und die Kraft des christlichen Kreuzes und die Weisheit des Wortes vernichtet«[35].

Es ist charakteristisch, daß Bernhard von Clairvaux, um seinen Gegner zu kompromittieren, ihm die von der Kirche verurteilten Anschauungen der Häresiarchen Arius, Pelagius und Nestorius zuschrieb. In der Folgezeit wendete die Inquisition häufig diese bewährte Methode an, mit Hilfe derer der Beschuldigte in einen Anhänger der verschiedensten schon früher von der Kirche verurteilten Irrlehren verwandelt wurde, von deren Existenz er häufig nicht einmal eine Ahnung hatte.

Zwei französische Synoden, abgehalten in Soissons (1121) und Sens (1140), verurteilten Abaelard. Papst Innozenz II. verpflichtete ihn als Häretiker zu »ewigem Schweigen« und zur Einschließung in ein Kloster; er ordnete an, daß seine Bücher, »wo immer sie auch gefunden würden«, dem Feuer übergeben werden sollten.[36] Die Vorlesungen Abaelards über Theologie, die er in Paris hielt und in denen er seine »aufrührerischen« Ansichten darlegte, erfreuten sich jedoch ebenso wie seine Schriften eines unveränderten Erfolges. Abaelard war der Abgott der studentischen Jugend in Paris und hatte viele Nachahmer. Der talentierteste unter ihnen war der Italiener Arnold von Brescia. Er trat in seiner Heimat mit einer scharfen Kritik an der kirchlichen Hierarchie hervor, wofür ihn das Laterankonzil vom Jahre 1139 verurteilte und ihn zwang, seine Vaterstadt zu verlassen. Ständig auf der Flucht vor Verfolgungen, reiste er nach Frankreich, in die Schweiz sowie nach Deutschland. 1145 trat er in Rom an die Spitze der antipäpstlichen Republik, die zwei Jahre vorher errichtet worden war. Arnold forderte, daß dem Papst die weltliche Macht genommen und die Kirchengüter zugunsten der Kommune konfisziert würden; er entlarvte die Verbrechen des Papsttums und der feudalen Herrenschicht, geißelte die Laster der hohen Geistlichkeit und forderte Reformen für die Kirche, so u. a. die Beseitigung des Episkopats und die Enteignung der Geistlichkeit. Papst Hadrian IV.

---

35 *Migne, J. P.*, Patrologiae cursus completus, series secunda, Bd. 182, col. 359 (1140).

36 Brief Innozenz' II. an Samson, Erzbischof von Reims, Heinrich, Erzbischof von Soissons, und Bernhard, Abt von Clairvaux, bezüglich Peter Abaelard: ebenda, col. 350, nota 493. Der Brief war offensichtlich an Bernhard gerichtet mit dem Hinweis, ihn den beiden Erzbischöfen zu übergeben.

verhängte über Rom das Interdikt; Arnold sah sich danach gezwungen, die Stadt zu verlassen. Von Kaiser Friedrich Barbarossa gefangengenommen, wurde er an Hadrian ausgeliefert und auf dessen Befehl gehängt. Das schien dem Papst jedoch noch zu wenig; er befahl, die Leiche des Hingerichteten zu verbrennen und deren Asche im Tiber zu verstreuen.

Diese Art von Abrechnung mit den Häretikern war ein Zeichen der Furcht, die die römischen Päpste vor jenen empfanden, die ihre Autorität bestritten und sie von den Positionen des Urchristentums aus kritisierten.

Im 12. Jh. wurde es zu einer üblichen Praxis in der Kirche, gegen ideologische Gegner mit Zwangsmaßnahmen vorzugehen, sie Foltern zu unterwerfen und sie moralisch und physisch zu vernichten. Aber dieses Verfahren wurde vorerst nur gegen die gefährlichsten Gegner zur Anwendung gebracht; die Masse der Häretiker blieb davon noch verschont.

Das Unvermögen der Kirche, mit den wachsenden oppositionellen Bewegungen fertig zu werden, ihre Abneigung gegenüber einem Kompromiß mit ihren ideologischen Gegnern, ihre Ablehnung einer, wie wir heute sagen würden, Modernisierung der kirchlichen Lehre und Praxis entsprechend den Erfordernissen der Zeit, aber auch das wachsende Bestreben des Papsttums, sich über die weltliche Feudalität zu erheben, sie seiner Kontrolle zu unterwerfen und sich zum obersten Richter der christlichen Welt zu machen – all das zusammengenommen brachte schließlich die Idee der physischen Ausrottung und Vernichtung aller Häretiker ohne Ausnahme hervor.

Diese »unausrottbare Abscheulichkeit«

Im letzten Viertel des 12. Jh. wurde Südfrankreich, wo sich die Städte schon im 11. Jh. von der feudalen Abhängigkeit weitgehend befreit hatten, zum Zentrum der Ketzerbewegungen.

»In Languedoc«, schrieb Karl Marx, »Reste der römischen Städterechte und Munizipalverfassungen; gerade die *Städte,* die nachher von Ketzerverfolgungen am härtesten litten, nicht so vereinzelt wie *die deutschen und italienischen* und nicht vom platten Land abgeschnitten; auch gegen Landesherrn geschützt, die im *eigentlichen Frankreich* die Städte nur als Saugschwämme zum Auspressen betrachteten und behandelten; mit den Rittern in gutem Vernehmen ... Selbst in *Toulouse,* Residenz von mächtigem Graf, verwaltete unabhängiger Magistrat und freier Bürgerausschuß ... So blühend Südfrankreich bis zu den Pyrenäen.«[37]

---

[37] Marx-Engels-Archiv, Bd. 5, S. 232 ff. Zitiert nach: Archiv IML Moskau (siehe oben Kapitel I, Anm. 78).

In eben den Städten dieses »gelobten Landes« erfuhren die verschiedenen häretischen Lehren ihre größte Verbreitung, in erster Linie die der Katharer, zu deren Unterdrückung die offizielle Kirche all ihre mächtigen Kräfte mobilisierte ... Der Ausdruck »Katharer« erscheint zum ersten Mal in der ersten Hälfte des 11. Jahrhunderts und wurde bald zum Synonym für »Häretiker« überhaupt. Von der Lehre der Katharer ist uns wenig Sicheres bekannt. Ihre Schriften wurden fast völlig vom Klerus vernichtet, und was die kirchlichen Quellen betrifft, so enthalten diese mehr Verleumdungen und Erfindungen als zuverlässige Fakten. Wenn man nur nach ihnen urteilen wollte, so käme man zu der Schlußfolgerung, daß das Papsttum eine Häresie verurteilte, von deren Inhalt es gar keine genaue Vorstellung besaß.

Der katholische Theologe Shannon hat die päpstlichen Quellen, die sich auf die mittelalterlichen Häresien beziehen, gesichtet; er vermerkt, daß sie nur eine »äußerst schematische und unbefriedigende« Vorstellung von den Lehren, die diesen zugrunde lagen, vermitteln.[38] Nach den dürftigen Angaben, über die wir verfügen, zu urteilen, griffen die Katharer die offizielle Kirche von den Positionen des Urchristentums her an. Einige Züge ihrer Lehre erinnern an den Manichäismus; deshalb nannten die Kirchenvertreter sie häufig auch Neomanichäer. Wie die Manichäer waren auch die Katharer der Ansicht, daß das Gute (Gott, der Schöpfer der unsichtbaren, idealen, gerechten Welt) und das Böse (der Teufel, Schöpfer alles Materiellen, der ungerechten Welt) ewige Prinzipien seien. Der Leib, vom Teufel geschaffen, schließe wie in einem Gefängnis die Seele, die Schöpfung Gottes, ein.[39]

Die Katharer glaubten, daß alles Böse auf der Erde, alle Arten von Bedrückung, Ungerechtigkeit und sozialer Ungleichheit, vom Teufel stammte, und da die Kirche diese bestehende ungerechte Ordnung rechtfertigte, mußte sie als Helferin und Teilhaberin der Verbrechen des Fürsten der Hölle erscheinen. Die Katharer gliederten sich in Leiter, die Perfecti, und in einfache Gläubige. Erstere mußten das Beispiel evangelischer Tugend vorleben. Sie leugneten das Privateigentum, lehnten das kirchliche Brauchtum, den kirchlichen Kult und die kirchliche Hierarchie ab und traten für die strenge Einhaltung des Keuschheitsgebotes ein.

Das rechtschaffene Leben der Perfecti, das gegen die Sittenlosigkeit und Geldgier des Klerus so scharf abstach, war die beste Form einer anschaulichen Agitation für die neue Lehre.

Diese, die in der Praxis die Ideale des Urchristentums wiederbelebte, zog die städtischen Plebejer und Bauern an, die eine Befreiung von den unerträglichen feudalen Lasten als Ziel ansahen.

---

[38] *Shannon, A. Ch.*, The Popes and Heresy in the thirteenth century, Villanova, Penns. 1949, S. 8.

[39] *Sönderberg, H.*, La Religion des Cathares, Upsala 1945, S. 37–44.

Die Katharer verpflichteten sich, nicht zu töten, nicht zu lügen und sich des Schwörens zu enthalten. Bei der Aufnahme gingen sie eine wichtige Verpflichtung ein: ihrem Glauben nicht zu entsagen, »weder aus Furcht vor Wasser und Feuer noch vor irgendeiner anderen beliebigen Art von Strafe«. Wenn sie in die Hände ihrer Gegner fielen, verteidigten sie mannhaft ihre Ansichten und bestiegen ruhig und mutig den Scheiterhaufen. Den einfachen Katharern, den »Gläubigen«, wurde erlaubt, sich der irdischen Güter zu bedienen sowie Familie und Eigentum zu haben; aber »gerettet werden«, d. h. das himmlische Reich erlangen, konnten sie nur, wenn sie in die Reihen der »Perfecti« aufstiegen. Dazu vollzogen die »Perfecti« über ihnen – meist kurz vor dem Tode – das »Consolamentum«, die Taufe des Geistes. Zu den »Perfecti« zählten selbst in der Periode der größten Blüte der Katharer insgesamt nur etwa 4 000 Menschen; aber das waren wirkliche Führer, Fanatiker, die einen ungeheuren Einfluß auf ihre Anhänger ausübten.

Als der Kampf mit den Katharern begann, verfolgten die Kleriker mit besonderer Härte diese »Perfecti«, da deren Vernichtung die einfachen Katharer des »Consolamentum«, d. h. ihrer »Rettung«, beraubte.

Zusammen mit den Katharern fand in Frankreich, der Schweiz und Italien die waldensische Lehre eine große Verbreitung, deren Begründer der Lyoner Kaufmann Pierre Valdes war, der unter dem Einfluß des Arnold von Brescia stand. Die erste waldensische Gemeinde entstand im Jahre 1176; ihre Mitglieder wurden zunächst unter dem Namen »Lyoner Arme« bekannt.

Die Kirche fürchtete die Häretiker vor allem deshalb, weil ihre Lehre die unteren Schichten des Volkes anzog. Nach dem Zeugnis eines Zeitgenossen, des Moneta von Cremona, »waren unter den Armen viele, die vor Hunger starben und die naturgemäß die unermeßlichen Reichtümer der Kirche in Schrecken und Empörung versetzten. Mit angestrengter Aufmerksamkeit und innerer Bewegung vernahmen sie das ›Wort Gottes‹, das aus dem Munde der Häretiker kam, die die Absage der Kirche an weltliche Genüsse und die Rückkehr zu jenen Zeiten forderten, da die Armut als die größte Tugend galt. Was ist Verwunderliches daran, daß die Stadtarmut zur Sekte der Katharer und zu anderen ketzerischen Sekten überging und deren Reihen mit frischen Kräften füllte?«[40]

Allein in Südfrankreich, im Languedoc, wurden die Häretiker auch vom weltlichen Adel unterstützt, der seine Rechte und Freiheiten nicht an die kirchlichen Hierarchen abtreten wollte. Diese prätendierten auf den Löwenanteil der Handelseinkünfte und sammelten eifrig Reichtümer; das rief die Empörung nicht nur des weltlichen Adels, sondern auch der Handwerker und Händler hervor. Die Katharer,

---

[40] Zitiert nach *Lozinskij, S. G.,* Istorija papstva, Moskau 1961, S. 151 ff.

die das Schmarotzertum des Klerus verurteilten und den Verzicht auf weltliche Reichtümer forderten, fanden deshalb Unterstützung in fast allen Schichten der Bevölkerung.

Das war auch der Grund, weshalb der Versuch der Kirchenvertreter, die Katharer mit »friedlichen« Mitteln, d. h. mittels Exkommunikation und Anathema, zur Raison zu bringen, nicht das gewünschte Resultat brachte. Vergebens gingen die dem päpstlichen Stuhl treu ergebenen Priester in ihren Predigten gegen sie vor, vergebens verhängten ökumenische und Provinzialsynoden den Bann über die »Neumanichäer«. Deren Zahl wuchs unaufhörlich. Shannon schreibt dazu: »Die Politik, die sich auf die Voraussetzung gründete, die Häretiker seien in ihrer Mehrheit einfache Leute, die der Häresie aus Unkenntnis verfallen seien, und daß die Predigt der wahren Lehre sie rasch wieder zur Vernunft bringen und zum Glauben der Väter zurückführen werde, war zum Scheitern verurteilt, denn die Erfahrung zeigte die Haltlosigkeit dieser Hoffnungen. Gezielte Maßnahmen des Papsttums zur Überwindung der Laster der kirchlichen Hierarchie und des gesamten Klerus in den von der Häresie angesteckten Gebieten wurden zu spät und in zu unzulänglichen Dimensionen in Angriff genommen, um dem Übel abhelfen zu können.«[41]

Schon Bernhard von Clairvaux hatte hartnäckig zur physischen Vernichtung der unbelehrbaren und unbekehrbaren Ketzer mit Hilfe der weltlichen Macht geraten. Nach ihm kam es der Kirche zu, die Häretiker aufzuspüren und zu entlarven, der weltlichen Gewalt aber, sie nach Weisung der Kirche zu vernichten. Wenn die staatliche Gewalt sich diesen Weisungen im Kampf gegen die Häretiker beugt, so erkennt sie damit die Oberhoheit der Kirche und des päpstlichen Stuhles über sich an.

Indem Bernhard von der weltlichen Macht die Verfolgung der Häretiker verlangte, verteidigte er damit gleichzeitig den Anspruch des Papsttums auf beide Schwerter, das geistliche und das weltliche. Wenn der Papst das letztere der weltlichen Gewalt überläßt, so wahrt die Kirche nach den Worten Bernhards doch für sich das Recht, dieses dort und dann zu gebrauchen, wo und wann sie es für notwendig erachtet.[42]

Wie aus dem Programm Bernhards, das von den mittelalterlichen Päpsten aufgegriffen wurde, hervorgeht, war die Verfolgung der Häretiker eine der ständigen Bedingungen für die Unterordnung der weltlichen Macht unter das Papsttum. Das erklärt auch den Ort und die Bedeutung der künftigen Inquisition; das Papsttum hoffte, sie zur Festigung seiner Position gegenüber der weltlichen Gewalt nutzen zu können.

---

[41] *Shannon, A. Ch.,* a. a. O., S. 24.

[42] *Sidorova, N. A.,* Očerki po istorii rannej gorodskoj kul'tury vo Francii, Moskau 1953, S. 135.

Abb. 1
Ein Ketzer auf dem Scheiterhaufen (Federzeichnung aus der Mitte des 13. Jh.).

Der erste Versuch, die Kirche zur Ausrottung der Häresie, die im Languedoc so tiefe Wurzeln geschlagen hatte, mittels Vernichtung der Häretiker zu mobilisieren, wurde von Papst Alexander III. (1159–1181) auf dem Dritten Laterankonzil im Jahre 1179 unternommen. Außer den in solchen Fällen üblichen Bannflüchen an die Adresse der Abtrünnigen rief dieses Konzil zum ersten Male zu einem Kreuzzug gegen sie auf. Es versprach allen Teilnehmern einen Ablaß von zwei Jahren und »ewige Rettung« denen, die im Kampfe gegen die Häretiker fielen. Die Führung des Kreuzzuges übertrug man dem Abt Heinrich von Clairvaux, der aus diesem Anlaß in den Kardinalsrang erhoben wurde. Dieser erste Kreuzzug gegen die Albigenser – so begann man seit dem 13. Jh. einen Zweig der katharischen Häresie und die übrigen Häretiker zu benennen, deren Zentrum im Languedoc die Provinz Albigeois mit der Stadt Albi war – vereinigte eine verhältnismäßig kleine Anzahl von Gläubigen. Das von Heinrich geführte Heer verwüstete einige Gebiete des Languedoc und wurde dann aufgelöst; er selbst kehrte nach Rom zurück, um nach dem Tode Alexanders III. an der Wahl des neuen Papstes teilzunehmen. Erhoben wurde jetzt Lucius III. (1181–1185), ein ebenso konsequenter Anhänger entschiedener Maßnahmen gegen die Häretiker wie sein Vorgänger. Er berief 1184 eine Synode nach Verona ein, auf der er eine Bulle über die Ausrottung der verschiedenen häretischen Lehren veröffentlichte (»Ad abolendam diversarum haeresum pravitatem«). Diese schrieb den Bischöfen vor, die Irrgläubigen zu verbannen, ihr Eigentum zu konfiszieren und sie zu »ewiger Ehrlosigkeit« zu verurteilen. Sie befahl, die katholischen Friedhöfe von den Überresten der Häretiker zu säubern, die sie angeblich entweihten. Obwohl die Bulle nicht zur physischen Vernichtung der Ketzer aufrief, verfolgte sie doch eben dieses Ziel: man nahm an, daß die Häretiker gegen sie Widerstand leisten und sich damit in Empörer verwandeln würden; das aber hätte den weltlichen Behörden den Anlaß geliefert, sie zu vernichten. Die Synode von Verona billigte die Bulle Lucius' III., dem es sogar gelang, sich der Unterstützung Kaiser Friedrich Barbarossas zu versichern, der versprach, die Weisungen der päpstlichen Legaten im Kampf gegen die vom Glauben Abgefallenen zu befolgen. Man begann nun, die Häretiker auch im Königreich Aragón zu verfolgen. Die Bulle des Papstes wie auch die Beschlüsse der Synode von Verona dienten verschiedenen Monarchen und Bischöfen als »gesetzliche« Grundlage für die Enteignung der Häretiker – unter dem Vorwand, die Häresie zu bekämpfen.

Im Jahre 1194 übernahm Raimund VI. die Herrschaft in der Grafschaft Toulouse, die auf dem Territorium des Languedoc gelegen war. Er brachte den Katharern große Sympathien entgegen und gewährte ihnen Schutz. Da die örtliche katholische Hierarchie somit jetzt nicht die Unterstützung der weltlichen Gewalt genoß, war sie auch nicht imstande, erfolgreich gegen die Katharer vorzugehen. Energische Maßnahmen waren deshalb notwendig, um dieser Gefahr Herr zu werden. Um sich aber zu solchen Maßnahmen zu entschließen, bedurfte es eines energischen und fanatisch gesinnten Papstes. Und eben ein solcher fand sich in der Gestalt Innozenz' III., der im Jahre 1198 den päpstlichen Thron bestieg. Als Sprößling einer Grafenfamilie, die große Ländereien in der Nähe Roms besaß, hatte Innozenz eine höhere Bildung an den berühmten Universitäten Bologna und Paris erhalten. Ein Resultat seiner scholastischen Studien war u. a. der Traktat »Über die Verachtung der Welt und den elenden Zustand des Menschen«, in dem er nachzuweisen versuchte, daß alle Menschen der feudalen Gesellschaft in gleichem Maße an den Folgen der Erbsünde litten. Eine durchaus realistische Beschreibung der Leiden und Nöte der von den Feudalherren ausgebeuteten Bauern zeigt, daß der Autor die ihn umgebende Wirklichkeit genau kannte. Er schrieb u. a.: Der Leibeigene ist zu ewigem Dienst verdammt, erduldet Drohungen, ist belastet mit Frondiensten und wird durch Schläge niedergehalten sowie seiner Einkünfte beraubt; wenn er kein eigenes Gut besitzt, zwingt man ihn, es zu erwerben; wenn er aber über irgendein Besitztum verfügt, nimmt man es ihm ab. Wird der Herr schuldig, so wird der Leibeigene dafür verantwortlich gemacht; ist der Leibeigene schuldig, geht die Strafe, die man ihm abnimmt, in die Tasche des Herrn.[43] Innozenz III. erwies sich später als ein Verfechter extremer Machtansprüche des Papsttums. Das gab er schon bei seiner Thronbesteigung zu verstehen, als er für seine Predigt die Bibelworte wählte: »Siehe, ich setze dich heute über Völker und Königreiche, daß du ausreißen und einreißen, zerstören und verderben sollst und bauen und pflanzen.«[44] Innozenz nannte sich selbst den König der Könige, Herrscher der Herrscher, »Priester ewiglich nach der Weise des Melchisedek.«[45] Er ist auch der Erfinder des neuen päpstlichen Titels: »Statthalter Jesu Christi auf Erden«. Mit 38 Jahren Papst geworden, entfaltete Innozenz III. eine fieberhafte Tätigkeit, deren Ziel es war, den päpstlichen Stuhl zum Vollender der Geschichte der ganzen christlichen Welt zu machen. Er schloß Bündnisse mit Monarchen, exkommunizierte die Mißliebigen und Unbotmäßigen, ermahnte, erließ Aufrufe, agitierte und sandte jährlich Hunderte von Botschaften an alle kirchlichen Hierarchen und weltlichen Herrscher. Seine Legaten, mit unbeschränkten Vollmachten ausgerüstet, terrorisierten viele Gebiete Italiens, Deutschlands und Frankreichs. Die Könige Englands, Aragóns, Bulgariens und Portugals nannten sich seine Vasallen.

Innozenz III. war der Initiator des vierten Kreuzzuges, dessen Teilnehmer, anstatt das »Heilige Grab« zu befreien, das christliche Byzanz überfielen und verwüsteten,

---

[43] Lotharii Cardinalis (Innocentii III.) De miseria humane conditionis, ed. *Maccarone, M.*, Lucca 1955, S. 21.

[44] Jer. 1, 10.

[45] Ps. 110, 4.

1204 Konstantinopel eroberten und plünderten und das »Lateinische Kaiserreich« errichteten. Innozenz bestätigte den 1202 gegründeten Ritterorden der Schwertbrüder[46] und gab ihm seinen Segen zur Eroberung Livlands; im Jahre 1215 rief er die Deutschritter zum Kreuzzug gegen die Pruzzen auf. Schließlich war er es auch, der den Befehl gab, einen Kreuzzug gegen die Albigenser zu beginnen. Damit legte er den Anfang zur massenhaften und systematischen Vernichtung von Gläubigen, deren religiöse Anschauungen mit der offiziellen kirchlichen Doktrin nicht übereinstimmten. Manche Forscher halten ihn aus diesem Grunde für den Begründer der Inquisition in engerem Sinne.

Am 22. Februar 1198 hatte Innozenz den päpstlichen Thron bestiegen, und schon im April des gleichen Jahres entsandte er seine Beauftragten Rainier und Guido nach Frankreich mit Weisung und Vollmachten, die Verfolgung der Ketzer zu organisieren. In seiner Instruktion befahl er ihnen: »Benutzt gegen die Häretiker das geistliche Schwert der Exkommunikation, und wenn dieses nicht hilft, so gebraucht gegen sie das eiserne Schwert.«[47]

Aber den päpstlichen Gesandten gelang es nicht, irgendwelche nennenswerten Erfolge zu erzielen, da die weltlichen Behörden offensichtlich ihre Tätigkeit behinderten. Im Jahre 1202 wurden sie abgelöst durch Peter von Castelnau und Raoul, zwei Zisterziensermönche von Fontfroide, denen die Vollmacht erteilt wurde, überall da, wo Ketzerei bestehe, »zu zerstören, niederzuwerfen oder zu ergreifen, was immer zerstört, niedergeworfen oder ergriffen werden muß, und zu pflanzen und aufzubauen, was immer aufgebaut und gepflanzt werden muß«. Ihnen zu Hilfe wurden Prediger aus Spanien gesandt, unter denen durch seinen Eifer der Augustinermönch Dominicus Guzman (1170–1221) hervorragte, der künftige Gründer des Dominikanerordens. Die päpstlichen Legaten versprachen den adligen Herren und der französischen Krone für die Teilnahme an den Repressionen gegen die Häretiker das Eigentum der letzteren und die Vergebung aller Sünden. In einer persönlichen Botschaft an den französischen König Philipp II. August rief der Papst ihn auf, das Schwert gegen die »Wölfe zu erheben, die die Herde des Herrn verwüsten«.

Die dem päpstlichen Stuhl ergebenen Mönche ahmten ihre Gegner nach, zogen barfuß und in Lumpen gehüllt durch den Languedoc und riefen die Bevölkerung auf, gegen die Häretiker vorzugehen.

Aber ihre Anstrengungen brachten wiederum keine nennenswerten Resultate. Der französische König wollte sich nicht dazu entschließen, in die Besitzungen des

---

[46] Der Name des Ordens war »fratres militiae Christi«; der Papst gab ihnen die Templerregel. Als Ordenszeichen trugen sie ein Schwert mit dem Kreuz auf dem Mantel: daher die Bezeichnung Schwertorden oder Schwertbrüderorden.

[47] *Vacandard, E.,* a. a. O., S. 44.

Grafen von Toulouse einzufallen; die dortige Bevölkerung aber legte dem Auftreten der päpstlichen Legaten zwar keine Hindernisse in den Weg, erwies ihnen jedoch auch keine aktive Unterstützung. Die Legaten gerieten in Verzweiflung. Peter von Castelnau sagte: »Ich weiß, daß die Sache Christi in diesem Lande keinen Erfolg haben wird, bis nicht einer von uns für seinen Glauben leidet.«[48] Seine Worte erwiesen sich als prophetisch.

Castelnau exkommunizierte den Grafen Raimund, weil dieser sich nicht an der Verfolgung der Häretiker beteiligen wollte. Als Antwort darauf wurde der päpstliche Legat von einem der Gefolgsleute Raimunds erschlagen; das geschah am 15. Januar 1208. Schon am 10. März wandte sich Innozenz daraufhin mit einer aufrüttelnden Botschaft an alle Gläubigen der christlichen Welt und rief sie zu einem Kreuzzug gegen den Grafen Raimund und seine Untertanen auf. In dieser Botschaft hieß es: »Wir erklären für vollkommen frei von ihren Verpflichtungen alle, die dem Grafen von Toulouse durch Treueid, durch Blutsbande oder durch andere Bande verpflichtet sind, und erlauben jedem Katholiken, ohne die Rechte des Souverains (d. h. des französischen Königs) anzutasten, die Person des genannten Grafen zu verfolgen, ihm die Ländereien zu nehmen und sie selbst zu besitzen. Erhebt euch, Soldaten Christi! Rottet diese Gottlosigkeit mit allen Mitteln aus, die Gott euch eröffnen wird! Streckt eure Arme weit aus und schlagt euch tapfer mit den Verbreitern der Häresie; verfahrt mit ihnen schlimmer als mit den Sarazenen, denn sie sind noch schlechter als jene! Was aber den Grafen Raimund betrifft ..., so verjagt ihn und seine Anhänger aus ihren Schlössern, nehmt ihnen die Ländereien fort, damit die rechtgläubigen Katholiken die Besitzungen der Häretiker an sich nehmen können.«[49] Innozenz versuchte zu erklären, warum der »allmächtige« Gott eines Heeres zur Abrechnung mit den Häretikern bedürfe: »Denkt daran, daß euer Schöpfer, als er euch schuf, nicht eure Dienste benötigte. Wenn er aber auch jetzt sehr gut ohne eure Hilfe auskommen kann, so verhilft ihm doch eure Teilnahme dazu, mit größerem Erfolg zu handeln, ebenso wie eure Untätigkeit seine Allmacht schwächt.«[50] Den Teilnehmern am Kreuzzug versprach er nicht nur die Vergebung ihrer Sünden, sondern darüber hinaus noch etwas Wesentlicheres, nämlich sie von der Zahlung der Zinsen für ihre Schulden zu befreien, wenn sie den Krieg gegen die Häretiker tapfer führten.

Diesmal gelang es dem Papst, in Nordfrankreich eine Armee aus allen möglichen Abenteurern zu sammeln, die auf fremdes Gut begierig waren. An der Spitze dieses

---

48 *Pokrovskij, M.*, a. a. O., S. 669.

49 Ebenda, S. 670.

50 Pierre des Vaux-de-Cernay, Historia Albigensis. Nouvelle traduction par *Guébin, P./ Maisonneuve, H.*, Paris 1951, S. 31. Zum ganzen vgl. auch *Rahn, O.*, Kreuzzug gegen den Gral, Stuttgart 1964.

Heeres stand Simon von Montfort. Raimund konnte sich nicht zu einem Krieg mit diesem entschließen, oder er gedachte ihn zu überlisten, indem er Reue zeigte. Auf Forderung des päpstlichen Legaten übergab er jedenfalls den Kreuzfahrern kampflos sieben der wichtigsten Festungen und versprach, alle Forderungen Innozenz' III., an den er Gesandte geschickt hatte, zu erfüllen. Die neuen Legaten des Papstes, Milo und Thedisias, zwangen ihn, in St. Gilles zu erscheinen, jener Stadt, wo Castelnau erschlagen worden war, und mit entblößtem Oberkörper vor Milo hinzutreten, der ihn zusammen mit zwanzig Erzbischöfen und Bischöfen in der Vorhalle der Kathedrale erwartete, wo sich eine große Volksmenge angesammelt hatte. Der Legat legte ihm die Stola nach Art eines Halfters um den Hals und führte ihn wie an einem Zügel zum Altar, während die Anwesenden die Schultern und den Rücken des Magnaten mit Ruten züchtigten. Am Altar gewährte man ihm die Absolution; darauf zwang man Raimund, sich in die Krypta zu begeben und sich vor dem Grabe des Peter von Castelnau niederzuwerfen, dessen Seele, wie die Kirchenleute behaupteten, »frohlockte«, als sie diese Erniedrigung des verhaßten Feindes sah.

Jedoch setzte der Neffe Raimunds, der Vicomte Roger von Béziers, den Widerstand gegen die Kreuzfahrer im Languedoc fort. Gegen ihn zog von Lyon aus ein gewaltiges Heer von 20 000 Reitern und 200 000 Mann Fußvolk, dem der blutgierige Innozenz ein weiteres Sendschreiben mit auf den Weg gab: »Vorwärts, ihr streitbaren Soldaten Christi! Zieht den Vorläufern des Antichrist entgegen und schlagt die Diener der alten Schlange tot! Bis heute habt ihr vielleicht für vergänglichen Ruhm gekämpft, kämpft jetzt für ewigen Ruhm! Bis heute habt ihr für die Welt gekämpft, kämpft jetzt für Gott! Wir ermahnen euch nicht, Gott diesen großen Dienst zu leisten für irgendeine irdische Belohnung, sondern um des Reiches Christi willen, das wir euch voll Vertrauen versprechen.« [51]

Die Kreuzfahrer verbreiteten auf ihren Wegen Tod und Verderben, ohne auf entscheidenden Widerstand seitens der Katharer zu stoßen – diesen war das Töten ja verboten –, und nahmen zunächst den Hauptsitz der Albigenser, die Residenzstadt des jungen Roger, Béziers, ein, brannten sie nieder und erschlugen alle Einwohner. [52] Als sie den päpstlichen Legaten Arnold Amalrik fragten, wie man denn die Häretiker von den rechtgläubigen Katholiken unterscheiden könne, soll dieser geantwortet haben: »Tötet sie alle, denn Gott kennt die Seinen!« [53]

---

[51] *Lea, H. Ch.*, Geschichte der Inquisition im Mittelalter, Bd. I, Bonn 1905, S. 169.

[52] Von einigen Chronisten wird deren Zahl mit 60 000 angegeben, andere schreiben sogar von 100 000. Der Legat selbst beziffert in seinem Bericht die Zahl auf fast 20 000. Vgl. ebenda, S. 171.

[53] *Lea*, der diesen Ausspruch ebenfalls anführt, macht dazu folgende Anmerkung: »*Douais* und *Tanizey*, La prise de Béziers et le mot: Tuez-les tous (in: Questions controverses I, 1880, S. 127 ff.) haben versucht, die Unglaubwürdigkeit dieses von Caesarius von Heisterbach berichteten (auf Tim. II, 2,19

Simon de Montfort zeigte seinen Opfern gegenüber noch weniger »Barmherzigkeit«; er schonte nicht einmal die, die den Wunsch äußerten, zum Katholizismus zurückzukehren. Als er einmal einen solchen Apostaten hinzurichten befahl, erklärte er: »Wenn er lügt, so ist das die Bestrafung für seinen Betrug; wenn er aber die Wahrheit sagt, so sühnt er damit seine frühere Schuld!« Nach Béziers kam die Reihe an Carcassonne, eine Stadt, die als uneinnehmbar galt und in der Roger seine Hauptkräfte konzentriert hatte. Die Kreuzfahrer belagerten die Stadt, in der Tausende von Menschen aus den umliegenden Dörfern Zuflucht gesucht hatten. Carcassonne war gut befestigt; deshalb entschlossen sich die Kreuzfahrer zu einer List. Sie schlugen Roger Friedensverhandlungen vor; als er in ihrem Lager erschien, wurde er in verräterischer Weise ergriffen. Bald erklärte man, er sei »an Dysenterie« gestorben. Ihres Führers beraubt, nahmen die Eingeschlossenen die Bedingungen der Kreuzfahrer an: Carcassonne zu verlassen, »ohne aber etwas anderes mitzunehmen als ihre Sünden – die Männer in Unterhosen, die Frauen im Hemde.«[54] Das tapfere christliche Heer aber drang in die Stadt ein und plünderte sie.

Von all diesen Schandtaten der Kreuzfahrer berichten die Teilnehmer dieser Verbrechen selbst. Die klerikalen Historiker sind deshalb nicht imstande, die angeführten Fakten zu leugnen; dafür sparen sie jedoch nicht mit entsprechenden Kommentaren. So stellt z. B. Shannon angesichts der »Heldentaten« der Kreuzfahrer im Languedoc folgende Überlegung an: »Es war ein grausames Jahrhundert, in der Armee der Kreuzfahrer fehlte selbst das Minimum an Disziplin und Ordnung, das den Feudalheeren sonst eigen war. Als deshalb dieses Heer vom Norden her über die Städte des Languedoc herfiel, konnte man von den militärischen Kommandeuren nicht erwarten, daß sie ihre Schüsse nur gegen die ›Perfecti‹ richteten. Auf diese Weise kamen viele rechtgläubige Katholiken oft gemeinsam mit den Häretikern ums Leben. Obwohl persönliche Tragödien, ja Tragödien ganzer Gruppen unter diesen Bedingungen verständlich waren, riefen doch die Unterdrückung, der Raub und der Mord an den Rechtgläubigen entschiedene Verurteilung hervor, und die Päpste protestierten laut gegen solche Exzesse.«[55]

Wie aus dem Kommentar Shannons hervorgeht, waren die Greueltaten der Kreuzfahrer im Languedoc seiner Meinung nach durch »objektive Bedingungen« hervorgerufen, und die römischen Päpste verurteilten diese Exzesse, allerdings nur insoweit sie die rechtgläubigen Katholiken betrafen. Aber, so muß man hier fragen,

---

zurückgehenden) Wortes zu erweisen (vgl. Historisches Jahrbuch der Görresgesellschaft XI, 1890, S. 307). Caesarius berichtet seinerseits die Erzählung jedenfalls ohne alle moralischen Einwendungen«; ebenda, S. 171, Anm. 1.

[54] Ebenda, S. 174.

[55] *Shannon, A. Ch.*, a. a. O., S. 45.

wer organisierte denn den Kreuzzug gegen die Albigenser, wenn nicht der Papst? Wer rief im Verlauf von zwanzig Jahren die Kreuzfahrer immer wieder dazu auf, mit Feuer und Schwert die Häretiker auszurotten, und versprach ihnen dafür das Himmelreich, wenn nicht die Päpste? Tragen deshalb nicht sie bzw. die Kirche als Ganzes die Verantwortung für den Genozid, der von den Kreuzfahrern im Languedoc gegenüber den Katharern begangen wurde?

Bald nach dem Fall von Carcassonne begannen unter den Kreuzfahrern Streitigkeiten wegen der Teilung der Beute. Ein Teil von ihnen verließ den Languedoc und kehrte nach Hause zurück. Um Montfort dort zu halten, versprach Innozenz, ihn mit einem Teil der Besitzungen des Grafen von Toulouse zu belohnen, und befahl seinen Prälaten, ihm die bei den Häretikern konfiszierten Schätze zu übergeben. Montfort war jedoch mit diesen Geschenken nicht zufrieden und fuhr fort, unter dem Vorwand der Ausrottung der Häresie die Städte und Dörfer des Languedoc zu plündern. Inzwischen hatte sich Raimund in Toulouse verschanzt, von wo aus er ein kompliziertes diplomatisches Spiel begann. Innozenz III. bestand darauf, daß der Graf persönlich die Häresie ausrotte, und drohte, andernfalls ihm seine Besitzungen zu nehmen und ihn selbst als Häretiker vor Gericht zu stellen. Raimund versprach alles, aber besonderen Eifer in der Verfolgung der Häretiker zeigte er nach wie vor nicht. Auf Befehl des Papstes versuchte Montfort nun, Toulouse zu nehmen, erlitt jedoch eine Niederlage. Raimund gelang es, sich der Unterstützung des Königs Peter II. von Aragón (1196–1213) zu versichern, dem an der Erhaltung der Grafschaft Toulouse als Pufferstaat zwischen seinen Besitzungen und denen des französischen Königs gelegen war. Letzterer war seinerseits nicht untätig, sondern unterstützte Montfort, dem es zuletzt auch gelang, Raimund zu besiegen und ihn zur Flucht nach England zu zwingen. Peter von Aragón fiel in einer Schlacht bei Muret.

Schließlich konnte sich Innozenz III. als Sieger betrachten. Er hatte mit den Katharern und deren Beschützern im Languedoc abgerechnet. In den päpstlichen Besitzungen hatte er ebenfalls »Ordnung« geschaffen, indem er sie von den Patarenern säuberte und einige unbotmäßige Kommunen, die die Häretiker begünstigt hatten, seinen Statthaltern unterstellte. Tausende von Ketzern wurden aus diesen Städten vertrieben, ihres Eigentums und ihrer Existenzmittel beraubt, viele Häretiker wurden hingerichtet ... Und doch konnten alle diese Erfolge nicht die Gebrechen verdecken, die den Organismus der katholischen Kirche auch weiterhin zerfraßen und schwächten.

Innozenz III. berief zur Beratung der kirchlichen Angelegenheiten das 12. allgemeine Konzil, das IV. Lateranum. Es wurde in Rom 1215 abgehalten. Außer den Patriarchen der von den Kreuzfahrern eroberten Städte Konstantinopel und Jerusalem nahmen an diesem Konzil 71 Metropoliten, 412 Erzbischöfe und Bischöfe, über 800 Äbte und Priore sowie eine Menge von Bevollmächtigten abwesender Prälaten teil. Anwesend waren ferner Vertreter der europäischen Monarchen. Insgeheim erschienen auch der Graf von Toulouse und sein Sohn, Raimund der Jüngere, in der Hoffnung, von Innozenz und den Konzilsvätern Gnade zu erlangen und wenigstens einen Teil ihrer Besitzungen wiederzubekommen.

Die Tagesordnung des Konzils sah die Beratung folgender Fragen vor: die Befreiung des Heiligen Landes von den Ungläubigen, die Kirchenreform, die Beseitigung der Mißbräuche bei der Geistlichkeit, die Ausrottung der Häresien und die Befriedung der Seelen. Das Konzil sprach Raimund endgültig seine Besitzungen ab, versprach aber, sie teilweise seinem Sohn zurückzugeben, wenn dieser sich »dessen würdig erweise«.

Es faßte auch einen Beschluß über den Kampf gegen die Häresie (Kanon 3), der die weltlichen wie die kirchlichen Behörden verpflichtete, unablässig die Häretiker zu verfolgen. Der Text, der als juristische Begründung für die Einrichtung der Inquisition gilt, lautet wie folgt:

»3. Über die Häretiker

Wir verwerfen und verurteilen jede Häresie, die sich gegen den heiligen, rechten und katholischen Glauben erhebt, den wir oben dargelegt haben. Wir verurteilen alle Häretiker, wie immer man sie bezeichnen mag. Sie haben zwar verschiedene Gesichter, sind aber ›Schweif an Schweif gebunden‹ (Ri 15,4), weil sie durch ihr nichtiges Treiben zueinander passen. Die verurteilten Häretiker aber sollen den weltlichen Obrigkeiten selbst oder deren Statthaltern zur gebührenden Bestrafung übergeben werden. Klerikern soll man vorher ihre Weihegrade entziehen. Sind die aus diesen Gründen Verurteilten Laien, so sollen ihre Güter beschlagnahmt werden; sind sie aber Kleriker, so soll man die Güter den Kirchen zuweisen, von denen jene ihre Einkünfte bezogen haben. Wer sich bloßem Verdacht ausgesetzt hat, den soll, sofern er nicht gegenüber diesen Verdachtsgründen durch seine Haltung und eine angemessene Rechtfertigung seine Unschuld nachgewiesen hat, das Schwert des Kirchenbanns treffen. Bis zu ihrer völligen Entlastung sollen solche Leute von allen gemieden werden. Bleiben sie ein ganzes Jahr in der Exkommunikation, so soll man sie daraufhin als Häretiker verurteilen. Die weltlichen Obrigkeiten aber, welche Ämter immer sie verwalten, sollen ermahnt, veranlaßt und notfalls durch kirchliche Zensuren gezwungen werden, wenn anders sie als Gläubige gelten und dafür gehalten werden wollen, öffentlich einen Eid für die Verteidigung des Glaubens zu leisten; darin sollen sie sich verpflichten, alle von der Kirche benannten Häretiker redlich und nach Kräften aus den ihrer Amtsgewalt unterstehenden Gebieten zu entfernen. Wenn künftig jemand in ein geistliches oder weltliches Amt berufen wird, soll er angehalten werden, diese Verpflichtung eidlich zu bekräftigen. Wenn aber ein weltlicher Herr es trotz Aufforderung und Ermahnung seitens der Kirche unterläßt, sein Land von dieser abscheulichen Ketzerei zu säubern, soll er von dem Metropoliten und dessen Suffraganbischöfen mit der Exkommunikation belegt werden. Lehnt er es ab, innerhalb Jahresfrist Genugtuung zu leisten, so soll der Fall dem Papst gemeldet werden, damit dieser die Vasallen von der Treuepflicht jenem gegenüber löst und dessen Land den Katholiken zur Inbesitznahme überläßt. Diese sollen es nach der Vertreibung der Ketzer ohne jeden Widerspruch besetzt halten dürfen und es in der Reinheit des Glaubens erhalten, vorbehaltlich der Rechte des Oberlehnsherrn, wofern er in der Angelegenheit keinen Widerstand geleistet hat und kein Hindernis in den Weg legt; in der gleichen Weise soll man verfahren mit denen, die keinen Oberlehnsherrn haben.

Die Katholiken, die das Kreuz nehmen und sich zum Kampf gewappnet haben, um die Ketzer zu vertreiben, sollen den gleichen Ablaß und den Schutz des gleichen heiligen Privilegs genießen, wie sie denen gewährt werden, die sich zur Hilfe für das Heilige Land aufmachen. Über die Anhänger der Ketzer aber, außerdem über ihre Gönner, Verteidiger und Beschützer verhängen wir die Exkommunikation und ordnen nachdrücklich an: wer von den Genannten von der Exkommunikation betroffen ist und es ablehnt, innerhalb Jahresfrist Genugtuung zu leisten, soll danach ipso jure infam sein und weder zu öffentlichen Ämtern oder Kollegien noch zu Wahlen für diese Ämter noch zur Zeugenaussage zugelassen werden; darüber hinaus soll er testamentsunfähig sein, so daß er weder die Fähigkeit besitzt, ein Testament zu machen, noch selbst eine Erbschaft antreten kann. Niemand soll gehalten sein, ihm in gleich welcher Angelegenheit Auskunft zu geben, er aber muß es anderen gegenüber tun ... Wer aber mit diesen Leuten, nachdem die Kirche sie öffentlich gebrandmarkt hat, weiterhin Umgang pflegt, soll der Strafe der Exkommunikation verfallen sein, bis er angemessene Genugtuung leistet. Die Kleriker dürfen diesen Unheilstiftern weder die Sakramente der Kirche reichen noch sich erdreisten, ihnen ein christliches Begräbnis zu gewähren, noch ihre Geschenke und Opfergaben annehmen. Andernfalls sollen sie ihr Amt verlieren und ohne besonderes Indult des Apostolischen Stuhles niemals wieder eingesetzt werden ... Alle, denen zu predigen verboten ist oder die keine Missio haben vom Apostolischen Stuhl oder dem katholischen Ortsbischof und die doch öffentlich oder im kleinen Kreise sich das Predigeramt anzueignen wagen, sollen der Exkommunikation verfallen und, falls sie sich nicht schleunigst eines Besseren besinnen, mit einer andern angemessenen Strafe belegt werden. Wir bestimmen ferner, daß jeder Erzbischof oder Bischof zweimal oder wenigstens einmal im Jahr eine bestimmte Gemeinde, in der Gerüchten zufolge Ketzer wohnen, persönlich visitieren oder durch seinen Erzdiakon oder andere tugendhafte Männer visitieren lassen soll; dort soll er drei oder mehr gut beleumdete Männer oder auch, wenn es ihm ratsam erscheint, die ganze Nachbarschaft schwören lassen, dem Bischof die Leute gewissenhaft anzuzeigen, die ihnen dort als Ketzer bekannt sind, oder solche, die geheime Konventikel abhalten oder in ihrer Lebensführung und ihren Sitten von dem üblichen

Verhalten der Gläubigen abweichen. Der Bischof aber soll die Beschuldigten vor sich rufen und sie kanonisch bestrafen, wenn sie sich nicht von der Anschuldigung reinigen können oder wenn sie nach der Entlastung wieder in den früheren Unglauben zurückfallen. Wer aber in einem verdammenswerten Starrsinn den Eid ablehnt und sich weigert zu schwören, soll schon allein deswegen für einen Ketzer gehalten werden. Wir ordnen deshalb an, bestimmen und befehlen in der Kraft des Gehorsams mit aller Strenge, daß die Bischöfe in ihren Diözesen gewissenhaft über die wirksame Durchführung dieser Maßnahmen wachen sollen, wenn sie der kanonischen Strafe entgehen wollen. Wenn nämlich ein Bischof bei der Reinigung seiner Diözese von dem verderblichen Sauerteig der Ketzerei nachlässig oder lax gewesen ist und wenn das aus verschiedenen Anzeichen offenkundig wird, soll er seines bischöflichen Amtes enthoben und durch einen anderen ersetzt werden, der geeignet und willens und imstande ist, die verruchte Häresie zuschanden zu machen.«[56]

Dieser Beschluß des IV. Laterankonzils hat eine außerordentlich wichtige Bedeutung für die Feststellung der Verantwortlichkeit der Kirche bei der Verfolgung Andersgläubiger bzw. Andersdenkender. Die kirchlichen Apologeten behaupten zwar, daß nur die weltlichen Gewalten die Häretiker physisch verfolgten und daß die Kirche daran keine Schuld trage. Aber der ganze Sinn des päpstlichen Kampfes gegen die Grafen von Toulouse bestand darin, sie zu zwingen, an den Repressalien gegen die Ketzer teilzunehmen. Der von uns eben angeführte Text zeigt deutlich, daß die Kirche alle weltlichen Herrscher dazu verpflichtete und sie im Falle der Weigerung mit Exkommunikation und Güterentzug bedrohte. An Raimund VI. von Toulouse wurde in dieser Hinsicht ein eindrucksvolles Exempel statuiert. Kann man nach alledem die obige Behauptung noch aufrechterhalten?

Das Konzil verpflichtete jeden Gläubigen, zumindest einmal im Jahr bei seinem Ortspfarrer zu beichten und wenigstens zu Ostern die hl. Kommunion zu empfangen – Gebote, die bis in die Gegenwart erhalten blieben. Die Pfarrkinder, die diese Vorschriften nicht erfüllten, wurden als Häretiker angesehen und gingen der kirchlichen Beerdigung verlustig. Es ist offensichtlich, daß das Konzil mit diesem Beschluß beabsichtigte, die Beichte auch als Quelle für das Ausfindigmachen der Häretiker zu benutzen und die Kommunion als Druckmittel für die Schwankenden im Glauben.

Auf dem Konzil wurden außer den Repressivmaßnahmen jedoch noch andere Mittel zum Kampf gegen die Häretiker erörtert. Innozenz III. und viele kirchliche Hierarchen gaben sich sehr wohl Rechenschaft darüber, daß eine der Ursachen für

[56] *Foreville, R.*, Latran I, II, III et Latran IV, Paris 1965, S. 348 ff. (deutsche Übersetzung aus: ders., Lateran I–IV, Mainz 1970, S. 403–406).

den Erfolg der Häresie in dem Niedergang der moralischen Autorität der Geistlichkeit lag, insbesondere im Verfall der alten Mönchsorden, deren Vertreter die Mehrheit der Gläubigen wie hungrige Wölfe fürchtete, die Jagd auf die Schäfchen machen. Zudem waren die Klöster mehr vom Willen der örtlichen Feudalherren abhängig als von Rom. Der päpstliche Stuhl konnte daher nicht mehr auf die wirksame Hilfe und Unterstützung seitens solcher Klöster in seinem Kampf um die Oberhoheit über die weltlichen Mächte rechnen. Die Synode nahm mithin eine Reihe von Bestimmungen an, die ihm das Recht gaben, die bestehenden Mönchsorden zu reorganisieren. Aber es bot sich auch noch eine andere Möglichkeit an: die Gründung neuer Orden, die nicht mehr von der örtlichen kirchlichen Hierarchie und den weltlichen Feudalherren, sondern unmittelbar vom päpstlichen Stuhl abhängig waren und ganz und gar seinem Willen folgten. Und obwohl die Synode Neugründungen verbot (die zahlreichen anwesenden Ordensobern taten dazu das ihre), bestätigte der neue Papst Honorius III., kaum daß sie ihre Arbeit beendet hatte, im Jahre 1216 den »Bettelorden« der Prediger, dessen Stifter der schon erwähnte spanische Augustinermönch Dominicus Guzman (um 1170–1221) war, der aktiven Anteil an der Verfolgung der Katharer im Languedoc genommen und dabei die Erfahrung gemacht hatte, daß mit Autorität und Prunk auftretende, auch äußerlich mit dem Klassenfeind paktierende Prediger bei der armen Bevölkerung mit ihren »Bekehrungsversuchen« nichts erreichten.

Dominicus zeichnete sich durch blinde Ergebenheit gegenüber dem Heiligen Stuhl aus. Nach allem zu urteilen, war er der Typ eines religiösen Fanatikers, jedoch mit einem Blick für die richtige Wahl der Mittel. Bertrand Russell vermerkt, daß Dominicus nur eine menschliche Schwäche besaß: es machte ihm mehr Freude, wie er gestand, sich mit jungen Frauen zu unterhalten als mit alten.[57] Dominicus hatte richtig bemerkt, daß die Stärke der Katharer insbesondere darin bestand, daß sie die vom Klerus vernachlässigte Gabe der Predigt besaßen und dazu von den Geistlichen längst vergessene Texte auswendig kannten. Er beschloß daher, einen Orden zu gründen, dessen Mitglieder sich ausschließlich dem Ausfindigmachen, der Entlarvung und Bekehrung der Häretiker, der Verteidigung des päpstlichen Stuhls gegen jede Kritik sowie der Ausbreitung des Christentums widmen sollten. Die Mitglieder dieses Ordens wählten als Kleidung ein weißes Gewand und Sandalen an den bloßen Füßen. Sie ähnelten äußerlich den »Perfecti« der Katharer. Die Dominikaner legten u. a. das Gelübde der Armut ab, was der Festigung ihrer Autorität unter den Gläubigen diente. Ihr Orden war nach der Art einer streng zentralisierten militärischen

---

[57] *Russell, B.*, Philosophie des Abendlandes. Ihr Zusammenhang mit der politischen und sozialen Entwicklung, Berlin/Darmstadt 1950, S. 375.

Organisation aufgebaut – mit einem General an der Spitze, der unmittelbar dem Papst unterstand. Sein Emblem war ein Hund mit einer brennenden Fackel im Maul.[58] Die Dominikaner bezeichneten sich selbst mit einem Wortspiel gelegentlich als »Hunde des Herrn« (Domini canes), was mit dem Namen ihres Begründers dem Klang nach übereinstimmt. Bald nach der Gründung des Ordens eroberten sie die französischen und italienischen Universitäten und wurden zu Vorkämpfern für die Anpassung der Theologie an die gewachsenen intellektuellen Bedürfnisse der hochmittelalterlichen Gesellschaft.

Die Dominikaner nahmen aktiven Anteil an der Unterdrückung der Ketzerbewegungen, und nicht ohne Grund wurde ihnen später die Inquisition übertragen. In Anerkennung seiner Verdienste erhob der päpstliche Stuhl im Jahre 1234, d. h. schon 13 Jahre nach seinem Tode, Dominicus in den Rang eines Heiligen.

Die eiserne Disziplin und die wahrhaft »hündische« Ergebenheit gegenüber dem Papsttum machten die Dominikaner rasch zur Stütze der katholischen Reaktion. Es ist deshalb nicht verwunderlich, daß diese »Wacht des Herrn« (wie der Orden ebenfalls gelegentlich genannt wurde) vom Papsttum auch als Vortrupp zum Eindringen in nichtkatholische Länder benutzt wurde. Im Jahre 1233, d. h. 17 Jahre nach Gründung des Ordens, erschienen die Dominikaner schon in Rußland auf der Bildfläche und gründeten bei Kiew ihr erstes Kloster. Bald darauf zogen sie auch in Böhmen, Polen und in die baltischen Länder ein. 1247 sandte sie der Papst mit einer Botschaft zum mongolischen Groß-Khan, 1249 nach Persien. Im Jahre 1272 setzten sie sich in China fest und drangen bis nach Japan und in andere asiatische Länder vor. Auch in Afrika gelang es ihnen, Fuß zu fassen und bis nach Abessinien zu gelangen. Im 16. Jh. nahmen sie aktiven Anteil an der Eroberung und Unterjochung Amerikas durch die Spanier und Portugiesen.

Wenn sich die Dominikaner zu einer Art Elite der katholischen Kirche entwickelten, so sah es ein anderer Orden, der der Franziskaner, welcher gleichfalls zu Anfang des 13. Jh. entstanden war, als seine Hauptaufgabe an, die plebejischen Elemente für die Kirche zu gewinnen sowie den Volksmassen Demut, Ergebenheit und Leidensliebe zu predigen. Gründer dieses Ordens war der Italiener Franz von Assisi (1182–1226). Sein ursprünglicher Name war Giovanni Bernardone; sein Vater

[58] *Helyot*, Ausführliche Geschichte aller geistlichen und weltlichen Kloster- und Ritterorden für beyderley Geschlecht, Bd. 3, Leipzig 1754, S. 266: »Das Wappen des Ordens ist schwarz und silber, sparrenweise getheilet, mit einer goldenen Stengellilie und Palme, kreuzweis über beydes gelegt, und einem goldenen Stern im Haupt des Schildes: in dem silbernen Felde ist ein Buch, worauf ein Hund steht, der seine Pfote auf die Weltkugel legt und in seiner Schnauze eine angezündete Fackel hält: auf dem Schilde steht eine Herzogskrone, und ist solcher noch mit der päpstlichen Krone, einer Bischofsmütze, einem Kardinalshut, einem Bischofsstabe und Patriarchenkreuze geschmücket.« Wie man sieht, sind alle wesentlichen Zweckbestimmungen des Ordens symbolisch ausgedrückt.

war ein reicher Kaufmann. In seiner Jugend führte er ein müßiges und sorgenfreies Leben; sein Vater, der mit französischen Kaufleuten Handelsbeziehungen unterhielt, hatte ihn nach Frankreich mitgenommen und Französisch lernen lassen. Er sprach dies schließlich so gut, daß man ihn den »Franzosen« nannte; hiervon ist auch sein späterer Name Franziskus abgeleitet. Durch persönliche Erlebnisse bewogen, beschloß Giovanni, sich der Predigt unter den Armen zu widmen und den Weg eines strengen Asketen zu gehen. Franziskus lehrte, daß der Mensch sich zu seinem Körper verhalten solle wie zu einem Esel und ihn deshalb »einem strengen Joch unterwerfen, häufig peitschen und mit schlechter Speise nähren müsse«. Allerdings drückte er vor seinem Tode sein Bedauern darüber aus, »daß er in gesunden und kranken Tagen seinen Leib zu hart behandelte,... daß er viel gesündigt gegen den Bruder Esel, womit er seinen Körper meinte.«[59] Ihm wird der Ausspruch zugeschrieben: »Die vollkommene Seelenfreude besteht nicht darin, Wunder zu wirken oder Kranke zu heilen oder Teufel auszutreiben oder Tote aufzuerwecken; auch nicht darin, alle Dinge zu lernen und zu wissen, oder durch seine Beredsamkeit die ganze Welt zu bekehren, sondern darin, alle Leiden und Kränkungen und Ungerechtigkeiten und Demütigungen mit Geduld und Gleichmut zu ertragen.«[60] Er rief die Gläubigen auf, jedem Eigentum zu entsagen, einander zu helfen und sich den Lebensunterhalt durch körperliche Arbeit zu verdienen. Diese Propagierung der Ideale des Urchristentums, die ihrem Inhalt nach mit den häretischen Lehren der Waldenser übereinstimmten – die Franziskaner verband auch eine äußerliche Ähnlichkeit mit diesen, nämlich die schwarzen oder grauen Kutten –, bewirkte zunächst, daß die kirchliche Hierarchie Franziskus mit einem gewissen Mißtrauen betrachtete. Aber der große Erfolg seiner Predigt bei der Bevölkerung und der Umstand, daß er im Unterschied zu den Häretikern nicht nur keine Kritik an der offiziellen Kirche und ihrer Hierarchie übte, sondern im Gegenteil auf jede Weise seine Loyalität gegenüber dem päpstlichen Stuhl beteuerte, sicherten ihm die Unterstützung Innozenz' III., der ihm 1210 erlaubte, den »Bettelorden« der »Minoriten« zu gründen.[61]

Dieser war nach dem gleichen Prinzip aufgebaut wie der Dominikanerorden. Mit Unterstützung des Papstes wuchs er bald zu solcher Größe an, daß er gegen Ende des 13. Jh. schon über tausend Klöster in verschiedenen Ländern Europas zählte.

---

[59] Die symbolische Franziskus-Legende. Die schönsten Stücke des Franziskuskanons, übers. v. *Lützeler, H.*, München/Berlin 1929, S. 15; *Fioretti,* Franz von Assisi in der Legende seiner ersten Gefährten, Übersetzung u. Nachwort v. *Schnieper, X.*, Luzern/Frankfurt (Main) 1972.

[60] *Lea, H. Ch.*, a. a. O., Bd. I, S. 294.

[61] Im Jahre 1212 wurde der »Zweite Orden« für die Frauen gegründet (Klarissenorden) sowie ein »Dritter Orden« (Tertiarier), dessen Mitgliedern erlaubt wurde, die Ordensregeln in der Welt in entsprechender Weise zu befolgen, Familie zu haben und weltliche Kleidung zu tragen.

Der päpstliche Stuhl erwies den Dominikanern und Franziskanern jegliche Begünstigung. Ihre Tätigkeit wurde der Kontrolle der Ortsbischöfe entzogen (Exemtion); sie konnten sich frei auf der ganzen Welt bewegen; man nannte sie in der Folgezeit auch die päpstlichen Kundschafter. Sie konnten die Beichte entgegennehmen sowie Bußen und die Exkommunikation verhängen und zurücknehmen; sie durften unter Häretikern leben und sich als Häretiker geben, wenn es nur im Interesse der Kirche geboten schien. Ihre Generale und Provinziale machten schnelle Karriere, wurden mit Kardinalstiteln belohnt und gelegentlich auch als Päpste gewählt.[62]

Solche Privilegien und Auszeichnungen verdienten sich diese Orden damit, daß ihre »soziale« Tätigkeit in Verbindung mit ihrer terroristischen, der Inquisition, an der beide unmittelbaren Anteil hatten, im 13. Jh. ohne Zweifel ganz wesentlich dazu beitrug, die katholische Kirche vor dem Zerfall zu bewahren, der ihr drohte durch den moralischen Verfall des Klerus selbst, durch die antipäpstliche Politik vieler Fürstenhöfe, die sich von der Vormundschaft der Kirche zu befreien suchten, und durch die Häresien, die mit der plebejischen Revolution schwanger gingen.

Der rasche Vormarsch der Franziskaner erwies sich aber als ebenso kurzlebig wie der der Dominikaner. Gäbe es einen Teufel, so bemerkt Bertrand Russell in seiner »Philosophie des Abendlandes«, so müßte ihm die Entwicklung des von Franziskus gegründeten Ordens die größte Befriedigung bereiten. Wenn man die Persönlichkeit des Franziskus und die Ziele betrachtet, die er sich stellte, »kann man sich kaum ein Ergebnis von grausamerer Ironie vorstellen«[63]. Das gilt in ähnlicher Weise auch für den Dominikanerorden.

Schon nach einigen Jahrzehnten verblieben bei diesen Orden von der Armut nur noch die Kleidung und die Bezeichnung. Schenkungen seitens des Papstes und vieler weltlicher Fürsten führten dazu, daß sowohl Franziskaner als auch Dominikaner sich in Besitzer eines gewaltigen mobilen und immobilen Eigentums verwandelten. Beide Orden zankten sich und rivalisierten miteinander; das wiederum kam den Päpsten gelegen, denn es erlaubte ihnen, den einen durch den anderen zu kontrollieren. Im 16. Jh. gerieten beide Orden schließlich in einen solchen Verfall, daß das Papsttum sich gezwungen sah, zu seiner Rettung einen neuen heranzuziehen,

---

[62] In allen Ordensgeschichten werden voller Stolz die kirchlichen Ränge genannt, die von Ordensmitgliedern im Laufe der Geschichte eingenommen wurden. So berichtet *Helyot* von den Franziskanern, daß sie »der Kirche vier Päpste (Nikolaus IV., Alexander V., Sixtus IV. und Sixtus V.), 45 Kardinäle, unzählige Patriarchen, Erzbischöfe und Bischöfe und zwei Kurfürsten des heiligen Römischen Reiches« geschenkt hätten (Bd. 7, S. 36). Bei den Dominikanern zählt er drei Päpste (Innozenz V., Benedikt IX., Pius V.), über 60 Kardinäle, viele Patriarchen, fast 550 Erzbischöfe und ungefähr 800 Bischöfe auf (Bd. 3, S. 251 ff.). Heute werden für die Franziskaner fünf Päpste, 90 Kardinäle und 2 500 Bischöfe genannt: Mitten unter uns Franz von Assisi, zusammengestellt u. hrsg. v. *Ogiermann, O.*, Leipzig 1976, S. 89.

[63] *Russell, B.*, a. a. O., S. 375.

der seinen Vorgängern an militärischer Organisation, Disziplin und politischer Aktivität, aber auch an Scheinheiligkeit und Heuchelei weit überlegen war – den Jesuitenorden.

Obgleich formal die Besitzungen der Orden Eigentum des Papstes blieben, mußte dieser Reichtum und vor allem auch die Teilnahme der Ordensoberen an allen möglichen politischen Intrigen im Interesse der Macht der Herrschenden mit der Zeit Unruhe und Unzufriedenheit unter ihren einfachen Mitgliedern hervorrufen. Besonders tiefe Risse zeigten sich bald im Franziskanerorden. Im Unterschied zu den Dominikanern, die sich meist aus den besitzenden Schichten der Bevölkerung rekrutierten, setzte sich die Mehrheit hier aus Söhnen der unteren Schichten in Stadt und Land zusammen. Infolgedessen nahm der Franziskanerorden nicht nur an der Unterdrückung »fremder« häretischer Bewegungen teil, sondern sah sich gezwungen, auch den Aufruhr in seinen eigenen Reihen zu unterdrücken. Das geschah, wie gewöhnlich in solchen Fällen, mit größter Grausamkeit. Franziskus selbst verließ kurz vor seinem Tode den von ihm gegründeten Orden, da er sich überzeugt hatte, daß dieser ganz und gar nicht den von ihm gewiesenen Weg ging. Übrigens hinderte das den Papst nicht daran, ihn schon zwei Jahre nach seinem Tode in die Reihen der Heiligen aufzunehmen. Andere Vertreter des Ordens hatten nicht soviel Glück. Die Spiritualen oder Observanten, wie man die Franziskaner nannte, die an den ursprünglichen Idealen des Ordens festhielten, d. h. an der Armut nicht nur in der Theorie, sondern auch in der Praxis, wurden von der Inquisition als die gefährlichsten Ketzer verfolgt. Man hängte ihnen die verschiedensten häretischen Etikette an; unter anderem beschuldigte man sie, Anhänger des Joachim von Fiore, eines Zisterziensermönches, zu sein, der gegen Ende des 12. Jh. die Kirche von der Position des Urchristentums aus kritisiert und den Grund einer neuen Sekte gelegt hatte, der Joachimiten, die vom 12. Ökumenischen Konzil verurteilt wurden.

Aus dem Franziskanerorden ging eine ganze Reihe von großen Denkern hervor: Roger Bacon, Johannes Duns Scotus, Wilhelm von Occam, Raimundus Lullus und andere. Einige von ihnen erlitten Verfolgungen seitens ihrer Oberen oder der kirchlichen Behörden.

Doch kehren wir zur Albigensertragödie zurück. Das IV. Lateranum hatte Raimund seine Besitzungen im Languedoc nicht zurückgegeben, obwohl der alte Graf und sein achtzehnjähriger Sohn, Raimund der Jüngere, alle ihre Sünden bereut, Buße getan und geschworen hatten, künftig die Häretiker nicht mehr zu schonen. Der päpstliche Stuhl bedurfte ihrer Dienste nicht, und außerdem hatten Graf Montfort und seine Anhänger die Länder des Languedoc fest in der Hand; sie dachten nicht daran, diese ihren Gegnern wieder zu überlassen. Den Grafen von Toulouse blieb somit keine andere Wahl, als den Kampf fortzusetzen. Vom Laterankonzil aus begaben sie sich zu ihren früheren Besitzungen zurück, wo sie die Flamme des Aufstandes neu entfachten. Die dortige Bevölkerung, die die Plünderungen und Strafgerichte der Kreuzfahrer satt hatte, unterstützte mit Enthusiasmus ihre früheren Herren. Der Krieg zwischen den Raimunds und Montforts entbrannte mit neuer Kraft. Zu dieser Zeit starb Innozenz III., und an seine Stelle trat Honorius III. (1216 bis 1227), der die Politik seines Vorgängers fortsetzte. Wenn auch auf den Aufruf des neuen Papstes hin zahlreiche Banden von raub- und beutegierigen Rittern aus ganz Europa dem Grafen Montfort zu Hilfe eilten, so konnten die beiden Raimunds doch, gestützt auf die Volksmassen, mehrere Jahre lang ihre Hauptstadt Toulouse halten. 1218 wurde bei der Belagerung dieser Stadt Montfort getötet und sein Bruder sowie sein ältester Sohn schwer verwundet. Der Krieg wurde jedoch noch einige Jahre mit wechselndem Erfolge fortgesetzt. Im Jahre 1222 starb auch Raimund VI. Die Kirche weigerte sich, seinen Leichnam in geweihter Erde zu bestatten. Jetzt setzten Raimund VII. und der Sohn Montforts, Amauri, den Kampf fort. Im Jahre 1227 rief letzterer die Truppen des französischen Königs Ludwig IX. zu Hilfe, indem er diesem alle seine Besitzungen versprach. Eine entsprechende Vereinbarung wurde schon im gleichen Jahre schriftlich fixiert und unterzeichnet. Die Einmischung Ludwigs zwang Raimund VII. zur Kapitulation. Der Friede wurde mit einem teuren Preis erkauft: nach dem Pariser Traktat des Jahres 1229 wurde die Tochter Raimunds zur Erbin seiner Besitzungen erklärt und mit dem Bruder König Ludwigs IX. verheiratet. Als Ergebnis dieses Handels fiel das Erbe Raimunds nach seinem Tode an die französische Krone, die damit als der eigentliche Gewinner aus der Auseinandersetzung hervorging. Der päpstliche Stuhl billigte diese Vereinbarung, nachdem er vorsorglich von Raimund und Ludwig die formale Verpflichtung entgegengenommen hatte, die Häresie nach den Bestimmungen des Laterankonzils zu verfolgen; diese wurden mit einigen wesentlichen Zusätzen auf der Regionalsynode in Toulouse im Jahre 1229 noch einmal angenommen. Die Ergänzungen bestanden in folgendem: Den Bischöfen wurde die Verpflichtung auferlegt, in jedem Pfarrsprengel einen oder mehrere Geistliche mit inquisitorischen Funktionen zu betrauen; sie sollten die Häretiker ausfindig machen und festnehmen, wobei das Gericht über sie dem Bischof vorbehalten blieb. Die freiwillig Reue bekundenden Ketzer wurden in andere Gebiete ausgesiedelt; sie mußten ein Erkennungszeichen an ihrer Kleidung tragen (auf der Brust oder auf dem Rücken): ein Kreuz aus farbigem Stoff. Diejenigen, die aus Furcht vor der Todesstrafe Reue gezeigt hatten, wurden ins Gefängnis geworfen »bis zur Sühne ihrer Sünde«. Den Pfarrern wurde befohlen, an einem öffentlichen Platz die Listen mit den Namen aller ihrer diesbezüglichen Pfarrkinder auszuhängen. Die Männer vom 14. und die Frauen vom 12. Lebensjahr an mußten dann öffentlich die Häresie verdammen, schwören, die Häretiker zu verfolgen, und einen Treueid auf den katholischen Glauben leisten. Dieser Eid wurde alle zwei

Jahre erneuert; diejenigen, die ihn verweigerten, zogen sich damit den Verdacht der Häresie zu.

Den Gläubigen wurde weiterhin befohlen, dreimal im Jahre zu beichten: zu Weihnachten, Ostern und Pfingsten. Für die Anzeige eines Häretikers versprach die Kirche dem Denunzianten vier Silbermark, von denen zwei im laufenden und zwei im folgenden Jahr gezahlt werden sollten. Für jede den Ketzern geleistete Hilfe wurde der Schuldige seines Besitzes beraubt und seinem Senior übergeben, der mit ihm machen konnte, »was er wünschte«. Das Haus des Ketzers wurde angezündet, sein Eigentum konfisziert. Der mit der Kirche wiederversöhnte Häretiker verlor zumindest seine Bürgerrechte; den Ketzerärzten war es verboten, ihre Praxis weiter auszuüben. Die örtlichen Behörden waren bei Strafe der Exkommunikation und Enteignung verpflichtet, die Durchführung dieser Bestimmungen des Konzils von Toulouse zu gewährleisten.[64] Schließlich muß man noch eine wichtige Neuerung vermerken: Den Gläubigen war es fortan verboten, eine Bibel zu besitzen und selbst den Text in lateinischer Sprache zu lesen; das wurde ein Privileg der Geistlichkeit. Dieses Verbot dehnte die Kirche später auch auf die Gläubigen anderer Länder aus.

Die Beschlüsse der Toulouser Synode, die in den Pariser Vertrag mit aufgenommen wurden, stellen eine wichtige Etappe in dieser eigenartigen Eskalation dar, deren Höhepunkt und Vollendung die Errichtung eines ständig wirkenden Inquisitionstribunals war. Die Kreuzfahrer töteten im Verlauf eines zwanzigjährigen blutigen Krieges im Languedoc über eine Million friedlicher Einwohner; sie verwandelten dessen blühende Städte und Dörfer in Ruinen. Die Katharer wurden im wahrsten Sinne des Wortes von der Erde ausradiert.

Warum behaupten aber einige Forscher, wie z. B. der Franzose Ernest Fornairon, daß der Albigenserkreuzzug »immer noch andauert«[65]? Er tut dies deshalb, weil auch in unserer Zeit sich noch Anhänger des »wahren Glaubens« finden, die fortfahren, die Katharer zu schmähen, sie zu verleumden, und die auf diese Weise bestrebt sind, ihre Henker zu rechtfertigen samt deren Prinzip, jeden zu vernichten, der die ihnen genehme herrschende Sozialordnung in Frage stellt.

Schon Vacandard hatte zu Beginn des 20. Jh. die Ausrottung der Katharer damit begründet, daß ihre Glaubenslehre angeblich »antisozialen« Charakter trage. Er schrieb: »Indem die Kirche die Katharer grausam verfolgte, handelte sie im Interesse des Gemeinwohls. Der Staat war verpflichtet, ihr Hilfe zu erweisen, wenn er nicht selbst zusammen mit der gesamten sozialen Ordnung untergehen wollte. Das erklärt

---

[64] *Guiraud, J.*, a. a. O., Bd. 2, S. 1–6.

[65] *Fornairon, E.*, Le Mystère Cathare, Paris 1964, S. 7.

und rechtfertigt in gewisser Weise das vereinte Vorgehen von Staat und Kirche bei der Ausrottung der katharischen Häresie.«[66]

Dieserart Entschuldigung von Mord und Raub, wie sie von der Kirche und den mit ihr verbündeten Feudalherren an den Katharern verübt wurden, gibt es auch noch in unseren Tagen, so unglaublich das scheinen mag. So behauptet z. B. der französische Historiker Fernand Niel, die Lehre der Katharer sei »gefährlich, amoralisch und antisozial« gewesen. Die Albigenser waren »Anarchisten, die die ganze Gesellschaft bedrohten«; und deshalb »rettete ihre Ausrottung die Menschheit«.[67] Unwillkürlich fragt man sich: Wollen die ehrenwerten Autoren derartiger Argumentationen ihre Leser nicht auf den Gedanken bringen, daß man auch heute noch die Ausbeuterordnung »retten« könne, indem man die »Anarchisten, die die ganze Menschheit bedrohen«, vernichtet?

Der blutige Krieg im Languedoc endete mit dem vollen Sieg des päpstlichen Stuhls, der die weltlichen Gewalten gezwungen hatte, sich an der Ausrottung der Häresie zu beteiligen. Diese hatten sich widersetzt, da die Vernichtung eines großen Teiles der produktiven Bevölkerung nicht in ihrem Interesse sein konnte; aber schließlich behielten Erwägungen dynastischer Art sowie das Bestreben, ihre Besitzungen zu vergrößern bzw. nicht zu verlieren, die Oberhand über Bedenken moralischer und sonstiger Art. Außerdem fanden die weltlichen Behörden in der Inquisition jenes Instrument, das – richtig gehandhabt – sehr wohl auch der Festigung ihres eigenen Einflusses, ihrer eigenen Machtposition dienen konnte.

Das verstand auch Ludwig IX., dem die Kirche aus Dankbarkeit den Beinamen »der Heilige« zuerkannte. Noch früher war Kaiser Friedrich II. (1212–1250), der Enkel Friedrich Barbarossas, zu dem gleichen Schluß gelangt. Er war ein »aufgeklärter« Monarch und verhielt sich zu den Fragen des Glaubens durchaus kritisch. Ihm wurde sogar die Autorschaft der ketzerischen These von den »drei Betrügern« zugeschrieben, in der Moses, Christus und Mohammed als Volksverführer gebrandmarkt wurden.[68] Der päpstliche Stuhl lebte in ständiger Feindschaft mit Friedrich II.; er

---

[66] *Vacandard, E.*, a. a. O., S. 74.

[67] *Niel, F.*, Albigeois et Cathares, Paris 1955, S. 7 ff.

[68] Wir finden sie in einer Exkommunikationsbulle Papst Gregors IX. vom 21. Mai 1239 (Monumenta Germaniae historica, Epistolae saeculi XIII e regestis Pontificum Romanorum selectae per *Pertz, G. H./Rodenberg, C.*, Bd. 1, Berlin 1883, S. 653): »Dieser König der Pestilenz behauptet (wir bedienen uns seiner Worte), die ganze Welt sei von drei Betrügern, Moses, Muhammed und Christus, getäuscht worden, deren zwei in Ehren, der dritte aber am Holz hangend gestorben sei ... Diese Ketzerei unterstützt er durch den Irrtum, daß ... der Mensch überhaupt nichts glauben dürfe, was nicht durch die Natur und durch die Vernunft bewiesen werden könne.« – Zur Geschichte dieser Hypothese bzw. der späteren Schrift »De tribus impostoribus« vgl.: Von den drei Betrügern 1598, hrsg. u. eingel. v. *Bartsch, G.*, Berlin 1960 (Quellen und Texte zur Geschichte der Philosophie).

sah in ihm einen ernsten Rivalen im Kampf um den politischen Einfluß, um die Vorherrschaft in der christlichen Welt. Gregor IX. (1227–1241), ein Verwandter Innozenz' III., der im Alter von 77 Jahren noch zum Papst gewählt worden war und zum Erstaunen aller bis zum 91. Lebensjahr regierte, exkommunizierte den Kaiser zweimal. Dieser war außerstande, der Intrigen Roms Herr zu werden; eine vorübergehende relative Ruhe erkaufte er sich mit dem Versprechen, gegen die Ketzer vorzugehen. Im Jahre 1224 erließ er in Padua ein Edikt über den Kampf gegen die Häresie. Dieses sah die Verhängung verschiedenster Strafen bis hin zur Todesstrafe für diejenigen Häretiker vor, die von der Kirche verurteilt und dem weltlichen Arm übergeben worden waren. Die weltlichen Behörden wurden verpflichtet, wenn die Kirche oder auch einfache eifernde Katholiken dies forderten, alle der Häresie Verdächtigen zu verhaften und vor Gericht zu stellen. Die mit der Kirche Wiederversöhnten wurden gezwungen, an der Aufspürung anderer Häretiker teilzunehmen. Jene aber, die sich unter Strafandrohung von der Häresie losgesagt hatten, aber dann, nach ihrer »Gesundung«, ihr ein zweites Mal verfallen waren, wurden zum Tode verurteilt. Die Beleidigung der göttlichen Majestät sei stärker als die der menschlichen, heißt es in dem Edikt. Da Gott die Kinder für die Sünden ihrer Väter strafe, um sie zu lehren, ihre Eltern nicht in dieser Beziehung nachzuahmen, wurden auch die Nachkommen der Häretiker bis zur zweiten Generation des Rechts beraubt, öffentliche Ämter oder auch Ehrenämter zu bekleiden. Eine Ausnahme wurde nur für Kinder gestattet, die ihre Eltern selbst angezeigt hatten.

Ein unter dem Gesichtspunkt der Inquisitionsgeschichte wesentliches Element des Edikts war die Zustimmung des Kaisers, den Dominikanermönchen bei der Verfolgung der Häresie jegliche Unterstützung und jeglichen Schutz zu gewähren. »Wir wollen ebenso«, erklärte Friedrich, »daß alle wissen, daß wir unter unseren Schutz gestellt haben die Mönche des Predigerordens, die in unsere Besitzungen zur Verteidigung des Glaubens gegen die Häretiker entsandt wurden, und desgleichen alle die, die ihnen beim Gericht über die Schuldigen helfen werden, ganz gleich, ob diese Mönche in einer der Städte unseres Reiches leben oder von einer Stadt zur anderen reisen oder es für notwendig erachten, zu ihrem früheren Ort zurückzukehren. Wir befehlen, daß alle unsere Untertanen ihnen Hilfe und Mitwirkung angedeihen lassen; deshalb wünschen wir, daß man sie überall mit Wohlwollen aufnehme und vor Anschlägen schütze, die die Häretiker vielleicht gegen sie planen; daß unsere Untertanen ihnen die Hilfe erweisen, deren sie zur Erfüllung ihrer Mission bedürfen, die ihnen um des Glaubens willen übertragen ist. Die Untertanen sollen die Häretiker festnehmen, wenn sie an ihren Orten angezeigt werden, und sie in zuverlässigen Gefängnissen in Gewahrsam halten, bis sie, von den kirchlichen Tribunalen verurteilt, ihrer gerechten Strafe zugeführt worden sind. All das muß man tun in der Überzeugung, daß durch diese Zusammenarbeit mit den Mönchen bei der Befreiung des Reiches von der Ansteckung durch die neue Häresie der Dienst Gottes und der Nutzen des Staates vollendet werden.«[69]

Dieses Edikt Friedrichs II. bedeutete einen großen Sieg der Kirche, denn es weitete die auf dem 12. Ökumenischen Konzil formulierte Bestimmung über die Verantwortung der weltlichen Macht für die Verfolgung und Ausrottung der Häresie auf das gesamte deutsche Reichsgebiet aus. Jetzt lag die Verantwortung, so bemerkt H. Ch. Lea, für die Verfolgung der Häretiker auf allen, angefangen beim Kaiser und endend beim letzten Bauern. Die Ergriffenen aber mußten mit der Verhängung aller geistlichen und körperlichen Strafen, über die die Kirche im 13. Jh. verfügte, rechnen.[70]

Die Teilnahme Friedrichs II. und Ludwigs IX. am Kampf gegen die Ketzer schuf günstige Bedingungen für die Einrichtung von Inquisitionstribunalen, die unter der Kontrolle des päpstlichen Stuhls arbeiteten. Im Februar 1231 erließ Gregor IX. eine Generalkonstitution, die wiederum die Häretiker aus der Kirche ausschloß und die kirchlichen wie die weltlichen Behörden aufrief, sie zu verfolgen und zu unterdrücken. Im gleichen Jahre ernannte der dem Papst unterstellte Gouverneur von Rom, Hannibale, spezielle Inquisitoren mit der Vollmacht, die Häretiker zu verhaften und zu richten. Bald darauf sandte Gregor selbst Inquisitoren mit den gleichen Aufträgen nach Mainz, Mailand und Florenz.

Die folgende Etappe in der Entstehungsgeschichte der Inquisition kennzeichnen zwei Bullen Gregors IX. vom 2. April 1233, welche die Verfolgung der Ketzer in Frankreich den Mönchen des Dominikanerordens übertrugen. Die erste dieser Bullen »Ille humani generis« war an die Bischöfe gerichtet. In ihr schrieb der Papst nicht ohne Heuchelei: »Wir sehen euch verstrickt in einen Wirrwarr von Sorgen und kaum instande, unter dem Drucke der überwältigenden Beunruhigungen zu atmen; wir halten es deshalb für gut, eure Lasten zu teilen, damit sie leichter getragen werden können. Wir haben deshalb beschlossen, Predigermönche gegen die Ketzer Frankreichs und der benachbarten Provinzen auszusenden, und wir bitten, warnen, ermahnen und befehlen euch, sie im Namen der Verehrung, die ihr für den Heiligen Stuhl empfindet, freundlich aufzunehmen, sie gut zu behandeln und ihnen in diesem und allem anderen eure Gunst, euren Rat und eure Hilfe zuteil werden zu lassen, damit sie ihr Amt erfüllen können.«

---

[69] Die Reichsgesetze Friedrichs II. gegen die Ketzer finden sich in: Monumenta Germaniae historica, Legum sectio IV: Constitutiones et acta publica imperatorum et regum, Bd. 2, Nr. 85, 157, 211, 100, 210, 158, 209 (Gesetz vom 22. November 1220; das gleiche erweitert am 22. November 1232; das gleiche noch einmal erweitert 1238/39; Gesetz für die Lombardei 1224; Gesetz für Sizilien 1231; zum Reichsgesetz erhoben 1238/39; Gesetz für Deutschland 1232; das gleiche fast wörtlich wiederholt und zum Reichsgesetz erhoben 1238/39).

[70] *Lea, H. Ch.*, a. a. O., Bd. I, S. 253 f., 359 ff.

Die »Erleichterung« bestand also darin, daß Gregor den Bischöfen Dominikanermönche mit unbeschränkten Vollmachten zur Verfolgung der Häretiker zu Hilfe sandte. Die Bischöfe, die nach der kirchlichen Tradition als oberste Leiter ihrer Diözesen galten, wollten ihre Macht natürlich nicht mit den Bettelmönchen teilen – ganz zu schweigen davon, daß sie selbst nicht geringe Furcht vor dieser päpstlichen Geheimpolizei hegten, die nach Belieben nicht nur überzeugte Ketzer, sondern auch die Bischöfe selbst, die nicht energisch genug gegen diese vorgingen, verklagen konnte. Deshalb auch war wohl der Appell des Papstes, »im Namen der Verehrung, die ihr dem Heiligen Stuhl entgegenbringt«, seine Gesandte freundlich zu empfangen und ihnen zu helfen, nicht ganz unnötig.

Die zweite Bulle »Licet ad capientes« war an die Oberen und Brüder des Predigerordens, die »Inquisitoren«, gerichtet. In ihr bevollmächtigte Gregor IX. die Dominikaner: »Daher also seid ihr oder irgendeiner von euch, wo immer ihr zufällig predigen möget, ermächtigt, den Klerikern, die auf eure Ermahnung hin von solcher Verteidigung der Ketzerei nicht ablassen, ihre Pfründen für immer zu nehmen und gegen sie und alle anderen ohne Berufung vorzugehen sowie, wenn nötig, die Hilfe des weltlichen Armes anzurufen und ihren Widerstand durch kirchliche Zensuren ohne Berufung zu brechen.«[71] Diese Weisung trug dem Dominikanerorden faktisch auf, den Kampf gegen die Häresie in der ganzen christlichen Welt zu führen.
Beide Bullen Gregors IX. wurden von den folgenden Päpsten bestätigt, die in ihre Texte nur partielle Änderungen und Präzisierungen einfügten.

In der kirchlichen Literatur der Gegenwart wird behauptet, daß die Inquisition vom Papst erst begründet wurde, nachdem die »traditionellen« Methoden der Kirche, die Ketzer durch Ermahnungen und Exkommunikation zu überzeugen, nichts mehr ausrichteten. So erklärt Shannon z. B., daß Innozenz III., Honorius III. und Gregor IX. versucht hätten, die Kirche von der Häresie zu reinigen und ihre Einheit »durch Festigung der episkopalen Wachsamkeit wiederherzustellen. Aber alle traditionellen Mittel waren erschöpft und hatten nicht die gewünschten Resultate gezeitigt.«[72]

Die von uns angeführten Fakten widerlegen diese These, denn gerade die von Shannon genannten Päpste waren von Anfang an Anhänger gewaltsamer Methoden im Kampf gegen die Häresie. Mehr noch: die Inquisition wurde formell erst nach der Zerschlagung der Katharer errichtet, als diese in Wirklichkeit keine Gefahr mehr für die Kirche darstellten.

---

[71] Ebenda, S. 368 ff.; *Potthast, A.,* Regesta pontificum Romanorum nr. 9143, 9152, 9235.

[72] *Shannon, A. Ch.,* a. a. O., S. 25.

Abb. 2
Christliches Pogrom
(Zeitgenössische Darstellung; die Kopfbedeckung macht die Opfer als Juden kenntlich).

Im Jahre 1252 erließ Papst Innozenz IV. die Bulle »Ad extirpanda«, in der die Schaffung von Inquisitionstribunalen vorgeschlagen und die Anwendung der Folter durch diese Tribunale erlaubt wurde.

Auf Grund ihres Inhalts bildeten sich in jeder Provinz spezielle Kommissionen zum Kampf gegen die Häresie, bestehend aus zwölf rechtgläubigen Katholiken, zwei Notaren und zwei oder mehreren Dienern, die vom Bischof sowie von zwei Mönchen aus den Bettelorden geleitet werden sollten. Ihnen wurde aufgetragen, die Häretiker oder der Häresie Verdächtigten festzusetzen, sie zu befragen und ihr Eigentum zu konfiszieren. Das Urteil sprachen dann der Bischof und die beiden Mönche, die auch die Zusammensetzung der Kommission nach ihrem Gutdünken ändern konnten. Die weltliche Macht und alle Gläubigen waren angehalten, die Tätigkeit dieser Tribunale, die in Wirklichkeit schon Inquisitionstribunale waren, zu unterstützen. Wenn bei der Festnahme von Häretikern die örtliche Bevölkerung Widerstand leistete, so galt die ganze Gemeinde als ketzerisch. Auf Forderung der Inquisitoren waren die weltlichen Behörden verpflichtet, diejenigen zu foltern, die sich weigerten, Häretiker auszuliefern. Es wurde auch empfohlen, diese Anordnungen in die Gesetzessammlungen sämtlicher Länder aufzunehmen und aus diesen alles zu entfernen, was der Bulle widersprach. Unter Eid und bei Strafe der Exkommunikation sollte die Verpflichtung übernommen werden, alle kirchlichen Anweisungen zur Ausrottung der Häretiker zu befolgen. Jede Nachlässigkeit bei der Erfüllung dieser Verpflichtung wurde als Eidbruch bestraft mit ewiger Ehrlosigkeit sowie einer Geldstrafe von 200 Mark Silber. Sie zog den Verdacht der Häresie nach sich; dieser aber hatte für jeden wiederum den Verlust seines Amtes und die Entziehung des Rechts zur Folge, in Zukunft irgendein Amt bekleiden zu können.

Auch diese Bulle wurde von den folgenden Päpsten mehrmals bestätigt. Clemens IV. redete im Jahre 1265 die Bischöfe und Mönche, welche Mitglieder der Kommissionen waren, schon als Inquisitoren an und machte sie für den Kampf gegen die Häresie voll verantwortlich. Diese gesetzgeberische Tätigkeit des päpstlichen Stuhls zur Schaffung der Inquisition war begleitet von einer lebhaften praktischen Arbeit bei der Verfolgung der Ketzer in allen Ländern, auf die sich der Einfluß der katholischen Kirche erstreckte.

Allen, die mit der bestehenden Ordnung unzufrieden waren; jedem, der es wagte, die Ausschweifung, Käuflichkeit und Habgier der Geistlichkeit zu kritisieren; jedem, der irgendeinen Zweifel an der Wahrheit der religiösen Dogmen oder der kirchlichen Praxis äußerte – ihnen allen drohte nunmehr die Inquisition mit schonungslosem Gericht. Im 13. Jh. gab es keinen Winkel im katholischen Europa mehr, wo nicht die Scheiterhaufen rauchten, auf denen man vermeintliche oder wirkliche Ketzer verbrannte. In Südfrankreich fuhren auch nach seiner Unterstellung unter das französische Königtum im Jahre 1229 päpstliche Inquisitoren fort, die Häresie, d. h.

die Häretiker, auszurotten. Nicht weniger energisch gingen sie in den Städten Nordfrankreichs vor. Allmählich aber nahm die königliche Macht ihre Tätigkeit unter Kontrolle: die Inquisitoren wurden den Parlamenten unterstellt, dem obersten königlichen Gericht, auf das mit der Zeit die Funktionen ihrer Tribunale übergingen. Auf diese Weise verwandelte sich in Frankreich die Inquisition in ein Instrument der Königsmacht, das der Festigung der Nationalmonarchie diente.

Ein solcher Prozeß der Unterordnung der Inquisition unter die Zentralgewalt fand auch in anderen Ländern statt. In Venedig und weiteren italienischen Republiken beispielsweise ist gut zu beobachten, daß sich hier ein ähnlicher Prozeß wie in Frankreich vollzog.

Parallel zur Gründung der Inquisition und zur Entfaltung ihrer terroristischen Tätigkeit versuchten die Theologen, sozusagen auf der theoretischen Ebene, die Notwendigkeit und Legalität dieser Einrichtung zu begründen. Thomas von Aquino (1225–1274), der »Doctor angelicus«, galt, wie man weiß, als die größte mittelalterliche Autorität; er wurde von der katholischen Kirche unter die Heiligen (1323) und Kirchenlehrer (1567) erhoben und wird auch heute noch hochgeschätzt. Dieser Theologe nun widmete dem Problem der Inquisition nicht geringe Aufmerksamkeit in seinen Werken. So behauptete er, daß die Häretiker mit Recht zur Einhaltung der Verpflichtungen gezwungen wurden, die sie gegenüber der Kirche übernommen hätten, bevor sie aus ihr ausgetreten seien. Denn wenn die Annahme des Glaubens auch ein Akt des freien Willens sei, so sei seine Bewahrung doch eine Sache der Notwendigkeit. Die Häresie sei eine Sünde; die sie begingen, verdienten den Ausschluß aus dem Leben durch die Todesstrafe. Die Religion zu entstellen, von der das ewige Leben abhängt, so lehrte Thomas, sei ein schwereres Vergehen als die Fälschung von Münzen, die ja zur Befriedigung der Bedürfnisse des zeitlichen, irdischen Lebens dienten. Wenn also die Falschmünzer oder andere Verbrecher von den weltlichen Fürsten mit Recht vom Leben zum Tode befördert würden – mit wieviel größerem Recht müßten dann nicht die Ketzer nach ihrer Überführung sowohl aus der Kirchengemeinschaft ausgeschlossen als billigerweise auch hingerichtet werden?[73]

Die Kirche, erfüllt von christlicher Barmherzigkeit, so schrieb Thomas von Aquino, ermahnt zunächst die Verirrten zur Reue. »Wenn der Häretiker auch danach

[73] Summa theologiae 22, q. 11 a. 3: »Auf seiten jener (der Häretiker, d. Hrsg.) liegt eine Sünde vor, durch die sie verdient haben, nicht nur von der Kirche durch den Bann ausgeschieden, sondern auch durch den Tod von der Welt ausgeschlossen zu werden. Denn es ist weit schwerwiegender, den Glauben zu entstellen, durch den die Seele ihr Leben hat, als Geld zu fälschen, das nur dem irdischen Leben dient. Wenn nun die Falschmünzer und andere Übeltäter ohne weiteres durch die weltlichen Fürsten von Rechts wegen dem Tode überliefert werden, so können um so mehr die Häretiker, sobald sie der Häresie überführt sind, nicht nur aus der Gemeinschaft ausgeschlossen, sondern auch rechtens getötet werden.«

noch hartnäckig bleibt, entfernt die Kirche ihn durch Exkommunikation aus ihren Reihen, da sie keine Hoffnung mehr auf die Bekehrung hat und um die Rettung der übrigen besorgt sein muß. Dann übergibt sie ihn dem weltlichen Gericht, damit dieses ihn durch den Tod aus dieser Welt entferne.« Nicht nur gegenüber den Hartnäckigen, auch gegenüber Rückfälligen, selbst wenn sie bereuten, kennt Thomas keine Gnade: »Wenn nun rückkehrende Häretiker immer wieder aufgenommen würden, um am Leben und im Besitze anderer vergänglicher Güter erhalten zu werden, so könnte dies für das Heil der anderen zum Schaden ausschlagen; einmal, weil sie durch ihren Rückfall andere anstecken, sodann auch, weil die anderen sorgloser der Häresie verfielen ... Wenn aber die wieder Aufgenommenen von neuem rückfällig werden, so ist dies offenbar ein Beweis ihrer Unbeständigkeit im Glauben. Kehren sie also dann wieder zurück, so werden sie zwar wieder aufgenommen zur Buße, nicht aber so, daß sie von der Verurteilung zum Tode befreit werden.«[74]

Der »Doctor angelicus« schuf eine ganze Theologie vom Guten und vom Bösen, mit der er zu erklären versuchte, warum der »Allmächtige« das Erscheinen von Häresien überhaupt zulasse. Er behauptete, daß das Übel ähnlich einer Wunde am Körper des Menschen die Vollkommenheit begleite. Die Anwesenheit des Bösen erlaube, von ihm das Gute zu unterscheiden, und die Vernichtung des Bösen festige das Gute. Ähnlich wie der Löwe sich vom Esel ernähre, so nähre sich das Gute vom Bösen; deshalb wäre es Gott ebenso unmöglich, den Menschen ohne Wurmstich zu schaffen wie einen viereckigen Kreis. Hieraus zog er den Schluß: Auf der einen Seite sei die Häresie eine unausrottbare Schlechtigkeit, auf der anderen Seite aber müsse sich die Kirche »von den Häretikern ernähren im Namen der Rettung aller Gläubigen«.

Gegen Ende des 13. Jh. war das katholische Europa mit einem Netz von Inquisitionstribunalen überzogen. Ihre Tätigkeit, schrieb H. Ch. Lea, geschah ohne Unterbrechung wie die Wirkung der Naturgesetze, was den Häretikern die Hoffnung nahm, Zeit zu gewinnen und sich zu verbergen, indem sie von einem Lande in ein anderes übersiedelten. Die Inquisition stellte eine wirkliche überregionale Polizei dar in einer Epoche, »wo die internationalen Verbindungen noch ganz mangelhaft waren. Die Inquisition hatte einen langen Arm und ein unfehlbares Gedächtnis, so daß wir das geheime Grauen wohl verstehen können, daß sie sowohl durch die Geheimhaltung ihrer Tätigkeit als auch durch ihre fast übernatürliche Wachsamkeit

---

[74] Ebenda, a. 4. Im Sentenzenkommentar schreibt Thomas: »Die Häretiker können härter bestraft werden als die Majestätsverbrecher oder die Falschmünzer; es ist also gerecht, die Todesstrafe auf sie anzuwenden« (IV Sent. d. 13, q. 2, a. 3, solutio). Vgl. *Lecler, J.*, Geschichte der Religionsfreiheit im Zeitalter der Reformation, Bd. 1, Stuttgart 1965, S. 129 f.

der Menschheit einflößte ... Ein einziger glücklicher Fang, ein einziges durch die Folter erpreßtes Geständnis konnte die Spürhunde auf die Spur von Hunderten von Menschen bringen, die sich bis dahin in voller Sicherheit wähnten, und jedes neue Opfer erweiterte den Kreis der Denunzianten. So lebte der Ketzer beständig auf einem Vulkane, der ihn in jedem Augenblicke verschlingen konnte ... Für die menschliche Furcht war die päpstliche Inquisition fast allgegenwärtig, allwissend und allmächtig.«[75]

[75] *Lea, H. Ch.*, a. a. O., Bd. I, S. 677 ff.

Drittes Kapitel

Das System

Die Inquisition wurde geschaffen, um die Häresien mit den Mitteln der Gewalt zu verfolgen und auszurotten. Der organisierte Terror – das war das Remedium, mit Hilfe dessen die Kirche ihre Positionen zu halten und zu festigen suchte. »Die Aufgabe der Inquisition«, so schrieb der in Südfrankreich wirkende Inquisitor des 14. Jh., Bernard Gui, »besteht in der Ausrottung der Häresie; die Häresie jedoch kann nicht vernichtet werden, wenn nicht die Häretiker vernichtet werden. Und die Häretiker können nicht vernichtet werden, wenn nicht zusammen mit ihnen auch die vernichtet werden, die sie verbergen, mit ihnen sympathisieren, sie beschützen.«[1]

Aber was war eine Häresie, und wer war ein Häretiker? Shannon weist nach, daß die Häresie von der Kirche als bewußte Leugnung von katholischen Glaubensartikeln sowie als offene und hartnäckige Verteidigung falscher Ansichten verstanden wurde. Als Häretiker galt jener Gläubige (Getaufte), der mit der katholischen Lehre vertraut war und sie trotzdem leugnete, der etwas predigte, was ihr widersprach.[2]

Da jedoch eine offizielle Definition der Häresie und des Häretikers im Mittelalter nicht existierte, hing alles von der willkürlichen Auslegung dieser Begriffe durch die Inquisitoren ab. Diese aber waren bestrebt, den Aufruhr mit der Wurzel auszurotten, und verfolgten deshalb nicht nur die »bewußten« Häretiker, sondern auch alle, die zu ihnen in irgendeiner wenn auch entfernten Beziehung standen, mit ihnen »in Berührung kamen« und deshalb von ihrer »böswilligen Lehre« gewollt oder ungewollt »angesteckt« werden konnten. Tausende völlig unschuldiger Menschen wurden so ihre Opfer – infolge von Verleumdungen oder weil die Inquisitoren ihr Eigentum konfiszieren wollten oder auch einfach als Folge des sturen Fanatismus der Beamten des »heiligen Tribunals«.

Die Gründung der Inquisition ließ die von den Theologen jahrhundertelang kultivierte Legende von der christlichen Religion als Doktrin der allgemeinen Menschenliebe, der Barmherzigkeit und Verzeihung ins Nichts zerflattern. Zwar behauptete die Kirche, wenn sie ihre Opfer den grausamsten Folterungen unterzog,

---

1 Bernardi Guidonis Practica Inquisitionis heretice pravitatis, Paris 1886, S. 217. Spätere Ausgabe: Bernard Gui, Manuel de l'Inquisiteur, hrsg. v. *Mollat, G.*, Paris 1926/27 (Les classiques de l'histoire de France au moyen âge, Bd. 8, 9).

2 *Shannon, A. Ch.*, The Popes and Heresy in the thirteenth century, Villanova, Penns. 1949, S. 4.

sie auf Scheiterhaufen verbrannte und ihnen, oft ohne jegliche Begründung, die unsinnigsten Verbrechen andichtete, daß sie dies alles im Namen eben der christlichen Barmherzigkeit tue, da sie auf diese Weise das Wertvollste im Menschen, nämlich seine unsterbliche Seele, rette und ihr die ewige Glückseligkeit sichere. Im Grunde genommen entsprach diese Behauptung auch der christlichen Lehre von der Erlangung des Himmelreiches durch das Ertragen von Leiden und Mühen auf Erden. War Christus nicht selbst nach Golgatha gegangen, hatte er sich nicht kreuzigen lassen, um die Sünden der Menschheit zu sühnen? Sollte man da Umstände machen mit den Häretikern, den Agenten des Satans, den Feinden der christlichen Frömmigkeit?

Aber wie die Theologen sich auch anstrengen mochten, den Terror der Inquisition zu rechtfertigen – sie konnten den wesentlichen Unterschied zwischen der biblischen Legende vom Opfertode Christi und dem Märtyrertode des Häretikers nicht verwischen. Wurde letzterer doch von den treuen Söhnen eben jener christlichen Kirche verbrannt, die in ihrer Frühzeit versprochen hatte, das allgemeine Glück auf dem Wege der Gewaltlosigkeit gegenüber dem Bösen und der Liebe zum Nächsten zu vermitteln! Jetzt folgte sie einer Doktrin, nach der das Ziel die Mittel rechtfertigte. Und welche Mittel! Alles, was es im Menschen an Niedrigem, Gemeinem, Häßlichem und Widerwärtigem gab – Lüge, Heuchelei, Habgier, Lüsternheit, Betrug, Verrat –, all das wurde von der Kirche im Kampf gegen ihre wirklichen oder vermeintlichen Gegner benutzt.

Die Inquisition erstickte die Keime alles Neuen und Lebendigen, das sich im Feudalismus mit so großer Mühe Bahn brach; sie behinderte die soziale und geistige Entwicklung der menschlichen Gesellschaft.

Die Richter

Wie war diese in ihrer Raffinesse und Grausamkeit so teuflische Maschine aufgebaut und konstruiert, die sich Inquisition nannte? Ihre Organisation, schrieb Lea, »war einfach, aber wirksam. Sie legte keinen Wert darauf, durch prunkvolles Auftreten Eindruck auf die Herzen der Menschen zu machen, sondern suchte sie vielmehr durch Schrecken zu lähmen.«[3]

Als oberstes Haupt der Inquisition galt der römische Papst. Ihm, dem »Stellvertreter Gottes auf Erden«, war diese Maschine unterstellt, die von der Kirche geschaffen war und mit ihrem Segen existierte. »Wenn auch die Mönche und

---

[3] *Lea, H. Ch.*, a. a. O., Bd. I, S. 413.

Inquisitoren von ihren unmittelbaren kirchlichen Obern in ihre Funktion eingesetzt wurden – in kirchenrechtlicher Beziehung unterstanden sie unmittelbar dem Papst«, gesteht der Kirchenhistoriker Shannon ein. »Das Inquisitionstribunal unterlag als außerordentliches Gericht keiner Zensur und Kontrolle; nicht seitens des päpstlichen Legaten und auch nicht seitens der Ordensobern, die die Inquisitoren ernannt hatten.«[4] Shannon versucht, diese Ausstattung der Inquisitionstribunale mit unbegrenzten Rechten und Vollmachten durch das Papsttum damit zu rechtfertigen, daß man auf diese Weise »rasch und entschlossen mit dem kämpfen konnte, was als das ärgste religiöse und soziale Übel angesehen wurde«.

Sogar in Ländern wie Spanien und Portugal, wo die Inquisition unmittelbar von der königlichen Macht abhing, sind ihre verbrecherischen Handlungen undenkbar ohne die Billigung des päpstlichen Stuhls. Wenn die Tätigkeit der Inquisitionstribunale nicht mit den Interessen und der politischen Orientierung des Papsttums übereingestimmt hätte, sondern gegen sie gerichtet gewesen wäre, hätte der Heilige Vater selbstverständlich nicht gezögert, das in aller Öffentlichkeit zum Ausdruck zu bringen. Aber mit derartigen Protesten sind die Päpste nie hervorgetreten. Mehr noch: öffentlich oder heimlich hat Rom die Tätigkeit der spanischen und portugiesischen Inquisition gebilligt und nie irgendwelche ernsthaften und wirksamen Schritte zur Verteidigung ihrer Opfer unternommen. In den Fällen aber, wo die Inquisition ihre blutige Tätigkeit einstellte, geschah das in der Regel nicht nach dem Willen des Papstes, sondern eher gegen diesen. Das Papsttum schuf die Inquisition, und es hätte sie auch abschaffen können, wenn es das gewollt hätte. Aber nachdem es dieses Ungeheuer einmal ins Leben gerufen hatte, dachte es nicht mehr daran, sich von ihm zu befreien. Im Gegenteil: das »heilige Tribunal« erwies sich als nur zu geeignet und nützlich für die Päpste, da seine terroristische Tätigkeit das Verhältnis der Kirche zu ihren »Schäfchen« sehr vereinfachte.

Aber diese Tätigkeit der Inquisition hatte eine Kehrseite, die für die Kirche gefährlich werden konnte. Die Siege, die diese errang, verursachten nämlich den Eindruck ihrer Macht und Überlegenheit; jedoch war das eine gefährliche und trügerische Illusion, denn sie lösten nicht die ihr innewohnenden Widersprüche, sondern trieben sie nur sozusagen tiefer in den kirchlichen Organismus hinein. Dort aber wurde durch sie ein neuer, mächtigerer Ausbruch vorbereitet – die protestantische Häresie, die für die Kirche drohender und gefährlicher wurde als die »häretische Revolution« des 13. Jahrhunderts.

Die Inquisitoren wurden vom römischen Papst ernannt; nur ihm allein waren sie verantwortlich. Aber die Führung dieser Armee von Verfolgern, die über alle

---

4 *Shannon, A. Ch.*, a. a. O., S. 30.

christlichen Länder verstreut waren und schon seit der Mitte des 13. Jh. mit ihren Berichten Rom überschwemmten und dessen Instruktionen erbaten, bereitete zahllose Schwierigkeiten. Urban IV. (1261–1264) versuchte sie dadurch zu meistern, daß er den ihm nahestehenden Kardinal Gaetano Orsini zum Generalinquisitor ernannte und ihm auftrug, alle laufenden Angelegenheiten zu regeln, die mit der Tätigkeit der Inquisition in den verschiedenen Ländern und Gebieten verbunden waren. Diese Funktion erlaubte es Orsini, in seinen Händen eine derartige Macht zu vereinen, daß er nach etwas mehr als einem Jahrzehnt selbst verhältnismäßig leicht seine Wahl zum Papst durchsetzen konnte; er wählte danach den Namen Nikolaus III. (1277–1280). Nun ernannte er seinerseits seinen Enkel, den Kardinal Latino Malabranca, zum Generalinquisitor und dachte so seine Nachfolge vorzubereiten. Das erbitterte jedoch die übrigen Kardinäle, die Malabranca bei der nächsten Papstwahl übergingen. Nach dessen Tod blieb der Posten des Generalinquisitors lange Zeit vakant und wurde nur noch einmal unter Papst Clemens VI. (1342–1352) besetzt.

Unter dem Druck der rivalisierenden Kardinäle wurde das Papsttum schließlich gezwungen, dieses Amt, das dem ihm vorstehenden Hierarchen eine zu große Macht verlieh, abzuschaffen. Nunmehr befaßten sich gleich mehrere Einrichtungen der römischen Kurie mit der Leitung der Tätigkeit der Inquisitoren. Nach Entstehung der protestantischen Häresie schuf das Papsttum die Institution, die den Kampf gegen die Ketzer sozusagen im Weltmaßstab leiten sollte: 1542 wurde sie von Paul III. unter dem Namen »Heilige Kongregation der römischen und katholischen Inquisition« ins Leben gerufen. Sie verwandelte sich rasch zur ersten Kongregation im System der römischen Kurie, nicht nur dem Rang, sondern auch ihrer wirklichen Bedeutung und ihrem Einfluß nach.

Wer waren die Inquisitoren, was stellten sie als Menschen und als kirchliche Funktionäre dar? Sie wurden vor allem von zwei Mönchsorden gestellt, den Dominikanern und den Franziskanern; aber unter ihnen befanden sich auch Vertreter anderer Orden, Weltgeistliche und sogar solche, die keine geistlichen Würden bekleideten. Clemens V. (1305–1314) setzte als unterste Altersgrenze für sie vierzig Jahre fest; doch es gab auch jüngere. In der Regel waren es energische, listenreiche, grausame, erbarmungslose und gelegentlich auch auf weltlichen Besitz erpichte Fanatiker und Karrieristen. Ihre Herkunft war sehr verschieden.

Robert le Bourge (le Petit) z. B. war Dominikaner, ein bekehrter Katharer, der 1233 im Gebiet Loire zum Inquisitor ernannt wurde, was sicher ein Ausnahmefall war. Er zeichnete sich durch besondere Blutgier aus. Schon nach zwei Jahren wurde sein Rang erhöht, und er ward Inquisitor für ganz Frankreich mit Ausnahme der südlichen Provinzen. Wegen der Massenhinrichtungen und Konfiskationen, die er veranlaßte, nannte man ihn den »Ketzerhammer«. Die Grausamkeiten, die er verübte, drohten einen allgemeinen Aufstand in Frankreich hervorzurufen, so daß der Papst sich gezwungen sah, ihn abzulösen. Er wurde endlich sogar verhaftet und zu lebenslangem Gefängnis verurteilt. Das war der einzige Fall in der Geschichte der Inquisition, daß ein Inquisitor von den kirchlichen Behörden für seine Verbrechen bestraft wurde.

Mit anderen dieser Kategorie rechnete die Bevölkerung selbst ab. Im Jahre 1227 wurde in Deutschland Konrad von Marburg zum Inquisitor ernannt. Sechs Jahre lang wütete dieser Unmensch, bis er von den Verwandten eines seiner zahlreichen Opfer erschlagen wurde. Er hatte es gewagt, auch gegen Angehörige des unter dem Schutz des Königs stehenden Hochadels vorzugehen.

Das gleiche Schicksal erreichte im Jahre 1252 einen anderen erbarmungslosen Peiniger, den Dominikaner Peter von Verona, der 1232 zum Inquisitor Norditaliens ernannt worden war und auf dessen Gewissen Tausende hingerichteter Opfer kamen. Die Kirche sprach ihn heilig, bevor noch ein Jahr seit seinem Tode vergangen war (25. März 1253), und Papst Sixtus V. nannte ihn im Jahre 1586 nächst Dominicus das »zweite Haupt der Inquisition« und ihren »ersten Märtyrer«.[5]

Bernard Gui, ebenfalls Dominikaner, wurde im Jahre 1306, mit 46 Jahren, Inquisitor von Toulouse. Er ging in die Geschichte ein als ein »Theoretiker« der Inquisition, als Autor eines Handbuches für Inquisitoren, in dem er empfiehlt, sich bei den Befragungen der Beschuldigten verschiedener Kunstgriffe zu bedienen, um sie zum Geständnis ihrer Schuld zu nötigen.

Der Dominikaner Nicolas Eymeric war Spanier von Geburt und fungierte in der zweiten Hälfte des 14. Jh. als Inquisitor in Tarragona. Er war ein eifriger Anhänger des Thomas von Aquino und schrieb 37 Traktate, darunter ebenfalls ein Handbuch, das »Directorium Inquisitorum«, das eine genaue Beschreibung aller möglichen Häresien enthält sowie praktische Ratschläge für seine Berufskollegen, die sich auf das Aufspüren sowie die Befragung, Folterung und Hinrichtung der Häretiker bezogen.

Alle kirchlichen Henker aber übertraf an Blutgier und Grausamkeit der erste spanische Großinquisitor Thomas de Torquemada, der in den achtzehn Jahren seiner »Arbeit« (1480–1498) über 100 000 Menschen richtete, sie lebend oder symbolisch (in effigie) verbrannte oder einem der insgesamt etwa 9 000 Autodafés unterzog. Er hat seine Opfer schon wegen kleinster »Vergehen« zum Tragen des Schandkleides (Sanbenito), zur Konfiskation ihrer Güter, zu lebenslänglicher Haft oder sonstigen Strafen verurteilt.[6]

---

[5] *Lea, H. Ch.*, a. a. O., Bd. II, S. 124 ff., 245.

[6] *Llorente, J. A.*, Kritičeskaja istorija ispanskoj inkvizicii, Bd. 1, Moskau 1936, S. 200. Die Zahlenangaben *Llorentes* sind sehr umstritten. Es ist verständlich, daß sich die katholischen Apologeten, besonders *Hefele*, bemüht haben, seine Glaubwürdigkeit zu erschüttern (*Hefele, K. J. v.*, Der Kardinal Ximenes und die

Die Inquisitoren waren mit nahezu unbegrenzten Rechten und Vollmachten ausgestattet. Niemand außer dem Papst konnte sie wegen dienstlicher Vergehen aus der Kirche ausschließen; und selbst die päpstlichen Legaten wagten nicht, sie ohne besondere Erlaubnis zeitweilig vom Dienst zu suspendieren.

Im Jahre 1245 übertrug Innozenz IV. den Inquisitoren das Recht, sich gegenseitig und ihren Untergebenen alle Sünden zu verzeihen, die mit ihrer Tätigkeit zusammenhingen. Sie waren vom Gehorsam ihren Ordensobern gegenüber befreit, und sie erhielten das Recht, nach ihrem eigenen Ermessen in Rom zu erscheinen und dem Papst Bericht zu erstatten.

Entsprechend dem kanonischen Recht drohte jedem, der die Tätigkeit eines Inquisitors behinderte oder andere dazu anstiftete, der Ausschluß aus der Kirche. »Die maßlose Amtsgewalt, die auf diese Weise die Inquisitoren umgab, wurde noch furchtbarer dadurch, daß der Begriff des Verbrechens ›dem Heiligen Offizium Schwierigkeiten zu bereiten‹ so dehnbar wie möglich war, ganz abgesehen davon, daß die Inquisitoren gerade solche Verbrecher mit besonderer Zähigkeit zu verfolgen pflegten; und mochte auch der Tod sie glücklich ihrer Rache entziehen, so griffen sie ihr Andenken an und suchten ihre Sünden an ihren Kindern und Enkeln heim.«[7]

All das stellte die Inquisitoren höher als die Bischöfe, obwohl es auch unter diesen nicht wenige eifrige Ketzerjäger gab. Wenn der Papst sich an einen Bischof wandte, so sagte er »Mein Bruder«, zum Inquisitor dagegen »Mein Sohn«. Nicht zuletzt auf Grund solcher Umstände erhielten letztere jetzt eine Macht über die Gläubigen, von der früher die Bischöfe nicht einmal zu träumen gewagt hatten.

Aber wie anziehend eine solche Macht auch war und wie groß die materiellen Vorteile auch sein mochten, die mit der Henkerstätigkeit der Inquisitoren verbunden waren: das Amt des Bischofs brachte trotzdem größere Ehre und größeren Gewinn. Die Inquisitoren wechselten mit den Päpsten, die sich bekanntlich für gewöhnlich nicht lange auf dem Heiligen Stuhl hielten, da sie meist erst im vorgerückten Alter gewählt wurden. Dazu kam, daß das Amt des Inquisitors sehr aufreibend und unruhevoll war und manchmal auch gefährlich, besonders in der ersten Periode der

kirchlichen Zustände Spaniens im 15. Jahrhundert, 1844); vgl. aber *Fredericq, P.*, Einleitung zu der deutschen Ausgabe der Inquisitionsgeschichte *Leas* im Juni 1905, betitelt: »Die Inquisition und die Geschichtsforschung«: »Mit vollen Händen aus den reichen handschriftlichen Sammlungen schöpfend, die ihm ganz ungewöhnlich günstige Umstände zugänglich machten, ist Llorente imstande, ein wenn auch etwas flüchtiges, so doch meist auf sicheren Urkunden beruhendes Werk ans Licht zu fördern. Man hat dieses Buch stark geschmäht, aber ernstlich doch nicht widerlegt. Es hat, ins Deutsche, Niederländische und Englische übersetzt, einen gewaltigen Eindruck hervorgerufen, der noch immer nicht erloschen ist« (*Lea, H. Ch.*, a. a. O., Bd. I, S. XXI). Im übrigen spielt es für die Beurteilung der Inquisition keine entscheidende Rolle, ob es sich um zehntausend oder hunderttausend Hingerichtete handelt.

[7] *Lea, H. Ch.*, a. a. O., Bd. I, S. 391.

Tätigkeit der Inquisition, in der es nicht wenige Fälle von Mordanschlägen auf ihre Beamten gab. In der Regel träumte der Inquisitor davon, seine Karriere mit der Erlangung eines Bischofsstuhles zu beenden.

Die Inquisitoren wirkten in engem Kontakt mit ihrem Bischof, der ihre terroristische Tätigkeit mit seiner Autorität deckte. Mit seiner Erlaubnis und in seinem Beisein wurden die Folterungen durchgeführt und die Urteile gesprochen. In Fällen, wo die Inquisitoren viel Arbeit hatten, stellten ihnen die Orden Helfer zur Verfügung, die als ihre Stellvertreter arbeiteten.

Der Inquisitor hatte auch das Recht, in bestimmten Städten seines Wirkungsbereiches Bevollmächtigte zu ernennen, »Kommissare« oder Vikare, die die Nachforschungen anstellten und die der Häresie verdächtigen Personen in Haft nahmen, befragten, folterten und manchmal sogar auch verurteilten.

Im 14. Jh. begann man als Hilfe für die Inquisitoren Juristen als Experten (Qualifikatoren) zu ernennen, in der Regel ebenfalls Geistliche. Sie hatten formal die Aufgabe, die Anschuldigungen und Urteile so zu formulieren, daß sie der weltlichen Gesetzgebung nicht widersprachen. In Wahrheit dienten sie aber als Schirm für die Gesetzlosigkeiten, die von der Inquisition begangen wurden, und deckten mit ihrer juristischen Autorität deren Verbrechen. Sie hatten keine Möglichkeit, sich mit der Akte der Angeklagten vertraut zu machen; man gab ihnen nur ein kurzes Resümee ihrer Aussagen und der Zeugen, oft ohne Namen – angeblich damit sie sich so objektiver ihre Meinung bilden könnten, in Wirklichkeit aber, um die Namen der Denunzianten, die Folterungen und die übrigen Verbrechen der Inquisitoren geheimzuhalten. Die Qualifikatoren hatten nur festzustellen, ob die Aussagen, die den Beschuldigten zugeschrieben wurden, häretisch oder der Häresie verdächtig waren bzw. ob sie zur Häresie führen könnten; dementsprechend klassifizierten sie jene dann als Ketzer oder als Leute, die einmal zu solchen werden könnten. Aber selbst wenn die Qualifikatoren gewillt waren, in dieser oder jener Angelegenheit ein objektives Urteil zu fällen, so konnten sie das nicht infolge ihrer vollständigen Abhängigkeit von den Inquisitoren. In der Praxis waren sie nichts anderes als Angestellte des Inquisitionstribunals, von dem sie auch ihre Besoldung erhielten. Meist gehörten sie dem gleichen Orden an wie die Inquisitoren und hingen somit vom Willen der letzteren ab, unter deren Diktat sie alle ihre Beschlüsse schrieben. Diese »boni viri« – rechtschaffene Männer, wie man sie nannte – waren in Wirklichkeit Helfershelfer der Inquisitionshenker. Nichtsdestoweniger suchen die Kirchenhistoriker sie in eine Art moderner Schöffen zu verwandeln. Dies tat z. B. Vacandard, der allerdings eingestehen mußte, daß die vom Papst angeordnete Hinzuziehung von Experten nicht die gewünschten Resultate zeitigte. Das hinderte ihn jedoch nicht hinzuzufügen: »Und doch müssen wir im Namen der Gerechtigkeit anerkennen, daß die Päpste alles mögliche taten, um die Inquisitionstribunale vor ungerechten Handlungen einzelner

Richter abzuschirmen, indem sie von den Inquisitoren forderten, sich sowohl mit den boni viri als auch mit den Bischöfen zu beraten.«[8]

Man muß sich nur über den »Edelmut« der Päpste wundern, die ein solches Monstrum wie die Inquisition ins Leben riefen und gleichzeitig, wenn auch erfolglos, versuchten, es im Gleichmaß der Gerechtigkeit und Rechtschaffenheit zu halten!

Man hat die Inquisitoren schon vom Beginn ihrer Tätigkeit an beschuldigt, daß sie beim Fehlen jeglicher Kontrolle die Aussagen ihrer Häftlinge und Zeugen fälschten. Als Antwort auf diese Anwürfe haben die römischen Päpste in das System der Inquisition neue Personen eingeführt – Notare und Verfahrenszeugen, die angeblich verpflichtet waren, die Unvoreingenommenheit der Untersuchung zu sichern.

Der Notar bekräftigte durch seine Unterschrift die Aussagen der Beschuldigten und der Zeugen; das gleiche taten auch die Verfahrenszeugen, die den Verhören beiwohnten. Das gab der Untersuchung den Anschein von Gesetzlichkeit und Unvoreingenommenheit. Der Notar gehörte in der Regel dem geistlichen Stande an; obwohl sein Amt vom Papst bestätigt wurde, erhielt er jedoch sein Gehalt vom Inquisitor. Als Verfahrenszeugen fungierten meist Mönche aus dem Dominikanerorden. Sie wie alle anderen Mitarbeiter der Inquisition waren bei Androhung harter Strafen verpflichtet, unter dem Siegel der Verschwiegenheit alles zu hüten, was ihnen über die Tätigkeit des »heiligen Tribunals« bekannt wurde. Die Notare und Verfahrenszeugen, die sich auf diese Weise in vollkommener Abhängigkeit vom Inquisitor befanden, bekräftigten durch ihre Unterschrift jedes beliebige von ihm ausgefertigte Dokument.

Andere wichtige Funktionen im Apparat der Inquisition hatten der Prokuror, der Arzt und der Henker. Der Prokuror, einer der im Dienst der Inquisition stehenden Mönche, spielte die Rolle des Anklägers. Der Arzt sorgte dafür, daß der Beschuldigte nicht »vorzeitig« unter der Folter starb. Er befand sich ebenfalls in völliger Abhängigkeit von der Inquisition und war in Wirklichkeit ein Gehilfe des Henkers, von dessen »Kunst« die Resultate der Untersuchung abhingen. Seine Aufgabe bedarf sonst wohl kaum eines Kommentars.

Außer diesem sozusagen führenden Apparat der Inquisition gab es noch Hilfspersonal, das aus den sogenannten Familiares bestand: das waren geheime Denunzianten, Gefängniswächter, Boten und anderes Dienstpersonal. Die Geheimagenten, Spitzel und Spione rekrutierten sich aus den verschiedensten Schichten der Gesellschaft. Man konnte sie selbst im königlichen Gefolge finden und ansonsten unter

---

[8] *Vacandard, E.*, The Inquisition. A critical and historical study of the coercive power of the church, New York 1940, S. 101.

den Adligen wie unter den einfachen Leuten. Zur Zahl der Familiares gehörten auch ehrenwerte und von allen geachtete Aristokraten und Bürger, die an den Autodafés Anteil nahmen. Ihre Aufgabe war es u. a., die Verurteilten dazu zu überreden, daß sie öffentlich bereuten, ihre Sünden bekannten und sich mit der Kirche versöhnten. Sie begleiteten die Opfer der Inquisition bis zum Scheiterhaufen, halfen diesen anzuzünden, warfen Reisig ins Feuer. Eine solche »Ehre« wurde nur den würdigen und verdienten Pfarrkindern zuteil. Die Zahl der freiwilligen Helfer der Inquisition ging dabei in die Hunderte.

Die Familiares genossen wie alle im Dienst des »heiligen Tribunals« Stehenden Straffreiheit. Zudem war es ihnen erlaubt, Waffen zu tragen. Sie unterstanden weder weltlichen noch geistlichen Gerichten. Jede Beleidigung der Diener der Inquisition wurde als Versuch gewertet, die Arbeit dieser Einrichtung im Interesse der Häretiker zu behindern. Auf solche Weise in eine Ausnahmestellung gehoben, bemerkt Lea, konnten die Familiares mit dem schutzlosen Volk verfahren, wie es ihnen beliebte. »Es ist nicht schwer, sich eine Vorstellung zu machen von der Höhe der Erpressungen, die sie bei tatsächlicher Straflosigkeit dadurch ausüben konnten, daß sie mit Verhaftung oder Anklage drohten zu einer Zeit, wo in die Hände der Inquisition zu geraten, ungefähr das schwerste Unglück war, welches den Menschen, Rechtgläubigen oder Ketzer, treffen konnte.«[9] In den ländlichen Orten wurde die Rolle des Spürhundes vom Pfarrgeistlichen ausgeübt, dem zwei Gehilfen aus der Laienwelt zur Seite standen.

Die Inquisition galt als das höchste Organ des Staates; ihr mußten geistliche wie weltliche Behörden gehorchen. Irgendeine Verzögerung in der Ausführung ihrer Befehle oder irgendein Widerstand gegen ihre Tätigkeit konnte den Schuldigen in schwerste Gefahr bringen.

Die Anklage

Um die Abtrünnigen ausrotten zu können, mußte man sie zunächst ausfindig machen. Als die Inquisition in der ersten Hälfte des 13. Jh. ihre terroristische Tätigkeit begann, bot das Aufspüren der Häretiker noch keine große Schwierigkeit, da die Katharer, Waldenser und andere Ketzer ihre Ansichten nicht nur nicht verbargen, sondern offen gegen die offizielle Kirche auftraten. Nach den Massenhinrichtungen der Albigenser jedoch und ähnlichen blutigen Massakern an den Anhängern ketzerischer Anschauungen im Norden Frankreichs, in Italien und in den Ländern des

---

[9] *Lea, H. Ch.*, a. a. O., Bd. I, S. 426.

Heiligen Römischen Reiches waren die Ketzer gezwungen, ihre wahren Überzeugungen zu verbergen und äußerlich den katholischen Ritus zu befolgen. Um es modern auszudrücken: die Ketzer gingen zur Konspiration über, gingen in die Illegalität. Das komplizierte natürlich die Arbeit der Inquisitoren, für die es nun nicht mehr so einfach war, die Feinde der Kirche unter dem Deckmantel der Rechtgläubigkeit zu erkennen. Aber mit der Zeit gewannen sie und ihre Mitarbeiter Gewandtheit und Fertigkeit im Aufspüren verborgener, getarnter Ketzer, sammelten sie Erfahrungen in der Entlarvung der Kirchenfeinde und erforschten deren Gewohnheiten und Methoden, mit Hilfe derer diese ihre Tätigkeit vor dem wachsamen Auge der kirchlichen Verfolger tarnten.

Um jemanden zur Verantwortung ziehen zu können, mußte man selbstverständlich einen Grund haben. Als solcher diente in Glaubensangelegenheiten die Beschuldigung, die eine Person gegen die andere erhob wegen Zugehörigkeit zu einer Sekte bzw. wegen Sympathie oder Hilfe für einen Ketzer.

Wer erhob solche Anklagen und unter welchen Umständen? Nehmen wir an, ein Inquisitor wurde in ein bestimmtes Gebiet gesandt, wo die Ketzer nach den vorhandenen Nachrichten über einen großen Einfluß verfügten. Er benachrichtigte zunächst den Ortsbischof über den Tag seiner Ankunft zu dem Zweck, daß ihm ein feierlicher Empfang bereitet werde, daß er eine seinem Rang entsprechende Residenz erhalte und daß ihm das entsprechende Personal zur Verfügung gestellt werde. Im gleichen Ankündigungsbrief bat er den Bischof, aus Anlaß seiner Ankunft einen feierlichen Gottesdienst anzusetzen, zu dem alle im Ort befindlichen Gläubigen mit dem Versprechen der Gewährung eines Ablasses für die Teilnahme eingeladen werden sollten. In diesem öffentlichen Gottesdienst stellte dann der Bischof der Bevölkerung den Inquisitor vor, und dieser wandte sich mit einer Predigt an die Gläubigen, in der er das Ziel seiner Mission erläuterte und forderte, daß alle, denen irgend etwas über die Häretiker bekannt sei, ihn im Verlauf von sechs bis zehn Tagen davon unterrichten sollten. Für das Verschweigen von Kenntnissen über die Ketzer bzw. für eine Weigerung, mit der Inquisition zusammenzuarbeiten, wurde der Gläubige exkommuniziert; nur der Inquisitor konnte eine solche Exkommunikation aufheben, und der Schuldige mußte ihm dafür die entsprechenden Dienste leisten.

Wer in der festgesetzten Frist dem Aufruf nachkam, erhielt eine Belohnung in Form eines Ablasses von drei Jahren. In der gleichen Predigt erläuterte der Inquisitor den Gläubigen die Unterscheidungsmerkmale der verschiedenen Häresien, die Kennzeichen, an denen man die Ketzer erkennen könne, die Schliche, auf die sie sich einließen, um die Wachsamkeit der Verfolger einzuschläfern, und schließlich die Formen und Methoden der Meldung bzw. Anzeige. Die Inquisitoren zogen es vor, die Informationen von den Denunzianten persönlich zu empfangen, indem sie ihnen versprachen, ihre Namen geheimzuhalten; das hatte seine Bedeutung, denn insbesondere in Perioden großer Aktivität der Inquisition drohte den Denunzianten häufig der Tod seitens der Verwandten oder Freunde der von ihnen zugrunde gerichteten Opfer.

Der traurige Ruhm, der die Inquisition begleitete, schuf unter der Bevölkerung eine Atmosphäre des Schreckens, des Terrors und der Unsicherheit, die eine Welle von Denunziationen erzeugte, deren überwältigende Mehrheit Erfindungen oder törichte und lächerliche Verdächtigungen waren. Die Menschen eilten herbei, um vor dem Inquisitor zu »berichten« – in der Hoffnung, in erster Linie sich selbst dadurch vor Verdächtigungen zu schützen. Viele benutzten diese Gelegenheit auch, um Rache zu üben oder um Rechnungen mit ihren Gegnern und Rivalen zu begleichen. Andere Denunzianten handelten aus erwerbsmäßigen Überlegungen in der Hoffnung, für die Anzeige von Häretikern einen Teil von deren Vermögen zu erhalten oder unliebsame Konkurrenten auszuschalten. Es gab auch nicht wenige anonyme Anzeigen, die von den Inquisitoren ebenfalls berücksichtigt wurden. An den Orten, wo die Inquisition Wurzel gefaßt und sich in ein ständig wirkendes Tribunal verwandelt hatte, war der Nachlaß der Sünden für die Gläubigen stets begleitet von der Forderung, die Feinde der Kirche zu entlarven. In Spanien gab es nie so viele Anzeigen wie gerade zur Zeit der Osterkommunion, zu der nur der zugelassen wurde, der gebeichtet und die Vergebung seiner Sünden durch die Angabe von Häretikern oder der Häresie Verdächtigen erlangt hatte. »Diese Epidemie von Anzeigen«, schrieb J. A. Llorente, »war die Folge der Verlesung von Vorschriften, die im Verlauf von zwei Sonntagen der großen Fastenzeit in den Kirchen verkündet wurden. Die eine verpflichtete die Gläubigen, innerhalb von sechs Tagen unter Strafe der Exkommunikation jene Personen anzuzeigen, von denen Handlungen gegen den Glauben oder die Inquisition bekannt seien. Die andere verkündete das Anathema über die, die diese Frist verstreichen ließen, ohne vor dem Tribunal mit solchen Angaben zu erscheinen, und alle Ungehorsamen wurden zu schrecklichen Strafen verurteilt ...«[10]

Die Pfarrgeistlichen und Mönche waren ebenfalls verpflichtet, der Inquisition über alle der Häresie Verdächtigen zu berichten. Die Beichte diente als unerschöpfliche Quelle für derartige Denunziationen. Auch die weltlichen Behörden sollten den gleichen Eifer an den Tag legen.

Die Inquisition teilte die Denunzianten in zwei Kategorien ein: in solche, die konkrete Beschuldigungen gegen Häretiker erhoben, und diejenigen, die auf der Häresie verdächtige Personen hinwiesen. Der Unterschied zwischen beiden bestand darin, daß die ersteren verpflichtet waren, ihre Beschuldigungen zu beweisen, sonst

---

[10] *Llorente, J. A.*, a. a. O., S. 208.

drohte ihnen die Strafe für falsches Zeugnis; die letzteren aber verschonte man hiermit, da sie als treue Söhne der Kirche nur ihren Verdacht äußerten, ohne diesen selbst einzuschätzen. Das besorgte dann die Inquisition, indem sie den Beschluß faßte, den Prozeß auf der Grundlage einer solchen Verdächtigung zu eröffnen oder ihn vorläufig zurückzustellen. Eine Zurücknahme der Anzeige zugunsten des Angeklagten wurde von ihr nicht zur Kenntnis genommen; sie wertete nur die vorausgegangenen Anwürfe gegen den Beschuldigten. Obwohl es ein Mindestalter für Denunzianten wie für Beschuldigte gab – für Jünglinge 14 und für Mädchen 12 Jahre –, wurden in Wirklichkeit auch Hinweise von jüngeren Personen entgegengenommen, die ihrerseits ebenfalls der Häresie verdächtigt werden konnten. Man zog zur Verantwortung sowohl schwangere Frauen und alte Mütterchen als auch Kinder und unterzog auch sie der Folterung. Zusammen mit diesen Quellen gab es noch eine, die den unersättlichen Corpus des »heiligen Tribunals« mit »Fällen« versorgte: das waren die künstlerischen, philosophischen, politischen und anderen Schriften, in denen »aufrührerische« Gedanken und Ideen geäußert wurden. Die Tatsache, daß diese Werke mit den Prinzipien der katholischen Orthodoxie nicht übereinstimmten, diente als vollkommen ausreichende Begründung dafür, ihre Autoren gerichtlich zur Verantwortung zu ziehen. Sie wurden verfolgt, peinlich befragt und verurteilt – häufig zum Feuertode, wie das Beispiel Giordano Brunos zeigt.

Als wertvollste und am meisten wünschenswerte Methode, einen Häretiker in die Fänge zu bekommen, galt jedoch nicht seine Entlarvung mit Hilfe dritter Personen, sondern der Zwang, selbst freiwillig vor der Inquisition zu erscheinen, zu bereuen und von den begangenen Verirrungen sich loszusagen, sie zu verurteilen und zum Zeichen der Aufrichtigkeit alle bekannten Gesinnungsgenossen, Anhänger und Freunde zu verraten.

Und wie war dieses Wunder zu erreichen? Mit Hilfe derselben erprobten Mittel: der Furcht, der Einschüchterung, der Drohung, des Terrors. Der Inquisitor rief in seiner Antrittspredigt die Hörer auf, ihm Hinweise über Glaubensapostaten zu geben; gleichzeitig jedoch nannte er für letztere eine »Gnadenfrist«, die sich auf 15 bis 30 Tage belief. Wenn der Ketzer im Verlauf dieser Frist freiwillig vor der Inquisition erschien, der Häresie abschwor und seine Mitschuldigen verriet, so konnte er sein Leben retten und vielleicht sogar sein Vermögen. War dieses allerdings sehr groß, so plünderte ihn die Inquisition häufig bis aufs Hemd aus unter dem Vorwand, er bereue nicht auf Befehl seines Gewissens, sondern aus »niedrigen« Erwägungen: nämlich aus Furcht, entlarvt zu werden, oder mit der Absicht, die Kirche durch ein nicht ernst gemeintes Geständnis zu täuschen, um so sein Vermögen zu retten. Trotzdem fand die Inquisition immer Schwache und Feiglinge genug, die bereit waren, nicht nur freiwillig Buße zu tun für ihre eigenen Sünden, sondern auch falsche Beschuldigungen gegen ihre Verwandten, Freunde und Bekannten zu erheben, nur um trockenen Fußes aus dem Wasser zu kommen und ihr eigenes Leben und Vermögen zu retten.

»Man kann sich in der Tat leicht den Schrecken vorstellen«, schreibt H. Ch. Lea, »in welchen eine Gemeinde versetzt wurde, wenn ein Inquisitor plötzlich in ihr eintraf und seine Proklamation verkündete. Keiner konnte wissen, was für Geschichten über ihn im Umlauf waren, die nun zelotischer Fanatismus oder persönliche Feindschaft übertreiben und dem Inquisitor zutragen konnte. In dieser Beziehung litt der Orthodoxe ebensosehr wie der Ketzer. Alle von Mund zu Mund gehenden ärgerlichen Vorkommnisse wurden ans Licht gebracht, alles Vertrauen zwischen den Menschen verschwand. Ein alter Groll konnte sicher befriedigt werden. Für denjenigen, der ketzerische Neigungen gehabt hatte, wurde der schreckliche Aufschub von Tag zu Tag unerträglicher in dem Gedanken, daß irgendein achtloses Wort aufgegriffen worden sein könnte, um nun von denjenigen verraten zu werden, die ihm am nächsten und teuersten waren, bis er schließlich nachgab und lieber andere verriet, als daß er selbst verraten wurde. Gregor IX. rühmte, daß schließlich bei einer solchen Veranlassung Eltern ihre Kinder, Kinder ihre Eltern, Männer ihre Frauen und Frauen ihre Männer zu verraten angetrieben wurden. Wir können dem Bernhard Guidonis wohl glauben, wenn er behauptet, daß jede Enthüllung zu anderen führte, bis sich das unsichtbare Netz weit und breit ausdehnte, und daß die umfangreichen Gütereinziehungen, die mit Sicherheit folgten, nicht die geringsten der daraus entspringenden Vorteile waren.« [11]

Aber die einmal in Gang gesetzte Inquisitionsmaschine konnte nicht leerlaufen, ohne sich selbst zu zerstören. Wie ein unersättlicher Moloch forderte sie immer neue und neue Opfer, die ihr denn auch in Gestalt wirklicher oder von ihr selbst fabrizierter Häretiker geliefert wurden.

Die Untersuchung

Die Grundlagen für den Beginn der Untersuchung bildeten also die Anzeige oder die Aussagen eines Untersuchungsgefangenen gegen eine Person. Der Inquisitor begann auf der Basis dieser Dokumente die Voruntersuchung, indem er Zeugen zum Verhör vorlud, die imstande waren, die Beschuldigungen zu bestätigen, und zusätzliche Zeugenaussagen über die Tätigkeit des Verdächtigen und seine Aussagen sammelte. Er richtete auch Anfragen an die anderen Inquisitionstribunale, um

---

[11] *Lea, H. Ch.*, a. a. O., Bd. I, S. 416 f.

zusätzliche Beweisstücke ausfindig zu machen. Das so gesammelte Material wurde daraufhin den Qualifikatoren übergeben, die darüber entschieden, ob man den Verdächtigen der Häresie beschuldigen solle. Wenn der Inquisitor eine positive Antwort vom Qualifikator erhalten hatte, erteilte er den Befehl zur Verhaftung des Verdächtigen. In Spanien war für die Festnahme »einflußreicher Persönlichkeiten« das vorherige Einverständnis des obersten Inquisitionsrates erforderlich.

Der Verhaftete wurde dann in ein geheimes Gefängnis der Inquisition überführt, wo er in vollkommener Isolierung von der Außenwelt gehalten wurde, in der Regel in einer feuchten und finsteren Kasematte, häufig an Fesseln geschmiedet oder wie ein Hund an die Kette gelegt. Sein Tod brachte die Untersuchung ebensowenig zum Stillstand, wie wenn er den Verstand verlor.

Bereits ein Verdacht, d. h. eine durch nichts erwiesene Beschuldigung, die sich auf Vermutungen oder auf zufällige Indizien stützte (z. B. ein zufälliges Zusammentreffen mit Ketzern oder das Zusammenleben mit ihnen in einem Hause), diente als ausreichender Grund für die Verhaftung. Personen, gegen die nichtige Verdächtigungen erhoben worden waren, wurden oft jahrelang im Gefängnis gehalten.

Die Anzeige – und um so mehr die Selbstbezichtigung – diente den Inquisitoren schon als Beweis für die Schuld des Angeklagten. Die Kirche betrachtete jeden Gläubigen als potentiellen Häretiker, da ja der Teufel, wie die Theologen behaupteten, alle Gläubigen vom wahren Wege abzubringen trachtete. Die Anzeige wurde fast als ein Akt der Vorsehung angesehen, und der Denunziant galt fast soviel wie ein Orakel, das den Willen Gottes verkündete. Deshalb war der Zweck der Untersuchung nicht so sehr die Überprüfung der Anzeige als vielmehr die Erlangung des Geständnisses des Beschuldigten, seiner Reue und seiner Wiederversöhnung mit der Kirche. Natürlich konnte man die Sache auch anders beurteilen, denn der Denunziant konnte ja ebenfalls auf Einflüsterung des Teufels handeln. Aber ein solches Herangehen hätte die Inquisition fast aller ihrer Opfer beraubt; war doch die überwältigende Mehrheit der Anzeigen nichts anderes als unbewiesene Verleumdungen, die jedes weltliche Gericht wegen ihrer Haltlosigkeit verworfen hätte.

Obgleich nun die Inquisition jeden, der in ihre heimtückischen Netze geriet, von vornherein als schuldig präsumierte, war sie gezwungen, seine Schuld zu beweisen – wiederum nicht wegen der objektiven Wahrheitsfindung, sondern zu einem ganz anderen Zweck. Erstens nämlich sollte der Beschuldigte überzeugt werden, zu gestehen und zu bereuen. Anders ausgedrückt: wenn Indizien gegen ihn gesammelt wurden, so geschah das in seinem eigenen Interesse, im Interesse der Rettung seiner Seele. Aber seine Seele retten und noch mehr sein Leben konnte der Beschuldigte nur durch ein volles und rückhaltloses Eingeständnis seiner Schuld, d. h. durch die Bestätigung der Richtigkeit der gegen ihn vorgebrachten Anklagen. Zweitens aber waren die Beweisstücke deshalb notwendig, um wenigstens äußerlich das Dekor zu wahren und dem Häftling jede Hoffnung zu nehmen, sich auf eine andere Weise zu retten als durch offenherzige Reue und eine Wiederversöhnung mit der Kirche. Die Beweise in Gestalt von Zeugenaussagen, ganz gleich ob sie lügenhaft waren oder den Tatsachen entsprachen, sollten den Widerstandswillen der Inhaftierten brechen und sie zwingen, sich der Gnade ihrer Peiniger, der Inquisitoren, zu ergeben.

Woher nahm man solche Beweise? Außer von den Denunzianten wurden sie von falschen Zeugen, von Geheimagenten der Inquisition, ja selbst von Verbrechern, Mördern und Dieben geliefert, d. h. auch von solchen Leuten, deren Aussagen vor weltlichen Gerichten selbst im Mittelalter keine Rechtskraft gehabt hätten. Gegen den Beschuldigten wurden auch Zeugenaussagen seiner Frau, seiner Kinder, seines Bruders, seiner Schwester, seines Vaters und seiner Mutter sowie anderer Verwandter verwendet, auch die seiner Diener. Deren Aussagen zugunsten des Angeklagten wurden jedoch nicht berücksichtigt, da man der Ansicht war, daß diese durch verwandtschaftliche Bande oder durch sonstige Abhängigkeiten des Zeugen vom Beschuldigten hervorgerufen worden waren. Die Vernehmungen von überführten Häretikern, von Exkommunizierten und Mitschuldigen des Angeklagten wurden nur dann gewertet, wenn sie die Schuld bestätigten. »Denn«, so erklärte Eymeric, »die Aussagen eines Häretikers zugunsten des Angeklagten können durch Haß gegen die Kirche und durch den Wunsch hervorgerufen werden, die Bestrafung der gegen den Glauben begangenen Verbrechen zu verhindern. Solche Vermutungen können jedoch nicht auftauchen, wenn der Häretiker gegen den Beschuldigten aussagt.«[12]

Die Namen der Denunzianten und der Zeugen wurden nicht nur vor den Qualifikatoren geheimgehalten, sondern auch vor den Beschuldigten und ihren Verteidigern, wenn sie solche hatten. Wenn ihnen die Angaben selbst zugänglich gemacht wurden, so in abgewandelter Form, die es nicht erlaubte, den wirklichen Namen des Denunzianten oder Zeugen daraus abzuleiten. Erklärte z. B. ein Zeuge, daß der Beschuldigte ihm gegenüber häretische Ansichten geäußert habe, so wurde diesem das folgendermaßen mitgeteilt: »Es gibt Aussagen einer Person, die gehört hat, daß du häretische Ansichten gegenüber einer dritten Person äußertest.«[13]

Es versteht sich, daß die modernen Apologeten der Inquisition nicht imstande sind, diese und andere Fakten zu leugnen, die die durchaus nicht heiligen Methoden der Tribunale entlarven. Aber wenn sie solche Fakten auch anerkennen, so bedeutet das nicht, daß sie sie auch verurteilen. Im Gegenteil: sie versuchen, sie zu rechtfertigen. So stellt z. B. der spanische Jesuit Bernardino Llorca, Autor eines Buches

---

[12] Le Manuel des Inquisiteurs, à l'usage des Inquisitions d'Espagne et de Portugal, Lissabon 1762, S. 36.

[13] Ebenda, S. 43.

über die spanische Inquisition, zu deren Verteidigung folgende Überlegungen an: Die ganze Frage bestehe darin, so meint er, ob wir die Zwangsverfolgung der Häresie mittels verschiedener Strafen, einschließlich Folter und Hinrichtung, als gesetzmäßige Notwendigkeit anerkennen oder nicht. Wenn wir sie anerkennen, dann müssen wir auch die Gesetzmäßigkeit und Notwendigkeit der gesamten Inquisitionstätigkeit mit all ihren unerfreulichen Details anerkennen. Manchem erscheint heute diese Tätigkeit unfruchtbar, denn in unserer Zeit wird die Notwendigkeit der Inquisition, der zwangsweisen Verfolgung der Häresie geleugnet. Aber die überwältigende Mehrheit der Theologen in der Periode der Ketzerjagden anerkannte deren Notwendigkeit, verteidigte und rechtfertigte deren Methoden, insbesondere auch die, daß die Inquisition vor den Beschuldigten und vor allen anderen Interessierten die Namen der Anzeigenden und Zeugen sowie die vollständigen Texte ihrer Aussagen verheimlichte. »Die Inquisition«, erklärt dieser Jesuit, »kann nicht wirklich effektiv sein, wenn sie ihre Zeugen nicht verheimlicht. Das war vom Beginn ihrer Tätigkeit an offensichtlich.«[14]

Persönliche Gegenüberstellungen der Anklagezeugen mit den Inhaftierten waren verboten. Als einziger Grund für die Ablehnung eines Zeugen galt die persönliche Feindschaft. Dazu wurde vor Beginn der Untersuchung dem Angeklagten vorgeschlagen, eine Liste seiner persönlichen Gegner aufzustellen, die gegen ihn aus Rachegefühlen heraus falsche Aussagen machen könnten. Wenn sich unter den Genannten auch der Name des Denunzianten oder eines Zeugen befand, so verloren deren Aussagen ihre Kraft. Aber die Inquisitoren teilten den Inhaftierten nicht mit, welche Angaben infolge seiner Liste für nichtig erklärt wurden. Sie bestanden in der Regel auch weiterhin auf den Beschuldigungen, selbst in solchen Fällen, wo sie sich als Verleumdungen und Erfindungen der Denunzianten herausgestellt hatten. Zudem wurde mit der Zeit das Recht der Zurückweisung mit so vielen Hindernissen versehen, daß der Beschuldigte praktisch davon keinen Gebrauch mehr machen konnte. Er mußte nämlich nachweisen, daß der Denunziant (den er ja nicht kannte) zu ihm wirklich im Verhältnis einer Todfeindschaft stand. Aber darüber entschieden die Inquisitoren, die darüber hinaus alle Versuche des Angeklagten, die Beschuldigungen der Zeugen zu widerlegen, als heimtückische Ausreden und schlaue Tricks betrachteten, die die Untersuchung in die Irre führen und die Wahrheit verdecken sollten. Alle Zeugen waren in Wirklichkeit Zeugen der Anklage, denn der Angeklagte selbst konnte schon deshalb keine Zeugen zu seiner Verteidigung benennen, da die Inquisition diese dann ihrerseits beschuldigen konnte, zu nachgiebig und duldsam gegenüber der Häresie oder gar ihrer selbst verdächtig zu sein. Freilich kam es

---

[14] *Llorca, B.,* La Inquisición en España, Madrid/Barcelona 1936, S. 174.

vor, daß ein Zeuge seine Aussage änderte; aber die Inquisitoren verfuhren dann wie bei den Anzeigen; sie nahmen nur solche Änderungen zur Kenntnis, die die Schuld des Angeklagten erschwerten, nicht aber diejenigen, die sie minderten oder als unbegründet erscheinen ließen. Dabei wurden dem Angeklagten stets nur die ersteren mitgeteilt. Weiterhin muß vermerkt werden, daß ein widerspenstiger Zeuge, der den Interessen der Inquisition zuwiderhandelte, selbst der Häresie beschuldigt werden konnte. Der Zeuge befand sich ganz und gar in der Gewalt der Inquisition; er mußte einen Eid darauf leisten, seine Beziehungen zu dieser Institution streng geheimzuhalten. Er konnte nirgendwo Hilfe oder Schutz suchen, ja die Inquisitoren vermochten ihn sogar – unter dem Vorwand, er habe das Schweigegelübde gebrochen oder versucht, die Untersuchung in die Irre zu führen – selbst der Folter zu unterziehen, um von ihm »wahrhaftige«, d. h. ihnen genehme Aussagen zu erhalten. Den widerspenstigen Zeugen konnten sie ohne weiteres des falschen Zeugnisses beschuldigen, ihn ins Gefängnis werfen, zu lebenslänglicher Haft verurteilen oder zum Tragen von diskriminierenden Abzeichen auf seiner Kleidung zwingen, die die Form von langen Stücken roten Tuches in Gestalt einer Zunge hatten und auf der Brust sowie auf dem Rücken angenäht wurden.

Es gab keine einschränkenden Fristen für die Durchführung der gerichtlichen Untersuchung. Die Inquisitoren konnten einen Beschuldigten bis zur Urteilsverkündung ein oder zwei oder auch zehn Jahre, ja sein ganzes Leben lang im Gefängnis halten. Das wurde noch dadurch erleichtert, daß der Inhaftierte seine Unterhaltskosten selbst aus seinem Vermögen bezahlen mußte, dessen Einziehung der Inquisition bei seiner Verhaftung oblag. Es versteht sich, daß sich das Schicksal der Häftlinge verhältnismäßig rasch entschied, wenn sie für die Inquisitoren nicht von besonderem Interesse waren oder ihre Vermögen eine längere Haft nicht erlaubten. Und es ist nicht wahr, wenn die Verteidiger der Inquisition behaupten, daß diese Methoden den Gewohnheiten jener Epoche entsprachen. Es genügt zur Widerlegung, wenn wir auf die Praxis der weltlichen Gerichte in Mailand während der ersten Hälfte des 14. Jh. hinweisen. Der Kläger mußte sich dort einschreiben und volle Bürgschaft dafür beibringen, daß er im Falle der Unbeweisbarkeit der Schuld selbst bestraft werde und dem Beklagten Schadenersatz zu leisten hatte. Letzterer hatte das Recht, sich einen Verteidiger zu wählen und die Bekanntgabe der Namen der Zeugen und ihrer Aussagen zu fordern. Und wenn der Richter einen Prozeß begann, so mußte er ihn unter Androhung einer Strafe von 50 Livres innerhalb von dreißig Tagen beenden.[15]

---

[15] *Lea, H. Ch.*, a. a. O., Bd. I, S. 448, Anm. 1.

Das Verhör

Die nächste Etappe der Inquisitionsprozedur war das Verhör des Beschuldigten, dessen Hauptziel darin bestand, ihn zur Anerkennung seiner Schuld und damit zur Absage an seine häretischen Ansichten sowie zur Wiederversöhnung mit der Kirche zu bewegen. Die Erpressung eines Geständnisses war das A und O des ganzen Inquisitionsverfahrens. Diese Rechtsbeugung übte einen beklagenswerten Einfluß auf das ganze Rechtswesen Europas im Verlauf von fünf Jahrhunderten aus.[16]

Der eben schon genannte Inquisitor Aragóns, Nicolas Eymeric, lehrte: »Wenn auch in zivilen Prozessen der Angeklagte nicht gegen sich selbst zeugen und Fakten aufdecken kann, die als Beweis seiner Schuld dienen, so existiert doch in den Fragen der Häresie eine solche Möglichkeit.«[17]

Der Inquisitor bereitete sich sorgfältig auf das Verhör des Verhafteten vor. Er machte sich vorsorglich mit dessen Lebenslauf bekannt und suchte in ihm Stellen, die er benutzen konnte, um sein Opfer in die Hand zu bekommen, dessen Widerstand zu brechen und es zu zwingen, sich seinem Willen zu unterwerfen. Es ist verständlich, daß die meisten Beschuldigten zu Beginn der Untersuchung ihre Unschuld beschworen, Treue gegenüber den kirchlichen Canones bekundeten und sich als eifrige Katholiken ausgaben. Die einen taten das deshalb, weil sie wirklich völlig unschuldig waren, die anderen, um ihre wahren Anschauungen zu verheimlichen. Die Inquisitoren suchten sowohl aus den einen wie aus den anderen Geständnisse herauszupressen. Es wäre jedoch falsch zu glauben, sie hätten ihre Hauptaufgabe darin gesehen, die Ketzer auf den Scheiterhaufen zu bringen. In erster Linie nämlich erstrebten sie deren Bekehrung, ihre Verwandlung aus »Dienern des Teufels« in »Sklaven des Herrn«. Sie wollten die Ketzer zur Reue führen, zur Aufgabe ihrer häretischen Anschauungen und sie mit der Kirche versöhnen. Damit aber eine solche Verwandlung wirklich vor sich ging und nicht als Betrug des Teufels gelten konnte, mußten die Beschuldigten zum Beweis ihrer Ehrlichkeit und der Aufrichtigkeit ihrer Reue Gesinnungsgenossen, Freunde und Anhänger preisgeben.

Bernard Gui bringt in seinem Handbuch des Inquisitors folgendes Textbeispiel für den Schwur, den die Peiniger im Priesterrock ihre Opfer leisten ließen: »Ich schwöre und verspreche, daß ich, solange ich es vermag, die Häretiker jeder beliebigen verurteilten Sekte, insbesondere ... ihre ›Gläubigen‹, Sympathisierenden, Helfer und Verteidiger und ebenso solche, von denen ich weiß oder annehme, daß sie sich verborgen haben und die Häresie predigen, auch ihre geheimen Boten zu jeder Zeit

[16] Ebenda, S. 458.

[17] Le Manuel des Inquisiteurs, a. a. O., S. 34.

und jedes Mal, wenn ich sie entdecke, verfolgen, aufdecken, entlarven und bei ihrer Verhaftung und Überführung an die Inquisitoren helfen werde.« [18]

Das Verhör begann gewöhnlich damit, daß man den Beschuldigten zwang, unter Eid die Verpflichtung einzugehen, sich der Kirche zu unterwerfen und der Wahrheit gemäß auf die Fragen der Inquisitoren zu antworten, ferner alles preiszugeben, was er von den Häretikern und den Häresien wußte und jede ihm auferlegte Strafe auf sich zu nehmen. Nach einem solchen Eid konnte jede beliebige Antwort, die den Inquisitor nicht befriedigte, diesem den Anlaß bieten, sein Opfer der falschen Aussage, der Abtrünnigkeit bzw. der Häresie zu beschuldigen und folglich ihm mit dem Scheiterhaufen zu drohen.

Beim Verhör vermied es der Inquisitor, konkrete Beschuldigungen vorzubringen, denn er mußte nicht ohne Grund befürchten, daß der Befragte bereit war, jede beliebige von ihm geforderte Aussage zu machen, nur um schneller von seinem Peiniger loszukommen. Er stellte daher viele verschiedenartige und oft gar nicht zur Sache gehörende Fragen – nur zu dem Zweck, sein Opfer zu verwirren, unsicher zu machen, es in Widersprüche zu verwickeln und ihm kleine Sünden und Fehler zu entlocken. Es genügte ihm zunächst, das Eingeständnis einer Gotteslästerung, der Nichtbefolgung dieses oder jenes Kirchengebots oder der Verletzung der ehelichen Treue zu erhalten, um diese nicht so schweren Vergehen dann aufzubauschen und sein Opfer zu zwingen, auch andere, schon weit gefährlichere und vor allem mit ernsteren Folgen verbundene »Sünden« zu gestehen.

Die Kunst, ein Verhör zu führen, d.h. das Geständnis des Beschuldigten zu erreichen, galt als das Hauptmerkmal des guten Inquisitors. Mit der Zeit entstand somit das Bedürfnis nach detaillierten Instruktionen oder Leitfäden für die Inquisitoren, in denen sozusagen die gesammelte Inquisitionserfahrung dargelegt und Varianten für Verhöre angeführt wurden, die für die Verfolgung der einzelnen Sekten bestimmt waren. Die Autoren bzw. Herausgeber solcher Vademecum-Literatur gingen von der Voraussetzung aus, daß ihre Opfer gewissenlose Lügner, schlaue Heuchler und »Diener des Teufels« seien, die man entlarven sowie mit allen Mitteln und um jeden Preis zwingen müsse, ihre »widerwärtigen Verbrechen« einzugestehen.

Der Autor eines dieser Handbücher, der Inquisitor Bernard Gui, bemerkte, es sei unmöglich, ein einheitlich gültiges Frageschema aufzustellen. In einem solchen Fall würden die Söhne der Hölle sich nämlich sehr schnell an die betreffenden Modelle gewöhnen und ohne Mühe lernen, den ihnen von den Inquisitoren gelegten Fallstricken zu entkommen. [19] Gui führt dann aber doch das Musterbeispiel eines

[18] Bernard Gui, Manuel de l'Inquisiteur, hrsg. v. *Mollat, G.*, Bd. 2, S. 29.

[19] Ebenda, Bd. 1, S. 9.

Verhörs an, das er den Inquisitoren empfiehlt. »Dieses Verhör ist ein so charakteristisches Beispiel für das Gefecht zwischen dem geschulten Verstand des Inquisitors und der ungeschulten Schlauheit eines Bauern, der für sein Leben und sein Gewissen kämpfte, daß es wert ist, hier wiedergegeben zu werden«, schreibt dazu H. Ch. Lea. Er gibt dann folgende Übersetzung: »Wenn ein Ketzer zum ersten Male zum Verhöre vorgeführt wird, so nimmt er eine zuversichtliche Miene an, als ob er sicher sei im Gefühle seiner Unschuld. Ich frage ihn, warum er vor mich gebracht sei. Lächelnd und artig erwidert er: Herr, es würde mich freuen, von euch den Grund zu erfahren!

Ich: Ihr seid angeklagt, ein Ketzer zu sein und anders zu glauben und zu lehren als die heilige Kirche.

Angeklagter (indem er seine Augen gen Himmel erhebt und eine Miene gläubiger Frömmigkeit annimmt): O Gott, du weißt, daß ich dessen unschuldig bin und daß ich niemals irgendeinen anderen Glauben bekannt habe als den des wahren Christentums.

Ich: Ihr nennt euren Glauben christlich, weil ihr unseren für falsch und ketzerisch anseht; aber ich frage euch, ob ihr jemals einen anderen Glauben für ebenso wahr gehalten habt als den, welchen die römische Kirche für wahr hält.

A.: Ich glaube den wahren Glauben, den die römische Kirche glaubt, und den ihr uns öffentlich lehrt.

Ich: Vielleicht leben einige von eurer Sekte in Rom. Diese nennt ihr die römische Kirche. Wenn ich predige, so rede ich von vielen Dingen, von denen einige uns beiden gemeinsam sind, z. B. daß es einen Gott gibt, und ihr glaubt etwas von dem, was ich predige. Nichtsdestoweniger könnt ihr ein Ketzer sein, weil ihr andere Dinge glaubt als die, welche geglaubt werden müssen.

A.: Ich glaube alles, was ein Christ glauben muß.

Ich: Ich kenne eure Schliche. Was die Mitglieder eurer Sekte glauben, das haltet ihr für das, was ein Christ glauben muß. Aber wir verlieren Zeit bei diesem Wortstreite. Sagt einfach: Glaubt ihr an den Einen Gott, den Vater, den Sohn und den hl. Geist?

A.: Ich glaube es.

Ich: Glaubt ihr an Jesum Christum, geboren aus der Jungfrau, der gelitten hat und auferstanden und aufgefahren ist gegen Himmel?

A. (freudig und schnell): Ich glaube.

Ich: Glaubt ihr, daß bei der von dem Priester celebrierten Messe das Brot und der Wein durch göttliche Kraft in den Leib und das Blut Jesu Christi verwandelt werden?

A.: Sollte ich das nicht glauben?

Ich: Ich frage nicht, ob ihr das nicht glauben sollt, sondern ob ihr es glaubt.

A.: Ich glaube alles, was ihr und andere gute Doktoren mir zu glauben vorstellt.

Ich: Diese guten Doktoren sind die Lehrer eurer Sekte; wenn ich mit ihnen übereinstimme, glaubt ihr auch mir; wenn nicht, nicht.

A.: Ich glaube gern wie ihr, wenn ihr mich lehrt, was gut für mich ist.

Ich: Ihr haltet es für gut, wenn ich dasselbe lehre, was eure anderen Lehrer auch lehren. Sage also, glaubst du, daß der Leib unseres Herrn Jesu Christi auf dem Altare ist?

A. (schnell): Ich glaube es.

Ich: Ihr wisset, daß ein Leib da ist, und daß alle Leiber von unserem Herrn sind. Ich frage euch, ob der Leib, der dort ist, der Leib des Herrn ist, der geboren war von der Jungfrau Maria, der am Kreuze gehangen hat, der von den Toten auferstanden und gen Himmel aufgefahren ist usw.?

A.: Und ihr, Herr, glaubt ihr es nicht?

Ich: Ich glaube es durchaus.

A.: Ich glaube es ebenso.

Ich: Ihr glaubt, daß ich es glaube; aber ich frage euch nicht darnach; ich frage euch vielmehr, ob ihr es glaubt?

A.: Wenn ihr alle meine Worte in anderer als in klarer und einfacher Weise auslegen wollt, dann weiß ich nicht mehr, was ich sagen soll. Ich bin ein einfacher und unwissender Mann. Ich bitte euch, mir keine Schlinge aus meinen eigenen Worten zu machen.

Ich: Wenn ihr einfach seid, so antwortet mir einfach ohne Ausflüchte.

A.: Gerne.

Ich: Wollt ihr also schwören, daß ihr nie etwas gelernt habt, was dem Glauben, den wir für wahr halten, widerspricht?

A. (erbleichend): Wenn ich schwören muß, so schwöre ich gerne.

Ich: Ich frage nicht, ob ihr schwören müßt, sondern ob ihr schwören wollt.

A.: Wenn ihr mir befehlt zu schwören, will ich schwören.

Ich: Ich will euch nicht zwingen, zu schwören, weil ihr, da ihr Eide für ungesetzlich haltet, mir, der ich euch zwang, die Sünde zuschieben würdet; aber wenn ihr schwören wollt, will ich euren Eid entgegennehmen.

A.: Warum soll ich schwören, wenn ihr es mir nicht befehlt?

Ich: Damit ihr den Verdacht, ein Ketzer zu sein, von euch abwälzet.

A.: Mein Herr, ich weiß nicht, wie ich schwören soll, wenn ihr es mich nicht lehret.

Ich: Wenn ich zu schwören hätte, so würde ich meine Hand aufheben, meine Finger ausstrecken und sagen: So wahr mir Gott helfe, habe ich nie Ketzerei kennengelernt, noch etwas geglaubt, was im Widerspruch steht zum wahren Glauben. –

Alsdann stottert er, als ob er die Formel nicht wiederholen könnte, so daß kein förmlicher Eid herauskommt und man doch glaubt, er habe geschworen. Oder er verdreht die Worte so, daß er gleichfalls nur scheinbar schwört. Oder er verwandelt den Eid in eine Gebetsformel z. B.: ›Gott helfe mir, daß ich kein Ketzer bin!‹ Gefragt, ob er geschworen habe, wird er sagen: ›Hörtet ihr mich nicht schwören?‹ Wird er dann weiter hart gedrängt, so fängt er an, an das Mitleid des Richters zu appellieren, indem er spricht: ›Mein Herr, wenn ich in etwas Unrecht getan habe, so will ich gern die Buße tragen; nur helft mir, von einer Anklage mich zu reinigen, der ich aus Bosheit und ohne mein Verschulden preisgegeben wurde.‹ Aber ein energischer Inquisitor darf nicht zugeben, daß in solcher Weise auf ihn eingewirkt wird; er muß vielmehr entschlossen vorgehen, bis er solche Leute entweder zum Geständnisse ihres Irrtums oder zur öffentlichen Abschwörung der Ketzerei veranlaßt, so daß sie, wenn sich später herausstellt, daß sie falsch geschworen haben, ohne weiteres Verhör dem weltlichen Arme überliefert werden können. Wenn jemand darin einwilligt, zu schwören, daß er kein Ketzer sei, so sage ich zu ihm: ›Wenn ihr nur schwören wollt, um dem Scheiterhaufen zu entgehen, so wird weder ein Eid, noch zehn, noch hundert, noch tausend genügen, weil ihr euch gegenseitig von einer gewissen Zahl von Eiden, die ihr in der Zwangslage geleistet habt, dispensiert; ich werde daher unzählige Eide fordern. Außerdem werden eure Eide, wenn ich, wie ich glaube, Beweise wider euch besitze, euch nicht vor dem Feuertode bewahren. Ihr werdet nur euer Gewissen beflecken, ohne dem Tode entgehen zu können. Wenn ihr dagegen einfach euren Irrtum bekennt, könnt ihr Gnade finden!‹«[20]

Es ist natürlich, daß ein so oder ähnlich geführtes Verhör sowohl einen der Häresie Schuldigen als auch einen völlig unschuldigen Menschen, der in die Netze des Inquisitors geraten war, irreführen und verwirren mußte. Aber es gelang bei weitem nicht immer, nur mit Hilfe eines derartigen Gespräches, und sei es noch so listenreich und kunstfertig, ein Geständnis zu erlangen. In diesem Falle setzte man andere Mittel ein, die nicht weniger wirksam waren: Lüge, Betrug und Einschüchterung – alle darauf berechnet, die Persönlichkeit des Beschuldigten zu zerbrechen, ihn in eine Sackgasse zu jagen, in ihm das Gefühl der Verlorenheit zu erzeugen. Um den gewünschten Erfolg zu erzielen, scheute der Inquisitor oft auch vor direkten Fälschungen nicht zurück. Ohne irgendwelche Beweise zu haben, behauptete er plötzlich, daß das Verbrechen des Beschuldigten bewiesen und durch die Angaben zahlreicher Zeugen erhärtet sei, darunter auch durch Aussagen seiner Mitbürger, Nachbarn, Verwandten und Bekannten; der Beschuldigte könne dem Scheiterhaufen nur entkommen und seine Angehörigen und Freunde davor bewahren, wenn er ein volles und ehrliches Schuldgeständnis ablege.

---

[20] *Lea, H. Ch.*, a. a. O., Bd. I, S. 459–462; Bernard Gui, Manuel de l'Inquisiteur, a. a. O., Bd. 1, S. 64–71.

Um den Gefangenen zu den erforderlichen Aussagen zu bewegen, wurden oft in die Gefängniszelle erprobte Agenten der Inquisition eingeschleust, die sich als Gesinnungsgenossen des Häftlings ausgaben, sein Vertrauen zu gewinnen suchten und bestrebt waren, entweder neue Beweise seiner Schuld von ihm zu erhalten oder ihn zu einem Geständnis zu bewegen. Wenn das nicht zum Erfolg führte, benutzte man zu diesem Zweck auch Frauen und Kinder, deren Tränen und Bitten ihn gefügig machen sollten. »Abwechselnd versuchte man es mit Drohungen und Schmeicheleien«, schreibt Lea. »Man brachte ihn aus seinem abscheulichen, übelriechenden Gefängnis in ein anderes Quartier, wo er besser gepflegt und freundlich behandelt wurde, um zu sehen, ob seine Entschlossenheit durch den Wechsel von Hoffnung und Verzweiflung gebrochen werden könne. Als ein Meister in der Kunst, mit dem menschlichen Herzen zu spielen, ließ der geschulte Inquisitor kein Mittel ungenutzt, das ihm in dem Kampfe zwischen ihm und dem seinen Experimenten ausgesetzten, hoffnungslosen Unglücklichen den Sieg versprach.«[21]

Die Inquisitoren hatten noch eine Menge anderer »humaner« Mittel zur Verfügung, um den Willen ihres Opfers zu brechen. Sie konnten den Häftling jahrelang ohne Gerichtsurteil im Gefängnis halten und ihm so den Eindruck vermitteln, er sei lebendig begraben. Die Inquisitoren geizten nicht mit der Zeit; sie konnten warten. Zuweilen spielten sie einem ihrer Kerkerinsassen ein »Gericht« vor in der Hoffnung, daß das Opfer nach dem Fällen eines vorgetäuschten Todesurteils in einem Verzweiflungsausbruch etwas »ausplaudern« würde. Sie konnten dieses auch, wie in Venedig, in Zellen mit beweglichen Wänden unterbringen, die sich täglich um einige Zentimeter vorbewegten und dem Gefangenen das Gefühl gaben, er würde bald von ihnen erdrückt; oder sie benutzten Zellen, die sich allmählich mit Wasser füllten. Sie konnten den Häftling darüber hinaus mit Hunger oder Durst quälen bzw. ihn in feuchte, dunkle, übelriechende Keller sperren, wo Ratten und Ungeziefer sein Leben zur Hölle machten. Die Gefängnisse der Inquisition, schreibt H. Ch. Lea, waren »im besten Falle Wohnstätten furchtbaren Elendes; falls indessen Grund vorlag, ihre Schrecken noch zu vermehren, machte auch die Steigerung keine Schwierigkeit. Der ›durus carcer et arcta vita‹[22] – Ketten und Hungerqual in einem finstern, engen Loche – war ein beliebtes Mittel, um Geständnisse von widerwilligen Lippen zu erpressen.«[23]

[21] *Lea, H. Ch.,* a. a. O., Bd. I, S. 467.

[22] Ein hartes Gefängnis und ein schweres Leben.

[23] *Lea, H. Ch.,* a. a. O., Bd. I, S. 469 f.

Die Folter

Alle diese zahlreichen Mittel brachten in der Regel das gewünschte Resultat, und viele Häftlinge der Inquisition bekannten letztlich nicht nur ihre wirklichen, sondern auch vermeintliche oder erdachte Verbrechen gegen den Glauben. Viele, aber nicht alle! Dabei war es in der Regel so: Je schwerer die Anklage, um so schwerer war es auch für den Inquisitor, ein Geständnis zu erzielen. Aber er benötigte außer dem Geständnis auch noch die Angabe der Mitschuldigen sowie der Gesinnungsgenossen und schließlich die Lossagung von den »sündhaften Verirrungen« und die Wiederversöhnung mit der Kirche. All das aber war noch schwerer zu erhalten als das Geständnis.

Wenn die Inquisitoren zu dem Schluß gelangt waren, daß es unmöglich sei, mit Überredung, Drohung oder List den Beschuldigten gefügig zu machen, so schritten sie zur Gewaltanwendung, zur Folter. Dabei gingen sie von der Voraussetzung aus, daß die physischen Qualen den Verstand bedeutend effektiver »erhellten« als die moralischen. Die Anwendung der Folter seitens der Inquisition in vielen Ländern und während mehrerer Jahrhunderte ist einer der deutlichsten Beweise für die Unfähigkeit der Kirche, ihrer ideologischen Gegner mit rein theologischen Methoden, mit der Kraft der Überzeugung Herr zu werden. Heute schreiben die Kirchenhistoriker zur Rechtfertigung gelegentlich, daß die Folter ja nicht von den Theologen ausgedacht worden sei, sondern angeblich seit unvordenklichen Zeiten von den weltlichen Behörden angewandt wurde; die Kirche sei damals ihrer Ansicht nach nur deren Beispiel gefolgt. Diese Apologeten vergessen aber, daß ihre mittelalterlichen Vorläufer das menschliche Leben selbst als eine Qual, als eine Strafe für die Ursünde Adams und Evas ansahen und daß sie deshalb die Peinigung des vergänglichen Körpers um der Rettung der unsterblichen Seele willen als einen Akt der Barmherzigkeit gegenüber den Häretikern betrachteten.

Die heutigen Theologen, die die Anwendung der Folter mit dem Hinweis auf eine ähnliche Praxis der weltlichen Behörden zu verteidigen suchen, geben sich offensichtlich keine Rechenschaft darüber, daß sie damit den Mythos vom göttlichen Charakter der kirchlichen Institution selbst zerstören. Wo bleibt dieser nämlich, wenn sie zwecks Aufrechterhaltung ihrer Autorität zu Henkersdiensten, zu Quälereien und Folterungen ihrer Gegner Zuflucht nehmen muß!

Als im 18. Jh. alle fortschrittlichen Menschen Europas die Folter verurteilten, war es die Kirche, die weiterhin für sie eintrat. Die Anwendung von Gewalt gegen die Feinde der Kirche verteidigte noch Pius IX. in seinem berüchtigten »Syllabus«, von dem schon die Rede war.[24]

---

[24] Es handelt sich hier um den 24. Satz: »Ecclesia vim inferendae potestatem non habet, neque

Wenn auch die Folter von der kirchlichen Hierarchie bei den der Häresie Verdächtigen schon vor der Errichtung der Inquisitionstribunale angewandt wurde, so hat Innozenz IV. sie doch in seiner Bulle »Ad extirpanda« erst gesetzlich verankert. In dieser heißt es u. a., man müsse »alle gefangenen Häretiker als Verderber und Mörder der Seelen und Diebe der heiligen Sakramente und des christlichen Glaubens mit Gewalt – ohne jedoch die Glieder zu zerbrechen und das Leben zu gefährden – ... zwingen, ein klares Geständnis ihrer Fehler abzulegen und die ihnen bekannten anderen Häretiker preiszugeben, wie man ja auch die Diebe und Räuber weltlicher Dinge zwingt, ihre Komplizen zu nennen und die von ihnen verübten Verbrechen einzugestehen.«[25] Die folgenden Päpste bestätigten diese Bulle. Alexander IV. (1260), Urban IV. (1262) und Clemens IV. (1265) übertrugen auf die Inquisitoren alle Maßnahmen, die mit der Untersuchung und Verurteilung der Häretiker verbunden waren, darunter auch die Folter, die zu dem Zweck angewendet werden sollte, Geständnisse zu erpressen, die Glaubensgenossen zu verraten und der Häresie abzuschwören. Dabei wurde den Inquisitoren gestattet, persönlich bei der Folterung anwesend zu sein, d. h. diese zu leiten und den Gefolterten »peinlich« zu verhören.[26] Wenn in einigen Prozeßakten, insbesondere in den uns erhaltenen Urteilen von Prozessen, die Anwendung der Folter vielfach nicht erwähnt wird, so bedeutet das nicht, daß man sich ihrer nur in Ausnahmefällen bediente. Der klerikale Inquisitionshistoriker E. Vacandard muß selbst zugeben, daß das Fehlen von Hinweisen auf die Folter in manchen Protokollen dadurch zu erklären ist, daß die Aussagen, die unter ihrer Einwirkung gemacht wurden, als ungültig angesehen wurden, wenn sie der Beschuldigte am folgenden Tage nicht »freiwillig« bestätigte. Nur diese Bestätigung wurde aber im Protokoll registriert – mit dem Zusatz, daß sie freiwillig, ohne Drohung und Gewaltanwendung, erfolgte.[27] Häufig wurden in solchen Fällen vorhergegangene Aussagen, die unter der Folter gemacht worden waren, einfach vernichtet.

Die Folterungen, die von der Inquisition gegen ihre Opfer angewendet wurden, riefen überall Schrecken und Empörung hervor, und die Kirche sah sich schließlich gezwungen, diesem Umstand Rechnung zu tragen. Aber die Synoden und die

---

potestatem ullam temporalem directam vel indirectam.« Vgl. dazu *Goetz, L. K.*, Der Ultramontanismus als Weltanschauung auf Grund des Syllabus quellenmäßig dargestellt, Bonn 1905, S. 124 ff.; *de Luca, M.*, Praelectiones Juris Canonici, 5 Bde., Rom 1897/98, Nr. 47; Institutiones Juris Ecclesiastici publici, 2 Bde., Rom 1901; *Döllinger, F.*, Das Papsttum, München 1892, S. 266, 515; *Martens, W.*, Die Beziehungen der Überordnung, Nebenordnung und Unterordnung zwischen Kirche und Staat, Stuttgart 1877, S. 384 ff.

[25] *Shannon, A. Ch.*, a. a. O., S. 85.

[26] *Vacandard, E.*, a. a. O., S. 110 f.

[27] Ebenda, S. 112 f.

römischen Päpste sprachen sich nicht für deren Abschaffung aus, sondern verlangten nur Folterungen mit »Garantie für die Gerechtigkeit«.

So setzte das Ökumenische Konzil von Vienne im Jahre 1311 bei Bestätigung der von Clemens V. ausgearbeiteten »Reform« der Inquisition fest, daß die Folter nur mit Zustimmung des Bischofs eingesetzt werden dürfe. Aber diese Bedingung erleichterte durchaus nicht das Los des Opfers. Die Macht des »heiligen Tribunals« war nämlich so groß und die von ihm ausgehende Furcht so stark, daß die Bischöfe willig alle Handlungen der Inquisitoren guthießen. Handelten diese doch im Interesse der Kirche, d. h. der Bischöfe selbst, deren Autorität und Macht sie verteidigten – wenn auch mit grausamen, so doch, wie ihnen schien, mit wirksamen und darum gerechten Mitteln! Die Bischöfe konnten den Inquisitoren dankbar dafür sein, daß diese die schmutzige Arbeit für sie erledigten. Sie arbeiteten deshalb mit ihnen meist loyal und oft sehr eng zusammen.

Andere Bestimmungen besagten, daß die Folter »maßvoll« angewendet werden sollte und nur einmal bei einem Angeklagten. Aber die Inquisitoren umgingen solche Einschränkungen ohne große Mühe mit Hilfe der Kasuisten und mit schweigender Billigung des päpstlichen Stuhls. Um z. B. die Zustimmung des Bischofs zur Folterung nicht einholen zu müssen, erklärten sie, daß die Bestimmungen der Synode von 1311 sich nur auf die Angeklagten, nicht aber auf die Zeugen bezögen, diese also nach eigenem Ermessen gefoltert werden könnten. »Und das wurde zur festen Regel«, schreibt H. Ch. Lea.[28] »Es bedurfte nur noch eines weiteren Schrittes, um zu zeigen, daß der Angeklagte, nachdem er durch Beweis überführt worden sei oder in bezug auf sich ein Geständnis abgelegt habe, selbst ein Zeuge werde bezüglich der Schuld seiner Freunde und daher nach Belieben gefoltert werden könne, um sie zu verraten. Selbst wenn die Clementinischen Verordnungen beachtet wurden (bezüglich des Angeklagten, J. G.), setzte übrigens der Termin von acht Tagen den Inquisitor in Stand, selbständig vorzugehen, nachdem er diesen Termin abgewartet hatte.«[29] Was man unter dem Terminus »maßvolle« Folter zu verstehen hatte, entschieden übrigens die Inquisitoren selbst. Diese aber waren der Ansicht, daß man die Beklagten rechtmäßig so lange foltere, bis sie von ihnen die notwendigen Hinweise erhalten hatten; nur danach war die Fortsetzung der Folter eine »nicht gerechtfertigte« Grausamkeit.

Ebenso einfach wurde die Bestimmung über die nur einmalige Anwendung der Folter umgangen. Die Inquisitoren erklärten eine Folterung oft für »nicht beendet« bzw. »unterbrochen« und erneuerten sie nach eigenem Gutdünken so lange, bis das

---

[28] *Lea, H. Ch.*, a. a. O., Bd. I, S. 475.

[29] Ebenda.

Opfer das erforderliche Geständnis abgelegt oder die gewünschten Angaben gemacht hatte; sie hörten dann nur auf, wenn sie sich davon überzeugt hatten, daß es eine weitere Folterung nicht mehr lebend überstand. Der Beschuldigte, der eine »hinreichende« Folter ohne Aussage durchhielt, mußte nach Ansicht einiger Autoritäten freigesprochen werden; andere dagegen hielten es für erlaubt, ihn wiederum ins Gefängnis zurückzuführen und weiterhin festzuhalten als hartnäckigen Ketzer.[30] Nicht weniger Erbitterung rief bei den Inquisitoren auch ein Beschuldigter hervor, der die unter der Folter erpreßten Aussagen später widerrief bzw. sich weigerte, sie »freiwillig« zu bestätigen. Derart Unbußfertige galten als »rückfällig«, und die Folter wurde »fortgesetzt« – unter der Voraussetzung, daß sie vorher »nicht genügend« gefoltert worden seien –, bis man von ihnen den »Widerruf ihres Widerrufs« erlangt hatte.[31]

Die Inquisition war bestrebt, mit dem Mantel der strengen Verschwiegenheit alle ihre Verbrechen zu bedecken. Ihre Mitarbeiter mußten eidlich geloben, ihre Geheimnisse zu wahren. Dasselbe verlangte man von den Opfern. Wenn ein mit der Kirche Wiederversöhnter entlassen wurde, nachdem er seine Strafe verbüßt hatte, und er wagte zu behaupten, das Schuldgeständnis und die »Reue« seien ihm durch die Folter und ähnliche Zwangsmittel abgepreßt worden, so konnte man ihn zum rückfälligen Ketzer erklären und auf dieser Grundlage exkommunizieren sowie auf den Scheiterhaufen bringen.

Bevor man einen Beschuldigten dem Folterknecht übergab, verlas ihm der Inquisitor folgende Warnung: »Wir, durch Gottes Gnade Inquisitor, ... haben sorgfältig die Materialien des Prozesses, der gegen dich angestrengt wurde, studiert; wir sehen, daß du dich in deinen Antworten verstrickt hast und daß genügend Beweise deiner Schuld vorliegen, und wünschen, aus deinem eigenen Munde die Wahrheit zu hören, und damit wir die Ohren deiner Richter nicht weiter ermüden, bestimmen, erklären und beschließen wir, an dem und dem Tage zu dieser Stunde die Folter anzuwenden.«[32]

Dann unterzog man den Beschuldigten einer Prozedur der Abschreckung. Man machte ihn mit den Folterwerkzeugen bekannt und bereitete ihn psychologisch auf die bevorstehende Folterung vor. Die Inquisitoren, vor denen während der Zeit der Befragung stets die Bibel lag, wandten sich an das Opfer – ohne ihre Stimme zu erheben und ohne irgendwelche Beleidigungen auszusprechen; sie forderten es zur

---

[30] Ebenda, S. 477 ff. *Lea* bemerkt hier, daß Eymeric, der das Recht des Angeklagten auf Freispruch nach hartnäckigem Schweigen vertritt, völlig vereinzelt dastehe.

[31] Ebenda, S. 478.

[32] Le Manuel des Inquisiteurs, a. a. O., S. 78.

Reue, Demut, Vernunft und Wiederversöhnung mit der Kirche auf und versprachen ihm dafür Vergebung und ewiges Heil.

Die Inquisitoren, die die Kirche, »die Mutter aller Leidenden«, vertraten, behaupteten, im Interesse der Beschuldigten zu handeln – im Interesse der Rettung ihrer Seelen. Von diesen edlen Erwägungen ausgehend, waren sie sozusagen gezwungen, die Ketzer entschieden, erbarmungslos und ohne Mitleid zu bestrafen. Aber diese Strafen waren in ihren Augen kein Übel, sondern ein »rettendes Heilmittel«, »Öl für die Seelenwunde«, worunter sie die häretischen Ansichten der Ketzer verstanden.[33] Die Inquisition, so behaupteten die Theologen, rächte nicht, sondern rettete; sie bestrafte nicht, sondern rang dem Teufel die menschliche Seele ab; sie verfolgte nicht, sondern heilte die Seelen der verirrten Schafe der Kirche. Die Inquisition war in den Beschreibungen der Theologen kein dunkler Kerker mit Henkern und Folterwerkzeugen, sondern ein Wohltätigkeitsinstitut, eine Soforthilfe der Kirche, bestrebt, den Sünder zu retten, der den einzig wahren Glauben herausgefordert hatte. »Diejenigen, welche gegen ihre freundlichen Bemühungen verstockt waren, zeigten sich undankbar und ungehorsam dort, wo Undankbarkeit und Ungehorsam zu den verabscheuungswürdigsten Verbrechen zählten. Sie waren Vatermörder, denen eine Gnade zuteil wurde dadurch, daß man sie zum Gehorsam zurückführte, und deren Sünden nur durch die schärfsten Leiden gesühnt werden konnten.«[34]

Das Instrumentarium der Folterkammer war ziemlich einförmig: die Folterbank, das »Pferd«, die Geißel. Häufig wurden auch die Häftlinge durch Wasser, Hunger und Durst gequält. Nach der Folter behandelte ein Arzt die Wunden, denn zum Scheiterhaufen mußte der Ketzer unversehrt geführt werden. Aber dadurch daß das »Sortiment« an Instrumenten begrenzt war und daß die Folter unter solch »ehrenwerten« Umständen verlief, wurde die Lage der Gefangenen der Inquisition nicht weniger schwierig.

Um sich zu retten, mußten sie zunächst einmal sich der ihnen zur Last gelegten Verbrechen schuldig bekennen, darauf die ihnen bekannten oder vermeintlichen Gesinnungsgenossen preisgeben. Erst dann wurde es ihnen erlaubt, der Häresie abzuschwören und sich wieder mit der Kirche zu versöhnen. Wenn sie das alles willig und mit Eifer getan hatten, konnten sie mit einer verhältnismäßig milden Strafe rechnen; wenn aber die Inquisitoren sie nur nach langer »Bearbeitung« dazu bringen konnten, erwartete sie eine harte Strafe.

---

[33] *Lea, H. Ch.*, a. a. O., Bd. I, S. 513.

[34] Ebenda, S. 515.

Das Urteil

Nehmen wir an, die Untersuchung sei abgeschlossen. Die Inquisitoren haben den Sieg über ihr Opfer erlangt oder eine Niederlage erlitten. Im ersten Fall hatte der Angeklagte die geforderten Aussagen gemacht, sich schuldig bekannt, der Häresie abgeschworen und sich mit der Kirche versöhnt. Im zweiten Fall hatte er seine Unschuld hartnäckig verteidigt oder aber sich als Ketzer bekannt, ohne der Ketzerei abzusagen und Reue zu zeigen. Nun mußte das Inquisitionstribunal das Urteil fällen, welches diesen wie jenen auf entsprechende Weise bestrafte.

Als die Kirche die Inquisition ins Leben rief, berief sie sich ständig auf die Bibel, auf Thomas von Aquino sowie die anderen theologischen Autoritäten, um zu beweisen, daß sie das Recht besitze, nicht nur mit geistlichen, sondern auch mit »körperlichen« Strafen die in Fragen des Glaubens schuldig gewordenen Schafe zu belegen. Innozenz III. begründete in seinem Schreiben vom 25. März 1199 an die Richter der Stadt Viterbo die Notwendigkeit einer harten Bestrafung der Ketzer mit folgenden Argumenten: »Nach zivilem Gesetz werden Majestätsverbrecher mit dem Tode bestraft und ihre Güter beschlagnahmt ... Mit wieviel mehr Grund müssen die, welche den Glauben verraten, Jesus, den Sohn Gottes, beleidigen, von der christlichen Gemeinschaft abgetrennt (exkommuniziert) und ihrer Güter beraubt werden; denn es ist unendlich schwerwiegender, die göttliche als die menschliche Majestät zu beleidigen.«[35]

Allerdings versuchte die Kirche, als sie für sich das Recht der Bestrafung der Ungehorsamen in Anspruch nahm, dieses heuchlerisch mit dem Deckmantel der Barmherzigkeit zu umkleiden; so heißt es in einer Bestimmung des Trienter Konzils (1545–1563), die die Bischöfe auffordert, schonungslos ihre Untertanen für den Abfall vom Glauben zu bestrafen, gleichzeitig, daß sie ihnen mit »Liebe und Langmut« begegnen sollten. Hier der Text dieser ihrem Geiste nach ganz jesuitischen Bestimmung, die als Bestandteil in den späteren Codex des kanonischen Rechts eingegangen ist (§ 2214): »Die Bischöfe und die übrigen Prälaten sollen bedenken, daß sie Hirten sind und nicht Henker; sie sollen ihre Untergebenen leiten, nicht über sie herrschen, sondern sie lieben, wie es sich Kindern und Brüdern gegenüber geziemt. Sie sollen mit Aufrufen und Warnungen sie vom Bösen zurückhalten, um sie nicht mit gerechten Strafen belegen zu müssen, wenn sie sich vergangen haben. Und wenn es trotzdem geschieht, daß sie wegen der menschlichen Schwäche Fehler begehen, so sollen sie sie bessern mit Hilfe von Überzeugung und heißen Bitten, wie der Apostel lehrte, indem sie Güte und Geduld an den Tag legen. Denn Güte und

[35] Zitiert nach *Lecler, J.*, Geschichte der Religionsfreiheit im Zeitalter der Reformation, Bd. 1, S. 155.

Wohlwollen bringt in den meisten Fällen größeren Nutzen als Strenge, der Aufruf zur Besserung mehr als die Drohung, die Mildherzigkeit mehr als Gewalt. Wenn aber die Schwere des Verbrechens eine Bestrafung erfordert, so muß man Festigkeit mit Sanftmut, Gerechtigkeit mit Mitgefühl, Strenge mit Barmherzigkeit anwenden, damit, ohne starke Kontraste zu schaffen, die Disziplin gewahrt bleibe, die den Völkern so nützlich und notwendig ist, und damit die, die bestraft werden, sich bessern. Wenn sie dieses aber nicht wünschen, so soll die Strafe, die über sie verhängt wird, den andern als Mittel der Gesundung dienen und sie von ihren sündigen Taten abhalten.«[36]

So etwas wurde in der Mitte des 16. Jh. geschrieben, als die Scheiterhaufen der Inquisition noch in Spanien, Portugal und anderen Ländern flammten, in denen die katholische Kirche ihre herrschende Position gewahrt hatte ...

Eigentlich schloß der Inquisitor wie jeder andere Geistliche die Übertreter der kirchlichen Gesetze vom Gottesdienst, zumindest vom Sakramentsempfang, aus und belegte sie mit anderen Kirchenstrafen. Aber es bestand ein wesentlicher Unterschied zwischen ihm und den übrigen Geistlichen. Diese verfügten nicht über die Mittel der Gewalt und des Zwanges, und deshalb machte ihre Verurteilung nicht den erforderlichen Eindruck auf die Abgefallenen. Anders die des Inquisitors, der nicht nur über eine unbegrenzte Macht über den Leib und die Seele seiner Opfer gebot, sondern auch über die notwendigen Mittel verfügte, die diese Macht effektiv werden ließen. Die Exkommunikation, die von ihm ausgesprochen wurde, implizierte den Scheiterhaufen, im günstigsten Falle aber langdauernde Haft und den Verlust des Vermögens, ganz zu schweigen von den moralischen und physischen Qualen, mit deren Hilfe die Meister der »heiligen Sache« nicht nur den Körper verstümmelten, sondern auch die Seelen ihrer zahllosen Opfer schändeten.

Obwohl der Beschuldigte formal die Möglichkeit besaß, sich einen Verteidiger zu nehmen, wie das Eymeric behauptet, war diese Hilfe in der Praxis ausgeschlossen, da der Verteidiger des Ketzers dadurch selbst der Ketzerei verdächtigt werden und von der Inquisition verhaftet und verurteilt werden konnte. Er konnte seinem Klienten dadurch auch schaden, da sie ihn als Zeugen vor Gericht ziehen und unter der Folter zwingen konnten, über die wahren Ansichten des Beschuldigten, seine Angehörigen und Freunde auszusagen und Dokumente herauszugeben, die das Opfer zu kompromittieren vermochten.

In Spanien wurde der Verteidiger von der Inquisition selbst ernannt. In Wirklichkeit aber war er gar kein Verteidiger, sondern ein Mitarbeiter der Inquisition, der mithelfen mußte, den Beschuldigten zu überführen. Das muß sogar der Jesuit

---

[36] Código de Derecho Canonico y Legislación complementaria, Madrid 1950, S. 795 f.

Bernardino Llorca eingestehen: »Es ist völlig verständlich, daß der Verteidiger als Advokat der Krone, der in Wirklichkeit zum Stab der Mitarbeiter der Inquisition gehörte, sich bei seinem Vorgehen von den gleichen Prinzipien leiten ließ wie das ›heilige Tribunal‹, obwohl er die Interessen des Angeklagten zu vertreten hatte und alles benutzte, was dessen Schicksal erleichtern konnte. Wenn sich also die Schuld des Angeklagten erwies, stellte der Verteidiger seine Arbeit ein, denn sein Ziel war letzten Endes genau das gleiche wie das der Inquisitoren: die Verfolgung der Häresie. Außerdem war aus dem gleichen Grunde einer seiner ersten Ratschläge für den Angeklagten der, wahrhaftige Aussagen zu machen und sich der Häresie schuldig zu bekennen, deren man ihn bezichtigte.«[37] Auch die Unwissenheit schützte den Beschuldigten nicht vor Strafe, denn wie Bernard Gui betonte, war sie ein Abkömmling des »Vaters der Lüge«, d. h. des Teufels, und mußte deshalb bestraft werden. Geistige Verwirrung und Trunksucht konnten das Schicksal des Opfers allerdings erleichtern, aber in dem einen wie dem anderen Fall mußte es den Anklagepunkten zustimmen, d. h. seine Schuld bekennen, wenn es dem Scheiterhaufen entgehen wollte. Selbst wer sich durch Selbstmord dem Urteil zu entziehen suchte, konnte diesem nicht ausweichen: der Selbstmord wurde als Schuldgeständnis gewertet. Noch weniger Chancen auf einen Freispruch hatten die, die »in absentia« oder »post mortem« von der Inquisition gerichtet wurden. Überhaupt pflegte die Inquisition ihre Opfer niemals zu rechtfertigen. Im günstigsten Falle lautete ihr Urteil, daß die Anklage »nicht erwiesen« sei; das aber bedeutete, daß sie sich in Zukunft noch erweisen konnte. Ein solches Urteil konnte nicht als Hindernis für einen neuen Prozeß gegen das gleiche Opfer dienen. Bisweilen wurden solche »Freigesprochenen« nur gegen eine Kaution entlassen und verpflichtet, täglich vor den Toren der Inquisition zu erscheinen und »vom Frühstück bis zum Mittagessen sowie vom Mittagessen bis zum Abendessen« dort zu stehen für den Fall, daß dem Tribunal neue Beweisstücke bekannt würden und man sie von neuem hinter Gitter setzen mußte.

Der Franziskanermönch Bernhard Délicieux war durchaus im Recht, wenn er zu Beginn des 14. Jh. in Anwesenheit des französischen Königs Philipp des Schönen erklärte, daß die Inquisition bei dem jetzt herrschenden System selbst die Heiligen Petrus und Paulus der Häresie anklagen könnte, ohne daß sie die Möglichkeit hätten, sich zu verteidigen. Nie würden nämlich konkrete Beschuldigungen vorgetragen, nie mache man mit den Namen der Zeugen und mit deren Aussagen bekannt. »Wie«, ruft Bernhard aus, »würden sich alsdann die Apostel verteidigen wollen, zumal da jeder, der ihnen beizustehen wünscht, sich einer Anklage als

---

[37] *Llorca, B.*, a. a. O., S. 210.

Begünstiger der Ketzerei aussetzt?« H.Ch. Lea, der dieses Zitat anführt, fügt dann hinzu: »So war es in der Tat. Das Opfer wurde in ein Netz gezogen, aus dem es kein Entrinnen gab, und seine krampfhaften Bemühungen, daraus zu entkommen, verstrickten es nur noch mehr darin.«[38]

Die Inquisition handelte auf der Grundlage der teilweise widersprüchlichen und unklaren Anweisungen der römischen Päpste und der Bestimmungen der Synoden. Wie wir schon erwähnten, stellten einige Inquisitoren für ihre Kollegen Leitfäden zusammen – so etwas wie einen Verfahrenskodex. In Spanien gaben alle Großinquisitoren, angefangen von Torquemada, Instruktionen heraus, die die Tätigkeit des »heiligen Tribunals« regeln sollten, und erteilten Antworten auf Anfragen der Inquisitoren in den Provinzen und Kolonien. Das Fehlen einer klaren Gesetzgebung brachte für die Tätigkeit der Inquisitoren eine große Freiheit mit sich, was sich auch in ihren Urteilen ausdrückte. Zum Unterschied von den weltlichen Gerichten trugen die Schuldsprüche der Inquisition, wenn es sich nicht um den Ausschluß aus der Kirche und folglich um den Scheiterhaufen handelte, durchaus mehrdeutigen Charakter. Der Inquisitor hatte das Recht, die im Urteil ausgesprochenen Strafen zu mildern, zu vergrößern oder zu erneuern. Mit einer solchen Androhung endete jedes Urteil. Deshalb konnte auch nach dessen Verkündung der Verurteilte nicht davon überzeugt sein, daß seine Leiden beendet seien, denn der Inquisitor durfte ihn in jedem beliebigen Augenblick zur erneuten Kirchenbuße oder zu weiterer Gefängnishaft verurteilen.

Die Urteile der Inquisition zeichneten sich gewöhnlich durch besondere Härte und Grausamkeit aus. Wie Lea bemerkt, war »die Sünde der Ketzerei ... zu schwer, als daß sie einfach durch Reue und Buße hätte gesühnt werden können. Wenn die Kirche auch alle ihre irrenden und reuigen Kinder in ihren Schoß zurückzukehren aufforderte, so wurde dem Sünder der Weg doch hart gemacht, und sein Vergehen konnte nur hinweggetilgt werden durch Bußen, die streng genug waren, um die Aufrichtigkeit seiner Gesinnung zu erproben.«[39]

Zu welchen Strafen verurteilte nun das Inquisitionstribunal seine »Schützlinge«? In erster Linie zu Kirchenbußen, angefangen von den »leichten« bis zu den »demütigenden und entehrenden« (confusibiles), dann zur gewöhnlichen oder erschwerten Gefängnishaft, zu den Galeeren und schließlich zum Ausschluß aus der Kirche und zur Übergabe an den weltlichen Arm, der den solchermaßen Exkommunizierten auf den Scheiterhaufen brachte. Nicht selten waren diese Bestrafungen begleitet von Auspeitschungen und von einer Konfiskation der Güter.

---

[38] *Lea, H.Ch.*, a.a.O., Bd. I, S. 503.

[39] Ebenda, S. 517.

Abb. 3
»Darstellung der Strafen«
Verbrennen, Hängen, Blenden, Rädern, Auspeitschen, Enthaupten, Handabhauen (Holzschnitt aus: Tengler, Laienspiegel, Mainz, Druck von Johann Schöffer, 1508).

Ein charakteristischer Zug des Inquisitionsgerichts war, daß für dieses kein mildernder Umstand existierte außer der vollständigen Unterwerfung des Beschuldigten unter den Willen seiner Henker. Die Synode von Narbonne aus dem Jahre 1244 wies die Inquisitoren ausdrücklich an, »daß, wenn nicht eine besondere Gnade von dem hl. Stuhle erwirkt werden könne, der Mann nicht wegen seiner Frau, die Frau nicht wegen ihres Mannes und die Eltern nicht mit Rücksicht auf ihre hilflosen Kinder geschont werden dürften und daß weder Krankheit noch Alter einen Anspruch auf Milderung geben solle.«[40]

Ein anderer Charakterzug des Inquisitionsgerichts war, daß auch die Kinder und Enkel des Verurteilten bestraft wurden, indem man sie des Erbrechtes und der Bürgerrechte beraubte. Nicolas Eymeric begründete dies mit folgenden Überlegungen: »Mitleid gegenüber den Kindern der Schuldigen, die gezwungen werden zu betteln, kann diese Strenge nicht mildern, denn nach den göttlichen und menschlichen Gesetzen tragen die Kinder die Strafe für die Sünden ihrer Eltern. Die Kinder der Häretiker, auch wenn sie Katholiken sind, sind von dieser Regel nicht ausgeschlossen, und man darf ihnen nichts (vom Eigentum des Vaters, J. G.) belassen, selbst nichts von dem, was ihnen nach natürlichem Recht zusteht.«[41] Es ist verständlich, daß eine derartige Strafe für die Inquisition außerordentlich vorteilhaft war; ersparte sie ihr doch Scherereien wegen Erbansprüchen oder Rückgabe der konfiszierten Güter.

Gewöhnliche Strafen, die von der Inquisition verhängt wurden – Gebete, Besuch von Kirchen, Fasten, strenge Befolgung kirchlicher Zeremonien, Pilgerfahrten zu den heiligen Stätten, Opfer für wohltätige Zwecke –, unterschieden sich von gleichartigen Maßnahmen, die durch die Beichtväter den Beichtkindern auferlegt wurden, dadurch, daß die Inquisition sie ihren Opfern gegenüber in »Pferdekur«-Dosierungen vornahm. Die strenge Befolgung der kirchlichen Zeremonien, das Hersagen von Gebeten (bisweilen wurde die Wiederholung der gleichen Gebete zehn- und mehrmal am Tage im Beisein von Zeugen vorgeschrieben), entkräftigendes Fasten, Geldopfer für wohltätige Zwecke, häufiger Besuch verschiedener »heiliger« Orte – alle diese Strafen wurden häufig ein und derselben Person auferlegt – gestalteten sich zu einer schweren Last, an der der Verurteilte oft jahrelang zu tragen hatte. Dabei drohten bei der kleinsten Nichtbefolgung dieser Kirchenbußen erneute Verhaftung und noch strengere Strafen. So verwandelten sie sich schließlich in wahrhafte »Heldentaten der Frömmigkeit« und waren nicht nur eine Qual für den Verurteilten, sondern führten ihn und seine Familie häufig in den Ruin.

40 Ebenda, S. 542.

41 Le Manuel des Inquisiteurs, a. a. O., S. 109.

Im 13. Jh. war eine sehr beliebte Strafe die zwangsweise Teilnahme an den Kreuzzügen; aber die Inquisitoren ließen bald hiervon ab, da sie befürchteten, daß die ehemaligen Ketzer die Kreuzfahrer »infizieren« würden.

Wenn schon die »leichten« Bußen so entnervend waren, kann man sich unschwer vorstellen, welche Last die »demütigenden« Strafen der Inquisition auf die Schultern ihrer Opfer legten. In solchen Fällen kamen zu den schon aufgezählten Widrigkeiten noch folgende hinzu: zunächst das Tragen von Schandzeichen, die erstmals vom heiligen Dominicus im Jahre 1208 eingeführt und von den späteren Inquisitoren »vervollkommnet« wurden; es waren zwei safranfarbige Leinwandstreifen, die in Form eines Kreuzes auf die Kleidung aufgenäht waren. In Spanien zog man dem Verurteilten ein gelbes ärmelloses Hemd an, das Abbildungen von Teufeln (als Symbol der Unbußfertigkeit) oder Feuerzungen aus rotem Stoff trug. Auf den Kopf setzte man ihm die Caroza als Schandmütze.

Die Schandzeichen mußten zu Hause, auf der Straße und bei der Arbeit getragen werden, häufig ein ganzes Leben lang; wenn sie abgenutzt waren, hatte man sie durch neue zu ersetzen. Die Besitzer eines solchen Zeichens waren Gegenstand ständigen Spottes seitens eines Teiles der Bevölkerung, obwohl die Synoden heuchlerisch die Gläubigen aufforderten, ihnen »mit Sanftmut und Mitleid« entgegenzukommen. Auf diese Weise kam es, wie H. Ch. Lea schreibt, zu dem seltsamen Widerspruch, »daß das Sinnbild der Erlösung, das die Kreuzfahrer und die Ritterorden mit solchem Stolz trugen, für die Bekehrten eine fast unerträgliche Strafe sein sollte; aber tatsächlich gab es, als die Kirche das Kreuz zu einem Zeichen der Sünde und Schande gemacht hatte, nur wenige Strafen, die man jener nicht vorgezogen hätte.« [42]

Unter den »demonstrativen« Bestrafungen, denen die Opfer der Inquisition unterzogen wurden, war auch die öffentliche Geißelung. Die Konzilien von Narbonne und Béziers aus den Jahren 1244 und 1246 erwähnen ebenso wie das von Tarragona aus dem Jahre 1242 die Geißelung unter den leichten Strafen, die für freiwillig und in der Gnadenfrist sich meldende Bekehrte festgesetzt waren. Aber sie war durchaus keine »leichte« Sache. Der bis zur Hüfte entblößte Sünder wurde in Gegenwart der Gemeinde vom Priester in der Kirche während des Gottesdienstes gegeißelt; die feierlichen Prozessionen mußte er im gleichen Aufzug begleiten, um bei jeder Station sowie am Ende ebenfalls öffentlich abgestraft zu werden; einmal im Monat, am ersten Sonntag, hatte er nach der Messe, in derselben Weise entblößt, jene Häuser zu besuchen, wo er »gesündigt«, d. h. wo er sich mit Ketzern getroffen hatte, um dort wiederum Rutenstreiche zu empfangen. Oft wurde der Verurteilte sein ganzes Leben

---

42 *Lea, H. Ch.*, a. a. O., Bd. I, S. 523.

lang solchen Prozeduren unterzogen. Erlassen konnte ihm eine solche Buße nur ein einziger, nämlich der gleiche, der sie ihm auferlegt hatte, der Inquisitor; und dieser tat das, wie wir sehen werden, nur unter bestimmten Bedingungen.

Die strengste Buße, die er jemandem auferlegen konnte, war der murus, die Gefängnishaft. Es gab hiervon drei Arten: das Strafgefängnis (murus strictissimus), wo man den Verurteilten in einer Einzelzelle mit Hand- und Fußketten gefangenhielt; die strenge Haft (murus strictus, durus, arctus), wo er ebenfalls in Einzelhaft mit Ketten an den Füßen – oder bisweilen auch an die Wand gekettet – gehalten wurde und vom Verkehr mit der Außenwelt abgeschlossen war; schließlich die mildere Form (murus largus), bei der die Gefangenen ohne Fesseln in gemeinsamen Räumen untergebracht wurden. In allen Fällen erhielten sie als Nahrung nur Wasser und Brot. Als Lager diente ihnen ein Armvoll Stroh; Kontakte mit der Außenwelt waren verboten. Eymeric schrieb, daß nur eifrige Katholiken die Häftlinge besuchen dürften, nicht aber Frauen und einfache Menschen, denn die Eingeschlossenen neigten dazu, rückfällig zu werden, und könnten leicht damit andere »anstecken«.[43]

Wenn der Eingekerkerte über geheime, von der Inquisition noch nicht entdeckte Mittel verfügte, so konnte er seine Gefängniswärter natürlich damit bestechen und sich auf diese Weise eine bessere Behandlung und sonstige Vergünstigungen verschaffen. Aber das war verhältnismäßig selten, da die Inquisitoren in Kenntnis der Bestechlichkeit der Aufseher diese sorgfältig beobachten und streng bestrafen ließen, wenn sie unerlaubter Beziehungen zu den Gefangenen überführt worden waren.

Es kam allerdings vor, daß sie als Gegenleistung für Verrat oder andere ihnen erwiesene Dienste, bisweilen aber auch einfach aus Mangel an Gefängnisraum, einige ihrer Opfer freiließen. Aber das bedeutete keine Amnestie oder gar Rehabilitierung der Verurteilten. Den Anweisungen des Papstes Innozenz IV. vom Jahre 1247 folgend, warnten die Inquisitoren bei einer solchen Freilassung den Häftling, daß er beim ersten Verdacht gegen ihn unverzüglich wieder eingekerkert und ohne jede Untersuchung hart bestraft werde. Das ganze Leben eines solchen ehemaligen Häftlings der Inquisition war nach den Worten Leas »für immer in die Hände seines schweigsamen und geheimnisvollen Richters gelegt, der ihn nicht zu hören brauchte und ohne Begründung vernichten konnte. So wandelte der Begnadigte ununterbrochen am Rande des Verderbens, beständig von einem Verhängnis bedroht, dessen Eintritt er weder wissen noch abwenden konnte. Er stand für immer unter Aufsicht der allgemeinen Polizei der Inquisition, des Pfarrpriesters, der Mönche, des

[43] Ebenda, S. 544.

Klerus, ja der ganzen Bevölkerung, denen allen es strenge eingeschärft war, von jeder Nachlässigkeit in der Buße oder von jedem verdächtigen Verhalten des Büßers unverzüglich Anzeige zu machen, eine Anzeige, die ihn sofort der furchtbaren Strafe des Rückfälligen preisgab. Für einen persönlichen oder geheimen Feind war natürlich nichts leichter, als einen solchen Unglücklichen zu vernichten, zumal da der Denunciant wußte, daß sein Name nie genannt werden würde. Gewiß muß man die Opfer des Scheiterhaufens und der Gefängnisse bemitleiden; aber ihr Schicksal war in Wirklichkeit kaum härter als das jener zahllosen Männer und Frauen, welche die Inquisition angeblich begnadigt hatte, deren Dasein aber von jener Stunde an kein anderes war, als das einer endlosen und hoffnungslosen Angst.«[44]

Im 13. Jh. befahlen die Inquisitoren bei der Verurteilung eines Häretikers, dessen Haus zu zerstören und dem Erdboden gleichzumachen. Aber mit der Zeit behielt das Streben, sich das Eigentum der Verurteilten anzueignen, die Oberhand, und die Inquisition ließ von solchen Vernichtungsaktionen ab. In den spanischen und portugiesischen Kolonien verurteilten die Inquisitoren ihre Opfer u. a. zur Zwangsarbeit, indem sie sie als billige Arbeitskräfte in den Klöstern verwendeten oder nach Spanien auf die Galeeren sandten, wo sie an die Ruderbänke angeschmiedet wurden.

Zum Unterschied von den weltlichen Gerichten, für die das Hinscheiden des Delinquenten seine Schuld sühnte, richtete und verfolgte die Inquisition nicht nur die Lebenden, sondern auch die Toten. Überhaupt erkannte das Inquisitionstribunal keinerlei Umstände an, die eine Schuld mildern konnten. Weder Geschlecht noch Alter, weder Verjährung noch der Tod retteten den Ketzer vor der Verurteilung. Die Inquisition verfuhr mit den Toten ebenso wie mit den Lebenden. Sie konnte einen kürzlich Verstorbenen ebenso wie einen längst Verschiedenen, ja hundert und mehr Jahre Begrabenen wieder vor Gericht ziehen. Als Begründung für die Eröffnung eines solchen Prozesses vermochte schon die Erklärung eines Denunzianten oder ein zu diesem Zweck eigens fabriziertes »entlarvendes« Dokument zu dienen. In solchen Fällen lautete das Urteil meist, die Überreste des Ketzers zu verbrennen und die Asche im Wind zu verstreuen, sein Eigentum aber seinen Erben zu entreißen und zu konfiszieren.

Oft wurden solche Prozesse mit dem einzigen Ziel angestrengt, das Vermögen des Opfers zu erhalten, denn die Inquisition zeigte oft ein noch größeres Interesse für den Besitz der ihr Verfallenen als für die »Rettung ihrer Seelen«. Die Tätigkeit der Inquisition verlief, wie H. Ch. Lea treffend bemerkt, in einem »wüsten Chaos von Räubereien«.[45]

---

44 Ebenda, S. 556.

45 Ebenda, S. 583.

Die Einziehung des Vermögens eines der Häresie Verdächtigen folgte unmittelbar nach seiner Verhaftung. Es wurde alles konfisziert, vom unbeweglichen Eigentum bis hin zum Hausinventar und zu den persönlichen Dingen des Inhaftierten. Infolgedessen hatte die Familie des Opfers oft weder Unterkunft noch Existenzmittel; Bettelei oder Hungertod erwartete sie, denn für die Unterstützung, die man ihr erwies, drohte unter Umständen die Beschuldigung einer Begünstigung der Häresie, so daß viele es unterließen, ihr zu helfen, um keine »Scherereien« zu bekommen.

Zu Beginn der Massenverfolgungen in Südfrankreich wurde ein Teil der konfiszierten Mittel zum Bau von Gefängnissen verwendet, deren es offensichtlich nicht genügend gab, um die wachsenden Bedürfnisse der Inquisition zu befriedigen. In dieser Periode »finanzierten« die Häretiker nicht nur die Errichtung der Zwangsanstalten, sondern nahmen auch unmittelbaren Anteil daran; das galt als besonderes Zeichen der Ergebenheit gegenüber der Kirche. In der Folgezeit wurden die konfiszierten Güter geteilt zwischen der Inquisition, den städtischen Behörden und dem Bischof. Die französische Krone und die Republik Venedig begannen mit der Zeit, die von der Inquisition zusammengeraubten Mittel zugunsten ihrer Staatskasse einzuziehen. In den Besitzungen des Vatikans gelangte der Löwenanteil des Konfiszierten in den päpstlichen Fiskus. Ein beträchtlicher Teil dieser Mittel landete auch in den Taschen der Inquisitoren, ihrer Helfer, der Denunzianten und Familiaren.[46]

Die Massenverhaftungen von Häretikern, die mit der Konfiskation von deren Besitz verbunden waren, verwandelten bald das zu Beginn des 13. Jh. so blühende Wirtschaftsgebiet Südfrankreichs in Ruinen. »Es wäre natürlich ungerecht«, schreibt H. Ch. Lea, »zu behaupten, daß der Durst und die Gier nach Raub die eigentlichen und ursprünglichen Beweggründe für die Inquisition gewesen seien. Wenn aber Klagen laut wurden, daß der Fiskus um seine Einkünfte gebracht werde durch die Straffreiheit, welche denen versprochen wurde, die während der Gnadenfrist kommen und bekennen würden, und wenn Bernhard Guidonis diesem Einwand durch den Hinweis begegnete, die Büßer müßten ihre Genossen verraten, der Fiskus werde also auf die Dauer doch der gewinnende sein, – so sehen wir, wie die Herzen derer, die auf Verfolgung drängten, immer mehr durch die Aussicht auf Gewinn beeinflußt wurden. Wir dürfen daher mit Recht behaupten, daß ohne die Aussicht auf den Gewinn aus den Geldstrafen und Konfiskationen die Arbeit der Inquisitoren viel weniger gründlich gewesen und zu einer verhältnismäßigen Bedeutungslosigkeit herabgesunken sein würde, sobald der erste fanatische Verfolgungseifer erloschen war; sie hätte vielleicht eine Generation hindurch gedauert, dann eine Zeitlang geruht, um bei einem neuen Wiederauftauchen der Ketzerei von neuem wieder

[46] *Shannon, A. Ch.*, a. a. O., S. 98 ff.

aufzuleben. Allerdings wäre durch solche, nur zeitweilige und vorübergehende Angriffe der Katharismus vielleicht nie vollständig ausgerottet worden Erst als man durch die Konfiskationen die Ketzer zwang, selbst die Mittel zu ihrer Vernichtung zu liefern, als die Habgier dem Fanatismus die Hand reichte und beide zusammen die treibenden Kräfte für die Inquisition wurden, erst da konnte jene hundertjährige, nicht nachlassende, erbarmungslose Verfolgung einsetzen, die unbedingt zum Ziele führen mußte.«[47]

Das Urteil des »heiligen Tribunals« galt als endgültig und unterlag keiner Berufung. Theoretisch konnte sich natürlich der Verurteilte an den päpstlichen Stuhl mit der Bitte wenden, ihn zu begnadigen oder den Prozeß zu revidieren. Aber solche Appellationen waren eine äußerst seltene Erscheinung. Der Verurteilte selbst, der sich in den Händen der Inquisition befand, war physisch nicht in der Lage, gegen deren Tätigkeit Klage zu erheben. Seine Verwandten und Freunde aber fürchteten sich vielfach, so etwas zu unternehmen – aus Furcht vor Repressalien seitens der Inquisitoren, die derartige Klagen über ihre Tätigkeit als Zeichen von Überheblichkeit und fast als Beweis ketzerischer Ansichten betrachteten. Dazu kam, daß Bestrebungen solcher Art völlig nutzlos waren: Der päpstliche Stuhl nahm sie in der Regel überhaupt nicht zur Kenntnis.

Das »Niveau« des Inquisitionsterrors war nicht immer so hoch wie im 13. Jh. Im Verlauf der vielhundertjährigen Geschichte erlebte die Inquisition ihre Höhen und Tiefen; sie wechselte oft die Objekte ihres Terrors und dessen Methoden. Aber das Ziel ihrer Tätigkeit blieb unverändert: die Festigung der Positionen der Kirche und der herrschenden Ausbeuterklassen durch Verfolgung der Andersdenkenden, der wirklichen oder vermeintlichen Feinde der Kirche und der von ihr gehüteten und geheiligten ungerechten sozialen Ordnung.

Autodafé und Scheiterhaufen

Der Ketzer, der in seinen Fehlern beharrte und nicht in den Schoß der Kirche zurückkehren wollte, der sich weigerte, seine Sünden zu bekennen und sich mit der Kirche zu versöhnen, ebenso aber der Wiederversöhnte, der von neuem der Häresie verfiel, d. h. der »rückfällige« Ketzer, und schließlich auch der »in absentia« Verurteilte, der später in die Hände der Inquisition geriet – sie alle stieß diese im Namen und im Auftrag des Papstes aus der Kirche aus und »entließ sie in die Freiheit«.[48]

---

47 *Lea, H. Ch.*, a. a. O., Bd. 1, S. 596.

48 Le Manuel des Inquisiteurs, a. a. O., S. 133.

Diese auf den ersten Blick harmlose Formel aber barg das Todesurteil für den Angeklagten in sich. Der Verurteilte »wurde in die Freiheit entlassen« in dem Sinne, daß die Kirche sich weigerte, künftig für sein Seelenheil zu sorgen, und sich von ihm lossagte. Die auf diese Weise von dem Opfer gewonnene »Freiheit« zog nicht nur den schmachvollen Tod auf dem Scheiterhaufen nach sich, sondern nach der Lehre der Kirche auch das ewige Verderben in der jenseitigen Welt.

Eine unvorstellbar grausame Strafe, das gaben die Theologen zu – aber eine verdiente Strafe deshalb, weil der Delinquent sich von der »mütterlichen« Obhut der Kirche entfernt und es vorgezogen hatte, dem Teufel zu dienen. Der hartnäckige Ketzer konnte nicht auf christliche Barmherzigkeit, Mitleid und Liebe rechnen. Ihn sollte nicht nur im bildlichen, sondern im wörtlichen Sinne das Höllenfeuer verzehren.

Aber die Inquisitoren waren der Ansicht, daß die weltliche Macht diese Schmutzarbeit für sie verrichten sollte. Verschiedene Autoren suchten auf vielfältige Weise diese ihre Handlungsweise zu erklären – um so mehr, als gerade die Kirche nicht nur in der fernen Vergangenheit, sondern noch in jüngster Zeit für sich das Recht in Anspruch nahm, die Abtrünnigen mit allen Arten von Strafen, die Todesstrafe nicht ausgeschlossen, zu belegen.[49]

Es wäre also völlig unlogisch anzunehmen, daß die Inquisitoren, die so ausgesuchte Foltern ihren Opfern gegenüber anwandten, sie mit Hunger und Kälte quälten, sie öffentlich auspeitschen ließen, die Unbußfertigen und Rückfälligen zum Scheiterhaufen begleiteten und die Gläubigen zwangen, Reisig ins Feuer zu werfen, damit er munter brenne – daß diese Inquisitoren sich gescheut hätten, eigenhändig die Häretiker hinzurichten. Die Erklärung für obengenannte Tatsache muß man vielmehr in dem Wunsch der Kirche suchen, die weltliche Gewalt zum Teilnehmer an ihren Verbrechen zu machen und gleichzeitig den Anschein zu erwecken, als ob sie selbst, die Kirche, niemanden töte und kein Blut vergieße. Darin zeigt sich die den Klerikern eigene Scheinheiligkeit und Heuchelei. Noch vor der Einrichtung der Inquisition war die Kirche bestrebt, der weltlichen Macht die Pflicht zur Verfolgung der Häretiker aufzuerlegen. Das gelang ihr jedoch nur zum Teil, und deshalb organisierte sie ihr eigenes Repressionsorgan, die Inquisition. Aber das heikle Privileg, offiziell das Todesurteil zu sprechen, die Hinrichtung vorzunehmen und den Henker zu bezahlen, überließ sie den weltlichen Behörden.

Wenn also ein Ketzer sich nicht von seinen »lügnerischen und fehlerhaften« Überzeugungen lossagte, so sagte sich die Kirche von ihm los und entließ ihn »in die Freiheit«, indem sie ihn den zivilen Behörden übergab mit dem Hinweis, ihn

---

[49] Siehe Anhang A am Ende des Kapitels.

nach Gebühr zu bestrafen (debita animadversione puniendum). In späterer Zeit wurde eine solche Übergabe von der Bitte begleitet, dem Verurteilten Barmherzigkeit zu erweisen. Diese bestand darin, daß man den Todeskandidaten, wenn er bereute, vor der Hinrichtung erdrosselte oder einen Pulverkragen um seinen Hals legte, damit die Leiden des Unglücklichen in den Flammen abgekürzt würden.

Man kann nicht behaupten, daß die weltlichen Behörden in den katholischen Ländern stets gerne, bedingungslos und mit Eifer diese ihnen von der Kirche aufgezwungene Straffunktion ausgeübt hätten. Besonders im 13. und 14. Jh. weigerten sich vielerorts die Behörden aus verschiedenen Gründen, »mit den Häretikern so zu verfahren, wie es üblich war«, d. h. sie auf den Scheiterhaufen zu schicken. Eine Hauptursache dafür bestand darin, daß die blinde Unterordnung unter die Befehle der Inquisition die weltliche Macht aus einem Bundesgenossen in einen Vasallen der Kirche verwandelt hätte.

Dort wo die Inquisition, wie in Spanien und Portugal, der Königsmacht unterstellt war, tauchten solche Widersprüche nicht auf. Aber in Frankreich und Deutschland sowie in einigen Republiken und Fürstentümern Italiens, wo die Kirche um die Obergewalt über die weltliche Macht kämpfte, rief die Tätigkeit oder besser die maßlose Steigerung des Einflusses der Inquisition den Widerstand dieser weltlichen Mächte hervor. In solchen Fällen reagierte der päpstliche Stuhl schnell und entschlossen: Die der Nichtdurchführung von Inquisitionsbefehlen Schuldigen, insbesondere solche, die sich geweigert hatten, die Häretiker auf den Scheiterhaufen zu bringen, wurden exkommuniziert; über unbotmäßige Städte wurde das Interdikt verhängt, und der Papst rief die Gläubigen auf, keine Steuern mehr zu zahlen und solchen Gewalten den Gehorsam aufzukündigen. Die Behauptung, die Kirche habe nicht das Recht, die Ketzer dem weltlichen Arm zu übergeben und von diesem ihre Hinrichtung zu fordern, wurde vom Konstanzer Konzil als häretisch bezeichnet und figurierte als Punkt 18 unter den Beschuldigungen, die man gegen Jan Hus erhob.

Der Inquisitor war, wie schon gesagt, mehr daran interessiert, daß der Ketzer seinen irrigen Anschauungen abschwor, als an seinem heroischen Tode auf dem Scheiterhaufen. »Einerseits wollte er womöglich die sündige Seele noch retten«, schreibt Lea, »andrerseits aber war ein Bekehrter, der seine Freunde verraten wollte, für die Kirche viel nützlicher als ein verbrannter Ketzer, und darum wurde, wie wir sahen, keine Mühe gescheut, um einen Widerruf zu erreichen. Die Erfahrung hatte gezeigt, daß solche Zeloten oft ein Verlangen nach dem Martyrium hatten und schnell verbrannt zu werden wünschten. Doch der Inquisitor hatte keine Ursache, sich zum ausführenden Organe ihrer Wünsche zu machen; er wußte, daß dieser Eifer häufig der Zeit und dem Leiden erlag, und er zog es deshalb vor, den hartnäckigen und trotzigen Ketzer ein halbes oder ein ganzes Jahr lang in Ketten und Einzelhaft gefangen zu halten, indem er ab und zu ein Dutzend Theologen und

Rechtsgelehrte auf ihn losließ, die ihn zu bearbeiten und zu bekehren suchen sollten, oder indem er seine Frau und seine Kinder zu ihm kommen ließ, um auf sein Herz einzuwirken. Erst wenn alles dies versucht und fehlgeschlagen war, mußte er ›losgelassen‹ werden. Aber selbst dann wurde die Hinrichtung noch um einen Tag verschoben, um ihm dadurch weitere Gelegenheit zum Widerrufe zu geben, die übrigens selten benutzt wurde; denn diejenigen, die so weit ausgehalten hatten, blieben gewöhnlich auch bis zum Ende standhaft.«[50]

Wie die Hinrichtung der Ketzer vorgenommen wurde, darüber ist uns eine große Anzahl zeitgenössischer Berichte erhalten. Allmählich hatte sich dafür ein besonderes Ritual herausgebildet, an das sich die Inquisition allenthalben hielt. Gewöhnlich wurde die Hinrichtung auf einen Feiertag gelegt, und die Bevölkerung wurde aufgefordert, daran teilzunehmen. Durch Ablehnung einer solchen Einladung sowie durch Bekundung von Sympathie oder Mitleid gegenüber dem Delinquenten konnte man selbst den Verdacht der Häresie auf sich ziehen.

Dem Scheiterhaufen ging das Autodafé voraus, das auf einem feierlich ausgeschmückten zentralen Platz der Stadt veranstaltet wurde. Dort fand im Beisein der kirchlichen und weltlichen Behörden sowie des ganzen Volkes ein prunkvoller Gottesdienst statt, an dessen Ende die feierliche Verkündung der Urteile über die Ketzer stand.

Das Autodafé wurde nicht nur einmal, sondern mehrmals im Jahr veranstaltet; bisweilen wurden viele Opfer der Inquisition auf ihm zur Schau gestellt. Einen Monat vorher schon kündigten die Pfarrgeistlichen den Gläubigen dieses Schauspiel an, luden zur Teilnahme ein und versprachen dafür einen Ablaß von vierzig Tagen. Am Tage vor dem Autodafé wurde die Stadt mit Flaggen und Girlanden geschmückt und die Balkone mit Teppichen ausgelegt. Auf dem zentralen Platz wurde ein Schaugerüst errichtet, auf dem der Altar unter einem roten Baldachin aufgestellt war, und Logen für den König oder den lokalen Souverän sowie Plätze für die übrigen Honoratioren, weltliche wie geistliche, bereitgestellt. Auch die Anwesenheit der Damen und Kinder wurde begrüßt. Da sich das Autodafé oft den ganzen Tag lang hinzog, wurden in der Nähe des Podiums öffentliche Bedürfnisanstalten für die Ehrengäste eingerichtet.

Auf den Vorabend wurde dann eine Art Generalprobe des Autodafés angesetzt. Durch die Straßen der Stadt zog die Prozession der Pfarrangehörigen, angeführt von den Mitgliedern der Kongregation des heiligen Petrus des Märtyrers (des italienischen Dominikaner-Inquisitors aus Verona, der im Jahre 1252 für seine Übeltaten von den Gegnern der Inquisition erschlagen worden war; ihn hatte der Papst zum

---

[50] *Lea, H. Ch.*, a. a. O., Bd. I, S. 606.

Patron der Inquisition ernannt). Die Mitglieder dieser Kongregation bereiteten das Autodafé vor, errichteten die Tribüne und kümmerten sich um den Richtplatz, wo man die unbußfertigen Ketzer dem Scheiterhaufen übergab. Ihnen folgte die »Miliz Christi«, d. h. das ganze Personal der örtlichen Inquisition mit ihren Helfern und Informanten in weißen Kapuzen und langen Kitteln, die ihre Gesichter vor den Augen der Menschen verbargen. Zwei Teilnehmer der Prozession trugen die grünen Standarten der Inquisition[51]; eine von diesen wurde auf der Tribüne aufgepflanzt, die andere in der Nähe des »Kohlenbeckens«.

Bei Tagesanbruch rief der dumpfe Glockenton der Kathedrale die Gläubigen zu dem empörenden Schauspiel. Das Gefängnis der Inquisition war wie ein Bienenstock. Die Häftlinge hatten vielfach noch keine Ahnung von dem ihnen bevorstehenden Schicksal, von der Art und dem Grad ihrer Strafe, zu der sie nunmehr verurteilt werden sollten; denn erst auf dem Autodafé wurden die Urteile verlesen. Sie wurden geschoren, rasiert und in frische weiße Wäsche gekleidet; man gab ihnen ein reichliches Frühstück und bisweilen sogar zur Aufmunterung ein Glas Wein.

Dann warf man ihnen die Schlinge eines Strickes um den Hals und steckte ihnen in die gefesselten Hände eine grüne Kerze. In einem solchen Aufzug führte man die zu Verurteilenden auf die Straße, wo sie von den Wächtern und Familiaren der Inquisition erwartet wurden. Besonders hartnäckige Häretiker setzte man rücklings auf Esel und band sie an die Tiere an. Man führte die Häftlinge zur Kathedrale, wo der Prozessionszug seinen Anfang nahm. An dieser Prozession nahmen die gleichen Leute teil wie am Vortage; nun aber trugen sie die Standarten der Pfarrgemeinden, die zum Zeichen der Trauer mit schwarzem Tuch überzogen waren. Die Informanten trugen die Sanbenitos für die zu Verurteilenden sowie Puppen, welche die schon verstorbenen oder geflohenen Ketzer bzw. solche, derer man nicht habhaft werden konnte, abbildeten.

Die Prozession, deren Teilnehmer kirchliche Trauerhymnen sangen, bewegte sich langsam dem Platz zu, auf dem das Autodafé stattfinden sollte. Die Mönche und Familiaren, die die Häftlinge begleiteten, forderten diese laut zur Buße und zur Wiederversöhnung mit der Kirche auf. Die Bürger der Stadt beobachteten den Zug aus den Fenstern ihrer Häuser oder von der Tribüne aus. Auf Anweisung des Klerus überschütteten viele die Häftlinge mit Schimpfkanonaden und Schmähungen. Jedoch war es verboten, irgendwelche Gegenstände auf die Ketzer zu werfen, da die Praxis gezeigt hatte, daß bei einer solchen Aktion nicht nur die Opfer der Inquisition, sondern auch die sie begleitenden Soldaten aus der »Miliz Christi« Schaden nehmen konnten.

---

[51] Die grüne Farbe symbolisierte diese Einrichtung.

Inzwischen hatten sich am Ort des Autodafés die weltlichen und geistlichen Behörden sowie die Gäste eingefunden und ihre Plätze auf den ihnen nach Rang und Würde zustehenden Tribünen eingenommen; desgleichen die Bürger der Stadt, die den Platz füllten, um dem Schauspiel beizuwohnen. Liebhaber eines solchen Spektakels gab es immer mehr als genug.

Nach Ankunft der Prozession setzte man die Häftlinge auf die »Bänke der Schande«, die Armesünderbänke, die neben der Tribüne aufgebaut waren, etwas niedriger als die Ehrentribünen. Dann begann die Trauermesse, der die strenge Predigt des Großinquisitors folgte; sie endete mit der Urteilsverkündung. Die Urteile wurden lateinisch verlesen, so daß viele Häftlinge deren Sinn kaum verstanden. Sie waren umständlich lang, begannen mit Zitaten aus der Bibel sowie den Kirchenvätern und wurden sehr langsam verlesen. Wenn es viele Urteile gab, vergingen oft mehrere Stunden, bis die ganze Prozedur beendet war.

Darauf fand das Autodafé seine Krönung in der Exekution. Die einen wurden in die Sanbenitos gekleidet und erhielten die Schandmütze (Caroza) aufgesetzt; andere wurden entblößt und öffentlich gegeißelt; wieder andere wurden von den Mönchen und den Wächtern zum Scheiterhaufen geführt.

Dieser war auf einem benachbarten Platze, dem Richtplatz, vorbereitet, wohin sich nun die kirchlichen und weltlichen Honoratioren wie auch die einfachen Bürger begaben. Hier war am Vorabend das Schafott mit dem Pfahl in der Mitte errichtet worden, an den man nun die Verurteilten anband. Holz und Reisig wurden herangeschleppt und um das Schafott herumgelegt. Die die Todeskandidaten begleitenden Mönche und Familiaren versuchten noch in dieser letzten Minute, ihre Opfer zum Abschwören zu bewegen. Seinen Wunsch zu bereuen konnte der Verurteilte meist nur durch ein Zeichen kundgeben, denn aus Furcht, er würde vor dem Volk zugunsten der Häresie agitieren, hatte man ihm häufig einen Knebel in den Mund gesteckt.

Wenn das Feuer angezündet war, genossen besonders geachtete Bürger das Ehrenrecht, Reisig hineinzuwerfen, womit sie in den Augen der Kirche ihre Tugenden vermehrten und sich als vorbildliche Christen bewährten.

Nach einer Überlieferung soll Jan Hus bei seiner Hinrichtung beim Anblick eines alten Mannes, der sich dieser »tugendhaften« Tätigkeit befleißigte, gesagt haben: »O heilige Einfalt!«

Obwohl der Henker versuchte, den Scheiterhaufen so einzurichten, daß das Feuer die Körper der Verurteilten völlig verzehrte, so daß von ihnen nichts als Asche übrigblieb, wurde dieses Ziel nicht immer sogleich erreicht. In solchen Fällen wurden die verkohlten Reste von ihm in kleine Stücke zerschlagen und diese erneut dem Feuer übergeben. Dann sammelte man sorgfältig die Asche und warf sie in einen Fluß. Mit dieser Prozedur wollten die Inquisitoren verhindern, daß die Häretiker eventuelle Überreste ihrer Märtyrer sammeln und verehren konnten.

Wenn der zum Scheiterhaufen Verurteilte vor der Hinrichtung starb, so wurde sein Leichnam verbrannt. Der Verbrennung fielen auch die Leichen oder Überreste der »post mortem« Verurteilten anheim. Bei der spanischen und portugiesischen Inquisition war es üblich, auf dem Scheiterhaufen darüber hinaus Puppen zu verbrennen, die Verurteilte darstellen sollten (Hinrichtung in effigie). Eine derartige symbolische Hinrichtung erlitten die zu ewigem Gefängnis Verurteilten, die aus dem Kerker Entflohenen sowie solche Überführte, derer die Inquisition noch nicht habhaft werden konnte und die daher »in absentia« verurteilt worden waren. Scheiterhaufen wurden von der Inquisition auch noch zu einem anderen Zweck benutzt: zur Vernichtung der Werke von Abtrünnigen, Andersgläubigen oder sonstigen der Kirche mißliebigen Autoren. Auf Befehl der Inquisitoren wurden den Flammen Tausende ketzerischer theologischer Schriften übergeben; schonungslos vernichtet wurden alle greifbaren Exemplare des Korans und des Talmuds, die Werke der Nestorianer, Manichäer und Katharer sowie später solche der Protestanten, Aufklärer und weiterer »Häretiker«.

Hielt es die Inquisition nun für ausgeschlossen, daß sie auch Unschuldige richtete und auf den Scheiterhaufen verbrannte? Durchaus nicht! Nicolas Eymeric beispielsweise gibt offen zu, daß dies vorkam; aber, so lehrt er, »wenn ein Unschuldiger ungerecht verurteilt wird, soll er sich nicht über die Entscheidung der Kirche beklagen, die sein Todesurteil fällte, indem sie sich auf hinreichende Beweise stützte, ihm aber nicht in das Herz blicken konnte. Wenn lügenhafte Zeugen zu seiner Verurteilung beitrugen, so ist er verpflichtet, das Urteil in Demut hinzunehmen und sich darüber zu freuen, daß ihm die Möglichkeit zuteil wurde, für die Wahrheit zu sterben.«[52]

Es taucht die Frage auf, so philosophiert Eymeric weiter über dieses Thema: Ist der durch einen falschen Zeugen beschuldigte Gläubige im Recht, wenn er versucht, sich dem Todesurteil dadurch zu entziehen, daß er das nicht begangene Verbrechen, nämlich die Häresie, eingesteht und sich durch ein solches Schuldbekenntnis mit Schande bedeckt? Erstens, so erklärt er hierzu, sei der Ruf eines Menschen ein äußeres Gut, und jedem stehe es frei, dieses zu opfern, um der Folter zu entgehen, die ja Qualen bringe, oder um sein Leben zu retten, das das wertvollste aller Güter sei; zweitens aber bringe der Verlust des guten Rufes niemandem anderem Schaden.[53] Wenn aber, schließt Eymeric, ein solcher Verurteilter sich weigert, »seinen Ruf zu opfern« und sich als schuldig zu bekennen, so muß der Beichtvater ihn auffordern, die Folter und den Tod mit Geduld auf sich zu

---

52 Le Manuel des Inquisiteurs, a. a. O., S. 151.

53 Ebenda, S. 152.

nehmen, wofür ihm ja in jener Welt die »unsterbliche Krone des Märtyrers« zuteil wird.[54]

Solche Überlegungen zeigen deutlich die verbrecherische Moral der Inquisitoren und ihrer Gönner. Letzten Endes, so urteilen ihre Advokaten, handelte das »heilige Tribunal« mit Zustimmung Gottes, und die Verantwortung für seine Tätigkeit trage letzten Endes Gott selbst. Der allgegenwärtige, allmächtige und allwissende Gott könne, wenn er wolle, jedes beliebige Opfer der Inquisition in den Rang eines Heiligen erheben und ihm auf diese Weise die ewige Seligkeit in den Gefilden des Paradieses verschaffen. Wenn das aber so sei, dann könnten die Inquisitoren ruhigen Gewissens auch die wahren oder vermeintlichen Feinde der Kirche foltern und hinrichten, wie es das Interesse der »heiligen Sache« erfordere.

Die terroristische Tätigkeit des Inquisitionstribunals, das im Verlaufe vieler Jahrhunderte in einer Reihe von Ländern der christlichen Welt wirkte, hinterließ auch sein grauenvolles Gepräge in der Theorie und Praxis der zivilen Rechtsprechung, aus der unter seinem Einfluß die Keime von Objektivität und Leidenschaftslosigkeit schwanden, die dem römischen Recht noch eigen gewesen waren. Wie H. Ch. Lea mit Recht bemerkt, war »von all dem Unheil, das die Inquisition angerichtet hat, ... vielleicht das schlimmste, daß bis zum Ende des achtzehnten Jahrhunderts in dem größten Teile Europas das Inquisitionsverfahren, wie es zur Vernichtung der Ketzerei entwickelt worden war, allgemein dem Angeklagten gegenüber angewandt, daß der Angeklagte von vornherein als Rechtloser behandelt wurde, dessen Schuld im voraus angenommen ward, und dem das Geständnis mit List oder Gewalt erpreßt werden mußte«.[55]

Solcher Art war die von der Kirche hervorgebrachte Maschine der Inquisition, von deren »wohltätigem« Einfluß auf das Schicksal der Gesellschaft immer noch einige kirchliche Apologeten schreiben!

---

[54] Ebenda, S. 153.

[55] *Lea, H. Ch.*, a. a. O., Bd. I, S. 627.

Anhang A

Die Frage, ob das noch heute der Fall ist, ist unter den Theologen umstritten und wird verschieden beantwortet. Vgl. dazu *Klein, J.*, Skandalon. Um das Wesen des Christentums, Tübingen 1958, S. 56 f., unter Berufung auf *Hofmann, K.*, Die Kirche der freien Gefolgschaft, in: Tübinger Quartalschrift 128, 1948, S. 117: »Wenn der Kirche heute in bezug auf die Maßnahmen gegenüber den Häretikern von außen Grenzen gesteckt sind, die sie nolens volens respektieren muß und gegen die sie aus Opportunität nicht angeht, ändert das nichts an ihren prinzipiellen Ansprüchen. Das ist unbestritten, und es bleibt für sie bestehen, was *Hollweck* in seinem Strafrecht ausführt. Er betont, daß die Kirche von den ersten Zeiten an weltliche Strafen angewendet hat. ›Für den Katholiken wird diese Tatsache allein von nicht geringem Gewichte sein. Denn es wäre doch für ihn frivol, anzunehmen, die Kirche habe hierin jahrhundertelang bis zum heutigen Tag die Schranken ihrer Competenz anmaßlich überschritten oder geirrt ... Die Erfahrung hat nun die Kirche in zunehmendem Maße gelehrt, daß sie ihre Rechtsordnung nicht aufrecht zu halten vermag ohne weltliche Strafe, daß gerade die gefährlichen Elemente in ihr ohne solche nicht niedergehalten werden können, daß sie sonst ihnen gegenüber waffenlos wäre. Die Entziehung der rein geistlichen Güter macht bei ihnen nicht den mindesten Eindruck, sondern fordert nur ihren Spott heraus. Die Wertung der geistlichen Güter beruht nämlich auf dem *Glauben*. Wer diesen abgeworfen, wird sich durch geistliche Strafen nicht im mindesten getroffen fühlen. Nun sind die glaubenslosen Elemente für die Kirche und ihre ganze Ordnung am gefährlichsten; sie rütteln an ihren Grundlagen und zugleich am Fundament, auf dem das Heil der einzelnen Seele beruht. Die weltliche Strafe kann nun immer so eingerichtet werden, daß sie von jedem als schwer empfunden wird‹ (Joseph Hollweck: Die kirchlichen Strafgesetze. Mainz 1899, S. XXVIf.; Hollweck war Mitglied der Kodifikationskommission und hat maßgeblich am Zustandekommen des Codex iuris canonici mitgewirkt).« In schärfster Form wurde die Theorie von der Berechtigung einer Verhängung der Todesstrafe für die Ketzer noch kurz vor dem Beginn des 20. Jh. von dem Jesuiten *M. de Luca* in seinen »Praelectiones Juris Canonici«, 5 Bde., Rom 1897/98, Bd. 4, Nr. 47, vorgetragen: »De jure publico Ecclesiae probavimus inesse perfectae societatis ius gladii ... quamvis ecclesia hoc suum certissimum ius exerceat per civiles principes, quorum magistratus sine distinctione et cognitione causae hereticos, e. g. traditos sibi ab inquisitoribus, debent interficere.« Die Kontroverse, die sich an diese allzu klare und brutale Aussage in der katholischen Welt anschloß, veranlaßte auch die Jesuitenzeitschrift »Civiltà Cattolica« zu vorsichtigeren Formulierungen: Die Kirche habe das Recht, halsstarrige Untertanen zum Gehorsam zu zwingen; dazu gebrauche sie nicht nur geistliche, sondern auch materielle Mittel. Körperliche Strafen widersprächen nicht dem Geist des Evangelismus. In der Frage des Rechtes der Kirche, die Todesstrafe zu verhängen, gäbe es allerdings unter den Kanonisten geteilte Meinungen; es gebe solche, die es leugnen, ihnen ständen aber nicht minder angesehene Theologen gegenüber, die es der Kirche zusprächen (Del potere coattivo della Chiesa, in: Civiltà Cattolica vom 5. Juli 1902). *H. Barion* bemerkt, daß »doch neuerdings innerhalb der katholischen kirchenrechtsgeschichtlichen Forschung deutlich die Tendenz erkennbar« sei, den als Faktum unbestreitbaren äußeren Glaubenszwang des Mittelalters »als zeitgeschichtlich bedingt und als nicht dogmatisch verankert zu erklären«. Er schlußfolgert dann: »So darf also wohl geurteilt werden, daß die Frage nach dem grundsätzlichen Anspruch der Kirche auf die Ausübung äußeren Glaubenszwanges noch nicht abschließend geklärt ist« (Von der Tragweite des geltenden kanonischen Rechts, in: Festgabe für J. Lortz, Baden-Baden 1958, Bd. 1, S. 580). Allerdings muß er selbst zugeben, daß im geltenden Kirchenrecht, dem Codex iuris canonici, Canon 2214 § 1, »ein undifferenzierter kirchlicher Anspruch darauf beschlossen« liege, »das Straf- und Strafensystem zu erweitern« (S. 579). *J. Klein* hat in seinem oben genannten Werk *Barion* ausführlich widerlegt, und auch *A. M. Knoll* hat sich in seinem Buch »Katholische Kirche und scholastisches Naturrecht«, Wien 1962, mit der Rechtsanmaßung der katholischen Kirche der Gegenwart auseinandergesetzt. – Das Zweite Vatikanische Konzil hat diese Frage überhaupt umgangen und es ängstlich vermieden, irgendwelchen Bezug darauf zu nehmen. Auf der anderen Seite wurde dort die Glaubens- und Gewissensfreiheit immer wieder betont und in den Konzilsdokumenten hervorgehoben, insbesondere in der Pastoralkonstitution über die Kirche in der Welt von heute (Erster Hauptteil, Erstes Kapitel: Die Würde des Menschen; Zweites Kapitel, Abschnitt 27: Achtung vor der menschlichen Freiheit). All das sind untaugliche Versuche, die Vergangenheit zu bewältigen und den Kritikern den Wind aus den Segeln zu nehmen. Die Verlautbarungen der Päpste und Konzilien, insbesondere der Syllabus, Nr. 24 (in positiver Formulierung: Die Kirche hat die Macht, äußeren Zwang anzuwenden; sie hat auch eine direkte und indirekte zeitliche Gewalt), und der Codex iuris canonici sind bis heute formell nicht zurückgenommen.

Viertes Kapitel

Wahre und scheinbare Häretiker

Die Abrechnung mit der Armutsbewegung

Mit der Gründung der Inquisition erhielten die Kirche und ihre weltlichen Verbündeten, die Könige, eine mächtige und schreckliche Waffe zur raschen und entschiedenen Vernichtung ihrer ideologischen Gegner, ihrer politischen Feinde und aller sonstigen ihnen unangenehmen Personen. Mit Hilfe dieser Einrichtung konnten sie nicht nur die verschiedenen oppositionellen Volksbewegungen unterdrücken, sondern gleichzeitig auch ihre stets leeren Kassen füllen, indem sie unter dem »edlen« Vorwand der Ketzerverfolgung ihre Opfer ausplünderten und das konfiszierte Gut untereinander teilten.

Allerdings waren bei diesem gottgefälligen und einträglichen Werke, wie es die Inquisition darstellte, Kirche und Königsmacht nicht nur Verbündete, sondern auch Rivalen. Die Kirche war bestrebt, die Inquisition zur Festigung ihrer Positionen zu nutzen – häufig auf Kosten der königlichen Gewalt; letztere jedoch strebte nicht minder hartnäckig danach, diese mit der ganzen Autorität der Kirche ausgestattete Polizeimaschinerie in ein Instrument ihrer absolutistischen Politik zu verwandeln. In jedem Falle aber war die Tätigkeit der Inquisition gegen die niederen Volksmassen gerichtet, gegen alle, welche die feudale oder feudalabsolutistische Ordnung bekämpften und gegen die uneingeschränkte Herrschaft der Kirche auftraten.

Im 13. Jh. und zu Beginn des 14. Jh. fand in vielen Gegenden Europas eine antifeudale Bewegung große Verbreitung, die die Ideale des frühen Christentums zu ihrer Maxime erhob. Die Anhänger dieser Bewegung waren unter verschiedenen Bezeichnungen bekannt: besonders als Beginen und Begarden bzw. als Lollarden. Die Hauptmasse von ihnen bildeten bürgerliche und bäuerlich-plebejische Elemente. Gerade deshalb, weil alle diese Bewegungen eine revolutionäre Opposition gegen den Feudalismus und dessen Institutionen darstellten, kämpfte die Kirche so energisch gegen sie und rief die Inquisition ins Leben.

Eine dieser Häresien, gegen die sich die Verfolgungen der Inquisition im 13. Jh. richteten, war die der Amalrikaner. Diese Bewegung entstand unter dem Einfluß der von der Kirche verurteilten Lehre des französischen Philosophen Amalrich von Bena (Amaury de Bène, gest. um 1206), den König Philipp II. August zum Erzieher seines Sohnes gemacht hatte. Das Glaubensbekenntnis dieser Sekte trug pantheistischen Charakter; ihm zufolge befindet sich Gott in allem Existierenden und Lebenden: Alles, was vorhanden sei, sei Gott. Aus dieser Vergöttlichung des Existierenden ergab sich notwendigerweise auch die Vergöttlichung des Menschen und daraus wieder dessen Sündenlosigkeit. Die Annahme der Lehre Amalrichs genügte, um den neuen physischen und geistigen Zustand der »göttlichen Liebe« zu erreichen. Eine Taufe war daher hiernach nicht erforderlich, ebensowenig wie die übrigen Sakramente und der ganze kirchliche Kult nebst der Heiligen- und Reliquienverehrung. Aus dem Grundsatz »Alles ist eins, und alles ist Gott« ergab sich konsequenterweise auch die Leugnung der Hölle sowie des »Jüngsten Gerichts«. Die »Hölle« bestand dieser Lehre zufolge in der Unwissenheit und Beschränktheit; zu ihr verdammte sich jeder selbst, der die Wahrheit ablehnte. Der Himmel ist die Erkenntnis der Wahrheit. Somit war auch die ganze Kirche mit ihrer Hierarchie überflüssig. Vor allem wurden von den Amalrikanern ihr weltlicher Besitz und ihr Machtstreben angegriffen; der Papst galt ihnen als der Antichrist und Rom als die Hure »Babylon« der Apokalypse. Das war ein Angriff auf die Grundfesten des Feudalismus, auf die feudale Ausbeutung und Ungleichheit selbst.

Die Forderung nach Besitzlosigkeit der Kirche und des Klerus erzürnte die römischen Päpste und die kirchlichen Hierarchen am meisten. »Die vielen Mönche und Anachoreten hatten die Freiheit, sich selbst zu geißeln, zu quälen, durch Fasten und Bußübungen sich abzutöten und soviel Törichtes zu tun, wie immer ihnen beliebte«, schrieb ein italienischer Historiker im vorigen Jahrhundert, Luigi Mariotti. »Man glaubte, daß sie mit ihren Leiden Gott und die Kirche verherrlichten, die von ihrer Demut und Bescheidenheit profitierte. Der von ihnen ausgehende Glanz der Heiligkeit überstrahlte auch die Kirche. Diese Asketen verrichteten sozusagen im Interesse der Kirche die ›Schmutzarbeit‹.«[1] Solange sie sich selbst peinigten, verfolgte die Kirche sie nicht nur nicht, sondern lobte und verherrlichte sie auf jede Weise. Sobald sie jedoch vorschlugen, ihre Lebensform zur allgemeinen Norm des Verhaltens zu machen, die, wenn schon nicht für alle Gläubigen, so doch wenigstens für die gelten sollte, die sich das »Salz der Erde« nannten, d. h. für die Geistlichkeit, erklärte die kirchliche Hierarchie sie für Häretiker. So wurde die Lehre der Amalrikaner 1210 auf einer Pariser Synode und 1215 auf dem IV. Laterankonzil unter Innozenz III. als ketzerisch verurteilt.

Soweit von ihr nur die kirchlichen Besitzverhältnisse angetastet wurden, konnten die weltlichen Feudalherren mit verschränkten Armen zusehen oder sich sogar in der Hoffnung wiegen, sich auf Kosten des Kirchenguts bereichern zu können. Soweit die Lehre sich jedoch gegen die feudale Ordnung selbst richtete, deren Unabänderlichkeit leugnete und mit urchristlichen Gleichheitsvorstellungen das Feudaleigentum an sich angriff, mußten auch die weltlichen Behörden in Unruhe

---

[1] *Mariotti, L.*, Historical Memoir of Frà Dolcino and his times, London 1853, S. 133 f.

geraten, um so mehr, da sie sahen, wie die neue Lehre rasch die Massen der besitzlosen und ärmeren Schichten in den Städten und Dörfern anzog. So wurde die Maschine der Inquisition mit Unterstützung der weltlichen Gewalten gegen die Amalrikaner in Gang gesetzt. Eine Welle der Verfolgungen überflutete sie. Im Jahre 1210 wurden zehn ihrer führenden Vertreter, darunter sechs Magister der Pariser Universität, öffentlich verbrannt; vier weitere erhielten lebenslängliche Kerkerstrafen.

In Deutschland wütete in den zwanziger und dreißiger Jahren des 13. Jh. der päpstliche Inquisitor Konrad von Marburg. Er unterwarf seine Opfer ausgesuchten Folterungen und erpreßte von ihnen die seltsamsten Geständnisse. »Überall in Deutschland sah man die Scheiterhaufen rauchen, und zahllos waren die Menschen, die oft auf Grund falschen Zeugnisses oder auf bloßen Verdacht hin, ohne ordentliche Untersuchung, hingemordet wurden«, schreibt der bekannte Kirchenhistoriker A. Hauck über dessen Wirken.[2]

Sein frommer Eifer machte selbst vor Angehörigen des Hochadels nicht halt; so beschuldigte er die Grafen von Sayn, von Solms und von Arnsberg sowie die Gräfin von Looz der Ketzerei. Auf dem Hoftag von Mainz 1233 ergriff König Heinrich (VII.) für die ihm nahestehenden Grafen gegen den Ketzerrichter Partei, und Konrad wurde kurz darauf auf seiner Heimreise überfallen und erschlagen. Er war zu weit gegangen.

In den von ihm erpreßten Geständnissen sowie in seinen Berichten an den Papst ist von einer Verehrung Luzifers die Rede; deshalb nannte man die Anhänger dieser Sekte gelegentlich auch »Luziferianer«.

Dieser Satanskult wurde, offensichtlich durch Konrad inspiriert, in einer Bulle Papst Gregors IX. vom 13. Juni 1233 wie folgt dargestellt: »Wenn ein Neuling aufgenommen wird und zuerst in die Schule der Verworfenen eintritt, so erscheint ihm eine Art Frosch, den manche auch Kröte nennen. Einige geben demselben einen schmachwürdigen Kuß auf den Hintern, andere auf das Maul und ziehen die Zunge und den Speichel des Tieres in ihren Mund. Dieses erscheint zuweilen in natürlicher Größe, manchmal auch so groß wie eine Gans oder eine Ente, meistens jedoch nimmt es die Größe eines Backofens an. Wenn nun der Novize weitergeht, so begegnet ihm ein Mann von wunderbarer Blässe, mit ganz schwarzen Augen, so abgezehrt und mager, daß alles Fleisch geschwunden und nur noch die Haut um die Knochen zu hängen scheint. Diesen küßt der Novize und fühlt, daß er kalt wie Eis ist, und nach dem Kusse verschwindet alle Erinnerung an den katholischen Glauben bis auf die letzte Spur aus seinem Herzen. Hierauf setzt man sich zum Mahle, und

---

[2] *Hauck, A.*, Kirchengeschichte Deutschlands. Vierter Teil. 9. Aufl., Berlin 1958, S. 917.

wenn man sich nach demselben wieder erhebt, so steigt durch eine Statue, die in solchen Schulen zu sein pflegt, ein schwarzer Kater von der Größe eines mittleren Hundes rückwärts und mit zurückgebogenem Schwanze herab. Diesen küßt zuerst der Novize auf den Hintern, dann der Meister und sofort alle übrigen der Reihe nach, jedoch nur solche, die würdig und vollkommen sind; die Unvollkommenen aber, die sich nicht für würdig halten, empfangen von dem Meister den Friedenskuß, und wenn alle ihre Plätze erneut eingenommen, gewisse Sprüche hergesagt und ihr Haupt gegen den Kater hingeneigt haben, so sagt der Meister: ›Schone uns!‹ und spricht dies dem Zunächststehenden vor, worauf der Dritte antwortet und sagt: ›Wir wissen es, Herr!‹ und ein Vierter hinzufügt: ›Wir haben zu gehorchen!‹ Nach diesen Handlungen werden die Lichter gelöscht, und man schreitet zur abscheulichsten Unzucht ohne Rücksicht auf Verwandtschaft. Findet sich nun, daß mehr Männer als Weiber zugegen sind, so befriedigen auch Männer mit Männern ihre schändliche Lust. Ebenso verwandeln auch Weiber durch solche Begehungen miteinander den natürlichen Geschlechtsverkehr in einen unnatürlichen. Wenn aber diese Ruchlosigkeit vollbracht, die Lichter wieder angezündet und alle wieder auf ihren Plätzen sind, dann tritt aus einem dunklen Winkel der Schule, wie sie diese Verworfensten aller Menschen haben, ein Mann hervor, oberhalb der Hüften glänzender und strahlender als die Sonne, wie man sagt, unterhalb aber rauh wie ein Kater, und sein Glanz erleuchtet den ganzen Raum. Jetzt reißt der Meister etwas vom Kleide des Novizen ab und sagt zu dem Glänzenden: ›Meister, dies ist mir gegeben, und ich gebe Dir's wieder!‹, worauf der Glänzende antwortet: ›Du hast mir gut gedient. Du wirst mir mehr und besser dienen; ich gebe in Deine Verwahrung, was Du mir gegeben hast‹, – und unmittelbar nach diesen Worten ist er verschwunden. Auch empfangen sie jährlich um Ostern den Leib des Herrn aus der Hand des Priesters, tragen denselben im Munde nach Hause und werfen ihn in den Unrat zur Schändung des Erlösers. Überdies lästern diese Unglückseligsten aller Elenden den Lenker des Himmels mit ihren Lippen und behaupten in ihrem Wahnwitz, daß dieser gewalttätiger-, ungerechter- und arglistigerweise den Lucifer in die Hölle hinabgestoßen habe. An den letzteren glauben jene und sagen, daß er der Schöpfer der Himmelskörper sei und einst nach dem Sturz des Herrn zu seiner Glorie zurückkehren werde; durch ihn und mit ihm und nicht vor ihm erwarten sie auch ihre eigene ewige Seligkeit. Sie verbreiten, daß man alles, was Gott gefällt, nicht tun sollte, sondern vielmehr das, was ihm mißfällt … «[3]

[3] *Lea, H. Ch.*, a.a.O., Bd. II, S. 379 f. Der Frosch als Kultsymbol ist uralt – er findet sich schon im alten Ägypten. Vgl. dazu: *Kees, H.*, Der Götterglaube im alten Ägypten, Leipzig 1941; ferner: *Jakoby, A./Spiegelberg, W.*, Der Frosch als Symbol der Auferstehung, in: Sphinx. Revue critique, Jg. 1903, Bd. 7, S. 215; Jg. 1904, Bd. 8, S. 78. Der Froschkult begegnet uns auch bei bestimmten frühchristlichen Häretikern in

Übrigens enthalten diese phantastischen Anschuldigungen nichts Neues und Originelles. Sie waren eine Wiederholung der schon klassisch zu nennenden Anwürfe, die im Verlauf der Jahrhunderte von der Kirche gegen Häretiker aller Schulen und Richtungen erhoben worden waren. Schon seit alten Zeiten hatte die Kirchenhierarchie ihre Gegner moralisch zu diffamieren versucht, indem sie sie der hemmungslosen geschlechtlichen Ausschweifung, der Blutschande, der Kindertötung zu Ritualzwecken (Ritualmord), der Profanierung der Sakramente u. dgl. beschuldigte; sie wollte damit ihren Gläubigen gleichsam sagen: »Schaut her! Diese Gerechten, die uns der Ausschweifung und aller möglichen sonstigen Laster beschuldigen, sind Heuchler und Betrüger; sie sind selbst der abscheulichsten Verbrechen schuldig!« Eine derartige »Methode« der Verleumdung und Ehrabschneidung ihrer Gegner haben die Geistlichen von den römischen Machthabern übernommen, die die ersten Christen ähnlicher Verbrechen ziehen. Diese Verleumdungen, mit ungewöhnlichen Einzelheiten und scheußlichen Szenen ausgeschmückt, wurden von der kirchlichen Obrigkeit im Verlauf vieler Jahrhunderte mit Erfolg gegen die Häretiker und ebenso gegen die Juden und sonstige Andersgläubige angewandt.

Schon zu Beginn des 11. Jh. waren in Orléans von Zeitgenossen Häretiker beschuldigt worden, daß sie »sich nächtlich bei Fackellicht versammeln, um den Teufel zu beschwören. Dann löschten sie, so berichteten die Zeugen, das Licht, warfen jede

---

Nordafrika; von ihm ist z. B. im Codex Justinianus die Rede (Liber I, Tit. 5: De haeresibus), wo den Batrachiten (= Fröschlern) der Aufenthalt im römischen Reichsgebiet untersagt wird. – Das Froschsymbol findet reichliche Verwendung in den Bildwerken des Hieronymus Bosch (um 1450–1516), z. B. in seinem Antonius-Altar. Vgl. dazu: *Fraenger, W.*, Ein Leitwort Jakob Grimms zur Auslegung der Lissaboner »Versuchungen des hl. Antonius« von Hieronymus Bosch, in: Deutsches Jahrbuch für Volkskunde. Jg. 1963, Bd. 9, Teil I, S. 340 ff. – Der »Hexenhammer« (siehe Anm. 20) gibt auch eine Erklärung für das häufige Auftauchen von Katzen in Ketzer und Hexenprozessen; der Teufel bediente sich »solcher gauklerischer Erscheinungen in dem Wahngebilde einer Katze, wie bei obiger Geschichte (bei der ein Mann Katzen verprügelte, die, wie sich später herausstellte, Hexenfrauen der Stadt waren), welches Tier das *ständige Sinnbild der Ungläubigen* ist, wie der *Hund das der Prediger*, nach der Schrift. Daher *stellen sie einander stets nach*; und der Predigerorden wurde unter der Gestalt eines bellenden Hundes bei seinem ersten Gründer gegen die Ketzer dargestellt.« (Hexenhammer, Zweiter Teil, S. 103, Hervorhebung vom Hrsg.) Vgl. auch: *Hansen, J.*, Zauberwahn, Inquisition und Hexenprozeß im Mittelalter und die Entstehung der großen Hexenverfolgung, München/Leipzig 1900, S. 227 ff. Die zitierte Bulle wurde von Gregor IX. an den Inquisitor Konrad, den Bischof von Hildesheim und den Erzbischof von Mainz gesandt mit der Aufforderung, das Kreuz gegen die schlimmsten am Rhein und in Mitteldeutschland vorhandenen Ketzer zu predigen: *Potthast, A.*, Regesta pontificum Romanorum 1198–1304, 2 Bde., Berlin 1874 f., Nr. 9230. Die Bulle hat nichts mit den Stedingern zu tun, auf die sie oft bezogen worden ist. Vgl. *Schumacher, H. A.*, Die Stedinger, Bremen 1865, S. 223; *Kaltner, B.*, Konrad von Marburg und die Inquisition in Deutschland, Prag 1882, S. 56; *Haupt, H.*, Deutsche Zeitschrift für Geschichtswissenschaft I, S. 292, 323. Über die Stedinger vgl.: *Gericke, H.*, Universitas Stedingorum. Die Entwicklung einer organisierten bäuerlichen Kampfgemeinschaft in den Wesermarschen und ihr Widerstand gegen feudale Ausbeutung und Unterdrückung bis zur Mitte des 13. Jh., Phil. Diss., Halle 1960; zum Ganzen vgl. *Zacharias, G.*, a. a. O., S. 52 ff.

Scham von sich, selbst die Ehrfurcht vor den heiligsten Gesetzen der Natur und gaben sich ungehemmter Ausschweifung hin. Die Früchte dieser widernatürlichen Unzucht wurden im Alter von acht Tagen getötet und verbrannt; die auf diese Weise gewonnene Asche bildete eine wundertätige Speise, die so wirksam war, daß jeder, der sie genoß, in ein eifriges Sektenmitglied verwandelt wurde und nur in den seltensten Fällen später wieder zur gesunden Vernunft gelangte.«[4] Derartige Diffamierungen streute man später aus gegen die Katharer sowie gegen verschiedene Strömungen der Spiritualen, dann gegen die Templer und gegen die »Hexen«, später auch gegen die Freimaurer und die Vertreter der Aufklärung. Schließlich benutzte diese bewährte Waffe auch die internationale Reaktion in den ersten Jahren nach dem Sieg der Großen Sozialistischen Oktoberrevolution gegen die Bolschewiki, die man der »Weibergemeinschaft«, der »Abschaffung der Scham« und anderer amoralischer Handlungen bezichtigte.

Die erwähnten »Augenzeugenberichte« mit ihren abscheulichen Details sollten natürlich Abscheu und Verurteilung hervorrufen; sie sollten die Anhänger der häretischen Bewegungen in den Augen der Gläubigen in Mißkredit bringen und dem »heiligen Tribunal« begründeten Anlaß geben, gegen die Ketzer vorzugehen.

Trotzdem gelang es der Inquisition nicht, die ketzerischen Bewegungen vollständig zu unterdrücken. Die Amalrikaner und »Luziferianer« zwar wurden vernichtet und ausgerottet, aber an ihrer Stelle entstanden neue aufrührerische Bewegungen – die Waldenser, die Gottesmänner und Gottesfreunde und die Brüder und Schwestern des freien Geistes. Sie alle schöpften ihre Vorstellungswelt aus den egalitären Traditionen des frühen Christentums. In den unteren Schichten des Volkes wuchs trotz des Terrors der Inquisition immer mehr die Empörung, die sich in der Periode der Reformation die deutschen Fürsten und die reichen Bürger zunutze machen konnten.

Nicht geringe Anstrengungen unternahm die Inquisition auch zur Unterdrükkung der rebellischen Elemente in der kirchlichen Organisation selbst, deren Zahl sich mit der Vertiefung der Krise der feudalen Gesellschaft vergrößerte. Unzuverlässig erwies sich insbesondere der Franziskanerorden, dessen Einfluß gegen Ende des 13. Jh. vor allem in Italien, Frankreich und Spanien sehr stark war. Zu den Franziskanern fühlten sich anfangs alle diejenigen Gläubigen hingezogen, die die Kirche von innen heraus zu reformieren suchten. Vor allem war es das Armutsideal, das die Massen anzog. Die Franziskaner verpflichteten sich, außer dem

---

4 *Mariotti, L.*, a.a.O., S. 191; vgl. dazu *Hansen, J.*, a.a.O., S. 228 f. unter Berufung auf Ademar von Chabannes, Historiarum Libri III, in: Monumenta Germaniae historica, Scriptores, Bd. IV, Hannover 1841, S. 143.

Gehorsams- und Keuschheitsgelübde auch das der Armut in seiner ganzen Strenge zu befolgen – nicht nur als Einzelpersonen, sondern insgesamt als Orden.

Aber auch sie entgingen nicht dem Schicksal ihrer Vorgänger. Auch ihre Gemeinschaft verwandelte sich dank den Schenkungen seitens der Weltleute und dank den Privilegien und Begünstigungen durch den päpstlichen Stuhl bald in einen Besitzer großer Reichtümer; und ihre Oberen, die begannen, persönlichen Vorteil aus diesem Umstand zu ziehen, wurden immer mehr folgsame, treue Diener der weltlichen und geistlichen Fürsten. Es ist nur natürlich, daß eine solch gravierende Umgestaltung bzw. Entartung des Ordens auf den entschiedenen Widerstand seitens jener Mitglieder, die auf der strengen Befolgung des Armutsgelübdes bestanden, stoßen und auf diese Weise Spaltungen hervorrufen mußte.

Der Orden der Franziskaner teilte sich daher in zwei Richtungen, in die der Konventualen und die der Spiritualen. Erstere hatten die meisten Ordensobern auf ihrer Seite und bildeten die Mehrheit im Orden; sie wollten eine Abänderung des strengen Ordensstatuts. Viele von ihnen waren eng mit der kirchlichen Hierarchie verbunden und strebten wie diese nach Macht und Ehren. Die Spiritualen dagegen fuhren fort, das nicht mehr zu Verwirklichende anzustreben: die Rückkehr zur ursprünglichen Armut im Orden. Sie traten gegen die Reichtümer der Kirche auf und forderten die Verwandlung des Ordens, und nach dessen Vorbild die der ganzen Kirche, in eine Gemeinschaft der »Gerechten«. Besonders entschieden kämpfte dafür der radikale Flügel der Spiritualen, die sog. Fraticelli (Brüder), die ihre eigene halbgeheime Organisation schufen, die »Brüder des armen Lebens« (fratres de paupere vita), sowie die Flagellanten (Geißler), die, wie Engels bemerkte, die revolutionäre Tradition in den Perioden fortsetzten, wo die oppositionelle antipäpstliche Bewegung unterdrückt war.[5]

Der Kampf zwischen den beiden Richtungen des Franziskanerordens dauerte Jahrhunderte und nahm zeitweise sehr scharfe Formen an. Das Papsttum lavierte zwischen beiden; es versuchte die Spiritualen zu zähmen, aber mit ihnen gleichzeitig auch ihre zahlreichen Anhänger in der Laienwelt. Die Spiritualen wurden bald strengen Zensuren und Ermahnungen unterworfen, bald mit den verschiedensten Ermutigungen und Vergünstigungen bedacht. In den Fällen, wo es dem Papsttum gelang, einflußreiche Spiritualen auf seine Seite zu ziehen, brachte das diejenigen, die an der Forderung festhielten, daß alle Ordensmitglieder ein asketisches Leben führen und auf weltliche Güter verzichten sollten, um so mehr gegen die Kirche auf.

---

[5] *Engels, F.*, Der deutsche Bauernkrieg. In: MEW, Bd. 7, S. 345 f.: »An diese Form der Ketzerei schließt sich die Schwärmerei mystizisierender Sekten, der Geißler, Lollards etc., die in Zeiten der Unterdrükkung die revolutionäre Tradition fortpflanzen.«

Das Unvermögen der Spiritualen, ihr Programm mit den traditionell kirchlichen Mitteln zu verwirklichen, machte sie schließlich zu Häretikern.

Im Jahre 1254 erschien in Paris die Schrift eines Anhängers des Joachim von Fiore (um 1135 bis 1202): der »Introductorius ad evangelium aeternum« (Einführung in das Ewige Evangelium) des Spiritualen Gherardo von Borgo San Donnino. Es war dies eine Einleitung zu einer Ausgabe der drei Hauptwerke des Joachim, die damit in den Rang eines »ewigen Evangeliums« erhoben wurden.[6] Hier wurde nicht weniger behauptet, als daß das derzeitig gültige Evangelium, das Neue Testament, im Jahre 1260 seine Gültigkeit verlieren und an seine Stelle das von Joachim verfaßte Evangelium aeternum treten werde. Dieses »Ewige Evangelium« wurde bald von den Spiritualen übernommen. Joachim hatte die Ankunft des Tausendjährigen Reiches der Gerechtigkeit vorausgesagt, dem das »schreckliche Gericht über die entartete Kirche und die verderbte Welt« vorangehen werde.[7] Er hatte die Notwendigkeit des kirchlichen Kults, darunter auch der Sakramente, geleugnet und als höchstes Ideal des Christentums die Armut gepredigt. Das »Ewige Evangelium« wurde nun zur Bibel der Spiritualen. Obwohl das Papsttum es offiziell nicht als häretisch brandmarkte, waren für die Inquisition alle Gläubigen, die der Sympathie für Joachim von Fiore überführt wurden, verdächtig.

Besonders grausam wurden die Spiritualen unter Papst Johannes XXII. (1316–1334) verfolgt. Er erließ gegen sie am 7. Oktober 1317 die Bulle »Quorumdam exigit«, die mit folgenden Worten endete: »Eine große Sache ist die Armut, aber größer ist die untadelige Führung, und das größte Gut ist der vollkommene Gehorsam.«[8] Sie exkommunizierte die Spiritualen und drohte ihnen mit dem Feuertode – speziell dafür, daß sie das Tragen von weiter Kleidung (damals das Zeichen des Reichtums) sowie die Aufbewahrung von Lebensmitteln in Kornspeichern und Kellern verurteilten. H. Ch. Lea, der diese Bulle kommentiert, meint: »Unter den mannigfachen Entwicklungsformen menschlicher Verderbtheit hat es wohl keine gegeben, die beklagenswerter und lächerlicher war als diese, daß nämlich ein Mensch wegen solch einer Frage seine Mitmenschen verbrennen konnte und daß andererseits Menschen furchtlos genug waren, um wegen eines solchen Grundsatzes den Flammen

---

[6] Vgl. dazu: *Töpfer, B.*, Das kommende Reich des Friedens. Zur Entwicklung chiliastischer Zukunftshoffnungen im Hochmittelalter (Forschungen zur mittelalterlichen Geschichte, Bd. 11), Berlin 1964, S. 126 ff.; *Smirin, M. M.*, Die Volksreformation des Thomas Münzer und der große Bauernkrieg, Berlin 1952, S. 97 ff.

[7] *Stam, S. M.*, Učenie Joachima Kalabrijskogo. In: Voprosy istorii religii i ateizma, Bd. VI, Moskau 1959, S. 344; *Töpfer, B.*, a. a. O., S. 48 ff.; *Smirin, M. M.*, Die Volksreformation, a. a. O., S. 106 ff.

[8] Bullarium Franciscanum, ed. *K. Eubel*, Bd. V, Rom 1898, Nr. 289.

zu trotzen in dem Bewußtsein, sie seien Märtyrer in einer hohen und heiligen Sache.«[9] Aber Fakt bleibt Fakt – gerade dafür gingen Hunderte von Spiritualen, die, obwohl sie von der Inquisition gefoltert wurden, sich weigerten, solche Überzeugungen als häretisch zu verurteilen, in den Flammentod. Dem »heiligen Tribunal« bereitete es keine besondere Mühe, sie zu entlarven. Der Inquisitor begnügte sich damit, die Spiritualen zu fragen, ob sie bereit seien, das Armutsgelübde oder das Gelübde der Keuschheit zu brechen, wenn der Papst ihnen befehle, zu heiraten oder ein einträgliches Amt anzunehmen. Eine verneinende Antwort zog sofort die Exkommunikation nach sich sowie die Übergabe an die weltlichen Behörden, die sie unverzüglich auf dem Scheiterhaufen verbrannten.[10]

Über die Verfolgung der Spiritualen und anderer damaliger Häretiker sind nicht alle Fakten bekannt. Aber die, die dem Historiker zur Verfügung stehen, zeugen davon, daß das Papsttum und die Inquisition hier mit nicht geringerem Eifer vorgingen als zuvor gegen die Katharer.

Im Jahre 1318 zitierte Papst Johannes XXII. 65 angesehene Spiritualen zu sich nach Avignon, unter ihnen den uns bereits bekannten Franziskaner Bernhard Délicieux, der offen die Abschaffung der Inquisition gefordert hatte. Dem Papst gelang es, 40 von diesen mit Drohungen dazu zu bewegen, ihren Irrtümern abzusagen und sich der kirchlichen Disziplin zu unterwerfen. Die übrigen 25 jedoch, mit Délicieux an der Spitze, verharrten in ihrer Überzeugung. Sie wurden der Inquisition zur Verurteilung übergeben, die vier von ihnen in Marseille verbrannte, die übrigen aber, darunter auch Bernhard Délicieux, zu lebenslänglicher Kerkerhaft verurteilte. Auch an anderen Orten fanden zu jener Zeit Hinrichtungen statt; in Narbonne wurden 1319 drei unbußfertige Spiritualen verbrannt, 1321 waren es 17; in Carcassonne wurden in der Zeit von 1318 bis 1350 insgesamt 113 Spiritualen hingerichtet. Die Scheiterhaufen rauchten auch in Toulouse und in anderen Städten Frankreichs und Spaniens. Mit besonderer Härte verfolgte die Inquisition dabei diejenigen Spiritualen, die der Bewegung der Fraticelli angehörten.

Eine noch blutigere Arbeit hatten ihre Peiniger im 13. und 14. Jh. in Italien zu verrichten, wo die oppositionellen Bewegungen der Volksmassen, die sich gegen die kirchliche Hierarchie und die feudale Ausbeutung richteten, die Form verschiedener Häresien annahmen. Unter diesen stellten die Guglielmiten sowie die Dolcinisten oder »Apostolischen Brüder« eine besondere Gefahr dar.

Guglielmiten nannte man die Anhänger der Guglielma, einer Frau, von der nur bekannt ist, daß sie zwischen 1260 und 1281 in Mailand lebte, sich durch große

---

9 *Lea, H. Ch.*, a. a. O., Bd. III, S. 83.

10 *Hayward, F.*, The Inquisition, New York 1966, S. 89.

Frömmigkeit auszeichnete und den Armen und Notleidenden half. Man hielt sie für eine Wundertäterin, für die weibliche Inkarnation des Heiligen Geistes, gleichzeitig Gott und Mensch. Unter den Anhängern der Guglielma entdeckte die Inquisition auch Spiritualen. Gegen Ende des 13. Jh. wurden die Führer der Guglielmiten, die ihren Lehren nicht abschwören wollten, auf den Scheiterhaufen gebracht oder anderen schweren Strafen unterworfen; danach hörte die Sekte auf zu bestehen.

Ungefähr gleichzeitig mit ihr entstand in Norditalien, nicht ohne Einfluß des Joachimismus und der Spiritualen, eine weitere häretische Bewegung: die der »Apostelbrüder«. Diese propagierten das Gemeineigentum und die allgemeine Gleichheit. Als Begründer der Bewegung gilt der Prediger Girardo Segarelli aus Parma. Er rief die Bevölkerung dazu auf, in Armut und Keuschheit zu leben. Anfangs wandten die kirchlichen Behörden ihm keine besondere Aufmerksamkeit zu; als jedoch seine Anhängerschaft zahlreicher wurde und eine ganze Bewegung unter dem oben genannten Namen entstand, begann man diese zu verfolgen. Im Jahre 1294 wurden vier Anhänger des Segarelli auf Befehl der Inquisition in Parma verbrannt; er selbst, den die Inquisition gleichfalls ergriff, wurde zunächst ins Gefängnis geworfen. Aber die Verfolgung der Sekte erzielte anscheinend keine spürbaren Erfolge. In vielen Städten Norditaliens verkündeten Segarellis Anhänger nach wie vor seine Lehren. Im Jahre 1300 erneuerte die Inquisition deshalb den Prozeß gegen ihn. Er wurde jetzt beschuldigt, ein rückfälliger Ketzer zu sein, und in Parma öffentlich zum Scheiterhaufen geführt. Seine Hinrichtung war, wie in solchen Fällen üblich, von einer Beschimpfung seines Andenkens durch die Klerikalen begleitet. So berichtete beispielsweise ein kirchlicher Chronist über seine Todesstunde folgendes: »Auf dem Scheiterhaufen rief Segarelli laut: ›Hilf mir, Asmodeus!‹ Sofort erlosch die Flamme. Das geschah dreimal. Endlich kam der Inquisitor auf den Gedanken, den Leib Jesu Christi (die Hostie) an die Hinrichtungsstätte bringen zu lassen, der unter einer Tunika verborgen war. Man führte den Häretiker von neuem auf den Scheiterhaufen und entzündete das Feuer. Wiederum rief er ›Asmodeus, zu Hilfe!‹ Da hörte man, wie der in der Luft befindliche böse Geist ihm antwortete: ›Leider sind wir nicht mehr in der Lage, Dir zu helfen, denn der, welcher jetzt erschienen ist, ist stärker als wir.‹ Erst da gelang es, den Häretiker zu verbrennen.«[11]

In Wahrheit aber waren die Einwohner Parmas so empört über die Hinrichtung Segarellis, daß sie das Schloß des Inquisitors erstürmten und demolierten. Und die Bewegung der »Apostelbrüder« wuchs weiter. Jetzt wurde sie von einem Schüler

---

[11] Zitiert nach: *Mariotti, L.*, a. a. O., S. 103.

Segarellis geführt, von Dolcino, der die »Einfalt des Urevangeliums, Gütergemeinschaft, Errichtung einer christlichen Republik, Umsturz der weltlichen Zwinger und Reichen« verkündete.[12]

Dolcino stand an der Spitze eines großen Bauernaufstandes im Norden Italiens. Auf Befehl des Papstes Clemens V. wurden gegen ihn drei Kreuzzüge organisiert. Der blutige Kampf gegen die Anhänger Dolcinos dauerte sieben Jahre. Die in den Bergen eingeschlossenen »Brüder« mußten gewaltige Schwierigkeiten durchstehen. Ohne Waffen, vom Hunger gequält, jeder Unterstützung von außen beraubt und von Krankheiten niedergeworfen, hielten sie sich nur durch den fanatischen Glauben an die Gerechtigkeit ihrer Sache. »Wenn sie«, schreibt Mariotti, »›Menschen des Teufels‹ waren, wie ihre Feinde versicherten, so hat der Satan ohne Zweifel nie und nirgends so verschwindend wenig zur Rettung seiner Diener getan als damals für die Anhänger Dolcinos.«[13]

Am 13. März 1307 gelang es den Kreuzfahrern, am Rio Carnaschio (Riccio) die Aufständischen zu zerschlagen. »An diesem Tage«, schreibt ein Zeitgenosse, »kamen mehr als tausend Ketzer in den Flammen oder im Flusse oder durch das Schwert auf die grausamste Weise um.«[14]

Dolcino und zwei seiner engsten Mitarbeiter, Margareta und Longino Cattaneo, wurden von den Kreuzfahrern lebend gefangengenommen und der Inquisition übergeben, die sie in der Stadt Vercelli ins Gefängnis warf. Einige Monate hielt sie sie in der Kasematte fest, mit dem Hals sowie den Händen und Füßen an die Wand gefesselt. Trotz ausgesuchter Martern zogen alle drei den Scheiterhaufen dem Widerruf vor. Ihr Todesurteil wurde von der Inquisition auf persönlichen Befehl des Papstes Clemens V. ausgesprochen, und ihre Hinrichtung erfolgte am 1. Juni 1307. Margareta wurde auf langsamem Feuer vor den Augen Dolcinos verbrannt. Dann hob man ihn selbst auf einen Karren und führte ihn den ganzen Tag lang durch die Straßen der Stadt, wobei man mit glühenden Zangen Stück für Stück von seinem Fleische abriß. Dolcino hielt sich heldenhaft. Die Henker konnten ihm keine einzige Klage entlocken, wie die Chronisten staunend vermerkten. Er bat nicht um Gnade. »Nur als sie ihm die Nase herausrissen«, so berichtet ein Zeitgenosse, »bemerkten sie, daß seine Schultern leicht zitterten; ein zweites Mal, als vor jenem Tore der Stadt Vercelli, das man die Porta picta nannte, ein anderer wesentlicher Teil seines Leibes abgerissen wurde, entrang sich ein schwacher

---

12 Marx-Engels-Archiv, Nr. 4136. Nach dem Original des Instituts für Marxismus-Leninismus beim ZK der KPdSU, Moskau.

13 *Mariotti, L.*, a. a. O., S. 208.

14 Zitiert nach *Lea, H. Ch.*, a. a. O., Bd. III, S. 133.

Seufzer seiner Brust.«[15] Einer ähnlich gräßlichen Hinrichtung wurde auch Longino Cattaneo in der Stadt Biella unterzogen.

Obwohl es der Inquisition gelang, die »Apostelbrüder« auszurotten, entstand einige Jahrzehnte später die Sekte von neuem, dieses Mal unter einer anderen Bezeichnung: Anhänger des freien Geistes. Ihr bedeutendster Vertreter, Domenico Savi aus der Stadt Ascoli, Autor zahlreicher Traktate, wurde von der Inquisition ins Gefängnis geworfen; unter der Folter entsagte er seinen Anschauungen und rettete so zeitweilig sein Leben. Jedoch verbreitete sich die Sekte, allen Verfolgungen zum Trotz, weiter und gewann an Stärke. Da beschuldigte die Inquisition den Savi erneut der Häresie und stieß ihn ungeachtet seiner Appellation im Einvernehmen mit dem Papst aus der Kirche aus. Domenico wurde in Ascoli 1344 verbrannt; seine Bücher wurden vernichtet.

In den Jahren der »Babylonischen Gefangenschaft« der Päpste (1309–1377), während der ihre Residenz, zunächst auf Forderung des französischen Königs Philipp IV., nach Avignon in Südfrankreich verlegt war, sahen sich Papsttum und Kirche von neuem einer heftigen inneren Opposition gegenüber. Eine große Aktivität entfalteten die Fraticelli, die unter den Franziskanern sehr angesehen waren. Die Inquisition hatte erhebliche Mühe, mit ihnen fertig zu werden. Dafür gab es mehrere Gründe. Auf der einen Seite erstreckte sich die Macht der avignonesischen Päpste im wesentlichen nur auf Frankreich, auf der anderen aber gab es innerhalb der kirchlichen Hierarchie selbst, besonders außerhalb Frankreichs, nicht wenige Anhänger der Fraticelli oder jedenfalls solche Prälaten, die eine Anwendung terroristischer Methoden gegen sie, die sich großer Sympathien bei den Massen des niederen Volkes erfreuten, für ein wenig wirksames Kampfmittel hielten. Dazu kam, daß die weltlichen Mächte in Deutschland und Italien, die sich von der Bevormundung durch die damaligen Päpste, diese Kreaturen der französischen Krone, lösen wollten, diesen zum Trotz die Fraticelli begünstigten und schützten. So nahm sie König Ludwig der Bayer, der sich seine Krone mit Waffengewalt gegen den vom Papst begünstigten Habsburger Friedrich von Österreich erworben hatte, unter seinen Schutz. Er benutzte die Kritik, die die Häretiker am päpstlichen Stuhl übten, zur Durchsetzung seiner Interessen. Die avignonesischen Päpste beschuldigte er, daß sie die apostolischen Traditionen der Frömmigkeit und Armut in den weltlichen Schmutz gezogen und verraten hätten, daß sie einen ausschweifenden Lebenswandel führten und dergleichen mehr. Am 12. November 1323 erließ Johannes XXII. daraufhin die Konstitution »Cum inter nonnullos«, in welcher er die Behauptung der Fraticelli, Christus und die Apostel hätten kein Eigentum besessen, für lügnerisch

---

[15] *Mariotti, L.*, a. a. O., S. 296.

und häretisch erklärte. Bald hernach sprach er den Bann über Ludwig wegen Gehorsamsverweigerung aus. Als Antwort veröffentlichte dieser die sogenannte Appellation von Sachsenhausen bei Frankfurt a. M., in der er die Thesen der oben genannten Konstitution verwarf und unter Berufung auf die Meinung von Johannes' Vorgängern, die die Armut Christi anerkannt hatten, seinerseits den Papst zum Häretiker erklärte.

Ohne große Mühe fand Ludwig erfahrene Theologen und Juristen, die unter Bezugnahme auf kirchliche Autoritäten seine Rechtgläubigkeit nachwiesen. Einer von ihnen, Marsilius von Padua, sprach dem Papst überhaupt das Recht ab, zu richten, zu »lösen« und zu »binden« (Binde- und Lösegewalt der Päpste nannte man in der theologischen Sprache die Gewalt, Sünden zu vergeben oder nicht), und behauptete, daß ein solches Recht nur Gott besitze.[16] Der bedeutendste Theologe, der den Herrscher in seinem Kampf gegen den Papst unterstützte, war Wilhelm von Occam.[17] Er leugnete die Unfehlbarkeit der Päpste und Konzilien und wies in einem seiner Werke Johannes XXII. auf insgesamt siebzig von diesem vertretene Irrtümer hin.

Ludwig zog 1326 nach Mailand und begab sich von dort an der Spitze seiner Truppen nach Rom, nahm die Stadt und erklärte Johannes für abgesetzt. Auf seinen Befehl wählte die römische Geistlichkeit am 12. Mai 1328 den Spiritualen Petrus Rainalducci aus Corvara zum neuen Papst, der den Namen Nikolaus V. annahm. Die Fraticelli und ihre Anhänger unterstützten den Herrscher und ließen ihm und seiner Sache jede Hilfe angedeihen. Johannes XXII. inszenierte deshalb dort, wo seine Macht galt, gegen sie die grausamsten Verfolgungen. Die Inquisition in Frankreich und Spanien schickte sie auf den Scheiterhaufen, wenn sie sich weigerten, eine Abschwörformel zu sprechen, die das Bekenntnis enthielt, daß Christus und seine Apostel Eigentum besessen hätten. Diese Formel blieb offensichtlich auch in den folgenden Jahrzehnten gebräuchlich und findet sich noch um 1375 im »Directorium« des Eymeric: »Ich schwöre, daß ich in meinem Herzen glaube und bekenne, daß unser Herr Jesus Christus und seine Apostel, solange sie in diesem sterblichen Leben weilten, gemeinsam die Dinge besaßen, deren Besitz ihnen in der Hl. Schrift zugeschrieben wird, und daß sie das Recht hatten, sie zu verschenken, zu verkaufen und zu veräußern.«[18]

---

[16] *Marsilius von Padua,* Defensor pacis, lat. u. dt., hg. von *Kusch, H.,* Berlin 1958, S. 809 ff. Über Marsilius siehe: *Winter, E.,* Frühhumanismus. Seine Entwicklung in Böhmen und deren europäische Bedeutung für die Kirchenreformbestrebungen im 14. Jh., Berlin 1964, S. 29 ff. und passim. Ferner: Kaiser, Volk und Avignon. Ausgewählte Quellen zur antikurialen Bewegung in der ersten Hälfte des 14. Jh., hg. von *Berthold, O./Czok, K.,* u. a., Berlin 1960.

[17] Über ihn vgl. *Winter, E.,* Frühhumanismus, a. a. O., S. 30 ff.

[18] Zitiert nach: *Lea, H. Ch.,* a. a. O., Bd. III, S. 180.

Johannes XXII. ergriff ohne Zögern die sich ihm kurz darauf auch in Italien bietende Möglichkeit, seinen Haß gegen die Fraticelli zu stillen. Dort hatte sich die Bevölkerung, empört über die Repressionen und Plünderungen der deutschen Truppen, gegen Ludwig erhoben und ihn gezwungen, sich zurückzuziehen. Dem Papst gelang es nun, seinen Rivalen Nikolaus V. gefangenzunehmen, der, um sein Leben zu retten, öffentlich Buße tat und seinen »Verirrungen« entsagte. Nach allen möglichen Erniedrigungen hielt man ihn im päpstlichen Palast zu Avignon gefangen, wo er bald darauf starb. Und nun konnte die Kirchenführung ungehindert mit den ihr so unbequemen Predigern der apostolischen Armut abrechnen. Die Verfolgungen der Fraticelli durch die Inquisition zogen sich bis zum Ende des 15. Jh. hin. Die Reste dieser Bewegung wurden schließlich von der Kirche assimiliert mit Hilfe der neuen Mönchsorden, deren Mitgliedern es erlaubt wurde, in strenger Einsamkeit und Buße zu leben, wenn sie nur dem päpstlichen Stuhl gänzlich und widerspruchslos ergeben waren.

Die lange Jagd auf »Hexen«

Woher kommt der Teufel, und was stellt er dar? Die Bibel gab auf diese Fragen keine erschöpfende Antwort. Alle berühmten Theologen, angefangen von Irenäus, befaßten sich daher mit diesem Problem. Das von ihnen geschaffene Bild des großen Versuchers zeigte ihn als die lebendige Verkörperung des Bösen. Der Teufel, wie ihn die kirchlichen Theologen zeichneten, war der Satan, der König der Finsternis, der Fürst der Hölle und Hauptfeind Gottes, sein Rivale und Widersacher. Der Teufel, das war der gefallene Fürst der Engel, der mit seinem Anhang von Gott aus dem Himmel verstoßen wurde wegen seiner schlimmen Laster, seines Stolzes und Neides. Seit dieser Zeit strebt er gemeinsam mit den anderen, gleich ihm ausgestoßenen Engeln, die zusammen die zahlreiche höllische Heerschar bilden, ununterbrochen und überall danach, die Gläubigen auf seine Seite zu ziehen, ihre Seelen zu erringen. Der Teufel ist verschlagen, heimtückisch, unbarmherzig, lüstern und unanständig – er ist, kurz gesagt, nach den Worten des hl. Augustinus der »Affe Gottes«[19]. Gleichzeitig ist er aber dessen Rivale, der große Magier, Zauberer und

[19] Reallexikon für Antike und Christentum. Sachwörterbuch zur Auseinandersetzung des Christentums und der antiken Welt. Hrsg. von *Klauser, Th.*, Bd. I, Stuttgart 1950, Sp. 158 ff.: »Der Teufel gilt den Kirchenvätern als ›Affe Gottes‹, da er und seine Genossen Taufe und Eucharistie in den Mysterienkulten nachäffen« (unter Berufung auf Tertullian und Justinus d. Märtyrer). Daß der Ausdruck bei den konservativen teufelgläubigen Christen auch heute noch geläufig ist, beweist der Artikel »Kirche und Häresie« in: Der Fels 1970, Heft 9, S. 269. Zum Teufelsglauben insgesamt vgl. die beiden Standardwerke: *Roskoff, G.*, Geschichte des Teufels, 2 Bde., Leipzig 1869, Reprint Aalen 1967; *Haag, H.*, Teufelsglaube. Mit

Wundertäter, der sich verwandeln, menschliche Gestalt annehmen, plötzlich verschwinden und in einem Augenblick gewaltige Räume durchmessen kann. Den Sündern, die ihm »ihre Seelen verkauft« haben, kann er alle möglichen irdischen Genüsse verschaffen und sie mit der Macht ausstatten, anderen zu schaden. Er kennt die Gedanken der Menschen, transportiert ihre Körper an jeden beliebigen Ort, erschafft Monstren und befaßt sich mit vielen anderen verbrecherischen und widerwärtigen Dingen.

Wenn Gott nach der Lehre der Kirche ein trinitarisches Wesen ist, so manifestiert sich der Teufel in vielen Gestalten. Seine verbrecherischen Hypostasen sind ohne Zahl. Die größten kirchlichen Autoritäten der Dämonologie des Spätmittelalters, die Inquisitoren Sprenger und Institoris, Autoren des »Hexenhammers« (1487) – jenes Leitfadens zur Vernichtung der Hexen, der so traurige Berühmtheit erlangte[20] –, behaupteten, daß der Mensch, der einen »Pakt« mit dem Teufel geschlossen und ihm seine Seele verkauft habe, eine »Teufelsgeburt« wird: ein Zauberer oder eine Hexe, fähig, seiner Umgebung Schaden zuzufügen und alles mögliche Unglück über sie zu bringen. Aber diese »Teufelsgeburt« kann nicht nur schädliche, sondern auch sehr angenehme Dinge bewirken. Sie kann Liebe wecken, Schönheit verleihen, von der Unfruchtbarkeit heilen und alle die, die bereit sind, ihr auf Treu und Glauben zu dienen, auf wundersame Weise reich machen. Der Teufel hält seinen Pakt strikt ein – nicht aus Tugend, sondern aus Berechnung. Wer würde sich sonst mit ihm auch einlassen? Wie Sprenger und Institoris im »Hexenhammer« auseinandersetzen, kann der Teufel sowohl Mannesgestalt (Incubus = oben liegend) annehmen und als solcher in geschlechtliche Verbindung zur Frau treten, oder er schlüpft in eine weibliche Gestalt (Succubus = unten liegend) und gibt sich dem Manne hin. Wenn jedoch aus der geschlechtlichen Verbindung des Teufels in Mannesgestalt mit einer Frau Kinder hervorgingen, erklärt die größte theologische Autorität des Mittelalters, Thomas von Aquino, in seiner »Summa Theologiae«, so entstünden diese nicht vom Teufel, sondern vom Samen, den dieser von einem Manne erhalten hat.[21] Obwohl der Teufel die Menschen zur Wollust anstachele, sei es eine seiner Spezialitäten, beim Manne Impotenz zu erzeugen.

Beiträgen von *Ellinger, K./Lang, B./Limbeck, M.*, Tübingen 1974.

[20] Siehe Anhang A am Ende des Kapitels.

[21] So schon bei Wilhelm von Auvergne (Guilelmus Parisiensis), der den Incubi und Succubi eine längere Untersuchung widmete. Vgl. dazu: *Hansen, J.*, Zauberwahn, Inquisition und Hexenprozeß im Mittelalter und die Entstehung der großen Hexenverfolgung. München/Leipzig 1900, S. 143. Auf Thomas von Aquino (Summa theologiae 2,2, q. 115, a. 2) stützen sich auch die Autoren des »Hexenhammers« bei der in ihrem ersten Teil abgehandelten Frage: »Ob durch Incubi und Succubi Menschen gezeugt werden können« (S. 41 ff.).

Abb. 4
»Buhlschaft mit dem Teufel«
»Ob der tüffel in menschlicher gestalt müge sich erscheinen und bey den frawen schlaffen«
(Aus: Tractatus von den bösen Weibern, die man nennet die Hexen, Druck von Johann Zainer, Ulm um 1400).

Abb. 5
»Des Teufels Dudelsack«
(Antilutherische Karikatur des Erhard Schoen, 1521, die Luther als Sprachrohr des Teufels zeigt).

Die sexuellen Aktivitäten des Teufels waren ein beliebter Gegenstand der Meditationen mittelalterlicher Theologen und Inquisitoren. Mit allen möglichen Abscheulichkeiten zu diesem Thema ist der »Hexenhammer« angefüllt, jenes Machwerk zweier päpstlicher Inquisitoren, das vom Heiligen Vater persönlich gebilligt und empfohlen wurde als Leitfaden für den Kampf gegen die Hexen. Nur durch und durch verderbte Hirne und der Sadismus der Autoren konnten ein solch schändliches Pamphlet zustande bringen.

Einige Theologen behaupteten, daß Gott dem Teufel zwar erlaube, den Menschen in Versuchung zu führen, letzterem aber die freie Wahl in dieser Beziehung belasse. Der Mensch sei daher in der Lage, den Verlockungen des Teufels zu widerstehen.

Daraus zog man eine wichtige theoretische Schlußfolgerung: Der Teufel sei nicht imstande, den Menschen zu zwingen, sondern könne ihn nur zur Sünde verlocken. Allerdings konnte ein kritisch gesinnter Geist in der ganzen kirchlichen Lehre vom Satan und von seiner Macht nicht wenige widersprüchliche Stellen finden. Es bleibt unverständlich, wieso der allmächtige, allgegenwärtige, alles lenkende und alles wissende Gott überhaupt die Existenz des Satans zulassen konnte und warum er nicht in der Lage war, seiner Herr zu werden; warum er die Existenz von Hexen duldete und die von diesen verübten Verbrechen und Scheußlichkeiten zuließ; warum die Hexen ihre Verbindungen zum Teufel nicht zu persönlichen Zwecken ausnutzten und warum sie nicht reich wurden. Diese und viele andere Fragen brachten selbst die Theologen in Verlegenheit.

Mit der Frage, ob die Zulassung Gottes zur Hexerei nötig sei und warum sie erfolge, beschäftigten sich Sprenger und Institoris des langen und breiten im ersten Teil ihres Werkes. Sie suchten das Problem mit Hilfe der Unterscheidung zwischen allgemeiner und besonderer Vorsehung zu lösen: »Aber weil dadurch noch nicht genügende Klarheit geschaffen wird, daß man einsehe, Gott erlaube *mit Recht*, daß das Böse geschehe und Hexerei in der Welt sei, mögen wir auch einsehen, daß er der alles leitende Vorseher ist; und wenn dies zugegeben wird, er dann doch auch alles Böse von denen ausschließen müßte, deren Heil ihm am Herzen liegt – denn unter den Menschen sehen wir, daß es also geschieht, daß ein weiser Vorseher den Mangel und das Böse, so gut er kann, ausschließt von denen, um deren Wohlfahrt er sorgt –, so ist deshalb, um einzusehen, warum Gott nicht alles Böse ausschließt, zu bemerken, daß es ein ander Ding ist, von einem besonderen Vorseher, und etwas anderes, von einem *allgemeinen* zu reden. Denn der besondere Vorseher hat es nötig, das Böse so weit als möglich auszuschließen, weil er aus dem Bösen das Gute nicht hervorbringen kann. Da aber Gott der *allgemeine Vorseher* der Welt ist und er aus den besonderen bösen Dingen sehr viel Gutes hervorbringen kann, wie aus der Verfolgung seitens der Tyrannen die Geduld der Märtyrer und aus den Werken der Hexen die Läuterung oder Prüfung des Glaubens der Gerechten, wie sich zeigen wird, deshalb braucht Gott nicht alle Übel zu verhindern, damit es sich nicht ereignete, daß dem Universum viel Gutes entzogen würde.«[22]

Schließlich beriefen sie sich auf Thomas von Aquino, der erklärt habe, daß alles, wodurch Gott lobenswert erscheine, nicht gehindert werden dürfe. »Aber auch in den Sünden«, so schlußfolgerten sie, »erscheint Gott lobenswert, da er aus Mitleid schont und mit Gerechtigkeit straft: Daher durfte die Sünde nicht gehindert werden. – Nur kurz und rekapitulierend wollen wir zur Sache zurückgehen und sagen, daß aus vielen Gründen die gerechte Vorsehung Gottes den Menschen hierbei zuläßt: *Erstens*, daß Gottes Macht gezeigt werde, der allein unwandelbar ist; jede Kreatur aber ist wandelbar. Der *zweite* Grund ist, daß die Weisheit Gottes geoffenbart werde, die es versteht, aus dem Schlechten das Gute hervorzubringen, was nicht hätte geschehen können, wenn Gott die Kreatur nicht hätte sündigen lassen. *Drittens*, daß Gottes Gnade ersichtlich werde, in welcher Christus durch seinen Tod den verlorenen Menschen befreit hat; *viertens*, daß Gottes Gerechtigkeit gezeigt werde, die nicht nur den Guten Belohnungen, sondern auch den Bösen Strafen zuteilt; *fünftens*, daß der Mensch nicht in schlechteren Verhältnissen sei als die anderen Kreaturen, welche Gott alle so leitet, daß er sie nach eigenen Trieben handeln läßt; daher mußte er auch den Menschen im eigenen Willen lassen; *sechstens* ist es das Lob des Menschen, das Lob nämlich des Gerechten, der (das Gesetz) übertreten konnte und es nicht tat; *siebentens* ist es die Zier des Universums, weil, wie dreifaches Uebel gefunden wird, nämlich der Schuld, der Strafe und der Schädigung, so im Gegensatze dazu dreifaches Gut: der Sittlichkeit, der Freude und des Nutzens. Denn durch die Schuld wird die Sittlichkeit, durch die Strafe die Ergötzung (!), durch den Schaden der höchste Nutzen gehoben; und dadurch ist die Antwort auf die Argumente klar.«[23]

Zum Schluß wandten sich die Verfasser des »Hexenhammers« der Frage zu, warum die Hexen nicht reich wurden. Sie nannten zwei Gründe dafür: *erstens* weil sie nach dem Willen des Teufels »zur größtmöglichen Schande für den Schöpfer um den allerniedrigsten Preis zu haben sind«, *zweitens*, damit sie durch ihren Reichtum nicht auffielen und die Aufmerksamkeit anderer auf sich lenkten.[24]

Die Zauberer, so erklärten die Autoren des »Hexenhammers«, seien nicht in der Lage, alle ihre Feinde zu vernichten, weil ein guter Engel sie daran hindere; so könnten sie z. B. den Inquisitoren und anderen amtlichen Persönlichkeiten nicht

---

[22] Hexenhammer, Teil I, S. 116 f. (Hervorhebungen vom Hrsg.)

[23] Ebenda, S. 122 f. (Hervorhebungen vom Hrsg.)

[24] Ebenda, S. 151 (Hervorhebungen vom Hrsg.)

schaden, weil diese ihren Verpflichtungen innerhalb der öffentlichen Rechtspflege nachkämen.[25]

Ansonsten förderte die Kirche keinen Zweifel. Sie warnte die Gläubigen, daß übergroße Neugier Gott nicht angenehm sei. Die Autorität des Satans war dank seiner Popularisierung durch die Theologen im Mittelalter besonders hoch. Zu ihrer Festigung trugen die Priester bei, indem sie unablässig von der Kanzel aus und im Beichtstuhl seine Macht verkündeten. Die *Beschwörungsformel* selbst, die von ihnen bei der »Austreibung des Teufels« aus einem Besessenen gesprochen wurde, mußte schon die abergläubische Furcht vor dieser verabscheuungswürdigen, lasterhaften und doch so mächtigen Figur des Versuchers des Menschengeschlechtes hervorrufen. Sie lautet:

»Im Namen und in der Kraft unseres Herrn Jesus Christus beschwören wir euch samt und sonders, ihr unreinen Geister, ihr satanischen Mächte, ihr feindlichen Sturmscharen der Hölle, ihr diabolischen Legionen, Horden und Banden! Bis auf die letzte Faser sollet ihr ausgerottet und hinausgetrieben werden aus der Kirche Gottes, aus den nach Gottes Ebenbild erschaffenen und durch das kostbare Blut des göttlichen Lammes erlösten Seelen †.

Du sollst es nicht weiter mehr wagen, hinterlistige Schlange, das Menschengeschlecht zu täuschen, die Kirche Gottes zu verfolgen und die Auserwählten des Herrn zu schütteln und zu sieben wie den Weizen †.

Dich bändigt Gott † der Allerhöchste, dem du in deiner stolzen Überhebung und frechen Anmaßung immer noch gleichgeachtet werden möchtest; Er, der da ›will, daß alle Menschen selig werden und zur Erkenntnis der Wahrheit gelangen‹ (1 Tim. 2, 4). Dich bändigt Gott † der Vater; dich bändigt Gott † der Sohn; dich bändigt Gott † der Heilige Geist. Dich bändigt Christus †, das ewige Wort Gottes, das Fleisch geworden ist; Er, der zur Rettung unseres, durch deinen Neid verlorengegangenen Geschlechtes ›sich selbst erniedrigt hat und gehorsam ward bis zum Tode‹ (Phil. 2, 8); der Seine Kirche auf Felsengrund gebaut und die Verheißung gegeben hat, daß ›die Pforten der Hölle sie niemals überwältigen werden‹ (Matth. 16, 18), weil ›Er selbst bei ihr bleibt alle Tage bis ans Ende der Welt‹ (Matth. 28, 20). Dich bändigt das Zeichen des Kreuzes † und die Kraft aller Geheimnisse des christlichen Glaubens †. Dich bändigt die mächtige Jungfrau und Gottesmutter Maria †, die im ersten Augenblick ihrer Unbefleckten Empfängnis durch ihre Demut dein überstolzes Haupt zertreten hat. Dich bändigt der Glaube der heiligen Apostel Petrus und Paulus † und der übrigen Apostel. Dich bändigt das Blut der Märtyrer † und die fromme Fürbitte aller Heiligen.

[25] Ebenda, Teil II, S. 3 (Hervorhebungen vom Hrsg.)

So beschwören wir dich denn, du verfluchter Drache, und euch, ihr teuflischen Legionen alle, bei Gott † dem Lebendigen, bei Gott † dem Wahren, bei Gott † dem Heiligen, bei Gott, der ›die Welt so sehr geliebt hat, daß Er Seinen eingeborenen Sohn dahingab, damit alle, die an Ihn glauben, nicht verloren gehen, sondern das ewige Leben haben‹ (Joh. 3, 16). Hör' auf, die Menschenkinder zu täuschen und ihnen das Gift der ewigen Verdammnis einzuflößen! Laß ab, der Kirche Gottes zu schaden und ihrer Freiheit Fesseln anzulegen! Weiche, Satan, du Erfinder und Lehrmeister allen Luges und Betruges, du Feind des Seelenheiles der Menschen! Räume Christus das Feld, an dem du nichts von deinen Werken gefunden hast! Mach' Platz für die Kirche, die eine, heilige, katholische und apostolische, die Christus selbst erworben hat um den Preis Seines kostbaren Blutes! Beuge dich unter die mächtige Hand Gottes! Zittere und mach' dich aus dem Staub vor dem heiligen, ehrfurchtgebietenden Namen Jesu, den wir anrufen und den die Hölle fürchtet, dem die Kräfte und die Mächte und die Herrschaften des Himmels sich beugen, den die Cherubim und Seraphim mit unermüdlichem Munde loben und preisen: Heilig, heilig, heilig ist der Herr, der Gott der Heerscharen!«[26]

Der hilfsbedürftige Gläubige, der derartige Beschwörungen hörte, konnte nun leicht auf den Gedanken kommen: Soll ich mich nicht um Unterstützung an eine so mächtige Kraft wenden, vor der sogar die Kirche zittert? Der russische Psychiater Speranskij, Autor einer interessanten Untersuchung über Hexen und Zauberei, bemerkte, daß die ständige Abschreckung mit dem Satan für die Kirche selbst die schlimmsten Folgen in sich barg. »Jede Kraft«, so schrieb er, »ruft Verehrung hervor; der mittelalterliche Katholizismus aber machte aus der Gestalt des Teufels eine solche Kraft, vor der letzten Endes die römische Kirche selbst, die sie geschaffen hatte, sich zu fürchten begann.«[27]

---

[26] Ebenda, Teil II, S. 246 ff. – Die hier im Text wiedergegebene Formel entstammt nicht dem Hexenhammer, sondern ist einer Veröffentlichung des 20. Jh. entnommen, die von den Beuroner Benediktinern herausgegeben wurde, offensichtlich mit der Absicht, den Exorzismus wieder zu beleben: Exorzismus, Beuron 1938. – Es wäre verfehlt anzunehmen, es handele sich hier um einen Einzelfall. Der gleiche Exorzismus erschien nämlich auch 1940 in Basel unter dem Titel: Exorzismus gegen den Satan und die höllischen Geister. In den Jahren 1956/57 wurde in München die zweibändige Daemonologie des Päpstlichen Geheimkämmerers Prof. Dr. Egon von Petersdorff verlegt, in der mit großem Aufwand und unter Aufbietung aller neueren Theologen, wie z. B. Scheebens, nachgewiesen wird: »... die Daemonen im Weltenplan erfüllen ihre Aufgaben vom ersten Tage der Schöpfung an bis zum letzten Tage des Gerichts. Und ihr Wirken erstreckt sich auf alle Gebiete des menschlichen Seins und Verhaltens, auch auf diejenigen, wo es bisher nicht beobachtet und erkannt wurde« (Vorwort, S. 3). Selbstverständlich empfiehlt auch dieses Werk den Exorzismus. Eine etwas modernere Übersetzung verschiedener Exorzismusformeln bringt – allerdings nicht im Sinne einer Empfehlung! – das schon in Anm. 19 genannte Werk von *Haag, H.* (Hrsg.), Teufelsglaube, S. 512 ff.

[27] *Speranskij, N.*, Ved'my i vedovstvo, Moskau 1906, S. 71 f.

Aber ohne Teufel konnte die Kirche ebensowenig auskommen wie ohne Gott. Die Existenz eines Teufels erlaubte es ihr, alle menschlichen Schwächen und Schlechtigkeiten, alle Unvollkommenheiten und Fehler der Kirche und ihrer Diener selbst auf sein Konto zu schreiben. Ebendeshalb suchten letztere so hartnäckig sein Vorhandensein nachzuweisen.

Thomas von Aquino polemisierte gegen die – zu seiner Zeit noch wenigen – Anhänger des gesunden Menschenverstandes, die glaubten, daß Teufel und Dämonen Produkte des Aberglaubens unwissender Menschen seien; er beschuldigte sie der Gottlosigkeit und »wies nach«, daß die Teufel nicht nur real existierten, sondern auch imstande seien, unter »Gottes Zulassung« mit den Menschen die unglaublichsten und phantastischsten Dinge zu vollbringen, darunter auch die Fortbewegung des menschlichen Körpers über große Entfernungen hin. »Einige behaupten«, schrieb der Doctor angelicus in einem seiner Traktate, »daß es angeblich in der Welt keine Zauberei gäbe, daß diese lediglich in den Vorstellungen der Menschen existiere, die sie mit Naturerscheinungen in Verbindung bringen, deren Ursachen ihnen unerklärlich sind. Das widerspricht allerdings der Autorität der Kirchenväter, die behaupten, daß die Dämonen mit Gottes Erlaubnis Macht sowohl über den Körper als auch über die Einbildungskraft der Menschen besitzen; deshalb können die Zauberer und die Hexen mit ihrer Hilfe einige Zeichen setzen. Die obige Meinung entspringt letztlich aus dem Unglauben; denn jene Menschen glauben nicht, daß die Teufel jemals anders existierten als in der Einbildung des Volkes. Sie erklären die Existenz der Teufel damit, daß der Mensch die Ängste, die seinem eigenen Hirn entstammen, mit dem Teufel in Verbindung bringt; und da bei starker Erregung der Phantasie in den Vorstellungen des Menschen jene Bilder erscheinen, an die er denkt, so scheint es dem Menschen in einem solchen Zustand bisweilen, als ob er den Teufel wirklich sähe. Aber der wahre Glaube lehnt das ab, und wir, die ihm folgen, glauben, daß die Dämonen vom Himmel verstoßene Engel sind, daß sie infolge der Feinheit ihrer Natur vieles tun können, was wir nicht vermögen, und daß es Leute gibt, die sie veranlassen, das zu tun, und die deshalb auch Schädlinge genannt werden.«[28] Wilhelm von Auvergne (vor 1190–1249) behauptet, daß mit Gottes Erlaubnis die Teufel die Luft bewegten, Stürme entfachten, Schiffbrüche bewirkten sowie Häuser und ganze Städte in Brand setzen könnten.[29]

Doch wozu den Aquinaten und die übrigen Scholastiker des Mittelalters bemühen! Die katholische Kirche hält auch im 20. Jahrhundert noch an der Behauptung

---

[28] Kommentar zu Petrus Lombardus; zu 1.4., dist. 34, qu. 1, art. 3; vgl. Hexenhammer, Teil I, S. 3 f.; desgleichen *Hansen, J.*, Zauberwahn, Inquisition u. Hexenprozeß im Mittelalter, S. 155 f.

[29] Ebenda, S. 131.

fest, daß der Teufel wirklich existiere. »Der große Spalter, der Satan, fährt noch immer fort, Verwirrung unter den Christen zu stiften«, lesen wir in einer Nummer der Dominikanerzeitschrift »Lumière et Vie« aus dem Jahre 1966. »Einige Christen meinen, die Tatsache, daß der Teufel einen Teil der Gläubigen davon überzeugen konnte, daß es ihn überhaupt nicht gäbe, sei sein schlauester Betrug.«[30]

Noch im Jahre 1968 behauptete das offiziöse Organ des Vatikans, die Zeitschrift »Civiltà cattolica«, in vollem Ernst, an der Existenz der Engel und Teufel zu zweifeln sei eine Vermessenheit. »Es versteht sich«, heißt es da, »nicht alle Handlungen der Engel, von denen die heiligen Bücher berichten, muß man wörtlich nehmen ..., aber ist es deshalb etwa zulässig, soweit zu gehen, an Engeln und Teufeln überhaupt zu zweifeln? Die Mehrheit der Theologen würde antworten, daß in einem solchen Falle eine der Grundwahrheiten des christlichen Glaubens selbst in Zweifel gezogen wird.«[31]

Daß die Kirche auch heute noch am Vorhandensein des Teufels festhält, beweist eine Predigt Papst Pauls VI., die er am 29. Juni 1972 im Petersdom vor den Kardinälen, dem diplomatischen Korps und zahlreichen Gläubigen anläßlich des 9. Jahrestages seiner Krönung hielt: er klagte: »Wir haben den Eindruck, daß der Rauch des Satans durch irgendeinen Riß in den Tempel Gottes eingedrungen ist. Es ist der Zweifel, die Unsicherheit, das Infragestellen, die Unruhe, die Unzufriedenheit, die Auseinandersetzung. Man hat kein Vertrauen mehr zur Kirche. Man vertraut dem erstbesten weltlichen Propheten ... Wie hat das geschehen können? Wir meinen, eine feindliche Macht hat sich eingemischt. Ihr Name ist der Teufel, jenes geheimnisvolle Wesen, auf das der heilige Petrus in seinem Brief (1 Petr. 5, 8-9) anspielt.« Und der »Osservatore Romano« schrieb dazu am 24. November des gleichen Jahres: »Wer die Realität des Teufels als eines lebendigen Geisteswesens bestreite, stelle sich außerhalb der biblischen und kirchlichen Lehre, hatte der Papst am 15. November des vergangenen Jahres festgestellt. Und ebenso stelle sich außerhalb dieser Lehre, wer im Teufel ein eigenständiges Prinzip sehe, das nicht von Gott geschaffen, oder wer ihn für eine Pseudowirklichkeit, für eine erfundene fantastische Personifikation der unbekannten Ursache unseres Unheiles halte.«[32]

---

[30] Lumière et Vie, 1966, Nr. 78, S. 27.

[31] Civiltà Cattolica, 7. XII. 1968, S. 468.

[32] Courier de Rome, 1. Sept. 1972; Der Fels 1972, H. 10, S. 313; Osservatore Romano. Deutsche Wochenausgabe, 2. Jg. (1972), Nr. 47 v. 24. Nov. 1972, S. 1; Der Fels 1973, H. 7/8, S. 226 ff.; begegnung 1/1973, S. 16 f. Daß die Teufelsgläubigkeit auch in den hochentwickelten imperialistischen Ländern nicht ausgestorben ist, beweist eine Meldung der AFP aus New York, die »Die Welt« vom 23.4.1974 wiedergab. Danach glaubt jeder zweite Bürger der USA an die Existenz des Teufels – sicher eine tröstliche Meldung für den Vatikan. Über den Teufelsglauben der Gegenwart vgl. auch den Stern-Report: »Der Teufel kommt wieder.« Stern, Jg. 27, H. 16, 11.–17.4. 1974; begegnung 4/1974, S. 34 (»Geschäfte mit dem Teufel«).

Abb. 6
»Die Hexenmahlzeit«
(Ulricus Molitor, de laniis et phitonicis mulieribus, Reutlinger Ausgabe 1489).

Abb. 7
»Hexen«
(Kupferstich-Kopie nach dem Farbholzschnitt von Hans Baldung Grien, K. K. Kupferstichsammlung Wien).

Abb. 8
»Die Hexe«
(Kupferstich von Albrecht Dürer, um 1500–1505).

Abb. 9
»Die vier Hexen«
(Kupferstich von Albrecht Dürer, 1491).

Abb. 10
»Baumgespenst und Hexen«
(Holzschnitt aus: Das buch zu distilliren die zusammengetanen ding, Straßburg 1500).

Abb. 11
»Wie die Hexen Milch aus einem Axthehn melken«
(Holzschnitt aus: Geyler von Kaisersberg, Die Emeis [= Ameise], Straßburg, Druck von Grüninger, 1517).

Abb. 12
»Hexenunwesen im Bistum Trier ca. 1620«
(Kupferstich).

Abb. 13
»Ausfahrt zum Hexensabbat«
(Stich von J. Alimet nach einem Gemälde von D. Teniers, 1610–1690).

Abb. 14
»Feine Meisterin!«
(Francisco de Goya, 1746–1828).

Abb. 15
»Walpurgisnacht«
(Kupferstich von Michael Herz, 17. Jh.).

Abb. 16
»Hexensabbat auf dem Blocksberg«
(Kupferstich, 17. Jh.).

Doch kehren wir zum Mittelalter zurück. Als Häresie wurde von den Theologen sowohl die Verkündung neuer Glaubenswahrheiten als auch die hartnäckige Verteidigung falscher religiöser Anschauungen betrachtet. Aber die der Zauberei Angeklagten konnte man unter diese Begriffsbestimmung nicht einreihen. Denn die Zauberer und Hexen vertraten weder häretische Auffassungen, noch verkündeten sie solche, wenn sie dem Teufel dienten.

Vom Standpunkt der Kirche aus war der Häretiker ebenfalls ein »Diener des Teufels« und handelte auf dessen Eingebung. Wie der hl. Bischof Cyprian schon im 3. Jh. lehrte, ist der Teufel der eigentliche »Schöpfer« jeder kirchlichen Spaltung und jeder Häresie. Aber im Unterschied zu den Zauberern und Hexen verfolgten die Häretiker nach Ansicht der Theologen weitreichendere und gefährlichere Ziele. Sie wollten die herrschende Ordnung, die herrschende Kirche vernichten und diese durch ihre eigene – satanische – Organisation ersetzen; die Zauberer und Hexen dagegen hatten ein solches Ziel nicht. Sie beschäftigten sich sozusagen mit kleiner Schädlingsarbeit. Die Kirche verurteilte und bestrafte sie; doch nahm die Verfolgung der Hexerei bis zum 14. Jh. keinen Massencharakter an. Die Prozesse gegen die Hexen wurden sowohl von weltlichen als auch von kirchlichen Richtern geführt; es waren Angelegenheiten der »gemischten Jurisdiktion« (delictum fori mixti). Mehr noch: In den ersten zwei Jahrhunderten der Existenz der Inquisition unterbanden die römischen Päpste mehr als einmal die Versuche der Inquisitoren, solche Fälle vor ihre Gerichtsbarkeit zu ziehen; sie betonten, daß diese zweitrangigen Charakter trügen, und warnten davor, daß solche Fälle die Inquisition nur zusätzlich belasteten und sie daran hinderten, ihre unmittelbare Funktion, die Bekämpfung der Häresie, auszuüben. So warnte Papst Alexander IV. am 20. Januar 1260 die Inquisitoren des Dominikanerordens: Die Euch übertragene Sache ist so wichtig, daß Ihr Euch davon nicht abhalten lassen dürft durch die Verfolgung anderer Arten von Verbrechen. Deshalb sollen Prozesse gegen Wahrsagerei und Zauberei nur dann von Euch angestrengt werden, wenn sie offensichtlich durch die Häresie hervorgerufen sind; in allen anderen Fällen muß man sie bei den seit altersher dafür eingesetzten Richtern belassen.[33]

Damit Zauberei und Hexerei zum Ziel einer Massenverfolgung seitens der Inquisitoren werden konnten, mußten sie sich erst in eine Häresie verwandeln, mußten sie »offenkundig nach Häresie schmecken« (haeresim manifeste sapiens).[34] Die Existenz eines »Paktes mit dem Teufel« verwandelte den Zauberer oder die

---

[33] Auszug und Quellenangaben bei *Hansen, J.*, Quellen und Untersuchungen zur Geschichte des Hexenwahns und der Hexenverfolgung im Mittelalter, Nachdruck Hildesheim 1963, S. 1.

[34] Vgl. dazu *Lea, H. Ch.*, a. a. O., Bd. III, S. 507 ff.; *Hansen, J.*, Zauberwahn, Inquisition und Hexenprozeß im Mittelalter und die Entstehung der großen Hexenverfolgung, München/Leipzig 1900, S. 246 ff.

Hexe noch nicht in einen Häretiker, da das wichtigste Element fehlte, ohne das für die Kirche eine Häresie nicht denkbar war: die geheime, verschwörerische Organisation. Da es diese nicht gab, so schufen oder vielmehr erfanden die Inquisitoren sie. Die Zauberer und Hexen, so wurde von ihnen behauptet, seien Soldaten des Satans, sie gehören zu dessen »Armee« oder »Synagoge«. Als Beweis für die Existenz einer »Synagoge des Satans« dienten den Inquisitoren mit ihrer verderbten Phantasie die »Hexensabbate«. Und nachdem man ein solch »geniales« System erfunden hatte, kostete es keine besondere Mühe mehr, die Bestätigung für dessen »Realität« zu finden. Jeder beliebige Inquisitor konnte nun mit Hilfe des Henkers jede beliebige Frau dazu zwingen, ihre Zugehörigkeit zur »Synagoge des Satans« und ihre Teilnahme am »Hexensabbat« zu bekennen, um sie dann nach solch erzwungenem Geständnis wegen erwiesener Häresie auf den Scheiterhaufen zu bringen.

In dem Maße, wie sich die Inquisition in den verschiedenen Ländern der christlichen Welt festigte, begann sie auch, »Zauberer« und »Hexen« vor ihr Gericht zu ziehen, um mit Drohungen und Foltern von ihnen immer schauderhaftere Geständnisse über einen angeblichen Pakt mit dem Satan, über gotteslästerliche, häretische und schändliche Handlungen sowie alle möglichen scheußlichen Verbrechen zu erpressen. Im Jahre 1324 verurteilte in Irland der Franziskaner Richard Ledred zwölf Personen wegen Zauberei, sieben Frauen und fünf Männer. Sie wurden beschuldigt, Christus entsagt, die Sakramente geschändet und dem Teufel Opfer dargebracht zu haben, der ihnen in Gestalt eines Mohren, eines schwarzen Hundes oder eines Katers erschienen sei; auch sollten sie mit ihm und seinen Kumpanen geschlechtlichen Verkehr gehabt haben. Die Beschuldigten gestanden, daß sie in dem Schädel eines enthaupteten Verbrechers aus dem Hirn eines ungetauften Säuglings, besonderen Kräutern und anderen unsagbaren Abscheulichkeiten einen Sud gekocht hätten, mit dem sie rechtgläubige Christen verzaubern wollten.[35] Elf Jahre später verurteilte in Toulouse der Inquisitor Pierre Gui 63 Angeklagte, die unter der Folter ausgesagt hatten, daß sie mit dem Teufel einen Pakt geschlossen und zum Hexensabbat geflogen seien, wo sie den Herrn der Unterwelt verehrt hätten, der die Gestalt eines gigantischen Ziegenbocks angenommen habe; sie hätten ihn angebetet, mit ihm Unzucht getrieben, das Fleisch von neugeborenen Kindern verzehrt und dergleichen mehr. Obgleich die Beschuldigten später teilweise ihre Aussagen widerriefen, wurden 8 der Verbrennung überantwortet, 11 lebenslänglich und 44 zu zwanzig Jahren

[35] Ebenda, S. 341 ff.; *Lea, H. Ch.*, a. a. O., Bd. I, S. 396 ff. führt noch eine Anzahl gleichzeitiger Prozesse in England an. Ausführlich über diesen Prozeß berichtet er in Bd. III, S. 515 ff.

Gefängnis verurteilt. Im gleichen Jahre wurden in Carcassonne von 74 Angeklagten 14 verbrannt.[36]

Derartige Prozesse riefen überall Schrecken und Mißbehagen, Furcht, Mißtrauen und Unsicherheit hervor, ein Gefühl des Ausgeliefertseins und der Schutzlosigkeit. Sie sollten die Gläubigen davon überzeugen, daß nur die Kirche und die Inquisition sie vor den heimtückischen Anschlägen Satans und seiner schändlichen Heerschar beschützen können.

Es gab keine Schlechtigkeiten und Verbrechen, die die Inquisitoren den Zauberern und Hexen nicht angelastet hätten. Da waren einmal die Naturkatastrophen – Dürren, Überschwemmungen, Hagelschlag, Viehsterben, Unwetter – und die im Mittelalter so häufigen Epidemien wie Pest und andere Seuchen; ferner Unglücksfälle, Brandkatastrophen, unaufgeklärte Diebstähle, Unfruchtbarkeit, Frühgeburten, »Verhexungen« u. dgl. Die Inquisition organisierte regelrechte Jagden auf Hexen. Jeder Mißgünstige, jeder Hysteriker, Fanatiker oder Übelwollende konnte seinen Nachbarn oder Bekannten beschuldigen, daß dieser auf Eingebung des Satans ihm oder seiner Familie Schaden zugefügt, daß er seine Kuh oder seinen Hahn »verhext« habe.

Wenn die Inquisition einmal ihre Hand auf einen solchen Zauberer oder eine solche Hexe gelegt hatte, bereitete es ihr keine besondere Mühe mehr, mit Hilfe der Folter ein volles Geständnis der von diesen angeblich verübten Schandtaten zu erhalten. Die Zuträgerei wurde ein untrennbarer Bestandteil des Inquisitionssystems; konnte man doch eine Hexe ebenso wie einen Häretiker nur durch einen Denunzianten ausfindig machen. Es ist deshalb nicht verwunderlich, daß das Angebertum von der Kirche mit allen Mitteln gefördert wurde. Die Denunzianten galten als Märtyrer ihres Glaubens; sie erhielten Vergebung für ihre Sünden und auch geldliche Zuwendungen. »Die Zuträgerei« schrieb S. G. Lozinskij, »nahm oft epidemischen und vollkommen wahnsinnigen Charakter an, besonders infolge der Furcht der Denunzianten, sie könnten selber von den fanatischen Eiferern für die Reinheit des Glaubens verdächtigt werden.«[37] So gab ein gewisser Trois-Echelles am Abend vor seiner Verhaftung im Jahre 1571 an, daß er Tausende Hexen und Zauberer nennen könne. Die Inquisitoren konnten nun beim besten Willen nicht eine so große Anzahl von Menschen vernichten, und die Verfolgung derselben wurde eingestellt. Der berühmte Zauberer aber wurde später begnadigt.[38]

---

[36] *Hansen, J.*, a. a. O., S. 314 ff.; die Quellen dazu werden von ihm in seinem Werk »Quellen und Untersuchungen zur Geschichte der Hexenverfolgung im Mittelalter«, S. 449 ff., gebracht.

[37] *Lozinskij, S. G.*, in der Einführung zur sowjetischen Ausgabe des Hexenhammers, Moskau 1932, S. 42.

[38] *Baissac, J.*, Les grands jours de la sorciellerie, Paris 1890, S. 312 ff.; *Hauber, E.*, Bibliotheca, Acta et scripta magica, II (1740), S. 438 ff.; *Paulus, N.*, Hexenwahn und Hexenprozeß, vornehmlich im 16. Jahrhundert, Freiburg i. Br. 1910.

Wie man den dämonologischen Traktaten aus der zweiten Hälfte des 14. Jh. entnehmen kann, besaßen die Theologen um diese Zeit schon eine komplette Vorstellung von den Vorgängen in den Zauberer- und Hexensekten, die vom Satan mit »Gottes Erlaubnis« zum Verderben der Christen geschaffen worden seien. Danach wirbt der Teufel seine Anhänger entweder selbst oder vermittels seiner Agenten. Der Agent, der als Verführer auftritt, sucht sein Opfer auf, verspricht ihm ein »süßes Leben« und lädt es ein, an einer geheimen Zusammenkunft, dem »Hexensabbat«, teilzunehmen; dort könne man mächtige Leute treffen und nach Herzenslust seine niedrigsten Gelüste befriedigen. Wenn er das Einverständnis seines Opfers erreicht hat, gibt der Werber dem Verführten einen magischen Stab in Form eines Besens und eine Zaubersalbe, die aus der Leber ungetaufter Kinder zubereitet und in einen Lappen eingewickelt ist. Dann verspricht er, persönlich oder mit seinem »Freund« (dem Teufel) zu ihm zurückzukommen, um sich mit ihm gemeinsam zum Hexensabbat zu begeben.

Dieser »Freund« wird zum persönlichen Leiter (daemon familiaris) des Neulings, der in die verbrecherische Sekte der Zauberer eintreten will. Dann kommt die Nacht, in der der Werber zusammen mit dem »Freund« bei dem Neophyten erscheint und mit der Salbe die Stäbe einschmiert, auf die sie sich setzen und zum Fenster hinaus oder durch das Ofenrohr in die Lüfte entfliehen. Daß sie durch das Fenster fliegen konnten, kann man sich noch vorstellen, aber wie durch das Ofenrohr? Die Inquisitoren und Autoren solcher unsinnigen Erfindungen wußten auch auf diese Frage eine Antwort: Der »Freund« erweitert für einen Augenblick die Ziegelsteine des Schornsteins bzw. das Ofenrohr und zieht sie danach wieder zusammen.

Die verderbte und kranke Phantasie der kirchlichen Autoren – ehrsamer Katholiken, die über alles das schrieben – zeichnete auch ein detailliertes Bild vom »Hexensabbat«: Hier sagt der Neophyt oder die Neophytin vor dem Teufel – einem behaarten Ungeheuer mit Bocksfüßen, mit den Flügeln einer Fledermaus und langem Schwanze – sich von Gott, Christus und allen Heiligen los; sie schwören, in die Kirche zu gehen und zum Scheine die christlichen Sakramente zu nehmen, sie aber insgeheim zu schänden. Sie treten dort auch das Kreuz und die Hostie mit Füßen und leisten dem Satan den Untertaneneid. Der Neophyt küßt ihn auf das Hinterteil, womit er endgültig seine Seele dem Teufel übereignet. Dafür gibt dieser dem Neugeweihten die Gabe, Zaubereien zu verrichten, und erfüllt ihm irgendeinen langgehegten Wunsch.

Auf dem »Hexensabbat«, so behaupteten die kirchlichen Schriftsteller, geht alles umgekehrt zu wie bei den Menschen: dem Teufel werden niedrige Verehrungen erwiesen, indem man ihm den Rücken zukehrt, und die Hexen tanzen ebenfalls mit dem Rücken einander zugewandt. Um Mitternacht wird das traditionelle Mahl eingenommen, bei dem solche von den Hexen bevorzugte Leckerbissen verzehrt werden wie Kröten oder Leber, Herzen und Fleisch ungetaufter Kinder. Es folgt eine

Orgie, bei der die Hexen und Teufel sich der schamlosesten Unzucht hingeben. Der »Hexensabbat« endet dann mit der »schwarzen Messe«. Diese zelebriert der Teufel selbst, indem er in gotteslästerlicher Weise den christlichen Gottesdienst nachäfft, auf das Kreuz spuckt und es mit Füßen tritt.

Die Hexenliteratur der mittelalterlichen Kirche ist angefüllt mit derartigen Beschreibungen des »Hexensabbats«. All das, ja noch schlimmere Varianten wurden dem gläubigen Kirchenvolk vorgetragen, um es einzuschüchtern, ihm Angst vor dem Teufel und seinen Hexen einzujagen und es so in Unterwürfigkeit zu halten.[39]

Die Opfer, die der Zugehörigkeit zur »schwarzen Schar« beschuldigt wurden, waren in der Hauptsache Frauen, eben die »Hexen«, wie man sie nannte. Das entsprach der kirchlichen Tradition, die die Frau als die eigentlich Schuldige an der »Erbsünde« betrachtete. Sprenger und Institoris erklärten das damit, daß die Frauen die Männer bei weitem überträfen an Aberglauben, Rachsucht, Eitelkeit, Lügenhaftigkeit, Leidenschaftlichkeit und unersättlicher Sinnengier. Sie hätten den Männern gegenüber drei wesentliche Mängel: »einen Mangel an Verstand, ein Übermaß an Leidenschaftlichkeit« und einen Mangel an »memorativer Kraft«; daraus resultiere ihre Anfälligkeit gegenüber dem Teufel: »Und wie sie aus dem ersten Mangel, dem des Verstandes, leichter als Männer den Glauben ableugnen, so suchen, ersinnen und vollführen sie infolge des zweiten Punktes, der außergewöhnlichen Affekte und Leidenschaften, verschiedene Rache (sei es durch Hexerei, sei es durch irgendwelche anderen Mittel). Daher ist es kein Wunder, daß es eine solche Menge Hexen in diesem Geschlechte gibt.

Was außerdem ihren Mangel an memorativer Kraft anlangt, da es in ihnen ein Laster von Natur ist, sich nicht regieren zu lassen, sondern ihren Eingebungen zu folgen, ohne irgendwelche Rücksicht, so streben sie danach und disponieren alles im Gedächtnis. Daher sagt *Theophrastus*: ›Wenn du ihr das ganze Haus zum Dienste überlassen und dir auch nur ein ganz Kleines oder Großes vorbehalten hast, wird sie glauben, man schenke ihr keinen Glauben; sie wird Streit erwecken; wenn du nicht schnell Rat schaffst, bereitet sie Gift, befragt Wahrsager und Seher.‹ Daher die Hexenkünste.«[40]

---

[39] Über »Teufelsbuhlschaft«, »Hexenfahrten« und »Hexensabbat« vgl. *Haag, H.,* a. a. O., S. 458 ff.; hier wird auf die Möglichkeit verwiesen, daß gewisse aus Nachtschattengewächsen (z. B. Stechapfel, Bilsenkraut, Wasserschierling, Tollkirschen) hergestellte Salben »tranceartige Zustände mit wilden Träumen, in denen das Schweben und Fliegen eine große Rolle spielt«, hervorrufen können (S. 460). Vgl. dazu den Bericht des Volkskundlers W. E. Peuckert über einen Selbstversuch mit einer nach alten Rezepten hergestellten »Hexensalbe« in: Medizinischer Monatsspiegel, Darmstadt 1960, Nr. 9, S. 169: »Vor meinen Augen tanzten zunächst grauenhaft verzerrte Gesichter. Dann plötzlich hatte ich das Gefühl, als flöge ich meilenweit durch die Luft. Der Flug wurde wiederholt durch Stürze unterbrochen. In der Schlußphase schließlich das Bild eines orgiastischen Festes mit grotesken sinnlichen Ausschweifungen.«

[40] Hexenhammer, Teil I, S. 71 f.

Deshalb, so schlossen diese bedeutendsten kirchlichen Spezialisten für Hexenkunde, »ist es auch folgerichtig, die Ketzerei nicht zu nennen die der Hexer, sondern der Hexen, damit sie den Namen bekomme a potiori; und gepriesen sei der Höchste, der das männliche Geschlecht vor solcher Schändlichkeit bis heute so wohl bewahrte ...«[41]

Eine beträchtliche Anzahl der auf dem Scheiterhaufen verbrannten »Hexen« stellten offensichtlich Frauen mit gestörter Psyche, an Hysterie Erkrankte oder geistig beschränkte Personen dar. Wie Lozinskij schreibt, gab es im Mittelalter einen Frauenüberschuß; da die Frauen nicht am Krieg, an den zahlreichen Fehden und gefahrvollen Unternehmungen teilnahmen, keine aufreibenden Tätigkeiten ausübten und keine schweren, die Kräfte erschöpfenden Arbeiten verrichteten, waren sie gegenüber den Männern in der Überzahl und füllten die Klöster und alle möglichen Gott wohlgefälligen Anstalten.

Die kranke Frau wurde als die stärkste Vertreterin des Teufels angesehen, und die Kirche schonte keine Kräfte, um diese gefährlichsten und hartnäckigsten Häretikerinnen von Grund auf auszurotten. Die Kirche hat nie und nirgends jemals in Zweifel gezogen, daß die Frau, die zum Scheiterhaufen geführt wurde, ein Verhältnis mit dem Teufel gehabt habe; sie hat sie nie als Kranke bezeichnet, die sie in Wirklichkeit war, sondern hat die Worte der vor Angst oder Schmerzen wahnsinnigen Opfer als das Geständnis einer wirklichen Verbindung der Verbrecherin mit dem Feinde des Menschengeschlechtes ausgegeben.

Indem die Kirche die Frau als gefährlichste Verbrecherin verbrannte, festigte sie in der Gesellschaft die Vorstellungen von Hexen- und Teufelswahn und säte um sich herum jene Torheit, die dann wieder das Opfer ihres alles verschlingenden Appetits wurde. Selbst Quelle des gefährlichsten Aberglaubens, nährte sie alle Schichten der Bevölkerung mit dem tödlichen Gift der Phantasmagorien und konnte natürlich nicht eine Sache ausrotten, die sie selbst großgezogen hatte ... [42]

Die »Anweisungen für die Befragung von Hexen«, die im Mittelalter von den Spezialisten der Inquisition zusammengestellt wurden, machen uns mit den »Verbrechen« bekannt, die diese »Teufelsdienerinnen« angeblich begingen. Eine dieser Anweisungen, die zum Bestand des »Landrechts für die Markgrafschaft Baden-Baden« vom 2. Januar 1588 gehört, gibt den Rat, von der Befragten zunächst das Eingeständnis zu erreichen, daß sie Kenntnis über die Existenz von Hexen und deren »Kunst« habe; dann solle die Befragung nach folgendem Schema weitergeführt werden: Hat sie nicht selbst solche Stücklein vollbracht, wenn auch nur ganz geringfügige; hat sie nicht

---

[41] Ebenda, S. 74 f.

[42] *Lozinskij, S. G.*, Istorija papstva, Moskau 1961, S. 245.

z. B. Kühe ihrer Milch beraubt, hat sie nicht Raupen, Nebel oder dergleichen gemacht? Bei wem und unter welchen Umständen gelang es ihr, solches zu lernen? Seit wann und wie lange treibt sie das, und welche Mittel verwendet sie dazu? Wie steht es hinsichtlich eines Bundes mit dem bösen Feind? War das ein bloßes Versprechen, oder wurde er durch einen Schwur bekräftigt? Wie lautet dieser Schwur?

Hat sie Gott verleugnet und mit welchen Worten? Wer war dabei anwesend, von welchen Zeremonien war der Schwur begleitet, an welchem Ort und zu welcher Zeit fand er statt, wurde eine Unterschrift gegeben oder nicht? Hat der Teufel von ihr eine schriftliche Verpflichtung erhalten? Wurde diese mit Blut geschrieben, wenn ja, mit welchem, oder mit Tinte? Wann ist der Böse ihr erschienen? Wünschte er die Ehe mit ihr oder nur einfach den Geschlechtsverkehr? Wie nannte er sich? Wie war er gekleidet, und wie haben seine Füße ausgesehen? (Man nahm an, daß der Teufel Bocksfüße, »Füße mit Hufen«, habe, J. G.) Hat sie an ihm nicht irgendwelche Teufelszeichen bemerkt?

Es folgt dann ein eingehendes Verhör der vermutlichen Hexe über den Geschlechtsverkehr mit dem Teufel, über Abtreibung und Kindestötung, über »Unlauterkeiten wider die Natur« u. dgl. (22 Fragen). Dann ging es weiter mit einem Examen in folgender Weise: Hat sie kraft ihres Schwures (den sie dem Teufel gegeben, J. G.) Schaden zugefügt und wem namentlich? Mit Gift? Durch Berührung, durch Verwünschungen oder mit Salben? Wieviel Männer und Frauen hat sie zu Tode gebracht? Wieviel Kinder? Wie viele hat sie nur verletzt? Wieviel schwangere Frauen? Wieviel Vieh? Wieviel Hagel hat sie auf andere geschickt? Was hat er bewirkt? Wie hat sie das eigentlich gemacht, und was hat sie dazu gebraucht? Kann sie auch durch die Luft fliegen, und worauf ist sie geflogen? Wie bewerkstelligte sie das? Wie oft fliegt sie? Wohin ist sie wann geflogen? Welche anderen Personen, die noch unter den Lebenden weilen, waren ihre Gesellen? Ob sie auch verwandeln könne und durch welche Mittel? Ob der Teufel sie beten lehrte, was für Gebete, wie er ihr dieselben vorgesprochen?

Wie lange ist es her, daß sie ihre Hochzeit mit ihrem Buhlen gefeiert? Wie wurde die Hochzeit ausgerichtet, wer war anwesend, was gab es dort zu essen? Insbesondere welche Fleischgerichte gab es, woher stammte das Fleisch, wer brachte es, welches Aussehen und welchen Geschmack besaß es, war es sauer oder süß (man nahm an, daß es Fleisch von unschuldig getöteten kleinen Kindern sei, J. G.)? Gab es auf der Hochzeit Wein, und woher hat man ihn gebracht? War ein Spielmann anwesend? Wer war er, ein Mensch oder ein böser Geist? Wie sah er aus? Saß er auf der Erde, auf einem Baume, oder stand er beim Spielen? Welche Absichten hatten sie auf der erwähnten Versammlung, was für eine Hexen-Hochzeit haben sie gehalten? Wo haben sie zu nächtlicher Zeit ihre Gelage veranstaltet: auf dem Felde, in Wäldern oder in Kellern, und wer war dabei anwesend? …

Wieviel kleine Kinder wurden von ihr mit verzehrt? Woher hatte man sie? Von wem wurden sie genommen, oder wurden sie auf dem Friedhof ausgegraben? Wie hat man sie zubereitet: gebraten oder gesotten? Wozu wurde der Kopf, wurden die Beinchen und die Händchen benutzt? Wurde von solchen Kindern auch Schmalz gewonnen, und wozu brauchten sie dieses? Wurde es benutzt, um Wetter zu machen? Wieviel Wöchnerinnen hat sie töten helfen? Wie wurde das gemacht, und wer hat dabei mitgewirkt? Hat sie mitgeholfen, verstorbene Wöchnerinnen auf dem Friedhof auszugraben, und wozu war das notwendig? Wer nahm daran teil? Und wie lange haben sie daran gesotten? Hat sie nicht auch Frühgeburten ausgegraben, waren es Mädchen oder Jungen, und was haben sie mit ihnen gemacht?...

Betreffs der Salbe: Wenn sie gefahren, womit sie gefahren? Wie wurde die Salbe zubereitet, welche Farbe hatte sie? Getraut sie sich selbst eine solche herzustellen? Wie oft hat sie Menschenschmalz benötigt und dementsprechend Morde begangen? Da die Hexen das Schmalz aussieden oder auskochen, muß man sie auch fragen: Was hat sie mit dem ausgekochten oder ausgebratenen Menschenfleisch gemacht? Sie benötigen stets zu solchen Salben Menschenfleisch, sei es von toten oder von lebenden Menschen. Dazu gehören auch noch Blut, Farnkrautsamen und anderes; menschliches Schmalz darf jedoch nicht fehlen, während die anderen Dinge gelegentlich auch fortgelassen werden können. Das Schmalz von toten Menschen taugt vor allem zur Tötung von Mensch und Vieh; das von Lebenden dagegen zum Fahren, zum Wettermachen und um unsichtbar zu werden ...

Wieviel Wetter, Reif, Nebel sie habe machen helfen? Wie lange dauerte das, und welcher Schaden wurde in jedem Falle angerichtet? Wie wurde das angestellt, wer war dabei? Ob sie auch über dem Wetter gefahren sei und wie sie hinaufgekommen? War ihr Buhle (der Teufel) auch beim Verhör anwesend, und kam er nicht zu ihr ins Gefängnis? Hat sie auch geweihte Hostien an sich gebracht und wo und von wem? Was hat sie mit diesen angestellt? Ist sie zum Abendmahl erschienen, und hat sie dieses, wie es sich gehört, empfangen?...

Wie beschaffen sie sich die Wechselbälge (die sie anstelle von Säuglingen in die Wiegen legen), wer gibt sie ihnen? Wie hat sie den Kühen die Milch entzogen und in Blut verwandelt, und wie ist den Tieren wieder zu helfen? Kann sie Wein oder Milch auch aus einem Weidenbaum lassen?

Item wie sie die Männer unfähig gemacht für das eheliche Beilager? Mit welchen Mitteln? Und wie können sie wieder geheilt werden? Desgleichen, wie hat sie junge und alte Leute impotent gemacht, und was kann man dagegen wiederum tun usw.[43] Dies ist nicht das einzige Zeugnis finstersten Hexenglaubens; solche

---

[43] Siehe Anhang B am Ende des Kapitels.

Anweisungen gab es in der verschiedensten Gestalt. Neben der des Landrechts von Baden-Baden sowie des Laienspiegels von Ulrich Tengler ist der Kehlheimer Hexenhammer (1487) einer der übelsten; auch er breitet in insgesamt 93 Fragen den gesamten Unsinn mittelalterlichen Hexenglaubens aus.[44]

Freiwillig »bekennen« und zur Zufriedenheit des Inquisitors erschöpfend auf diese und viele andere erstaunliche Fragen antworten konnte in der Tat nur eine psychisch kranke Frau, die sich wirklich für eine Hexe hielt und deshalb bereit war, unter dem Diktat des Fragenden jede beliebige Aussage zu machen. Ansonsten konnten solche Geständnisse nur durch die Folter erpreßt werden.

Die Inquisitoren, die die Hexen der Zauberei beschuldigten, trieben in Wirklichkeit selbst Zauberei, indem sie sich anschickten, entlarvende Aussagen von ihren Opfern zu erpressen. Vor Beginn der Folter lasen sie eine Messe für deren Erfolg; sie tränkten ihre unglückseligen Opfer auf nüchternen Magen mit »heiligem« Wasser, damit »der Teufel« während der Folter ihnen nicht die Zunge binde; sie hefteten an den bloßen Leib der Hexen ein Band »von der Länge des Körpers des Heilands«, das angeblich die Schuldigen beschwerte »schlimmer als alle Ketten«[45], und sie sprachen verschiedene Beschwörungsformeln, um den widerspenstigen, ungehorsamen »Teufelsweibchen« den Mund zu öffnen.

Vor der Folter rasierte der Henker sorgfältig alle Haare vom Körper des Opfers, damit es nicht ein »Teufelsbrieflein« verstecken konnte, das es Leiden gegenüber unempfindlich machte.

Er suchte weiter den Körper der »Hexe« sorgfältig nach »Hexenmalen« ab, wofür jedes Muttermal, ja jedes Fleckchen auf der Haut gelten konnte. Die Entdeckung eines solchen »Hexenmales« galt als sicherer Beweis der Schuld.

Der Henker begann sein »edles« Werk mit gemäßigten, »menschlichen« Folterungen und ging dann nach Bedarf zu raffinierteren, »unmenschlichen« über, um in der Sprache der Inquisitoren zu reden.

---

44 Der Kehlheimer Hexenhammer. Facsimile-Ausgabe, München-Allach 1970.

45 Diese Methode wird noch im »Hexenhammer« empfohlen: »Man schreibe die sieben Worte, die Christus am Kreuze gesprochen, auf Zettel und nähe oder klebe diese aneinander, daß sie zusammen so lang sind, wie das Längenmaß Christi ... Solche Kette lege man den Hexen um den bloßen Leib. Die Erfahrung hat gelehrt, daß sie sich dadurch merkwürdig belästigt fühlen.« *S. von Riezler*, der in seiner »Geschichte der Hexenprozesse in Bayern«, Stuttgart 1896, Reprint Aalen 1968, diese Stelle anführt, bemerkt dazu, daß dieser Rat offensichtlich noch 1737 im Hexenprozeß gegen Anna Gilli befolgt wurde. Er zitiert eine Stelle bei *Soldan/Heppe* (Bd. II, S. 318): »und ist ihr dann unsereß Erlösers Jesu Christ ... um den Leib gelegt worden«, und will das ausgelassene Wort durch »Längenmaß« o. ä. ergänzt wissen. »Ebenso findet man das Remedium der sieben Worte auf einem Zettel in dem Handbuch eines bayerischen Hexenpaters aus dem 18. Jh.«, heißt es dann bei ihm (*von Riezler, S.*, a. a. O., S. 116, Anm. 1).

Diese forderten dazu auf, nicht zimperlich mit den Hexen umzugehen, indem sie sich darauf beriefen, daß die »Außerordentlichkeit des Falles außerordentliche Foltern erfordere« (singularitas istius casus exposcit tormenta singularia).[46]

Muß man noch darauf hinweisen, daß alle Anklagen auf Zauberei, auf Zugehörigkeit zur »Synagoge des Satans«, reine Erfindungen waren und sich lediglich auf Geständnisse stützten, die die Inquisitoren mit Hilfe des Henkers erpreßt hatten? Offensichtlich ist das nötig, denn selbst in unseren Tagen gibt es »gelehrte« Werke von Theologen, in denen mit vollem Ernst die traditionelle kirchliche Behauptung von der Existenz eines Teufels und seiner irdischen Helfer, der Hexen und Zauberer, aufrechterhalten wird. Als Beispiel kann man die im Westen populären »Untersuchungen« des amerikanischen katholischen Geistlichen M. Summers, »Geschichte des Hexenwesens und der Dämonologie« und »Geographie des Hexenwesens«, anführen, die in den zwanziger Jahren unseres Jahrhunderts erschienen und seit dieser Zeit mehrmals aufgelegt wurden. Summers, so schreibt ein amerikanischer Verlag, der seine Bücher herausgegeben hat, »schämt sich durchaus nicht der gewaltigen Exzesse, die von der Kirche im 17. und 18. Jh. begangen wurden; mehr noch, er verteidigt regelrecht alles, was die Kirche jemals zur Vernichtung der Hexerei und der Häresie getan hat.«[47]

Zur Illustration des Gesagten fügen wir nun einige Beispiele an, die den Schleier von der inquisitorischen Technik bei der Herstellung von Anklagen auf Zauberei und Hexerei lüften sollen.

Im Jahre 1597 wurde in Gelnhausen die siebenundsechzigjährige Witwe eines Tagelöhners namens Klara Geißlerin verhaftet, da sie von einer wegen Hexerei schon hingerichteten anderen Frau des Zusammenlebens mit drei Teufeln und ähnlicher Verbrechen bezichtigt worden war. Beim Verhör leugnete Klara ihre Schuld. Man begann sie zu foltern. Man legte ihr die Daumenschrauben an, aber, so berichtet das Protokoll des Verhörs, »der Teufel brachte über sie eine große Hartnäckigkeit, und sie bestand fest auf ihrer Sache«. Als man begann, ihre Füße zu pressen, und stärker zudrückte, schrie sie erbärmlich: »Wär alles wahr, was man gefragt: sie trinke Blut von Kindern, so sie bei nächtlicher Weile, wenn sie ausfahre, stehle; habe wohl bis 60 gemordet, nannte 20 andere Unholdinnen so mit bei den

---

[46] *Speranskij, N.*, a. a. O., S. 156.

[47] *Summers, M.*, The Geography of Witchcraft, Emerson/New York 1958, S. 625. Und noch im Jahre 1965 konnte in der BRD, natürlich in Weilheim (Oberbayern), das Buch von *Gerald B. Gardner* mit einer Einführung von *Dr. M. Murray*, Ursprung und Wirklichkeit der Hexen, erscheinen, in dem der Verfasser allen Ernstes erklärt: »Ich habe Dinge gesehen, die ich nicht berichten darf und bin auch abergläubisch, weil ich die Kraft der Hexen kenne ... Deshalb habe ich gezeigt, wie Hexen gewisse Riten ausführten, und glaube, daß sie mit Erfolg die Gedanken der Menschen beeinflußten und dies auch weiterhin tun könnten, wie etwa im Fall der Wasserstoffbomben« (Schlußsatz, S. 151)!

Tänzen gewesen;... auch habe sie den Teufel ständig in Gestalt einer Katze bei sich, mit der sie, ebenfalls als Katze verwandelt, nachts über die Dächer fahre und sich erlustige.« Von der Folter befreit, widerrief sie dann alle diese Aussagen; sie habe sie aus lauter Schmerz getan, alles sei Einbildung und kein Wort wahr. Von neuem gefoltert, bejahte sie wiederum alles, was man ihr vorsagte, und widerrief es, sobald man sie vom »Bock« losgeschnallt hatte. Die dritte Folterung dauerte mehrere Stunden und brachte schließlich das gewünschte Ergebnis: »sie habe länger denn 40 Jahre mit dem Teufel Unzucht getrieben, der bald als Katze, bald als Hund, oft auch als Floh oder Wurm zu ihr gekommen sei. Sie habe wohl auch über 240 Personen ermordet, habe dem Teufel 17 Kinder geboren, die sie alle gemordet, von deren Fleisch sie gegessen und deren Blut sie getrunken. Sie habe Wetter gemacht und habe die ganze Stadt anzünden wollen, so nicht einer ihrer teuflischen Buhlen es widerraten, dieweil er darin noch mehr zu Hexen machen wolle.«

Damit enden ihre »Geständnisse«; sie starb noch während der Folter. »Der Teufel hat sie«, so lautet das Gerichtsprotokoll, »nichts mehr offenbaren lassen wollen und deshalb ihr den Hals umgedreht.« Ihre Leiche wurde verbrannt.[48]

Und hier die Geständnisse einer anderen Hexe aus Sergesheim (Württemberg), die 1619 protokolliert wurden – selbstverständlich auch unter Anwendung der Folter: »Ich wurde Hexe vor so langer Zeit, daß ich mich nicht mehr daran erinnern kann. Ich habe 104 Kinder verhext, darunter 3 meiner eigenen. Sie wurden alle später aus den Gräbern ausgehoben, gekocht und teilweise gegessen, teilweise für die Herstellung von Salben und anderer Zaubermittel verwandt. Die Knöchelchen der Beine wurden zu Pfeifen verarbeitet. Ich habe auch die Frau meines eigenen Sohnes und zwei ihrer Kinder verhext; auch meine beiden Männer habe ich viele Jahre lang verhext und schließlich zu Tode gebracht. Mit dem Teufel habe ich ständig Unzucht getrieben. In 40 Jahren habe ich eine Vielzahl verderblicher Stürme von der Länge vieler Meilen längs des Heichelberges erregt. Auf diesem Berge findet fünfmal im Jahre der Hexensabbat statt. Dort versammeln sich bis zu zweieinhalbtausend verschiedene Menschen: Arme, Reiche, Junge, Alte, darunter auch solche von sehr vornehmer Herkunft.«[49] Auch diese »Hexe« verbrannte man natürlich.

In der Stadt Bamberg gab sich die Inquisition besondere Mühe, das Hexenwesen vollständig auszurotten. Von 1609 bis 1633 wurden dort öffentlich mehrere hundert Menschen hingerichtet, die der Zauberei beschuldigt worden waren. Unter den Opfern der Inquisition befanden sich nicht nur einfache Leute, sondern auch Vertreter der städtischen Behörden, darunter selbst 5 Bürgermeister.[50]

---

48 *Spielmann, K. H.,* Die Hexenprozesse in Kurhessen, Marburg 1932, S. 149 f.

49 *Speranskij, N.,* a. a. O., S. 23.

50 *Merzbacher, F.,* Die Hexenprozesse in Franken, 2. erw. Aufl., München 1970. Der Autor errechnet aus

Anklagen auf verbrecherischen Umgang mit dem Teufel wurden gelegentlich sogar gegen Richter erhoben. So wurde im Jahre 1628 der Bamberger Stadtrat Johann Junius verhaftet. Drei Zeugen sagten aus, daß sie ihn auf einem »Hexensabbat« gesehen hätten. Johann leugnete kategorisch diese Beschuldigung ab und wurde der Folter zugeführt. Achtmal zog man ihn auf die Folterbank und warnte ihn, die Tortur würde fortgesetzt bis zum vollen Geständnis. In der Hoffnung, daß ihm weitere Qualen erspart blieben, legte Johann ein »Teilgeständnis« ab. Einst sei zu ihm auf dem Felde ein Mädchen gekommen, das sich plötzlich in einen Ziegenbock verwandelt habe; dieser hätte ihm an die Gurgel gegriffen und gesagt: »Du mußt mein sein, oder ich will dich umbringen.« Dann hätte er gefordert, er solle Gott entsagen. Er, Johann, habe zugestimmt; man hätte ihn dann auf den »Teufelsglauben« getauft und zum »Hexensabbat« geführt. Die Richter forderten, daß er die Namen der dort mit ihm anwesenden Bewohner Bambergs preisgebe; unter der Folter nannte der Häftling eine Reihe ihm bekannter Personen. Der Henker zwang ihn auch einzugestehen, daß er vom Teufel ein »weißes Pulver« erhalten habe, mit dem er seinen Sohn vergiften sollte, und daß er eine Hostie schändete. Die Folterungen brachten Johann in einen solchen Zustand, daß er schließlich bereit war, jeden beliebigen preiszugeben und sich selbst zu beschuldigen, wessen immer man wollte. Vor Gericht bestätigte er die in der Untersuchung gemachten Aussagen und wurde zum Tode durch das Schwert und zur nachfolgenden Verbrennung auf dem Scheiterhaufen verurteilt. Aber er suchte seiner Tochter einen Brief zu übermitteln, in dem er sich von allen Aussagen distanzierte und vor ihr seine Ehre verteidigen wollte; dieser Brief ist nach Diefenbach »eines der rührendsten Aktenstücke« aus diesem Verfahren. Er ist nach ihm wahrscheinlich abgefangen worden und so zu den Akten gelangt; es scheint jedoch auch möglich, daß die Tochter ihn später als Beweis für die Unschuld ihres Vaters dem Gericht zugespielt hat. In diesem Brief heißt es u. a.:

»Und dann ist dieses mein Aussag, wie folgt, aber alle erlogen. Nun folgt, hertzliebes kindt, was ich hab außgesagt, daß ich der großen marter und harten tortur bin entgangen, welche mir unmöglich lenger also auszustehen gewesen wäre,... Denn sie lassen niht mit den martern nach, biß man etwas sagt... Das darfst künlich für mich schwören, daß ich kein trudner (Hexer, J. G.) sondern ein mertirer bin und sterb hiemit gefast.« [51]

---

den Quellen für die Zeit von 1625–1630 insgesamt 900 Prozesse im Bamberger Gebiet, davon für Bamberg und Zeil 236 Verbrennungen (S. 42, Anm. 261); für das Jahr 1617 im Bambergischen 102 Hingerichtete (ebenda, Anm. 266).

[51] *Williams, Ch.*, Witchcraft, Cleveland and New York 1961, S. 180; *Diefenbach, J.*, Der Hexenwahn vor und nach der Glaubensspaltung in Deutschland, Mainz 1886, Nachdruck Leipzig 1969, S. 135–137.

Abb. 17
»Die Hexenaustreiber verdächtigten vornehmlich alte Frauen«
(Kupferstich von Daniel Hopfer, 15. Jh.).

Abb. 18
»Verbrennung von drei Zauberinnen zu Derneburg 1555«
(Flugblatt, Nürnberg, Druck von Jörg Merckel).

Im Jahre 1645 wurde in Meran (Tirol) ein gewisser Michel Perger wegen Zauberei hingerichtet. Sein Prozeß kam auf folgende Weise zustande: Irgend jemand meldete, daß Perger sich verdächtig aufführe, von Astrologen und Zauberinnen spreche und sich rühme, er könne Unwetter und Stürme voraussagen. Er fiel in die Hände der Inquisition, und unter der Folter machte er verschiedene Aussagen, die ihn und andere Personen teuflischer Ränke überführten. Er »gestand«, daß er mit einem Teufel in wilder Ehe lebe, der ihm in Gestalt eines jungen Mädchens erschienen sei. Je stärker man ihn folterte, um so mehr Einzelheiten erfand er über seine »verbrecherischen« Taten: Er habe mit seinem Blut den »Teufelspakt« unterschrieben, Hostien gestohlen, die Weinberge seiner Nachbarn verhext und anderes mehr. Als die Folterungen aufhörten, widerrief er seine Aussagen. Da schnallte man ihn wiederum auf die Folterbank und zwang ihn auf diese Weise, seine Geständnisse zu bestätigen.

Selbst Kinder waren damals nicht sicher vor der Beschuldigung der Zauberei und vor Folterungen. So wurden 1628 in Würzburg zwei Mädchen im Alter von 11 und 12 Jahren und zwei Knaben im gleichen Alter hingerichtet. Unter der Folter hatten sie ihre Zugehörigkeit zur »Synagoge des Satans« eingestanden.[52]

In den kompetenten Leitfäden der Inquisition für den Kampf gegen das Hexenwesen, speziell in solch bekannten Werken zu diesem Thema wie denen der Inquisitoren Jean Bodin »De Magorum Daemonomania« (1581) und Nikolas Remy »Daemonolatreia« (1595), wurde empfohlen, auch Kinder hinzurichten, die der »verbrecherischen Verbindung mit Hexen oder dem Teufel« überführt worden seien. Remy hatte während seiner Amtszeit als Generalstaatsanwalt des Herzogs Karl III. von Lothringen in nur 15 Jahren, von 1577 bis 1591, über 800 Menschen verbrennen lassen.[53]

Die Kinder, die in die Hände dieser Henker gerieten, konnten sich nur durch Aussagen gegen ihre Eltern retten. Der französische Richter Henry Boguet, Autor des dämonologischen Werkes »Discours des sorciers« (1602), beschreibt den Fall eines gewissen Guillaume Villermaux, der auf die Aussage seines noch unmündigen Sohnes hin der Zauberei angeklagt wurde: »Das war ein merkwürdiges und schreckliches Erlebnis, Zeuge ihrer Gegenüberstellung zu sein. Das Gefängnis hatte den Vater in eine Ruine verwandelt; er hatte an Händen und Füßen Ketten; er stöhnte, schrie, warf sich auf den Boden und beteuerte seine Unschuld. Ich erinnere mich auch, daß er, nachdem er sich ein wenig beruhigt hatte, voll Zärtlichkeit sich an den Sohn wandte und ihm sagte, daß er ihn trotz allem, was er ihm angetan, stets als

---

[52] Siehe Anhang C dieses Kapitels.

[53] *Williams, Ch.*, a. a. O., S. 255–257, *Baschwitz, K.*, Hexen und Hexenprozesse. Die Geschichte eines Massenwahns und seiner Bekämpfung, Gütersloh (1967), S. 155 ff.

seinen Sohn halten wolle. Und doch blieb dieser die ganze Zeit fest, gleich als ob er ohne Gefühl sei; es schien, als ob die Natur ihn gegen sich selbst gewappnet habe und ihm helfe, daß er schuldig am schmählichen Tod des Menschen werde, der ihm einst das Leben gegeben. Ohne Zweifel, glaube ich, offenbarte sich hier die gerechte und geheime Vorsehung Gottes, der nicht zulassen wollte, daß ein solch abscheuliches Verbrechen wie der Zauberei unentdeckt und unbestraft bliebe.«[54]

Wenn schon die Männer, die der Zauberei angeklagt worden waren, kaum Chancen hatten, sich zu retten, so gab es für Frauen eine solche Möglichkeit überhaupt nicht. Eine als Hexe bezeichnete Frau, die in die höllische Maschine der Inquisition geriet, konnte nichts und niemand ihr wieder entreißen. Ihr Los war von vornherein entschieden. Der Jesuit Friedrich Spee, Beichtvater Hunderter von »Hexen«, die durch die Mauern der Inquisition in Würzburg gegangen waren, schrieb in seinem Traktat »Cautio criminalis« (1631): »Ihr (d. h. der Angeklagten, d. Hrsg.) Lebenswandel war ja entweder schlecht und sündhaft oder gut und rechtschaffen. War er schlecht, so sagt man, das sei ein starkes Indiz, denn von einer Schlechtigkeit darf man getrost auf die andere schließen. War ihr Lebenswandel indessen gut, so ist auch das kein geringes Indiz: Denn auf diese Weise, sagt man, pflegen die Hexen sich zu verstecken und wollen besonders tugendhaft erscheinen. Es wird also angeordnet, Gaja (d. i. ein willkürlich angenommener Name, d. Hrsg.) ins Gefängnis zu schleppen, und seht, da hat man abermals ein neues Indiz, da man ihr ja aus allem einen Strick zu drehen weiß. Denn sie zeigt dann entweder Furcht, oder sie tut es nicht. Zeigt sie Furcht ..., so ist das alsbald ein Indiz, denn man sagt, sie habe ein schlechtes Gewissen. Zeigt sie keine Furcht (weil sie nämlich auf ihre Unschuld vertraut), so ist auch das sogleich ein Indiz: Denn das, sagt man, sei überhaupt eine besondere Eigentümlichkeit der Hexen, daß sie sich ganz unschuldig stellen und den Kopf nicht sinken lassen. Damit man aber immer noch mehr Indizien gegen sie habe, hat der Inquisitor seine Leute an der Hand, oft verworfene, übel beleumdete Burschen ... Daraufhin wird sie schleunigst zur Folter geschleppt ... Hierauf ... wird sie gefoltert, damit sie die Wahrheit kundtue, das heißt, damit sie sich schlechtweg für schuldig erklärt ...

Und so gesteht sie, oder sie gesteht nicht. In jedem Falle ist es um sie geschehen. Gesteht sie, dann ist es ja klar, sie wird selbstverständlich hingerichtet, wie schon gesagt. Alles Widerrufen ist umsonst ... Gesteht sie nicht, so wird die Folter zwei, drei, vier Male wiederholt. Hier ist alles erlaubt, was man haben möchte: Es gibt ja bei einem Sonderverbrechen (als solches wird die Hexerei von den Inquisitoren angesehen, d. Hrsg.) keinerlei Vorschrift über Dauer, Schärfe noch

---

[54] *Williams, Ch.*, a. a. O., S. 258 ff.

Wiederholung der Tortur ... Ob dann die Gaja auf der Folter vor Schmerz die Augen verdreht oder sie starr auf einen Fleck heftet: Das sind neue Indizien. Verdreht sie die Augen, so heißt es: Seht ihr, wie sie ihren Buhlen sucht? Heftet sie sie starr auf einen Fleck, so sagt man: Schaut, sie hat ihn schon gefunden, sie sieht ihn bereits. Bricht sie jedoch trotz mehrmaliger Folterung immer noch nicht ihr Schweigen, verzerrt sie im Ankämpfen gegen die Schmerzen ihr Gesicht, erleidet sie eine Ohnmacht usw., dann schreien sie, sie lache, sie schlafe in der Tortur, sie gebrauche einen Schweigezauber und sei nun um so mehr schuldig, sie müsse deshalb lebendig verbrannt werden ... Und das heißen dann selbst die Beichtväter, selbst Geistliche verstockt und unbußfertig gestorben. Da sagen sie, sie habe sich nicht bekehren, nicht von ihrem Buhlen lassen, sondern habe ihm die Treue halten wollen. Geschieht es aber, daß irgendeine Angeklagte unter solchen Folterqualen den Geist aufgibt, dann behaupten sie, der Teufel habe ihr das Genick gebrochen. Zum Beweis dafür kommen sie mit einem unwiderleglichen Argument; willst du das verwenden, so wird dir am Ende der Beweis gelingen, daß es keinen einzigen Menschen gibt, dem nicht zuletzt vom Teufel das Genick gebrochen wird, wie oben dargelegt ... Stirbt die Gaja aber nicht und wagen ängstliche Richter nicht, sie ohne neue Indizien weiter zu foltern noch sie ohne Geständnis zu verbrennen, dann wird sie im Kerker festgehalten, in festere Ketten gelegt, um dort bis zu einem vollen Jahr mürbe gemacht zu werden, solange bis sie unterliegt.«[55]

Trotzdem erzielten die entmenschten Henker nicht immer die gewünschten Resultate. »Leichter ist es Holz zu hacken, als die Prozesse dieser schrecklichen Frauen zu führen«, rief ein bayrischer Richter im 17. Jh. aus. In den Protokollen der Inquisition kann man nachlesen, daß einige Opfer die Folter ertrugen, ohne das Gesicht zu verziehen oder einen Laut von sich zu geben, »obwohl man sie schlug wie einen Pelz«. Eine solche Standhaftigkeit ist nicht nur dadurch zu erklären, daß die Opfer sich in einem Schockzustand oder in »hysterischer Anaesthesie« befanden, sondern durch ein echtes Heldentum vieler Frauen, die es vorzogen, alle möglichen Qualen und selbst den Tod auf sich zu nehmen, anstatt durch lügenhafte Aussagen sich und ihre Angehörigen zu vernichten und in Schande zu bringen. Der Unterschied in ihrer Strafe bestand gleichwohl nur darin, daß man die reuige Hexe, die Aussagen gemacht hatte, erst enthauptete oder erdrosselte und dann verbrannte, während man die »hartnäckige« lebend verbrannte oder vorher zum Krüppel machte, indem man ihr die Extremitäten abschnitt oder mit glühenden Zangen

---

[55] *von Spee, Friedrich,* Cautio criminalis oder Rechtliches Bedenken wegen der Hexenprozesse. Deutsche Ausgabe von *Ritter, J.-F.,* Darmstadt 1967, S. 280–285.

Fleischstücke aus ihrem Körper riß.[56] Alle diese Grausamkeiten wurden öffentlich verübt, unter einem großen Massenzulauf und im Beisein von Kindern, wobei die Zuschauer angehalten wurden, ihre Billigung auszudrücken. Die Verantwortung der kirchlichen Inquisition für die unbeschreiblichen Grausamkeiten und Schändlichkeiten, die die Hexenprozesse begleiteten, teilen auch die römischen Päpste und die kirchlichen Synoden, die alle diese scheußlichen Verbrechen guthießen.

Von den zahlreichen Dokumenten, die das bezeugen, wollen wir nur ein einziges anführen: die Bulle »Summis desiderantes« Papst Innozenz' VIII. vom 5. Dezember 1484, die die Inquisitoren Heinrich Institoris und Jakob Sprenger mit unbegrenzten Vollmachten ausstattete. Diese haben sich den traurigen Ruhm als blutgierigste Hexenjäger ihrer Zeit erworben und ihre reichen Erfahrungen als Henker in dem schon genannten Leitfaden zur Ausrottung des »satanischen Geschlechts«, dem »Hexenhammer«, zusammengefaßt. Die Bulle lautet: »Indeme wir mit der höchsten Begierde verlangen, wie es die Sorge unsers Hirten Amtes erfordert, daß der Catholische Glaube fürnehmlich zu unseren Zeiten allenthalben vermehret werden und blühen möge, und alle Ketzerische Bosheit von denen Gräntzen der Gläubigen weit hinweg getrieben werde, so erklären wir gerne dasjenige und setzen es auch von neuem, wordurch solches Unser Gottseliges Verlangen die erwünschte Würkung erlangen mag. Und dannenhero in deme, durch den Dienst unserer Arbeit, als durch die Reuthaue eines vor sichtigen Arbeiters alle Irrthümer gäntzlich ausgerottet werden, der Eyffer und die Beobachtung eben desselben Glaubens in die Hertzen der Gläubigen um so starker eingetrucket werde. Gewißlich ist es neulich nicht ohne grosse Beschwehrung zu unsern Ohren gekommen, wie daß in einigen theilen des Oberteutschlands, wie auch in denen Meyntzischen, Cölnischen, Trierischen, Saltzburgischen (und Bremer) Ertzbistümern, Städten, Ländern, Orten und Bistümern sehr viel Personen beyderley Geschlechts, ihrer eigenen Seligkeit vergessend, und von dem Catholischen Glauben abfallend, mit denen Teufeln, die sich als Männer oder Weiber mit ihnen vermischen, Mißbrauch machen, und mit ihren Bezauberungen, Liedern und Beschwehrungen, und anderen abscheulichen Aberglauben und zauberischen Übertretungen, Lastern und Verbrechen, die Geburten der Weiber, die Jungen der Thiere, die Früchten der Erde, die Weintrauben und die Baumfrüchte, wie auch die Menschen, die Frauen, die Thiere, das Vieh, und andre unterschiedener Arten Thiere, auch die Weinberge, Obstgarten, Wiesen, Weyden, Getreide, Korn und andern Erdfrüchten, verderben, ersticken und umkommen machen und verursachen, und selbst die Menschen, die Weiber, allerhand groß und klein Vieh und Thiere mit grausamen sowohl innerlichen als äusserlichen Schmertzen und Plagen belegen und

[56] *Williams, Ch.*, a. a. O., S. 177 ff.

peinigen, und eben dieselben Menschen, daß sie nicht zeugen, und die Frauen, daß sie nicht empfangen, und die Männer, daß sie denen Weibern, und die Weiber, daß sie denen Männern, die eheliche Werke nicht leisten können, verhindern. Über dieses den Glauben selbst, welchen sie bey Empfangung der heiligen Tauffe angenommen haben, mit Eydbrüchigen Munde verläugnen. Und andere überaus viele Leichtfertigkeiten, Sünden und Lastern, durch Anstiftung des Feindes des menschlichen Geschlechts zu begehen und zu vollbringen, sich nicht förchten, zu der Gefahr ihrer Seelen, der Beleidigung göttlicher Majestät, und sehr vieler schädlicher Exempel und Ärgerniß. Und daß, obschon die geliebte Söhne *Henricus Institoris* in den obgenannten Theilen des Oberteutschlandes, in welchen auch solche Ertzbistümer, Städte, Länder, Bistümer und andere Orte begriffen zu seyn gehalten werden, wie auch *Jacobus Sprenger* durch gewisse Striche des Rheinstrohmes, des Prediger-Ordens und *Professores Theologiae*, zu *Inquisitoren* des Ketzerischen Unwesens durch Apostolische Brieffe bestellet worden, wie sie auch noch seynd, dannoch einige Geistliche und Gemeine derselben Ländern, welche mehr verstehen wollen, als nöthig wäre, deswegen, weil in denen Briefen ihrer Bestellung solcherley Ertzbistümer, Städte, Bistümer, Länder und andere obgenannte Orte und deren Personen und solche Laster nicht namentlich und insonderheit ausgetrücket worden, dahero solche auch gar nicht darunter begriffen, und also denen sogenannten *Inquisitoren* in solchen Ertzbistümern, Städten, Bistümern, Ländern und Orten, vorgenennet, solches Amt der *Inquisition* zu verrichten, nicht erlaubt seyn, und dieselbe zu Bestraffung, Inhaftnehmung und Besserung solcher Personen, über denen vorgenannten Verbrechen und Lastern nicht müssen zugelassen werden, halsstarrig zu bejahen, sich nicht schämen. Deswegen dann in denen Ertzbistümern, Städten, Bistümern, Ländern und Orten vorgenennete solcherley Verbrechen und Laster, nicht ohne offenbahren Verlust solcher Seelen und ewigen Seelengefahr ohngestrafft bleiben.

Derohalben Wir, indem wir alle und jede Hinternüsse, durch welche die Verrichtung des Amts derer *Inquisitoren* auf irgend eine Weise verzögert werden könnte, aus dem Wege räumen, und damit nicht die Seuche des Ketzerischen Unwesens und anderer solcher Verbrechen ihr Gifft zu dem Verderben anderer Unschuldigen ausbreiten möge, durch taugliche Hülfsmittel, wie solches unserm Amt oblieget, versorgen wollen, da der Eyffer des Glaubens uns führnemlich hierzu antreibet, damit nicht dahero geschehen möge, daß die Ertzbistümer, Städte, Bistümer, Länder und obgenannte Orte in denselben Theilen des Oberteutschlandes, ohne das nöthige Amt der *Inquisition* seyn, so setzen wir aus apostolischer Hoheit, daß denen *Inquisitoren* das Amt solcher *Inquisition* darinnen zu verrichten erlaubt seyn, und sie zu der Besserung, Inhafftnehmung und Bestraffung solcher Personen über den vorgenannten Verbrechen und Lastern hinzu gelassen werden sollen, durchgehends und in allem eben so, als wann in den vorgenannten Brieffen, solche Ertzbistümer, Städte, Bistümer, Länder und Orte, und Personen, und Verbrechen namentlich und insonderheit ausgetrücket wären, Krafft dieses unsers Brieffs. Und indem wir um mehrerer Sorgfalt willen vorgemeldte Brieffe und Bestellung auf solche Ertzbistümer, Städte, Bistümer, Länder und Orte, desgleichen solcher Personen und Laster, ausstrecken, so geben wir, denen vorgesagten *Inquisitoren*, daß sie und einer derselben, wann sie den geliebten Sohn *Johannes Gremper*, einen Geistlichen des Constantzer Bistums, Meister in den Künsten, ihrer dermaligen oder einen jeden andern *Notarium Publicum* zu sich geruffen haben, der von ihnen und einem jeglichen derselben zu der Zeit wird verordnet werden, in denen vorgenennten Ertzbistümern, Städten, Bistümern, Ländern und Orten, wider alle und jede Personen, wes Standes und Vorzuges sie seyn mögen, solches Amt der *Inquisition* vollziehen, und die Personen selbst, welche sie in vorgemeldeten werden schuldig befunden haben, nach ihrem Verbrechen züchtigen, in Hafft nehmen, am Leib und am Vermögen straffen, nicht weniger in allen und jeden Pfarr-Kirchen solcher Länder das Wort Gottes dem gläubigen Volcke, so offt als es nützlich seyn, und ihnen gut dünken wird, vortragen und predigen, auch alles und jedes was zu und in obigen Dingen nöthig und nützlich seyn wird, frei und ungehindert thun, und also vollziehen mögen, aus eben derselben Hoheit, von neuen völlige und freye Gewalt.

Und befehlen nicht weniger Unserm Ehrwürdigen Bruder dem Bischoff zu Straßburg durch Apostolische Brieffe, daß Er, durch sich selbst, oder durch einen andern, oder etliche andere, das vorgemeldete, wo, wann und so offt er es vor nützlich erkennen wird, und er von seiten solcher *Inquisitoren*, oder eines derselben gebürend wird ersuchet seyn, offentlich kund thun, und nicht gestatten solle, daß sie oder einer derselben über diesem, wider den Inhalt derer gedachten und derer gegenwärtigen Brieffe, durch keinerley Gewalt beeinträchtiget oder sonst auf irgend eine Weise gehindert werden, alle diejenige, so ihnen Eintracht thun, und sie verhindern, und widersprechen, und *rebelliren* werden, von was vor Würden, Aemtern, Ehren, Vorzügen, Adel und Hoheit oder Standes, und mit was für *Privilegien*, der Befreyung sie versehen seyn mögen, durch den Bann, die Aufhebung und Verbott, und andere noch schröcklichere Urtheile, Ahndungen und Straffen, welche ihm belieben werden, mit Hindansetzung aller *appellation*, bezaumen, und nach denen von ihme zu haltenden rechtlichen *Processen*, die Urtheile, so offt es nöthig seyn wird, durch unser Ansehen ein und abermal schärffen lasse, und darzu, wann es vonnöthen seyn wird, die Hülffe des weltlichen Arms anrufe. Ohngeachtet aller und jeder vorigen und diesem zuwiderseyenden Apostolischen Rechtschlüssen und Verordnungen. Oder wann einigen insgemein oder insonderheit von dem Apostolischen Stuhl nachgegeben worden, daß wider sie kein Verbote, Aufhebung oder Bann solle ergehen können, durch Apostolische Brieffe, in welchen solcher Nachgebung nicht völlige und austruckliche Meldung geschiehet, desgleichen alle andere oder besondere *Indulgentzien* des bemelten Stuhls von was vor Inhalt sie seyen, durch welchen und wann sie in diesen Gegenwärtigen nicht ausgetrucket, oder nicht ganz einverleibet werden, die Würckung dieser Gnade auf einige Weise verhindert oder aufgeschoben werden möchte, und von einer jeglichen, darvon geschiehet nach dem gantzen Inhalt in unserem Brieff besondere Meldung. Es solle also gar keinem Menschen erlaubt sein, dieses Blatt unserer Verordnung, Ausdehnung, Bewilligung und Befehls zu übertretten, oder derselben aus verwegener Kühnheit entgegen zu handeln. Wann aber jemand sich dieses zu erkühnen unternehmen würde, der soll wissen, daß er den Zorn des allmächtigen Gottes und Seiner Heiligen Apostels Petri und Pauli auf sich laden werde. Gegeben in Rom zu St. Peter, im Jahr der Menschwerdung des HErrn Tausend vierhundert und vier und achtzig, den *5. December*, im ersten Jahr unserer Päbstlichen Regierung.«[57]

Es ist nicht überflüssig zu bemerken, daß Innozenz VIII., der diese Bulle erließ, selbst als »unwissender und grober Wüstling« galt, »der nur an Frauen, Geld und Wein dachte«.[58] Der zitierte Text ist charakteristisch nicht nur deshalb, weil er zeigt, mit welcher Hartnäckigkeit der päpstliche Stuhl seine Politik der Ausrottung der Hexen verfolgte, sondern auch weil er von dem Widerstand Zeugnis gibt, dem diese Politik an vielen Orten begegnete. Es gab nicht wenige Menschen, darunter auch Geistliche, die Gegner der Inquisition waren und die die Hexenprozesse für ausgemachten Unsinn hielten. Aber die Kirche verfolgte solche »Helfershelfer« der satanischen Sekte grausam. Sprenger und Institoris verkündeten im »Hexenhammer« autoritativ: »Nicht an die Tätigkeit der Hexen zu glauben ist eine große Häresie« (Haeresis maxima est opera maleficarum non credere). Die Hauptthesen der Bulle Innozenz' VIII., die zur Ausrottung der Hexen aufriefen, wurden 140 Jahre später wiederholt, und zwar in der sogenannten Konstitution Papst Gregors XV. »Omnipotentis Dei« vom Jahre 1623.[59]

Die protestantischen Kirchen, die manchen Aberglauben ablehnten, der dem Katholizismus eigen war, und die die Verbrechen der Inquisition entlarvten, teilten gleichwohl die kathologische Dämonologie und setzten die Hexenverfolgung mit nicht geringerem Eifer fort als die Vertreter des »heiligen Tribunals« vor ihnen. In dieser

---

57 Hexenhammer, Bd. I, S. XXIV–XXX (lat. und deutscher Text).

58 *Lozinskij, S. G.*, Istorija papstva, S. 243; Johann Moritz Schwager berichtet in seinem Versuch einer Geschichte der Hexenprozesse, Bd. I, Berlin 1784, Reprint Frankfurt a. M. 1970, daß dieser Papst allgemein als »wollüstiger geiler Bock« bezeichnet wurde, und beruft sich dabei auf *E. Hauber* (siehe oben Anm. 38).

59 *Summers, M.*, a. a. O., S. 545.

Beziehung, so vermerkt der Historiker Charles Williams, gab es keine Unterschiede zwischen den beiden Konfessionen. »Wenn unsere Väter«, so schrieb er, »in dieser Frage irrten, so irrten sie in gleichem Maße. Katholiken und Protestanten stritten sich über den Himmel; was aber die Hölle betrifft, so waren sie fast einer Meinung.«[60]

Die Jagd nach Hexen, die Hexenprozesse und die Hinrichtungen von Frauen, die der Zauberei angeklagt waren, zogen sich von der zweiten Hälfte des 15. Jh. bis zur zweiten Hälfte des 18. Jh. hin. Sie hörten erst auf, als die Macht der mittelalterlichen Kirche gebrochen wurde.

Es entsteht die Frage, warum die Hexenjagd gerade an der Schwelle des Renaissance-Zeitalters begann und in der Periode des Absolutismus andauerte, d. h. in einer Epoche, die man im Vergleich zum Mittelalter als verhältnismäßig aufgeklärt bezeichnen könnte. Einige Forscher halten den Vorgang für eine Folge des Hundertjährigen Krieges und der Pestepidemien, die Europa im 14./15. Jh. heimsuchten. Aber Kriege und Epidemien gab es auch vorher. Unserer Ansicht nach ist die Hexenverfolgung vielmehr ein Auswuchs des jahrhundertelangen Kampfes der Kirche gegen die Häretiker. Die Inquisition hatte durch ihre terroristische Tätigkeit eine Atmosphäre des allgemeinen Mißtrauens geschaffen, sie hatte mit ihrer Verfolgungssucht viele kirchliche Hierarchen und Theologen angesteckt. Ihre Maschine konnte nun nicht mehr nur bei der Ausrottung der Häretiker stehen bleiben; sie setzte ihre fieberhafte Tätigkeit jetzt gegen offensichtlich erfundene Dinge fort, indem sie in der Hexenjagd eine neue »goldene Ader« fand. Die Verbrechen, die von ihr auf diesem Gebiet ausgebrütet wurden, rechtfertigten ihre Existenz noch für eine Reihe von Jahrhunderten und dienten der Festigung des kirchlichen Einflusses auf die Gläubigen. Es ist bezeichnend, daß es in Spanien und Portugal, wo die Inquisition mit der Verfolgung der zum Christentum bekehrten Juden und Mauren beschäftigt war, fast keine Hexenprozesse gab.

Die Hexenjagd, die in den christlichen Ländern Europas über mehrere Jahrhunderte lang anhielt, führte zur Vernichtung von mindestens hunderttausend völlig

---

[60] *Williams, Ch.*, a. a. O., S. 176 f. – Das Standardwerk »Die Religion in Geschichte und Gegenwart«, Bd. II, Tübingen 1928, Sp. 1873, beziffert die Anzahl der in den europäischen »Kulturländern« dem Hexenwahn in der Zeit von 1575–1700 zum Opfer Gefallenen auf rund eine Million und berechnet den Anteil protestantischer Richter in Deutschland auf 25–30 %. Johannes Scherr schätzt allein die Zahl der in Deutschland hingerichteten Hexen auf etwa 100 000. All das sind Vermutungen, die sich bei dem Verlust der Mehrzahl der Prozeßakten nicht nachprüfen lassen. Vgl. dazu auch *Krämer, W.*, Kurtrierische Hexenprozesse im 16. und 17. Jh., vornehmlich an der unteren Mosel, München 1959, S. 117. Ausführlich geht Haag auf die Frage nach der Gesamtzahl der hingerichteten Hexen ein; er führt Zeugnisse verschiedener Autoren an, die auf »viele Hunderttausende« bis zu neun Millionen lauten (*Haag, H.* [Hrsg.] Teufelsglaube, S. 441 f.). Im Vergleich zu den fünf Millionen von den deutschen Faschisten ermordeten Juden machten diese Zahlen, ganz gleich, welche man annehme, gemessen an der damaligen Bevölkerungsdichte, »ein Vielfaches von Hitlers Massenmord an den Juden aus« (ebd.).

unschuldigen Menschen, in der Mehrzahl Frauen. Wenn man noch die Angehörigen und Freunde der Hingerichteten in Betracht zieht, die infolge dieser Prozesse ihr Vermögen und ihren sozialen Status verloren, so dürfte die Zahl der von ihr Betroffenen wohl in die Millionen gehen.

Aber das Übel beschränkte sich nicht allein darauf. Indem die Kirche die Hexen verfolgte, pflanzte und verwurzelte sie unter den Gläubigen ein unmenschliches Verhältnis zur Frau, blinde Vorurteile, den Glauben an jegliche Teufelei, eine absurde Mystik, allgemeines Mißtrauen und Verdächtigungen, Härte und Grausamkeit, Gleichgültigkeit gegenüber menschlichen Leiden, Verrat und Denunziantentum sowie schließlich die Kriecherei vor dem allmächtigen Henker. Auf diese Weise wurde eine christliche »Lebensart« geschaffen, die einige Eiferer der kapitalistischen Gesellschaft später mit Enthusiasmus wieder aufgriffen.

Der Prozeß gegen die Templer

Die Existenz eines solchen Apparates, wie ihn die Inquisition darstellte, erlaubte es den Machthabern, weltlichen wie geistlichen Fürsten, nicht nur wirkliche Häretiker zu verfolgen, d. h.: solche, die tatsächlich gegen die herrschende Kirche auftraten oder von ihren Geboten abfielen, sondern auch unter einem geeigneten Vorwand mit all denen abzurechnen, die ihnen aus diesem oder jenem Grunde mißliebig waren oder deren Eigentum sie an sich ziehen wollten. Die Inquisition erpreßte mit Drohungen und Folterungen bei solchen Pseudohäretikern dann entlarvende Geständnisse, die als juristischer Beweis ihrer »Schuld« dienten und damit die Grundlage für eine entsprechende Strafe abgaben.

Oft beschuldigte man diese angeblichen »Ketzer« der Verbindung mit dem Teufel, der Teufelsverehrung, der Ausübung satanischer, scheußlicher Zeremonien, der Zauberei und ähnlicher erfundener Verbrechen, verfuhr also ebenso, wie man bis zu einem gewissen Grade früher auch schon mit den Katharern umgegangen war.

Ähnlich phantastische Anklagen wurden auch gegen den Orden der Templer erhoben. Der Prozeß gegen sie wurde vom französischen König und von der Inquisition angestrengt. Der französische Historiker M. Michlet hält ihn für den größten, der je im Mittelalter stattfand.[61]

Als Ergebnis dieses Spektakels wanderten die ungeheuren Schätze, die der Orden besaß, in die Truhen seiner Richter; die Führer der Templer aber, die unter den

---

[61] Procès des Templiers, publié par *Michlet, M.*, Bd. I, Paris 1841, S. IV.

Foltern ihre Häresie eingestanden hatten, endeten ihr Leben auf dem Scheiterhaufen oder in den Kasematten der Inquisition.

Der Orden der Templer oder Tempelherren – seine offizielle Bezeichnung war »Arme Ritter Christi und des Tempels Salomons« (Pauperes Commilitones Christi Templique Salomonis) – wurde im Jahre 1118 oder 1119 von den französischen Kreuzfahrern in Jerusalem gegründet. Es war ein Ritterorden, in den meist Söhne der reichsten Feudalgeschlechter Frankreichs eintraten. Obwohl die Tempelherren beim Eintritt in den Orden das Gelübde des Gehorsams, der Armut und der Keuschheit ablegten, befaßten sie sich – wie die Mitglieder der anderen Mönchsorden – auch mit der Anhäufung von irdischen Reichtümern und mit der Ausbeutung Tausender Leibeigener, die als dienende Brüder auf ihren Gütern und in ihren Burgen arbeiteten. Ihre Kongregation war nach militärischem Prinzip aufgebaut: Das rangniedere Mitglied hatte dem ranghöheren zu gehorchen. Das Haupt des Ordens, der Großmeister, besaß uneingeschränkte Gewalt; seine Befehle galten als Ausdruck des göttlichen Willens. Die undisziplinierten Mitglieder der Vereinigung wurden von der Obrigkeit ins Gefängnis geworfen, in Ketten geschmiedet und durch Hunger mürbe gemacht. Die großzügigen Schenkungen, die Einkünfte aus ihren Gütern und die reichhaltigen »Almosen«, die aus allen Teilen der christlichen Welt in die Ordenskassen wanderten, verwandelten den Orden mit der Zeit in eines der mächtigsten und reichsten Glieder der katholischen Kirche. In Frankreich spielte er die Rolle eines königlichen Bankiers; der Schatz des Herrschers wurde in der Residenz des Großmeisters, im Temple, aufbewahrt. Im 13. Jh. besaß der Orden insgesamt 9 000 Schlösser, die ganze Insel Cypern befand sich in seinem Besitz; Ordensprovinzen existierten außerdem in England, Italien, Spanien, Portugal, Böhmen und Ungarn. Kirchliche Hierarchen wie weltliche Große fürchteten und beneideten ihn zugleich.

Der Templerorden galt als einer der »zuverlässigsten« in der katholischen Kirche; seine Mitglieder zeichneten sich durch blinde Ergebenheit gegenüber dem päpstlichen Stuhl aus. Man konnte ihnen alles mögliche nachsagen, aber keine Häresie.

Einige moderne Apologeten des Katholizismus, die die Zerschlagung des Ordens nachträglich zu rechtfertigen suchen, schreiben ihm die geheime Absicht zu, daß er beinahe die ganze Welt seiner Macht unterwerfen wollte; sie machen Andeutungen über angebliche geheime Verbindungen seiner Führer mit den Muselmanen, insbesondere mit den Ismaeliten und dem Führer der Sekte der Assassinen, Hassan, der seinerseits unter dem Einfluß des Katholizismus gestanden habe. So schreibt z. B. Fernand Hayward: »Die Templer träumten von einer Weltmacht, in der sie die führende Rolle spielten; so brauchte man sich nicht zu wundern, wenn sie zu Anhängern einer Art von Synkretismus wurden, der aus der Vereinigung der christlichen und der islamischen Lehre entstanden war.«[62] Hayward und andere ihm gleichgesinnte Autoren führen allerdings keine Beweise zur Bestätigung ihrer Thesen an. Es gibt dagegen zahlreiche Belege für das Gegenteil, daß nämlich die Templer bis zur Zerschlagung des Ordens in jeder Beziehung zuverlässige Stützen des Papsttums waren. Eben deshalb waren sie, wie H. Ch. Lea mit Recht vermerkt, »von Anfang an die besonderen Lieblinge des Heiligen Stuhles, der eifrig darauf bedacht war, sie zu einer ihm ausschließlich zur Verfügung stehenden Miliz, also zu einem Werkzeuge zu machen, durch das er seinen Einfluß ausdehnen und die Unabhängigkeit der Ortskirchen brechen konnte. Privilegien und Immunitäten regneten auf sie herab; sie wurden befreit von allen Zöllen, Zehnten und Steuern jeder Art; ihre Kirchen und Häuser wurden mit dem Asylrecht ausgestattet; sie genossen die den Geistlichen zugebilligte Unverletzlichkeit, waren von allen Lehnsverpflichtungen und -abhängigkeiten befreit und konnten nur von Rom gerichtet werden. Die Bischöfe durften sie nicht exkommunizieren ... Kurz, die Päpste unterließen nichts, um sie zu fördern und sie mit dem Stuhle des hl. Petrus fest zu verknüpfen.«[63]

Gegen Ende des 13. Jh. wurden die Templer aus Palästina vertrieben. Viele kehrten nach Frankreich zurück, wo damals Philipp IV., der Schöne, regierte; dieser war bestrebt, auf jede Weise seine Macht über die feudalen Seigneurs zu festigen. Die ständigen Händel mit ihnen und die langen Kriege gegen die Flamen und Engländer hatten die königliche Kasse ausgezehrt. Bei der Suche nach neuen Mitteln wurde Philipp zum Falschmünzer; er gab minderwertige Geldstücke heraus. Außerdem konfiszierte er das Eigentum der Juden und trieb sie aus dem Lande. Aber all das schien dem unersättlichen König noch zu wenig; denn seine Ausgaben überstiegen seine Einkünfte aus den laufenden Steuern und den genannten Plünderungen erheblich. Philipp wandte deshalb sein Augenmerk dem Templerorden zu, dem er eine halbe Million Livres schuldete, was ihn besonders bedrückte. Zunächst versuchte er, ihm seinen Sohn als Großmeister aufzuzwingen. Als aus diesem Vorhaben nichts wurde, beschlossen der König und seine Ratgeber, eine riskante Operation zu wagen, von der sie sich größere Erfolge versprachen: die Tempelherren der Häresie anzuklagen, mit Hilfe der Inquisition von ihnen die entsprechenden Geständnisse zu erzwingen und auf dieser Grundlage ihre Reichtümer zugunsten

---

[62] *Hayward, F.*, The Inquisition, New York 1966, S. 69; ders.: Was muß man über die Inquisition wissen? Ins Deutsche übertragen von *Wagner, C.*, Aschaffenburg 1959, S. 53. Hier lautet die Übersetzung: »So ist es durchaus nicht erstaunlich, daß die Templer von einem Weltreich träumten, in dem sie eine Vormachtstellung einnähmen. Ebenso konnten sie mit Vorliebe einen gewissen Synkretismus ins Auge fassen, der eine Vermischung christlichen und islamischen Lehrgutes darstellte.«

[63] *Lea, H. Ch.*, a. a. O., Bd. III, S. 272.

der königlichen Kasse zu konfiszieren. Damit dieser Coup den Charakter einer legalen Maßnahme annahm, mußten sich die Räuber jedoch vorher des Segens des römischen Papstes versichern, dem die Templer unmittelbar unterstanden. Philipp überwand dieses Hindernis ohne besondere Schwierigkeiten. Denn Papst Clemens V., der frühere Erzbischof von Bordeaux, war eine Kreatur des Königs; er hatte die päpstliche Tiara mit dessen Hilfe erhalten. Da er in Rom abgelehnt wurde, hatte er seine Residenz in Avignon aufgeschlagen, wo er sich unter der Kontrolle des französischen Herrschers befand. So erfüllte er ohne weiteres den Willen seines Gönners und erklärte sich einverstanden, mit seiner Autorität den Prozeß gegen die Templer zu decken. Wir erinnern uns, daß das der gleiche Clemens V. ist, der die »Apostelbrüder« so heftig verfolgte und auf dessen Veranlassung hin Dolcino und seine Anhänger grausam hingerichtet wurden.

Ganz erfüllt von der Idee, sich die Reichtümer der Templer anzueignen, begann Philipp die Realisierung seines Planes damit, daß er dem ihm nahestehenden Minister Nogaret und dem Inquisitor Frankreichs, Guillaume Imbert, auftrug, insgeheim kompromittierendes Material gegen den Orden zu sammeln.[64]

Sowohl der eine als auch der andere gingen mit gleichem Erfindungsgeist an die Erfüllung des königlichen Auftrages heran. Es ist dabei nicht uninteressant zu bemerken, daß Nogaret der Enkel eines seinerzeit von der Inquisition hingerichteten Katharers war, was möglicherweise seinen Enthusiasmus in dieser Sache förderte. Was den Inquisitor Imbert betraf, so war er als Beichtvater des Königs seinem Herrn mit Leib und Seele ergeben.

Nogaret und Imbert beschafften denn auch den Orden belastende Zeugen. Unter den Templern befanden sich wie in jedem Ritterorden nämlich auch alle möglichen Abenteurer und labilen Elemente, die für eine entsprechende Belohnung bereit waren, jede beliebige Aussage gegen wen auch immer zu machen. Und noch mehr waren jene ehemaligen Ordensmitglieder bereit, die Rolle eines Anklägers zu übernehmen, die wegen verschiedener Vergehen oder Verbrechen ausgestoßen worden waren. Besonders zu bemühen brauchten sie sich in dieser Beziehung nicht, da der Volksmund schon längst die Templer verschiedener widernatürlicher Handlungen beschuldigte, die angeblich bei der Aufnahme von neuen Mitgliedern in den Orden begangen wurden. Das rührte daher, daß im Unterschied zu anderen Mönchsorden, die die feierliche Aufnahme öffentlich und am Tage vornahmen, diese Zeremonie von den Templern bei Sonnenaufgang und völlig intern vollzogen wurde – in einem Gebäude, zu dem Nichtmitgliedern der Zutritt verboten war. Die Gegner des Ordens behaupteten nun, daß dort allerlei Unanständigkeiten verschiedenster Art passierten und daß bei den

---

[64] *Labet, M.*, La tragique Histoire de l'Ordre du Temple, Bruxelles 1954, S. 81.

Kapitelssitzungen antichristliche Riten vollzogen würden, die angeblich von einem Großmeister, der Geheimagent des »babylonischen Sultans« war, eingeführt worden seien.

Der Inquisitor fand ohne Mühe Personen, die unter Eid alle möglichen phantastischen Dinge aussagten, und zimmerte daraufhin die Anklage gegen den Orden zusammen. Den Templern wurden folgende fünf häretische Verirrungen vorgeworfen: 1. Beim Eintritt in den Orden ziehe sich der Präzeptor mit dem Neophyten hinter den Altar oder an einen anderen Ort zurück; dort zwinge er ihn, sich dreimal vom Heiland loszusagen und auf das Kreuz zu speien. 2. Der Neophyt werde nackt ausgezogen, und dann küsse nach einer Version der Präzeptor ihn dreimal auf den Hintern, auf den Nabel und auf den Mund, nach einer anderen »auf alle acht Öffnungen«. 3. Man bringe dem Neophyten bei, daß die sodomitische Sünde ehrenwert sei. 4. Der Strick, den die Templer Tag und Nacht als Symbol der Keuschheit über dem Hemd trugen, werde dadurch geweiht, daß man ihn um ein Idol winde, das die Form eines menschlichen Kopfes mit langem Barte trage und von den Führern des Ordens verehrt werde. 5. Die Priester des Ordens weihten die Hostie nicht, wenn sie die Messe zelebrierten.[65]

Von allen aufgeführten Beschuldigungen entsprach wahrscheinlich nur eine der Wahrheit – die der Homosexualität; aber sie konnte kaum als Begründung für eine Verurteilung des Ordens dienen, wenn man berücksichtigt, daß derartige Haltungen unter der Geistlichkeit damals überhaupt weit verbreitet waren. Viele Päpste und andere bedeutende Vertreter der Kirche hatten sich in dieser Beziehung ausgezeichnet. Die übrigen Anwürfe hatte man sich offensichtlich aus den Fingern gesogen; sie waren die Frucht der Phantasie des französischen Königs und seiner Helfershelfer, des Ministers Nogaret und des Inquisitors Imbert. Nichtsdestoweniger wurden alle diese Anklagen in der Untersuchung, die von der Inquisition durchgeführt wurde, bestätigt. Am 13. September 1303 erließ Philipp der Schöne, gestützt auf die Bitte des Inquisitors, den Geheimbefehl, sämtliche Templer, die in Frankreich lebten, zu verhaften und all ihr Eigentum zu sequestrieren – unter dem Vorwand, sie schickten sich an, das Land zu verlassen und ihre Schätze mitzunehmen.

Diese Anordnung war in einem höchst melodramatischen Ton abgefaßt, der den Stil jener Epoche kennzeichnet. Sie begann mit folgenden Worten: »Ein trauriges Ereignis, wert der Verurteilung und Verachtung, an das zu denken sogar schon schrecklich ist; der Versuch es zu verstehen, ruft Schauder hervor; eine schändliche Erscheinung, die jegliche Verdammung erfordert, ein widerwärtiger Akt, eine schreckliche Gemeinheit, in Wahrheit unmenschlich, ja schlimmer noch: jenseits der

---

[65] Vgl. *Lea, H. Ch.*, a. a. O., Bd. III, S. 296; *Labet, M.*, a. a. O., S. 70.

Grenzen aller Menschlichkeit, wurde uns bekannt, dank den Mitteilungen vertrauenswürdiger Menschen, und rief bei uns tiefe Verwunderung hervor, ja zwang uns zu zittern vor echtem Entsetzen.«[66]

Es ist nicht schwer sich vorzustellen, welchen Eindruck ein in diesem Ton gehaltener Befehl auf die Amtsträger Frankreichs ausübte. Die Verhaftung der Templer wurde daher sehr gründlich durchgeführt; in die Keller der Inquisition gerieten fast alle Mitglieder des Ordens mit dem Großmeister Jacques de Molay und seinem Stellvertreter, dem Visitator Hugo de Peraud, an der Spitze. Nur acht Brüdern gelang es, der Verhaftung zu entgehen, indem sie ihrem Leben durch Selbstmord ein Ende setzten.[67]

Der König befahl, die Eingekerkerten in strenger Einzelhaft zu halten; die Kommissare der Inquisition sollten sie gesondert befragen und ihnen Verzeihung versprechen als Lohn für ein volles Geständnis. Für den Fall, daß sie sich weigerten, ein Schuldbekenntnis abzulegen, sollten sie darüber informiert werden, daß gegen sie die Folter in Anwendung komme und daß auf die Hartnäckigen der Scheiterhaufen warte. Ihre Aussagen sollten, bestätigt durch das Siegel der Inquisition, Philipp unmittelbar überbracht werden.

Es versteht sich, daß die Inhaftierung aller Mitglieder eines derart mächtigen und verdienten Ordens, gegen den noch niemals Beschuldigungen wegen Aufruhrs oder krimineller Delikte erhoben wurden, sogar für den französischen König und die allmächtige Inquisition keine leichte Sache war. Deshalb begleitete den Prozeß eine für die Praxis dieser Einrichtung ungewöhnliche propagandistische Kampagne, die die öffentliche Meinung davon überzeugen sollte, daß die Verhafteten wirklich der Häresie schuldig waren.

Am 14. September, als fast alle Templer mit dem Großmeister an der Spitze sich hinter den Mauern des »heiligen Tribunals« befanden, versammelte der Inquisitor in der Kathedrale Notre-Dame de Paris die Magister der Universität sowie die Mitglieder des Domkapitels und machte sie mit den gegen den Orden erhobenen Anschuldigungen bekannt. Und einen Tag später verkündeten im Garten des königlichen Schlosses dominikanische Prediger und königliche Beamte den Parisern die Aufdeckung eines »schauderhaften« Komplotts der Templer gegen die katholische Kirche und den heiligen Glauben. Am 16. September sandte Philipp der Schöne allen Fürsten der christlichen Welt Botschaften, in denen er sie über die Häresie der Templer unterrichtete und sie bat, entsprechende Maßnahmen zu ergreifen. Der königliche Minister Nogaret mobilisierte inzwischen Troubadoure, die in Liedern die »Verbrechen« der Templer anprangerten. Der Schriftsteller François de Rue schrieb über diese sogar einen Roman.

---

[66] *Gilles, R.,* Les Templiers sont ils coupables? Leur histoire, leur règle, leur Procès, Paris 1957, S. 103.

[67] *de Séde, G.,* Les Templiers sont parmi nous ou l'énigme de Gisors, Paris 1962, S. 82.

Inzwischen war der Inquisitor Imbert gleichfalls nicht untätig. Er und seine Mitarbeiter verhörten in den Wochen vom 19. Oktober bis zum 24. November 138 Templer mit solchem Erfolg, daß alle – mit Ausnahme von dreien – die gegen sie erhobenen Anschuldigungen eingestanden. Ebenso wirksam wurde die Untersuchung auch in den Provinzen durchgeführt.

Darüber, mit welchen Mitteln die Peiniger den Verhafteten Geständnisse zu entreißen suchten, gibt die große Zahl der während der Untersuchung »verstorbenen« Templer Auskunft. In Paris gab es 36, in Sens 25 solche Opfer; in ganz Frankreich verstarben bei den »Befragungen« etwa 500 Templer.

Sogar der Kirchenhistoriker Vacandard mußte daher zugeben, daß »möglicherweise niemals die Inquisitionstribunale eine solche Härte und Gewalt zeigten wie im Templerprozeß«.[68]

Der größte Erfolg von Imbert bestand darin, daß es ihm gelang, das Haupt des Ordens, den greisen Molay, zu zwingen, nicht nur die Mehrheit der gegen ihn erhobenen Beschuldigungen »einzugestehen«, sondern auch einen an alle Ordensmitglieder gerichteten Brief zu schreiben, in dem er diese von seinem Geständnis unterrichtete und sie aufrief, seinem Beispiel zu folgen, denn sie seien ja der gleichen Verirrungen schuldig wie er selbst.

Im Protokoll der Aussagen Molays wird vermerkt: »Der Beschuldigte erklärt unter Eid, daß gegen ihn keine Drohungen und keine Gewalt angewendet wurden.« Aber dieser Satz war ein üblicher Trick; das Gegenteil davon war der Fall. Viele Jahre später nämlich wurde ein Brief Molays entdeckt, in dem er seinen Freunden mitteilte, daß man ihn in den Mauern der Inquisition gefoltert und ihm dabei die Haut vom Rücken, vom Bauch und von den Beinen abgerissen habe.[69]

Sobald es ihnen gelungen war, Molay und anderen Führern der Templer »kompromittierende« Aussagen zu entreißen, schleppten die Inquisitoren sie in das ehemalige Stabsquartier des Ordens, in den Temple; dort zwangen sie sie, ihre Geständnisse vor den Magistern und Studenten der Universität zu wiederholen.

In dem Maße, wie die Schraube der Untersuchung angezogen wurde, vermehrte sich die anfängliche Zahl der fünf Anklagepunkte durch neue, phantastische Einzelheiten. Man beschuldigte die Templer des Verrats: angeblich hätten sie einen heimlichen Pakt mit dem »babylonischen Sultan« geschlossen, indem sie sich verpflichteten, im Falle eines neuen Kreuzzuges ihm alle Christen zu übergeben. Man klagte sie ferner der Zauberei an, da sie, wie man behauptete, ihre eigenen Mitbrüder, die

---

[68] *Vacandard, E.*, The Inquisition. A critical and historical study of the coercive power of the church, New York 1940, S. 120.

[69] *Gilles, R.*, a. a. O., S. 110.

in der Häresie verstorben seien, verbrannt und aus deren Asche ein Pulver zubereitet hätten, das die Neophyten in Feinde des Christentums verwandle; und wenn ein Kind von einem Mädchen geboren wurde, das von einem Templer verführt worden sei, habe man diesen Säugling gebraten und aus dem Fett eine Salbe bereitet, mit der man die schon erwähnten bärtigen Idole bestrich.

Die Unsinnigkeit und Abgeschmacktheit der gegen die Templer erhobenen Beschuldigungen wird durch die Protokolle ihrer Verhöre selbst bestätigt. Obwohl allen Häftlingen die gleichen Fragen vorgelegt wurden, stimmten ihre Antworten in der Regel nicht überein. Die einen sagten aus, daß die Führer des Ordens ihnen den Deismus nahegelegt hätten, andere, daß sie gezwungen worden seien, Gott zu entsagen, wieder andere sollten von Maria lassen, weitere schließlich von Christus selbst usw. Ebenso verschiedenartige Aussagen wurden über das oben erwähnte Idol gemacht. »Von denen, welche gestanden, es gesehen zu haben, beschrieben es kaum zwei auf ähnliche Weise innerhalb der Grenzen, die die Anklageartikel, welche von ihm als einem Kopfe sprachen, nahelegten. Bisweilen ist es schwarz, bisweilen weiß, bisweilen hat es schwarzes, bisweilen weißes und schwarzes Haar, in anderen Fällen wieder hat es einen langen, weißen Bart. Einige Angeklagte hatten seinen Nacken und seine Schultern mit Gold bedeckt gesehen; einer erklärte, daß es ein Dämon sei (Maufé), den keiner ohne Zittern habe ansehen können; ein anderer, daß es statt Augen Karfunkeln hatte, die den Raum erleuchteten; ein anderer, daß es zwei Gesichter, ein anderer, daß es drei Gesichter, ein anderer, daß es vier Beine, zwei hinten und zwei vorne, hatte, und noch ein anderer sagte, daß es eine Bildsäule mit drei Köpfen war. Einmal ist es ein Gemälde, ein anderes Mal eine Malerei auf einer Platte, ein anderes Mal eine kleine weibliche Figur, die der Präzeptor aus seinen Kleidern hervorzieht, wieder ein anderes Mal die Statue eines Knaben, einen Unterarm hoch, die gewissenhaft in der Schatzkammer des Präzeptoriums verborgen gehalten wurde. Nach einer Aussage hatte es die Gestalt eines Kalbes. Bisweilen wird es Heiland, bisweilen Bafomet oder Magineth – Verstümmelungen von Muhammed – genannt und als Allah verehrt. Bisweilen ist es Gott, der alle Dinge schafft, der die Bäume blühen und das Gras sprießen läßt; dann ist es wieder ein Freund Gottes, der zu ihm gehen und für den Bittenden vermitteln kann. Bisweilen gibt es Antworten, und bisweilen wird es begleitet oder vertreten von dem Teufel in der Form eines schwarzen oder grauen Katers oder eines Raben, der gelegentlich antwortet auf die an ihn gerichteten Fragen. Die Ceremonie endigt wie der Hexensabbat mit der Einführung von Dämonen in der Gestalt von schönen Frauen.«[70]

---

[70] *Lea, H. Ch.*, a. a. O., Bd. III, S. 303 f. Dort die Quellen und weitere Literatur.

Derartige Widersprüche findet man in den Aussagen der Templer auch bei anderen Anklagepunkten. Aber das verwirrte die Inquisitoren Philipps des Schönen durchaus nicht. Sie wußten sehr gut, daß alle diese Anschuldigungen erfunden, von ihnen selbst verfaßt worden waren mit dem einzigen Ziel, eine Verurteilung des Ordens zu erreichen und auf diese Weise die Reichtümer und Schätze zu erlangen, die er bei seinen Räubereien im Osten und durch die Ausbeutung seiner vielen dienenden Brüder angehäuft hatte. In diesem Falle bestahl der mächtige Räuber den schwächeren – eine ganz gewöhnliche Erscheinung in der Klassengesellschaft. Neu war nur, daß dieser Raub unter dem bequemen Vorwand der Ausrottung der Häresie und mit Billigung des römischen Papstes durchgeführt wurde.

Wie immer, wenn die Kirche eine neue Ketzerei entdeckte, gaben sich die Inquisitoren, um die Schuld ihrer Opfer zu erschweren, nicht zufrieden mit der Feststellung von deren eigenen Abweichungen, sondern dichteten ihnen auch aufrührerische Glaubenslehren früherer häretischer Strömungen an, die von der Kirche verurteilt worden waren. So wurden die Templer beschuldigt, daß sie die Verirrungen der Manichäer, der Gnostiker und anderer früher Häretiker teilten. Obgleich einige der Verhafteten sich dessen schuldig bekannten, kann man wohl kaum beweisen, daß in diesen Geständnissen, die durch die Tätigkeit des Henkers erzielt wurden, auch nur ein Körnchen Wahrheit enthalten ist.

Verschiedene kirchliche Autoritäten haben im Verlauf der Jahrhunderte immer wieder versucht, das Unbeweisbare zu beweisen: nämlich daß die Templer in Wahrheit häretischer Verirrungen schuldig gewesen seien.[71] Aber selbst wenn man dies zugibt, so waren sie doch »Ketzer«, die in keiner Weise ihren Vorgängern und Nachfolgern ähnelten. Nicht einer der eingekerkerten Templer (und ihrer waren Tausende), die die inkriminierten häretischen Verirrungen »bekannten«, bestand auf ihnen, sondern alle entsagten ihnen sehr schnell wieder mit übergroßer Bereitwilligkeit; und wenn jemand auf dem Scheiterhaufen brannte, dann nur deshalb, weil er es überhaupt verweigert hatte, sich für schuldig zu erklären.

»Ein einziger Fall von Hartnäckigkeit«, bemerkt Henry Charles Lea, »würde in den Augen des Königs und des Papstes alle übrigen Zeugnisse aufgewogen haben und zum Angelpunkte der Prozesse gemacht worden sein, aber es gab keinen solchen. Alle Templer, die verbrannt wurden, waren Märtyrer einer anderen Art – Männer, die auf der Folter oder aus Angst vor ihr gestanden, aber ihre Geständnisse zurückgenommen hatten und lieber den Scheiterhaufen besteigen, als unter dem Schimpfe ihres unfreiwilligen Geständnisses weiterleben wollten. Den klugen

[71] Vgl. z. B. das Buch des modernen amerikanischen Dämonologen *Summers, W.*, The Geography of Witchcraft, S. 374.

Verfertigern von ketzerischen Glaubenssätzen der Templer scheint es gar nicht zum Bewußtsein gekommen zu sein, daß sie eine Ketzerei konstruieren müssen, für die keiner ihrer angeblichen Anhänger sterben will, in der sie vielmehr eine Schande sahen, so daß sie lieber haufenweise auf dem Scheiterhaufen verbrennen als die Schande einer solchen Ketzerei auf sich nehmen wollen. Die bloße Feststellung dieser Tatsache reicht hin, um den fabulösen Charakter aller dieser mühsam aufgestellten Theorien darzutun, besonders derjenigen Mignards, der zu beweisen versucht, daß die Templer Katharer gewesen seien, obwohl diese bekanntlich ein ganz besonderes Verlangen nach dem Martyrium hatten.«[72]

Papst Clemens V. billigte das Vorgehen der französischen Inquisition und forderte nur, das Eigentum des Ordens unter die Kontrolle zweier Kardinäle zu geben – in der nicht unbegründeten Hoffnung, sich einen entsprechenden Anteil an der Beute sichern zu können. König Philipp erhob keine Einwände, wußte er doch, daß die vom Papst vorgeschlagenen Kardinäle, wie dieser selbst, seine Kreaturen waren. Nachdem er auf diese Weise eine Garantie erhalten hatte, von den Reichtümern der Templer auch etwas in die eigene Schatulle zu bekommen, erließ Clemens am 22. November 1307, d. h. noch vor Beendigung der Untersuchung, die Bulle »Pastoralis praeeminentiae«, in der er die Handlungen Philipps unter seinen Schutz nahm und behauptete, daß die Anklage gegen den Orden bewiesen und deren Führer sich der von ihnen verübten Verbrechen schuldig bekannt hätten. Die Bulle endete mit dem Aufruf an alle Regenten Europas, dem Beispiel des französischen Königs nachzueifern und eine Verfolgung des Ordens einzuleiten.

Allerdings befürchtete Clemens einige Monate später offensichtlich, daß Philipp ihm die versprochene Belohnung vorenthalte; deshalb verbot er plötzlich den französischen Inquisitoren und Bischöfen, den Prozeß gegen die Templer fortzusetzen, und behielt sich dessen Weiterführung selbst vor.

Ein solches Benehmen des Papstes, der versuchte, den Preis in die Höhe zu treiben, erregte den Zorn Philipps. Er beschuldigte nun das Haupt der katholischen Kirche der Nachsicht gegenüber Häretikern, was gleichbedeutend war mit einer Beschuldigung der Häresie selbst. Vermittels des französischen Inquisitors zwang der König den Großmeister Molay und viele andere Führer des Ordens, vor den höchsten kirchlichen Hierarchen Frankreichs zu erscheinen und sich selbst der Ketzerei zu bezichtigen. Molay bestätigte erneut, daß die Templer heimlich von Christus abgefallen seien und das Kreuz verunehrt hätten. Man zwang ihn auch, sich mit einer neuen Botschaft an seine Ordensbrüder zu wenden, in der er sie von ihrer Schweigepflicht entband und ihnen kraft des Gehorsamsgelübdes befahl,

---

[72] *Lea, H. Ch.*, a. a. O., Bd. III, S. 298 f., Anm. 1.

»ehrlichen Herzens« den Inquisitoren das Verbrechen ihrer ketzerischen Verirrungen einzugestehen.

Nun folgten neue Verhandlungen zwischen Philipp und Clemens. Sie kamen überein, die Verwaltung des konfiszierten Eigentums der Templer bis zum Urteilsspruch päpstlichen und königlichen Kommissaren zu übertragen. Philipp hoffte dabei, daß es ihm schließlich doch gelingen werde, sich die Schätze des Ordens anzueignen; der Papst hingegen war der Ansicht, daß eine solche Maßnahme ihm die Möglichkeit gäbe, einen nicht geringen Anteil der Reichtümer in seine Kassen fließen zu lassen. Die Vereinbarung sah auch vor, daß die vom König verhafteten Templer in die Verfügungsgewalt des Papstes übergehen und daß über sie päpstliche Inquisitoren und französische Bischöfe zu Gericht sitzen sollten. Über das Schicksal des Großmeisters und der anderen Hierarchen des Ordens wollte Clemens V. selbst entscheiden. Die Verurteilung und Auflösung der Kongregation sollte auf einem Konzil ausgesprochen werden, dessen Einberufung für das Jahr 1310 vorgesehen war. Außerdem erlaubte Philipp, daß die 72 Templer mit Molay an der Spitze, die sich »schuldig« bekannt hatten, vom Papst persönlich und dem Kardinalskollegium befragt würden.

Bald nach Abschluß dieser Vereinbarung wurden auf Befehl des Königs alle 72 zu Paris in Haft sitzenden Templer nach Poitiers überführt. Der Papst fürchtete jedoch ein persönliches Treffen mit Molay und den anderen Führern des Ordens; sie konnten ja ihre Aussagen widerrufen und sein Vorgehen wie das seines Gönners Philipp entlarven. Daher befahl er, sie auf halbem Wege anzuhalten und nur die geringeren Ordensmitglieder nach Poitiers zu überstellen. Hier unterzogen Kardinäle, die Philipp ergeben waren, die Verhafteten einer »vorbeugenden Behandlung«, indem sie ihnen drohten, sie als rückfällige Häretiker zu verbrennen, wenn sie von ihren früher gemachten Geständnissen abrücken würden. Erst nachdem sie sich überzeugt hatten, daß ihre Opfer die ihnen zugedachte Rolle gut spielen würden, führte man die Templer dem Kardinalskollegium mit dem Papst an der Spitze vor; hier bestätigten nun die Unglücklichen voll und ganz die von ihnen früher durch die Inquisition erpreßten, den Orden belastenden Aussagen.

Danach erließ der Papst eine neue Serie von Bullen, in denen die Tempelherren auf jede Art und Weise geschmäht und die christlichen Fürsten aufgefordert wurden, gegen sie die entschiedensten Maßnahmen zu ergreifen.

Aber diese Verfolgung stieß offensichtlich bei vielen Vertretern der kirchlichen Hierarchie wie auch bei weltlichen Feudalherren auf beträchtlichen Widerstand. Deshalb sah sich der Papst gezwungen zu lavieren. Am 12. August 1309 berief er eine Kommission unter dem Vorsitz des Erzbischofs von Narbonne, Gilles d'Aiscelin, vor der die verhafteten Templer die Möglichkeit erhalten sollten, ihren Orden zu verteidigen. Der Großmeister Molay und andere Führer lehnten es ab, vor diesem Gremium Aussagen zu machen, indem sie sich darauf beriefen, daß sie dem Papst unterstünden und nicht genügend qualifiziert seien, in der Rolle von Advokaten ihres Ordens aufzutreten. Aber unter den einfachen Templern fanden sich mannhafte Persönlichkeiten. Viele von ihnen widerriefen vor der Kommission ihre früheren Aussagen, die ihnen unter Drohungen und Foltern entrissen worden waren.

Einer der Ordensangehörigen, Aymeri de Villiers-le-Duc, erklärte allerdings der Kommission: »Oh, wenn ich auch verbrannt werden sollte – ich habe zuviel Angst vor diesem Tod –, ich würde es nicht ertragen! Ich würde weich ... Ich würde unter Eid vor Euch und vor jedermann alle Verbrechen bekennen, die man dem Orden zur Last legt, ich würde bekennen, daß ich Gott ermordet habe, wenn man es von mir verlangte.«[73]

Doch vergebens beschworen die Templer vor den Abgesandten des Papstes ihre Unschuld; ebensogut hätten sie in die Wüste rufen können. Die kirchlichen Hierarchen zitterten vor Philipp, und um nicht selbst zu brennen, waren sie bereit, ihre Glaubensgenossen dem Feuer zu überantworten – unabhängig davon, ob sie nun der inkriminierten Verbrechen schuldig waren oder nicht. Philipp war erzürnt über das Verhalten einiger Verhafteter, die vor der Kommission des Narbonner Erzbischofs das verbrecherische Vorgehen der Inquisition entlarvten, und beschloß, weiteren Scherereien um den Prozeß ein Ende zu setzen. Mit Zustimmung des Papstes befahl er, örtliche Synoden einzuberufen zur Urteilsverkündung gegen die Templer. Am 10. Mai 1310 wurde die Synode von Sens in Paris[74] eröffnet; den Vorsitz führte der Erzbischof Philipp de Marigny, ein Bruder des Ministers Enguerrand, der ein zuverlässiger Gefolgsmann des Königs war. Die Synode erklärte diejenigen Templer, die ihre früheren Aussagen widerrufen hatten und auf ihrer Unschuld bestanden, zu rückfälligen Ketzern und befahl der Kommission des Erzbischofs von Narbonne, sie unverzüglich dem Feuer zu übergeben. Obgleich die Vertreter der Kommission versuchten, diese Hinrichtung zu verzögern, wurden noch am gleichen Tage 54 Templer, die zu jenem Kreis gehörten, auf einen Wagen geladen und zu einem Feld neben dem Kloster des hl. Antonius gefahren, wo man sie einem qualvollen Tod auf langsamem Feuer überantwortete. Zu Ehren der Hingerichteten muß gesagt werden, daß keiner von ihnen um den Preis eines neuen »Eingeständnisses« der Häresie sein Leben zu retten versuchte. Nach einigen Tagen übergab die Synode weitere vier »hartnäckige« Templer dem Henker. Die übrigen Synoden blieben ebenfalls nicht untätig: so verbrannte diejenige von Reims

---

[73] *Lecler, J.*, Vienne, Mainz 1964, S. 38.

[74] Paris gehörte damals zu dieser Diözese.

neun Templer. In Pont de l'Arque wurden drei verbrannt, und auch in Carcassonne wurden einige »Hartnäckige« hingerichtet.

Gleichzeitig mit diesen Exekutionen versöhnten die Synoden jene Templer wieder mit der Kirche, die sich der Häresie schuldig bekannt und sich von ihr losgesagt hatten, und entließ sie in die Freiheit. Das war die überwiegende Mehrzahl.

Wenn es König Philipp und Papst Clemens selbst mit Hilfe der Inquisition, durch Folter und Terror, in Frankreich nicht gelungen war, dem Orden ketzerische Verirrungen »nachzuweisen«, so gelang dies in den anderen christlichen Ländern erst recht nicht. Dort verfolgte man die Templer höchst ungern, da man sich über ihre Unschuld völlig im klaren war. In England wurden anfänglich keinerlei Beweise gefunden, die den Orden hätten entlarven können. Da befahl der Papst die Anwendung der Folter gegen die Templer. König Eduard II., der sich mit der Schwester Philipps des Schönen verheiraten wollte, stimmte dem zu; doch obgleich auf diese Weise natürlich »belastendes Material« gegen den Orden zustande kam, ließ man seinen Mitgliedern doch das Leben. Auch in Deutschland und in anderen Ländern wandte man erst nach Drohungen seitens des Papstes die Folter gegen die Templer an; jedoch nur in sehr seltenen Fällen schickte man sie auf den Scheiterhaufen.

Unter diesen Umständen wurde im Oktober 1311 das 15. Ökumenische Konzil nach Vienne einberufen, dem es zukam, das Schicksal des Templerordens endgültig zu entscheiden. An ihm nahmen ungefähr 300 Bischöfe aus Frankreich, Italien, Ungarn, England, Irland, Schottland und anderen katholischen Ländern teil. Die Lage auf dem Konzil war gespannt. Clemens V. befürchtete, daß ein Attentat auf ihn ausgeübt würde; er umgab sich deshalb mit einer starken Leibwache. Er wies auch Philipp darauf hin, er möge entsprechende Vorsichtsmaßnahmen treffen.

Leider sind die Akten des Vienner Konzils verlorengegangen, wie die Vertreter des Vatikans behaupten. Nichtsdestoweniger ist bekannt, daß die Absicht des Papstes, eine Verurteilung des Ordens zu erreichen, auf ernsten Widerstand seitens der Teilnehmer stieß. Erst das Erscheinen des Königs in Begleitung eines eindrucksvollen militärischen Aufgebots zwang die Konzilsväter, sich Clemens V. zu unterwerfen, der seinerseits jedoch gleichfalls gezwungen war, wesentliche Zugeständnisse zu machen. In der Bulle »Vox in excelso«, die er dem Konzil vorlegte, erklärte er, daß auf den Templerorden der Verdacht der Häresie gefallen sei, anerkannte aber, daß die gesammelten Tatsachen vom kanonischen Standpunkt aus dessen Verurteilung nicht rechtfertigten. Trotzdem forderte er das Verbot des Ordens, der nach dem Eingeständnis seiner Führer sich mit unerquicklichen Dingen befaßt habe. Dieser Orden, so behauptete der Papst, habe sich »als so verabscheuenswert und schändlich erwiesen, daß man vernünftigerweise glauben kann, kein Mensch werde mehr in diesen Orden eintreten wollen ...«; er solle deshalb durch apostolische »Provision und Verfügung«, nicht durch richterliche Entscheidung, aufgelöst werden.[75]

Das Konzil stimmte der Forderung Clemens' V. zu und verbot die weitere Tätigkeit des Ordens. Über das Schicksal seiner Mitglieder sollten örtliche Synoden entscheiden; das Eigentum der Templer aber wurde dem Orden der Hospitaliter übertragen. Viele Templer beendeten ihr Leben in den Gefängnissen der Inquisition, andere – die »Rückfälligen« – wurden auf den Scheiterhaufen geführt. Die in Freiheit blieben, fristeten ein trauriges Dasein, indem sie ihr Brot fortan durch Almosen erwerben mußten.

Den Schlußakt des Templerprozesses bildete das Gericht des »heiligen Tribunals« über den Großmeister Molay und die anderen höchsten Würdenträger des Ordens, die aus Furcht vor dem Scheiterhaufen nichts weniger als ihre Brüder verraten hatten, indem sie die unsinnigen Beschuldigungen der Inquisition bestätigten. Wie schon gesagt, versprach der Papst, sie selbst oder durch seine Bevollmächtigten zu richten.

Auf dieses Gericht mußten sie in ihren Kerkern jedoch noch mehr als zwei Jahre warten. Es fand erst am 18. März 1314 statt. An diesem Tage nahmen auf der Tribüne, die vor der Kathedrale Notre-Dame de Paris errichtet worden war, der Großmeister des Ordens, Molay, der Magister der Normandie, Gaufrois de Charney, der Visitator Frankreichs, Hugo de Peraud, und der Magister Aquitaniens, Godefrois de Gonneville, Platz. Angesichts der Tatsache, daß alle vier sich schuldig bekannt und ihre häretischen Verirrungen bereut hatten, verurteilte das kirchliche Gericht, präsidiert von drei Kardinälen als Vertreter des Papstes Clemens V., sie zu lebenslänglichem Gefängnis. Doch als es bereits schien, der letzte Akt dieses beispiellosen Prozesses sei ungefährdet über die Bühne gegangen, geschah etwas Unerwartetes. Kaum hatte einer der Kardinäle das Urteil verlesen, als sich Molay und Gaufrois de Charney von ihren Plätzen erhoben, angetan mit den Spottgewändern der büßenden Sünder, und mit lauter Stimme erklärten, daß sie durchaus keine Häretiker seien, sondern nur schändliche Verräter an ihrem Orden, den sie, um ihre Köpfe zu retten, erfundener Verbrechen beschuldigt hätten. Der Orden sei rein und heilig, behaupteten sie; die Beschuldigungen, die gegen ihn erhoben worden seien, wären jedoch ebenso wie ihre früheren Geständnisse Lüge und Verleumdung.

Man kann sich unschwer vorstellen, welchen Schrecken unter den Richtern diese Erklärungen der beiden Würdenträger hervorriefen, die sich, wenn auch mit großer Verspätung, doch zu einem derart heroischen Schritt entschlossen hatten. Das Autodafé wurde unterbrochen, um Molay und Charney als »erneut in die Häresie

---

[75] *Lecler, J.*, a. a. O., S. 205–207.

verfallene« Verbrecher in die Hände des Pariser Prévôt zu übergeben mit der Anweisung, er möge sie unverzüglich auf den Scheiterhaufen bringen. Dieser wurde mit großer Eile aufgeschichtet, und ehe die Sonne unterging, war von den beiden »hartnäckigen« Ketzern nur noch Asche übrig. König Philipp sah der Hinrichtung aus dem Fenster des benachbarten Schlosses zu. Hugo de Peraud und Godefrois de Gonneville verzichteten auf den Ruhm eines Märtyrers und beendeten ihr Leben in den Kasematten der Inquisition. Was das Eigentum und die Schätze der Templer betraf, so blieben sie faktisch in der Hand der französischen Krone und der weltlichen Herren, die von ihnen Besitz ergriffen hatten, obwohl das Konzil beschlossen hatte, sie dem Hospitaliterorden zu übereignen.

Philipp besaß schließlich nicht nur sämtliche Schätze der Templer, sondern zwang auch noch die Hospitaliter, ihm als Kompensation 200 000 Livres zu zahlen.[76] Insgesamt brachte ihm die Liquidierung des Ordens nach der Berechnung einiger Historiker die gewaltige Summe von 12 Mill. Livres ein.[77] Aber das schien seinem Nachfolger, Ludwig X., noch zu wenig; es gelang ihm, den Hospitalitern weitere 50 000 Livres zu entlocken.

Die Initiatoren des Templerprozesses überlebten ihre Opfer nicht lange. Papst Clemens V. starb am 20. April 1314 an Lupus; vier Monate darauf erlag Nogaret einem Herzschlag, und am 29. November des gleichen Jahres kam Philipp der Schöne durch einen Jagdunfall ums Leben. Ihr Tod gab Anlaß zu der Legende, daß Molay vom Jenseits aus die drei vor den Richterstuhl Gottes geholt habe.

Die Geschichte erlaubte sich dann einen noch böseren Scherz mit dem französischen Königshaus. Im Jahre 1789 wurde Ludwig XVI. im gleichen Temple eingekerkert, wo einst die Leitung des Templerordens ihren Sitz hatte. Von dort aus führte man ihn zur Guillotine.

Dieses merkwürdige Zusammentreffen gab dem französischen Historiker René Gilles Anlaß zu folgender Bemerkung: »Der Templerprozeß ist eines jener historischen Ereignisse, deren Folgen sich erst im Verlauf der Jahrhunderte zeigen, wobei es unmöglich ist vorauszusehen, womit das alles endet. Der Scheiterhaufen, der Jacques de Molay verschlang, fand 400 Jahre später seine Entsprechung im Schafott, auf dem Ludwig XVI. so tragisch seine Tage beschloß, wie seinerzeit der Großmeister des Temple sie beendet hatte.«[78]

Gilles hat bis zu einem gewissen Grade recht: Das Verbot des Templerordens half seinerzeit zur Festigung der Position der französischen Krone; aber die Jahrhunderte

---

[76] Ebenda, S. 163.

[77] *Labet, M.*, a. a. O., S. 112.

[78] *Gilles, R.*, a. a. O., S. 11.

vergingen, und die Monarchie überlebte sich. Ludwig XVI. mußte mit seinem Kopf nicht nur für seine eigenen Verbrechen, sondern auch für die seiner Vorgänger bezahlen.

Die modernen kirchlichen Apologeten tun sich besonders schwer, wenn sie diesen skandalösen Prozeß berühren, an dem die Inquisition und das Papsttum so aktiven Anteil genommen hatten. Einer von ihnen, Marcel Labet, beruft sich dabei auf die Unerforschlichkeit der Wege Gottes. »Die Templer«, so philosophierte er, »kamen gleich Märtyrern auf den Scheiterhaufen ums Leben – vielleicht wegen der intellektuellen und fleischlichen Leidenschaften, die ihre zahlreichen Mitbrüder während der levantinischen Feldzüge offenbart hatten.«[79] Die »Stärke« derartiger Argumente besteht darin, daß man mit ihrer Hilfe jedes beliebige Verbrechen der Kirche und insbesondere der Inquisition auf das Konto der göttlichen Vorsehung überschreiben kann ...

Auf dem Konzil zu Vienne erklärte Papst Clemens V., daß der Templerorden »mit ewiger Gültigkeit« aufgelöst, seine Regel, sein Ordensgewand und sein Name beseitigt und es jedermann verboten sei, »in den besagten Orden einzutreten, sein Gewand zu nehmen und sich als Templer zu bezeichnen«.[80] Dieser Befehl des »Stellvertreters Gottes auf Erden« hat sich jedoch nicht erfüllt. Im 18. Jh. entstand in Frankreich ein neuer Templerorden als Träger und Wahrer »ritterlichen Geistes«, der sich während der Französischen Revolution 1789 auflöste, dann aber unter Napoleon I., von diesem begünstigt, als weltliches Adelsinstitut wieder ins Leben gerufen wurde, um dann in den dreißiger Jahren wieder zu erlöschen. Formal existiert er in Form eines aristokratischen Herrenklubs bis auf den heutigen Tag.

Neuerliche Wiederbelebungsversuche werden in Portugal unternommen.

Es sind über 600 Jahre vergangen seit diesen Ereignissen, und immer noch erscheinen Bücher über sie. Die weise Muse Klio, die alles sieht und alles erfährt, vergißt in Wahrheit nichts und niemanden, und sie verzeiht nichts und niemandem ...

Jan Hus und Hieronymus von Prag – Opfer der Konzilsinquisition

Zu Beginn des 15. Jh. bot die katholische Kirche einen durchaus unerfreulichen Anblick. Noch dauerte das »Große Schisma« an. In Avignon befand sich ein Papst, in Rom ein zweiter, und beide befehdeten sich heftig.

---

[79] *Labet, M.*, a. a. O., S. 122.

[80] *Gilles, R.*, a. a. O., S. 168. Zum folgenden Text vgl. Neues Deutschland vom 25.9.79, S. 7; vom 13./14.10.79, S. 15.

Im Jahre 1409 hatte das Konzil von Pisa sowohl den avignonesischen Benedikt XIII. als auch den römischen Gregor XII. abgesetzt und an ihrer Stelle Alexander V. gewählt. Aber die beiden Genannten erkannten diese Entscheidung nicht an, sondern belegten alle Teilnehmer des Konzils mit dem Bann. So hatte dieses, anstatt das Große Schisma zu beenden, es nur vertieft; jetzt gab es nicht nur zwei, sondern schon drei Prätendenten auf den Titel eines »Heiligen Vaters«. Ein Jahr nach Beendigung des Pisaner Konzils starb Alexander V., und seinen Platz nahm der ehemalige Pirat Balthasar Cossa ein, der sich den Namen Johannes XXIII. zulegte – ein »zynischer Liederjahn voll unnatürlicher Gelüste«, wie ihn Marx nennt.[81] Viele hielten die Erhebung dieses Mannes auf den päpstlichen Thron für ungesetzlich.[82] Bald wurde Johannes, der im Kriege gegen den neapolitanischen König eine Niederlage erlitten hatte, auch gezwungen, Rom zu verlassen und nach Florenz zu fliehen.

Die ständigen Zänkereien um den päpstlichen Thron waren nur ein Symptom jener Krise, die sowohl die oberen wie auch die unteren Schichten der katholischen Kirche erfaßt hatte. Ungeachtet aller Scheiterhaufen der Inquisition wuchs ständig die Opposition gegen die kirchliche Hierarchie. Überall wurden Forderungen laut, ihre Macht durch Konzilien einzuschränken und den Kirchenfürsten die irdischen Reichtümer, insbesondere den Bodenbesitz, zu entziehen.

Zentrum des kirchlichen Aufruhrs wurde zu Beginn des 15. Jh. Böhmen, wo Jan Hus (1369–1415), ein Anhänger Wiclifs[83], zum Sprachrohr der tschechischen Geistlichkeit wurde. Unterstützt von den dortigen Bauern, dem niederen Adel, der Stadtarmut und dem mittleren Bürgertum, trat er auf der einen Seite gegen den Luxus und die Habgier der hohen Geistlichkeit und den Ablaßhandel auf, auf der anderen wandte er sich gegen den deutschen Adel und das deutsche Patriziat der Städte. Gegen die Hussiten schlossen sich die deutschen Feudalherren mit ihrem

---

[81] Marx/Engels-Archiv, Nr. 4137. Nach dem Originaltext des Instituts für Marxismus-Leninismus beim ZK der KPdSU in Moskau.

[82] In dem offiziellen kirchlichen Verzeichnis der Päpste wird Cossa als Gegenpapst gezählt. Das ermöglichte es dem Kardinal Roncalli, nach seiner Wahl zum Papst im Jahre 1959 ebenfalls den Namen Johannes XXIII. anzunehmen.

[83] John Wiclif (um 1320–1384), englischer Reformator, bestritt das Prinzip der Unfehlbarkeit der Päpste, lehnte die Heiligenverehrung und den Ablaßhandel ab und forderte den Verzicht der Kirche auf Bodenbesitz. Die Kirche kann ihm zufolge auch ohne Papst bestehen; ihr wird jede weltliche Herrschaft abgesprochen; zudem wandte sich Wiclif gegen die schändlichen Finanzpraktiken der Kurie. An die Stelle der kirchlichen Hierarchie sollten einfache Priester treten, die, in Armut lebend, das Evangelium verkündeten. Die Bibel müsse, wie er lehrte, Gemeingut aller werden und in der Muttersprache den Gläubigen zugänglich sein. – Wiclifs Lehren wurden von der katholischen Kirche als häretisch verurteilt. Da er jedoch großes Ansehen beim Volk und den Schutz des englischen Königs genoß, blieb ihm das Schicksal der übrigen Häresiarchen erspart; er starb eines natürlichen Todes.

König und späteren Kaiser Sigismund und die kirchlichen Hierarchen mit dem römischen Papst an der Spitze zusammen.

Um die Unruhen in der Kirche zu beenden und ihre »Reform an Haupt und Gliedern« herbeizuführen, beriefen Sigismund und Johannes XXIII. das 16. Ökumenische Konzil nach Konstanz ein. Es wurde am 5. November 1414 eröffnet. An ihm nahmen 3 Patriarchen, 29 Kardinäle, 35 Erzbischöfe, über 150 Bischöfe, 124 Äbte, 578 Doktoren der Theologie und eine Vielzahl anderer Kirchenmänner teil, die von einer gewaltigen Schar von Bediensteten – insgesamt ca. 18 000 Mann – begleitet wurden.

Zu den weltlichen Delegierten gehörten außer König Sigismund 10 Abgesandte von Herrschern, 100 Grafen und Fürsten, 2 400 Ritter und 116 Vertreter einzelner Städte. Zusammen mit den Teilnehmern des Konzils, ihren Bediensteten, ihrem militärischen Begleitpersonal, den Gästen, den Wanderartisten (es sollen allein 1 400 Flötenspieler anwesend gewesen sein) und den Prostituierten waren somit in Konstanz damals ca. 100 000 Menschen zusammengeströmt.[84] Es war dies wirklich eines der repräsentativsten Konzilien der katholischen Kirche.

Auf seiner Tagesordnung standen drei Hauptpunkte: der Kampf gegen die Häresie, die Wiederherstellung der Einheit der Kirche und kirchliche Reformen.

Das Konstanzer Konzil tagte drei Jahre. Die auf ihm geführten Debatten nahmen häufig einen stürmischen Charakter an. Streitpunkte gab es viele. Gregor XII. unterwarf sich den Versammelten und bot ihnen seine Abdankung an. Der avignonesische Papst Benedikt XIII. dagegen weigerte sich, die Autorität des Konzils anzuerkennen; er verbarg sich in Spanien und bestand weiterhin, wenn auch ohne Erfolg, auf seinem Recht, die päpstliche Tiara tragen zu dürfen. Johannes XXIII. wurde der verschiedensten Verbrechen angeklagt und floh aus Konstanz; er wurde auf dem Wege jedoch wieder eingefangen und zum Konzil zurückgebracht (1415), wo man ihn ins Gefängnis warf. Erst nach drei Jahren wurde er von Martin V., der von der Versammlung 1417 auf den päpstlichen Thron erhoben worden war, daraus befreit.

Das dramatischste und denkwürdigste Ereignis des Konzils aber war nach den Worten der Chronisten das Gericht über den hervorragendsten Vertreter der Reformbewegung in Böhmen, den großen Denker Jan Hus, und dessen Hinrichtung, die ein charakteristisches Beispiel für die Tätigkeit der Konzilsinquisition ist.

Hus wurde noch von Johannes XXIII. vor das Konzil zitiert. Er war vorher schon exkommuniziert und gebannt worden, hatte aber in Prag, unterstützt von der

---

84 *Gill, J.*, Konstanz und Basel-Florenz, Mainz 1967, S. 49 f. Zum folgenden vgl.: Das Konzil von Konstanz. Beiträge zu seiner Geschichte und Bedeutung, hrsg. von *Aug. Franzen/W. Müller*, Freiburg/Basel/Wien 1964. Die Quellen bei: *Mansi*, Sacrorum conciliorum nova et amplissima collectio, Bd. 27, Reprint 1961; ferner in: Constantiense Concilium, ed. H. von der Hardt, Frankfurt/Leipzig 1697–1700, Bd. 3 und 4.

Bevölkerung, seine reformatorische Propaganda fortgesetzt. Hus entschied sich, vor dem Konzil zu erscheinen – um so mehr, da er selbst mehr als einmal die Einberufung eines solchen gefordert und zudem von König Sigismund einen Schutzbrief erhalten hatte, der ihm seine Unantastbarkeit garantierte. Unter diesen Umständen die Einladung abzulehnen wäre nicht nur Feigheit gewesen, sondern es hätte auch bedeutet, daß sich Hus von vornherein der ihm vorgeworfenen häretischen Vergehen als schuldig betrachtete. Übrigens hielt sich der tschechische Magister für einen wahren Christen und beschuldigte die kirchlichen Hierarchen des Abfalls von der »reinen« Lehre Jesu.

25 Tage nach seiner Ankunft in Konstanz warf man Hus plötzlich auf Befehl des Papstes Johannes XXIII. und der Kardinäle in das unterirdische Verlies des Dominikanerklosters – eine schändliche Unterkunft, wo sich die Zelle direkt neben den Latrinen befand (in quodam carcere iuxta latrinas).

Indem der Papst und die Kardinäle Hus verhafteten, verletzten sie den Schutzbrief, der ihm von König Sigismund erteilt worden war. Letzterer, ebenfalls auf dem Konzil anwesend, erklärte jedoch mit der gekrönten Häuptern in solchen Fällen eigenen Pedanterie, daß jenes Schreiben gewissermaßen nur »Zielbedeutung« gehabt hätte, d. h., es sollte Hus den Schutz für seine Reise nach Konstanz und eine »gerechte Untersuchung« seiner Angelegenheit sichern sowie ihm die Möglichkeit garantieren, sich vor den Konzilsvätern zu verteidigen, aber durchaus nicht ihn vor der Bestrafung für häretische Ansichten schützen. »Wenn nämlich«, erklärte Sigismund, »irgend jemand in der Häresie verharrt, so zünde ich persönlich (den Scheiterhaufen) an und verbrenne ihn.«[85]

Übrigens brauchte er sich nicht vor Hus zu rechtfertigen; war doch die Kirche stets der Ansicht, daß die Verletzung jedes beliebigen Versprechens, jeder beliebigen Vereinbarung gerechtfertigt und legal sei, wenn sie im Interesse des Papstes und des heiligen Glaubens geschähe. Und was die Häretiker betraf, so waren entsprechend der kirchlichen Lehre sowieso alle Gläubigen automatisch von Verpflichtungen ihnen gegenüber befreit. In diesem Falle brauchte Sigismund also keine Gewissensbisse zu haben; die Verantwortung für seine Handlungsweise trug der römische Papst …

Indem es Jan Hus in den Kerker warf, übernahm das Konzil die Funktion eines Inquisitionstribunals. Es setzte Untersuchungsrichter ein und bestellte ein Kollegium, das gegen den tschechischen Theologen eine Anklageschrift von 42 Punkten zusammenzimmerte. Auch übertrug es eigens dafür bestellten Kommissaren die

[85] John Hus at the Council of Constance. Translated from the latin and czech notes and introduction by *M. Spinka*, New York/London 1965, S. 180.

Aufgabe, die Befragung des Verhafteten durchzuführen. Diese zog sich mehrere Monate hin; sie dauerte noch an, als Papst Johannes, wie oben erwähnt, schon längst aus Konstanz verschwunden war.

Hiernach hätte man erwarten können, daß Jan Hus freigelassen würde; aber man überführte ihn nur in ein anderes Gefängnis, nämlich in das Schloß Totleben, und ersetzte die von dem geflüchteten Papst ernannten Kommissare durch neue. In Totleben hielt man den Magister tagsüber in Fußfesseln, und nachts legte man auch seine Hände in eine Kette, die an der Wand befestigt war. Bald wurde in das gleiche Gefängnis auch der wieder eingefangene Johannes XXIII. eingeliefert; ihm gewährte man jedoch alle Bequemlichkeiten. Das war natürlich, denn Johannes trat in der Rolle eines reuigen Sünders auf; er bekannte sich zu allen gegen ihn vom Konzil erhobenen Beschuldigungen. Hus dagegen bestand auf seiner Unschuld, d. h., nach der Auffassung der Kirchenvertreter benahm er sich wie ein hartnäckiger Ketzer.

Er entlarvte die Käuflichkeit, Zügellosigkeit, Gewinnsüchtigkeit und Habsucht des hohen Klerus. Aber was war hieran im Grunde häretisch? Viele Konzilsväter traten ebenfalls gegen die Laster der Geistlichkeit auf, und das Konzil selbst war ja zusammengerufen worden, um auch in diesem Punkt Reformen zu erwirken.

Die »Ketzerei« des Hus bestand vielmehr darin, daß er von der Geistlichkeit forderte, die von der Kirche verkündeten christlichen Tugenden selbst zu üben. »Und da wir nicht gehalten sind, irgendeinem Apostel zu folgen, soweit er nicht dem Herrn Jesu Christo folgt, wie es sich aus der Definition des Apostels ergibt, so ist klar, daß wir keinem geistlichen Vorgesetzten nach den heiligen Aposteln gehorchen müssen, soweit er nicht Christi Rat oder Gebote befiehlt oder rät ... Darum muß ein verständiger Untergebener die Gebote des Vorgesetzten prüfen ... Denn nicht jeder Vorgesetzte ist unsträflich.« ... »Und aus dem Gesagten kann schon deutlich sein, in welchem Sinn es wahr ist, daß niemand, der sich in Todsünde befindet, ein wirklicher Herr, Bischof oder geistlicher Würdenträger ist, denn er ist ein solcher nicht wahrhaftig, rechtmäßig, aus Gnaden, sondern nur dem Namen nach und ganz in der falschen Bedeutung des Wortes, weil in diesem Fall, wie gesagt, Gott solche Herrschaft, Würde oder Amt nicht anerkennt.« [86]

Ein venezianischer Kardinal, der auf dem Konzil die Auslassungen von Hus hörte, bemerkte dazu, daß die Häretiker ein Stück Wahrheit mit ihren lügnerischen Lehren vermischten und auf diese Weise hofften, einfache Menschen in die Irre zu führen. [87]

---

[86] Das hussitische Denken im Lichte seiner Quellen. Mit einer Einleitung von R. Kalivoda. Hrsg. von *R. Kalivoda und A. Kolesnyk,* Berlin 1969, S. 191. (Jan Hus: Von der Kirche, 19. Kapitel) und S. 152 (Jan Hus: Verteidigung einiger Artikel von Johann Wiclif).

[87] The Council of Constance. The unification of the Church. Translated by *R. Loomis,* New York/London 1961, S. 284.

Abb. 19
Hus und Luther spenden das Abendmahl (in beiderlei Gestalt) deutschen Fürsten – Hinweis auf die Kontinuität des Ketzertums (Holzschnitt der Schule Cranachs d. J.).

Abb. 20
Jan Hus wird 1415 in Konstanz zum Scheiterhaufen geführt (Aus einer zeitgenössischen Handschrift).

Abb. 21
Auf der linken Kanzel Luther, auf der rechten ein Franziskaner als Sprachrohr des Antichrists
(Holzschnitt von Lucas Cranach d. J. auf einer lutherischen Flugschrift des Reformators Matthias Flacius Illyricus).

Abb. 22
Porträt des jungen Calvin.

Abb. 23
Antithesis figurata vitae Christi et Antichristi 1527 – Identifizierung des Papstes mit dem Antichristen
(Aus einer Karikaturenserie von Lucas Cranach d. J.).

Abb. 24
Die Bartholomäusnacht
(Ausschnitt aus einem Gemälde von François Dubois).

Die Konzilsväter, die Dolcino und seine Nachfolger ebendeshalb haßten, die für die gleiche Predigt Wiclif verurteilt hatten, konnte man allerdings mit Zitaten aus den Evangelien und aus den Werken der kirchlichen Autoritäten nicht täuschen. Sie wußten sehr wohl, daß in Gestalt des Hus vor ihnen kein vermeintlicher, sondern ein wirklicher und dazu unversöhnlicher Gegner stand.

Es bereitete ihnen keine besondere Mühe, dies nachzuweisen. Denn Hus war nicht nur Magister der Theologie, sondern auch ein unermüdlicher Autor theologischer Traktate. Sogar während seiner Gefangenschaft in Konstanz fuhr er mit Erlaubnis seiner Wächter fort, über Fragen des Glaubens zu schreiben. Und jede neue von ihm verfaßte Seite gab seinen Feinden weitere Unterlagen für ihre Beschuldigungen. »Gebt mir zwei Zeilen eines beliebigen Autors, und ich beweise, daß er ein Häretiker ist, und verbrenne ihn«, rühmte sich nicht ohne Grund ein mittelalterlicher Inquisitor.[88]

Und wirklich: wenn man wollte, konnte man jeden Text zum Schaden des Autors auslegen. Man brauchte nur die Widersprüchlichkeiten der Bibel, der zahlreichen Konzilsbeschlüsse sowie der päpstlichen Enzykliken und Bullen zu berücksichtigen. Wer versuchte, kanonische Texte oder offizielle päpstliche Verlautbarungen einer Kritik zu unterziehen oder anzuzweifeln, glich einem Selbstmörder. Die Inquisitoren warfen den Verwegenen auf den Scheiterhaufen oder sperrten ihn lebenslänglich in eines ihrer Verliese, wenn er nicht im letzten Moment bereute und sich von seinen »abscheulichen Verirrungen« lossagte.

In den Händen von Hus' Feinden befanden sich jedoch nicht nur »zwei Zeilen«, sondern wahre Stöße seines Schrifttums, aus dem sie ohne besondere Mühe eine Menge von Zitaten herausklauben konnten, die den Autor der Häresie überführten. So braucht man sich nicht zu wundern, daß gegen den Gefangenen ein Anklageakt zustande kam, der mit Zitaten aus seinen Werken durchtränkt war. Doch wenn die Anfertigung eines solchen für die Konzilsväter ein Kinderspiel war, so erwies sich die Aufgabe, Hus zum Eingeständnis seiner »abscheulichen Fehler« zu bringen, als völlig unlösbar.

Aber gerade darin bestand das Hauptziel des Gerichts über ihn. Anfang Juni 1415 war der Untersuchungsprozeß gegen den Magister abgeschlossen, und man brachte ihn, in Ketten gefesselt, zum Franziskanerkloster in Konstanz, wo das Konzil tagte. Am 6. Juni stand Hus vor dem Konzil. Der Bischof von Lodi hielt die Anklagerede. Alle Versuche des Gefangenen, die Haltlosigkeit der gegen ihn erhobenen Beschuldigungen nachzuweisen, wurden von den Konzilsvätern rücksichtslos unterbunden. Man gab ihm nicht die Möglichkeit zu reden; man schrie auf ihn ein, spie ihn an,

---

[88] *de Vooght, P.,* L'hérésie de Jean Hus, Louvain 1960, S. VII.

schmähte und beschimpfte ihn, überschüttete ihn mit Verwünschungen. Die Versammelten schrien ihm zu, er sei schlimmer als ein Sodomit, als Kain und Judas, als ein Türke, ein Tatar, ein Jude. Man verglich ihn mit einem »Reptil« oder mit einer »geilen Natter«. Seine Ansätze zum Reden wurden mit Pfeifen, Fußgetrampel und Ausrufen wie »Auf den Scheiterhaufen mit ihm, auf den Scheiterhaufen!« rigoros unterdrückt.

So ging das Tag für Tag, einen ganzen Monat lang; aber es war unmöglich, Hus einzuschüchtern oder ihn gar zu brechen. Mannhaft und beharrlich forderte der Magister vom Konzil, seine Sache wirklich zu untersuchen. »Beweist mir«, sagte er zu seinen Richtern, »daß meine Anschauungen häretisch sind, und ich entsage ihnen.«

König Sigismund und die Konzilsväter scheuten keine Anstrengungen, um ihren Häftling zu bewegen, sich schuldig zu bekennen und von seinen häretischen Verirrungen loszusagen. Wäre es ihnen nämlich gelungen, ihrem Opfer eine öffentliche Reueerklärung zu entlocken, so hätten sie damit seinen Anhängern in Böhmen einen entscheidenden Schlag versetzt. Hus aber lehnte es ab, sich ihren Forderungen zu unterwerfen. Statt dessen erklärte er sich bereit zu beschwören, daß er die ihm zugeschriebenen Verirrungen niemals geteilt und niemals gepredigt habe und sie auch in Zukunft nicht vertreten und predigen werde. Das Konzil lehnte diese Formel jedoch ab.[89]

Es schlug ihm gegenüber vor zu erklären, daß er die genannten Verirrungen niemals geteilt habe, daß er sich aber dennoch von ihnen lossage, ihnen abschwöre und jede geistliche Strafe auf sich nehme, die das Konzil »in seiner Güte« und um seiner Rettung willen für ihn als notwendig befinde. Hus antwortete, daß er diese Forderung nicht erfüllen könne, ohne gegen die Wahrheit zu verstoßen und einen Meineid zu leisten. Man antwortete ihm, daß er, wenn er die vom Konzil verlangte Abschwörungsformel spreche, die Verantwortung dafür auf dieses übertrage; und was den Meineid beträfe, so stünden für ihn diejenigen gerade, die diese Abschwörungsformel verfaßt hätten. Hus jedoch blieb nach wie vor unbeugsam.

Wie in der Mehrheit solcher Fälle, so gab es auch in diesem Prozeß einen Judas. Den Feinden des Hus gelang es, Stefan Palec, einen früheren Gesinnungsgenossen des Magisters, auf ihre Seite zu ziehen und zum Zeugen der Anklage gegen ihn zu machen. Auch andere Freunde von Hus wurden bemüht, um ihn davon zu überzeugen, daß er sich dem Konzil beuge. König Sigismund forderte das gleichfalls von ihm. Der tschechische Theologe aber lehnte entschieden jeden Kompromiß mit seinen Feinden ab. Er zog den qualvollen Tod auf dem Scheiterhaufen einer kleinmütigen Aufgabe seiner Überzeugungen vor.

---

[89] *Lea, H. Ch.*, a. a. O., Bd. II, S. 557.

Als das Konzil festgestellt hatte, daß es von Hus eine Selbstbeschuldigung und einen Widerruf nicht erhalten werde, erklärte es ihn für einen hartnäckigen Ketzer, degradierte und exkommunizierte ihn und verurteilte ihn zur Verbrennung auf dem Scheiterhaufen.

Als Hinrichtungsdatum wurde der 6. Juli 1415 angesetzt. An diesem Tage fand das feierlichste Autodafé der Inquisitionsgeschichte statt. Zu ihm erschienen alle Konzilsväter, König Sigismund mit seinem glänzenden Gefolge, Fürsten, Ritter und andere Ehrengäste des Konzils. Während des Gottesdienstes hielt man Hus unter Bewachung beim Portal des Konstanzer Domes. Dann führte man ihn zum Altar und verlas das Urteil des Konzils.

Über den weiteren Verlauf berichtet ein Augenzeuge, Peter Mladenovič (um 1390–1451): »Da er gar war angezogen, stunden bey jm die siben Bischoffe die jn solten entweyhen, vnd vermanten jn das er noch solte widerrufen vnd abschweren. Da ist Magister Johann Hus auffgestanden vnd auff den tisch getreten, der vor jm bereytet war, vnd kerte sich mit grossen schmertzen gegen dem volcke vnd allen beystenden: ›Sehet die Bischoffe vermanen mich da zu, das ich soll widerrüfen vnd abschweren, aber ich fürchte ein sollichs zuthun, das ich nicht lugenhafftig sey vor dem Angesicht Gottis ...‹

Vnd als er dies gesagt hatte, sprachen die Bischoff vnd die andern ire mitgenossen des Concilij: ›Da sehen wir vnd hören noch wie verstockt er ist in seiner boßheyt vnd ketzery!‹ Vnnd hiessen jhn wider abtretten, vnnd als er vom tisch herab steige, so bald fiengen die gemelten Bischoffe an jn zu entweyhen, vnd namen jm erstlich den kelch auß seynen henden, vnd sprachen also: ›Dis gebt der verfluchung, O du verfluchter Judas, warumb hast du verlassen den rath des frides, wir nemen von dir disen kelch der erlösung!‹ – Johann Hus antwortet mit lauter stymmen vnd sprach: ›Ich glaub in Gott den Herren almechtigen, vmb des namens willen, will ich dise Schmach gedultiglich tragen, so weyß ich das er den kelch seiner ewigen erlösung nymmer mer wirt von mir nemen, sonder ich hoffe bestendiglich, das ich den selbigen heut inn seinem reich trincken werde!‹ -

Darnach namen sie von jm auch alle ander meßkleyder, als Casel, stolh vnd anderes. Vnd zu yetlichem sprachen sie die Wort des fluchs wie obgemelt nach irer weyse ...

Entlich namen sie ein scheren, vnd schnitten jm die hare gantz ab, hinden vnd forn, vnd sprachen also: ›Yetzt hat die heylige Kirche alle ire recht von dir hinweg genomen, vnd die Kirche hat hinfort nichts mer mit dir zuthon, darumb wöllen wir dich nun der weltlichen Handt vbergeben!‹ vnd setzten jhm einen papyren hut auff sein haubt, vnd sprachen vnter andern worten also zu jhm: ›Wir befehlen nun dein seele dem Teuffel!‹ – Aber Johann Hus sprach also mit gefalten henden, vnd aufgehobnen augen in den hymmel: ›So befilch ich sie dem aller gnedigsten Herren Jesu

Christo!‹ … Es war aber ein runder papyriner hut, gar nahe eines ellenbogens hoch, vnd warn daran drey grewlich Teuffel gemalet, vnd war der titel der sein sache belanget, also doran geschrieben zu latein: Hic est Haeresiarcha. Das ist verdolmetscht: Dis ist der Ertzketzer …

Vnnd als nun Johann Hus also gekrönet ward auß gedachter Kirchen gefüret, auff die selbige stunde verbrandten sie jhme seyne bücher auff dem Kirchoffe, do das Johann Hus sahe, vnd fürvber geführt ward, lechelte er gleych irer thorheyt … Es war auch schier dz gantze stadtvolck, daselbs wonhafftig, im harnisch, vnd geleyten jn zum tode. – Vnd als er nun zu der stette der marter kam, fiel er auff seyne knie, vnd hub auff seine hende vnd seine augen zum hymmel, vnd fieng an andechtigklich zu betten etliche Psalmen … Vnd als er nun also auff seinen knien lag, vnd bettet, wie gesagt ist, fiel jm der lasterhut von seinem haubte, an welchem wie obgemelt, drei Teuffel gemalet waren, vnd als er den hut vor jm liegen sahe, lechelte er. Etliche Söldner aber sprachen zu den andern so vmbher stunden, setzet jm die krone wider auff, das sie mit seinen Herren, denen er gedienet hat, allhie verbrandt werde. Darnach hieß jn der hencker widerauff stehen vom gebet. Vnnd als er nun auffstunde, sprach er mit lauter stymme, das es yedermann vernemen kunde, so vil ir vmbher stunden, also: ›O herre Jesu, disen schentlichen grewlichen tode will ich vmb deines namens willen, vnd des zeugnus willen deines heylsamen worts gedultiglich mit deiner hilffe leyden!‹ Vnd als bald ward er zu den vmbstehenden vmbher gefüret, die selbigen bat er, vnd vermanete sie, das sie mit nichts solten halten vnd glauben, dz er solliche artickel geleret oder geprediget hette, so jm durch falsche zeugen auffgelegt weren. Als jm nun der hencker seyne kleyder außgezogen hatte, haben sie jn mit den henden hinterrucke an ein seulen gebunden, welche die büttel zuvorn in die erden gegraben, vnd fest eingesetzt hatten. – Vnd als sie jn mit dem angesicht gegen dem morgen kereten, sprachen etlich von den gewaltigsten so vmbher stunden: Man solt jn nicht gegen morgen keren, denn er ist ein ketzer, vnd hießen jn gegen dem abent keren … Darnach legten sie jm rostige ketten vmm seynen halß, vnd als er die selbige sahe, lechelte er, vnd sprach zu den henckern: ›Meyn Herr Jesus Christus vnser erlöser vnd seligmacher, ist auch mit einer harten schweren ketten gefangen gewesen, darumb will ich armer dürfftiger sündiger mensch mich auch nicht schemen diese ketten vmb seynes namens willen zu tragen!‹ Vnd sie hatten vnter seine füße etliche bundtstroh vnd holtz gelegt, vnd als er also an die seulen gebunden war, hatte er noch seine schuhe an, vnd einen eysern fessel an seinen füssen, da legten sie eytel stroh vnd holtz gerings vmb jn her, bis an sein kyn. – Vnd ehe denn der hencker das fewr anzündte, kam noch zu jm des Keysers Marschalck der von Papenheym genant, vnd Hertzog Ludwig von Beyern, vnd vermanten jn, das er doch noch seins lebens verschonen wolt, vnd das widerrüffen, so er etwan gepredigt vnd gelert hette, vnd dem selbigen abschweren.

Magister Johann Hus aber sahe auff in himmel vnd antwurtet mit lauter stimmen vnd sprach: ›Ach Gott du bist mein zeuge, dz ich die ding, so mir durch falsche zeugen auffgelegt werden, nie gelert oder gepredigt hab, sonder die fürnemlichste meine predig vnd meine meinung ist dahin gericht gewesen, das ich allein die menschen von sünden ziehen möchte. In der warheyt aber des Euangelij so ich auß den sprüchen vnd außlegunge der heyligen Lerer geschriben, geleret vnd gepredigt habe will ich heut frölich sterben!‹ – Vnd als sie dis gehört haben, hat bemelter Marschalck vnd der Hertzog auß Beyern die hende zusamen geschlagen, vnd sind von dannen geritten. – Da haben die hencker das fewr angezündet, vnd Johann Hus hat mit lauter Stimme gesungen ... Vnd als er zum dritten mal hat angefangen zu singen, hat jm der wind die loh jns angesicht geschlagen, also hat er in jm selbs gebettet, vnd das haubt geregt, als lang man möcht drey vatter vnser betten, vnd ist also verschieden. – Als nun das holtz vnnd stroh gar verbrant waren, hieng der rump noch also bey dem hals an der seulen, da hieben die hencker den leib nider mit der seulen, vnd regten das fewr das der leyb so vil ehe solt verbrennen, vnd da sie dz haubt funden, zerschlugen sie das selbige auf stöcken mit einer keulen, vnd wurffens wider ins fewr. Sie funden auch seyn hertz vnter dem eingeweyde, da scherpfften sie ein stangen vnd steckten dz selbige dran, wie einen braten, vnd brieten es, vnd zuschlugen das, vnd verbranten es. – Entlich als sie den gantzen leib zu aschen verbrant hatten, namen sie die selbige aschen mit allen brenden, vnd legten sie auff einen karren, vnd furten das in den Reinstrom der do für vberfleusset.«[90]

Am Tage nach der Hinrichtung veranstalteten die Konzilsväter einen Dankgottesdienst, an dem Sigismund sowie die Könige, Fürsten und anderen Großen, 19 Kardinäle, 2 Patriarchen, 70 Bischöfe und die gesamte übrige auf dem Konzil anwesende Geistlichkeit teilnahmen.

Die Verbrennung von Hus löste eine Welle der Empörung in Böhmen aus; sie erwies sich für das Konzil als ein Pyrrhussieg. Aber in den Händen dieser Versammlung befand sich noch ein zweiter Häretiker, die rechte Hand von Hus, ebenfalls ein tschechischer Magister: Hieronymus von Prag. Nachdem sie bei Hus eine Niederlage

---

[90] Zitiert nach: *Vischer, M.*, Jan Hus. Sein Leben und seine Zeit. Bd. II, Frankfurt a. M. 1940, S. 363–367. Vgl. auch: Hus at the Council of Constance, S. 230 ff. [Ausführlicher und leichter erhältlich ist das Buch von *Richard Friedenthal*, Jan Hus. Der Ketzer und das Jahrhundert der Religionskriege, 4. Aufl., München/Zürich 1984, SP 331. – Hrsg.] Der Bericht des Peter Mladenovič war in Latein geschrieben und wurde etwa ein Jahrhundert später im Auftrag Martin Luthers von Johann Agricola frei ins Deutsche übertragen und als »Warhaffte beschreybung der letzten handlung, so mit dem heyligen man Johann Hus ist fürgenommen, vor hundert jahren von eim verzeychent, der mit gewesen und alles selb gesehen hat« einer von Luther selbst besorgten Ausgabe der Gefängnisbriefe des Magisters beigegeben. Zu dieser Ausgabe schrieb Luther eine Vorrede; das Büchlein erschien 1536 bei Josef Klug in Wittenberg.

erlitten hatten, wollten die Konzilsväter an ihm Revanche nehmen und ihn zwingen, abzuschwören sowie sich ihrem Willen unterzuordnen.

Hieronymus war wie Hus ein Anhänger Wiclifs, dessen Ideen er auf glänzende Weise propagiert und an den Universitäten Deutschlands, Polens, Frankreichs und Englands vertreten hatte. Nach langen Reisen durch Europa war er schließlich nach Prag zurückgekehrt und zu Hus gestoßen. Schnell wurde er dessen begeisterter Anhänger. Ein leidenschaftlicher Redner, ein unübertroffener Polemiker, ein vorzüglicher Kenner der theologischen Texte, war Hieronymus der Schrecken der Papisten, die ihn mehr noch als Hus haßten.

Da dieser nach Konstanz ging, blieb Hieronymus in Prag. Die Verhaftung, das Gericht und die über seinem Meister schwebende Drohung der Hinrichtung veranlaßten ihn jedoch, die Stadt zu verlassen und heimlich in Konstanz zu erscheinen in der Hoffnung, Hus den Konzilsvätern entreißen oder ihm wenigstens irgendwelche Hilfe leisten zu können.

Ein zweiwöchiger Aufenthalt dort genügte freilich, um ihn von der Sinnlosigkeit eines derartigen Unterfangens zu überzeugen. Hieronymus beschloß deshalb, nach Prag zurückzukehren; aber auf dem Wege dorthin wurde er ergriffen und in Ketten dem Konzil übergeben, das gegen ihn die gleichen Anklagen erhob wie gegen Hus. Hieronymus verweigerte den Widerruf, worauf man ihn in einen Turm auf dem Friedhof des hl. Paulus setzte. Hier suchte man ihn, an Händen und Füßen gefesselt, in gekrümmter Stellung bei Wasser und Brot mürbe zu machen. Die Inquisitoren arbeiteten gründlich und, wie es schien, auch nicht ohne Erfolg. Ihre Drohungen und Einschüchterungen, die Hinrichtung seines Mitkämpfers und Freundes, die unmenschlichen Haftbedingungen – all das brach offensichtlich den Willen des Hieronymus. Am 11. September 1415 erklärte er den Konzilsvätern, er sei bereit, die Lehre von Wiclif und Hus und ebenso seine eigenen häretischen Fehler zu verurteilen, sich von ihnen loszusagen und sich dem Willen der Versammlung zu unterwerfen. Am 23. September bekräftigte er vor dem Konzil öffentlich seinen Widerruf.[91] Dessen Teilnehmer verurteilten ihn zur Verbannung in eines der schwäbischen Klöster, forderten jedoch vorher von ihm, seinen Gesinnungsgenossen in Prag einen Brief zu schreiben, der die Verurteilung der Lehre von Hus und seiner eigenen ketzerischen Ansichten enthalte. Hieronymus unterwarf sich erneut und verfaßte das von ihm verlangte Schriftstück. Trotzdem hielten die Konzilsväter ihn auch weiterhin in Haft, was seinen Freunden, die auf dem Konzil anwesend waren, den Vorwand bot, seine Freiheit zu fordern, seinen Feinden aber, die in der Mehrzahl waren, eine strengere Verurteilung dieses Mitkämpfers von Hus zu verlangen.

---

[91] *Lea, H. Ch.,* a. a. O., Bd. II, S. 570.

Letztere erreichten auch die Ernennung einer neuen Untersuchungskommission, die am 24. Februar 1416 gebildet wurde. Das war gleichbedeutend mit einer Aufhebung des in der Sache des Hieronymus schon gefällten Konzilsbeschlusses.[92]

Als die Inquisitionskommissare eine neue Befragung des Gefangenen begannen, waren sie überrascht: vor ihnen stand der frühere Hieronymus, ein unversöhnlicher Ankläger von Fehlern und Lastern der kirchlichen Hierarchie, ein Antipapist, ein Freund und Nachfolger von Wiclif und Hus. Der Augenblick der Schwäche war vorübergegangen, der Beschuldigte »erneut der Häresie verfallen«.

Am 23. Mai 1416 wurde dem Hieronymus auf dem Konzil eine neue Anklageschrift verlesen. Unter dem bösen Geschrei und Geschimpfe der Konzilsväter antwortete er, daß er seinen früheren Widerruf, der von ihm unter Androhung des Scheiterhaufens erpreßt worden sei, zurücknehme. Doch hören wir die offizielle Konzilsakte: »Was den Widerruf betrifft, der öffentlich und mit lauter Stimme verlesen wurde und unterschrieben war von Hieronymus selbst, so sagte dieser Hieronymus, er habe wirklich die Unterschrift geleistet, aber das habe er getan aus Furcht vor der Strafe des Feuertodes. Er sagte hingegen, daß er sich geirrt habe wie ein Tor, als er den oben genannten Widerruf unterschrieb; darüber sei er außerordentlich betrübt; vor allem aber auch darüber, daß er sich von der Lehre des Jan Hus und John Wiclif losgesagt und der Verurteilung von Jan Hus zugestimmt habe; dieser war, wie er glaube, ein gerechter und heiliger Mann.«[93]

Das Auftreten des Hieronymus war so beeindruckend, daß sogar seine Feinde Achtung vor ihm bekamen. Der Sekretär der päpstlichen Kurie, Poggio Bracciolini (1380–1459), ein Teilnehmer des Konzils, schrieb seinem Freunde Leonardo Aretino darüber: »Nie habe ich einen so beredten Mann gesehen, der den alten Rednern so nahe kommt, als Hieronymus. Seine Feinde hatten mehrere Anklagen aufgesetzt, um ihn der Ketzerei zu beschuldigen, und er verteidigte sich so schön, so bescheiden und so klug, daß ich nicht imstande bin, es auszudrücken ... Hieronymus rührte alle Herzen; wenn er nur einigermaßen sich entschuldigt und um Gnade gebeten hätte, er wäre frei hinweggegangen. So aber sprach er von Huß, nannte ihn einen frommen, heiligen Mann, der ungerecht verurteilt sei, denn er habe nur gegen die Mißbräuche der Kirche, gegen Stolz und Hochmut der Prälaten und gegen die Üppigkeit, mit der sie die Güter der Armen mit Huren, Fressen, Saufen, Spiel, Jagd und Pracht verpraßten, geeifert. Hieronymus war schon 340 Tage in einem feuchten, finsteren Turm gesessen und konnte eine so treffliche Rede halten,

---

[92] Ebenda, S. 571.

[93] *Rukol, B. M.*, Pis'mo Podžia Bracciolini k Leonardo Aretinskomu i rasskas Mladenovica kak istočniki ob Jeronime Pražskom, in: Učenye zapiski Instituta slavjanovedenija, Bd. I, Moskau 1948, S. 357.

voll von Beispielen berühmter Männer und Grundsätzen der Kirchenväter. Sein Name verdient unsterbliche Ehre ... Hieronymus war aus der Schule der alten Weisen, weder Scaevola hat seine Hand so mutig ins Feuer gehalten als Hieronymus seinen ganzen Körper, noch Sokrates den Giftbecher so gelassen geleert, als Hieronymus den Scheiterhaufen bestieg.«[94]

Am 30. Mai, morgens nach dem Gottesdienst, hörte das Konzil die Anklagerede des Bischofs von Lodi gegen Hieronymus, diesen rückfälligen Häretiker, der dem Konzil für dessen »nachsichtige« Behandlung mit »schwarzem Undank« bezahlt habe. »Du wurdest nicht gefoltert; ich möchte, es wäre geschehen, denn dann würdest Du alle Deine Irrtümer haben ausbrechen müssen. Eine solche Behandlung würde Dir die von der Sünde verschlossenen Augen geöffnet haben.«[95]

Der Bischof forderte von dem Gefangenen, daß er seinen früheren Widerruf bestätige. Hieronymus weigerte sich. Dieser Widerruf, erklärte er, sei ihm unter der Androhung des Scheiterhaufens entrissen worden. Da verlas der Hauptkommissar, der Patriarch Johann von Konstantinopel, das Urteil der Inquisition, in dem Hieronymus zum »rückfälligen Ketzer« erklärt, aus der Kirche ausgestoßen und dem Anathema übergeben wurde. Das Konzil bestätigte einmütig diesen Spruch.

Hieronymus setzte sich selbst die Spott-Tiara, die mit Teufeln bemalt war, auf sein Haupt. Da er kein Geistlicher war, brauchte man ihn nicht zu scheren. Es blieb nur noch übrig, den aus der Kirche ausgestoßenen Häretiker in die Hände der weltlichen Gewalt zu übergeben, damit diese ihn »mit dem Gefühl christlicher Barmherzigkeit« behandle, d. h. ohne Verstümmelung und Blutvergießen in die andere Welt befördere.

Die Vorbereitungen für die Hinrichtung waren schon am Vorabend beendet worden. Die Inquisitoren wußten, daß Hieronymus dieses Mal den Scheiterhaufen nicht fürchten werde. Gleich nach der Verlesung des Urteils führte man ihn somit an den gleichen Ort, wo zehn Monate zuvor Hus verbrannt worden war und wo nun das gleiche Martyrium seinem Schüler und Nachfolger bevorstand.

Es war am 30. Mai 1416 um zehn Uhr morgens, als der Henker Hieronymus von Prag nackt auszog, seine Lenden mit einem Stück weißen Stoffes umwand und ihn an den Pfahl band, der mit trockenem Reisig und Stroh umgeben war. Als er, einer Legende zufolge, dem Todeskandidaten mitleidig vorschlug, das Feuer hinter seinem Rücken zu entzünden, soll Hieronymus einen solchen Dienst abgeschlagen

---

[94] Deutscher Text nach: *Rosenow, E.*, Wider die Pfaffenherrschaft. Kulturbilder aus den Religionskämpfen des 16. und 17. Jahrhunderts, Bd. I, Berlin o. J., S. 271 f.

[95] Nach: *Lea, H. Ch.*, a. a. O., Bd. II, S. 575.

haben mit den Worten: »Komm nach vorne und zünde das Feuer an, wo ich es sehen kann. Hätte ich es gefürchtet, so würde ich nicht hier sein.«[96]

Der angebliche Ketzer hielt sich unbeugsam und standhaft bis zum letzten Atemzuge. Die Inquisitoren verbrannten auch alle seine persönlichen Habseligkeiten, sogar das Bettzeug aus seinem Gefängnis, und warfen die Asche in den Rhein.[97]

Das Konzil begnügte sich jedoch auch mit dieser Hinrichtung noch nicht, denn die hussitische »Häresie« breitete sich weiter aus ungeachtet des Todes ihrer Führer. Man beschloß daher, noch mit einem weiteren angesehenen Hussiten abzurechnen, mit Jan von Chlum, der zusammen mit seinem Lehrer nach Konstanz gekommen war. Auch er wurde ergriffen, ins Gefängnis geworfen und peinlichen Verhören unterzogen. Er bestand die Prüfung nicht und sagte sich von seinen Anschauungen los. Das Konzil beließ ihn daraufhin am Leben. Aber der nach dem heroischen Untergang von Hus und Hieronymus dem Jan von Chlum mit Gewalt entrissene Widerruf konnte keinen Einfluß mehr auf den Gang der Ereignisse haben. Die Hussiten hielten sich tapfer in Böhmen; der Kampf gegen sie begann erst ...[98]

Nachdem das Konzil von Konstanz mit den Führern der Hussitenbewegung abgerechnet hatte, befaßte es sich mit dem Reformprogramm, das allerdings sehr bescheiden war. Es beschränkte um ein geringes die Rechte des Papstes und hob die Bedeutung des Kardinalskollegiums an, ohne dessen Zustimmung der apostolische Stuhl künftig keine neuen Steuern auf kirchliche Einkünfte mehr erheben sowie keine Prälaten mehr ab- oder versetzen konnte. Ihm wurde auch das Recht entzogen, sich das Eigentum verstorbener geistlicher Personen aneignen zu können. Außerdem fällte die Versammlung eine Entscheidung, die vom orthodoxen katholischen Standpunkt aus ihrem Wesen nach häretisch war, nämlich daß das Konzil über dem Papste stehe, der verpflichtet sei, sich dessen Beschlüssen unterzuordnen. Um ihn einer stärkeren Kontrolle seitens der höchsten Geistlichkeit zu unterwerfen, verpflichtete das Konstanzer Konzil in diesem Zusammenhang den päpstlichen Stuhl, in bestimmten Zeitabständen Konzile einzuberufen. Das nächste sollte innerhalb von 5 Jahren, das folgende dann nach 7 Jahren einberufen werden. Von diesem Zeitpunkt an sollte der Abstand zwischen den Versammlungen 10 Jahre betragen.

---

[96] Vgl. ebenda, S. 576.

[97] Ebenda.

[98] In den Jahren von 1420–1431 führten Papst Martin V. und König Sigismund gegen die unbotmäßigen Hussiten insgesamt fünf Kreuzzüge, ohne ihren Widerstand brechen zu können. Daraufhin entschlossen sie sich, dem rechten Flügel der hussitischen Bewegung, den sogenannten Calixtinern, die das Bürgertum und den niederen Adel vertraten, entgegenzukommen. Indem sie mit ihm einen Kompromiß abschlossen, zerschlugen sie die Taboriten, den radikalen Flügel der Hussiten, der das bäuerlich-plebejische Lager repräsentierte.

Aber Martin V. und die auf ihn folgenden Päpste verteidigten in jeder Weise ihr Recht auf uneingeschränkte Gewalt und suchten die Erfüllung der vom Konzil gefaßten Beschlüsse und Bestimmungen, die ihre Macht in gewissem Grade einschränkten, zu hintertreiben. Eine nicht unwichtige Rolle bei der Festigung des päpstlichen Absolutismus spielte dabei nach wie vor die Inquisition, deren Vollmachten die Konstanzer Versammlung durch ihr Vorgehen gegen Hus und Hieronymus nur bestätigt und erweitert hatte. Damit aber waren ihre Versuche zur Einschränkung der Allmacht des »Stellvertreters Gottes auf Erden« im Grunde zunichte gemacht worden.

Die Geschichte der Inquisition zeigt, daß der Streit um ihre blutigen »Glaubensakte« auch im Schoße der katholischen Kirche selbst durch Jahrhunderte nicht zur Ruhe kommt. Der Prozeß gegen Hus ist da keine Ausnahme. Bis auf den heutigen Tag streiten sich die Theologen leidenschaftlich über ihn.

Wie schätzen heute nun Kirchenmänner und prokirchliche Historiker das vom Konstanzer Konzil über den tschechischen Magister gefällte Urteil ein? Im Grunde genommen gibt es in dieser Frage für sie nur zwei Standpunkte: Zum einen rechtfertigen sie die Hinrichtung von Hus unter verschiedenen Vorwänden. Der von uns schon zitierte Inquisitionshistoriker Hayward erklärt ihn dabei für einen gefährlichen Aufrührer, dessen Predigt die soziale Ordnung und die heilige katholische Kirche selbst bedroht habe. Diese konnte das nicht dulden; deshalb handelte die Inquisition richtig, wenn sie mit Hus und ähnlichen Häresiarchen sowie ihren Anhängern abrechnete. Hayward schreibt: »Es versteht sich: man erschaudert vor Entsetzen bei dem Gedanken, daß man damals Menschen für ihre Ideen verbrannte, selbst wenn diese falsch waren. Aber auf der anderen Seite kann man das Übel und die Unordnung nicht übersehen, die durch die Verbreitung solcher Ideen hervorgerufen worden wären, besonders unter den leicht entflammbaren Menschen.«[99]

So heiligt also der Zweck die Mittel – das ist der Standpunkt dieses zeitgenössischen Theologen. Die gleiche Ansicht äußert auch der französische Jesuit Joseph Gill. Mit der ihm eigenen Spitzfindigkeit behauptet er: »Seine (d. h. des Hus) wiederholte Berufung gegen die Kirche auf die Heilige Schrift; seine praktische Beschränkung der Kirche auf die unsichtbare Gemeinschaft der Auserwählten; seine mangelnde Achtung vor der kirchlichen Rechtsprechung und Autorität; seine hartnäckige Verteidigung des bereits so oft verurteilten Wyclif; alle diese Umstände und dazu

---

[99] *Hayward, F.*, a. a. O., S. 77; ders., Was muß man über die Inquisition wissen?, S. 77. Hier wird folgende Übersetzung gegeben: »Man kann sich fürwahr eines Schauders nicht erwehren beim Gedanken an einen Verurteilten, der wegen seiner Ideen – so irrig sie auch sein mochten – bei lebendigem Leib verbrannt wurde. Andererseits aber darf man auch keinesfalls die Wirrnisse und schlimmen Folgen, vor allem für das einfache Volk, übersehen, die durch die Ausbreitung der nämlichen Ideen entstanden sind.«

noch viele andere machten es notwendig, seiner Predigttätigkeit in Böhmen ein Ende zu setzen, und ermöglichten es, ihn zu verurteilen und der weltlichen Gerichtsbarkeit auszuliefern. Seine persönliche Aufrichtigkeit und Frömmigkeit machen diese Verurteilung nur noch schmerzlicher und bedauerlicher, jedoch nach den Kriterien der damaligen Zeit machen sie dieselbe keineswegs in sich ungerecht.«[100]

Wer ist also schuld am Untergang von Hus? Hus selbst, antwortet Gill. Das aber ist die bekannte These der mittelalterlichen Inquisition, die alle Verantwortung für ihre Verbrechen, für das, was in ihren Mauern Entsetzliches geschah, auf ihre Opfer abwälzte.

Den anderen Standpunkt finden wir beispielsweise bei dem belgischen Benediktinermönch Paul de Vooght. Dieser behauptet, daß Hus ein rechtgläubiger Katholik war und zum Häretiker und Nationalhelden, zum Aufrührer und ersten Märtyrer der herannahenden Idee des Protestantismus eigentlich »gegen sich selbst« wurde, im Ergebnis eines Zusammentreffens von für ihn ungünstigen Umständen und Zufällen. Es sei daher ein Mißverständnis, wenn er als Gegner der katholischen Kirche angesehen werde. Und wenn er trotzdem sein Leben auf dem Scheiterhaufen endete, so verdienten eine solche Bestrafung in nicht minderem Maße seine Richter, die Teilnehmer des Konstanzer Konzils, »die feierlich als Glaubenswahrheit das häretische, gottlose und skandalöse Dogma verkündeten, daß sie über dem souveränen Pontifex stünden«.[101]

Warum verteidigte de Vooght mit solcher Leidenschaft Hus vor sich selbst? Aus Sympathie für den Prager Häresiarchen? Wohl kaum. Er ist der Ansicht, daß es in der heutigen Zeit für die katholische Kirche vorteilhaft sei, den tschechischen Magister zu rehabilitieren, denn es bestünde sonst, wie er meint, die Gefahr, »eines schönen Tages Hus in die Rolle eines hochgeehrten Stachanows der bolschewistischen Propaganda erhoben zu sehen«.[102]

Mit dieser Meinung steht er nicht allein; er hat viele Nachfolger. Der Archivar der Stadt Konstanz, Otto Feger, wandte sich 1965 an Papst Paul VI. sogar mit dem offiziellen Aufruf, Hus nicht nur zu rehabilitieren, sondern ihn heilig zu sprechen.

Die Zeiten haben sich geändert – auch für die katholische Kirche. Und wie sie sich geändert haben! Das Zweite Vatikanische Konzil, das auf Initiative des »roten« Papstes Johannes XXIII. zusammentrat, verwirklichte die sogenannte katholische Reformation; es machte Schluß mit einer Reihe von Beschlüssen nicht nur des Konstanzer, sondern auch des Tridentiner Konzils. Es mag sein, daß ein Rätsel darin

---

[100] *Gill, J.*, Konstanz und Basel-Florenz, S. 106 f.

[101] *de Vooght, P.*, a. a. O., S. 470.

[102] Ebenda, S. XII.

verborgen liegt, warum Giovanni Roncalli, nachdem er Papst geworden war, den Namen eben jenes Piraten Balthasar Cossa wählte, der das Konstanzer Konzil einberief und Hus zu dessen Gefangenen machte. Wollte er vielleicht, indem er sich Johannes XXIII. nannte, damit aus der Geschichte der katholischen Kirche jenen Cossa streichen; wollte er, indem er das Zweite Vatikanische Konzil einberief, neben anderem auch die schmachvollen Konstanzer Urteile gegen Hus und Hieronymus von Prag beseitigen?

Auch das Unmögliche scheint möglich zu werden, wenn das Schifflein des heiligen Petrus ein Leck aufweist ...

Jeanne d'Arc – Heldin, »Hexe«, Heilige

Kein Opfer der Inquisition hat eine solche Beachtung seitens der Historiker und Theologen gefunden wie die berühmte Nationalheldin des französischen Volkes, die Jungfrau von Orléans, die am 30. Mai 1431 auf dem Scheiterhaufen in Rouen verbrannte.

Voltaire, Schiller, Anatole France, Mark Twain, George Bernard Shaw, Anna Seghers und viele andere Schriftsteller haben ihr wertvolle Arbeiten gewidmet. Maler, Bildhauer, Komponisten, Schauspieler und Filmregisseure haben ihr Bild geprägt – jeder auf seine Weise. Viele Dokumente jenes denkwürdigen Prozesses sind uns erhalten geblieben, darunter auch die Protokolle der Verhöre, denen Jeanne d'Arc von den Inquisitoren unterzogen wurde. In diesem Falle hat die Muse Klio wirklich für die kommenden Generationen alle Fakten aufbewahrt, die Licht auf ein denkwürdiges Ereignis werfen können. »Diese Geschichte«, schreibt der moderne amerikanische Philosoph B. Dunham, »ist deshalb so erstaunlich, weil sie bei all ihrer Unglaublichkeit wirklich geschah; bitter deshalb, weil die Menschen damals das vernichteten, wovor sie hätten sich verneigen sollen; lehrreich deshalb, weil sie uns die Erfahrung gibt, an allem zu zweifeln, woran wir glauben – an allem, mit Ausnahme der großen Kraft der Grundideale der Menschheit.« [103] Das schrieb ein Mensch, der selbst durch den Feuerofen des Inquisitionsgerichtes geschritten war: durch die Kommission des berüchtigten Senators McCarthy, die mit dem Tribunal, das Jeanne d'Arc verurteilte, dadurch verwandt ist, daß beide »Instanzen« diejenigen richteten und verurteilten, die für die Ziele der Nation, für die Interessen des Volkes eintraten.

Jeanne d'Arc wurde lebendig verbrannt. Am Tage ihrer Hinrichtung war sie gerade neunzehn Jahre. Man verurteilte sie wegen angeblicher Zauberei und Häresie;

[103] *Dunham, B.,* Heroi i eretiki. Političeskaja istorija zapadnoj mysli. Moskau 1967, S. 280.

in Wahrheit aber wurde hier Gericht über eine Patriotin gehalten, deren einziges »Verbrechen« darin bestand, daß sie das französische Volk zur Verteidigung ihres Vaterlandes gegen die Engländer aufrief, die damals einen beträchtlichen Teil des französischen Territoriums besetzt hatten.

Die Jungfrau von Orléans war eine »treue Tochter Gottes«, und trotzdem kam sie auf dem Scheiterhaufen ums Leben. Denn das Inquisitionstribunal, das sie verurteilte, stand im Dienste der Engländer, die den Tod Johannas forderten in der Hoffnung, damit ihren französischen Gegnern einen empfindlichen Schlag zu versetzen. So trug der Prozeß gegen das lothringische Bauernmädchen einen ausgesprochen politischen Charakter, obwohl man die Angeklagte für angebliche Verbrechen gegen die Kirche und gegen den katholischen Glauben verurteilte.

Vom Standpunkt der gerichtlichen Prozedur her ist er allerdings durchaus typisch für die Inquisition. In ihm sind alle für das »heilige Tribunal« charakteristischen Elemente vertreten – mit Ausnahme der Folter –: unbeweisbare Beschuldigungen, falsche Zeugen, Verhöre mit Fangfragen und Drohungen, Todesurteil, Reue und Abwandlung des Todesurteils in lebenslängliche Kerkerhaft, Rückfall in die Häresie (Rezidiv) und als Folge dessen die Verbrennung des »Häretikers« auf dem Scheiterhaufen.

Bevor wir jedoch den Prozeß beschreiben, wollen wir in aller Kürze daran erinnern, wer die Jungfrau von Orléans wirklich war und was sie auf die Anklagebank des Tribunals in Rouen brachte.

Jeanne d'Arc wurde ungefähr 1412 in einer Bauernfamilie des Dorfes Domrémy in Lothringen geboren.[104] Mit siebzehn Jahren bekam dieses Hirtenmädchen, das Analphabetin war, »Gesichte« und hörte »Stimmen«, die ihr sagten, Gott habe ihr die hohe Mission übertragen, ihr Vaterland von den Engländern zu befreien und dem Prätendenten auf den französischen Königsthron, dem Dauphin Karl, zu helfen, Herrscher von Frankreich zu werden. Die Lage Karls und seiner Anhänger war damals ziemlich hoffnungslos. Die Engländer und ihre Bundesgenossen, die Burgunder, hatten fast ganz Frankreich in Besitz; eine Ausnahme bildeten nur Orléans und dessen Umgebung. In ihren Händen befand sich Paris; die Mehrzahl der kirchlichen Würdenträger des Landes unterstützte sie. Es schien, als ob nur noch ein Wunder Karl retten könne. Als nun in seinem Lager, wo Niedergeschlagenheit und Hoffnungslosigkeit herrschten, dieses entschlossene, vom fanatischen Glauben an den Sieg erfüllte, junge und dazu bezaubernde Bauernmädchen erschien, welches behauptete, daß die »Stimmen« der Heiligen, die sie angeblich hörte, sie berufen hätten, die französischen Truppen zu führen und die Engländer aus dem Lande zu

---

[104] Ihr genaues Geburtsjahr ist nicht festzustellen.

vertreiben, da beschlossen der Dauphin und seine Ratgeber nach längerem Zaudern, ihr Schicksal den zerbrechlichen Händen dieses Mädchens anzuvertrauen. Ihre Rechnung war einfach: dieses unverdorbene Kind, eine jungfräuliche Kriegerin, die geheimnisvolle Verbindungen zu den Mächten der jenseitigen Welt besaß, konnte durch ihr Beispiel die Bauern Frankreichs, die einfach waren wie sie selbst, begeistern und zum Krieg gegen die Engländer führen. Die folgenden Ereignisse zeigten, daß diese Kalkulation aufging.

Man muß jedoch darauf hinweisen, daß Karl und sein Hof ihrer Helferin gegenüber sich sehr vorsichtig verhielten. Sie vertrauten ihr erst, nachdem sie eine entsprechende Probe bestanden hatte, d. h., nachdem sie einem umfassenden Verhör unterzogen worden war, das die Frage klären sollte, ob sie nicht eine »Zauberin« sei. Einen Monat lang befragten Theologen, Juristen und Räte Karls sie in Poitiers mit Eifer zu diesem Problem.[105] Sie gelangten jedoch zu der einhelligen Meinung, daß Johanna eine rechtgläubige und jeden Vertrauens würdige Christin sei und daß man ihr deshalb die Möglichkeit geben sollte, für die Sache des französischen Königs zu streiten. So setzte man sie über ein 10 000köpfiges Heer, das bei Orléans den Engländern, die diese Stadt belagerten, eine Niederlage beibrachte und sie zum Rückzug zwang. Danach befreiten die Franzosen unter ihrer nicht nur für die damalige Zeit so ungewöhnlichen Führung die Stadt Reims, wo der Dauphin dann in einer feierlichen Zeremonie zum König gekrönt wurde und den Namen Karl VII. annahm. Sein Volk und seine Umgebung hielten diese unerwarteten Siege für ein Wunder und meinten, daß Gott, der Johanna vertraue und durch sie wirke, die Franzosen gegen die Engländer unterstütze. Der König und sein Hof schmeichelten ihrer Retterin, und im Volke wuchs der Ruhm der Jungfrau von Orléans, wie man sie zu nennen begann, von Stunde zu Stunde.

Es versteht sich, daß die Siege der französischen Waffen im Lager der Engländer und ihrer burgundischen Bundesgenossen eine andere Wirkung hervorriefen. Hier schrieb man die Niederlagen, die man einstecken mußte, den Zauberkräften Jeanne d'Arcs zu und behauptete, daß sie mit dem Satan im Bunde stehe, mit dessen Unterstützung und auf dessen Eingebung hin handle. Die Engländer drohten der Hirtin aus Domrémy, die zur Heldin Frankreichs geworden war, mit

[105] »Unter den erstaunlichen Eigenschaften der Jeanne erschien ihre Jungfräulichkeit die hervorstechendste. Das war ein an sich schon außergewöhnlicher Fakt, da die Bauernmädchen gewöhnlich früh heirateten oder irgendeinem ersten glücklichen Liebhaber das gaben, was mit einem poetischen Euphorismus die ›Knospe der Jugend‹ genannt wird. Aber die Jungfräulichkeit der Johanna stellte mehr dar als eine soziale Seltenheit. Eng verbunden mit dem Bewußtsein ihrer hohen Mission, der Johanna hingebungsvoll diente, brachte sie diese entgegen ihren eigenen Absichten (da sie sehr bescheiden war) der jungfräulichen Gottesmutter Maria nahe«: *Dunham, B.*, a. a. O., S. 282 f.

Rache. Sie ahnten nicht einmal, wie schnell sich ihre Drohungen verwirklichen würden ...

Seit dem Sieg bei Orléans war noch kein Jahr vergangen, als am 23. Mai 1430 bei einem Scharmützel in der Nähe von Paris, das die französischen Truppen erfolglos den Engländern zu entreißen versuchten, die Burgunder Jeanne d'Arc gefangennahmen.

Natürlich hätte Karl VII., wenn er gewollt hätte, nach dem damals üblichen Brauch seine Befreierin vom Feinde loskaufen können. Aber dankbare Könige gibt es nur im Märchen; er tat nichts dergleichen. Auch ein anderer französischer Fürst zeigte kein Interesse am Schicksal der Johanna: der Erzbischof von Reims, Regnault de Chartres. Die Burgunder hatten ihm als erstem vorgeschlagen, das Mädchen loszukaufen. Warum verrieten König und Erzbischof die Jungfrau von Orléans?

Sie wußten, daß die vom Volke vergötterte Johanna eine Bedrohung ihrer Interessen darstellte. Jetzt nun hatte die Vorsehung selbst ihnen dieses Hindernis aus dem Wege geräumt. Wenn die Jungfrau wirklich Verbindung zu den Heiligen habe, sollten diese sie retten, wenn sie es für notwendig befänden!

Dafür zögerten die Engländer jedoch nicht, den Burgundern 10 000 Livres für die Gefangene zu geben. Johanna sollte mit ihrem Leben für die Niederlagen bezahlen, die sie ihnen beigebracht hatte. Aber die Engländer ließen die Schmutzarbeit, die hiermit verbunden war, durch französische Henker verrichten, genauer gesagt: durch die käufliche französische Geistlichkeit.

Übrigens wünschte diese in nicht geringerem Maße selbst, mit der »Hexe« abzurechnen. Drei Tage nach der Gefangennahme Johannas wandte sich der Dominikaner Martin Billorini, Generalvikar der Inquisition in Paris, an den Herzog von Burgund mit einem Schreiben, in dem es hieß: »Wie jeder wahre Katholik sind Sie verpflichtet, die Irrtümer auszurotten und mit den Skandalen gegen den Glauben Schluß zu machen. Durch die Handlungen einer gewissen Frau, die die Jungfrau genannt wird, sind eine Reihe von Irrtümern gesät worden, die den Untergang vieler Seelen hervorgerufen haben. Deshalb fordern wir Euch kraft der uns vom Heiligen Römischen Stuhl verliehenen Vollmacht und unter Androhung aller entsprechenden Strafen auf, die gefangene Johanna, die zahlreicher häretischer Verbrechen entschieden verdächtig ist, in unsere Verfügungsgewalt zu überführen, damit wir sie, wie es sich gehört, zur Verantwortung ziehen. Gegeben zu Paris und versehen mit dem Amtssiegel der heiligen Inquisition.«[106]

Wie sehr die Engländer auch damit liebäugelten, Johanna der Pariser Inquisition zu übergeben und ihr dort ein »schönes« Autodafé auf einem der großen Plätze zu

---

[106] *Fabre, J.*, Les bourreaux de Jeanne d'Arc et sa fête national, Paris 1915, S. 35 ff.

bereiten – aus Furcht vor einer Empörung der Pariser beschlossen sie, dieses Risiko nicht einzugehen, sondern die Hinrichtung des Mädchens an einem zuverlässigeren und von der Front weiter entfernten Ort vorzunehmen: in Rouen, der Hauptstadt der Bretagne, wo sich damals der minderjährige König Englands, Heinrich VI., und sein Hof befanden. Die Führung des Prozesses wurde einem Mitglied des englischen Kronrats übertragen: dem Bischof von Beauvais, der den Familiennamen Cauchon trug, was im Französischen gleichlautend mit Cochon (Schwein) ist.

Johanna war in der Stadt Compiègne in Gefangenschaft geraten, die zu dem genannten Bistum gehörte; deshalb fiel sie formell unter die Jurisdiktion von Cauchon. Dieser war ein eifriger Anhänger der Engländer und mußte deshalb aus Beauvais fliehen, als dieses von den Franzosen zurückerobert worden war. Aber das hinderte ihn nicht, die Rolle des Inquisitors zu übernehmen und die Untersuchung im Prozeß gegen Jeanne d'Arc einzuleiten, die angeklagt wurde der Hexerei, des Götzendienstes, der Verbindung mit dem Teufel und anderer Verbrechen gegen den Glauben. Um keinen Zweifel hinsichtlich der Zuständigkeit seines Gerichts in dieser Sache aufkommen zu lassen, ließ der Bischof seine Vollmachten von Theologen der Pariser Universität bestätigen, die zu jener Zeit als höchste Instanz auf dem Gebiet des Kirchenrechts galt. Man nannte sie allgemein damals die »Leuchte aller Wissenschaften, Vernichterin der Häresie und Zitadelle des Glaubens«. Ihre Meinung unterstützten alle kirchlichen Hierarchen und Theologen, die sich im Lager der Engländer befanden und gegen Karl VII. auftraten.

Cauchon genoß als kirchlicher Beamter eine hohe Autorität. Er hatte eine gewisse Zeit an der Pariser Universität gelehrt und war sogar deren Rektor gewesen. Er war Teilnehmer am Konzil von Konstanz und besaß den Ehrentitel eines »päpstlichen Referendars«. Die Engländer schätzten seine Dienste hoch ein; so genoß er beispielsweise das Vertrauen des Herzogs Bedford, des Onkels und Vormunds ihres Königs Heinrich VI. Gierig auf Geld und Ehren, verschlagen und grausam, beschloß Cauchon, den Prozeß gegen Jeanne d'Arc für seine Karriere zu benutzen – um so mehr, da die Engländer ihm als Belohnung die Mitra eines Erzbischofs von Rouen versprachen.

So ging er also mit Eifer an die Erfüllung seiner Pflichten als Inquisitor. Er ernannte ein Inquisitionstribunal, bestehend aus 12 bekannten Theologen (nach der Zahl der Apostel); außerdem zog er als Experten heran 16 Doctores und 6 Bakkalaurei der Theologie, ferner Mitglieder des Domkapitels von Rouen, 2 Lizentiaten des kanonischen Rechts, 11 Juristen des Stadtgerichts von Rouen, 2 Äbte und eine Reihe anderer kirchlicher Beamter – insgesamt 125 Personen. Ganze fünf Monate, nämlich solange der Prozeß gegen Johanna dauerte, nährte sich diese Schar französischer Prälaten auf Kosten der Engländer. Nach Berechnungen von Historikern wurden für dieses Gericht an die 10 000 Livres ausgegeben; das machte zusammen mit der

Kaufsumme 20 000 Livres. Diese Gelder preßten die Engländer natürlich aus der Bevölkerung der von ihnen besetzten Gebiete Frankreichs heraus.

Mitvorsitzender des Gerichts war der Inquisitor von Rouen, der Dominikaner Jean Lemaistre, dessen Vollmachten vom Inquisitor Frankreichs, Jacques Graverent, bestätigt wurden. Und nur einer aus jener zahlreichen Schar kirchlicher Hierarchen und Theologen, der Priester Nicolaus Houppeville, wagte die Frage, ob das Tribunal, das aus lauter bekannten Gegnern Karls VII. bestand, überhaupt kompetent sei, dessen Anhängerin Jeanne d'Arc zu richten. Um den anderen die Lust zu nehmen, die Zuständigkeit Cauchons ebenfalls anzuzweifeln, schloß man Houppeville kurzerhand von der Beteiligung aus, setzte ihn in einem Schlosse fest und drohte ihm, ihn zu ertränken, wenn er bei seiner Meinung bleibe. Alle übrigen Teilnehmer des Gerichts kamen übrigens ihren inquisitorischen Pflichten eifrig nach und folgten den Weisungen Cauchons und Lemaistres.

Das »heilige Tribunal« tagte im Schloß Beaurevoir; in einem seiner Keller wurde Jeanne d'Arc von einer englischen Wachmannschaft gefangengehalten. Dieses Schloß diente auch dem schon genannten englischen König Heinrich VI. und seinem Hof als Residenz.

Das Tribunal führte sechs Plenarsitzungen durch, und neunmal verhörten Cauchon und seine Anhänger Johanna gesondert. Die Inquisitoren beschuldigten die Jungfrau von Orléans aller Todsünden. Sie hörte »Stimmen« – das hieß: sie vernahm die Stimme des Teufels. Sie versuchte aus dem Gefängnis zu fliehen – das hieß: sie gestand ihre Schuld. Sie trug Männerkleidung – tat sie das nicht auf Befehl des Satans? Sie behauptete, daß sie Jungfrau sei – man unterzog sie der erniedrigenden Prozedur einer diesbezüglichen Besichtigung, die die Frau des englischen Statthalters, Lady Bedford, persönlich vornahm. Man schrie auf sie ein, man drohte ihr mit irdischen und jenseitigen Strafen. Man suchte sie durch das Vorzeigen der Folterinstrumente einzuschüchtern und forderte Eingeständnisse.

In der Zelle befanden sich nachts zusammen mit Johanna drei englische Soldaten; dies zwang sie dazu, ihre Männerkleidung anzubehalten. Das aber war in den Augen ihrer Richter ein »Beweis« dafür, daß sie eine »Hexe« sei. Schließlich gesellte man ihr sogar einen Provokateur zu, den Geistlichen Nikolaus Loiseleur, der sich als ihr Landsmann und Freund ausgab, mit ihr vertrauliche Gespräche führte und ihr Ratschläge gab, wie sie auf die Fragen des Inquisitors antworten solle. In einer Nachbarzelle hörten Cauchon und der englische Gouverneur, der Graf von Warwick, das Ohr an eine Öffnung gepreßt, diese Gespräche ab.

Die ganze schreckliche Inquisitionsmaschine, aufgebaut von dem grausamen Cauchon und seinen englischen Beschützern, sollte, so schien es, Johanna zermürben und sie zwingen, sich dem Willen ihrer Peiniger unterzuordnen. Aber das junge, des Lesens und Schreibens unkundige lothringische Bauernmädchen, »geschwächt durch die Qualen ihrer grausamen Gefangenschaft und Tag für Tag den verschlagenen und listigen Kreuzverhören und der geschulten Spitzfindigkeit sorgfältig ausgewählter Richter ausgesetzt, verlor doch nie seine Geistesgegenwart oder die Klarheit seines Verstandes. Es wurden ihr wohlüberlegte Fallen gestellt, denen sie indessen fast instinktmäßig auswich. Fragen, die einen geschulten Theologen in Verlegenheit gebracht haben würden, regneten auf sie herab, ein halbes Dutzend eifrige Disputanten griffen sie zu gleicher Zeit an und unterbrachen ihre Erwiderungen. Die Unordnung war zuzeiten so groß, daß die Notare schließlich erklärten, sie seien nicht imstande, ein verständiges Protokoll aufzusetzen.«[107]

Johanna parierte die provokatorischen Fragen des Inquisitors mit einer Bravour, die das Erstaunen selbst ihrer Peiniger hervorrief.

Einige Antworten auf deren Vorhaltungen seien hier wiedergegeben:

»*Magister Beaupère:* Johanna, seid Ihr gewiß, im Stande der Gnade zu sein?

Johanna: Wenn ich es nicht bin, möge mich Gott dahin bringen, wenn ich es bin, möge mich Gott darin erhalten!...

Der Richter: Welches Aussehen hatte der Heilige Michael, als er Euch erschien?

Johanna: Ich habe ihn nicht mit der Krone gesehen. Von seinen Gewändern weiß ich nichts.

Der Richter: War er nackt?

Johanna: Meint Ihr, Gott habe nichts, ihn zu kleiden?

Der Richter: Hatte er Haare?

Johanna: Warum sollte man sie ihm abgeschnitten haben?...

Der Richter: Habt Ihr nie gesagt, daß die Paniere, die Euren nachgebildet seien, Glück brächten?

Johanna: Ich habe ihnen (den Soldaten, d. Hrsg.) gesagt: Brecht mutig in die Reihen der Engländer ein, und ich bin dabei!«

Die Inquisitoren versuchten auch, Jeanne d'Arc der Zauberei zu beschuldigen, weil sie Menschen aus dem Volke erlaubt hatte, ihre Hände und ihre Ringe zu küssen:

»*Der Richter:* Ihr kanntet doch das Herz der Euren, wenn sie Euch die Hände und die Füße und die Kleider küßten!

Johanna: Viele Menschen sahen mich mit Freude. Daß sie mir die Hände und die Kleider küßten, dafür konnte ich nicht. Die armen Menschen kamen gern zu mir, weil ich ihnen nichts zuleide tat, vielmehr sie nach Kräften unterstützte.

Der Richter: Haben die Bürgersfrauen nicht mit ihren Ringen den Euren berührt?

Johanna: Manche Frauen haben meine Hände und meine Ringe berührt, aber ich kannte ihre Gedanken und Absichten nicht.«

[107] *Lea, H. Ch.*, a. a. O., Bd. III, S. 411.

Die Inquisitoren wollten ihrem Opfer ferner eine Gotteslästerung anhängen:

»*Jean le Maistre:* Seid Ihr auf Geheiß Eurer Stimmen vor Paris gezogen?

Johanna: Nein, auf Verlangen der Reisigen, die eine Waffentat vollbringen wollten oder ein Scharmützel suchten. Aber ich hatte mehr im Sinn: Ich wollte die Festungsgräben überschreiten und Paris einnehmen.

Jean le Maistre: Und seid Ihr nach La Charité auf Grund Eurer Offenbarungen gezogen?

Johanna: Nein, weil die Soldaten es wollten. Ich habe das schon gesagt.

Jean le Maistre: Habt Ihr vor Paris nicht gesagt: ›Übergebt die Stadt um Christi willen!‹?

Johanna: Nein. Ich habe gesagt: ›Übergebt die Stadt dem König von Frankreich!‹«

Die Gefangene weigerte sich zu schwören, daß sie ohne Vorbehalt auf alle Fragen der Inquisition antworten werde:

»*Mgr. Cauchon:* Johanna, ich ermahne Euch und fordere Euch auf, klar und einfach zu schwören, die Wahrheit zu sagen.

Johanna: Ich habe Euch schon gesagt: Ich bin bereit zu schwören, die Wahrheit zu sagen über alles, was ich weiß und was den Prozeß angeht. Aber es gibt viele Dinge, die ich weiß und die sich nicht auf den Prozeß beziehen und die zu sagen nicht an mir ist.

Mgr. Cauchon: So schwört, Johanna!

Johanna: Ja, über alles, was ich weiß und was den Prozeß angeht, will ich gerne die Wahrheit sagen. Und ich werde Euch darüber alles genauso sagen, wie wenn ich vor dem Papst in Rom stünde.«

Man stellte ihr auch die Frage, ob sie fliehen würde:

»*Der Richter:* Würdet Ihr im gegebenen Augenblick sogleich entweichen?

Johanna: Sähe ich die Türe offen, ich ginge davon. Das bedeutete mir die Erlaubnis Unseres Herrn. Ja, sähe ich die Türe offen, und weder meine Wachen noch die anderen Engländer würden widerstehen, ich sähe darin wohl Seine Erlaubnis, und daß mir Unser Herr Hilfe sendete. Aber ohne Seine Erlaubnis ginge ich nicht, doch machte ich wohl den Versuch, um daran zu erkennen, ob Unser Herr einverstanden ist.«

Man fragte Johanna, ob sie bereit sei, sich dem Papst unterzuordnen:

»*Der Richter:* Glaubt Ihr gehalten zu sein, dem Stellvertreter Gottes, dem Papst, die volle Wahrheit auf alle Fragen des Glaubens und des Gewissens zu sagen?

Johanna: Führt mich zu ihm, und ich will ihm alles sagen, was ich beantworten soll.« [108]

---

[108] Der Prozeß Jeanne d'Arc. Akten und Protokolle 1431/1456. Übersetzt und hrsg. von *Schirmer-Imhoff, R.*, München 1961, S. 25–68.

Cauchon begann schließlich, Johanna mit der Tortur zu drohen. Er führte seine Gefangene in die Folterkammer, wo ihr ein Geistlicher erklärte: »Johanna, seht, alle Anwesenden sind bereit, auf Antrag des Vorsitzenden (Mgr. Cauchon) Euch der Folter zu übergeben, um Euch auf den Weg und zur Erkenntnis der Wahrheit zurückzuführen, und daß Ihr dadurch das Heil der Seele und des Leibes erlangt, das durch Eure lügnerischen Erfindungen ernstlich gefährdet ist.
Johanna: Wahrhaftig, selbst wenn Ihr mir die Glieder brechen und die Seele vom Leibe trennen würdet, ich könnte Euch nichts anderes sagen. Und würdet Ihr mich zu reden zwingen, ich würde immer sagen, daß Ihr mich durch Gewalt zum Reden gebracht.«[109]

Die Folter wurde aber nicht angewandt, da es Cauchon und seinen Mitarbeitern doch letzten Endes gelang, das Mädchen mit listigen Fangfragen zu verwirren und von ihm auf diese Weise die für das Schuldurteil erforderlichen Aussagen zu erlangen. Johanna bestand darauf, daß sie in unmittelbarem Kontakt zur »triumphierenden«, d. h. zur »himmlischen« Kirche stehe und daß sie nur die Weisungen der Engel, der Heiligen und Seligen sowie den Willen Gottes selbst erfüllt habe.

Aber wie steht es mit der »streitenden«, d. h. der irdischen Kirche? fragten sie hinterlistig die Inquisitoren. Halte sie sich für deren gehorsame Tochter? Ihre Antwort lautete: sie sei bereit, sich der streitenden Kirche zu unterwerfen, aber nur dann, wenn diese in Übereinstimmung mit dem Willen Gottes handle. Damit jedoch verstieß sie gegen den Autoritätsanspruch der kirchlichen Hierarchie, was genügte, sie der hartnäckigen Häresie zu beschuldigen: »Du hast gesagt, wenn Dich die Kirche das Gegenteil von dem tun heiße, was Du angeblich auf Gottes Befehl hin getan, so wolltest Du ihr um nichts auf der Welt gehorchen; und daß Du wohl wüßtest, daß das, was in Deinem Prozeß enthalten ist, von Gott kommt. Und Du wolltest Dich nicht auf das Urteil der Kirche auf Erden verlassen, noch auf sonst einen Menschen in der Welt, sondern auf Gott allein ... Was diesen Artikel angeht, so sind die Gelehrten der Meinung, daß Du abtrünnig und irrgläubig über die Einheit und Autorität der Kirche denkst, und bis auf diesen Tag ketzerisch und hartnäckig verstockt bist.«[110]

Anfang Mai 1431 formulierten die Inquisitoren unter der Leitung von Cauchon und Lemaistre ihre Anklagen gegen Jeanne d'Arc:

»1. Die Erscheinungen von Engeln und Heiligen. – Sie werden für abergläubisch und von bösen und teuflischen Geistern herrührend erklärt.

[109] Ebenda, S. 79.

[110] Ebenda, S. 85.

2. Das dem Könige gegebene Zeichen und die ihm vom hl. Michael gebrachte Krone. – Nach einem Hinweis auf die Widersprüche wird die Geschichte als eine Lüge und als eine vermessene, verführerische und gefährliche Anmaßung und als abschätzig für die Würde der Engel bezeichnet.
3. Die Behauptung, daß sie Heilige und Engel erkannt habe an der Lehre und dem Troste, den sie brachten, und daß sie an diese Erscheinungen ebenso fest glaube wie an Christus. – Die von der Angeklagten dafür angeführten Gründe sind ungenügend gewesen und ihr Glaube übereilt. Den Glauben an diese Erscheinungen mit dem Glauben an Christus zu vergleichen ist ein Glaubensirrtum.
4. Das Vorhersagen zukünftiger Ereignisse und das Erkennen von vorher nicht gesehenen Personen vermittels der ›Stimmen‹. – Das ist Aberglaube und Wahrsagerei, eine anmaßende Behauptung und eitle Prahlerei.
5. Das Tragen von Männerkleidern und kurzem Haar, der Empfang der Sakramente in dieser Tracht und die Behauptung, daß dies auf Befehl Gottes geschehe. – Das heißt, Gott lästern, seine Sakramente verachten und das göttliche Gesetz, die Hl. Schrift und die kanonischen Verordnungen übertreten; deshalb ›bist du befleckt mit einem Verbrechen gegen den Glauben, du bist eitlen Rühmens schuldig und der Götzendienerei verdächtig; du verurteilst dich selbst, indem du die Kleider deines Geschlechtes nicht tragen willst und den Sitten der Heiden und Sarazenen folgst.‹
6. Die Aufschrift der Namen Jesus und Maria und des Kreuzzeichens auf ihren Briefen und die Drohung, daß, wenn ihnen nicht gehorcht werde, sie in der Schlacht zeigen würde, auf wessen Seite das beste Recht sei. – ›Du bist mörderisch und grausam, du trachtest nach dem Vergießen von Menschenblut; du bist aufrührerisch und reizest zur Tyrannei; du lästerst Gott, seine Gebote und seine Offenbarungen.‹
7. Sie hat ihren Vater und ihre Mutter durch ihren Weggang beinahe wahnsinnig gemacht, dem König aber die Wiederherstellung seines Reiches versprochen, und das alles auf Befehl Gottes. – ›Du bist schlecht gegen deine Eltern gewesen, du hast das Gebot Gottes übertreten, welches dir befiehlt, sie zu ehren. Du hast Ärgernis erregt, Gott gelästert, im Glauben geirrt und deinem Könige ein übereiltes und anmaßendes Versprechen gegeben.‹
8. Sie ist vom Turme von Beaurevoir in den Graben gesprungen und hat lieber sterben als in die Hände der Engländer fallen wollen, und zwar trotz des Verbotes der ›Stimmen‹. – Das war Kleinmut, Neigung zur Verzweiflung und zum Selbstmord. ›Indem du sagst, Gott habe es verziehen, irrst du in bezug auf die menschliche Willensfreiheit.‹
9. Die Behauptung, die hl. Katharina und die hl. Margarete hätten ihr das Paradies versprochen, wenn sie ihre Jungfrauschaft bewahre; das sichere Gefühl, in

den Besitz desselben zu gelangen, und die Behauptung, daß, wenn sie im Zustande der Todsünde sei, diese Heiligen sie nicht besuchen würden. – ›Du bist im Irrtum über den christlichen Glauben.‹

10. Die Behauptung, daß die hl. Katharina und die hl. Margarete französisch und nicht englisch gesprochen hätten, weil sie nicht zu der englischen Partei gehörten, und daß sie die Burgunder nicht mehr geliebt habe, nachdem sie erfahren habe, daß diese Stimmen für den König seien. – Das ist eine freche Blasphemie gegen jene Heiligen und eine Übertretung des göttlichen Gebotes der Nächstenliebe.
11. Die Verehrung der himmlischen Besucher und der Glaube, daß sie von Gott kämen, ohne daß sie einen Geistlichen um Rat gefragt habe; das Gefühl, dessen so sicher zu sein wie ihres Glaubens an Christus und die Passion, und die Weigerung, ohne den Befehl Gottes das dem König gegebene Zeichen zu offenbaren. – ›Du betest Götzen an, rufst die Teufel an, irrst im Glauben und hast unüberlegt einen unerlaubten Eid geleistet.‹
12. Die Weigerung, der Kirche zu gehorchen, wenn das Gebot derselben dem angeblichen Befehle Gottes widerspreche, und die Verwerfung des Urteils der Kirche auf Erden. – ›Du bist schismatisch, hast in bezug auf die Wahrheit und das Recht der Kirche einen falschen Glauben, und bis zur gegenwärtigen Stunde irrst du gefährlich in dem Glauben an Gott.‹« [111]

Bevor das Gericht es aber wagte, das Urteil zu verkünden und Johanna mitzuteilen, schickte es dieses zur Bestätigung an 58 Theologen, die sich auf dem von den Engländern okkupierten Territorium befanden, und ferner an das Kapitel von Rouen sowie an die Pariser Universität. Alle befragten Experten und Instanzen billigten die vom »heiligen Tribunal« gegen die Jungfrau von Orléans erhobenen Beschuldigungen – die Pariser Universität allerdings mit dem Vorbehalt, sie seien richtig, wenn sie »bewiesen« würden. Cauchon und seine Kollegen jedoch zweifelten nicht daran, daß sie voll und ganz die Schuld der Angeklagten bewiesen hätten.

Am 23. Mai 1431 zitierte man Johanna vor das Tribunal, und Cauchon las ihr die Dokumente vor. Er redete ihr zu, sich schuldig zu bekennen, zu bereuen und von ihren verbrecherischen Irrtümern abzustehen, sonst würde sie ihre Seele vernichten und auf dem Scheiterhaufen sterben. Johanna gab den Verlockungen und Drohungen des Gerichts nicht nach und lehnte es kategorisch ab, irgendwelche Versündigungen ihrerseits zuzugeben. Angesichts ihres hartnäckigen »Verharrens in der Häresie« beschloß das Tribunal daraufhin, sie aus der Kirche auszustoßen und zu verbrennen.

---

[111] *Lea, H. Ch.*, a. a. O., Bd. III, S. 416–418.

Am folgenden Tage, dem 24. Mai, fand in Rouen das Autodafé statt – im Beisein des Kardinals Henry Beaufort sowie weiterer hochgestellter kirchlicher Persönlichkeiten und ebenso der höchsten englischen Beamten. Cauchon las Johanna noch einmal das Urteil des Tribunals vor und forderte sie zur Buße und zum Widerruf auf. Jetzt geschah etwas Unerwartetes: die Inquisitionsmaschine schien endlich ihr Ziel erreicht zu haben; Johanna, den endlosen Versprechungen und Drohungen nachgebend, erklärte plötzlich, daß sie zum Widerrufe bereit sei unter der Bedingung, daß man sie in ein kirchliches Gefängnis überführe, wo sie endlich von den englischen Soldaten befreit wäre, die sie Tag und Nacht nicht verließen. Cauchon versprach ihr, diese Bitte zu erfüllen, und verlas die Formel des Widerrufs, unter die er sie fast gewaltsam ein Kreuz als Zeichen der Unterschrift zu setzen zwang. Dieser Widerruf enthielt als einen Punkt das Bekenntnis, eine schwere Sünde begangen zu haben, »indem ich ... das göttliche Gesetz, die Heilige Schrift und die kanonischen Verordnungen übertrat, unanständige Kleider trug, die Haare nach Männerart geschnitten gegen alle Schicklichkeit des weiblichen Geschlechtes, daß ich auch Rüstung trug in großer Anmaßung, auf grausames Blutvergießen aus war und sagte, ich hätte alles auf Befehl Gottes, der Engel und der oben genannten Heiligen getan ...«[112]

Dann wurde der Jungfrau ein neues Urteil verlesen: sie wurde zu lebenslänglichem Gefängnis bei Wasser und Brot verdammt. Damit endete das Autodafé.

Aber anstatt die Verurteilte nun in ein kirchliches Gefängnis zu überführen, wie es ihr versprochen war, lieferte man sie wieder den Engländern in die Hände, die sie erneut in Ketten legten und in den Keller des Schlosses Beaurevoir führten.

Wenn die Inquisitoren die Reue Johannas und ihre Unterwerfung unter die Autorität der Kirche als Sieg für sich und als Erfolg ihrer hartnäckigen Bemühungen verbuchen konnten, so waren die Engländer von einem Ausgang des Prozesses gegen ihre ärgste Feindin, wie er sich jetzt anbahnte, durchaus nicht begeistert. Eine lebende Jeanne d'Arc, auch wenn sie verurteilt war und sich unter Bewachung ihrer Soldaten befand, stellte trotzdem für den englischen Prätendenten auf den französischen Königsthron eine große Gefahr dar. Mit weniger als dem Tod des Mädchens waren sie daher nicht einverstanden – das erklärten sie mit aller Eindeutigkeit Cauchon und den übrigen Inquisitoren. Und der weitere Gang der Ereignisse zeigte, daß diese den Wünschen ihrer englischen Patrone gern entgegenkamen.

Noch am gleichen Tage, als man Johanna nach dem Autodafé wieder ins Gefängnis eingeliefert hatte, besuchten sie dort Jean Lemaistre und die übrigen Inquisitoren. Die heiligen Väter fuhren fort, ihr mit harten Strafen für eine etwaige Unfolgsamkeit

[112] Der Prozeß Jeanne d'Arc. Akten und Protokolle 1431/1456, S. 87 f.

zu drohen. Sie überredeten sie, wieder weibliche Kleider anzuziehen; aber die Männerkleidung ließ man bezeichnenderweise in einem Sack in der Zelle zurück.

Was sodann in den folgenden Tagen im Gefängnis geschah, kann mit Genauigkeit nur schwer rekonstruiert werden. Wenn man einer Erklärung des Dominikanermönches Martin Ladvenu folgen will, die dieser 1450 im Rehabilitationsprozeß der Jeanne d'Arc machte, so versuchten die englischen Soldaten nach dem Autodafé, sich der Gefangenen zu nähern, was sie zwang, wiederum die Männerkleidung anzulegen.[113] Das Zeugnis des Bruders verdient sicher Glauben, da er in jenen Tagen der Beichtvater der Johanna war.

Jedenfalls erklärte diese den Inquisitoren, als sie am 28. Mai zu ihr ins Gefängnis zurückkehrten: »Ich habe nie etwas gegen Gott oder den Glauben getan, obwohl Ihr mich gezwungen habt, zu widerrufen. Von dem, was in der Abschwörungsurkunde stand, habe ich nichts verstanden. Ich hatte nicht im Sinn, etwas zu widerrufen, außer wenn es Gott gefalle. Wenn Ihr es wollt, werde ich die Frauenkleider wieder anziehen. Aber was das übrige angeht, so werde ich nichts ändern.« Das waren Worte, die den Tod in sich trugen – eine »responsio mortifera« nach dem Vokabular der Inquisitoren. Der Fakt der Rückfälligkeit war nun offenkundig, und der triumphierende Cauchon erklärte der Gefangenen mit unheilverkündenden Worten: »Wir werden daraus die entsprechenden Schlüsse ziehen.«[114]

Am folgenden Tage teilte er dem »heiligen Tribunal« mit, daß Johanna »auf Betreiben des Urhebers aller Abtrünnigkeit und Ketzerei ... dahin zurückgekehrt« sei, »so wie der Hund zu seinem Auswurf zurückkehrt«.[115] Das Gericht beschloß daraufhin, Jeanne d'Arc als rückfällige Ketzerin aus der Kirche auszuschließen und sie zu »befreien«, d. h. sie den weltlichen Behörden zu übergeben, die mit ihr »nach ihrem Gutdünken« verfahren sollten.

Ihre Hinrichtung fand schließlich am 30. Mai 1431 auf dem alten Marktplatz von Rouen statt, wohin man sie auf einem Armesünderwagen aus dem Gefängnis in Begleitung der englischen Wache fuhr. »Auf dem Platz«, so erzählt Jules Michelet, »waren drei Tribünen errichtet. Auf der einen befanden sich das königliche und erzbischöfliche Katheder, der Thron des Kardinals von England, der von den Sitzen seiner Prälaten umgeben war. Die zweite Tribüne war für die handelnden Personen dieses finsteren Dramas bestimmt: für Prediger, Richter und Wachleute; schließlich befand sich auf der letzten Tribüne die Verurteilte selbst.

---

[113] La réhabilitation de Jeanne la Pucelle. L'enquête ordonné par Charles VII. en 1450 et le Codicille de Guillaume Bouille. Texte établi, traduit et annoté par *Doncoeur, P./Hanhers, J.*, Paris 1956, S. 44 ff.

[114] *Dunham, B.*, a. a. O., S. 293 ff.; Der Prozeß Jeanne d'Arc. Akten und Protokolle 1431/1451, S. 91 f.

[115] Ebenda, S. 94.

Getrennt davon war ein gewaltiges mit Kalk beworfenes Gerüst zu sehen, auf dem Holz aufgeschichtet war. Für den Scheiterhaufen hatte man keine Mühe gescheut; er erregte schon durch seine Höhe Schrecken. Das geschah nicht nur deshalb, um der Zeremonie des Verbrennens die notwendige Feierlichkeit zu verleihen, sondern auch mit einem ganz bestimmten Ziel: der Henker konnte nur von unten her an den auf so großer Höhe befindlichen Scheiterhaufen herankommen und ihn anzünden. Deshalb war er weder in der Lage, die Hinrichtung zu beschleunigen, noch die Verurteilte vorher zu Tode zu bringen, um sie vor den Verbrennungsqualen zu bewahren, wie er das bei anderen gewöhnlich tat ... Johanna mußte lebend brennen. Wenn man sie auf der Höhe des Holzstoßes, sichtbar für alle, auf dem Platz aufstellt, konnte man hoffen, daß sie, wenn sie langsam und lange vor den Augen der neugierigen Menge schmorte, doch noch schließlich eine gewisse Schwäche offenbaren werde, daß sich ihr wenn schon kein Schuldgeständnis, so doch wenigstens einige unzusammenhängende Worte entringen würden, die man leicht im gewünschten Sinne deuten konnte – vielleicht sogar leise Gebete oder ein demütiges Flehen um Gnade, wie das für eine verzagte Frau natürlich ist.«[116]

Der Hinrichtung der Johanna wohnten ihre Peiniger bei: Cauchon, Lemaistre, Warwick, der Provokateur Loiseleur ... Cauchon verlas das neue Urteil des »heiligen Tribunals«: »Im Namen des Herrn. Amen ... Darum erklären Wir, Pierre, durch Gottes Barmherzigkeit Bischof von Beauvais, und Bruder Jean le Maistre, besonders mit dem Prozeß beauftragter Stellvertreter des erlauchten Doktors Jean Graverent, des Inquisitors für ketzerische Verkehrtheit, Euch, Johanna, gemeinhin die Jungfrau genannt, als Abtrünnige, Götzendienerin, Teufelsbeschwörerin.

Da aber die Kirche dem, der zurückkehrt, ihren Schoß niemals verschließt, haben Wir geglaubt, daß Ihr Euch wahrhaft abgewendet habt von Euren Irrtümern und Vergehen, als Ihr sie an jenem Tage öffentlich widerrieft und gelobtet, nicht rückfällig zu werden. Dennoch seid Ihr auf Betreiben des Urhebers aller Abtrünnigkeit und Ketzerei, der über Euer Herz hergefallen ist, um es zu verführen – o Schmerz! –, dahin zurückgekehrt, so wie der Hund zu seinem Auswurf zurückkehrt. Ihr habt statt in aufrichtiger und rechtgläubiger Gesinnung mit heuchlerischem Herzen Euren verlogenen Erfindungen nur mit Worten abgeschworen, was auf Grund klarster Urteile erwiesen ist.

So erklären wir Euch erneut der Exkommunikation verfallen, die Ihr mit der Rückfälligkeit in Eure früheren Irrtümer und Ketzerei auf Euch geladen habt. Mit diesem Urteil erklären Wir, die Wir über Euch zu richten haben, daß Ihr wie ein brandiges Glied aus der Einheit der Kirche ausgestoßen und von ihrem Leibe

---

[116] *Mišle, Ž.* (Michelet, J.), Žanna d'Ark, Moskau 1920, S. 157 f.

weggerissen werdet, damit ihr die anderen Glieder nicht ansteckt – und daß Ihr dem weltlichen Arm ausgeliefert werdet. Wir bitten die weltliche Gerichtsbarkeit, ihr Urteil über Euch zu mäßigen ohne Tötung und Verstümmelung der Glieder. Und wenn ein Zeichen echter Reue bei Euch offenbar wird, soll Euch das Sakrament der Buße gespendet werden.«[117]

Die Bitte an die weltlichen Behörden, dem Mädchen das Leben zu lassen, entsprach dem Stil der Inquisitionsurteile. Die Inquisitoren wußten jedoch sehr wohl, daß Ansuchen dieser Art abgelehnt wurden. Mehr noch: eine Milderung des Inquisitionsurteils konnte jenen, die sie aussprachen, den Verdacht einer Begünstigung der Häresie eintragen.

Dann setzte man auf Johannas Kopf eine papierene Mütze mit der Aufschrift: »Rückfällige Ketzerin, Abtrünnige, Götzendienerin« und führte sie zum Scheiterhaufen. Die Chronisten vermerken, daß Cauchon während der Hinrichtung schluchzte – wahrscheinlich vor Freude; jetzt war ihm der Stuhl des Erzbischofs von Rouen sicher! Als das Feuer die Kleidung des Opfers vernichtet hatte, zerrten die Knechte das von den Flammen erfaßte Reisig auseinander, damit die Menge die verbrannte Leiche sehen und sich überzeugen konnte, daß Johanna eine Frau war. Danach verwandelte man ihren Leib in Asche, die in die Seine geworfen wurde.

Wir haben nicht davon gesprochen, wie sich die Jungfrau am Tage ihres Todes verhielt, denn es ist unmöglich, diese Einzelheiten zu rekonstruieren. Ihre Anhänger bezeugten, daß sie mannhaft und stolz den Scheiterhaufen bestiegen habe; ihre Gegner behaupteten, sie habe bereut und geweint. Cauchon und die Engländer fuhren jedoch auch nach der Verbrennung fort, die Heldin Jeanne d'Arc zu verleumden, indem sie ihr alle möglichen Verbrechen gegen den Glauben sowie Grausamkeit und unehrenhafte Handlungen nachsagten.

Cauchon, der ein gelehrter Theologe war, wußte sehr wohl, daß das Gericht über Johanna nicht nur eine Rache an der französischen Patriotin war, die den Kampf gegen die Engländer angeführt hatte. Es war darüber hinaus auch ein Schlag gegen das einfache Volk, das in dem Mädchen und nicht in der Kirche und ihrer Hierarchie seine Erlöserin sah.

Bald nach der Hinrichtung der Johanna wandte sich der Bischof somit im Namen des Inquisitionstribunals an den römischen Papst und die katholischen Herrscher mit einer Botschaft, in der er seine Handlungen durch die Begründung rechtfertigte, daß sie zur Festigung der Autorität der Kirche gedient hätten. »Wenn wir zu einem solchen Zustand gelangten«, schrieb Cauchon, »daß das Volk in seiner Leichtgläubigkeit

---

[117] *Rajces, V. I.*, Process Žanny d'Ark, Moskau/Leningrad 1964, S. 123; Der Prozeß Jeanne d'Arc, a. a. O., S. 94.

Wahrsagerinnen, die im Namen Gottes prophezeien, wie eine gewisse Jungfrau, die auf dem Territorium des Bistums Beauvais lebte, lieber glaubt und ihnen folgt als den Hirten und Doktoren, so geht die Religion zugrunde, bricht die Ordnung zusammen, werden der Kirche die Füße weggeschlagen, und der Teufel wird mit seiner Ungerechtigkeit die Welt regieren.« [118]

Das verstanden nicht nur der »Heilige Vater« und die Engländer, sondern auch Frankreichs König Karl VII., der ruhig zusah, wie seine Gegner mit der Jungfrau abrechneten. Aber die tote Johanna stellte für ihn nicht mehr die potentielle Gefahr dar, die er in der lebenden Bäuerin aus Domrémy gesehen hatte. Als deshalb die Franzosen im Jahre 1449 Rouen zurückeroberten, gab Karl, der, als es darauf ankam, nichts zu ihrer Rettung getan hatte, den Befehl, den Prozeß Jeanne d'Arcs zu überprüfen. Er hatte beschlossen, wenn auch mit Verspätung, den Makel einer Hexe von der Frau zu nehmen, der er seine Krone verdankte.

Aber die Revision des Prozesses schritt langsam voran – Johanna zu verbrennen war bedeutend einfacher gewesen, als sie zu rehabilitieren. Nach einigen Jahren ernannte Papst Calixtus III. auf Bitten der Verwandten von Johanna eine Kommission, zu der der neue Erzbischof von Rouen, die Bischöfe von Paris und Coutances sowie der damalige Inquisitor Frankreichs, Jean Brégal, gehörten; ihr wurde die Revision des Prozesses auf Kosten der Bittsteller übertragen.

Cauchon, dem alle möglichen Ehren zuteil geworden waren, war schon 1439 verstorben und feierlich in der Kathedrale von Lisieux beigesetzt worden, wo sein Grab sich bis zum heutigen Tag befindet. Lemaistre hielt sich verborgen. Viele andere Teilnehmer am Prozeß gegen Jeanne d'Arc versuchten hingegen jetzt, sich reinzuwaschen und ihre Stellung zu behalten, indem sie Johanna zu loben begannen und die ganze Verantwortung für ihre Hinrichtung auf die Engländer abwälzten. »Man muß nichts von den Menschen verstehen«, kommentiert ihre Aussagen ein Kirchenhistoriker der Gegenwart, Paul Doncoeur, »um sich darüber zu wundern, daß als eifrigste Lobredner auf Johanna nun jene auftraten, die selbst der Verzeihung für viele ihrer Handlungen, des Vergessens vieler ihrer Taten bedurften.« [119]

Übrigens waren die päpstlichen Kommissare durchaus nicht an der Verurteilung dieser Leute interessiert. Das wäre ja ein gefährlicher Präzedenzfall gewesen, auf den man sich möglicherweise berufen konnte, um die Bestrafung auch anderer Inquisitoren zu fordern. Die Kirche wollte eine solche Untergrabung ihrer eigenen Autorität nicht zulassen; sie wollte sich nicht selbst ins Gesicht schlagen. Deshalb

---

[118] *Grisel, R.,* Presance de Jeanne d'Arc, Paris 1956, S. 124.

[119] *Doncoeur, P.,* De la condemnation à la réhabilitation. 1431–1456. Realité et Légende, in: Memorial de Jeanne d'Arc. 1456–1956, Paris 1958, S. 41.

beschränkte sich die päpstliche Kommission in ihrem Beschluß vom 7. Juni 1456 darauf, die Haltlosigkeit der gegen Johanna erhobenen Beschuldigungen festzustellen und auf dieser Grundlage das früher gegen sie gefällte Urteil aufzuheben. So rehabilitierte die Kirche Jeanne d'Arc, ohne ihren Henkern zu nahe zu treten.[120]

Im Jahre 1894 schlug der Republikaner Joseph Fabre dem französischen Parlament vor, zu Ehren von Jeanne d'Arc den 5. Mai, den Tag der Befreiung von Orléans, zum nationalen Feiertag zu erheben. Die Debatte hierüber war außerordentlich heftig. Die Antiklerikalen erinnerten die Kirchenmänner an ihre Verantwortung für die Hinrichtung der Jungfrau; die Klerikalen ihrerseits beschuldigten ihre Gegner aller Todsünden. Der Erzbischof E. J. Sullart rief, an die Republikaner gewandt, voll Begeisterung aus: »Nehmen Sie Cauchon und setzen Sie ihn ins Pantheon neben Voltaire!« Fabre antwortete ihm: »Pierre Cauchon, das ist Euer Mann, wie zu Euch auch die meisten anderen Vertreter der Kirche, seine Mitschuldigen, gehören. Behaltet sie!«[121]

Der Vatikan befürchtete damals, daß Johanna zu einer republikanischen Heldin gemacht würde, und wollte ihre Popularität beim Volke im Interesse der Kirche ausnützen; deshalb begann er im Jahre 1897 mit ihrem Seligsprechungsprozeß. 1909 vollzog Papst Pius X. diese Zeremonie, und 1920 reihte Benedikt XV. das Mädchen in die Schar der Heiligen ein. Unter den vielen tausend Opfern der Inquisition ist Jeanne d'Arc vorläufig die einzige, die postum einer solch großen Ehre für würdig erachtet wurde.

Seitdem sparen die Kirchengeschichtsschreiber bis in unsere Tage hinein keine Tinte, um die Heiligkeit der Johanna zu beweisen. Mit selten ausgeprägtem Selbstbewußtsein tadelt ein französischer Theologe der Gegenwart, R. P. Ruyssen, die »ungläubigen Historiker«, weil sie nicht fähig seien, die »göttliche Natur« zu verstehen. Alle Handlungen der Jungfrau von Orléans aus natürlichen Ursachen zu erklären – welche Unwissenheit! Wo sie doch vom Willen des Allerhöchsten diktiert waren ...[122] Es sei erlaubt, Herrn Ruyssen zu fragen, warum denn der Allerhöchste Cauchon erlaubte, seine Auserwählte auf den Scheiterhaufen zu schicken! – Die kirchliche Literatur über Jeanne d'Arc ist gewaltig, denn Jahrhunderte schon währt der Kampf um sie. Er läßt auch in unseren Tagen nicht nach, wo die Apologeten der Inquisition versuchen, die ganze Schuld für das tragische Schicksal der Johanna allein auf Cauchon abzuwälzen. So schreibt beispielsweise F. Hayward:

---

[120] Das Urteil, mit dem das Rechtfertigungsverfahren endete, findet sich in: *Seghers, Anna*, Der Prozeß der Jeanne d'Arc zu Rouen 1431. Ein Hörspiel, Leipzig 1975, S. 146 ff.; das Bändchen enthält auch Auszüge aus den Prozeßakten; sie sind der Ausgabe von Ruth Schirmer-Imhoff entnommen.

[121] *Fabre, J.*, a. a. O., S. 10.

[122] *Ruyssen, R. P.*, France religieuse du XII au XV siècle, Paris 1958, S. 257 ff.

»Wenn Peter Cauchon, der Bischof von Beauvais, nicht seinen Ehrgeiz darein gesetzt hätte, ein sehr gefügiger und sehr ergebener Diener des Königs von England, Heinrichs VI., zu sein, hätte die Kirche niemals von sich aus einen Prozeß gegen die Jungfrau von Orléans wegen Häresie und Hexerei angestrengt, und es hätte keine Märtyrerin von Domrémy gegeben.«[123] Hayward »vergißt« dabei nur, daß nicht allein Cauchon, sondern noch weitere 125 hervorragende französische Theologen Johanna richteten, darunter die »Zitadelle des Katholizismus« in Frankreich, die Pariser Universität.

Ruyssen sucht Cauchon sogar unter dem Vorwand reinzuwaschen, daß die Verfolgung von Hexen damals die Unterstützung der Bevölkerung fand. »Niemals«, so erklärt er, »hätten die Manöver Cauchons mit einem solchen Urteil geendet, wenn nicht im Verlauf einer langen Zeit die öffentliche Meinung durch die Hexenprozesse aufgeputscht worden wäre.«[124] Wir müssen diesen Theologen daran erinnern, daß die Kirche im gleichen Maße verantwortlich war sowohl für das Aufputschen der öffentlichen Meinung gegen die »Hexen« als auch für die Hinrichtung Jeanne d'Arcs und daß alle Opfer der Inquisition, nicht nur die Jungfrau von Orléans allein, völlig unschuldige Menschen waren. Das Blut dieser Unglücklichen hat für immer das »heilige« Gewand der römisch-katholischen Kirche befleckt.

Wir haben schon bemerkt, daß die Inquisition sofort nach der Verhaftung Johannas durch die Burgunder das Mädchen anforderte, um es zu richten. Man kann dem Gesagten nur noch hinzufügen, daß der Inquisitor Frankreichs, Graverent, in einer Predigt, die er nach der Hinrichtung am 4. Juli 1431 in einer Pariser Kirche hielt, voller Freude bemerkte, daß »diese ungehorsame Tochter, eine Häretikerin und Teufelin, zum höchsten Ruhm des wahren Glaubens verbrannt worden sei«[125].

Aber nicht nur die Parteigänger der Engländer unter den französischen Kirchenvertretern begrüßten den Tod der Jungfrau; auch »patriotisch« gesinnte Kirchenvertreter billigten ihn. Der Erzbischof von Reims, Regnault de Chartres, dem Cauchon untergeordnet war, da Beauvais zu seiner Kirchenprovinz gehörte, schrieb kurz nach dem Ende Johannas, daß ihre Hinrichtung »ein Zeugnis der göttlichen Gerechtigkeit« sei.[126] Tatsächlich hat fast die gesamte Kirche Frankreichs das Urteil des Inquisitionstribunals in Rouen gebilligt. Keinen Einspruch erhob auch der päpstliche Stuhl – ebensowenig wie, worauf wir schon hinwiesen, der König Frankreichs, Karl VII.

---

[123] *Hayward, F.*, a. a. O., S. 80.

[124] *Ruyssen, R. P.*, a. a. O., S. 243.

[125] *Fabre, J.*, a. a. O., S. 50.

[126] Ebenda, S. 13.

Anatole France hat recht, wenn er über diesen Vorgang schrieb: »Wenn der Erzbischof von Reims, das Oberhaupt der Diözese Beauvais, sich in diesen Prozeß eingeschaltet und seinen Suffragan wegen Amtsanmaßung oder irgend etwas anderem suspendiert hätte, so wäre Cauchon selbstverständlich in größte Schwierigkeiten geraten; wenn König Karl VII., wie er das später tat, der Mutter und den Brüdern der Jungfrau erlaubt hätte, etwas zu unternehmen; wenn Jacques d'Arc und Romea die Tätigkeit des Gerichts, das offensichtlich parteiischen Charakter trug, angefochten hätten; wenn das Protokoll, das in Poitiers geschrieben wurde, den Prozeßakten hinzugefügt worden wäre; wenn die hohe Geistlichkeit, die sich im Herrschaftsbereich Karls VII. befand, sich einen Passierschein erbeten hätte, um nach Rouen zu gehen und dort zugunsten der Johanna zu zeugen; wenn schließlich der König, sein Rat und die ganze französische Kirche sich um Mitwirkung an den Papst oder an ein Konzil gewandt hätten, das größere Vollmachten besaß – so hätte der Prozeß natürlich anders enden können.« [127]

Mögen die Kirchenvertreter die Geschichte noch so sehr zurechtstutzen und verdrehen – sie können die Tatsache nicht aus der Welt schaffen, daß ihre Mitbrüder die Nationalheldin Frankreichs, Jeanne d'Arc, auf den Scheiterhaufen gebracht haben. Das Gericht über sie bildet eine der dunkelsten Seiten in der schändlichen Tätigkeit der Inquisition.

[127] *France, Anatole,* Vie de Jeanne d'Arc, Bd. I. In: Œuvres complètes illustrées de Anatole France, Bd. 15, Paris 1929, S. 47 f. In der deutschen Übersetzung der Biographie, besorgt von Friderike Maria Zweig, Berlin 1926 bzw. Nürnberg 1946, ist das Vorwort des Schriftstellers, in dem sich die zitierte Stelle findet, nicht enthalten. – Zur Gestalt der Jeanne d'Arc in der Literatur vgl. *E. v. Jan.* Das literarische Bild der Jeanne d'Arc (1429–1926), Halle (Saale) 1928.

Anhang A

Der »Hexenhammer« von Sprenger und Institoris, gegen Ende des 15. Jh. veröffentlicht, ist nach einem Ausdruck S. G. Lozinskis »das verhängnisvollste Buch des Mittelalters«. In ihm werden ausführliche Instruktionen zur Ausrottung der »Hexen« und eine genaue Beschreibung ihrer widerwärtigen »Verbrechen« gegeben. Bis auf den heutigen Tag wird dieses Denkmal religiösen Fanatismus und Obskurantismus von einigen Theologen als Schatzkammer des Wissens über Zauberei und Hexerei geschätzt. Der Priester M. Summers z. B. schreibt darüber: »Sogar die, denen heute die Seiten dieses enzyklopädischen Lehrbuchs phantastisch und äußerst irreal erscheinen, müssen die Tiefe seiner Darlegungen, den unermüdlichen Eifer und die Sorgfalt, ja Skrupulosität anerkennen, mit der dieser unermeßliche Gegenstand von den genannten Autoren behandelt und bis in alle Verzweigungen und feinsten Verwicklungen verfolgt wird« (*Summers, M.*, The geography of Witchcraft, Evanson/New York 1958, S. 479). – Es wird nach folgender Ausgabe zitiert: Der Hexenhammer von Jakob Sprenger und Heinrich Institoris. Zum ersten Male ins Deutsche übertragen und eingeleitet von *Schmidt, J. W. R.*, 3 Bde., 3. Aufl., Berlin 1922/23. Die ausführlichste und gründlichste Behandlung des Malleus maleficarum und seiner Verfasser findet sich bei *Hansen, J.*, Quellen und Untersuchungen zur Geschichte des Hexenwahns und der Hexenverfolgung im Mittelalter. Bonn 1901, Nachdruck Hildesheim 1963, S. 360–407, darunter: Lebensgang des Heinrich Institoris, S. 380–395, Lebensgang des Jakob Sprenger, S. 395–404. Zusammenfassend stellt Hansen fest, »dass der Malleus maleficarum wesentlich aus der Feder des Institoris stammt, und dass Sprenger wohl mit seiner Abfassung und mit seinem Inhalt einverstanden und an der Abfassung beteiligt war, dass aber sein Name aus äusseren Gründen, um die Autorität des Werkes zu erhöhen (er war 1486, zur Zeit der Abfassung des Hexenhammers, Stellvertreter des in Rom weilenden Provinzials Jakob von Stubach, d. Hrsg.), durch seinen Collegen Institoris stärker in den Vordergrund geschoben worden ist, als seinem thatsächlichen litterarischen Antheil entsprach« (S. 407).

Anhang B

Landrecht für die Markgrafschaft Baden-Baden vom 2. Januar 1588. Zitiert nach: Sammlung der Landrechte, Landesordnung der Markgrafschaft Baden-Baden wie auch der Statuten der neuacquirierten Länder von Offenburg, Gengenbach und Zell, der Lahrer und Mahlberger Erbordnung und dem in den sämtlichen Badischen Kurlanden gültigen Frankfurter Wechselrechte etc. Nebst einem Anhang aller späteren Verordnungen, welche das Bd. Badische Landrecht abgeändert haben. Erster Band: Das Baden-Badische Landrecht. Karlsruhe, bey Christian Friedrich Müller 1805. Die zweite Titelseite lautet: Landrecht für die Markgrafschaft Baden-Baden. Unter Aufsicht des Hochpreißlichen Hofraths-Collegiums der Badischen Markgrafschaft herausgegeben. Fünfter Titel (Von peinlicher Frag), § 7, S. 326–337. Um die Authentizität dieses Fragespiegels zu dokumentieren, sei hier der volle Wortlaut des 1805 erst- und letztmalig gedruckten Fragespiegels angefügt (Die §§ 1 bis 6 handeln von der peinlichen Befragung von Mördern, Giftmördern, Verrätern und Brandstiftern):

§ 7

Bekennt jemand Zauberey, so soll diejenige Persohn zuefürderst uß göttlicher Geschriefft unterricht werden, wie alle Menschen eines schwachen vndt blöden Geschöpffs vndt leichtlich in die Ungnad Gottes durch vielerley Weeg vndt Anfechtung des bößen Feinds fallen können, dieweil nun der liebe Gott zuevor alles gewust vnd aber das menschlich Geschlecht nit gar vertilgt, sonder zue ihrem Schöpfer vndt zue Gnaden, darzue auch den Teufflen vndt allem ihrem Anhang entrinnen, vndt der ewigen Seligkeith wiederkommen möchten, habe er seinen geliebten Sohn, Jesum Christum, in diese Welt gesandt, vndt dermassen sein heiliges Wort ußbraithen lassen, nemblich daß alle diejenige, so in Sünden leben, ihres bößen Wandels vndt Lebens abstehen, wahre Rew vndt Bueß über ihre begangene Sünden von Grund ihres Herzens haben vndt ihr Leben begehren zue besseren vndt zue beichten, daß solche Verzeyhung erlangen vndt des ewigen Lebens wieder theilhafftig werden mögen. Hergegen aber diese Leuth, so in dieser Welt in ihren Sünden bleiben, dieselbige nit berewen, beichten, noch büßen, vndt alßo in ungottsförchtigen Leben verharren, zuebringen vndt darinn sterben, in die grewlich Pein des höllischen Feuers kommen, ewiglich brennen vndt brathen, verdambt, auch nimmermehr Gottes Gunst vndt Barmherzigkeith erlangen können.

Dargegen wolle sie die zeitliche Schand Straf, die ihr hierüber begegnen möchten, gar nit förchten, sich williglich darein geben, vndt bey ihr selbst sprechen: weil du armer Madensackh so hardt wider deinen Gott vndt Schöpfer gesündiget, so ist es auch billich, daß du in diesem Leben wieder leydest vndt also den Tod vndt Pein gar nit förchten, welches doch alles gegen der ewigen Pein nur ein kühler Taw, vndt also demselbigen Unfall endlich entrinnen möchten, uf nachfolgende Fragstuckh, was ihr hierinn bewust, Antwort geben.

Erstlich wer vndt weß Thuen ihr Elteren geweßen?

Wo Sie gebohren?

Wer am meisten Kundschafft zue ihren Elteren, sonderlich zue ihrer Mutter gehabt?

Was für ein Priester sie getaufft?

In was Religion Sie erzogen?

Ob sie jemals durch den bößen Feind oder Menschen zue einigen Sachen, so wider Gott, nit angereizt worden, vndt waß dasselbig seye?

Ob sie auch von Hexenkunst gehört, von wem vndt was für Hexenwerkh, dann dieweil diese Werkh sonderlich dieser Landen gar gemein, daß sie Zweifels ohn des Wissens darumb haben muß oder werde.

Item weil man bishero Hexen verbrennt, ob sie nit auch von ihrer Kunst Stückhlein gehört, dann die Weiber ohne Zweifel uß Fürwitz darnach fragen, vndt dessen ein Wissens begehren.

Undt so sich dessen entschuldigen würdt, ist es ein Anzeigen, daß solches nit gar ohn werde sehn, vndt woher ihr daß komme, durch wen sie es erfahren, wer dieselbige Persohn vndt weß Nahmens sie seyn?

Item waß es für Hexenwerkh vndt waß Stuck sie dazue brauchen, deßgleichen welcher Stuckh sie zum Wetter machen, vndt zue Schädigung Viehe haben müssen?

Undt so sie solches bestehet, muß vnd soll man ferner nachfragen:

Ob sie auch etliche Stückhlein, sie seyen so gering sie wollen, gelernt, als den Kühen die Milch zue nehmen, oder Raupen zue machen, auch Nebel vndt derselbigen gleichen.

Item von wem, auch mit waß Gelegenheith solches beschehen vndt gelernt?

Wenn vndt wie lang, durch waß Mittel, ob sie kein Bindnus mit dem bößen Feind?

Ob es allein ein schlicht Zuesagen, oder ein Schwur vndt ein Aydt?

Wie derselb lauth?

Ob sie Gott verlaugnet, vndt mit waß Worten?

In wessen Beysein, mit waß Ceremonien, ahn waß Orth, zue waß Zeithen vndt mit oder ohne Caracter?

Ob er kein Verschreibung von ihr hab?

Ob dieselb mit Bluth, vndt waß für Bluth oder mit Dienten geschrieben?

Wann er ihr erschienen?

Ob er auch Hewrath oder allein Buhlschafft von ihr begehrt?

Wie er sich genennet?

Waß er für Kleyder hett, wie auch seine Fueß ußgesehen.

Ob sie nichts Teuflisches ahn ihm gesehen vndt wisse.

Wann er sie nach dem Versprechen fleischlich erkent.

Ob sie zuevor ihr Jungfrawschafft oder erst durch ihn verlohren.

Wie es möglich gewesen, daß er ihr die Jungfrawschafft sollt nehmen.

Wie sein männlich Glied gewesen?

Wie sein Saamen.

Ob sie auch von ihme oder denen natürlichen Mannen besseren vndt größeren Lust gehabt.

Ob sie auch ihren Saamen mit ihm vergoßen.

Ob er auch ein Nacht öffter dann einmal sie fleischlich erkant, vndt ob allemahl Saamen geflossen.

Ob er ihr allein an der rechten weiblichen Heimblichkeith vndt Gliedt, oder auch an anderen Orth begehrt vndt verrichtet.

Ob sie von Mannen oder natürlicher weiß schwanger worden.

Ob sie nach dem Lauff der Natur gebohren, oder die Zeitigkeith der Frucht auch durch waß Mittel verhindert.

Waß mit der ußgenommenen Frucht beschehen.

Ob sie lebendig auf die Welt kommen, wie sie es vmgebracht.

Wer sie es angelernet.

Wer ihr darzue geholffen.

Waß sie sonsten für böße Stückh alß mit Stehlen, Brennen, Kinder verthuen, Morden vndt dergleichen in der Welt begangen.

Item ob sie nit Unlauterkeith wieder die Natur begangen.

Auf waß Weiß mit Mannen?

Mit Weibern?

Mit ihren selber?

Mit Viehe?

Mit Holz, Wachs, Gewäx, Kräutern?

Ob sie auch Leuthen in Krafft ihres Schwuhrs vndt wem geschadet.

Mit Giefft? Anrühren, Beschwöhrungen, Salben?

Wie viel sie Männer gar getödtet, Weiber, Kinder.

Wie viel sie nur verletzt?

Wie viel schwangere Weiber?

Wie viel Viehe?

Wie viel Hagel, vndt was dieselbe gewürkt?

Wie sie die aigentlich gemacht, vndt waß sie darzue gebraucht?

Ob sie auch fahren könne, vnd worauf sie gefahren?

Wie sie daß zue wegen bringe? Wie oft dieß geschehe? Wohien zue allen Zeiten vnd Fristen?

Wer in diesem allem ihre Gesellen so noch leben?

Ob sie sich auch vndt durch waß Mittel verwandlen könne?

Item ob er sie nit lehren betten, waß für Gebets vndt wie er ihr dieselben fürgesprochen, vndt hienführo befohlen zue sprechen.

Wie lang es, daß sie ihre Hochzeith mit ihrem Buhlen gehalten?

Wie solches geschehen, vndt wer alß dabey gewest vnd waß für Speißen, sonderlich von Fleisch, wo solches herkommen, wer daß mitgebracht, vndt ein Ansehen vndt ein Geschmackh gehabt, ob daß auch lustig anzuesehen, sawer oder süß.

Item ob sie auch Wein bey ihrer Hochzeith vndt woher sie den bracht.

Ob sie auch damahlen ein Spielmann, ob es ein Mensch oder böser Geist gewest, was Ansehen er gehabt, vndt ob er uf dem Boden oder Baumen gesessen, oder gestanden.

Item waß bey vorgemelter Beysammenkunfft ihr Anschlag gewest, was für ein Hex-Hochzeit gehalten, vndt wo sie künfftig wieder bey einander erscheinen wollen?

Wo sie bey nächtlicher Weil Zehrungen gehalten, uf dem Feldt, in Wälderen oder Kelleren vndt wie dieselbige Orther genennt werden, auch wer jederzeith bey vndt mit gewest, ob auch Mannspersohnen in ihrer Gesellschafft vndt wo die anheimbisch seyen, jung oder alt anzuesehen, wie auch ihre Buhlen gestaltet?

Wie viel sie junge Kinder geholffen essen? wo solche herkommen vndt allwegen bracht?

Item wem sie selbige genohmen, oder uff den Kirchhoffen ußgegraben?

Wie sie solche zuegericht, gebraten oder gesotten?

Item worzue das Häubtlein, die Füeß vndt die Händlein gebraucht?

Ob sie auch Schmalz von solchen Kindern bekommen, worzue sie die brauchen, auch ob sie zue Machung der Wetter nit Kindsschmalz haben müssen?

Wie viel Kindbetterinn sie umbringen helffen, wie solches zuegangen vndt wehr mehr darbey gewesen?

Oder ob sie Kindbetterin uff den Kirchhöffen geholffen ußgraben, vndt worzue sie es gebraucht?

Item wer dabey vndt mit gewest, wie lang die daran gesotten?

Oder ob sie unzeitige Kindlein ußgraben, ob es Mägdlein oder Büeblein gewest, vndt waß sie damit angericht?

Wer als in ihrer Gesellschaft, auch wo sie mehren Theyls Gesellschafft halten?

Undt ob ihr frembde Weiber in der Marggrafschafft bekannt, vndt wo die anheimisch vndt wie viel uff das mehrist Hexen sie beyeinander gesehen, vndt wo solches beschehen?

Worauf ihr Gespiehlen fahren?

Wie ihre Buhlen geformirt, vndt dieselbe sich nennen?

Die Salb betreffend. Weil sie gefahren, wormit sie gefahren?

Item wie solches zuegericht, vndt was Farb sie habe?

Item ob sie auch eine zue machen getrawte?

Item wie oft sie die Salben gemacht? dann als offt habe sie Menschenschmalz haben müssen, et consequenter so viel Mordt begangen, weil sie auch gemeinlich das Schmalz ußsieden oder im Braten schmælzen, sollen sie gefragt werden: was sie mit dem gekochten vndt gebrathenen Mehschenfleisch gethan?

Item brauchen allezeith zue solchen Salben Menschenschmalz, es seye gleich von Todten wie lebendigen Menschen, desgleichen desselben Blueths, Farnsaamen u. des Schmalzes aber ist alle Zeith darbey, die andere Stuckh werden offt ußgelassen, doch von todten Menschen taugt es zue Tödtung Menschen vndt Viehes, aber von lebendigen zum fahren, Wettermachen, unsichtbahre Gestalten an sich zue nehmen.

Item von Kindbetterin oder schwangeren Frawen auch in sine Weeg zue gebrauchen.

Item ob sie auch mehr Hexensalben haben, vndt an welchem Orth die zue finden?

Ob sie ihr niemalen kein Kindt selbst umbgebracht?

Wie viel Wetter, Reifen, Nebel sie geholffen machen vndt wie lang solches beschehen, auch waß jedes ußgericht?

Und wie solches zuegehe vnd wer darbei vnd mit gewest?

Auch ob sie über dem Wetter fahren, vndt wie sie hinuff kommen?

Ob ihr Buhl auch bey ihr im Examen, oder in der Gefängnuß zue ihr kommen?

Ob sie auch die consecrierte Hostiam bekommen, vndt von wem, auch waß sie damit ußgericht?

Undt ob sie auch zum Nachtmahl gangen, vndt dasselb recht genossen?

Wie sie Wexel Kinder bekommen, vndt wers ihnen giebt?

Item den Kühen die Milch entziehen, vndt zue Blueth machen, auch wie solchen wieder zue helfen?

Ob sie nit Wein oder Millich uß einem Wieden-Baum lassen könne?

Item wie sie den Männeren die Mannschafft nehmen, wodurch vndt wie ihnen wieder zue helffen?

Deßgleichen alten vndt jungen Leuthen daß Gewächß, vndt auch solches zuegehe vndt wieder zue helffen seye.

Item waß für Kunst sie können, mit Anthuung des rechten oder linken Arms oder Schuechs?

Wiedersprechung gegen den bößen Feindt.

Ich N. N. widersag dem bößen Feindt, sonderlich dem N. meinem schandloßen Buhlen aller seiner Gesellschafft vnd allen Teuffelen, vndt ergieb mich der heiligen Dreyfaltigkeit, Gott dem Vatter vndt dem Sohn vndt dem heyligen Geist, welche ich leyder verlaugnet hab, bitt derhalben Gott, den himmlischen Vatter umb das bitter Leyden vndt Sterben seines eingebohrnen Sohnes Jesu Christi, so mich erlöst vnd erkaufft hat, daß er mir verzeyhen vndt seine göttliche Gnad mittheylen wolle, damit ich meine große Sündt beweinen vndt nimmer begehen möge, sonder mein Leben ihme zue Ehren zue enden verheiße, auch nimmermehr von ihme abzueweichen, vermittelst seiner Gnaden, als mir helffe Gott der Vatter, Gott der Sohn vndt Gott der heyl. Geist, Amen.

Auß obbemelten Articulen von Argwohn vndt Anzeigung der Missethat sagend, wollen Wür, daß in Fällen, so darinn nit benennet seint, Gleichnuß genohmen werde, sintemahlen nit möglich, alle argwöhnliche vndt verdächtige Fäll vndt Umbständt zue beschreiben, vndt haben nunmehr Unßere Ambtleuth hieruß leichtlichen zue vermerckhen, waß nach Gelegenheith der Sachen, uf die bekannte Missethat deß gefragten weiter und mehr, daß zue Erfahrung der Wahrheith dienstlich ist, zue befragen seye.

Zum Vergleich sei eine andere Anweisung aus dem Jahre 1510 angeführt:

Wie die unholden peinlich zuo fragen sein moegen.

Wie wol hievor ettlich fragstuck, damit die unholden des ersten guetlich zue ersuochen, so sein auch in disem püchlin hernach gemain underricht zuo gestrenger oder peinlicher frag der übeltaeter angetzaigt. Dieweil aber daz kaetzerlich übel der unholden vor andern missethaten beschwaerlich, so ist auch damit des hoeher fleiß antzuokern. Darumb so mag ain geschickter richter ferrer, emalen er sy peinigt, nachfolgend mainung guetlich mit in reden also: Liebe N., ich befind in deinen reden und antwurten, die du auff mein erfarung und vorigs guetlich erfragen dir hab fürgehalten, das du weitleüffig, wanckelmuotig und unstæt in dem und dem. Nichtßminder bistu in solhem antzaigen erfunden, das sich haischen will, peinlich mit dir zuo handeln. Und auff das man die warhait von dir gründtlich versteen und du mich nit lenger aufhaltest, so erman ich dich nochmals guetlich, das du mir in dem und in dem stuck grüntlich die warheit sagest, wann ich byn nit genaigt, dir als weiblichen pild mit geværden nach deinem leben zuo stellen, und so du gleichwol die warhait guetlich bekennen, möchtest du villeicht darumb nit getœdt, sonder begnadet oder sunst in ander weg gestraft werden. Nun bist du ye im hailigen tauff in christlichen glauben kommen, das du den weg zuo ewiger sæligkait suochen, dem pœsen gaist widersteen und im nicht anhangen, sunder in von dir treiben solt, wann ich sorg und befind, das er dein arme seel zuo ewiger verdamnuß verfuern will etc.

Wo dann solchs ye nit erschiessen, so mag er sy den dienern bevelhen und sy durch erber frauen zuovor aller irer klaider außzyehen, auch den leib allenthalben wol ersuochen, auß der ursach, ob sy darin etlich zauberey het, darumb sy nit bekennen, dieselben von ir zuo tuon etc. Darnach mag er sy lassen pinden, doch ir weiplich scham zuovor durch die erbern frauen mit anderm gewand wol vor bedecken, das har allenthalben abscheren lassen. Und eemaln sy vast peinlichen gemartert, mag sy auch durch mittelperson auf des richters erlaubnuß ermant werden, das sy dem pœsen gaist zuo lieb nit also zerbrechen, sonder die warhait an den tag kommen laß, wolten sy fleiß haben zuo bitten, ob sy des lebens versichert, doch sol sy des durch niemants gewislich vertröst werden.

Wann aber aine auß ursachen also gleich versichert, so wær sy doch in ewige vænncknuß mit wasser und prot zuoverurtailen. Es solt ir aber nit also zuo verooffnen sein, biß die urtail erkennt, man het sy dann des lebens ain zeit gefrist, so mœcht sy nach derselben zeit, wo sy anders ain solhe namhafte unhold wær, verbrennt werden.

Ob aber aine die warheit, so man als ob steet sonst erfragt het, ye nit bekennen wolt, so mœcht man ir gespilen darumb fragen, auch so icht büschlin oder ander zaichen in irn wonungen erfunden wörden, sich darain schicken. Wo sy dann also bekennen, das sy mit irn übungen schaden getan het, so mœcht sy alßdann erst am jungsten gefragt werden, ob und wie lang sy mit dem pœsen gaist zuo schaffen gehabt und des christenlichen gelaubens also verlaugnet, wie und wer sy zuo der sachen bewegt oder underricht, und ob sy sonst yemandts ander auch dartzuo bracht oder wissen het von andern unholden. Auch ob sy yendert zwischen den leuten liebin oder veintschaft oder kranckhaiten gemacht, und was sy under den sachen in allweg geübt und gebraucht hab etc. Und der gleichen wie sy dann in den sachen von ainem aufs ander erfunden würdet.

Auf das alles und yedes mag alßdann ain richter berætig werden, ob und wie er ain solich böß person von irer abtrinnigkait des christenlichen glauben, kætzerlichen poßhait, übelthaten und verkerten willens wegen, damit sy von dem almechtigen gott getretten und sich dem teüfel ergeben, straffen oder tœdten lassen mœg.

Dieweil aber solh kætzerlich missetaten, so die unholden, hæcksen, mann und weibs person also durch anraitzung, hilff und zuotuon der pœsen gaist den menschen, tiern und früchten mit zauberey, warsagen, aberglauben, verpoten segen und in ander weg den almechtigen got und christenlichen glauben am hœchsten belaidigen, auch in sunderhait in selbs an iren aigen seelen den allergrœsten schaden zuofügen und zuo ewiger verdamnuß verfürn, nit allain der weltlichen sunder auch gaistlicher oberkait anhengig, darumb dann die gaistlichen recht allenthalben davon nit unpillich von der seelen verlurst wegen gantz sorckfeltig, und achten für beschwärlich, wo das weltlich gericht ausserhalben der gaistlichait mit der peinlichait zuovil gestreng oder gæch, ob gleich wol summarie darumb zuo procediern nichtß minder der weltlichen oberkait getzimben, wo solh übelthaten so gar offenbar sein und überhand nemen wöllen, so man die selben person und ir zuoleger mit rechtmæssiger purgation und in ander bequemlich weeg sonst ye nit von der kætzerlichen poßhait und unglauben bringen, so mag man dem cristenlichen glauben zuo hilf, handhabung und guoten staten mit dem feur und andern aller grausamlichsten peen, als vor und hye nach steet, mit radthaben, zuo straffen, abzuotilgen und die gaistlichayt im namen gots damit unbelestigt lassen.

Es ist auch solh kætzerey und aberglauben nit allein den unholden und zaubern als veinden des allmechtigen gots, übertretern und verlaugnern christenlichen glaubens, an iren seelen verdamblich, beschwärlich und im zeit hoch sträflich, sonder auch den jhen, die sy hausen, hofen, underschleüfn, artzney, hilf oder radt bey in oder iren zuolegern suchen. Darumb so mögen solh beschlußreden darauß volgen, næmblichen das man nit reden, halten noch glauben sol, ain zauberey mit der andern zuo vertreiben, wann wer solhs frävenlich tæt, wider den selben auch pillichen, als gegen kætzer zuo procediern, und so yemants also häftigklich darin verharrn, als ain kætzer im feür zuo straffen und zuo verprennen, sunder wider sollich zauberey, teüflisch anfechtung uond verseern allain zuo dem allmechtigen gott und der christenlichen kirchen artzney zuo fliehen sein.

(Aus dem »Layenspiegel« des Ulrich Tengler, eines pfalzneuburgischen Landvogtes zu Höchstedt an der Donau. Nach *Hansen, J.*, Quellen und Untersuchungen zur Geschichte des Hexenwahns und der Hexenverfolgung im Mittelalter, Nachdruck Hildesheim 1963, S. 304–306)

1428. Bericht des Luzerner Chronisten Johann Fründ über die Hexenverfolgung im Wallis. Nach der Handschrift in der Bürgerbibliothek zu Luzern**:*

In dem jare do man zalt von Cristi gepurte tusing vierhundert und darna in dem achtundzweintzigsten jare, do wart offenbar in dem lande und bystöm ze Wallis die boßheit, das mord und die ketzerye der hexssen und der zubrern, beide, wiben und mannen, die da heissen sortileji ze latein, und wurden des ersten funden in zweine tellren in Wallis, der heisset eins Enffis und das ander heisset Urens, und wart da ira ettvil gericht und verbrönt. Darnach in demselben jar wart vil funden in demselben lande ze Wallis, sunderbar des ersten under den Walchen und darnach under den Tütschen, und öch villüten, die in dasselbe bistöm zu Wallis gehorten, die under dem hertzogen von Saffoy gesessen sind, und der hant ettliche gar gross boßheit verjehen und vil mordes und ketzerliches glauben und vil böser sachen, dera so verjehen hant und ouch volbrächt, die da ze latin geheissen sind sortileia, und der sachen ettliche hienach geschribn stönt; auch ettliche verswigen werdent, darumb das durch das niemant gebösret werde. Mit sunderheit sol man wussen, das dieselben personen, es were frowen oder man, welhe derselben sachen und bosheit schuldig warent und so geübt und getriben hatten, das sy die von dem bößen geist gelernet hatten, und wenn der den mönschen weiß in semlicher krankheit des heiligen cristen gloubens und als gar lasst, so versucht er den mönschen und git inen ze verstän, er wolle sy rich machen, gewaltig und daby künstenrich, und das sy ir selbs schaden mögen rechen und den mönschen büssen und kestigen, der inen ze leit getän hette, und mit semlichen bösen betrogenlichen sachen überwint er dieselben mönschen durch hofart, durch gitikeit, nid, haß und viegentschaft, die ein mönsch gegen sinem ebenmönschen treit. Und überwinnt denn der böse vigent den mönschen, der uff semlich sachen geneigt ist und ane gottesforchte lebet. Und dera hat er vil in

*) Hans Fründ (ca. 1400–1469), war Gerichtsschreiber in Luzern.

**) Der Bericht bildet den Anhang zu der Chronik Fründs, welche 1875 von Kind herausgegeben wurde.

dem vorgenannten lande überwunden, daß sy boßheit an sich namen alz vorstät. Und ee daß er sy wölte leeren, so musten sy sich dem bösen geiste eigenen und damitte verlougnen gottes und aller siner heiligen, des heiligen cristenen touffes und der kilchen, und sich im dienstbar machen und im zinßhaftig ze sinde jerlich mit ettlichen dingen, nemlich mit einem swartzen schaf oder lamb, daß ander mit eim meß haber, eins mit einem gelid ab sinem libe nach sinem tode, und mit andern diensten, als sie selber denn das übereinkommen mit im, und er mit inen, alß sie selber des sidher verjehen hand. Und ist inen der böß geist den mer teil erschinnen in eines swartzen tieres wise, etwen in forme eines beren, etwen in forme eines widers und suss in grüwelicher böser forme und hatt mit inen gerett uff die boßheit alz vorstät; und wenn er sy überwand, so verpot er inen, daß sy nit söltent zu kilchen gän ze messe, noch ze bredye, und auch daß sy dieselben sachen nit söltent bichten ekeinem priester, und waß sy mit der kunst volbrächten, daß sy damite sy die stul salbeten und dann daruff dar ritten usser eim dorff in das ander und uss einem schloss in das ander, und kamen dann zosamen in der lüten kellre, da der beste win inne was, da lebten sy dann wol und furen aber dann dar sy wolten. Und wurden gefrägt, ob des wins denn utzit dester minder wurde, da sy usstrunken, antwurten sy und sprachen: Ja, es wurd dester minder in den fässen, da sy usstrunken, und wurde ouch der win dester swächer, wannt sy ettlich bos materye darin taten, daß es die lüte nit spüren solten. Auch waren iro vil under inen, die der böse geist leret, daß sy ze wolffen wurden, des sy selber düchte und nit anders wusten, wann daß sy wolff werint, und wer sy ouch denn zemal sach, der wuste ouch nit anders, wont das einer oder eine ein wolff were uff die stund, und erlüffen ouch schaff, lember und geiß und assen die alßo row in eines wolffes figur, und wenne sy wolten, so wurden sy widerumb ze mönschen als ee. Auch hatt der böß geist ire ettliche gelert das sy zubrachten mit ettlich krüten, das sy ungesichtig wurden, daß sy nieman mocht gesehen. Es waren auch ettliche under inen die sölichen schaden konden buessen, den die andern zoubrer getan hatten an den lüten, es wäre lamtag, siechtag, und leiten es denne uff ander lüte und verwurren die lüte gegen einandern. Es waren ouch ettliche under inen, die furen nachtes in die schulen an heimlich stett zesamen. So kam denn der böse geist in eins meysters wyse und brediget inen denn wider cristenen glouben und verpott inen den bicht und rüwen, und bichteten denn dem meyster, was sy hie ze kilchen gand oder was guts sy tund. Darumb empfahlen sy denn buoss von dem bösen geiste und vil ander böser artiklen, die sy denn tribent, die nit zue schriben sint. Auch warent ettliche under inen, die ir eigenen kind toten und sy brieten und assen und sotten, und in ir geselleschaft trugen und assent, und tragent denn lüdern (?) oder ander böß geschefft ze kilchen, und wust denn niemand nit anders wonnt, daß es kind werint. So hatten sis daheime verlassen und assen sy denne, so sy wolten. Ettlich waren auch als boß, das ire kind oder ander lüten kind des nachtes angriffen und sy trukten und sewreten denn ettliche tage und sturben denn. Und die liessen sy denn ir nachgeburen sehen, und wa sy die berürt hatten mit iren bösen henden, da warent denn die kint swarz oder blaw, wonnt sy böß vergifft materye an die hende gestrichen hatten, und gabent denne den lüten zu verstande, die seligen selen hetten sy gereichet. Und gehuoben sich denn übel umb die kind, und wenn sy vergraben wurden, so giengen sy denn nachtes dar und grubens wider uff und assens denn mit einandern heimlich. Und semlichs mords und boßheit hant ir vil vejehen, die doch keinem cristenmönschen billich nit zu wussen sint, und nit gloubte, were es nit bewert worden von inen, wont sy selber söliche wortzeichen gebent und die geseit hant, daß es leider war ist und sölicher schaden von inen vil geschehen ist. Ouch ist iro vil gesin, die mit sölich großer boßheit, ketzerye und mordes schuldig waren, denn daß sy sust an derleye boßheit und ketzerye und zouberye für deheinen priester kemen, darumb daz man es nit gewerren könnde. Und waren derselben lüten vil, die vil me reden konden, so sy gevangen wurden, denn andre grobi mönschen, und gott und sine heiligen vil faster anrufften denn ander lüte. Das taten sie alle darumb, das man sy für unschuldig hette. Und verjahen ir ein teil gar kum; ettliche liessen sich ouch ze tod martern und voltern, ee daß sy ützet wöltint verjehen oder sagen; ettliche verjahen auch lichtenklich und hatten grossen rüwen umb ire sünde und verjahen, das sy den lüten ze essen geben hetten gifft und vil böses dinges, das ira vil davon starb, ouch daß sy davon lam und gar ungesund wurden, und daß sy der böß geist sölich bosheit und mord lerte und inen den gewalt gap, daß sy denen lüten, denen sy vygent waren oder sy erzürntent, daß sy denen tröwten und fluchtent, daß sy denn ze stund etwas kumbers angieng, daß einer siech ward, der ander lam an sinen gelidern, ouch daß sy unsynnig wurden, ettlicher blind, ettlich ouch sine kind verlor, also daß sin wip ze unrechter zit genaß, auch daß ettliche ire efraun niit beslaffen mocht, auch daß sy vil frowern verzouberten, daß sy unbêrhafft wurden und vil solicher böser sachen, dera sy bezuget und uff sy brächt wurden und dera sy ouch selb verjahen und vil anderer sachen, dera sy von inen selber verjahen, davon niemand nit wüßte ze sagen untz uff die stund. Auch wie der bös geist sy nachtes umbe trug von einem berg uff den andern, und wie er sy lert salben machen, daß getriben hatten und die doch verurteilet und verbrönnt wurden. Auch warent ir ettliche, die selber verjahent, das sy mit fluchen und mit anderer boßheit die frucht des ertrichs, sonderlich den win und das korn, uff dem land verdarbten und meintent, sy hetten den gewalte von dem bößen geist, das sy das wol tun möchten, want sy sich ime für eigen geben hettint. Auch waren ettliche under inen, die dien lüten ir milch namen und der ir vich nit milch habent, oder aber ir milch nit ze nutz kam. Ir ettliche konden ouch zug und pflüge verstellen, das sy kein nutz mochten sin. Ira waß ouch vil under inen, die nütz verjehen wolten noch enmochten, und man doch vil kuntschafft wider sy hatte und sy ouch ander hatten schuldig geben, die alle wortzeichen seiten, und meinten die, es were inen angetan, daß sy nit verjehen mochten von den andern hexsen. Und wie vil man sy fragt mit manger hertter swerer martter, so wolte ir vil nie nit verjehen und liessen sich ee marttern, das sy davon sturben, und wurdent denocht verurteilet und verbrönnt, ettliche todt und ettliche lebend. Und wert das gerichte über die selben lüte me denn 1 ½ jar, und wurden in dem lande ze Wallis mit gericht und mit urteil me den 100 personen, es werint man oder wip, verbrönnt. Und was ir vil, die es by 9 jaren nechst vergangen geübt hatten; und ettliche personen, die es vor viel länger ziten gelert und getriben hatten, auch vil jaren davon gelassen und by 9 jaren wider angefangen hatten. Und was ir als vil worden, das sy meintent, möchten sy noch ein jare gerichsnet han, so wolten sy einen ring haben uffgeworffen under inen selben; und gap der bös geist inen ze verstan, sy sölten als stark werden, dass sy enkein herschafft noch gerichte sölten furchten und selber ein gerichte sölten uffsetzen und die cristenheit ze twingen, und meinten öch, weren sy das jar, als sy do gefangen wurden, furkommen, so were ira gar vil worden, wont ir ouch setzent vil wil waz wont sy verjahen, das ira in der gesellschafft wol 700 syen gesin; dera sint me denn 200 verbrönnt worden in 1 ½ jare; und richtet und brennet man sy noch alle tag, wa man sy kan oder mag ergriffen. Und ist in dien welschen landen und tellren nid Wallis und hinder Wallis und by Sant Bernhartzberg ouch vil verbrönnt, der zal ich aber nit wol weiss. Darumb ich aber nit geschriben noch gesammelt han, wont daz man meint, daz iro so gesin, daz gott welle lassen offenbar werden ir grossen bossheit und iren unreinen valschen glouben, davor gott alle cristennen mönschen gelouben und daz göttlich recht beschirme und sterke bestenklich, das wir durch daz besitzen nach disem leben daz ewig leben, des helff uns gott und Maria maget die mutter sin durch den namen der heiligen trivaltikeit, die ye waz und iemer ist an ende, amen. Amen.

(*Hansen, J.*, a. a. O., S. 533–537).

Anhang C

In den Jahren von 1627–1629 betrieb Philipp Adolf von Ehrenberg, Bischof von Würzburg (1623–1631), die Hexenverfolgung im Großen. Aus einem uns erhalten gebliebenen Verzeichnis der in diesem Zeitraum Hingerichteten ergibt sich die Zahl von ca. 160 Personen jeden Alters:

»Verzeichniß der Hexen-Leut, so zu Würzburg mit dem Schwert gerichtet und hernacher verbrannt worden

Im ersten Brandt vier Personen.
Die Lieblerin.
Die alte Anckers Wittwe.
Die Gutbrodtin.
Die dicke Höckerin.

Im andern Brandt vier Personen.
Die alte Beutlerin.
Zwey fremde Weiber.
Die alte Schenckin.

Im dritten Brandt fünf Personen.
Der Tungersleber, ein Spielmann.
Die Kulerin.
Die Stierin, eine Procuratorin.
Die Bürsten-Binderin.
Die Goldschmidtin.

Im vierdten Brandt fünf Personen.
Die Siegmund Glaserin, eine Burgemeisterin.
Die Brickmannin.
Die Schickelte Amfrau [Hebamme]. NB. von der kommt das ganze Unwesen her.
Die alte Rumin.
Ein fremder Mann.

Im fünften Brandt neun Personen.
Der Lutz, ein vornehmer Kramer.
Der Rutscher, ein Kramer.
Des Herrn Dom-Propst Vögtin.
Die alte Hof-Seilerin.
Des Jo. Steinbachs Vögtin.
Die Baunachin, eines Raths-Herrn Frau.
Die Znickel Babel.
Ein alt Weib.

Im sechsten Brandt sechs Personen.
Der Rath–Vogt, Gering genannt.

Die alte Canzlerin.
Die dicke Schneiderin.
Des Herrn Mengerdörfers Köchin.
Ein fremder Mann.
Ein fremd Weib.

Im siebenden Brandt sieben Personen.
Ein fremd Mägdlein von zwölf Jahren.
Ein fremder Mann.
Ein fremd Weib.
Ein fremder Schultheiß.
Drey fremde Weiber.
NB. Damahls ist ein Wächter, so theils Herrn ausgelassen, auf dem Markt gerichtet worden.

Im achten Brandt sieben Personen.
Der Baunach, ein Raths-Herr, und der dickste Bürger in Würtzburg.
Des Herrn Dom-Propst Vogt.
Ein fremder Mann.
Der Schleipner.
Die Visirerin.
Zwei fremde Weiber.

Im neundten Brandt fünf Personen.
Der Wagner Wunth.
Ein fremder Mann.
Der Bentzen Tochter.
Die Bentzin selbst.
Die Eyeringin.

Im zehnten Brandt drey Personen.
Der Steinacher, ein gar reicher Mann.
Ein fremd Weib.
Ein fremder Mann.

Im eilften Brandt vier Personen.
Der Schwerdt, Vicarius am Dom.
Die Vögtin von Rensacker.
Die Stiecherin.
Der Silberhans, ein Spielmann.

Im zwölften Brandt zwey Personen.
Zwey fremde Weiber.

Im dreyzehenden Brandt vier Personen.
Der alte Hof-Schmidt.
Ein alt Weib.

Ein klein Mägdlein von neun oder zehn Jahren.
Ein geringeres, ihr Schwesterlein.

Im vierzehenden Brandt zwei Personen.
Der erstgemeldten zwey Mägdlein Mutter.
Der Lieblerin Tochter von 24 Jahren.

Im fünfzehenden Brandt zwey Personen.
Ein Knab von 12 Jahren, in der ersten Schule.
Eine Metzgerin.

Im sechzehenden Brandt sechs Personen.
Ein Edelknab von Ratzenstein, ist Morgens um 6 Uhr auf dem Cantzley-Hof gerichtet worden und den ganzen Tag auf der Pahr stehen blieben, dann hernacher den andern Tag mit den hierbeygeschriebenen verbrannt worden.
Ein Knab von zehn Jahren.
Des obgedachten Raths–Vogt zwo Töchter und seine Magd.
Die dicke Seilerin.

Im siebenzehenden Brandt vier Personen.
Der Wirth zum Baumgarten.
Ein Knab von eilf Jahren.
Eine Apotheckerin zum Hirsch, und ihre Tochter.
NB. Eine Harfnerin hat sich selbst erhenket.

Im achtzehenden Brandt sechs Personen.
Der Batsch, ein Rothgerber.
Ein Knab von zwölf Jahren, noch
Ein Knab von zwölf Jahren.
Des D. Jungen Tochter.
Ein Mägdlein von funfzehn Jahren.
Ein fremd Weib.

Im neunzehenden Brandt sechs Personen.
Ein Edelknab von Rotenhan, ist um 6 Uhr auf dem Cantzley-Hof gerichtet und den andern Tag verbrannt worden.
Die Secretärin Schellharin, noch
Ein Weib.
Ein Knab von zehn Jahren.
Noch ein Knab von zwölf Jahren.
Die Brüglerin, eine Beckin, ist lebendig verbrannt worden.

Im zwanzigsten Brandt sechs Personen.
Das Göbel Babelin, die schönste Jungfrau in Würtzburg.
Ein Student in der fünften Schule, so viel Sprachen gekont, und ein vortreflicher Musikus vocaliter und instrumentaliter.

Zwey Knaben aus dem neuen Münster von zwölf Jahren.
Der Steppers Babel Tochter.
Die Hüterin auf der Brücken.

Im einundzwanzigsten Brandt sechs Personen.
Der Spitalmeister im Dietricher Spital, ein sehr gelehrter Mann.
Der Stoffel Holtzmann.
Ein Knab von vierzehn Jahren.
Des Stolzenbergers Raths-Herrn Söhnlein.
Zween Alumni.

Im zweiundzwanzigsten Brandt sechs Personen.
Der Stürmer, ein reicher Büttner.
Ein fremder Knab.
Des Stolzenbergers Raths-Herrn große Tochter.
Die Stolzenbergerin selbst.
Die Wäscherin im neuen Bau.
Ein fremd Weib.

Im dreiundzwanzigsten Brandt neun Personen.
Des David Croten Knab von 12 Jahren, in der andern Schule.
Des Fürsten Kochs zwey Söhnlein, einer von 14 Jahren,
der ander von zehn Jahr aus der ersten Schule.
Der Melchior Hammelmann, Vicarius zu Hach.
Der Nicodemus Hirsch, Chor-Herr im neuen Münster.
Der Christophorus Berger, Vicarius im neuen Münster.
Ein Alumnus.
NB. Der Vogt im Brennerbacher Hof und ein Alumnus sind lebendig verbrannt worden.

Im vierundzwanzigsten Brandt sieben Personen.
Zween Knaben im Spital.
Ein reicher Bütner.
Der Lorenz Stüber, Vicarius im neuen Münster.
Der Betz, Vicarius im neuen Münster.
Der Lorenz Roth, Vicarius im neuen Münster.
Die Roßleins Martin.

Im fünfundzwanzigsten Brandt sechs Personen.
Der Friedrich Basser, Vicarius im Dom-Stift.
Der Stab, Vicarius zu Hach.
Der Lambrecht, Chor-Herr im neuen Münster.
Des Gallus Hausen Weib.
Ein fremder Knab.
Die Schelmerey Krämerin.

Im sechsundzwanzigsten Brandt sieben Personen.
Der David Hans, Chor-Herr im neuen Münster.
Der Weydenbusch, ein Raths-Herr.
Die Wirthin zum Baumgarten.
Ein alt Weib.
Des Valkenbergers Töchterlein ist heimlich gerichtet und mit der Laden verbrannt worden.
Des Raths–Vogt klein Söhnlein.
Der Herr Wagner, Vicarius im Dom-Stift, ist lebendig verbrannt worden.

Im siebenundzwanzigsten Brandt sieben Personen.
Ein Metzger, Kilian Hans genannt.
Der Hüter auf der Brücken.
Ein fremder Knab.
Ein fremd Weib.
Der Hafnerin Sohn, Vicarius zu Hach.
Der Michel Wagner, Vicarius zu Hach.
Der Knor, Vicarius zu Hach.

Im achtundzwanzigsten Brandt, nach Lichtmeß anno 1629 sechs Personen.
Die Knertzin, eine Metzgerin.
Der D. Schützen Babel.
Ein blind Mägdlein. NB.
Der Schwartz, Chor-Herr zu Hach.
Der Ehling, Vicarius.
Der Bernhard Mark, Vicarius am Dom-Stift, ist lebendig verbrannt worden.

Im neunundzwanzigsten Brandt sieben Personen.
Der Viertel Beck.
Der Klingen Wirth.
Der Vogt zu Mergelsheim.
Die Beckin bei dem Ochsen-Thor.
Die dicke Edelfrau.
NB. Ein geistlicher Doctor, Meyer genannt, zu Hach, und
Ein Chorherr ist früh um 5 Uhr gerichtet und mit der Bar verbrannt worden.
Ein guter vom Adel, Junker Fleischbaum genannt.
Ein Chor-Herr zum Hach ist auch mit dem Doctor eben um die Stunde heimlich gerichtet und mit der Bar verbrannt worden.
Paulus Vaecker zum Breiten Huet.

Seithero sind noch zwei Brändte gethan worden.
Datum, den 16. Febr. 1629.
Bisher aber noch viel unterschiedliche Brände gethan worden.«

(*Soldan/Heppe,* Geschichte der Hexenprozesse, nach der Original-Ausgabe neu bearbeitet, Lübeck/Leipzig 1938, S. 191–197; Originalausgabe: *Soldan, Wilhelm Gottlieb,* Geschichte der Hexenprozesse, Stuttgart/Tübingen 1843, S. 387–392).

Fünftes Kapitel

Die blutige Epopöe der spanischen Suprema

Die »neue« Inquisition geht an die Arbeit

Die spanische Inquisition! Ihr düsterer Ruhm hat selbst die Schandtaten der Inquisition der anderen Länder verdunkelt. Über ihre blutige Tätigkeit wurden Hunderte von Büchern geschrieben. Spaniens Historiker wie auch die anderer Länder haben über sie berichtet und werden weiter über sie schreiben und versuchen, nicht nur einfach zur Erbauung oder Abschreckung der Nachkommen ihre Grausamkeiten zu schildern, sondern auch, sie zu erklären, die komplizierten Wurzeln aufzudecken, die dieses repressive Organ im Dienste der Kirche und der spanischen Krone hervorgebracht und genährt haben.

In Spanien hat die Inquisition ihren »höchsten« Entwicklungsgrad erreicht. Die spanische Inquisition wurde zum Beispiel, zum Muster für andere Einrichtungen dieser Art in der ganzen Welt.

Und in der Tat: nirgendwo hat die Inquisition so grausam und gründlich gearbeitet, nirgendwo hat sie in solch »vollendeter« Form die Züge der kirchlichen und politischen (staatlichen) Polizei in sich vereint, wie das in dem von katholischen Monarchen regierten Spanien der Fall war.

Auch der Umstand verdient Erwähnung, daß in Kastilien bis zur zweiten Hälfte des 15. Jh. eine Inquisition als ständige Institution überhaupt nicht existierte. Das erklärt sich u. a. dadurch, daß Kastilien, das jahrhundertelang den Kampf zur Befreiung Spaniens von der Maurenherrschaft führte, sich die Anwesenheit eines »heiligen Tribunals« nicht erlauben konnte, dessen blutige Operationen seine Position dem Gegner gegenüber nicht gestärkt, sondern erheblich geschwächt hätte. Was Aragón betraf, so wurde hier das erste Inquisitionstribunal in Lerida vom Bischof Bernard im Jahr 1233 eingesetzt. 1238 begründete der römische Papst offiziell die Inquisition in Aragón, die besonders energisch in den an Frankreich grenzenden Diözesen Urgel, Barcelona, Gerona und im obenerwähnten Lerida wirkte. In der zweiten Hälfte des 14. Jh. betätigte sich in der Rolle des Inquisitors von Aragón der Dominikaner Nicolas Eymeric, der die Spiritualen, Häretiker verschiedenster Schattierungen, Judaisierende, Hexen und sonstige vermeintliche und wirkliche Feinde der Kirche schonungslos verfolgte. Eymeric ist in die Geschichte eingegangen als Autor eines der schändlichsten Bücher, die jemals von Theologen geschrieben wurden: des Leitfadens für die Inquisitoren (Directorium inquisitorum), der für die Mitarbeiter und Familiaren des »heiligen Tribunals« zur zweiten Bibel wurde. Der Eifer Eymerics rief eine Welle der Empörung unter der Bevölkerung hervor; das zwang den König von Aragón, Johann I., nicht nur, sich seiner Dienste zu entledigen, sondern auch, ihn außer Landes zu weisen.[1]

Im 15. Jh. lebte die Tätigkeit der aragonesischen Inquisition wieder von neuem auf. Sie spürte mit großer Energie die Anhänger Wiclifs und anderer Häretiker auf und rechnete mit ihnen in entsprechender Weise ab. Aber in Aragón und noch mehr in Kastilien nahm die Häresie in der genannten Epoche keine großen Ausmaße an. Anscheinend erklärt sich das durch den eigenartigen Charakter des spanischen Feudalismus, der gekennzeichnet war durch das Fehlen der Leibeigenschaft, die Begrenztheit der Königsmacht, die Macht des Hochadels, die Freiheit der Städte und die jahrhundertelangen Kriege mit den Mauren, die die ganze Energie der spanischen mittelalterlichen Gesellschaft, darunter auch ihrer ärmsten Schichten, verschlungen hatten.

Die Lage änderte sich grundlegend im letzten Viertel des 15. Jh., hauptsächlich unter dem Einfluß von drei großen Ereignissen: die Vereinigung Aragóns mit Kastilien zum spanischen Königreich, zu dem die sizilianische Krone und Navarra kamen; die Befreiung des südlichen Teiles der iberischen Halbinsel mit dem Zentrum Granada von der maurischen Herrschaft und die Vereinigung dieser Gebiete mit der spanischen Krone; schließlich die Entdeckung und Eroberung Amerikas und die Verwandlung Spaniens in die erste und größte Kolonialmacht der Welt, die Beherrscherin der Meere und Besitzerin unermeßlicher Schätze.

Es mag paradox klingen, aber die Ergebnisse dieses so phantastischen Aufstiegs waren für das spanische Volk äußerst traurig. Die Interessen der Leitung dieses neuen Staates, der so unerwartet und blitzartig aus so verschiedenartigen und auf der ganzen Welt verstreuten Ländern aufgestiegen war, forderten eine Festigung der königlichen Macht, und diese konnte nur erreicht werden, wenn die traditionellen ständischen Freiheiten und Privilegien zum Opfer gebracht wurden.

Die spanische Krone identifizierte ihre Interessen mit denen der Kirche, deren Doktrin sie zur Festigung ihrer Positionen benützte. Nachdem Granada den Mauren abgenommen worden war, wurde zu den Titeln des spanischen Monarchen die Bezeichnung »katholisch« hinzugefügt. Mit der Entdeckung Amerikas und der Thronbesteigung des habsburgischen Erbprinzen und späteren Kaisers Karl V. in Kastilien und Aragón wurde Spanien zur stärksten Macht der westlichen Welt. Auf den päpstlichen Stuhl wurden Spanier erhoben (in der zweiten Hälfte des 15. Jh. zweimal), und spanische Truppen beherrschten Rom. Jetzt prätendierte nicht der Kirchenstaat, sondern Spanien darauf, das ideale Modell eines christlichen Staates zu sein, der die

[1] Zu N. Eymeric vergleiche: Vincke, Johannes, Zur Vorgeschichte der spanischen Inquisition. Die Inquisition in Aragón, Katalonien, Mallorca und Valencia während des 13. und 14. Jh. (Beiträge zur Kirchen- und Rechtsgeschichte, hrsg. v. *Vincke, J.*, Bd. 2), Bonn 1941, S. 32 ff.

kirchlichen Ideale in der Praxis verwirklicht und sie unter den heidnischen Völkern der Welt, insbesondere in den neuentdeckten und eroberten Gebieten Amerikas, verbreitet. Davon träumten die spanischen katholischen Könige, die sich nicht nur den Päpsten gleich, sondern höherstehend als sie dünkten. Spanien wurde im 16. Jh. zum Zentrum und zum Vorkämpfer der Gegenreformation, die den päpstlichen Thron und die katholische Welt vornehmlich durch die Hände des Jesuitenordens rettete.

Um diese Aufgabe zu verwirklichen, war die spanische Monarchie bereit, alle erfolgversprechenden Mittel anzuwenden. Ein derartiges ideales Mittel, ein solch »wundertätiges« Instrument, geheiligt durch die Autorität der Kirche und erprobt durch eine jahrhundertelange Wirksamkeit, war die Inquisition.

Unter den Bedingungen eines sich verschärfenden ideologischen Kampfes gegen den Protestantismus gewann die Tätigkeit der Inquisition für die Kirche eine besonders aktuelle Bedeutung. Da der faktische Leiter der Gegenreformation in Spanien der König war, machte die Inquisition auch weiterhin Fortschritte, indem sie die Feinde der Kirche und der Krone zugleich traf. Die königliche Macht in Spanien, die in der Inquisition eine so zuverlässige Waffe zur Unterdrückung und Beseitigung ihrer Gegner gefunden hatte, trennte sich von ihr nicht mehr bis zum zweiten Viertel des 19. Jahrhunderts.

Die mittelalterliche katholische Ideologie, von der spanischen Krone zur Staatsdoktrin erhoben, ließ keine Toleranz zu. Die herrschende Kirche forderte die absolute Unterordnung der gesamten Bevölkerung und betrachtete jede Abweichung von der offiziellen religiösen Doktrin als eine »Untergrabung der Grundlagen«. Auf die Schuldigen und der Häresie Verdächtigen setzte sie ihr ganzes reichhaltiges Arsenal repressiver Mittel an. Erst nach den Religionskriegen, die der Reformation folgten, erklärte sich der päpstliche Stuhl zu einer relativ friedlichen »Koexistenz« mit den Protestanten bereit – das jedoch nur in den Ländern, wo die katholische Partei den militärischen Sieg über ihre ideologischen Gegner nicht mehr erringen konnte.

Die Inquisition, die im Interesse der königlichen Macht handelte, verfolgte Juden und Mauren, plünderte sie aus und beraubte nebenbei die spanischen Städte und Stände ihrer mittelalterlichen Freiheiten. »Dies war die Zeit«, wie Karl Marx schrieb, »da Vasco Nuñez de Balboa an der Küste von Darien, Cortés in Mexiko und Pizarro in Peru das Banner Kastiliens aufpflanzten, da spanischer Einfluß in ganz Europa vorherrschend war und ihre südliche Phantasie den Iberern Visionen von Eldorados, ritterlichen Abenteuern und Weltmonarchie vorgaukelte. Damals verschwand die spanische Freiheit unter Waffengeklirr, unter einem wahren Goldregen und beim schrecklichen Schein der Autodafés.«[2]

2 *Marx, K.*, Das revolutionäre Spanien, in: Marx/Engels, Werke Bd. 10, Berlin 1961, S. 439.

Die »neue« Inquisition wurde in Spanien in den Jahren von 1478 bis 1483 gegründet. Dem gingen folgende Ereignisse voraus: 1474 nahm Isabella I., Gattin Ferdinands V., des Königs von Sizilien sowie Sohnes und Thronfolgers des Königs von Aragón, Johanns II., den Thron Kastiliens in Besitz, da dessen König, ihr Bruder Enrique IV., verstorben war. 1479 starb dann Johann II., und seine Besitzungen gingen an Ferdinand V. über. So vereinigte dieses königliche Ehepaar jetzt unter seinem Zepter Kastilien, Aragón und Sizilien sowie seit 1492, nach der Eroberung Granadas, auch den ganzen Süden Spaniens.

Im Jahre 1477 erschien der sizilianische Inquisitor Barberis in Sevilla, wo er die Bestätigung seiner Privilegien und Vollmachten von Isabella und Ferdinand erhielt. Barberis riet den beiden, auch in Spanien die Inquisition einzuführen, indem er darauf hinwies, wie sehr deren Tätigkeit zur Festigung ihrer Macht dienen würde. Seinen Vorschlag unterstützte Alfredo de Ojeda, Prior des Dominikanerklosters in Sevilla, der die Einrichtung einer Inquisition in erster Linie zum Kampf gegen die Maranen forderte.[3] Für die Einführung der Inquisition plädierte auch energisch der päpstliche Nuntius in Spanien, Nicolas Franco, der sich an dieser Sache selbst die Hände zu wärmen suchte.[4]

Am 1. November 1478 bevollmächtigte Sixtus IV., einer der übelsten Kirchenfürsten, die jemals die päpstliche Tiara getragen haben[5], durch eine spezielle Bulle Ferdinand und Isabella, in Kastilien die Inquisition zu begründen. Sie sollte das Recht haben, alle Häretiker zu verhaften und zu richten (wobei unter »Häretikern« in erster Linie die »Neuchristen« gemeint waren) und deren Eigentum zugunsten der spanischen Krone, des päpstlichen Stuhls sowie der Inquisitoren zu konfiszieren. Im September 1480 wurden als Inquisitoren die Dominikaner Miguel Morillo und Juan de San-Martin ernannt.

Am 2. Januar 1481 konstituierte sich das »heilige Tribunal« im Dominikanerkloster von Sevilla und ging an die Arbeit. In dieser Zeit verbreitete sich unter den »Neuchristen« eine Panik. Viele änderten ihren Familiennamen und ihren Wohnort, verbargen sich bei Freunden oder Verwandten; andere lösten in aller Eile ihren Hausstand bzw. ihre Wirtschaft auf und retteten sich durch Emigration.

Die erste Verlautbarung des »heiligen Tribunals« war ein Befehl, der alle weltlichen Behörden aufforderte, im Verlauf von 15 Tagen jene Mauren und Juden zu

---

[3] So nannte man in Spanien die Juden, die den christlichen Glauben angenommen hatten. Man bezeichnete sie auch als »Neuchristen«.

[4] *Llorente, J. A.*, Histoire critique de l'Inquisition de l'Espagñe. Traduit de l'Espagñole, sur le manuscrit et sous les yeux de l'auteur, par Alexis Pellier, Paris 1818, 4 Bde., Bd. I, S. 144; dt. Übers. v. Höck: S. 166, 189.

[5] *Kustodiev, K.*, Poslednee autodafé v Sevil'e, in: Russkij vestnik, 1863, Oktober, S. 482.

verhaften, die ihren Wohnort gewechselt hatten, ihr Eigentum zu konfiszieren und sie nach Sevilla zu überführen.[6] Diesen Befehl zu verwirklichen halfen auch die Mitglieder einer heiligen Bruderschaft (der Hermandaden) – bewaffnete Abteilungen, vergleichbar der russischen Opričnina, die im Jahre 1476 gegründet worden war und unmittelbar die königlichen Befehle ausführte (ihr Kommandeur war der Bruder des Königs Ferdinand). Die verhafteten »Neuchristen« wurden aus allen Teilen Kastiliens nach Sevilla gebracht, wo man sie in Klöstern und im Schloß Triana unterbrachte. Bald folgten massenhafte Hinrichtungen. Diejenigen Häftlinge, die sich nicht als schuldig bekannten, wurden aus der Kirche ausgestoßen und auf den Scheiterhaufen gebracht; andere, welche abschworen, kamen mit Züchtigungen, Kerkerhaft, Konfiskation der Güter und Aberkennung der bürgerlichen Rechte davon.

Die Vielzahl der Exekutionen zwang die Inquisitoren, ihre Todestechnik zu vervollkommnen. Auf einem Felde hinter der Stadt, wo die Hinrichtungen stattfanden, wurde eine Tribüne (tablada) errichtet, die diesem Platz ihren Namen gab; von hier aus wurden die Urteile gesprochen. In ihrer Nähe wurde für den Scheiterhaufen ein Richtplatz aufgebaut. Dieses Schafott nannte man Quemadero (Krematorium); es unterschied sich von den heutigen gleichnamigen Einrichtungen nur dadurch, daß man hier keine Menschen, die eines natürlichen Todes gestorben waren, verbrannte, sondern Häretiker den Flammen preisgab – entweder lebendig oder nachdem man sie vorher als Zeichen besonderer Milde der Inquisitoren erdrosselt (»garrottiert«) hatte.

Auf dem Quemadero erhoben sich vier große steinerne Statuen von biblischen Propheten, an die man die Häretiker anband, welche von der Inquisition zum Tode durch Verbrennung verurteilt worden waren. Die Statuen waren von einem gewissen Mesa, dem Anschein nach einem eifrigen Katholiken, aufgestellt und prachtvoll ausgestattet worden. Als man dann entdeckte, daß Mesa selbst ein »Neuchrist« war, wertete die Inquisition diese »fromme« Geste als einen Beweis für seine Schuld. So wurde er schließlich selbst auf dem gleichen Quemadero verbrannt, das er, ohne seine Mittel zu schonen, so großartig verschönert hatte.[7]

In Sevilla brach infolge der Anhäufung von Menschenmassen in den Gefängnissen eine Pestepidemie aus. Die Inquisitoren mußten die Stadt verlassen und das gleiche auch den »Neuchristen« erlauben, allerdings durften diese ihr Eigentum nicht mitnehmen. Die Gelegenheit benutzten über 8 000 Maranen und Juden, um vor

---

[6] *Ingegneri, F.*, Torquemada, Mailand 1966, S. 11.

[7] *Lozinskij, S. G.*, Istorija inkvizicii v Ispanii, SPb., 1914, S. 50; *Lea, H. Ch.*, Geschichte der spanischen Inquisition, Bd. I, Leipzig 1911, S. 100, Anm. 2.

dem Terror der Inquisitoren zu fliehen. Als die Epidemie vorüber war, kehrte die Inquisition in die Stadt zurück und setzte ihre Henkersarbeit fort; und da ihre Klientur sich nun stark verringert hatte, gruben die Inquisitoren sogar Tote aus und richteten deren Überreste – nicht ohne bei den Verwandten das Erbe dieser Verurteilten zu kassieren.

Bald setzten sie die ganze uns schon bekannte Sammlung ausgeklügelter, raffinierter Methoden in Gang, durch die Tausende unschuldiger Opfer – »Füchse«, wie die Inquisition sie nannte – in die Fänge des »heiligen Tribunals« gerieten und ihren Leidensweg auf dem Scheiterhaufen beendeten.

In dem Bestreben, wohlhabende »Neuchristen« in die Hände zu bekommen, die im Zusammenhang mit der ersten Terrorwelle Anfang 1481 untergetaucht waren, veröffentlichten die Inquisitoren noch im gleichen Jahr einen »Gnaden«-Erlaß, demzufolge allen »Neuchristen«, die sich des Abfalls schuldig gemacht hatten, für ihr freiwilliges Erscheinen vor dem »heiligen Tribunal«, ihr Geständnis und ihren Widerruf Verzeihung gewährt und ihr Eigentum zugesichert wurde. Diejenigen, die in diese Schlinge gingen, mußten ihre Rettung mit dem Preis eines schändlichen Verrats erkaufen, indem sie ihren Henkern die Namen, die Vermögenslage, den Aufenthaltsort und andere Anhaltspunkte über alle ihnen bekannten »Abtrünnigen« oder des Abfalls verdächtigen Personen mitteilten.

Doch diese Angaben retteten letztlich die Kleinmütigen auch nicht vor dem Scheiterhaufen, denn nachdem die Inquisition mit den hartnäckigen Abtrünnigen fertig geworden war, rechnete sie auch mit diesen ihren Helfershelfern ab, indem sie sie entsprechend der traditionellen Formel des »Rückfalls in die Häresie« beschuldigte; das zog bekanntlich unvermeidlich das Todesurteil und die Konfiskation sämtlichen Eigentums der Verurteilten nach sich.

Als die »Gnadenfrist« abgelaufen war, gaben die Inquisitoren von Sevilla einen neuen Befehl heraus, der jedem Bewohner des Königreichs unter Androhung der Exkommunikation befahl, innerhalb einer dreitägigen Frist alle Personen zu nennen, die der judäischen Häresie verdächtig seien. Zur »Aufklärung« der Denunzianten wurden im Befehl 307 verschiedene Kennzeichen genannt, die es ermöglichen sollten, die »Neuchristen« des Glaubensabfalls zu überführen.

Diese Befehle brachten den Inquisitoren eine reiche, blutige Ernte ein. Tausende von »Neuchristen« begaben sich freiwillig in die Hände des »heiligen Tribunals«; auf ihre Angaben hin gerieten wiederum Tausende in die Keller der Inquisition; Tausende wurden auch verhaftet auf die Anzeigen der »Altchristen« hin. Die Arbeit der Inquisition nahm ein immer größeres Ausmaß an. Die zwei im Jahre 1480 ernannten Inquisitoren wurden längst nicht mehr allein mit ihr fertig. Am 11. Februar 1482 ernannte Papst Sixtus einige neue Inquisitoren für Spanien, unter denen wir zum ersten Mal den Namen Torquemada finden. Dieser Dominikanermönch war der Beichtvater des Königspaares und ein entschiedener Anhänger der Ausrottung der »judaisierenden« Häresie.

Inzwischen wurde auf den päpstlichen Stuhl von zwei Seiten her Druck ausgeübt: auf der einen Seite von den »Neuchristen«, die durch große Bestechungssummen den Papst und seine nächste Umgebung dafür zu gewinnen suchten, die Macht der spanischen Inquisition einzuschränken, indem er eine Art unabhängige Appellationsinstanz (Berufungsinstanz) einrichtete, an die sich zu Unrecht vom »heiligen Tribunal« Verurteilte wenden konnten; auf der anderen Seite forderte die spanische Krone, daß ihr das »heilige Tribunal« vollständig untergeordnet werde und daß der päpstliche Stuhl sich in keiner Weise in dessen Angelegenheiten einmische. Als Kompensation dafür versprach sie dem Papst einen Teil des von den Häretikern konfiszierten Eigentums.

Die Bemühungen der spanischen Krone, die zur fast einzigen Stütze des bis in seine Grundfesten erschütterten Papsttums im Westen geworden war, zeitigten bei Sixtus IV. den entsprechenden Erfolg. Am 2. August 1483 erließ er ein Dekret, das ein ständiges »heiliges Tribunal« in Kastilien mit einem Generalinquisitor an der Spitze schuf, der auf Vorschlag der spanischen Krone zwar vom Papst ernannt wurde, in allen seinen Handlungen aber nur ihr verantwortlich sein sollte. Der Generalinquisitor erhielt das Recht, mit Zustimmung der Krone Provinzialinquisitoren zu ernennen.

Für das Amt des Generalinquisitors wurde Thomas Torquemada ernannt. Er führte den Titel: »Wir, Bruder Thomas Torquemada, Mönch des Ordens der Predigerbrüder, Prior des Klosters des Heiligen Kreuzes in Segovia, Beichtvater des Königs und der Königin, unserer Herrscher, und Generalinquisitor in allen ihren Königreichen und Besitzungen gegen die häretische Verderbtheit, ernannt und bevollmächtigt durch den Heiligen Apostolischen Stuhl.« [8]

Wie aus dem Text hervorgeht, wurde Torquemada für sein Amt vom römischen Papst ernannt, der dementsprechend auch zusammen mit der spanischen Krone die Verantwortung für seine blutigen Taten trägt.

So hatte die spanische Krone in der Inquisition, sanktioniert durch die höchste kirchliche Autorität, ein perfektes Terrorinstrument in die Hand bekommen, mit dessen Hilfe sie zukünftig alle ihre Gegner effektiv unterdrücken konnte.

Am 17. Oktober 1483 dehnte der Papst die Vollmachten des kastilischen Generalinquisitors auch auf Aragón, Valencia und Katalonien aus. In diesen Gebieten war die Inquisition zwar seit dem 13. Jh. bekannt, aber bis zum Ende des 15. Jh., im Zusammenhang mit der Entwicklung der Städte und der sich entfaltenden

---

[8] *Llorente, J. A.*, a. a. O., S. 493.

Selbstverwaltung, in Verfall geraten und praktisch untätig. Die örtlichen Cortes stimmten nur unter großem Druck seitens der Krone zu, die Vollmachten Torquemadas auch auf ihre Gebiete auszudehnen, deren Bevölkerung seine Vertreter äußerst feindlich empfing und ihre Sympathien mit den Opfern des »heiligen Tribunals« nicht verbarg.

Im gleichen Jahre schuf Ferdinand V. den Obersten Rat der Inquisition unter dem Vorsitz des Generalinquisitors. Zu den Aufgaben dieses Rates gehörte vor allem die Lösung von Fragen, die mit der Konfiskation der Güter der Häretiker verbunden waren. Damit war die Schaffung des »Obersten Inquisitionstribunals«, der Suprema[9], in Spanien beendet, deren blutige Tätigkeit dreieinhalb Jahrhunderte andauerte.

Wie schon gesagt, waren die ersten Opfer der spanischen Inquisition die »Neuchristen«, die Maranen.

Die bürgerlichen und klerikalen Forscher haben nicht wenig geschrieben, um zu beweisen, daß die Maranen Heuchler und Betrüger waren, die öffentlich Jesus Christus huldigten und heimlich Moses folgten; andere behaupteten das Gegenteil: man habe in ihnen loyale und rechtgläubige Christen zu sehen, die ein für allemal mit dem Judentum gebrochen hätten.

Diskussionen dieser Art sind nutzlos, um so mehr, als aus ihnen völlig falsche Schlußfolgerungen gezogen werden. Diejenigen, die behaupten, die Maranen seien nicht ehrlich gewesen und hätten sich heimlich noch zur jüdischen Religion bekannt, wollen damit die Handlungen der Inquisition rechtfertigen. In diesem Falle wird die Verantwortung für den Untergang der Maranen von den Henkern auf ihre Opfer übertragen. Diejenigen, die das Gegenteil behaupten, beschuldigen die Inquisition nur deshalb, weil sie »unschuldige« Menschen verfolgt habe – als ob im anderen Falle, nämlich wenn die Maranen wirklich heimliche Juden gewesen wären, ihre Verfolgung gerechtfertigt wäre. Aber die Maranen gab es ja erst infolge härtester Unterdrückung der jüdischen Bevölkerung. Man zwang die Juden durch Terror, sich von ihrem Glauben loszusagen und einen anderen anzunehmen; jetzt rechnete man mit ihnen angeblich deshalb ab, weil sie das nicht ehrlich getan hätten.

Das Problem der Morisken, der zwangsweise bekehrten Araber, hatte nicht einen so »universellen« Charakter wie das der getauften Juden. Es war ein lokales, rein spanisches Problem. Obwohl die Araber ebenso wie die Juden Semiten waren, schrieb die katholische Kirche ihnen doch nicht die Verantwortung für die Kreuzigung Christi noch für andere ähnliche Verbrechen zu – mit Ausnahme des einen,

---

[9] Das Oberste Tribunal der Inquisition nannte sich auf Spanisch: Supremo Tribunal de la Santa Inquisición, abgekürzt Supremo.

daß sie Andersgläubige waren, Anhänger des »Lügenpropheten« Mohammed. Man konnte sie auch nicht dessen beschuldigen, daß sie Schätze aufgehäuft hätten; bestand doch die maurische Bevölkerung Spaniens hauptsächlich aus Handwerkern und Bauern. Trotz alledem wurde sie verfolgt.

Offiziell wurden die Morisken ebenso wie die Maranen beschuldigt, daß sie keine »ehrlichen« Christen seien, sondern heimlich ihrem alten Glauben anhingen. Mit anderen Worten: Sie wurden der Häresie angeklagt, d. h., es drohte ihnen eine allgemeine Vernichtung.

Worin bestanden aber nun die verborgenen, die wirklichen Ursachen jenes Genozids, dem die spanische Krone und die Kirche die jüdische und maurische Bevölkerung ihrer Besitzungen unterwarfen?

Was die Juden betraf, so hatte ihre Verfolgung in erster Linie ein sehr konkretes Ziel: nämlich ihr Eigentum zu beschlagnahmen. Außerdem erlaubte die Anwesenheit der Inquisition der Krone, dieses todbringende Instrument gegen jeden beliebigen Gegner anzuwenden. Die Verfolgung der Mauren, Bauern und Handwerker, die meist auf den Besitzungen einflußreicher spanischer Granden arbeiteten, untergrub die Macht der letzteren, was ebenfalls im Interesse der Krone lag.

Moderne Apologeten der spanischen Inquisition fanden nachträglich eine »edlere« Erklärung. Sie behaupteten, das Ziel der Verfolgung von Juden und Mauren sei die Erringung und Festigung der nationalen Einheit Spaniens gewesen, die angeblich durch diese Bevölkerungsgruppen untergraben wurde, so daß die spanische Gesellschaft zu zerfallen drohte. Aber wo ist der Beweis dafür, daß die Juden und Mauren danach strebten? Ihn gibt es nicht; keiner ihrer Gegner vom 14. bis 16. Jh. hat ihn je erbringen können.

Der spanische Absolutismus, der mit seinen räuberischen Allüren an die orientalischen Despotien erinnert, hat trotz der Vernichtung der Juden und Mauren die nationale Einheit des Landes nicht erreicht noch auch die Beseitigung aller städtischen Freiheiten. Wie Karl Marx bemerkte, tat die absolute Monarchie, die als erster von allen Staaten Spanien einführte, »denn auch alles, was in ihrer Macht stand, das Wachstum gemeinsamer Interessen – wie sie die nationale Arbeitsteilung und die Vielfältigkeit des Inlandsverkehrs mit sich bringen – zu verhindern, und zerstörte so die Basis, auf der allein ein einheitliches Verwaltungssystem und eine allgemeine Gesetzgebung geschaffen werden kann.«[10]

Die Inquisition, die widerspruchslos der spanischen absoluten Monarchie diente, half mit, eine solche antinationale Politik durchzuführen.

---

[10] *Marx, K.*, Das revolutionäre Spanien, in: Marx/Engels, Werke Bd. 10, Berlin 1961, S. 440.

Das Kind des Thomas Torquemada

So schrieb G. Longfellow in seinem Poem, das dem ersten spanischen Großinquisitor gewidmet ist:

»In Spanien, dem von Furcht erstarrten,
regierten Isabella und Ferdinand.
Aber es herrschte mit eiserner Faust
der Großinquisitor über das Land ...
Grausam war er wie ein Fürst der Hölle,
der Großinquisitor Torquemada.«[11]

Thomas Torquemada wird als der eigentliche Schöpfer und Ideologe der spanischen Inquisition angesehen. Er leitete das Inquisitionstribunal im Verlauf von 18 Jahren nach seiner Gründung. Torquemada war ein Fanatiker, der das Hauptziel seines Lebens in der Ausrottung der Maranen sah, die er des Abfalls vom Glauben für schuldig hielt. Er zeichnete sich aus durch Grausamkeit, Verschlagenheit, Rachsucht und eine kolossale Energie; das alles zusammen mit dem Vertrauen, das Isabella und Ferdinand in ihn setzten, machte ihn zum wirklichen Diktator Spaniens, vor dem nicht nur seine Opfer zitterten, sondern auch seine Anhänger und Verehrer, denn er konnte, wie sich das für einen »idealen Inquisitor« gehört, jeden beliebigen, auch den rechtgläubigen Katholiken, der Häresie verdächtigen, ihn zwingen, sich schuldig zu bekennen, und ihn auf den Scheiterhaufen bringen.

Nach allem, was wir wissen, liebte Torquemada die Menschen nicht; er vertraute ihnen nicht, und da er sich für ein Instrument der göttlichen Vorsehung hielt, nahm er ihnen mit ruhigem Gewissen das Leben. Obwohl Torquemada äußerlich durch Bescheidenheit und Einfachheit der Sitten sich auszeichnete, verbargen sich doch unter dieser heuchlerischen Oberfläche grenzenloser Ehrgeiz, Ehr- und Ruhmsucht sowie unersättliche Machtgier.

Für die Methoden, die Torquemada im Kampf gegen die judaisierenden Häretiker anwandte, ist der von ihm im Jahre 1491 fabrizierte Prozeß wegen Tötung eines »heiligen Kindes« aus La Guardia charakteristisch. Er wurde seitdem zu einer Art

[11] Sämtliche Poetische Werke in zwei Bänden von Henry Wadsworth Longfellow, übersetzt von *Simon, H.*, Erster Band, Leipzig o. J., S. 473 (Des Theologen Erzählung): »In der Heroenzeit, als Ferdinand und Isabella herrschten in Spaniens Land, als Torquemada schmachvoll sie verführte und als Großinquisitor schlau regierte, da wohnte – sieh nur Spaniens Chronik an! – ein stolzer und verschwiegener Edelmann im Riesenschloß bei Valladolid ... Und Spaniens Großinquisitor dann mit seinen fünfzig Reitern zog heran; sein Schreckensname ringsum schallte bang, wie bei dem Leichenfest Trompetenklang.«

Modell für ähnliche provokative Schauspiele, die sich in verschiedenen Ländern und unter verschiedenen Regimes periodisch wiederholten. Im Juni 1490 befand sich der »Neuchrist« Benito Garcia in den Händen der Inquisition und sagte unter der Folter aus, er habe zusammen mit fünf anderen Maranen und sechs Juden ein »Komplott« gegen die Christenheit geplant. Um ihren verbrecherischen Plänen den notwendigen Erfolg zu sichern, hätten die Verschwörer angeblich beschlossen, einen christlichen Knaben aus dem Dorfe La Guardia zu töten. Sie hätten diesen Knaben gestohlen, gemartert und ihm dann das Herz aus dem Leibe geschnitten; einer der Verschwörer habe dann versucht, daraus einen Zaubertrank zu bereiten, mit dessen Hilfe man die Inquisition und die ganze Christenheit vernichten könne. Die von Garcia genannten »Verschwörer« wurden verhaftet; unter der Folter bekannten sie ihre »Verbrechen«. Am 16. November 1491 wurden alle »Verschwörer« mit Ausnahme von dreien, die schon durch die Folter umgekommen waren, in Avila hingerichtet, wobei die Juden lebendig verbrannt und die Maranen, die sich mit der Kirche versöhnt hatten, vor der Verbrennung erdrosselt wurden; die drei während der Folterung Umgekommenen wurden »in effigie« verbrannt.[12]

Charakteristisch für die Geisteshaltung Torquemadas ist folgender Vorfall, den Lea wiedergibt: Das Gericht von Medina hatte mehrere Ketzer verbrannt, ohne bei ihm um Bestätigung nachzusuchen, hatte für die Freisprüche jedoch seine Bestätigung erbeten. Er sandte nun einen Visitator, der die Prozesse der Freigesprochenen wieder aufnahm und die Folter anwandte. Auch er sprach noch eine Anzahl frei, worauf Torquemada in hellen Zorn ob solcher Laschheit geraten sei und geäußert haben soll, er hätte alle verbrannt. Tatsächlich ließ er die zum zweiten Male Freigesprochenen ein drittes Mal verhaften und aburteilen, »diesmal wohl mit der gewünschten Wirkung«, wie Lea bemerkt. »Das war der Geist, der der Anstalt von vornherein eingegeben wurde, und man braucht sich nicht zu wundern, daß Freisprechungen in der Folge eine Seltenheit wurden.«[13] In den 18 Jahren seiner Tätigkeit hat Torquemada nach den Angaben Llorentes »10 220 Opfer lebend, 6 840 ›in effigie‹ verbrannt (wenn sie gestorben oder geflohen waren), und 97 321 verloren durch ihn ihre Ehre und wurden aus staatlichen oder Ehrenämtern ausgestoßen. Das Gesamtergebnis dieser barbarischen Urteile beläuft sich auf etwa 114 300 für immer ruinierte Familien. Darin sind nicht eingeschlossen jene Personen, die wegen ihrer Verbindungen zu den Verurteilten mehr oder weniger deren Unglück teilen mußten, wie die Freunde und Verwandten, die über die strengen Strafen trauerten, die die unglücklichen Opfer betroffen hatten.«[14]

---

[12] *Lozinskij, S. G.*, a. a. O., S. 144; *Lea, H. Ch.*, a. a. O., Bd. I, S. 79.

[13] Ebenda, S. 10 ff.

[14] *Llorente, J. A.*, a. a. O., S. 250; dt. Übers. v. *Höck:* S. 327.

Es versteht sich, daß die Apologeten der Kirche die Angaben Llorentes anzweifeln und behaupten, sie seien »übertrieben«; Torquemada habe nicht 10 000 Menschen auf den Scheiterhaufen geschickt, sondern nur 5 000 oder 4 000. Aber Llorente hat vor ihnen einen nicht unwichtigen Vorzug: er war Sekretär der spanischen Inquisition, und seine Werke stützen sich auf das Material ihrer Archive. Aber selbst wenn wir zugeben, daß die Angaben Llorentes übertrieben sind – werden dadurch die Verbrechen der spanischen Inquisition etwa gerechtfertigt?

Die Verfolgungen der Häretiker hielten bis zum Beginn des 19. Jh. an. Nach unvollständigen Angaben verurteilte die kastilische Inquisition allein innerhalb von nur vier Jahren (von 1721 bis 1725) insgesamt 902 Häretiker, von denen 165 Personen auf dem Scheiterhaufen verbrannt wurden.[15] Der letzte, den die Inquisition wegen seines »Judentums« zur Verantwortung zog, war Manuel Santiago Vivar aus Cordoba im Jahre 1818.

Aber Torquemada war nicht nur der Organisator des Terrors, er war gleichzeitig auch »Theoretiker«. Unter seiner Leitung wurde der Codex der Inquisition zusammengestellt, der aus 28 Artikeln (Instruktionen) bestand. An der Ausarbeitung dieses Codex nahmen die bekanntesten spanischen Theologen der damaligen Zeit teil. Sogar Isabella und Ferdinand trugen persönlich dazu bei. In diesem Dokument, das vom Jahre 1484 datiert ist, waren alle Direktiven des päpstlichen Stuhls zur Verfolgung der Häretiker und die Erfahrungen der früheren Inquisitionstribunale in Spanien und anderen Ländern zusammengetragen.

Die Hauptthesen des Codex Torquemadas lassen sich wie folgt zusammenfassen: Die Inquisition wurde zum geheimen Gericht erklärt, zur ersten und letzten Instanz, die die Sachen der Häretiker zu bearbeiten hatte. Ihre Beschlüsse galten als endgültig und konnten nicht revidiert werden. Die Personen, die von der Inquisition der Häresie geziehen wurden, sich aber nicht schuldig bekannten, mußten exkommuniziert und den weltlichen Behörden zur Verbrennung übergeben werden. Ein der Häresie Angeklagter konnte sich vor dem Scheiterhaufen nur retten durch ein volles Eingeständnis seiner Schuld, durch Angaben der Mitschuldigen, durch Abschwören der häretischen Ansichten und völlige Unterwerfung unter den Willen des »heiligen Tribunals«.

Der Codex Torquemadas setzte keine festen Fristen für die Durchführung der Untersuchung und das Gericht über die Angeklagten fest. Die Inquisition hatte die Macht, ihre Opfer unbeschränkte Zeit in Untersuchungshaft zu halten. Es gab Fälle, wo die Häftlinge über zehn Jahre in den Kellern der Inquisition auf ihr Urteil warten mußten. Der Geistliche José Bunon de Vertis wurde im Jahre 1649 verhaftet

---

15 *Kamen, H.*, Die spanische Inquisition, München 1967, S. 256.

und starb in der Haft im Jahre 1656. In seiner Angelegenheit war keine einzige Entscheidung gefällt worden. Der Dominikanermönch Gabriel Escobar schmachtete 15 Jahre – von 1607 bis 1622 im Gefängnis; dort starb er, ohne daß ein Urteil gesprochen worden wäre.[16]

Der Codex Torquemadas wurde mehrmals durch neue Instruktionen ergänzt, aber sein Wesen änderte sich nicht. Er stattete die Inquisitoren mit unbegrenzter Vollmacht aus; in ihren Handlungen waren sie nur dem Generalinquisitor und der Suprema verantwortlich, die ihrerseits nur der Krone rechenschaftspflichtig waren.

Der Codex erweiterte ferner die Organisationsstruktur der Inquisition. Außer dem Obersten Rat der Inquisition mit dem Generalinquisitor an der Spitze sah er die Schaffung ständiger örtlicher Tribunale vor (insgesamt wurden 17 gegründet) sowie außerordentliche Tribunale, die an jedem beliebigen Ort für eine beliebige Frist, je nach Notwendigkeit, berufen werden konnten.

Ein wichtiges Glied in der Inquisitionshierarchie bildeten die sogenannten Familiaren (Verwandte) und Fiscalen – das waren ihre weltlichen Mitarbeiter, die die Aufgaben von Boten, Denunzianten und Provokateuren erfüllten. Sie waren Helfer bei der Organisation der Autodafés, zu denen sie in Kapuzen erschienen. Die Fiscalen erhielten einen Anteil von dem bei den Opfern konfiszierten Eigentum; sie unterlagen nicht der Jurisdiktion der weltlichen Gerichte und handelten im Grunde genommen völlig straflos. Nicht wenige von ihnen stellten verbrecherische Elemente dar; darüber hinaus jedoch waren in diesem »Stand« alle Schichten der Bevölkerung vertreten. Unter den Fiscalen fanden sich auch bekannte Schriftsteller und Staatsmänner. Die Zahl der Familiaren war überaus groß. So gab es z. B. beim Tribunal in Toledo 805, in Granada 454, in Santiago 1 009, in Saragossa 1 215 und in Barcelona 905 Familiaren[17]; ihre Gesamtzahl überstieg nach den vorhandenen Angaben 15 000 Personen.

Eines der wesentlichen Bestandteile des Inquisitionsverfahrens war das Denunziantentum; es wurde von der Kirche in Predigt und Beichte gefördert. Die Kirche hämmerte hartnäckig ihren Gläubigen ein, daß die Denunziationen eine Gott wohlgefällige Sache, eine Art Billett für den Himmel seien. Besonders wurden Anzeigen gegen Verwandte und Freunde geschätzt, Anzeigen von Dienern gegen ihre Herren, von Untergebenen gegen ihre Vorgesetzten. Die Inquisition hielt die Namen der Denunzianten streng geheim und belohnte sie selbst reichlich aus dem bei den Häretikern konfiszierten Vermögen.

Die Inquisition scheute sich nicht, auch unter den Juden selbst Denunzianten anzuwerben. Schon im Jahre 1485 befahlen die Inquisitoren den Rabbinern in Sevilla,

---

16 *Lea, H. Ch.*, a. a. O., Bd. II, Leipzig 1912, S. 185 ff. und 209.

17 *Kamen, H.*, a. a. O., S. 165.

alle Juden in der Synagoge dem Anathema zu übergeben, die von Maranen wußten, welche sich heimlich zum Judentum bekannten, und das »heilige Tribunal« nicht davon benachrichtigten.

Die kirchliche Predigt, die das Denunziantentum in eine christliche Tugend verwandelte, und die Furcht vor der Inquisition schufen eine große Anzahl von Zuträgern, deren Anzeigen gegen vermeintliche oder wirkliche Häretiker das »heilige Tribunal« nie ohne Arbeit ließen. Nur einige Beispiele hierfür seien angeführt:

Im Jahre 1530 teilte ein Denunziant der Inquisition auf den Kanarischen Inseln mit, daß die Einwohnerin Aldonsa de Vargas »rätselhaft lächelte«, als man in ihrer Anwesenheit den Namen der »unbefleckten Jungfrau Maria« erwähnte. Dieses »geheimnisvolle Lächeln«, bemerkte der Denunziant, zeuge von einem verächtlichen Verhalten der Aldonsa gegenüber der Gottesmutter.

Gonzales Ruis verfiel der Inquisition auf die Anzeige seines Partners beim Kartenspiel hin, der verloren hatte und ihn nun beschuldigte, er habe während des Spiels gesagt: »Selbst wenn Gott dir hülfe, dieses Spiel kannst du sowieso nicht mehr gewinnen.«

Im Jahre 1581 zeigten sich zwei verheiratete Pfarrkinder selbst daraufhin an, daß sie zu ihren Frauen gesagt hätten: »Der Beischlaf ist keine Sünde«; eine solche Behauptung galt damals als Häresie reinsten Wassers. Die Männer beschuldigten sich selbst aus Angst, ihre Frauen würden sie der Inquisition anzeigen.

1635 wurde in Barcelona Anzeige erstattet gegen einen gewissen Pedro Hinesta, der des Protestantismus beschuldigt wurde, weil der Denunziant gesehen hatte, wie Hinesta in der Fastenzeit »Schinken mit Zwiebeln« aß.

Im gleichen Jahr wurde ein gewisser Alonso aus der Stadt Jaén verhaftet, weil er nach Angabe des Denunzianten »an der Kirchenmauer Harn gelassen hatte«; das konnte als bewußte Absicht eines Häretikers gedeutet werden, die katholische Kirche zu entweihen.

Wieviel Papier wurde von den Apologeten der Kirche nicht beschrieben, um die Anwendung der Folter durch die spanischen Inquisitoren zu rechtfertigen oder zu vertuschen! Wurde die Folter nun tatsächlich angewandt? Sie wurde es, das müssen auch die eifrigsten Apologeten verschämt eingestehen; aber, so sagen sie, das geschah selten, in frommer Absicht, gemäßigt und stets in Anwesenheit eines Arztes, der darüber zu wachen hatte, daß die Henker dem Häretiker nicht etwa ein Knöchelchen brachen und nicht sein kostbares Blut vergossen; denn die Kirche verabscheut und haßt das Blutvergießen. Die Folter wurde natürlich angewandt, das können die Apologeten der Kirche nicht bestreiten; aber das gehörte zu den Sitten jener Zeit, sagen sie; was hat die Kirche dabei zu tun, das »heilige Tribunal«, schuld ist die Epoche! Die Folter wurde angewandt, ja aber daraus folge nicht, daß etwa die

Aussagen erpreßt waren; anerkannt wurden nur solche Aussagen, die der Angeklagte später, nach der Folter, freiwillig wiederholte und bestätigte.

Es soll sich also zeigen, wie edel, gerecht, gemäßigt und human die Inquisition in der Anwendung der Folter war und durchaus nicht so blutig und grausam, wie sie die antiklerikalen »Verleumder« zeichnen!

Jedoch Tausende von Dokumenten und Verhörsprotokollen entlarven die Inquisitoren als erbarmungslose Sadisten, die ihre Opfer systematisch folterten, ungeachtet ihres Geschlechtes und ihres Alters, denn unter denen, die der Folter unterzogen wurden, finden wir minderjährige Kinder und alte Mütterchen bis zu neunzig Jahren.

Zum Verständnis des Verfahrens sei aus den zahlreichen Folterprotokollen eins ausgewählt, das eine mäßige Wasserfolter schildert, mit einem einzigen Krug. Es handelt sich um Elvira del Campo, die 1568 in Toledo wegen Meidung von Schweinefleisch und Wechselns der Wäsche an Samstagen angeklagt war. Sie leugnete nicht diese Handlungen, sondern ihre ketzerische Absicht. Der Bericht lautet:

Sie wurde in die Folterkammer gebracht, wo ihr eröffnet wurde, daß sie die Wahrheit sagen müsse, worauf sie erwiderte, daß sie nichts zu sagen habe. Es wurde befohlen, sie auszukleiden; sie wurde abermals ermahnt und schwieg. Nachdem sie entkleidet war, sagte sie: »Ihr Herren, ich habe alles getan, was man von mir sagt, und ich zeuge falsch gegen mich selbst, denn ich mag mich nicht in diesem Zustande sehen, bei Gott, ich habe nichts getan.« Es wurde ihr bedeutet, sie dürfte nichts Falsches über sich sagen, sondern nur die Wahrheit. Es wurde mit dem Binden der Arme begonnen, und sie sagte: »Ich habe die Wahrheit gesagt; was muß ich sagen?« Ein Strick wurde um ihre Arme gezogen, und sie wurde ermahnt, die Wahrheit zu sagen; allein sie erklärte, sie habe nichts zu sagen. Dann schrie sie und sprach: »Ich habe alles getan, was man sagt.« Aufgefordert, im einzelnen anzugeben, was sie getan, erwiderte sie: »Ich habe die Wahrheit schon gesagt.« Dann schrie sie und sagte: »Sagt mir, was ihr wissen wollt, denn ich weiß nicht, was ich sagen soll.« Es wurde ihr bedeutet, sie solle sagen, was sie getan habe, denn sie werde gefoltert, weil sie nichts gesagt habe, und eine weitere Drehung des Seiles wurde angeordnet. Sie schrie: »Laßt mich los, ihr Herren, und sagt mir, was ich sagen soll; ich weiß nicht, was ich getan habe; o Herr, habe Mitleid mit mir Sünderin.« Nach einer weiteren Drehung sagte sie: »Laßt mich ein wenig los, damit ich mich besinne, was ich zu sagen habe; ich weiß nicht, was ich getan habe; ich aß kein Schweinefleisch, weil es mich krank machte; ich habe alles getan: laßt mich los, und ich will die Wahrheit sagen.« Es wurde wieder eine Drehung befohlen, und sie sprach: »Laßt mich los, und ich will die Wahrheit sagen; ich weiß nicht, was ich zu sagen habe – laßt mich los um Gottes willen – sagt mir, was ich sagen soll – ich habe es getan, ich habe es getan – sie tun mir weh, Herr – laßt mich los, laßt mich los, und ich sage es euch.«

Es wurde ihr bedeutet, sie solle es sagen, und sie antwortete: »Ich weiß nicht, was ich sagen soll – ich habe es getan, Herr – ich habe nichts zu sagen – o meine Arme; laßt mich los, und ich will es sagen.« Auf die Frage, was sie getan habe, antwortete sie: »Ich habe es nicht gegessen, weil ich es nicht mochte.« Befragt, warum sie es nicht mochte, sagte sie: »Ach! laßt mich los, laßt mich los – nehmt mich hier weg, und ich will es euch sagen, wenn ich hier weg bin – ich sage, daß ich es nicht aß.« Es wurde ihr gesagt, sie solle reden, und sie sprach: »Ich aß es nicht, ich weiß nicht warum.« Es wurde eine weitere Drehung befohlen, und sie sagte: »Herr, ich aß keins, weil ich es nicht mochte; laßt mich frei, und ich will es euch sagen.« Sie wurde aufgefordert zu sagen, was sie unserem katholischen Glauben zuwider getan habe. Sie sagte: »Nehmt mich hier weg und sagt mir, was ich zu sagen habe – sie tun mir weh – o, meine Arme, meine Arme!«, was sie oftmals wiederholte. Und sie fuhr fort: »Ich entsinne mich nicht – sagt mir, was ich zu sagen habe – o, ich Unglückliche – ich will alles sagen, was man will, ihr Herren – sie brechen mir den Arm – laßt mich ein wenig los – ich habe alles getan, was man von mir sagt.« Es wurde ihr bedeutet, im einzelnen zu berichten, was sie getan habe. Sie sagte: »Was verlangt man, daß ich sagen soll? Ich habe alles getan – laßt mich los, denn ich erinnere mich nicht, was ich sagen soll – seht ihr nicht, was für eine schwache Frau ich bin? – o, o, meine Arme brechen.« Es wurden weitere Drehungen befohlen, und darüber sagte sie: »O, o, laßt mich los, ich weiß ja nicht, was ich sagen soll – o meine Arme – ich weiß nicht, was ich sagen soll – wenn ich es getan hätte, würde ich es sagen.« Die Stricke wurden enger gezogen, und sie sagte: »Ihr Herren, habt ihr denn kein Mitleid mit einer sündigen Frau?« Es wurde ihr bedeutet: ja doch, wenn sie die Wahrheit sagte. Sie sprach: »Herr, sagt es mir, sagt es mir.« Wieder wurden die Stricke angezogen, und sie sagte: »Ich habe schon gesagt, daß ich es getan habe.« Es wurde ihr befohlen, Einzelheiten anzugeben, worauf sie erwiderte: »Ich weiß nicht, wie ich es sagen soll, Herr, ich weiß es nicht.« Darauf wurden die Stricke gelöst und gezählt, und es gab sechzehn Drehungen, und bei der letzten riß der Strick.

Es wurde nun befohlen, sie auf den Potro zu legen. Sie sagte: »Ihr Herren, wollt ihr mir nicht sagen, was ich zu sagen habe? Herr, legt mich auf den Boden – habe ich nicht gesagt, daß ich alles getan habe?« Sie wurde geheißen, es zu sagen. Sie sagte: »Ich erinnere mich nicht – nehmt mich weg – ich habe getan, was die Zeugen sagen.« Sie wurde geheißen, im einzelnen zu sagen, was die Zeugen gesagt hätten. Sie sprach: »Herr, wie ich es euch gesagt habe, ich weiß es nicht gewiß. Ich habe gesagt, daß ich alles getan habe, was die Zeugen sagen. Ihr Herren, laßt mich los, ich erinnere mich ja nicht.« Es wurde ihr geboten, es zu sagen. Sie sagte: »Ich weiß nicht. O, o! sie reißen mich in Stücke – ich habe gesagt, daß ich es getan habe – laßt mich gehen.« Sie wurde geheißen, es zu sagen. Sie sagte: »Ihr Herren, es hilft mir nichts, wenn ich sage, daß ich es getan habe, und ich habe zugegeben, daß, was ich getan habe, diese Qual über mich gebracht hat – Herr, ihr kennt die Wahrheit – ihr Herren, um Gottes willen, habt Mitleid mit mir, ihr Herren, nehmt mir diese Dinge von den Armen – ihr Herren, laßt mich los, sie töten mich.« Sie wurde mit den Stricken auf den Potro gebunden und ermahnt, die Wahrheit zu sagen, und die **Garrottes** (Nebenstricke) wurden angezogen. Sie sprach: »Herr, seht ihr nicht, daß diese Leute mich töten? Herr, ich habe es getan – um Gottes willen, laßt mich gehen.« Sie wurde aufgefordert, es zu sagen, und sprach: »Herr, erinnert mich an das, was ich nicht weiß – Herr, habt Mitleid mit mir – laßt mich in Gottes Namen gehen – sie haben kein Mitleid mit mir. – Ich habe es getan – nehmt mich hier weg, und ich will mich besinnen; hier kann ich es nicht.« Sie wurde ermahnt, die Wahrheit zu sagen, oder die Stricke würden fester angezogen. Sie sprach: »Erinnert mich an das, was ich zu sagen habe, denn ich weiß es ja nicht – ich habe gesagt, daß ich es nicht essen mochte -«, und dies wiederholte sie oftmals. Befragt, warum sie es nicht essen mochte, antwortete sie: »Aus der Ursache, wie die Zeugen sagen – ich weiß nicht, wie ich das sagen soll – ich Ärmste weiß nicht, wie ich es sagen soll – ich habe gesagt, daß ich es getan habe, und ich weiß nicht, mein Gott, wie ich es sagen soll!« Dann sagte sie, wie könne ich es sagen, da sie es nicht wisse – »Sie wollen nicht auf mich hören – diese Leute wollen mich töten – laßt mich los, und ich will die Wahrheit sagen.« Abermals ermahnt, die Wahrheit zu sagen, erwiderte sie: »Ich habe es getan; ich weiß nicht, wie ich es getan habe – ich habe es getan aus der Ursache, wie die Zeugen sagen – laßt mich los, und ich will die Wahrheit sagen.« Dann sagte sie: »Ihr Herren, ich habe es getan; ich weiß nicht wie ich es sagen kann, aber ich sage es, wie die Zeugen sagen. – Ich will es sagen – nehmt mich hier weg – Herr, wie die Zeugen sagen, so sage und bekenne ich.« Sie wurde geheißen, es zu erklären, und antwortete: »Ich weiß nicht, wie ich es sagen soll – ich habe kein Gedächtnis – Herr, du bist Zeuge, daß, wenn ich mehr wüßte, ich es sagen würde. Ich weiß nicht mehr zu sagen, als daß ich es getan habe, und Gott weiß es.« Sie sagte mehrmals: »Ihr Herren, ihr Herren, nichts hilft mir. Du, Herr, hörst, daß ich die Wahrheit sage und nicht mehr sagen kann – sie reißen mir die Seele aus – befehlt, daß sie mich loslassen.« Dann sagte sie: »Ich sage nicht, daß ich es getan habe – ich habe nicht mehr gesagt.« Dann sagte sie: »Ich habe es getan, um jenes Gesetz zu beobachten.« Auf die Frage, welches Gesetz, antwortete sie: »Das Gesetz, was die Zeugen sagen – ich erkläre ja alles, Herr, und erinnere mich nicht, welches Gesetz es war – o, unglücklich die Mutter, die mich geboren hat.« Befragt, welches Gesetz sie meine und welches Gesetz es sei, das die Zeugen, wie sie sagte, meinten, erwiderte sie nichts, obschon die Frage mehrmals wiederholt wurde, und schließlich sagte sie, sie wisse es nicht. Sie wurde aufgefordert, die Wahrheit zu sagen, oder die Stricke würden fester angezogen, allein sie schwieg. Es wurde eine weitere Drehung der Stricke befohlen, und sie wurde ermahnt zu sagen, welches Gesetz es sei. Sie sagte: »Wenn ich wüßte, was ich sagen soll, so würde ich es sagen. O Herr, ich weiß nicht, wie ich es sagen soll – o, o, sie bringen mich um – wenn sie mir nur sagten, was – o, ihr Herren! o, mein Herz!« Dann fragte sie, warum sie verlangten, daß sie sagen solle, was sie nicht wissen könne, und schrie mehrmals: »Ach! ich Elende!« Dann sagte sie: »Herr, sei mein Zeuge, daß sie mich töten, ohne daß ich imstande bin, zu bekennen.« Es wurde ihr gesagt, daß, wenn sie die Wahrheit sagen wolle, bevor das Wasser in ihre Gurgel eingelassen würde, sie das tun und ihr Gewissen reinigen könne. Sie sagte, sie könne nicht reden und sei eine Sünderin. Darauf wurde die leinene Toca (in ihre Gurgel) angebracht, und sie sagte: »Nehmt das weg, ich ersticke und hab Weh im Magen.« Darauf wurde ein Krug Wasser eingelassen, und es wurde ihr bedeutet, die Wahrheit zu sagen. Sie schrie, sie wolle beichten, denn sie sei am Sterben. Es wurde ihr erklärt, die Folter würde fortgesetzt, bis sie die Wahrheit gesagt habe, und sie wurde ermahnt, diese zu sagen; allein trotz mehrfacher Fragen schwieg sie. Da der Inquisitor sie durch die Folter erschöpft fand, befahl er, diese zu unterbrechen.

Es lohnt sich nicht, diese traurigen Einzelheiten fortzusetzen. Man ließ vier Tage verstreichen, weil die Erfahrung gelehrt hatte, daß unterdes die Glieder steif und die Qual bei einer Wiederholung dadurch größer wurde.

Elvira wurde nochmals in die Folterkammer geführt und ausgezogen, worauf sie bat, man möge ihre Blöße bedecken. Das peinliche Verhör ging weiter, ihre Aussagen waren verworrener als zuvor, und schließlich hatten die Inquisitoren die Genugtuung, ihr ein Bekenntnis zum Judentum und die Bitte um Gnade und Buße abzuringen.

Beim Lesen dieser schauerlichen Berichte muß man staunen, daß diese zusammenhanglosen und widerspruchsvollen Geständnisse, mit denen das Opfer in seiner zunehmenden Angst irgend etwas zu sagen suchte, um dem eintönigen Befehl nach einem Bekenntnis der Wahrheit zu genügen, bei Staatsmännern und Gesetzgebern als wesentlich und wertvoll galten. In einem Falle hielt der Gepeinigte unerschütterlich stand, während ihm die Stricke durch das Fleisch drangen und die Knochen dem Brechen nahe waren; in einem andern dagegen kam ein Geständnis nach den ersten Drehungen oder gar schon beim Anblick der fürchterlichen Folterbank heraus. Kurz: es war eine Probe mehr auf das, was der Inquisit aushalten konnte, denn auf Wahrhaftigkeit. Obwohl man das wußte, blieben die geistlichen und weltlichen Gerichte Jahrhunderte hindurch bei einem System, das im Namen der Gerechtigkeit eine endlose Reihe von Greueln zeitigte.[18]

---

[18] *Lea, H. Ch.*, a. a. O., Bd. II, S. 173–176. Weitere Protokolle bringt *Schäfer, E. H. J.*, Beiträge zur Geschichte

Die Inquisitoren und die Mitarbeiter des Tribunals nährten sich auf Kosten ihrer Opfer. Sie erhielten ihre Besoldung aus den Fonds des konfiszierten Eigentums der Häretiker. Diese Fonds gliederten sich in drei Teile: Einer davon ging direkt an die königliche Kasse, ein anderer an die Kasse der Kirche, ein dritter an die Kasse der Inquisition. Nach den vorhandenen Angaben erhielten Ferdinand und Isabella aus der Beraubung der »Neuchristen« die für die damalige Zeit sagenhafte Summe von 10 Mill. Golddukaten oder 60 Mill. Dollar in heutiger Währung.[19]

Im Jahre 1629 erhielt der Generalinquisitor 3 870 Dukaten pro Jahr, die Mitglieder der Suprema je die Hälfte dieser Summe. Im Jahre 1743 erhielt der Generalinquisitor 7 000 Dukaten, die 40 Mitglieder der Suprema insgesamt 64 100 Dukaten im Jahr. Im Jahre 1636 beschuldigte die Inquisition den Bankier Manuel Fernandez Pinto der Häresie. Der König schuldete ihm 100 000 Dukaten. Die Inquisition, die ihn verhaftete, entriß ihm weitere 300 000 Dukaten.[20]

Die Welle der Verhaftungen von Häretikern auf der Insel Mallorca im Jahre 1678, die der Verschwörung beschuldigt wurden, benutzte die Inquisition dazu, ihr Eigentum von insgesamt 2,5 Mill. Dukaten sich anzueignen.[21]

Diese sehr spärlichen Angaben zeugen davon, ein welch einträgliches Geschäft die Verfolgung der Häretiker sowohl für die Inquisition als auch für die königliche Kasse war.

Die Anhänger der Inquisition, die deren Verbrechen irgendwie beschönigen wollen, behaupten, daß ihre Gründung und Tätigkeit angeblich die Unterstützung aller Kreise der Bevölkerung Spaniens gefunden habe. Die Zeugnisse von Zeitgenossen widerlegen diese Legende. Die Inquisition wurde dem spanischen Volke aufgezwungen. Der Jesuit Juan de Mariana (1536–1624) vermerkt in seiner »Geschichte Spaniens«, daß die Inquisition am Anfang »den Spaniern äußerst bedrückend erschien. Am meisten rief Verwunderung hervor, daß Kinder die Verantwortung für die Verbrechen ihrer Väter tragen sollten und daß die Namen der Ankläger vor den Beschuldigten geheimgehalten wurden ebenso wie die Namen der Zeugen. All das widersprach der Prozedur, wie sie seit altersher bei den Gerichten üblich war. Außerdem erschien es als eine Neuerung, daß solcherart Sünden mit dem Tode bestraft wurden. Und noch ernster war der Umstand, daß die Spanier wegen der geheimen Nachforschungen nicht mehr die Möglichkeit

---

des spanischen Protestantismus und der Inquisition im 16. Jh. Nach den Originalakten in Madrid und Simancas bearbeitet, 3 Bde., Gütersloh 1902, Reprint Aalen 1969, Bd. I, S. 417 ff.

19 *Lozinskij, S. G.,* a. a. O., S. 151.

20 Ebenda, S. 220 ff.

21 Ebenda, S. 252.

besaßen, frei zu hören und zu reden, denn in allen Städten und Dörfern befanden sich Menschen, die die Inquisition über alles Vorgefallene unterrichteten. Einige hielten eine solche Lage für die schmählichste Sklaverei und achteten sie dem Tode gleich.«[22]

Selbst von den Inquisitoren billigten nicht alle die terroristischen Methoden bei der Verfolgung Andersgläubiger. Davon zeugt folgender Ausschnitt aus einem Werk, das dem Prinzen von Asturien, dem künftigen Kaiser Karl V., gewidmet war und etwa auf das Jahr 1516 datiert werden muß; in ihm bekannte ein anonymer Inquisitor: »Einige von uns fühlen das und weinen bei sich zu Hause; aber sie können sich nicht entschließen, darüber zu sprechen, weil man sie sonst ihres Amtes entheben und in Sachen der Inquisition für verdächtig erklären würde. Die so denken und ihrem Gewissen folgen, verlassen den Dienst, wenn sie Mittel besitzen, sich zu ernähren; andere bleiben im Dienst, weil sie anders nicht leben können, obwohl ihr Gewissen sie quält, daß sie ihren Dienst so verrichten, wie das jetzt getan wird. Andere sagen, daß es ihnen gleichgültig sei, weil auch ihre Vorgänger so vorgingen, obwohl das gegen das göttliche und menschliche Recht war. Andere verhalten sich deshalb den Neubekehrten gegenüber feindlich, weil sie glauben, sie erwiesen Gott einen großen Dienst, wenn sie ohne Zögern alle verbrennen und ihr Eigentum konfiszieren. Die einer solchen Meinung sind, verfolgen keine andere Absicht als die, jene mit allen Mitteln zum Geständnis dessen zu zwingen, wessen man sie beschuldigt.«[23]

Gegen die Verfahrensweise der Inquisition traten auch einige angesehene Kirchenführer auf, unter ihnen der Bischof von Segovia, Dávila, und der Bischof Pedro de Aranda, der Vorsitzende des königlichen Rates in Kastilien. Beide wurden nach Rom zitiert, wo sie in Ungnade starben.

Der gegen die »Neuchristen« sich entfaltende Terror konnte von deren Seite nicht unbeantwortet bleiben, sondern mußte Reaktionen hervorrufen. Im Jahre 1485 wurde in Saragossa der erste Inquisitor von Aragón, Pedro Arbués, ermordet – ein Mann, der später von der Kirche in die Schar der Heiligen aufgenommen wurde. Aber diese Art der Gegenwehr rief nur eine neue Terrorwelle hervor. Aus Rache ließ die Inquisition ungefähr 200 Menschen hinrichten, die der »Verschwörung« gegen den König und die Kirche beschuldigt wurden. Die Führer dieser »Verschwörung« wurden durch ein Autodafé geschickt, dann hackte man ihnen die Hände ab und verbrannte sie. Andere Versuche, mit den Inquisitoren abzurechnen, führten zu ähnlichen Massenrepressalien.

---

22 *Mariana, J. de,* Historia General de España, Bd. II, Madrid 1950, S. 202.

23 *Llorente, J. A.,* a. a. O., Bd. II, S. 512.

Als Zeugnis für den Widerstand der spanischen Bevölkerung gegen die Inquisition muß auch der Umstand angesehen werden, daß die Theologen gezwungen waren, Traktate zu ihrer Verteidigung zu schreiben. Sehr aufschlußreich in dieser Beziehung ist das Werk des Alfonso de Castro (ungefähr 1495 bis 1558) »De iusta haereticorum punitione«, das in Spanien mehrfach herausgegeben wurde. In ihm polemisiert der Autor gegen die Feinde der Inquisition und »weist nach«, daß die Kirche das Recht habe, die Häretiker zu verfolgen und zu bestrafen. Castro behauptete: Nur Häretiker zweifeln daran, daß die Ausrottung der Häresie eine gerechte und notwendige Sache sei. Der Häretiker, meinte er, beleidige Gott, und das wäre ein größeres Verbrechen als Diebstahl und Mord. Wenn man Diebe und Mörder bestrafe, so verdienten die Häretiker eine noch strengere Ahndung ihrer Taten.

Wenn die Gegner der Inquisition behaupteten, daß die Verfolgungen der Inquisition »lügenhafte Christen« erzeugten und der Verbreitung von Heuchelei und Doppelzüngigkeit unter den Gläubigen dienten, so antwortete Castro: »Besser ein heimlicher als ein offener Häretiker, der die Gläubigen herausfordert.« Die Gegner der Inquisition erklärten: »Gläubige aus Zwang sind Gott nicht wohlgefällig, denn ihr Glaube hat keinen Wert.« Castro wandte ein: »Ein Häretiker, der die Taufe erhalten hat, ist verpflichtet, all das zu erfüllen, was er versprochen hat.« Die Gegner der Inquisition betonten: »Man muß die Häretiker durch Überzeugung bekehren, aber nicht durch Strafen.« Castro vertrat hier eine andere Meinung: »Man muß zwar überzeugen, aber, wie der heilige Isidor sagt, wen du nicht mit Liebkosungen heilst, den mußt du mit Schmerzen heilen. Wenn ein Wolf die Herde überfällt, sucht der Hirt ihn zunächst mit Geschrei zu verjagen; aber wenn das nicht hilft, beginnt er, sich mit allen Mitteln der Gewalt gegen ihn zu verteidigen.«

Die Kritiker der Inquisition wiesen darauf hin, daß es »der christlichen Moral widerspräche, sich an den weltlichen Arm um Unterstützung bei der Bestrafung der Häretiker zu wenden«. Castro antwortete ihnen: »Die Heilige Schrift erlaubt es zwar nicht direkt, aber indirekt; denn die Häretiker sind die gefährlichsten Zerstörer der sozialen Ordnung. Die Herrscher, die sich zum Christentum bekennen, unterstützen die Kirche. Wenn der Staat dagegen ein Feind der Kirche ist, so gewährt er ihr keine Unterstützung.« Solche Überlegungen Castros werden auch heute noch von einigen Apologeten der Inquisition wiederholt, z. B. von dem uns schon bekannten spanischen Theologen N. López Martinez.[24]

---

[24] *Martinez, N. L.*, Los juadaizantes castellanos y la Inquisición en tiempo de Isabel la Católica, Burgos 1961, S. 272–274.

Der Terror wird fortgesetzt

Trotz des Widerstandes, auf den die Inquisition vor allem in den städtischen Schichten Spaniens stieß, fuhr die spanische Monarchie fort, die »Neuchristen« zu verfolgen, und erweiterte nach und nach sogar noch die Vollmachten des »heiligen Tribunals«. Im Jahre 1492 erlaubte die Krone, die Klientur des »heiligen Tribunals«, und damit zugleich ihre eigene Kasse, auf eine einfach »geniale Weise« aufzufüllen. Am 31. März wurde nämlich ein königlicher Befehl veröffentlicht, der allen Juden vorschrieb, innerhalb einer Frist von drei Monaten entweder den katholischen Glauben anzunehmen oder Spanien zu verlassen; in letzterem Falle unterlag all ihr Eigentum der Konfiskation zugunsten der spanischen Krone. Genaue Angaben über die Anzahl der Juden, die aus dem Lande gingen oder den christlichen Glauben diesem Befehl gemäß annahmen, besitzen wir nicht. Verschiedene Quellen weisen darauf hin, daß aus Spanien 105 000–800 000 Juden vertrieben wurden und etwa 50 000 zum Christentum übertraten.[25]

Viele »Neuchristen«, besonders solche, die wohlhabend waren, wandten sich an den römischen Papst um Schutz und erklärten sich zu jeder Form der Versöhnung mit der Kirche und zur Zahlung eines beliebigen Preises für einen Schutzbrief bereit, der sie vor der Willkür der Inquisitoren bewahre. In den ersten Jahrzehnten der Tätigkeit der spanischen Inquisition, schrieb J. A. Llorente, »erhielt jeder, der in der Apostolischen Pönitentiarie mit Geld erschien, die erbetene Verzeihung oder den Auftrag an eine andere Person, ihm diese Verzeihung zu gewähren. Diese Lösung verbot gleichzeitig jedem, den, der diese Verzeihung erhalten hatte, noch weiter zu belästigen.«[26]

Die von soliden Spenden begleiteten Bitten der »Neuchristen« an den Papst, ihre Angelegenheit unmittelbar in der Pönitentiarie der römischen Kurie zu behandeln, wie ferner die Appellation nach Rom, Urteile der spanischen Inquisition zu revidieren, erreichten jedoch auch in den seltenen Fällen, wo sie positiv gelöst wurden, nicht ihr Ziel, denn die päpstlichen Entscheidungen wurden von der spanischen Krone und der Inquisition entweder abgelehnt oder einfach nicht anerkannt. Mehr noch: der päpstliche Stuhl widerrief auf Verlangen der spanischen Krone mehrfach seine Entscheidungen, ohne selbstverständlich die dafür erhaltenen Gelder zurückzugeben.

Im Jahre 1484 übermittelte Papst Sixtus IV. in einer persönlichen Botschaft an Torquemada das Lob des Kardinals Borgia (des künftigen Papstes Alexander VI.) an

---

[25] *Kamen, H.*, a. a. O., S. 35, insbes. Anm. 31 mit Bezugnahme auf *Loeb, I.*, Le nombre des Juifs de Castille et d'Espagne, in: Revue des Études Juives, XIV (1887).

[26] *Llorente, J. A.*, a. a. O., Bd. I, S. 176; dt. Übers. v. *Höck*: S. 279.

seine Adresse und fügte von sich aus hinzu: »Wir haben dieses Lob mit großer Freude vernommen und sind darüber begeistert, daß Ihr, reich an Kenntnissen und bekleidet mit Macht, all Eure Anstrengungen auf solche Gegenstände richtet, die den Namen des Herrn erhöhen und dem wahren Glauben nützlich sind. Wir rufen auf Euch Gottes Segen herab und ermuntern Euch, teurer Sohn, mit der früheren Energie fortzufahren und unermüdlich der Sicherung und Festigung der Grundlagen der Religion zu dienen, in dieser Angelegenheit könnt Ihr stets auf unser besonderes Wohlwollen rechnen.«[27]

Das Doppelspiel des Papstes in seinem Verhalten zum Schicksal der »Neuchristen« dauerte bis zum Beginn des 16. Jh., als Papst Alexander VI., selbst Spanier seiner Herkunft nach, der einen nicht geringen Anteil an den von den spanischen Konquistadoren bei den Azteken und Inkas geraubten Schätzen erhalten hatte, endgültig die »Einmischung« Roms in die Angelegenheiten der spanischen Inquisition beendete und ihren Opfern verbot, sich mit Klagen über sie an ihn zu wenden. Durch diesen Beschluß erhielt die Inquisition das Recht, gegen jeden Beliebigen mit allen beliebigen Mitteln vorzugehen.

Während sie und die spanische Krone auf der einen Seite die Maranen und Morisken erbarmungslos verfolgten, wurde andererseits auf jegliche Weise deren Assimilierung verhindert. Hierzu diente beispielsweise die Forderung eines Zertifikats auf »Reinheit des Blutes«, das bei einer Ernennung für ein staatliches Amt, bei der Beförderung zu irgendeinem Offiziersrang, beim Eintritt in den geistlichen Stand oder in einen Mönchsorden, beim Besuch einer Universität oder bei der Aufnahme unterrichtlicher Tätigkeit und schließlich bei der Ausreise in die Überseegebiete vorgewiesen werden mußte – mit einem Wort: immer dann, wenn ein Einwohner auf die Notwendigkeit stieß, von den Behörden irgend etwas zu erhalten oder für irgend etwas die Erlaubnis zu bekommen.

Nicht uninteressant ist es zu bemerken, daß Loyola, der Gründer des Jesuitenordens, die »Neuchristen« für seine Ziele zu benutzen suchte, indem er ihnen erlaubte, ohne diese Zertifikate, die er ein »nationales Vorurteil« nannte, in den Orden einzutreten. Im Jahre 1606 mußte der Orden jedoch unter dem Druck der spanischen Krone eine Einschränkung in dem Sinne vornehmen, daß die Mitgliedschaft den »Neuchristen« nur in der fünften Generation erlaubt wurde.

Wenn auch in der Regierungszeit Philipps IV. (1621–1665) die Prozedur für den Erhalt eines solchen Zertifikats etwas vereinfacht und der Index der Familien der »Neuchristen«, das sog. »Grüne Buch Aragóns«, vernichtet wurde, das als Hauptinformationsquelle bei der Bestimmung der »Reinheit des Blutes« diente – die

---

[27] *Lozinskij, S. G.*, a. a. O., S. 70 ff.

Einrichtung der Zertifikate blieb in Spanien bis zur zweiten Hälfte des 19. Jh. bestehen und wurde endgültig erst im Jahre 1865 abgeschafft.

Nachdem die Inquisition mit den Juden und »Neuchristen« abgerechnet hatte, wandte sie sich gegen die Araber. Wie schon gesagt, wurde diesen 1492 Granada entrissen; damals versprachen Ferdinand und Isabella den Mauren, daß sie mit den Spaniern zu gleichen Rechten leben und ihren islamischen Glauben frei bekennen dürften. Aber dieses Versprechen wurde nur gegeben, um es nicht zu halten. Der erste Erzbischof von Granada, Ernando de Talavera, der keinen besonderen Eifer bei der Bekehrung der Mauren zum katholischen Glauben zeigte, wurde von der Inquisition verhaftet und der Häresie angeklagt. Ein Jahr nach dem Tode Torquemadas, im Jahre 1499, erhielt Erzbischof Diego de Deza das Amt des Generalinquisitors; er begann die Kampagne der Zwangsbekehrung der Mauren zum Katholizismus. In Granada wurde ihnen die Hauptmoschee genommen und in eine katholische Kirche umgewandelt. Die Spürhunde des Deza nahmen den Einwohnern der Stadt die Bücher in arabischer Sprache fort und verbrannten sie in feierlichen Autodafés.

Es ist natürlich, daß solche Zwangsakte eine Empörung unter der maurischen Bevölkerung auslösten. In Granada brach ein Aufstand aus. Aber darauf hatten die Spanier nur gewartet. Deza unterdrückte die Erhebung und stellte den Mauren im Namen der Krone ein Ultimatum: sie hätten entweder zum Christentum überzutreten oder Spanien zu verlassen, indem sie ihr Eigentum im Stich ließen und eine Loskaufsumme zahlten. Ein Teil der Mauren nahm das Christentum an, ein Teil verließ Spanien; ein Teil aber setzte den bewaffneten Widerstand fort, der erst 1501 endgültig unterdrückt werden konnte. Jetzt wurden alle Mauren des ehemaligen Königreiches Granada zum Christentum bekehrt. Ein Jahr später verpflichtete die spanische Krone in ultimativer Form auch die übrigen Mudejaros (islamische Mauren), welche in den anderen Gebieten des Landes lebten, entweder zum Katholizismus überzutreten oder Spanien zu verlassen. Dieses Mal aber hinderten die Behörden die Mudejaros praktisch daran, außer Landes zu gehen. Die Mehrheit von ihnen waren nämlich Handwerker und Bauern; und die spanischen Behörden waren mehr geneigt, sie zu berauben, ihnen ihre Rechte zu nehmen und sie in ein gehorsames Bedientenvolk zu verwandeln. Das wurde im Jahre 1525 durch ein Gesetz Karls V. bekräftigt, wonach in Spanien zum islamischen Glauben sich nur Sklaven bekennen durften.

Die zwangsweise Katholisierung der Mudejaros, die in ihrer Mehrheit nicht spanisch sprachen, durch Geistliche, die das Arabische nicht beherrschten, trug einen formalen Charakter und gab der Inquisition tausend Anlässe, jeden beliebigen Neubekehrten (Morisken) der geheimen Anhängerschaft des Islam, d. h. der Häresie, zu beschuldigen. Den Morisken wurde verboten, arabisch zu sprechen, arabische

Kleidung zu tragen, sich arabische Namen zuzulegen. Die Verfolgung der Behörden und die Grausamkeit der Inquisition riefen 1568 einen neuen Aufstand der Mauren in Granada hervor, der erst nach zwei Jahren unterdrückt werden konnte. In Aragón bearbeiteten die Morisken den Boden der Granden und befanden sich in Abhängigkeit von diesen. Es ist natürlich, daß die Granden ohne besondere Begeisterung der Verfolgung ihrer Leibeigenen durch die Inquisition zusahen. Es gelang ihnen, mit ihr im Jahre 1571 ein Konkordat abzuschließen, durch das die Morisken verpflichtet wurden, jährlich dem »heiligen Tribunal« 2 500 Dukaten zu zahlen, und dieses dafür versprach, bei einer gerichtlichen Belangung ihr Eigentum nicht zu konfiszieren und als Höchststrafe dem Beschuldigten nicht mehr als zehn Dukaten aufzuerlegen.[28]

Aber die Inquisition hielt sich nicht an diese Vereinbarung. Auch später noch treffen wir in fast allen Autodafés, die in Spanien stattfanden, auf Morisken, die des Abfalls beschuldigt wurden. Als Beispiel dafür diene die Liste der auf dem Autodafé in Sevilla vom 3. Mai 1579 Verurteilten:

Juan de Color, dunkelhäutig, aus Rafeo, Sklave des Juan de la Romo, 25 Jahre. Er schmähte den Namen der hl. Jungfrau und anderer Heiligen, als diese in seiner Gegenwart erwähnt wurden. Er verachtete auch die Sakramente. Er empfing das hl. Abendmahl und wurde mit Exkommunikation und zwei Jahren Gefängnis bestraft. Nach Ablauf dieser Frist sollte er seinem Herrn zugestellt werden.

Fernando Morisco, 22 Jahre. Er entfloh von den Galeeren zu den Berbern und verriet seinen heiligen Glauben. Entgegen des Herrn Gebot nahm er an Räubereien teil, als er sich auf dem Piratenschiff befand, und wurde als Korsar gefangengenommen. Er empfing die Sakramente und wurde mit lebenslänglichem Gefängnis bestraft. Die ersten Jahre sollte er auf den Galeeren absitzen.

Luis Morisco wollte zusammen mit anderen zu den Berbern überlaufen, aber er hat bereut. Er wurde mit vier Jahren Gefängnis bestraft. Er sollte in Glaubensfragen belehrt werden und erhielt 100 Rutenstreiche.

Alfonso Morisco aus dem Königreich Granada. Das gleiche Verbrechen, die gleiche Strafe.

Forror Moro, Sklave des Juan Mattias, hetzte die obengenannten Personen auf. Er wurde mit 100 Rutenstreichen bestraft.

Tomas Moro. Das gleiche Verbrechen, die gleiche Strafe.

Lorenzo Martin, 30 Jahre. Er sagte, daß man nur Gott zu beichten brauche und daß es lächerlich sei, den Geistlichen zu beichten. Er behauptete auch, daß der Glaube und die Predigt der Christen und Mauren gleich seien. Ihm wurde eine Buße auferlegt, und er sollte drei Monate hinter Schloß und Riegel sitzen.

---

[28] *Kamen, H.,* a. a. O., S. 128.

Juan Corineo, ein Moriske. Er wollte zu den Berbern auswandern. Er wurde mit 100 Rutenstreichen bestraft.

Juan de Montis, Maure. Er war dreimal verheiratet. Hundert Rutenstreiche und zehn Jahre auf die Galeeren ...[29]

Anscheinend schreckten derartig »leichte« Strafen die Morisken nicht ab. Aus Furcht, daß sie auf die Seite der türkischen oder marokkanischen Sultane oder anderer Gegner Spaniens übergehen würden, beschloß die spanische Krone zu Anfang des 17. Jh., alle Morisken aus Spanien zu vertreiben, nachdem sie sie vorher bis aufs Hemd ausgeplündert hatte – so wie sie ein Jahr zuvor mit den Juden verfahren war. Von 1609 bis 1614 verließen etwa 275 000 von den ca. 300 000 spanischen Morisken das Land. Ihre Vertreibung fügte der spanischen Wirtschaft einen nicht wiedergutzumachenden Schaden zu. In Valencia, wo die Morisken etwa ein Viertel der Bevölkerung ausmachten, gerieten nach deren Vertreibung die Getreidekulturen, der Zuckerrohranbau und das Handwerk in Verfall. »Wer wird nun für uns die Schuhe nähen?« fragte voller Sorge der Erzbischof Ribera nach dieser Massenausweisung. Auch die Einkünfte der Inquisition sanken nun beträchtlich herab; sie mußte sich jetzt, um ihre Geschäfte wieder in Gang zu bringen, neue Opfer suchen, die allerdings nicht mehr so »fett« waren.

Die Verfolgung Andersdenkender

Die Inquisitionsmaschine, einmal in Gang gesetzt, erinnerte an einen von der Kette losgelassenen tollwütigen Hund, der ohne Unterschied die Seinen und die Fremden beißt. Versuchte doch der Teufel, nicht nur Maranen und Morisken, also einfache Menschen, sondern auch die Mächtigsten und die dem christlichen Glauben am treuesten Ergebenen zu verführen. So urteilten die Inquisitoren, die mit Verachtung und Mißtrauen nicht nur auf die niederen, sondern auch auf die Oberschichten blickten – auf die königliche Umgebung, auf die Universitätsangehörigen, auf Theologen und Schriftsteller, d. h. auf solche Kreise, zu denen sie selbst gehörten. Ihre Willkür und ihre Macht stiegen in dem Maße, wie sie das »Unkraut ausjäteten«, wie sie dieses Milieu von Unzuverlässigen und zweifelhaften Elementen säuberten, die auf »Eingebung des Teufels« handelten.

Das Beispiel Torquemadas zeigte, was ein energischer, ehrgeiziger, selbstgefälliger, rachsüchtiger, in der Wahl seiner Mittel nicht wählerischer und mit einer

---

[29] Chrestomatija srednich vekov. Pod red. *Gracianskogo, N. P.*, i. *Skazkina, S. D.*, Bd. III, Moskau 1950, S. 203 ff.

unbegrenzten Gewalt zu verfolgen, zu foltern und zu richten ausgestatteter Inquisitor anrichten konnte – und die meisten der spanischen Inquisitoren waren eben derartige Karrieristen oder Fanatiker oder wurden zu solchen, denn diese »menschlichen Schwächen« entsprachen genau dem Charakter ihrer Tätigkeit. Die Folge eines solchen Systems war, daß in ihre Mühlsteine zusammen mit Schuldigen auch völlig Unschuldige gerieten, deren religiöser Eifer sie verdächtig gemacht hatte – und nicht nur das, sondern sogar Menschen, die diesem System am treuesten ergeben waren. Der spanische Philosoph J. L. Vives schrieb zu Anfang des 16. Jh. an Erasmus von Rotterdam: »Wie leben in schweren Zeiten, in denen es gleich gefährlich ist zu reden oder zu schweigen.«[30] In dem einen wie dem anderen Falle konnte die Inquisition jedem beliebigen Gelehrten geheime Sympathien zum Judaismus oder zu anderen Irrlehren anlasten: das Vorhandensein häretischer Äußerungen oder Handlungen, Kritik an der Tätigkeit der Inquisition oder tausend andere große oder kleine, wirkliche oder erdachte Vergehen. Die Inquisition konnte ihr Opfer beliebig beschuldigen, und sie war nicht einmal verpflichtet, ihre Beschuldigung zu beweisen, denn nach ihrer Jurisprudenz war allein schon die Tatsache der Beschuldigung ein Beweis dafür, daß sie begründet war. Die Inquisition rechtfertigte sich nie. Die Anklage auf Häresie bedeutete, daß das Opfer zu dieser oder jener Art von Bestrafung verurteilt war, von der es nur irgendein außergewöhnlicher Umstand retten konnte.

Als Beispiel dafür mag der Prozeß gegen den Erzbischof von Toledo, Bartolomé de Carranza, den ehemaligen Beichtvater Philipps II., dienen, einen Teilnehmer am Konzil von Trient. Ihm unterlief das Unglück, einen durchaus mittelmäßigen theologischen Traktat zu schreiben, »Kommentare zur christlichen Katechesis«, der 1558 in Antwerpen herausgegeben und vom Papst selbst auf dem Tridentinum als völlig orthodox anerkannt worden war.

Trotzdem beschuldigte die Inquisition Carranza der protestantischen Häresie, indem sie sich an einigen Sätzen dieses Traktates stieß, und erlangte vom Papst die Erlaubnis, ihn zu verhaften. Hiernach war er buchstäblich wie vom Erdboden verschwunden. Philipp II. und alle seine Freunde sagten sich von ihm los.

Im Verlauf vieler Jahre erreichte der päpstliche Stuhl, der das Gericht über Bischöfe als seine Prärogative betrachtete, daß Carranza von der spanischen Inquisition ausgeliefert wurde. Im Jahre 1565 wurden zu diesem Zweck durch Pius IV. spezielle Legaten nach Spanien entsandt, von denen einer dem Papst berichtete: »Niemand wagt, aus Furcht vor der Inquisition, zugunsten Carranzas zu reden. Kein Spanier würde wagen, den Erzbischof freizusprechen, selbst dann nicht, wenn er ihn

---

[30] *Bataillon, M.*, Erasmo et l'Espagne, Paris 1937, S. 529.

für ganz schuldlos hielte, denn das würde Widerstand gegen die Inquisition bedeuten. Letztere würde bei ihrer Autorität nie zugeben, daß sie Carranza zu Unrecht eingekerkert habe. Die glühendsten Verfechter der Gerechtigkeit hier finden, daß es besser sei, einen schuldlosen Menschen zum Untergang zu verurteilen, als auf die Inquisition einen Schandfleck fallenzulassen.«[31]

Carranza befand sich damals schon sieben Jahre in den Gefängnissen der Inquisition. Erst nachdem der Papst versprochen hatte, ihn für schuldig zu erkennen, wurde er nach Rom ausgeliefert, wo er nun weitere Jahre in der Engelsburg saß. Schließlich erkannte der päpstliche Stuhl darauf, daß seine »Kommentare« ein häretisches Werk seien, zwang ihn zum Widerruf seiner Fehler und schickte ihn in eines der Klöster in Orvieto. Carranza vollendete damals sein 73. Lebensjahr. Bald darauf starb er.

Nachdem sich Spanien in der ersten Hälfte des 16. Jh. zum Zentrum der Gegenreformation entwickelt hatte, führte die Inquisition eine gründliche Säuberung der intellektuellen Kreise, insbesondere der Universitäten, von allen Elementen durch, die der Sympathie zum Protestantismus und Humanismus verdächtig waren. In dieser Periode wurden auch die Anhänger des katholischen Mystizismus verfolgt, wie Francisca Hernández und Maria Cazalla, die Schwester des Bischofs Juan Cazalla, der Philosoph Juan Luis Vives, der Bibelexperte und bedeutende Kenner des Griechischen und Lateinischen Juan Vergára, persönlicher Beichtvater Karls V., der Benediktiner Alonso de Chirues, der Professor der Universität Alcala, Mateo Pascal, der Rektor der gleichen Universität, Pedro de Leon, die Professoren der Universität von Salamanca, der Augustiner Luis de Lerma, Gaspar de Grajal, Martin Martinez de Cantalapiedra, Francisco Sanchez, und Hunderte anderer gelehrter Männer. Viele von ihnen wurden gezwungen, sich von den ihnen zugeschriebenen »häretischen Verirrungen« loszusagen, um ihr Leben zu retten, und die beschämende Prozedur eines Autodafés mitzumachen, im Sanbenito zu gehen und ihre wirklichen oder vermeintlichen »Fehler« bis zum Ende ihrer Tage zu büßen, indem sie in Armut lebten und täglich um ihr Schicksal bangen mußten.

Die Inquisition führte im Jahre 1526 die strengste Zensur über Bücher und alle sonstigen Druckerzeugnisse ein. Seit 1546 begann sie, periodisch Indizes der verbotenen Bücher herauszugeben, die bedeutend umfangreicher waren als die der päpstlichen Inquisition. In diese wurden alle Werke der sog. Häresiarchen aufgenommen, Bücher, in denen die Juden und Mauren »gelobt« wurden, Übersetzungen der Bibel in lebende Sprachen, Gebetbücher in lebenden Sprachen, Werke von Humanisten, polemische Traktate der Protestanten, Bücher über Magie

---

[31] *Kamen, H.*, a. a. O., S. 180.

sowie Karten und Bilder, die gegenüber der Religion nicht »ehrerbietig« genug waren.

Praktisch sah die Sache so aus, daß in den Index die Werke von Bartolome de Las Casas, Rabelais, Occam, Savonarola, Abaelard, Dante, Thomas Morus, Hugo Grotius, Francis Bacon, Johannes Kepler, Tycho Brahe und vielen anderen hervorragenden Schriftstellern und Gelehrten aufgenommen wurden. Für die Verbreitung, das Lesen und das Aufbewahren dieser Schriften drohte der Scheiterhaufen. Die Veröffentlichung eines jeden neuen Index zog eine Säuberung der öffentlichen wie privaten Bibliotheken nach sich; davon waren auch höchstgestellte Persönlichkeiten nicht ausgenommen. So unterzog im Jahre 1602 die Suprema die Bücherei des Beichtvaters der Königin einer Untersuchung. Selbst die königliche Bibliothek im Escorial erlitt das gleiche Geschick; das geht aus einer Mitteilung hervor, die der Beichtvater des Königs, der Prior von San Lorenzo, im Jahre 1612 darüber machte, daß der König gebeten habe, aus seiner Bibliothek nicht die neuerdings verbotenen Bücher zu entfernen und nicht einzelne Seiten aus den der teilweisen Vernichtung unterliegenden Büchern herauszunehmen. Als Antwort darauf bestimmte der Großinquisitor am 12. November 1613, die Bücher weltlicher Autoren, die in den Index aufgenommen wurden, sollten getrennt aufbewahrt werden mit dem Vermerk, daß ihr Autor verurteilt sei; sie zu lesen war nur dem Prior, dem Hauptbibliothekar und den Theologieprofessoren erlaubt. Die theologischen Veröffentlichungen sowie die Bücher zur Geschichte der Kirche und des Papsttums mußten in einem besonderen Saal aufbewahrt werden; sie zu lesen wurde nur dem Prior und dem Hauptbibliothekar mit besonderer Genehmigung des Großinquisitors und der Suprema gestattet. Der Schlüssel zu diesem Saal und die Liste der Bücher wurden beim Hauptbibliothekar und bei der Suprema aufbewahrt. Die Werke der jüdischen Theologen und die Bibelausgaben in spanischer Sprache mußten ebenfalls an einem besonderen Platze gelagert werden und einen Vermerk tragen, daß sie verboten seien; lesen durften sie der Prior, der Hauptbibliothekar und die Professoren der Theologie. Die medizinischen Werke schließlich, die von Autoren geschrieben wurden, deren übrige Schriften verboten waren, durften nur von dem Mönch gelesen werden, der die Apotheke des Escorial verwaltete. Das unerlaubte Drucken von Büchern wurde in Spanien mit dem Tode und der Konfiskation des Eigentums der Schuldigen bestraft. Die Einfuhr von Büchern aus dem Ausland befand sich unter strenger Kontrolle der Inquisition, deren Agenten in allen Häfen und in den Grenzstädten Spaniens über die Einfuhr wachten.[32]

---

[32] *Lozinskij, S. G.,* a. a. O., S. 301 ff.

Die Anhänger der spanischen Inquisition behaupten, daß ihre Zensur über die Gedanken die Entwicklung der spanischen Kultur und Literatur nicht behindert habe; dabei beziehen sie sich auf das Beispiel der großen spanischen Schriftsteller des »goldenen Zeitalters« (16. Jh.): Miguel de Cervantes Saavedra (1547–1616), Francisco Gomez de Quevedo y Villegas (1580–1645), Lope Felix Vega Carpio (1562–1635) und andere. Aber sie vergessen dabei zu erwähnen, daß die Größe der Schriftsteller nicht darin bestand, daß sie folgsame Diener der Inquisition waren, sondern darin, daß sie trotz des Terrors der Inquisition die großen humanistischen Ideale verteidigten, wobei sie allerdings zu zahlreichen Tricks und Listen greifen und riskieren mußten, sich plötzlich in den Kellern des »heiligen Tribunals« wiederzufinden; denn über jedem von ihnen hing beständig das Damoklesschwert der Suprema. Aber wenn jene Titanen des »goldenen Zeitalters« der Inquisition widerstehen konnten, so kann man das von den folgenden Schriftstellergenerationen nicht sagen, deren Mehrheit durch den Terror des »heiligen Tribunals« in ihrer Haltung beeinflußt wurde und die nur noch blasse Schatten ihrer großen Vorgänger waren. Das vermerkt sogar Mariana, wenn er schreibt, daß die Verfolgung Andersdenkender durch die Inquisition dazu führte, daß viele von der Suche nach der Wahrheit abließen und es vorzogen, mit dem Strom zu schwimmen. »Was wäre denn sonst noch zu tun gewesen?« fragt dieser Jesuit. »Die größte aller Torheiten ist, sich umsonst anzustrengen und sich müde zu machen, ohne anderes als Haß zu ernten. Diejenigen, die sich den Ideen der Zeit anpaßten, taten das sogar noch eifriger und vertraten die von oben gebilligten und ungefährlichen Ansichten, ohne sich um die Wahrheit sonderlich zu scheren.« [33]

M. Menéndez y Pelayo meinte, daß »niemals so viel geschrieben wurde und so schön geschrieben wurde wie in den zwei Jahrhunderten der Inquisition«, und hat dabei das 16. und 17. Jh. im Auge. Aber solches zu behaupten ist ebenso lächerlich, wie beweisen zu wollen, daß die großen russischen Klassiker Lew Tolstoj (1828–1910), Fjodor Dostojewski (1821–1881), Anton Tschechow (1860–1904) dank dem Zarismus und der Polizei so groß waren, die damals in Rußland herrschten. Nein, die Zeit- und Gesinnungsgenossen von Cervantes und Lope de Vega teilten durchaus nicht dieses begeisterte Verhältnis des Menéndez y Pelayo zur Inquisition. Kein anderer als Rodrigo, der Sohn des Generalinquisitors Alfonso Manrique, der in selbstgewählter Verbannung in Paris lebte, schrieb an Juan Luis Vives im Jahre 1533: »Ihr habt recht. Unser Land ist ein Land des Hochmuts und Neides, und hinzufügen könnt Ihr: der Barbarei. Denn jetzt ist klar, daß niemand dort unten ein Mensch sein kann, ohne wegen Ketzerei, der Verbreitung von Irrlehren oder als heimlicher Jude

---

33 *Kamen, H.*, a. a. O., S. 104.

verdächtigt zu werden. Somit wurde den Gebildeten Schweigen auferlegt. Und diejenigen, die dem Ruf der Wissenschaft folgten, sind, wie Ihr sagt, von großer Furcht gepackt worden.«[34]

Aber in einer solchen Furcht lebten nicht nur die gelehrten Männer, nicht nur die »Neuchristen« und Morisken, sondern alle Klassen der Gesellschaft, denn die Inquisition konnte sich aus eigener Initiative oder in Befolgung eines königlichen Befehls auf sie stürzen, wenn sie der Ansicht war, daß ihre Handlungen die Interessen der Kirche oder der Krone bedrohten. Zur Illustration des Gesagten bringen wir nun ein Beispiel: die Ereignisse in Saragossa vom Jahre 1591. Damals floh der in Ungnade gefallene Minister und Sekretär Philipps II., Antonio Pérez, in die Hauptstadt Aragóns, unter den Schutz der örtlichen Fueros. Der König befahl der Inquisition, mit ihm abzurechnen. Der Generalinquisitor Quiroga fand nichts Klügeres, als Pérez einer gewissen »badianischen« Häresie zu verdächtigen, gemäß der Gott eine körperliche Oberfläche besitze, und zwar mit der Begründung, daß Pérez angeblich von einer »göttlichen Nase« geredet habe. Die Aragóneser weigerten sich, den Flüchtling dem König auszuliefern; ja die empörten Städter zwangen die Behörden, Pérez aus dem Gefängnis der Inquisition in das Stadtgefängnis zu überführen. Bei diesen Wirren wurde der Marqués de Almenara, der Vizekönig Aragóns, ermordet. Das war offener Aufruhr. Philipp sandte nun zur Unterdrückung des Aufstandes kastilische Truppen und befahl der Inquisition, mit Pérez, dem obersten Richter Aragóns, Juan de Luna, und anderen, die an der Verweigerung des Befehls mitschuldig waren, abzurechnen, obwohl keiner von diesen irgendwelche Verbrechen gegen den Glauben begangen hatte. Pérez floh ins Ausland, aber die Inquisition rächte sich an seinen Beschützern. Über die Ergebnisse ihrer eifrigen Tätigkeit berichtet folgender Brief eines Augenzeugen: »Am 10. Oktober 1592, um drei Uhr mittags, wurden die Herren Juan de Luna, Don Diego de Eridia, Francisco de Ayerbe, Dyonisio Pérez de San Juan und Pedro de Fuerdez hingerichtet. Nach altem Brauch führte man sie zunächst auf Pferden durch Saragossa: Don Diego und Don Francisco, beide gekleidet in ein schwarzes, wollenes Trauergewand und in lange Mäntel; ihre Pferde waren ebenso mit schwarzen Decken behangen, die über die Sättel gehängt waren. Auf die gleiche Weise kleidete man auch Ayerbe und Dyonisio Pérez; aber ihre Pferde waren ohne Decken. Don Pedro de Fuerdes zogen sie vorneweg auf einem Bündel Stroh. Auf dem Marktplatz hatte man ein hölzernes Podium errichtet mit einer kleinen Erhöhung in der Mitte, vor der die zur Hinrichtung Verurteilten zunächst auf den Knien liegen mußten. Die ganze Tribüne war mit schwarzem Tuch ausgelegt. Den Don Juan de Luna enthauptete man mit einem

---

[34] Ebenda, S. 91.

Schlag von vorn, den Don Diego mit einem Schlag von hinten. Den zwei anderen wurde die Kehle durchschnitten; dann warf man sie auf die Tribüne, wo sie sich im Todeskampfe wanden und verstarben. Den Don Diego de Fuerdez erwürgte man mit einem Strick. Als er tot war, vierteilte man ihn auf der Tribüne und hängte dann alle vier Teile seines Körpers auf verschiedenen Straßen Saragossas auf. Den Kopf des Juan de Luna pflanzte man über dem königlichen Haus auf, den des Don Diego über den Stadttoren, den Kopf des Francisco Ayerbe beim Gefängnis, weil er von dort mit Gewalt den Antonio Pérez befreit hatte, den Kopf des Pedro Fuerdes brachte man bei den Stadttoren an.

Am folgenden Tag fand auf dem erwähnten Marktplatz ein Verhör seitens der Inquisition statt. Es dauerte von 7 Uhr morgens bis 8 Uhr abends. Vor der Inquisition standen acht Personen, die wegen Teilnahme am Aufstand zum Tode verurteilt wurden. Diese richtete man am 24. hin. Während des Verhörs war das Porträt des Antonio Pérez ausgestellt; es wurde dann zusammen mit den Verurteilten der Verbrennung übergeben, gemäß der Anklage gegen Pérez wegen Häresie und Sittenlosigkeit. Außerdem wurden 20 bis 25 Personen aus der Stadt vertrieben, mit Rutenstreichen bestraft und auf die Galeeren geschickt.«[35]

Mit voller Wahrheit konnte sich Philipp II. rühmen: »Zwanzig Geistliche der Inquisition wahren in meinem Königreich den Frieden.«[36]

Die spanische Krone benutzte die Inquisition auch zur Unterdrückung der Befreiungsbewegung in den Niederlanden, wo die Freiheitskämpfer den Häretikern gleichgestellt und entsprechend hingerichtet wurden. In jenen Gebieten arbeitete die Inquisition während der spanischen Herrschaft mit den militärischen und kirchlichen Behörden zusammen. Das geht aus dem Text des von den Spaniern am 25. September 1550 erlassenen »Blutbefehls« hervor; er handelt von der Verfolgung der Häretiker in den Niederlanden im Geiste des Inquisitionskodex Torquemadas. Hier einige Auszüge: »Es ist verboten zu drucken, zu schreiben, zu besitzen, aufzubewahren, zu verkaufen oder zu kaufen in Kirchen, auf Straßen und an anderen Orten zu verteilen alle gedruckten oder handschriftlichen Werke von Martin Luther, Johannes Oekolampadius, Huldrych Zwingli, Martin Bucer, Johann Calvin und anderer Häresiarchen, lügenhafter Lehrer und Begründer schamloser häretischer Sekten, die von der heiligen Kirche verurteilt worden sind ... Es ist verboten, das Bild der reinsten Jungfrau Maria und der von der Kirche anerkannten Heiligen auf irgendeine Weise zu zerschlagen oder zu verunglimpfen ... Es ist verboten, in seinem Hause Gespräche oder gesetzwidrige Versammlungen zuzulassen, ebenso an solchen Versammlungen

[35] Chrestomatija, Bd. III, S. 206 ff.

[36] *Kamen, H.*, a. a. O., S. 265.

teilzunehmen, wo obengenannte Häretiker und Sektierer heimlich ihre Lügenlehren verkünden, die Leute umtaufen und Komplotte gegen die heilige Kirche und die öffentliche Ruhe schmieden ... Wir verbieten darüber hinaus allen Laien, offen oder heimlich über die heilige Schrift zu urteilen oder zu streiten, besonders über zweifelhafte oder unerklärbare Fragen; ebenso die heiligen Schriften zu lesen, zu lehren oder zu erklären, mit Ausnahme derer, die gründlich Theologie studiert haben und ein Attestat der Universitäten besitzen ... Wir verbieten, heimlich oder öffentlich die Lehren der obengenannten Häretiker zu verkünden, zu wiederholen oder zu verbreiten. Im Falle eines Verstoßes gegen einen dieser Punkte werden die Schuldigen als Aufrührer und Störer der öffentlichen Ruhe und der staatlichen Ordnung bestraft.

Solche Störer der öffentlichen Ruhe werden wie folgt bestraft: die Männer mit dem Schwert, die Frauen durch lebendiges Vergraben in der Erde, wenn sie in ihren Irrtümern nicht hartnäckig verharren; bei hartnäckigem Verharren aber werden sie dem Feuer übergeben; ihr Eigentum wird in beiden Fällen zugunsten der Staatskasse konfisziert ...

Um den Richtern und Kommandanten die Möglichkeit zu nehmen, die Strafen unter dem Vorwand abzumildern, daß sie zu streng und zu hart seien und nur das Ziel hätten, den Schuldigen Furcht einzuflößen, und damit die Schuldigen die ganze Härte der obengenannten Strafen erfahren, verbieten wir den Richtern, auf irgendeine Weise die entsprechenden Strafen zu ändern oder abzumildern. Wir verbieten allen Personen, welchen Ranges sie auch sein mögen, uns oder irgendeinen anderen, der die Macht hat, um Begnadigung zu ersuchen und ebenso, irgendwelche sonstige Bitten zugunsten von Häretikern, Verbannten oder Emigranten vorzutragen. Das Übertreten dieses Verbots wird mit dem Entzug des Rechtes auf Bekleidung ziviler oder militärischer Ämter und darüber hinaus noch mit einer anderen Buße bestraft, die die Richter festzusetzen haben.«[37]

Gestützt auf diesen »Blutbefehl« und unter enger Mitwirkung der Inquisition rotteten die spanischen Behörden Zehntausende von Niederländern aus, die für die Unabhängigkeit ihres Landes kämpften.

Das Beispiel eines Autodafés

Der Schlußakt des Inquisitionsprozesses war das Autodafé, das in Spanien wahrhaft grandiose Formen annahm, was seine Ausmaße sowie seine feierliche und theatralische Ausgestaltung betraf. Das spanische Autodafé war Gerichtssitzung und

---

[37] Chrestomatija, Bd. II, S. 227 ff.

Hinrichtung zugleich, eine religiöse Zeremonie und ein Spektakel. Die Autodafés wurden mit großen kirchlichen Festen oder feierlichen Staatsakten verbunden, wie etwa mit der Feier der Thronbesteigung, der Heirat des Monarchen, dem Namenstag oder Geburtstag des königlichen Prinzen. An ihm nahmen die Inquisitoren, der königliche Hof, die hohe Geistlichkeit, hohe Beamte und Offiziere und ebenso die Bevölkerung der Hauptstadt oder der Stadt teil, in der das Autodafé stattfand. In der Regel wurden auf einem solchen Autodafé die Urteile vieler Prozesse den Verurteilten verkündet und an ihnen vollstreckt.

Solcher Art »feierliche« Autodafés zu Ehren von Persönlichkeiten des königlichen Hauses wurden zu einer festen Tradition der spanischen Inquisition. Im Jahre 1560 beispielsweise wurde in Toledo ein solches Autodafé gefeiert, das der Königin Elisabeth von Valois gewidmet war, und im Jahre 1632 wurde in Madrid auf die gleiche Weise die Geburt eines Prinzen, des Sohnes der Elisabeth von Bourbon, begangen. 1680 fand in Madrid ein Autodafé zu Ehren der Heirat Karls II. mit der Prinzessin Maria-Luise von Bourbon statt, der Tochter des Herzogs von Orléans und Enkelin Ludwigs XIV. J. A. Llorente bemerkt aus diesem Anlaß, daß die »Härte des Inquisitors so groß und das Gefühl des Volkes so verdorben war, daß man meinte, man könne sich bei der neuen Königin lieb Kind machen und ihr eine ihrer würdige Ehre erweisen, wenn man die Heiratsfeierlichkeiten mit dem Schauspiel eines großen Autodafés von 118 Opfern verband, von denen eine große Anzahl im Feuer schmoren und die letzten Augenblicke dieser Feierlichkeiten erleuchten sollte.«[38] Auf diesem Autodafé waren die Mehrheit der Verurteilten portugiesische bekehrte Juden, die nach der Befreiung Portugals von der spanischen Herrschaft im Jahre 1640 noch größeren Verfolgungen ausgesetzt waren.

Das Autodafé vom Jahre 1680 wird in einem offiziellen Bericht eingehend beschrieben, der die ganze fanatische Atmosphäre dieses gottgefälligen Spektakels wiedergibt und den wir hier ausführlich zitieren: »Ein Gerüst, fünfzig Fuß lang, war auf dem Platz errichtet, und zwar bis zur gleichen Höhe mit dem als Sitzplatz für den König vorgesehenen Balkon. Am Ende und entlang der ganzen Breite des Gerüstes, zur Rechten vom Balkon des Königs, war ein Halbrund errichtet, zu dem fünfundzwanzig oder dreißig Stufen hinaufführten, und dieses war bestimmt für die Räte der Inquisition und die anderen Räte Spaniens. Oberhalb der Stufen, unter einem Baldachin, war das Rednerpult des Großinquisitors plaziert, und zwar viel

[38] *Llorente, J. A.*, a. a. O., Bd. II, S. 304, Vicente de la Fuente schreibt in seiner Historia eclesiástica de España (III, 378): »Es wurde zu Ehren des Königs ein Auto de fé vorbereitet, denn die Autos erschienen als ein notwendiger Bestandteil aller königlichen Feste, wie die Stiergefechte und Feuerwerke. Philipp V. weigerte sich zum ersten Male, bei solchen zugegen zu sein; in der Folge wurde er jedoch bei einem bemerkt (1720).« Zit. nach: *Lea, H. Ch.*, a. a. O., Bd. II, S. 295, Anm. 1.

höher als der Balkon des Königs. Zur Linken vom Gerüst und Balkon war ein zweites Halbrund von gleicher Größe wie das andere errichtet, und in diesem hatten die Verbrecher zu stehen.

Einen Monat nachdem der Akt des Glaubens verkündet worden war, ward die Feier mit einer Prozession eröffnet (sie fand am Abend des 29. Juni statt), die von der Kirche der heiligen Maria in folgender Ordnung einherschritt: An der Spitze marschierten einhundert Kohlenhändler, alle bewaffnet mit Piken und Musketen. Diese Leute liefern das Holz, mit dem die Verbrecher verbrannt werden. Ihnen folgten Dominikaner, denen ein weißes Kreuz vorangetragen wurde. Dann kam der Herzog von Medinaceli, der das Banner der Inquisition trug. Danach wurde ein schwarzverhängtes grünes Kreuz vorangetragen, hinter welchem mehrere Granden und andere vornehme Personen folgten, welche Familiares der Inquisition waren (›mehrere‹ ist untertrieben: in der Prozession gingen nicht weniger als 25 Granden, 37 andere Adlige und 23 weitere erlauchte Persönlichkeiten mit). Die Marschordnung beschlossen fünfzig zur Inquisition gehörende Wächter, in schwarzweiße Gewänder gekleidet und befehligt vom Marqués de Povar, dem erblichen Beschützer der Inquisitoren. Nachdem der Zug in dieser Reihenfolge bis vor den Palast gekommen war, schritt er alsdann zum Platz, wo das Banner und das grüne Kreuz auf dem Gerüst befestigt wurden. Es blieb dort niemand außer den Dominikanern, indes die übrigen sich zurückzogen. Diese Mönche verbrachten einen Teil der Nacht mit dem Singen von Psalmen, und am Altar wurden vom Tagesanbruch an bis sechs Uhr morgens mehrere Messen zelebriert. Eine Stunde danach erschienen der König und die Königin von Spanien, die Königinmutter und alle Damen von Rang auf den Balkonen.

Um acht Uhr begann die Prozession, auf gleiche Art wie tags zuvor, mit der Gruppe der Kohlenhändler, die sich zur Linken von des Königs Balkon aufstellten, seine Wächter ihm zur Rechten. Die übrigen Plätze auf den Balkonen und Gerüsten wurden eingenommen von den Gesandten, dem Hochadel und dem Landadel. Alsdann kamen dreißig Männer, die aus Pappe gemachte, lebensgroße Figuren trugen. Einige davon stellten die im Gefängnis verstorbenen Personen dar, deren Knochen auch gebracht wurden, in Kästen, die ringsum mit Flammen bemalt waren. Und die übrigen Figuren stellten diejenigen dar, die den Händen der Inquisition entwichen und geächtet waren. Diese Figuren wurden an einem Ende des Rundbaus plaziert.

Nach diesen kamen zwölf Männer und Frauen, die Stricke um ihre Hälse und Fackeln in den Händen hatten, mit drei Fuß hohen Mützen aus Pappe, auf denen ihre Verbrechen verzeichnet oder in verschiedener Art dargestellt waren. Ihnen folgten fünfzig andere, die auch Fackeln in den Händen hatten und als Kleidung einen gelben Sanbenito, einen Kittel ohne Ärmel, trugen, auf den vorn und hinten große Andreaskreuze in roter Farbe gemalt waren. Das waren Verbrecher, die (es war dies ihre erste Gefangenschaft) ihre Verbrechen bereut hatten. Diese sind gewöhnlich entweder zu einigen Jahren Kerker oder zum Tragen des Sanbenito verurteilt, was als die größte Schande, die eine Familie treffen kann, betrachtet wird. Jeder dieser Verbrecher wurde von zwei Familiares der Inquisition geführt. Als nächste kamen weitere zwanzig Verbrecher beiderlei Geschlechts, die dreimal in ihre früheren Abirrungen zurückgefallen und zum Feuertod verurteilt waren. Jene, die gewisse Anzeichen von Reue erkennen ließen, sollten vor dem Verbrennen erwürgt werden, die übrigen jedoch, weil sie hartnäckig auf ihren Irrtümern bestanden, lebend verbrannt werden. Diese trugen leinene, mit Teufeln und Flammen bemalte Sanbenitos und Kappen gleicher Art. Fünf oder sechs von ihnen, die hartnäckiger waren als die übrigen, hatten Knebel im Munde, damit sie keine gotteslästerlichen Worte äußern konnten. Die zum Sterben Verurteilten waren, abgesehen von der Begleitung durch zwei Familiares, von vier oder fünf Mönchen umgeben, welche sie unterwegs auf den Tod vorbereiteten.

Diese Verbrecher schritten, in der erwähnten Reihenfolge, unter dem Balkon des Königs vorbei und wurden, nachdem sie um die Tribüne gegangen waren, in dem Halbrund zur Linken aufgestellt, wobei jeder einzelne von den ihm zugeteilten Vertrauten und Mönchen umgeben blieb. Einige der Granden, die zu den Familiares gehörten, setzten sich auf zwei für sie bereitgestellte Bänke im untersten Teil des anderen Halbrunds. Die Beamten des Obersten Rates der Inquisition und die Inquisitoren sowie die Beamten der übrigen Ratskörperschaften und etliche andere Personen hohen Ranges, weltliche wie geistliche, allesamt zu Pferde, trafen in feierlichem Aufzug ein und plazierten sich bei dem Halbrund zur Rechten, beiderseits vom Rednerplatz für den Großinquisitor. Er kam als letzter von allen, in purpurfarbenem Gewand, begleitet vom Vorsitzenden des Rates von Kastilien, welcher sich, sobald der Großinquisitor Platz genommen hatte, zurückzog. Dann begannen sie mit der feierlichen Messe ...

Etwa um zwölf Uhr wurde mit der Verlesung der Strafen für die verurteilten Verbrecher angefangen. Die Namen der im Gefängnis Verstorbenen sowie der Geächteten kamen zuerst. Ihre Abbilder aus Pappe wurden auf ein kleines Gerüst emporgetragen und dort in kleine, für diesen Zweck angefertigte Käfige gestellt. Dann ging es weiter mit dem Verlesen der Strafe jedes einzelnen Gefangenen, die daraufhin einer nach dem andern in besagte Käfige gestellt wurden, damit alle Anwesenden sie sehen konnten. Die ganze Zeremonie dauerte bis neun Uhr abends, und als sie dann zum Schluß noch eine Messe zelebriert hatten, entfernte sich der König. Die zum Feuertod verurteilten Verbrecher wurden dem weltlichen Gericht überantwortet und, auf Esel gesetzt, durch das Foncaral genannte Tor gebracht und um Mitternacht in dessen Nähe alle hingerichtet.«[39]

---

[39] *Kamen, H.*, a. a. O., S. 214–216. Weitere Berichte bei *Schäfer, E. H. J.*, a. a. O., Bd. 3, S. 1–78.

Der Untergang der Suprema

Im 18. Jahrhundert war die Tätigkeit der spanischen Inquisition hauptsächlich auf den Kampf gegen die »Neuerer« gerichtet, d. h. in erster Linie gegen die Anhänger der englischen und französischen Aufklärung, vor allem der materialistischen Philosophie. Die Inquisition verbot und konfiszierte die Werke der Enzyklopädisten und ähnlicher »Zerstörer der Grundlagen«. Wie der Staatsmann und Dichter Jovellanos, Anhänger eines aufgeklärten Absolutismus, bemerkte, »ächtet das Heilige Amt unentwegt alles Neue, alles, was die Vergangenheit kritisiert, und alles, was für geistige Ungebundenheit und Freiheit spricht.«[40] Die Politiker des aufgeklärten Absolutismus in Spanien unter Karl III. (1759–1788) brachten es nur bis zum Verbot des Jesuitenordens, aber nicht zur Beseitigung der Inquisition. Sie waren bestrebt, das »heilige Tribunal« zu reformieren und zu modernisieren, ihm seine Straffunktion zu nehmen, nicht aber, es auf den Abfallhaufen der Geschichte zu werfen. Karl III. sagte: »Die Spanier wünschen die Inquisition, und mich beunruhigt sie nicht.« Die Inquisition setzte ihre Tätigkeit fort, wenn sie auch nicht mehr so häufig wie in früheren Jahren die Häretiker auf den Scheiterhaufen brachte. Aber das »heilige Tribunal« stellte immer noch eine drohende Macht dar.

Die Französische Revolution von 1789 stieß auf die erbitterte Feindschaft der Inquisition. Im Dezember jenes Jahres verbot die Suprema durch ein besonderes Edikt die Einfuhr von revolutionärer Literatur nach Spanien und verurteilte die Franzosen dafür, daß sie, »sich betrügerisch als Verteidiger der Freiheit ausgebend, in Wahrheit gegen diese arbeiten, indem sie die politische und soziale Ordnung zerstören und damit auch die Hierarchie und die Christliche Religion ... und behaupten, auf den Ruinen von Religion und Monarchie die Freiheit zu errichten, eine Chimäre, diese Freiheit, die, wie sie irrtümlich glauben, allen Menschen zugestanden sei von der Natur, da diese, wie sie unbedacht sagen, alle Menschen gleich und alle voneinander unabhängig geschaffen habe.«[41]

Im Jahre 1795 verurteilte die Inquisition den »Bericht über das Agrargesetz« des Jovellanos mit der Begründung, daß der Autor »die Ideen der Gleichheit im Bereich des Eigentums an Gütern und Boden« verkünde, wenn er die Abschaffung der Majorate verlange. Als die französischen Truppen in Spanien eindrangen, hinderte jedoch all das die spanische Inquisition nicht, ohne Zögern für die Unterstützung der ausländischen Eroberer einzutreten in der Hoffnung, sich auf diese Weise über Wasser halten zu können. Sie verurteilte den antifranzösischen Aufstand in Madrid

---

[40] Ebenda, S. 291.

[41] Ebenda, S. 298.

vom 2. Mai 1808 als einen »skandalösen Tumult des gewöhnlichen Volks« und behauptete, es hätten »Bosheit oder Unwissen die Ahnungslosen und die simplen Gemüter zu revolutionären Störungen verleitet, und zwar unter dem Deckmantel von Patriotismus und Liebe zu ihrem Monarchen«[42].

Aber die Franzosen, die selbst als Liberale und Reformer auftraten, brauchten die Unterstützung der dem Volke verhaßten Suprema nicht. Bald nach der Eroberung Madrids durch seine Truppen am 4. Dezember 1808 erließ Napoleon I. ein Dekret, durch das das »heilige Tribunal« abgeschafft wurde als eine Einrichtung, »die die Souveränität und die zivile Gewalt antastet«. Durch das gleiche Dekret wurde auch das Eigentum der Suprema »zugunsten des spanischen Staates« konfisziert.[43]

Am 22. Februar 1813 erließen die Cortes von Cádiz ein Gesetz über das Verbot der Tätigkeit der Inquisition, das mit 90 gegen 60 Stimmen angenommen wurde. Die Bischöfe erhielten ihre geistliche Gerichtsbarkeit wieder zurück. Am 15. März legte der päpstliche Nuntius Pedro Gravina beim Regentschaftsrat seinen Protest gegen den Beschluß der Cortes ein; er behauptete, daß diese die Rechte des Päpstlichen Stuhles beeinträchtigten, der einzigen Instanz, die über das Schicksal der Inquisition zu entscheiden habe. Der Beschluß der Cortes über die Beseitigung der Suprema rief auch den Widerstand der spanischen Geistlichkeit hervor, die sich weigerte, ihn von den Kanzeln zu verkünden. Das führte dazu, daß die Cortes den Regentschaftsrat auflösten und den päpstlichen Nuntius auswiesen, der sich auf portugiesisches Gebiet begab. Aber die spanische Monarchie wollte sich nicht von dem Kind Torquemadas, das ihm so sehr am Herzen lag, trennen. Als Ferdinand VII. nach Spanien zurückkehrte, stellte er sofort die Suprema wieder her. »Von allen christlichen Königen«, sagte der Monarch in seinem diesbezüglichen Dekret, das 1814 veröffentlicht wurde, »tragen allein die spanischen Monarchen den ruhmvollen Titel katholische Könige, und zwar deshalb, weil sie in ihrem Staate nie eine andere Religion zuließen als die römisch-katholisch-apostolische; dieser hohe Titel ist für mich ein besonderer Ansporn, der mich veranlaßt, alle Mittel zu benutzen, die mir von Gott gegeben sind, um den Namen eines katholischen Königs verdientermaßen zu tragen. Die jüngsten Unruhen, der sechsjährige Krieg, der alle meine Provinzen ausgezehrt hat, das ebenso lange Verweilen ausländischer Soldaten in ihnen, die den verschiedensten Sekten angehörten und fast durchweg der katholischen Religion feindlich gegenüberstanden, die Unordnung, die das unvermeidliche Resultat solcher Unglücke sind, das gleichgültige Verhalten der Religion gegenüber im Verlauf der

---

[42] Ebenda, S. 312.

[43] *Lavallée, J.*, Histoire des Inquisitions religieuses d'Italie, d'Espagne et de Portugal, Bd. II, Paris 1809, S. 335 ff.

ganzen Zeit – all das förderte in starkem Maße die Entfesselung der Leidenschaften, gab schlechten Leuten die Möglichkeit, so zu leben, wie es ihnen gefiel, und rief in Spanien eine Welle von verderbten und abscheulichen Anschauungen hervor, wie sie auch in anderen Staaten verbreitet sind ... Ich habe daher beschlossen, daß es unter den gegenwärtigen Umständen äußerst wichtig ist, das ›heilige Tribunal‹ wiederherzustellen und ihm die Möglichkeit zu geben, in dem Umfang zu wirken, in dem es früher seine Tätigkeit ausübte. In diesem Sinne habe ich viele Adressen erhalten von gelehrten und tugendhaften Prälaten, von Korporationen und Privatpersonen, die in der geistlichen wie auch nicht-geistlichen Welt hohe Stellungen bekleiden; sie alle erklären ohne Ausnahme, daß Spanien es dem Inquisitionstribunal verdanke, daß es im 16. Jh. nicht von dem Übel angesteckt wurde, das über die anderen Staaten Europas soviel Unglück brachte. Der Inquisition verdankt Spanien nach Meinung der genannten Personen auch jene glänzende Plejade großer Schriftsteller und Gelehrten, jenen Glanz, von dem der Weg der Heiligkeit und Tugend erleuchtet war. Alle sind auch davon überzeugt, daß ein Hauptmittel, zu dem der Bedrücker Europas seine Zuflucht nahm, um den Samen der Käuflichkeit, Verderbtheit und Unordnung zu säen, das Verbot jenes Tribunals war unter dem Vorwand, der Fortschritt und die Kultur seien mit dessen weiterer Tätigkeit unvereinbar. Die sogenannten allgemeinen und außerordentlichen Cortes ließen sich von ebensolchen Motiven leiten wie der ausländische Unterdrücker, als sie dieses Tribunal auflösten, indem sie zur äußersten Betrübnis des Volkes ihre Zuflucht zur Abstimmung nahmen. Eben deshalb bittet man mich verstärkt und ohne Unterlaß, die Inquisition schnellstens wiederherzustellen ...«[44]

Ferdinand schuf einen speziellen Orden für die Inquisition. Am 14. April 1815 stattete er dem »heiligen Tribunal« einen Besuch ab, nahm an einer Sitzung teil, unterschrieb einige Inquisitionsurteile, besuchte das Gefängnis und geruhte zusammen mit den Inquisitoren zu speisen.[45]

Im Jahre 1820 flammte in Spanien die bürgerliche Revolution auf, die die Verfassung von 1812 wiederherstellte. Das empörte Volk fiel im ganzen Lande über die Inquisitionstribunale her; es zertrümmerte und verbrannte ihre Häuser. Am 9. März löste der erschreckte Ferdinand die Inquisition eilends auf. Jetzt behauptete der König das genaue Gegenteil von dem, was er 1814 verkündet hatte: »In Erwägung, daß das Dasein des Gerichts der Inquisition unvereinbar ist mit der in Cádiz 1812 verkündeten Verfassung der spanischen Monarchie und daß aus diesem Grunde die allgemeinen und außerordentlichen Cortes es durch Dekret vom 22. Februar 1813

[44] *Lozinskij, S. G.*, a. a. O., S. 445.

[45] *Šachnovič, M. I.*, Goja protiv papstva i inkvizicii, Moskau/Leningrad 1955, S. 326.

nach langer und reiflicher Beratung abgeschafft haben; nach Anhören der durch Dekret vom heutigen Tage eingesetzten Junta und in Übereinstimmung mit ihrem Gutachten habe ich mich entschlossen zu befehlen, daß von heute ab das besagte Gericht in der ganzen Monarchie, mithin auch der Oberste Rat der erhabenen Inquisition abgeschafft ist und daß sämtliche Gefangene, die sich wegen politischer und religiöser Äußerungen in seinen Gefängnissen befinden, sofort in Freiheit zu setzen sind, während die hochwürdigen Bischöfe in ihren einzelnen Sprengeln die Fälle dieser Gefangenen gebührend feststellen und entscheiden in voller Gemäßheit des erwähnten Dekrets der außerordentlichen Cortes. Sie haben dies zur Kenntnis zu nehmen und das Nötige zur Ausführung zu veranlassen. Gegeben im Schlosse am 9. März 1820. Está rubricando (Vollzugsformel), an den Sekretär für Gnade und Justiz.«[46]

Drei Jahre später wurde dieser charakterlose Monarch mit Hilfe französischer Bajonette wieder eingesetzt, und prompt setzte er auch die Inquisition wieder ein – dieses Mal allerdings unter einem neuen Etikett: der »Junta für die Sachen des Glaubens«, die von den Bischöfen geleitet wurde. Diese Junta erfüllte ihre inquisitorischen Aufgaben sehr energisch im Geiste der »ruhmreichen« Tradition Torquemadas; auf sie kommen die zwei letzten Autodafés in Spanien. Beide fanden im Jahre 1826 statt. Am 6. März wurde der von der Kirche exkommunizierte Freimaurer Antonio Caro gemäß dem Urteil des königlichen Gerichtes in Marcia öffentlich gehängt und dann gevierteilt; am 26. Juli kam als letztes Opfer der Inquisition der Schullehrer Caetano Ripol ums Leben. Er hatte am Befreiungskrieg der Spanier gegen Napoleon teilgenommen, war in Gefangenschaft geraten und in Frankreich eingekerkert worden. Nach dem Sturz Napoleons kehrte er in sein Vaterland zurück, wo er in einem kleinen Ort in der Nähe von Valencia eine Grundschule eröffnete. Die Inquisition verhaftete ihn unter der Beschuldigung, er habe seinen Schülern verboten, die Kirche zu besuchen, zu beten, zu beichten und die Kommunion zu empfangen. Bei den Verhören erklärte Ripol, daß er an Gott glaube, sich aber nicht als Katholik betrachte und der Inquisition das Recht abspreche, ihn zu richten. Zwei Jahre lang versuchten die Inquisitoren, ihn zu bewegen, seinen »Irrtümern« abzuschwören und sich wieder mit der Kirche zu »versöhnen«, aber Ripol verteidigte standhaft seine Überzeugungen. Das Inquisitionstribunal erklärte ihn zum Häretiker, stieß ihn aus der Kirche aus und übergab ihn dem »weltlichen« Arm, d. h. dem königlichen Gericht, das ihn als »hartnäckigen und böswilligen Häretiker« zur Konfiskation seines Eigentums, zum Tode durch Erhängen und zur symbolischen Verbrennung verurteilte. Letztere fand in der Weise statt, daß man die Leiche des

[46] *Lea, H. Ch.*, a. a. O., Bd. III, S. 317, Anm. 1.

Hingerichteten in einen mit Flammenzungen bemalten Sarg legte und sie so in »ungeweihter Erde« begrub.

Das Autodafé über Ripol und dessen Hinrichtung fand auf einem der Plätze Valencias statt. Die Mönche, die den Verurteilten zur Hinrichtungsstätte begleiteten, versuchten bis zur letzten Minute, ihn durch das Versprechen, die Todesstrafe werde ihm erlassen, zum Widerruf zu bewegen. Doch Ripol zog den Galgen einem Kompromiß mit seinem Gewissen vor.[47]

Dieses letzte Verbrechen der spanischen Inquisition erzeugte einen Sturm der Empörung in der gesamten zivilisierten Welt, was Ferdinand VII. zwang, die »Junta für die Sachen des Glaubens« aufzulösen. Trotzdem blieb die Inquisition formal weiter bestehen. Erst nach dem Tode Ferdinands wurde sie in Spanien endgültig und für immer beseitigt. Das geschah am 15. Juli 1834.

So gingen ruhmlos die Tage der spanischen Inquisition zu Ende, deren verbrecherische Hand einst nicht nur auf Spanien, sondern auch auf dessen Besitzungen – den Niederlanden, Sizilien, Neapel, Mailand und den Philippinen – lag. Im Verlaufe von drei Jahrhunderten wirkte sie auch in Spanisch-Amerika; doch darüber wird das folgende Kapitel berichten.

Wieviel Menschen hat die Suprema vernichtet? Der erste, der die Zahl ihrer Opfer zu ermitteln suchte, war Juan Antonio Llorente. Und dies sind seine Angaben: Lebendig verbrannt 31 912 Personen; in effigie verbrannt 17 659; zu anderen Strafen verurteilt 291 450; insgesamt also 341 021 Personen.[48] Die Klerikalen und ihre Anhänger haben Llorente auf alle nur mögliche Weise wegen dieser Zahlen zu diffamieren versucht, sie behaupteten, sie seien übertrieben und würden durch nichts bestätigt. Nun hat Llorente sie tatsächlich nicht nach Jahren aufgeteilt, und er nennt auch nicht alle von ihm benutzten Quellen. Das ist aber nur natürlich, denn er beendete sein Werk während der Zeit seiner Emigration in Paris, wo er die erforderlichen Belege nicht mehr in Händen hatte. Es ist jedoch charakteristisch, daß keiner seiner Gegner selbst eine Aufrechnung vorlegte, die er der erschütternden Bilanz des Autors der »Geschichte der spanischen Inquisition« entgegenzustellen gewagt hätte. Offensichtlich hütete man sich deshalb davor, weil jede ernsthafte Summierung der Zahlen zuungunsten der Angreifer ausgefallen wäre.

Es sind noch zwei andere Aufrechnungen bekannt, die von derjenigen Llorentes nur geringfügig abweichen. Der spanische Historiker Joachin del Castillo y Marone bringt in seinem Werk »Das Inquisitionstribunal«, das 1835 in Barcelona herauskam,

---

[47] *Menéndez y Pelayo, M.*, Historia de los Heterodoxos expañoles, Bd. IV, Buenos Aires 1945, S. 188 ff.; *Lea, H. Ch.*, a. a. O., Bd. III, S. 332 ff.

[48] *Llorente, J. A.*, a. a. O., Bd. II, S. 426.

die Zahlen der Opfer aufgeschlüsselt auf die einzelnen Generalinquisitoren (es gab deren insgesamt 41), angefangen von Torquemada bis zu Jeronimo Castellon y Salas (1818). Sein Ergebnis sieht folgendermaßen aus: Lebendig verbrannt 36 212 Personen, in effigie verbrannt 19 790; zu anderen Strafen verurteilt 345 626 Personen. [49]

Juan Amador de los Rios präzisierte vierzig Jahre später diese Angaben: Lebendig verbrannt 28 540 Personen; in effigie verbrannt 16 520; zu anderen Strafen verurteilt 303 480 Personen. [50]

Sowohl Amador de los Rios als auch Castillo y Marone stützten ihre Tabellen durch Hinweise auf zahlreiche archivalische Quellen; da sie fast mit den Angaben Llorentes übereinstimmen, muß man zu der Schlußfolgerung gelangen, daß dessen Berechnungen begründet waren. Moderne Forscher haben auf ähnliche Aufrechnungen verzichtet. [51]

Aber wie exakt diese auch sein mögen – sie spiegeln nicht all das Schlimme wider, das die Inquisition über die Bevölkerung Spaniens im Verlauf ihrer 350jährigen Tätigkeit gebracht hat. Wie kann man auch in Ziffern die Leiden von Hunderttausenden gequälter oder verleumdeter Opfer der Inquisition oder der aus Spanien vertriebenen Juden und Mauren ausdrücken, deren Nachkommen oft aller Rechte beraubt waren, da sie das rettende Zertifikat über »reines Blut« nicht erlangen konnten!

Die spanische Inquisition starb; aber noch leben auch die Advokaten der Inquisition, für die der Generalinquisitor Torquemada das Muster der christlichen Tugend ist.

Aber wir kennen auch ein anderes Spanien, »das Spanien der Menschen, die gegen die Inquisition kämpfen und ihr Leben im Kampf für die Freiheit des Volkes zum Opfer bringen« [52]. Diesem anderen Spanien, dem Spanien des Volkes und des Fortschritts, gehört die Zukunft.

---

49 *Lozinskij, S. G.*, a. a. O., S. 140.

50 Ebenda, S. 127.

51 Der bekannte spanische Historiker Rafael Altamira y Crevea (1866–1951) bemerkt zu diesem Anlaß: »Heute ist es unmöglich, genaue Ziffern (der Opfer der Inquisition) anzugeben; im allgemeinen kann man annehmen, daß es viele Verurteilte gab und daß unter ihnen nicht wenige waren, bei denen der Urteilsspruch auf Tod lautete, wenn man die zuverlässigen Angaben der Prozeßakten oder andere auf uns gekommene Zeugnisse in Betracht zieht.« (*Crevea, R. Altamira y*, Istorija Ispanii, Bd. I, Moskau 1951, S. 451). Kamen versucht eine reduzierte Aufstellung a. a. O., S. 321. Die Häufigkeit der Hinrichtungen war unterschiedlich; in Toledo wurden innerhalb von 16 Jahren (1485–1501) 250 eigentliche und 500 in effigie vorgenommen; das sind 750, pro Jahr also ca. 45. Vgl. *Lea, H. Ch.*, a. a. O., Bd. III, S. 388, der die Berechnungen Llorentes ebenfalls anzweifelt.

52 *Dias, J.*, Pod znamenem narodnogo fronta, Moskau 1937, S. 54 ff.

Sechstes Kapitel

Scheiterhaufen im kolonialen Amerika

Die Conquista und die Inquisition

In den klassischen Werken der klerikalen und bürgerlichen Autoren über die Inquisition wird deren Tätigkeit in den Kolonien nur wenig oder überhaupt nicht behandelt. Das ist völlig verständlich; denn nirgendwo sind der »heilige« Charakter der Inquisitionstribunale, ihre »zivilisatorische« Mission, ihr »opfervoller« Kampf für die vielberufenen »christlichen Werte« so ins Gegenteil verkehrt worden wie dort, wo sie als zuverlässige Stütze des kolonialen Jochs den Interessen der Ausbeuter dienten.

Die neue Welt war von Kolumbus im Jahre 1492 entdeckt worden – zu einem Zeitpunkt, da der Inquisitionsterror in Spanien in voller Blüte stand. Jene Entdekkung versprach der spanischen Krone sagenhafte Reichtümer und brachte sie ihr auch. Es schien – und so behaupteten es auch die der Krone schmeichelnden spanischen Theologen –, als ob der Allerhöchste den katholischen Königen die neue Welt als Belohnung für ihre unermüdlichen Bemühungen bei der Verfolgung der Häretiker zum Geschenk gemacht habe. Geschieht doch im Leben nichts zufällig; fällt doch kein Haar vom Haupte des Menschen ohne Wissen Gottes, wie die Theologen lehrten. Gott, so behaupteten sie, sieht alles und weiß alles; er ist weise und allmächtig. Wenn er Westindien, wie die Spanier ihre ozeanischen Besitzungen nannten, den katholischen Königen Spaniens geschenkt hatte, so bewies er damit, daß das Inquisitionssystem seinem Herzen lieb und teuer war; denn sonst wäre seine Gabe natürlich nicht Ferdinand und Isabella, sondern ihren Rivalen zuteil geworden.

Als die spanische Krone Westindien eroberte, zweifelte sie nicht eine Sekunde an der Notwendigkeit, auch dort mit Hilfe des Gott so wohlgefälligen repressiven Organs, der Inquisition, die »häretischen Scheußlichkeiten« zu bekämpfen. In der ersten Zeit wurden die Funktionen der Inquisitoren von Mönchen ausgeübt, die die Konquistadoren bei ihren Raubzügen begleiteten, sowie von den Bischöfen der Conquista.

Am 7. Januar 1519 bevollmächtigte der Generalinquisitor Spaniens, Kardinal Hadrian, offiziell den ersten spanischen Bischof in Amerika, Alonso Monso, und den Vizeprovinzial des Dominikanerordens, Pedro Cordova, vertretungsweise die Pflichten der »apostolischen Inquisitoren in allen Städten, Dörfern und Ortschaften der Inseln des Ozeans«[1] zu übernehmen, und trug ihnen auf, Notare, Polizeioffiziere,

---

[1] So nannten die Spanier anfangs die von ihnen entdeckten Gebiete.

Untersuchungsrichter und andere Beamte zu ernennen, wie sie für die Organisation des »heiligen Tribunals« erforderlich seien.[2]

In dem Maße, wie die spanischen Eroberungen in der neuen Welt sich erweiterten und neue administrative Einheiten gebildet wurden, entstanden auch ihnen entsprechende neue Bistümer, deren Leiter, die Bischöfe und andere kirchliche Hierarchen, ihrerseits mit den Rechten von Inquisitoren ausgestattet wurden.

Diese sogenannte primitive Ära der Tätigkeit der kolonialen Inquisition, die der Periode der Conquista entsprach, ging im Jahre 1569 zu Ende, als in den überseeischen Besitzungen die ersten »heiligen Tribunale« gegründet wurden. Sie hatten eigens dafür von der Krone und den kirchlichen Behörden ernannte Inquisitoren an der Spitze, die bevollmächtigt waren, Gericht über die Häretiker zu halten und die gesprochenen Urteile zu vollstrecken.

In der Zeit der Conquista stießen die Eroberer und die sie begleitenden Kirchenmänner, die vertretungsweise das Amt des Inquisitors ausübten, auf ein völlig neues, für sie unerwartetes Problem. Sie überzeugten sich sehr rasch, daß die durch Kolumbus entdeckten Länder durchaus nicht Indien oder das sagenhafte Kathai (China) und die Bewohner dieser Länder durchaus keine Inder oder Chinesen waren. Wenn aber die Einwohner keine Asiaten waren, was waren sie dann? Ebensolche Menschen wie die Eroberer? Aber diese Wesen gingen völlig nackt und beteten Götzenbilder an. Das bedeutete, daß man sie schon allein deshalb nicht mit den Spaniern vergleichen konnte. Besaßen sie überhaupt eine »Seele«? Sollte man sie als Sünder oder Kinder ansehen, die für ihre Taten noch nicht verantwortlich sind? Aber vielleicht waren sie überhaupt keine Menschen, wenn sie ihnen auch äußerlich ähnlich sahen? Schließlich: woher kamen sie, wie gelangten sie auf diese Welt? Die spanischen Theologen blätterten fieberhaft die Bibel und die Werke der Kirchenväter durch, um in ihnen irgendeinen Hinweis auf die neue Welt und deren seltsame Bewohner zu finden, der es ihnen erlaubte, eine Antwort auf die zahlreichen Fragen zu geben. Aber eine genügende »Klärung« kam nicht zustande. Die einen Theologen behaupteten, daß die »Indianer« von Kain abstammten, der den Abel erschlug; andere sagten, sie seien Nachkommen des Ham, eines Sohnes des Urvaters Noah, der von seinem Vater wegen seines schändlichen Verhaltens verflucht wurde ...[3] Es gab auch solche Theologen, die behaupteten, die Indianer seien überhaupt keine wirklichen Menschen, sondern Tiere. Über die großen Unterschiede, die in dieser Frage herrschten, kann man sich anhand der diametral entgegengesetzten Aussagen zweier Chronisten ein Bild machen; die eine stammt von Oviedo y Valdéz, die

[2] *Medina, J. T.*, La primitiva Inquisición Americana. Santiago de Chile 1914, S. 76 f.

[3] Vgl. 1. Mose, 9, 20 ff.

andere von Bartolomé de Las Casas. Der erstere schrieb in seiner »Allgemeinen natürlichen Geschichte Indiens«, die 1535 in Sevilla herauskam: »Die Indianer sind ihrer Natur nach faul und lasterhaft, melancholisch, feige und überhaupt gewissenlose Lügner. Ihre Ehen entbehren des Sakraments; das ist ein gotteslästerliches Sakrileg. Sie sind Götzenanbeter und Wüstlinge und huldigen der Päderastie. Ihre Hauptsorge ist Fressen, Saufen, Anbeten ihrer Götzen und das Vollbringen tierischer Schamlosigkeiten. Was kann man von Leuten erwarten, deren Schädel so fest sind, daß die Spanier sich in den Kämpfen hüten müssen, mit ihren Schwertern gegen ihre Köpfe zu schlagen, weil jene davon stumpf werden?«

Ungefähr zur gleichen Zeit schrieb Las Casas: »Gott schuf diese einfachen Menschen ohne Listen. Sie sind sehr gehorsam und ihren eigenen Herren wie auch den Christen ergeben, denen sie dienen. Sie sind ausnehmend folgsam, geduldig, friedliebend und tugendhaft. Sie sind keine Raufbolde, sind nicht rachsüchtig, nicht nachtragend, nicht kleinlich. Außerdem sind sie empfindlicher als eine Prinzessin und sterben rasch von der Arbeit oder von Krankheiten. Es besteht kein Zweifel: sie wären die glücklichsten Menschen auf der Welt, wenn sie den wahren Gott verehren würden.«[4] Das Ende des Streits führte der römische Papst selbst herbei, indem er im Jahre 1537, wenigstens formal, die Indianer als Menschen anerkannte, d. h. ihnen eine Seele zubilligte. Zu diesem Zeitpunkt waren sie in ihrer Mehrheit schon unterworfen und zum Christentum bekehrt; das eine war auf das engste mit dem anderen verbunden. Die Eroberung und Unterwerfung der Indianer wurde von der spanischen Krone und der Kirche mit der Notwendigkeit begründet, die Eingeborenen zum »wahren« katholischen Glauben zu bekehren; aber ihre Bekehrung führte unweigerlich zur Unterjochung, da sie in den meisten Fällen zwangsweise vorgenommen wurde.

Man muß auch vermerken, daß die Priester – mit wenigen Ausnahmen – vom Beginn der Conquista an aktiven Anteil an den Hinrichtungen unbotmäßiger Indianer nahmen – und zwar mit der Begründung, diese hätten sich geweigert, den christlichen Glauben anzunehmen. Die Kirchenvertreter billigten die schmachvolle Behandlung Montezumas ebenso wie die Morde an Cuauhtémoc und anderen Herrschern des Aztekenreiches, an Atahualpa, dem Herrscher der Inkas, sowie an Hatueja, dem Führer der kubanischen Indianer – ganz zu schweigen davon, daß sie an den Massenhinrichtungen einfacher Indianer teilnahmen.

Die Spanier überzeugten sich sehr schnell, daß die zwangsweise Bekehrung der Indianer zum katholischen Glauben durchaus nicht bedeutete, daß diese sich von ihren »heidnischen« Anschauungen und Gebräuchen lossagten. Der Franziskanermönch Jerónimo de Mendieta (1525–1594) bemerkt in seiner »Kirchengeschichte der

---

4 *Las Casas, B. de,* Colección de tratados. 1552–1553, Buenos Aires 1924, S. 7 ff.

Indianer«, die Einheimischen hätten die Abbildungen Christi neben ihren »dämonischen Götzenbildern« aufbewahrt und, als die Mönche sie zwangen, an allen Wegkreuzungen, am Eingang zu den Ortschaften und auf einigen Höhen Kreuze zu errichten, ihre Götzenbilder unter diesen Kreuzen verborgen. Wenn sie nun vor diesen Kreuzen niederfielen, huldigten sie in Wirklichkeit den dort verborgenen Abbildungen der Dämonen.[5]

Ein bekanntes Bild! Es bestätigt, daß die zwangsweise bekehrten Indianer sich ebenso zwiespältig verhielten wie die Häretiker; das aber gab der Tätigkeit der Inquisition in den Überseegebieten Spaniens neuen Raum.

Die Kleriker beeilten sich, bei den rothäutigen »Apostaten« die gleichen Mittel der Einwirkung zu benutzen, wie sie von Torquemada in Spanien gegenüber den »Neuchristen« und Häretikern angewandt worden waren. Das erste von den bekannten Opfern der Inquisition in Amerika war der Indianer Miguel aus der Ortschaft Acoluacan (Mexiko); er wurde 1522 wegen Abfalls vom Glauben angeklagt. Von der Strafe, die er erhielt, sind keine Einzelheiten bekannt, wie es auch von vielen anderen Opfern der Inquisition keine Nachrichten gibt, da die Prozeßakten verlorengegangen sind. Sie wurden vielfach von den Patrioten in der Periode der Unabhängigkeitskriege verbrannt oder in der Folgezeit von den Klerikern vernichtet – von den einen, weil sie Zeugnisse der jahrhundertelangen Knechtschaft waren, von der man sich nun befreite; von den anderen, weil sie befürchteten, die Akten könnten als Quelle von Anklagen gegen sie benutzt werden.

Mehr bekannt ist uns über die Tätigkeit des ersten Bischofs und Vizeinquisitors Neuspaniens (Mexikos), des Dominikaners Juan de Zumárraga, der von 1535 bis 1548 wirkte. Er war vom Großinquisitor Spaniens, dem Erzbischof von Sevilla, Alfonso Manrique, mit besonderen Vollmachten ausgestattet worden, »alle und jeden zu verfolgen, seien es Mann oder Frau, Lebende oder Tote, Anwesende oder Abwesende, Menschen jeden Standes und Besitzes, unabhängig von der Stellung, die sie bekleiden, oder von ihrer Bedeutung ..., die ständigen oder zeitweiligen Bewohner oder auf dem Territorium der mexikanischen Diözese sich aufhaltenden Personen, die schuldig, verdächtig oder überführt sind der Häresie oder des Abfalls vom Glauben, sowie alle die, die sie dabei unterstützten oder ihnen halfen«[6]. Auf Veranlassung Zumárragas veröffentlichte der Vizekönig dieser Kolonie, Antonio de Mendoza, einen Befehl im Namen des spanischen Königs, der mit Strafen all den Indianern drohte, die des Abfalls vom Glauben schuldig seien. Mendoza befahl, allen Indianern, die in den Ländern Neuspaniens wohnten, zu erklären, daß sie

---

[5] *Mendieta, J. de,* Historia eclesiástica indiana, Mexiko 1870, S. 233 ff.

[6] *Rueda, J. Jiménez,* Herejias y supersticiones en México, Mexiko 1946, S. 1.

verpflichtet seien, »nur den einen wahren Gott zu verehren, und daß sie die Götzenbilder, die sie früher für Götter gehalten, vergessen und wegwerfen sollen; sie sollen aufhören, Steine, Sonne und Mond oder irgendein anderes Wesen zu verehren. Es wird verboten, zu ihren Ehren Opfer darzubringen oder ihnen Gelöbnisse zu machen. Wenn irgendein Christ entgegen diesem Befehl etwas ähnliches tut, so erhält er das erste Mal zur Strafe öffentlich hundert Rutenstreiche und wird kahl geschoren; das zweite Mal wird er dem Gericht übergeben.« Das bedeutet in Wirklichkeit ein Autodafé mit anschließender Verbrennung auf dem Scheiterhaufen.

In weiteren Befehlen des Mendoza wurde angeordnet, die Indianer, die den christlichen Glauben angenommen hatten und dann abgefallen waren und damit »den anderen christlichen Indianern oder solchen, die es werden wollten, ein schlechtes Beispiel gegeben hatten«, mit der Peitsche zu züchtigen und kahl zu scheren; diejenigen aber, »die gegen unseren christlichen Glauben zu sprechen oder zu predigen beginnen«, zu verhaften und dem Gericht zu übergeben, das ihnen den Prozeß machen und sie streng bestrafen sollte.[7] Dieser Befehl gab Zumárraga die juristische Grundlage dafür, alle Indianer, die auf irgendeine Art des Abfalls vom katholischen Glauben verdächtigt wurden, vor Gericht zu ziehen und sie zu verurteilen.

Von über hundert veröffentlichten Gerichtsurteilen des Zumárraga gegen solche »Abtrünnige« führen wir zur Illustration zwei an. Das erste betrifft den Indianer Tacastecle und seine Tochter Maria, die beide der Götzendienerei beschuldigt wurden. Wie im Urteil mitgeteilt wird, zog das Gericht in Betracht, daß die Beschuldigten in der Untersuchung Reue gezeigt und ebenso, daß sie zum ersten Mal dieses Verbrechen begangen hätten. Deshalb zeigte es ihnen gegenüber Barmherzigkeit. Diese bestand darin, daß man die Schuldigen zu einer für die Inquisition verhältnismäßig leichten Strafe verurteilte: bis zum Gürtel entblößt und an Maulesel gebunden, führte man sie durch die Stadt und züchtigte sie mit Geißeln. Auf einem Platz der Stadt Mexiko mußten diese »Verbrecher« dann ein Autodafé mitmachen; der Henker schor ihre Köpfe unter einem Galgen und verbrannte ihre Idole. Dann mußten sie öffentlich Buße tun und wurden verwarnt, daß sie im Falle einer Wiederholung ihres »Verbrechens« nicht mehr mit einer solchen Mildherzigkeit rechnen könnten, sondern daß die Behörden dann ihnen gegenüber »ihre ganze Strenge« walten lassen, d. h. sie zum Scheiterhaufen verurteilen würden.[8]

Was aber den erwartete, der in der Untersuchung keine »Nachgiebigkeit« und »Reue« zeigte, berichtet ein zweites Dokument: das Urteil Zumárragas im Prozeß

---

[7] *Carreño, A. M.*, Don Fray Juan de Zumarraga (Documentos inéditos), Mexiko 1950, S. 51 ff.

[8] Ebenda, S. 103 ff.

gegen den Indianer Carlos Ometoctcina, den Sohn eines Aztekenfürsten. Don Carlos, wie er im zitierten Dokument genannt wird, wurde auf Befehl des Inquisitors verhaftet und der Verbreitung der Häresie angeklagt. Trotz grausamer Folterungen weigerte sich der Indianer, seine »Verbrechen« einzugestehen und um Gnade zu bitten, obwohl, wie es im Urteil heißt, »wir den Don Carlos darauf hinwiesen, daß ein Eingeständnis des Götzendienstes, der von ihm begangenen Fehler und Exzesse, es uns erlauben würde, ihm gegenüber Milde walten zu lassen«. Das Urteil der Inquisition lautete: den Indianer für schuldig der Verbreitung der Häresie zu erklären, sein Eigentum zu konfiszieren, ihn selbst zu exkommunizieren und den weltlichen Behörden zu übergeben zur entsprechenden körperlichen Bestrafung; man bat, »mit dem oben genannten Don Carlos mildherzig zu verfahren«. Das Urteil des Obersten Gerichts (der Audienza) Neuspaniens folgte auf dem Fuße: Der Angeklagte sei für die von ihm begangenen »Verbrechen« dem Feuertode auf dem Scheiterhaufen zu übergeben. Es wurde in der Stadt Mexiko in Anwesenheit der gesamten Bevölkerung, von Spaniern und Indianern, vollstreckt.[9] Letztere zwang man mit Gewalt, diesem schändlichen Schauspiel beizuwohnen, das ihnen zur Belehrung und Abschreckung dienen sollte. All das hat die kirchlichen Apologeten nicht daran gehindert, den Zumárraga als einen großen Freund der Indianer hinzustellen.

Solche Hinrichtungen unbotmäßiger Indianer wurden auch von anderen Hierarchen, die mit inquisitorischen Vollmachten ausgestattet waren, vorgenommen. In dieser Beziehung zeichnete sich besonders der Provinzial des Franziskanerordens, Diego de Landa, durch sein brutales Vorgehen aus. Unter dem Vorwand der Anklage auf Häresie vernichtete er in den sechziger Jahren des 16. Jh. Tausende der Ureinwohner jener Gebiete. Landa offenbarte bei seiner Henkerstätigkeit besondere Fähigkeiten; auf seinen Befehl unterzogen die Mönche jene Indianer, die des Abfalls beschuldigt wurden, ausgesuchten Folterungen. Um ihren Opfern Geständnisse zu erpressen, schlugen diese Henker sie mit Geißeln, hängten sie mit verrenkten Armen auf, übergossen ihre Rücken mit kochendem Wachs, versengten ihre Fußsohlen mit glühendem Eisen. Und wenn das nichts half, folterten sie sie noch auf andere Weise; durch einen Trichter, der in den Hals des Delinquenten eingeführt wurde, gossen sie heißes Wasser, dann schlug einer der Henker den Häftling so lange auf den Leib, bis das Wasser mit Blut vermischt ihm aus Mund, Nase und Ohren quoll.

In den nicht ganz zehn Monaten seiner Tätigkeit hat Landa nach dem Zeugnis von Zeitgenossen 6330 Indianer, Männer wie Frauen, solchen Folterungen unterworfen, von denen 157 hieran starben, weit mehr aber ihr Leben lang Krüppel blieben. Am 12. Juli 1562 veranstaltete Landa in der Stadt Mani ein feierliches

[9] Ebenda, S. 54 ff.

Autodafé in Anwesenheit der spanischen Behörden und indianischen Kaziken (Häuptlinge). Auf den Scheiterhaufen dieses Autodafés wurden die noch erhalten gebliebenen letzten Überreste der alten Mayakultur verbrannt – Handschriften in Hieroglyphenschrift geschrieben, Statuen und kunstvoll gearbeitete Gefäße mit rituellen Abbildungen. Viele der verhafteten Indianer hatten sich schon vor dem Autodafé im Gefängnis erhängt. Die Mönche hatten siebzig Leichen ihren Gräbern entrissen und warfen sie nun auf die Scheiterhaufen. Während sie verbrannten, wurden die noch lebenden Opfer der Inquisition, angetan mit Sanbenitos, gequält und verspottet.[10]

Ziel dieses Vorgehens war, den Indianern Furcht und Gehorsam gegenüber ihren neuen Herren, den Spaniern, und deren weißen »allmächtigen« Göttern einzuflößen. Landa selbst schreibt in seinem Werk »Relación de las casas de Yucatán«, daß die Spanier sich die Indianer nicht hätten unterwerfen können, wenn sie ihnen nicht »durch schrecklichen Strafen Furcht eingeflößt hätten«[11]. Und wie zur Rechtfertigung seiner Schandtaten beschreibt er die »Befriedung« der aufständischen Indianer durch die Spanier in den Provinzen Cochva und Chectemal. Dort, so heißt es, verübten die Spanier »unerhörte Grausamkeiten; sie schnitten den Indianern Nasen, Hände, Füße, den Frauen die Brüste ab und warfen sie in tiefe Lagunen mit Kürbissen, die an die Füße gebunden waren; sie schlugen die Kinder, die nicht so schnell wie ihre Mütter gehen konnten, mit ihren Degen. Wenn einer von denen, die man an Halsketten führte, ermattete und nicht im gleichen Tempo ging wie die anderen, schlug man ihm in der Reihe den Kopf ab und band ihn von der Kette los, damit die anderen nicht aufgehalten würden.«[12]

Beschreibungen solcher Greueltaten und Hinrichtungen, die an die blutigen Taten der Faschisten erinnern, finden wir auch in den Werken des Dominikaners Bartolomé de Las Casas, den Aufzeichnungen des Inquisitors Bernal Dias del Castillo und vieler anderer Teilnehmer oder Zeugen der Eroberung Amerikas. Diese Zeugnisse widerlegen zur Genüge die Legende von der friedlichen Unterwerfung der Indianer und ihrer freiwilligen Christianisierung, wie sie später von den Kolonisatoren und deren klerikalen Helfern geschaffen wurde. Nicht mit dem Olivenzweig, sondern mit Feuer und Schwert haben die Eroberer »Neuspanien« unterworfen; mit grausamen Massakern haben sie ihre Macht über die schutzlose einheimische Bevölkerung aufgerichtet. Als Rechtfertigung diente ihnen dabei der Hinweis auf die

---

[10] Vgl. *Knorozov, Ju. V.*, Soobščenie o delach v Jukatane. Diego de Landa kak istoriko-etnografičeskij istočnik. Diego de Landa: Soobščenie o delach v Jukatane, Moskau/Leningrad 1955, S. 31 ff.

[11] Ebenda, S. 132.

[12] Ebenda.

göttliche Vorsehung und auf den angeblichen Glaubensabfall der hinterhältigen Indianer, die ihre Seelen durch den hartnäckigen Widerstand gegen ihre Henker verdarben ... Als in der Folgezeit die Scheußlichkeiten, die von den Inquisitoren und ihren Helfern an der wehrlosen Bevölkerung verübt worden waren, in Europa bekannt wurden, hauptsächlich durch die »Kurze Mitteilung über die Zerstörung Indiens«, jene entlarvende Schrift des Bartolomé de Las Casas, verbot die spanische Inquisition deren Lektüre und Verbreitung. In einer Entscheidung des Obersten Inquisitionstribunals in dieser Sache vom 3. Juni 1660 heißt es, das berühmte Buch des Las Casas »berichtet von schrecklichen und barbarischen Vorgängen, wie sie die Geschichte anderer Nationen nicht kennt, von Taten, die, wie der Verfasser schreibt, durch spanische Soldaten, durch Siedler in Westindien und durch Priester des Katholischen Königs begangen wurden. Es ist ratsam, diese Berichte, da sie der spanischen Nation schaden, zu beschlagnahmen, denn selbst, wenn sie wahr wären, hätte es doch genügt, bei Seiner Katholischen Majestät dieserhalb vorstellig zu werden, anstatt sie in der Welt auszuposaunen und damit den Feinden Spaniens und den Ketzern Angriffsmöglichkeiten zu geben.« [13]

Schließlich überzeugten die Massenhinrichtungen der unbotmäßigen und ungehorsamen Indianer die spanischen Behörden davon, daß eine solch starke »Medizin« letzten Endes zur völligen Ausrottung der neuen Untertanen des Königs führen könne, wie das tatsächlich auf den Antillen-Inseln der Fall war, wo um die Mitte des 16. Jh. von ihnen nur noch wenige übriggeblieben waren. Denn des Abfalls vom christlichen Glauben, der Nichtbeachtung kirchlicher Bräuche und des Götzendienstes konnten eifrige Inquisitoren vom Schlage eines Diego de Landa die überwältigende Mehrheit der einheimischen Bevölkerung beschuldigen und sie unter diesem Vorwand vernichten. Wer würde dann für den König, für den Konquistador und für den Inquisitor selbst noch arbeiten? Auf die Antillen, wo die Spanier fast alle Indianer ausgerottet hatten, importierte man Neger aus Afrika. Aber das war ein kostspieliges Unterfangen, denn für die Sklaven mußte man teures Geld zahlen, die Indianer aber erhielt der Konquistador unentgeltlich als »Mündel«; eine solch kostenlose Arbeitskraft zugunsten der Inquisition zu verlieren war durchaus nicht in seinem Interesse. Von solchen Überlegungen ausgehend, enthob Philipp II. durch ein Dekret vom 23. Februar 1575 die Inquisition des Rechts, Indianer wegen Verbrechens gegen den Glauben vor Gericht zu ziehen. Dieser Beschluß rief keinen ernstlichen Protest hervor – weder von seiten der Inquisition noch seitens der kirchlichen Hierarchie. Der Widerstand der Indianer war um diese Zeit schon gebrochen; die Macht der Kolonisatoren hatte sich überall gefestigt. Die Missionare

---

[13] *Kamen, H.,* Die spanische Inquisition, S. 120 f.

hatten sich davon überzeugt, daß es unmöglich war, von den Indianern die Absage an ihre früheren Glaubensüberzeugungen durch Terror zu erlangen; sie begnügten sich nunmehr mit einer formalen, rein äußerlichen Erfüllung der wichtigsten katholischen Gebräuche durch die örtliche Bevölkerung und schlossen die Augen vor der Tatsache, daß ihre Untertanen gleichzeitig fortfuhren, ihre Götter zu verehren. Aber es gab auch Ausnahmen; übermäßig eifrige Bischöfe verfolgten auch noch nach 1575 »heidnische« Indianer. Im Jahre 1690 veranstaltete der Bischof der Provinz Oajaca (im Vizekönigreich Neuspanien) ein demonstratives Autodafé über eine große Gruppe von Indianern, die des Götzendienstes beschuldigt waren. 21 der Angeklagten wurden zu lebenslangem Gefängnis verurteilt; für ihre Unterbringung wurde auf Befehl des Bischofs ein eigenes Gefängnis gebaut. Auch die Jesuiten bestraften auf ihren Indianer-Reduktionen in Paraguay, wo es ihnen gelungen war, einige zehntausend der Guarani-Indianer zu unterwerfen, ihre Schützlinge für die kleinsten Abweichungen vom katholischen Brauchtum.

Die Negersklaven riefen kein besonderes Interesse bei der Inquisition hervor. Obgleich die Gesetze die Sklavenhalter dazu verpflichteten, ihre Sklaven zum Christentum zu bekehren und sich um ihr geistliches Wohlergehen, um ihr Seelenheil zu sorgen, interessierte es die spanischen Sklavenhalter mehr, wie man aus ihnen möglichst viel herausschlagen und von dem durch den Kauf in sie investierten Kapital möglichst viel Profit erzielen könne, als die Frage, ob sie gläubig waren oder nicht. Wenn der Sklave sich weigerte, seinem Herrn zu gehorchen, übernahm der Sklavenhalter selbst bzw. sein Aufseher die Rolle des Inquisitors und unterzog ihn Quälereien und ausgesuchten Folterungen. Wenn es den Inquisitoren, wenigstens formal, verboten war, das Blut ihrer Opfer zu vergießen, so kannten die Sklavenhalter in diesem Punkte keine Bedenken und keine Grenzen; sie züchtigten ihre unbotmäßigen Opfer nicht nur mit der Peitsche, sondern machten sie vielfach zu Krüppeln. Sie schnitten den Männern die Geschlechtsorgane, den Frauen die Brüste sowie Angehörigen beider Geschlechter die Ohren und Nasen ab oder überantworteten sie den qualvollsten Todesarten, von denen die Strafe, bei lebendigem Leibe von Termiten aufgefressen zu werden, noch nicht einmal die grausamste war. So behandelten diese treuen Söhne der Kirche ihre »Mündel«.

Die Hand der Suprema in Westindien

Die »primitive« Inquisition war nicht imstande, den Aufruhr in solch »grandiosen« Maßstäben zu bekämpfen, wie das in Spanien geschah. Die Bischöfe und Ordensoberen in den Kolonien verfügten in der zweiten Hälfte des 16. Jh. nicht über die dazu erforderlichen Mittel und die notwendige Autorität. Die Konquistadoren, die ersten Siedler der Kolonien, die Geistlichen und Mönche dachten nur an eines: wie sie schnell reich werden und das Leben genießen könnten. Sie scherten sich nicht um königliche Beamte, königliche Befehle, um kirchliche Verbote und Vorschriften. Die Vizekönige und Bischöfe durften diese wilde Räuberbande nicht allzusehr mit strengen Forderungen nach Beachtung der kirchlichen Sitten und Normen der christlichen Tugend erzürnen und reizen. In dem Bestreben, ihre Autorität zu festigen, sandten sie dem König unaufhörlich sorgenvolle Briefe mit der Bitte, in den Kolonien offiziell das Inquisitionstribunal zu errichten, um hier Ordnung zu schaffen sowie die Unbotmäßigen, Abtrünnigen und vor allem diejenigen zu bestrafen, die sich unrechtmäßig den quinto real aneigneten, d. h. den fünften Teil der Einkünfte aus den Kolonien, der in die königliche Kasse abgeführt werden sollte. Francisco de Toledo, der Vizekönig von Peru (1569–1585), beklagte sich bei Philipp II., daß er mit den Mönchen und Geistlichen nicht fertig werde, die unter dem Vorwand, die Indianer zum Christentum zu bekehren, diese ausraubten und vergewaltigten; daß man überall gegen die königlichen Beamten murre; daß Scharen von Räubern im Lande umherschweiften; daß Aufruhr gegen die königlichen Behörden aufflammte. Bei allen seien die Zungen losgelassen; keiner beachte mehr die Gesetze und die kirchlichen Gebote. »Sendet Inquisitoren!« jammerte der Vizekönig. Der Geistliche Martinez schrieb dem Generalinquisitor Spaniens, Espinosa, am 23. Dezember 1567, daß im »Königreich Peru soviel Freiheit für Entartung und Sünde herrscht, daß, wenn Gott uns nicht zu Hilfe kommt, wir befürchten müssen, daß diese Provinzen noch schlimmer werden als Deutschland ... Und wenn unser Herrgott in dieses Königreich Richter des heiligen Tribunals schickt, so werden sie mit den zahlreichen Verfahren nicht fertig werden bis zum Tage des Jüngsten Gerichts.« Pedro de la Peña, der Erzbischof von Quito, bemerkte in einem Brief vom 15. März 1569 an den gleichen Espinosa, daß überall Gotteslästerung, falsche Lehren und falsche Auslegungen des Evangeliums verbreitet seien und daß, »wie in den weltlichen Dingen alle frech werden im Verhalten zum König, so in den Fragen des Glaubens alle frech werden im Verhalten zu Gott«. Er forderte die Einrichtung einer »außerordentlichen Inquisition« in den Kolonien. Darüber schrieben auch der Augustinermönch Juan de Bivero aus Cuzco und andere kirchliche und weltliche Beamte an den König.[14]

Solche Aufrufe konnten Philipp II., diesen finsteren Fanatiker, nicht gleichgültig lassen – ihn, der nach seinen eigenen Äußerungen bereit war, nicht nur seinen Sohn dem Scheiterhaufen zu übergeben, sondern auch persönlich das Holz dafür zusammenzutragen, wenn jener der Häresie überführt würde. Der Lehre der extremsten

[14] *Medina, J. T.*, Historia del Tribunal de la Inquisición de Lima (1569–1820), Bd. II, Santiago de Chile 1956, S. 29–37.

Inquisitoren folgend, war Philipp der Ansicht, daß selbst kleine Abweichungen vom katholischen Glauben eine günstige Lage für die Verbreitung der lutherischen »Sünde« schufen; deshalb forderte er, unbarmherzig alle zu bestrafen, die sich solcher Abweichungen schuldig machten. Um so weniger konnte er die Verbreitung dieser »Seuche« in seinen überseeischen Besitzungen dulden. Eine solche Möglichkeit aber signalisierten ihm ständig seine geheimen Informanten in England und Deutschland, die ihm über reale oder erdachte Pläne protestantischer Prediger berichteten, nach Südamerika zu reisen und dort durch Verbreitung ihrer »Häresie« diese Besitzungen der spanischen Krone abzujagen. In der letzten Zeit waren seine Todfeinde, die Engländer, diese Abtrünnigen vom katholischen Glauben, die ihre Seelen dem Teufel verkauft hatten, doch sogar so dreist geworden, daß sie begannen, unter der Piratenflagge seine Galeonen, die mit amerikanischem Gold beladen waren, zu überfallen und in seine Kolonien selbst einzudringen, um seine treuen Untertanen zu berauben und zu töten. Im Jahre 1568 hatte einer dieser Piraten, John Hawkins, die Kühnheit besessen, die Festung San Juan de Ulúa in Neuspanien (Mexiko) zu überfallen und dann bei Tampico an Land zu gehen. Es wurde Philipp berichtet, man habe eine große Gruppe gefangener Piraten in Ketten nach Mexiko überführt; aber anstatt diese »Galgenstricke« dem Scheiterhaufen zu übergeben, wie das jeder beliebige, in den Fragen des Glaubens auch nur einigermaßen gebildete Inquisitor getan hätte, hatten die örtlichen Behörden angesichts des großen Bedarfs an erfahrenen Handwerksmeistern und Arbeitskräften diese auf frischer Tat ertappten Piraten fast freudig aufgenommen und sie für die Arbeit auf ihren Gütern eingesetzt. Eine solche »politische Kurzsichtigkeit« und ein solcher Mangel an religiöser Wachsamkeit, wie sie die Behörden Neuspaniens an den Tag legten, mußten Philipp empören; und so hörte er auf die Stimmen seiner treuen Diener, die ihm schon viele Jahre hartnäckig geraten hatten, das Inquisitionstribunal in den Überseebesitzungen offiziell zu errichten. Am 29. Januar 1569 erließ er ein entsprechendes Dekret, das wir im Wortlaut wiedergeben: »Unsere ruhmreichen Ahnen (Isabella und Ferdinand, J. G.), der heiligen römisch-katholischen Kirche treu ergebene Kinder, haben in Anbetracht dessen, daß unsere königliche Würde und der katholische Eifer uns verpflichtet, mit allen möglichen Mitteln danach zu streben, unseren heiligen Glauben in der ganzen Welt zu verbreiten und zu erhöhen, in ihren Königreichen das heilige Inquisitionstribunal begründet zu dem Zweck, daß dieses ihn rein und unversehrt erhalte; und nachdem sie dem Bestand ihrer königlichen Besitzungen dank der göttlichen Vorsehung und göttlichen Gnade die Königreiche und Gebiete Westindiens, die Inseln und Festländer des Ozeans und andere Gebiete einverleibt hatten, gaben sie sich alle Mühe, den Namen des wahren Gottes in ihnen zu verbreiten, ihn vor Fehlern und falschen und verdächtigen Lehren zu bewahren und unter den Entdeckern, Siedlern, ihren Kindern und den Nachkommen unserer

Vasallen die Treue, den guten Namen, Ruf und Ruhm zu festigen, mit denen sie den Namen Gottes zu verbreiten und zu erhöhen mühevoll bestrebt waren. Diejenigen aber, die sich außerhalb des Gehorsams und der Ergebenheit der römisch-katholischen Kirche befinden, in ihren Fehlern und Häresien verharren, sind immer bestrebt, unseren heiligen katholischen Glauben zu entstellen, die treuen und ergebenen Christen ihm abspenstig zu machen und mit der ihnen eigenen List, Leidenschaft und Kenntnis sie zu ihrem entarteten Glauben hinüberzuziehen, indem sie ihnen ihre falschen Anschauungen und Häresien mitteilen und verschiedene verurteilte häretische Bücher verbreiten und loben. Das wahre Mittel der Rettung besteht darin, eine solche Tätigkeit der Häretiker und der Häresie verdächtiger Personen zu erschweren und völlig zu unterbinden, indem man sie bestraft und ihre Fehler mit der Wurzel ausrottet; auf diese Weise wird ihre grobe Beleidigung des heiligen Glaubens und der katholischen Religion verhindert und erschwert, und es wird nicht zugelassen, daß die Eingeborenen durch neue lügenhafte und verurteilte Doktrinen und Fehler verdorben werden. Deshalb hat der apostolische Generalinquisitor unserer Königreiche und Besitztümer auf Beschluß des Obersten Rates der Generalinquisition und mit unserer Zustimmung befohlen und Maßnahmen ergriffen, daß in unseren Gebieten das Heilige Inquisitionstribunal gegründet werde und seine Tätigkeit aufnehme zur Beruhigung unseres königlichen und auch seines (d. h. des Inquisitors, J. G.) Gewissens. Und er hat apostolische Inquisitoren gegen die häretische Schlechtigkeit und den Glaubensabfall ernannt und bevollmächtigt und ebenso Beamte und Diener, die für die Arbeit und Tätigkeit des Heiligen Tribunals erforderlich sind. Und da es nützlich ist, wenn wir ihnen mit unserer königlichen Macht Unterstützung erweisen, so erlauben wir ihnen, in Erfüllung der Pflicht eines katholischen Herrschers und Wächters für die Ehre Gottes und die Interessen der christlichen Gesellschaft, frei und ungehindert ihre Obliegenheiten als Inquisitoren des heiligen Tribunals auszuüben. Dementsprechend befehlen wir unseren Vizekönigen, Präsidenten der königlichen Gerichte und ihren Mitgliedern und Alkalden, desgleichen allen Gouverneuren, Corregidoren, ältesten Alkalden und anderen Behörden der Städte, Dörfer und Ortschaften Indiens, den Spaniern und Indianern, sowohl denen, die ständig dort wohnen, als auch denen, die sich dort niederlassen, daß diese alle in jedem Falle die apostolischen Inquisitoren mit ihren Beamten, Dienern und dem Begleitpersonal, die an einem beliebigen Orte der obengenannten Gebiete ihren Verpflichtungen nachkommen, mit der entsprechenden Ehrerbietung und Achtung empfangen und in Anbetracht der heiligen Pflichten, die sie ausüben, ihnen alle Möglichkeiten der freien Erfüllung ihrer heiligen Sache gewähren und auf Aufforderung der Inquisitoren hin den kanonischen Treueid leisten, den man gewöhnlich dem Heiligen Tribunal erweist; und jedesmal, wenn man sie auffordert, ruft und es von ihnen verlangt, müssen sie den Inquisitoren jede

Hilfe und Unterstützung leisten sowohl bei der Verhaftung eines beliebigen Häretikers oder in Sachen des Glaubens Verdächtigen als auch in jeder beliebigen anderen Sache, die sich auf die freie Ausübung ihrer Pflichten bezieht, d. h. auf alles, was nach dem kanonischen Recht sowie der Ordnung und Gewohnheit zu tun und zu erfüllen ist.«[15]

Damit erhielt die Inquisition unbeschränkte Rechte und Vollmachten über alle Einrichtungen und Beamte der Kolonien, einschließlich der Vizekönige selbst. Das mußte natürlich deren Unzufriedenheit hervorrufen. Die Inquisitoren forderten z. B., gestützt auf das königliche Dekret, daß ihnen während der Gottesdienste und anderer Zeremonien die höchsten Ehrenplätze reserviert würden, die angeblich ihrem Range zuständen, während die Vizekönige und die übrigen Kolonialbeamten selbst auf diese Plätze Anspruch erhoben. So gelangten unaufhörlich Klagen von beiden Seiten nach Madrid, auf die der König jedoch in der Regel nicht reagierte.

Auf Grund des Dekrets Philipps II. gründete der Generalinquisitor, Kardinal Diego de Espinosa, zwei Tribunale in den amerikanischen Besitzungen Spaniens: in Lima und Mexiko. Im Jahre 1610 wurde ein solches Tribunal auch in Cartagena gestiftet, dem Haupthafen des Vizekönigtums Neugranada. Die Jurisdiktion des Tribunals von Lima wurde außer auf Peru auch auf Chile, La Plata und Paraguay ausgedehnt, die des Tribunals von Cartagena auf Neugranada einschließlich Venezuela und ebenso auf Panama, Kuba und Puerto Rico; der Jurisdiktionsbereich des Tribunals von Mexiko umfaßte außer diesem selbst noch Neuspanien und Guatemala. Jedes der Tribunale wurde von zwei Inquisitoren geleitet, denen das entsprechende Personal von Untersuchungsrichtern, Gerichtsschreibern, Aufsehern, Henkern usw. zur Verfügung stand, die alle einer sorgfältigen Überprüfung auf die »Reinheit ihres Blutes« unterzogen wurden. Die »ehrenvolle« Arbeit der Inquisition konnten nämlich nur »blutsreine« Christen verrichten, die unter ihren Vorfahren keine Juden, Mauren oder gar Neger oder Indianer hatten.

Espinosa versah seine Inquisitoren mit eingehenden Instruktionen, die im wesentlichen aus der berühmten Satzung Torquemadas abgeschrieben waren. Sie schrieben den Inquisitoren vor, zunächst Gefängnisse einzurichten, in denen man die Verhafteten isoliert voneinander unterbringen konnte, sowie ferner geheime Kammern für die Verhöre, Folterungen und für die Aufbewahrung der Inquisitionsakten vorzubereiten. Den Inquisitoren wurde im einzelnen erläutert, wie die Geschäftsführung zu organisieren, wie die Protokolle zu führen, in welche Bücher die Anzeigen einzutragen, auf welche Weise die persönlichen Angelegenheiten der Beamten des Inquisitionstribunals zu regeln, wie die Rechenschaftsberichte nach

[15] *Medina, J. T.*, La Inquisición en el Rio de la Plata, Buenos Aires 1945, S. 48–50.

Madrid abzufassen seien und dergleichen mehr. Entsprechend den Instruktionen sollte bei Meinungsverschiedenheiten zwischen zwei Inquisitoren über Todesurteile die Entscheidung in Madrid eingeholt werden; bei Differenzen in anderen Fragen sollte der Ortsbischof in das Tribunal kooptiert und die Sache mit der Mehrheit von zwei Stimmen gegen eine entschieden werden. Besondere Aufmerksamkeit wandte man der Kontrolle über Druckausgaben zu. Den Inquisitoren wurde vorgeschrieben, streng darüber zu wachen, daß in die Kolonien keine aufrührerische, »häretische« Literatur eindringe; sie sollten in alle Häfen Kommissare entsenden, deren Aufgabe es sei, aus Europa kommende Schiffsladungen in dieser Hinsicht genauestens zu kontrollieren, in regelmäßigen Abständen Listen der verbotenen Bücher öffentlich auszuhängen und alle diejenigen streng zu bestrafen, bei denen solche Schriften gefunden würden.[16]

Außer diesen Instruktionen wurde ein Generaledikt des Glaubens ausgearbeitet, das dreimal im Jahr in sämtlichen Kirchen von Spanisch-Amerika verlesen werden sollte, wobei alle Gläubigen vom zehnten Lebensjahr an anwesend zu sein hatten. Dieses Edikt war nichts anderes als ein Aufruf an die Gläubigen, sich als Denunzianten zu betätigen. Es hieß darin unter anderem: »Wir fordern und rufen euch auf, innerhalb der hier genannten Fristen uns Hinweise über Personen zu geben, Lebende, Anwesende oder Tote, von denen ihr wißt oder gehört habt, daß sie irgend etwas gegen unseren heiligen katholischen Glauben gesagt oder getan haben oder gegen das, was die Heilige Schrift und das Gesetz des Evangeliums, die heiligen Synoden und die allgemeine Lehre der Kirchenväter vorschreiben und festsetzen, oder gegen das, was die heilige römisch-katholische Kirche, ihre Ordnungen und Gebräuche vorstellen und lehren ... Wir befehlen euch kraft des heiligen Gehorsams und unter Androhung der dreifachen Exkommunikation, wie sie von den kanonischen Gesetzen vorgeschrieben ist, im Verlauf der nächsten sechs Tage, vom Tage der Veröffentlichung dieses Edikts an, das ihr gehört oder von dem ihr auf irgendeine Weise erfahren habt: vor uns persönlich im Empfangszimmer des heiligen Tribunals zu erscheinen und uns alles zu offenbaren und zu erzählen, was ihr wißt, was ihr getan oder was ihr gesehen habt, daß andere es taten oder was ihr von anderen gehört habt über die obengenannten Dinge oder über irgendeine andere Sache, welche Bedeutung sie auch habe, die sich aber auf unseren heiligen katholischen Glauben bezieht, und uns zu berichten sowohl über Lebende, Anwesende oder Abwesende, als auch über Tote, und das alles zu dem Zweck, damit die Wahrheit bekannt werde, die Schuldigen ihre verdiente Strafe erhalten, die guten und ergebenen Christen dagegen sich offenbaren und Belohnung empfangen, unser

[16] Documentos inéditos y muy raros para la historia de México, Bd. V, Mexiko 1906, S. 225–247.

heiliger katholischer Glaube aber gefestigt und erhöht werde. Damit die Kunde hierüber zu allen gelange, befehlen wir, diese Botschaft zu veröffentlichen.«[17]

Im Verlauf der Kolonialperiode wurde der Text dieses »Edikts des Verrats«, wie man es im Volke nannte, mehrmals in Einzelheiten geändert. So enthält z. B. das Edikt der peruanischen Inquisition des 18. Jh. eine genaue Aufzählung der jüdischen, islamischen und protestantischen Gebräuche; sie sollte den Denunzianten helfen, die Abtrünnigen ausfindig zu machen, und damit ihre Auslieferung erleichtern. In diesem Edikt findet sich auch die Aufforderung der Inquisition, jene zu benennen, die die Werke Voltaires, Rousseaus, Volneys, Diderots und anderer französischer Philosophen besäßen.[18]

Die Veröffentlichung des »Edikts des Verrats« brachte den Inquisitoren jedes Mal eine reiche Ernte von Denunziationen. So trafen z. B. nach dem Verlesen des Edikts in den Kirchen Mexikos im Jahre 1650 bei der Inquisition ungefähr 500 Anzeigen ein, die in acht dicken Bänden registriert wurden. Davon sind vier Bände mit 254 Anzeigen erhalten geblieben. Eine Analyse dieser Dokumente zeigt, wie weit der Radius der »Arbeit« der Inquisitoren reichte. 112 Anzeigen berichteten von Zauberei und Wahrsagerei, 41 Anzeigen »entlarvten« heimliche Juden, 14 beschuldigten Geistliche wegen Mißbrauchs der Beichte zu lasterhaften Zwecken; 6 machten Mitteilung über häretische Gotteslästerer, 5 über Mißachtung religiöser Bräuche, 7 über Gegner der Inquisition, 6 über Verunglimpfungen von Heiligenbildern; eine berichtete über ein kleines Mädchen, das einem Abbild des gekreuzigten Christus die Hände abgeschlagen habe, eine andere über einen sechsjährigen Knaben, dessen Verbrechen darin bestand, daß er ein Kreuz auf die Erde gezeichnet, auf diesem herumgesprungen sei und sich einen Ketzer genannt habe.[19]

Die Inquisitionstribunale in Aktion

Die Prozedur der Kolonialinquisition unterschied sich nur wenig von der in Spanien gebräuchlichen. Als Begründung für eine Verhaftung diente in der Regel die Anzeige. Auf diese hin wurden über den vermutlichen Verbrecher die Aussagen weiterer Personen und andere belastende Materialien gesammelt. Man verwarnte die Zeugen, daß sie für den Bruch des Schweigegebotes eine harte Strafe erwarte. Die Namen der Zeugen wurden dem Häftling nicht mitgeteilt; es gab keine Gegenüberstellungen.

---

[17] *Medina, J. T.*, La Inquisición en el Rio de la Plata, S. 51–56.

[18] *Lewin, B.*, La Inquisición en Hispanoamérica, Buenos Aires 1962, S. 193.

[19] *Lea, H. Ch.*, The Inquisition in the Spanish Dependencies, New York 1908, S. 228.

Den Angeklagten hielt man in einer der Kasematten des Inquisitionsgefängnisses fest, wo er sich bis zur Urteilsverkündung in völliger Isolierung befand. Wenn es zwei Anzeigen gegen eine Person gab, galt der Angeklagte als schuldig. In einem solchen Falle konnte ihn vor dem Tode nur das »freiwillige« Eingeständnis der ihm zugeschriebenen Verbrechen retten; wenn er aber erst unter der Folter »gestand«, so galt das als ein erschwerender Umstand. Folterungen waren in den Gefängnissen der kolonialen Inquisition eine gewöhnliche Erscheinung. Betrachten wir diesbezüglich z. B. den Prozeß gegen die 26jährige Mensia de Luna, welche der Teilnahme an der sogenannten großen Verschwörung bezichtigt wurde, die von der Inquisition angeblich in Lima 1635 aufgedeckt worden war. Mit Mensia zusammen wurde eine Reihe von »Portugiesen« verhaftet, die zu jener Zeit in der Hauptstadt des peruanischen Vizekönigreiches lebten. Sie alle wurden der Häresie verdächtigt und der Folter ausgesetzt. Viele bekannten ihre »Schuld«; aber einige konnte die Folter nicht brechen. Zwei der Verhafteten hielten die Folter nicht aus und beendeten ihr Leben durch Selbstmord. Mensia de Luna war zusammen mit ihrem Gatten und ihrer Schwester verhaftet worden. Ihr Mann bestritt auch unter der Folter kategorisch die an ihn und seine Frau gerichteten Beschuldigungen; auch Mensia bekannte sich als nicht schuldig. Unter diesen Umständen beschlossen die Inquisitoren, sie ebenfalls zu foltern – »solange, wie sie es für notwendig erachten, mit dem Ziel, von ihr wahre Angaben über die gegen sie erhobenen Beschuldigungen zu erhalten. Und sie teilten ihr mit, wenn sie während der genannten Folter sterbe oder Teile ihres Körpers verlustig ginge, so seien daran nicht sie schuld, sondern die Delinquentin selbst, da sie sich weigere, die Wahrheit zu sagen ...«

Als Antwort auf diese Warnung erklärte Mensia de Luna, daß sie sich für unschuldig halte. Wir geben das Wort dem Protokoll des Verhörs: »Da führten sie sie in die Folterkammer, wohin auch die Herren Inquisitoren sich begaben ... Und als sich die Angeklagte in der Kammer befand, wurde sie von neuem verwarnt, sie möge die Wahrheit sagen, wenn sie nicht durch eine schwere Prüfung gehen wolle. Sie antwortete, sie sei unschuldig. Nach einer neuen Verwarnung wurde ihr befohlen, sich auszuziehen, aber sie fuhr fort, ihre Unschuld zu beteuern. Von neuem ermahnte man sie, daß sie die Wahrheit sage, sonst würde sie auf das ›Pferd‹ gebunden. Sie antwortete, sie habe nichts Verbrecherisches getan. Da zog man sie aus und band sie auf das ›Pferd‹. Die Füße und die Handgelenke wurden mit Stricken gebunden, die man an der Hebelstange befestigte. Sie fuhr fort, auf ihrer Unschuld zu beharren, und erklärte, daß, wenn sie die Folter nicht aushalte und zu reden beginne, das von ihr Gesagte die Unwahrheit sein werde, denn es sei dann aus Furcht vor der Folter gesagt ...

Dann wurde befohlen, mit der Folter zu beginnen, und die erste Umdrehung des Hebels vorgenommen ...

Man forderte sie wiederum auf, die Wahrheit zu sagen, sonst würde man ein zweites Mal drehen. Sie antwortete, daß sie weiterhin ihre Unschuld beteuern werde. Da wurde befohlen, den Hebel ein zweites Mal zu drehen. Und als man ihn drehte, stöhnte und schrie sie ›Ai, Ai‹, und dann verstummte sie – und ungefähr um zehn Uhr morgens (die Folterungen begannen um neun Uhr, J. G.) verlor sie das Bewußtsein. Man spritzte ihr ein wenig Wasser ins Gesicht, aber sie kam nicht wieder zu sich. Man wartete einige Zeit; dann befahlen die Herren Inquisitoren und ihre Räte, die Folter zu unterbrechen, und sie wurde abgebrochen mit der Anweisung, sie von neuem zu beginnen, wenn der Befehl dazu erteilt werde; und die genannten Herren verließen die Folterkammer, während ich, der Notar, zusammen mit den übrigen Beamten, die der Folterung beigewohnt hatten, nämlich dem Alkalden Juan de Uturgoyen, dem Henker und seinem Gehilfen, einem Neger, dort verblieb. Danach nahmen sie Donna Mensia de Luna von dem ›Pferd‹ und warfen sie auf die nächststehende Liege. Wir warteten darauf, daß sie erwache und sie von neuem aufs ›Pferd‹ geschnallt werden könne. Aber sie kam nicht mehr zu sich. Dann kam der Beamte dieses geheimen Gefängnisses, Juan Rioseco, in die Kammer, und wir lösten der erwähnten Mensia de Luna die Fesseln; aber sie kam nicht mehr zu sich. Auf Befehl der Herren Inquisitoren blieb ich zusammen mit den Obengenannten noch in der Kammer, um zu warten, ob Mensia wieder erwache. Obwohl ich bis elf Uhr dort verblieb, kam sie nicht mehr zu sich. Sie hatte keinen Puls, ihre Augen hatten den Glanz verloren, Gesicht und Füße waren kalt; und obgleich man ihr dreimal einen Spiegel an den Mund führte, blieb dessen Oberfläche so rein wie vorher. So wiesen alle Anzeichen darauf hin, daß die erwähnte Donna Mensia de Luna allem Anschein nach eines natürlichen (!) Todes gestorben war. Ich wiederhole: alle Anzeichen der Verstorbenen waren so, wie oben beschrieben. Auch die übrigen Teile des Körpers erkalteten allmählich. Von seiten des Herzens waren ebenfalls keine Bewegungen zu bemerken, wovon ich mich überzeugte, indem ich meine Hand auf dasselbe legte. Es war kalt. Bei all dem war ich anwesend. Juan Castillo de Benavides.«[20]

Ein seltener Ausnahmefall? Nein, dies war ein ganz gewöhnlicher Kasus in der alltäglichen Praxis der folternden Inquisitoren. Fast bei jedem Autodafé wurden auf dem Quemadero die Überreste von Opfern verbrannt, deren einziges »Verbrechen« darin bestanden hatte, daß sie an der Folter gestorben waren. Auf einem Autodafé in Mexiko am 11. April 1649 wurden auf diese Weise postum zehn Personen hingerichtet. Mit solchen Beispielen könnte man ein ganzes Buch füllen ...

Mensia de Luna starb an der Folter im Beisein von drei Beamten des Inquisitionstribunals, die beiden Henker nicht mitgezählt, die keinen Finger rührten, um ihr

---

[20] *Medina, J. T.*, Historia del Tribunal de la Inquisición de Lima (1569–1820), Bd. II, S. 94–104.

irgendeine Hilfe zuteil werden zu lassen. Ein Arzt war bei der Folter nicht zugegen, wie das oben zitierte Protokoll ausweist.

Mit dem Tode der Mensia de Luna war der Prozeß jedoch nicht beendet. Das Tribunal exkommunizierte sie, konfiszierte ihr Eigentum und verurteilte sie zur Verbrennung auf dem Scheiterhaufen »in effigie«. Am 23. Februar 1639 wurde ihr Abbild (eine Puppe) dem Scheiterhaufen übergeben, auf dem noch weitere elf »hartnäckige Sünder« den Martertod fanden, die im Prozeß in Sachen der »großen Verschwörung« zum Tode verurteilt worden waren.

Die »heiligen« Henker betätigten sich im allgemeinen den Frauen gegenüber mit der gleichen »christlichen Barmherzigkeit« wie gegenüber den Männern. Auf dem großen Autodafé in Mexiko vom 8. Dezember 1596 waren unter den acht verbrannten Häretikern fünf Frauen. In den Annalen der mexikanischen Inquisition wird auch ein solcher Vorfall registriert: Am 24. September 1696 erkrankte die verhaftete Donna Catalina de Campos, die der Häresie beschuldigt war, und bat die Inquisitoren, ihr zu erlauben, sich nach christlichem Brauch auf den Tod vorzubereiten. Man warf sie jedoch ins Gefängnis und ließ sie hungern. Nach einigen Tagen fand man ihre schon in Verwesung übergehende Leiche, von Ratten angenagt, in der Zelle vor.

Ebenso »mildherzig« verfuhren die Inquisitoren auch mit Kindern, die in ihre Hände fielen. Im Juli 1642 nannte ein 13jähriger Gabriel de Granada unter der Folter 108 Personen, die angeblich der Häresie schuldig seien. Sie alle wurden Opfer der Inquisition, und viele von ihnen kamen auf dem Scheiterhaufen ums Leben.

Wenn man sich mit den »Arbeitsmethoden« der Inquisition beschäftigt, muß man auch erwähnen, daß die Diener des »heiligen Tribunals« neben der Folter noch andere Mittel anwandten, die nicht weniger grausam und heimtückisch waren, um von ihren Opfern die für die Kirche so wertvollen Schuldgeständnisse zu erhalten. In die Gefängnisse wurden Provokateure (cautelas) eingeschleust, die sich als Gesinnungsgenossen der Verhafteten ausgaben und versuchten, aus ihnen die von der Inquisition gewünschten Mitteilungen bzw. Geständnisse herauszulocken. Zu diesem Zweck boten auch die Gefängniswärter auf Anweisung der Inquisitoren den Angeklagten häufig ihre Dienste an. Die Untersuchungsrichter erpreßten bei den Verhören ihre Opfer mit allen möglichen Drohungen, indem sie sich auf erdachte Aussagen ihrer Verwandten und Freunde beriefen; sie stellten heimtückische Fangfragen zu dem Zweck, die Angeklagten zu verwirren und irrezuführen. An der Wand des Untersuchungszimmers hing ein großes Kruzifix, dessen Kopf von einem Diensthabenden durch eine Öffnung in der Wand nach rechts und links gedreht werden konnte. Wenn der Beschuldigte nach Meinung der Untersuchungsrichter falsche Aussagen machte, schüttelte dieser Christus den Kopf zum Zeichen seiner Empörung. Man kann sich leicht vorstellen, welch einen Eindruck solche und ähnliche Tricks auf einfältige gläubige Menschen machten.

Obwohl gemäß der Instruktion bei der Folterung ein Arzt anwesend sein sollte, was nach Meinung der Apologeten der Inquisition von deren Humanität zeugt, war dieser, wenn überhaupt vorhanden, in Wirklichkeit ein einfacher Helfershelfer des Henkers. Er wurde hauptsächlich benötigt, um den Tod des Gefolterten festzustellen.[21]

Die Inquisition machte ihre Opfer nicht nur zu Krüppeln oder tötete sie, sondern beraubte sie auch, genauso wie in Spanien. Die Verhaftung war mit einer Sequestration des gesamten beweglichen und unbeweglichen Eigentums der Opfer verbunden, wobei deren Schuldner unter Androhung von Bestrafung verpflichtet waren, der Inquisition die geschuldeten Summen zu zahlen. Auch eine verhältnismäßig »leichte« Strafe – wie körperliche Züchtigung oder Gefängnishaft – war für gewöhnlich mit einer großen Geldbuße verbunden. Über die auf solche Weise erworbenen Summen verfügten die Inquisitoren nach ihrem Gutdünken. Sie spekulierten oder erwarben unbewegliches Eigentum, Wertsachen und Güter. Aus diesen Fonds zahlten sie sich selbst und ihren Beamten die Gehälter. Die Verfolgung der Häretiker war eine einträgliche Sache. So gab es nach den Unterlagen des Tribunals von Cartagena Jahre, in denen die Einkünfte 400 000 Pesos betrugen.[22]

Über welch gewaltige Mittel die Inquisition infolge der ständigen Beraubung ihrer Opfer verfügte, davon geben die bei ihrer Liquidierung in Mexiko im Jahre 1814 entdeckten Kapitalien ein beredtes Zeugnis. Nach unvollständigen Berechnungen betrugen sie insgesamt 1 775 665 Pesos, darunter »vorhanden in Säcken«, wie es in dem entsprechenden Schriftstück heißt: 65 576 Pesos; in unbeweglichem Eigentum angelegtes Kapital: 1 394 628 Pesos; Einkünfte aus verschiedenen Unternehmungen: 181 482 Pesos; Einkünfte aus der Vermietung von Häusern: 125 000 Pesos; der Rest: 8 979 Pesos.[23]

Wen verfolgten die Inquisitoren in Westindien? Gegen wen richtete sich ihre Tätigkeit?

Wie schon gesagt, gingen die Inquisitoren in der Periode der Conquista gegen die unbotmäßige einheimische Bevölkerung, insbesondere gegen ihre Führer, die Kaziken und Priester, vor. Schonungslos verfolgt wurden von den Kolonialbehörden auch alle Anzeichen von Sympathie gegenüber den Humanisten der Renaissanceperiode, insbesondere gegenüber Erasmus von Rotterdam, von dessen Werken jener Teil der spanischen Gesellschaft, wie man annahm, beeinflußt war, der gegen den königlichen Absolutismus auftrat.

---

[21] Vgl. Procesos de Luis de Carvajal (El Mozo), Mexiko 1935. *Toro, A.*, La familia Carvajal en México, Bd. I u. II, Mexiko 1944.

[22] *Ortiz, S. Elias,* El ocaso del tribunal de la Inquisición en el Nuevo Reino de Granada, in: Boletin de Historia y Antigüedades, Nr. 618–620/1960, S. 216.

[23] *Lea, H. Ch.,* The Inquisition in the Spanish Dependencies, S. 288.

Eine traditionelle Zielscheibe für die Verfolgungen durch die koloniale Inquisition bildeten auch alle der Sympathie gegenüber dem Protestantismus Verdächtigen. Im wesentlichen waren das Ausländer – Kaufleute, Piraten, Spione sowie alle möglichen Abenteurer die versucht hatten, in die spanischen Überseebesitzungen einzudringen, und dabei in die Hände der Behörden gefallen waren. Im 18. Jh. verfolgte die Inquisition mit besonderem Eifer die Anhänger der französischen Aufklärung, Patrioten, Unabhängigkeitskämpfer, Gegner des klerikalen Dunkelmännertums und Gelehrte, die die Autorität der mittelalterlichen Theologen anzweifelten.

Von Zeit zu Zeit waren auch »Neuchristen« Verfolgungen ausgesetzt, die unmittelbar aus Spanien oder Portugal in die Kolonien gekommen waren und die man »Portugiesen« nannte. Nicht wenige Franzosen, Flamen, Italiener, Deutsche, Untertanen des spanischen Königs, dessen Besitzungen im 16. Jh. fast die Hälfte Westeuropas einnahmen, fielen in die Hände der Inquisition.

Obgleich Ausländern die Einreise nach Westindien streng untersagt war, brachten es doch einige mit den verschiedensten Mitteln fertig, die von den spanischen Behörden errichteten Hindernisse zu überwinden und in die verbotene Zone einzudringen. Nach unvollständigen Berechnungen betrug die Zahl der Ausländer 5,5 Prozent der Gesamtzahl der Europäer (5 481 Personen), die nach Amerika in der Periode der Conquista der Antillen-Inseln ausgewandert waren (1499–1519) und 9 Prozent (von 13 262 Personen) der europäischen Bevölkerung in der Periode der Eroberung des amerikanischen Kontinents (1520–1539). Unter letzteren wurden festgestellt: 192 Portugiesen, 143 Italiener, 101 Flamen, 53 Franzosen, 42 Deutsche, 12 Griechen, 7 Engländer, 3 Holländer, 2 Iren, ein Schotte und ein Däne.[24] Aller Wahrscheinlichkeit nach kamen viele nach Westindien als Matrosen oder Passagiere, die die spanischen Beamten bestochen hatten. Diese Ausländer wurden von den Kolonialbehörden und den nach ihren Anweisungen handelnden Inquisitoren als unzuverlässige und feindliche Elemente betrachtet. Ganz allgemein verdächtigte man sie lutherischer Sympathien; man verhaftete und folterte sie, und viele beendeten ihr Leben auf dem Scheiterhaufen oder in der Zwangsarbeit. Besonders schonungslos verfuhr die Inquisition mit den in ihre Hände geratenen Engländern – Piraten, Schmugglern oder Abenteurern, die sich in diese Länder vor der englischen Justiz in Sicherheit gebracht hatten.

Vor der offiziellen Errichtung des Inquisitionstribunals im Jahre 1569, d. h. in der Periode der sogenannten primitiven Inquisition, wurden in Neuspanien nach unvollständigen Angaben 19 Ausländer verurteilt, hauptsächlich wegen Neigung zum

---

[24] *Boyd-Bowman, P.,* La emigración peninsular a América: 1520–1539, in: Historia Mexicana, Bd. XIII, Nr. 2/1963, S. 165 ff.

Protestantismus. Unter ihnen befanden sich Italiener, Franzosen, Flamen, Griechen und Engländer. Sie alle bekannten sich schuldig des Glaubensabfalls und erhielten verhältnismäßig leichte Strafen: öffentliche Buße auf einem Autodafé, Gefängnishaft oder Ausweisung nach Spanien. Unter den Verurteilten befand sich auch der tschechische Goldschmied Andres Moral, der aus Furcht vor Verfolgungen offensichtlich häufig seinen Familiennamen gewechselt hatte. Zumárraga verurteilte ihn im Jahre 1536 wegen seiner Sympathien für Luther zur öffentlichen Buße im Sanbenito, zur Konfiskation seines Eigentums und zur Rückkehr ins Mutterland. Der englische Kaufmann Robert Thomson aus Dover war 1555 nach Mexiko gekommen; aus Furcht vor Folterungen entsagte er seinem Glauben und trat zum Katholizismus über. Im Jahre 1560 wurde er zu einem Jahr Gefängnis in Spanien und zum zweijährigen Tragen des Sanbenitos verurteilt. Nachdem er seine Gefängnisstrafe in Sevilla abgesessen hatte, gelang es Thomson, zu fliehen und nach England zurückzukehren, wo er in der Folgezeit seine Erinnerungen veröffentlichte, die als erstes uns bekanntes Zeugnis über die Tätigkeit der Inquisition in den spanischen Kolonien gelten. Strenger richtete man die des Protestantismus Verdächtigen im Vizekönigreich Peru, wo auf Beschluß des Erzbischofs von Lima der Flame Juan Millar auf dem Scheiterhaufen verbrannt wurde.

Im Jahre 1571, zwei Jahre nach der Einrichtung des Inquisitionstribunals, wurden englische und französische Korsaren, die schon früher in Gefangenschaft geraten waren, von den Behörden Neuspaniens in die Hände der Inquisition ausgeliefert. Sie wurden beschuldigt, der lutherischen und anderen »abscheulichen Sekten« anzugehören. Die Untersuchung ihres Falles zog sich über drei Jahre hin. Die Verhöre der Verhafteten wurden durch Folterungen unterstützt, die dann auch bewirkten, daß alle – mit Ausnahme des Engländers George Rabley, eines Matrosen, und des Franzosen Marino Cornu, eines Barbiers – ihre Schuld »bekannten«, bereuten, den katholischen Glauben annahmen und zur körperlichen Züchtigung mit der Peitsche, zur Zwangsarbeit auf den Galeeren oder zu langjährigen Freiheitsstrafen verurteilt wurden. Rabley und Cornu beendeten wegen ihrer »Hartnäckigkeit« ihre Tage auf dem Quemadero; zuerst wurden sie garrottiert, dann verbrannt. Das gleiche Schicksal erlitt auch ein anderer englischer Korsar, Robert Barret. Man sandte ihn zur Aburteilung nach Spanien; dort wurde er in Sevilla verbrannt. Ein Jahr später wurde der Ire William Cornelius hingerichtet, der sich in Guatemala verborgen hatte und nach dem Autodafé von 1574 gefangengenommen worden war. Ihn hängte man zunächst und verbrannte ihn dann. Auf die gleiche Weise kam auch der Franzose Pierre Montfry ums Leben. Einer der Engländer, Miles Philips, der wegen Piraterie verurteilt worden war, konnte später fliehen und kehrte nach England zurück, wo er im Jahre 1589 gleichfalls seine Memoiren veröffentlichte. In ihnen hinterließ er folgende Beschreibung jenes Autodafés in Mexiko, das er selbst mit seinen Leidensgenossen durchzustehen hatte: »Nachdem die Inquisitoren auf diese Weise (d. h. mit Hilfe der Folter, J. G.), von uns selbst die Angaben erhalten hatten, die ihnen die Begründung zur Verurteilung gaben, befahlen sie, im Zentrum des Marktplatzes gegenüber der Kathedrale eine große Tribüne zu errichten; 14 oder 15 Tage vor dem Autodafé riefen sie alle Einwohner mit Hilfe von Hörnern und Trommeln auf, am Tage des Autodafés auf dem Marktplatz zu erscheinen, um der Urteilsverkündung der heiligen Inquisition gegen die englischen Häretiker, die Lutheraner, und ihrer Hinrichtung beizuwohnen. Am Vorabend des grausamen Ereignisses, in der Nacht, kamen die Inquisitoren in das Gefängnis, in dem wir uns befanden, und brachten uns die Kleidung der Verrückten, die für uns bestimmt war. Das war der Sanbenito – ein Hemd aus gelbem Stoff mit vorn und hinten aufgenähten roten Kreuzen. Die Inquisitoren maßen uns mit einem solchen Enthusiasmus diese Hemden an und belehrten uns, wie wir uns auf dem Autodafé zu benehmen hätten, daß sie uns die ganze Nacht nicht schlafen ließen.

Am Morgen des folgenden Tages erhielt jeder von uns ein Frühstück – eine Schale Wein und ein Stück Brot mit Honig; danach, ungefähr um acht Uhr, gingen wir aus dem Gefängnis. Jeder von uns ging getrennt von den andern, angetan mit dem Sanbenito, mit einer Schlinge aus dickem Tau um den Hals, und hielt in der Hand eine mächtige grüne Kerze. Ein Wächter begleitete uns. Auf dem ganzen Wege zum Autodafé sammelte sich eine große Menge von Menschen. Den Weg machten uns die Familiaren der Inquisition frei, indem sie sich an der Spitze unserer Prozession zu Pferde tummelten. Am Platz erstiegen wir auf zwei Leitern ein Gerüst, wo man uns auf Bänke setzte in der gleichen Ordnung, in der man uns danach beim Verlesen des Urteils aufrief. Daraufhin bestiegen auf zwei anderen Treppen das Gerüst die Inquisitoren, der Vizekönig und die Mitglieder des obersten königlichen Gerichts. Nachdem sie ihre Plätze unter dem Baldachin eingenommen hatten, ein jeder nach seinem Rang, sammelten sich auf dem Podium eine Menge Mönche, Dominikaner, Franziskaner und Augustiner, insgesamt etwa 300 Personen, die ebenfalls die ihnen zustehenden Plätze besetzten.

Dann trat ein Augenblick feierlichen Schweigens ein; unmittelbar nachher begann man die grausamen und harten Urteile zu verkünden. Als erster wurde ein gewisser Roger aufgerufen, ein Artillerist vom Schiffe ›Jesus‹. Er wurde zu 300 Geißelhieben und zehn Jahren Galeere verurteilt. Dann rief man John Grey, John Brown, John Rider, John Moon, George Colier und Thomas Brown auf. Jeder von ihnen wurde zu 200 Geißelhieben und 8 Jahren Galeere verurteilt.

Nun kam die Reihe an John Case, für den das Urteil auf hundert Geißelhiebe und sechs Jahre Galeere lautete. Nach ihm rief man die übrigen auf, insgesamt 53 Personen. Die Urteile lauteten verschieden – hundert oder zweihundert Schläge und sechs, acht oder zehn Jahre Galeere.

Dann rief man mich, Miles Philips, und verurteilte mich zur Arbeit in einem Kloster für fünf Jahre, jedoch ohne Geißelhiebe, und zum Tragen des Sanbenitos für die gleiche Dauer. Schließlich rief man die letzten sechs, von denen alle zu drei bis vier Jahren Arbeit in einem Kloster, ohne Schläge, mit der Verpflichtung zum Tragen des Sanbenitos für die ganze Zeit verurteilt wurden.

Danach, als schon die Nacht hereinbrach, rief man George Rabley und den französischen Barbier Marino Cornu auf. Sie wurden zum Scheiterhaufen verurteilt. Diese schleppte man unverzüglich zum Exekutionsort auf dem gleichen Marktplatz, in der Nähe der Tribüne; dort verbrannte man sie rasch und verwandelte sie in Asche. Uns aber, 68 an der Zahl, die zu anderen Strafarten verurteilt worden waren, führte man in dieser Nacht ins Gefängnis zum Schlafen zurück.

Am Morgen des folgenden Tages, es war der Karfreitag unseres Herrn im Jahre 1574, führte man uns in das Schloß des Inquisitors – alle die zur Auspeitschung und zur Arbeit auf den Galeeren verurteilt worden waren, insgesamt 60 Personen; man entblößte sie bis zur Hälfte des Körpers, zwang sie, sich auf einen Esel zu setzen, und jagte sie durch die Hauptstraßen der Stadt zum Spott des Volkes. Auf dem Wege schlugen sie eigens dafür bestimmte Leute mit langen Peitschen und ungeheurer Grausamkeit auf die bloßen Körper. Vor den Verurteilten schritten zwei Ausrufer, die mit lauter Stimme verkündeten: ›Seht diese englischen Hunde, Lutheraner, Feinde Gottes!‹ Auf dem ganzen Wege riefen die uns begleitenden Inquisitoren und andere Mitglieder dieser verbrecherischen Bruderschaft den Henkern zu: ›Schlagt fester, fester diese englischen Häretiker, Lutheraner, Feinde Gottes!‹ Nach diesem schrecklichen Schauspiel auf den Straßen der Stadt, führte man die Verurteilten wieder in den Hof der Inquisition. Die Rücken der Unglücklichen waren mit Blut und blauen Flecken bedeckt. Man führte sie von neuem ins Gefängnis. Dort verblieben sie bis zur Verschickung nach Spanien, wo die Galeeren auf sie warteten. Mich und die anderen zur Zwangsarbeit in den Klöstern Verurteilten entsandte man unmittelbar an die entsprechenden Orte zur Verbüßung der Strafe.«[25]

Zur Verbrennung auf dem Scheiterhaufen auf Grund der Anklage, sie gehörten der »teuflischen Sekte Luthers« an, wurden von der Inquisition nicht nur Engländer und Franzosen verurteilt. Im Jahre 1601 verbrannte man lebend einen 36jährigen Deutschen, Simon de Santiago, einen Meister in der Herstellung von Salpeter, der sich zu Calvin bekannte und trotz Folterungen seinem Glauben nicht abschwören wollte. Er versuchte sich zunächst dadurch zu retten, daß er sich wahnsinnig stellte, gab dies dann aber auf, als man ihn zum Feuertode auf dem Scheiterhaufen

[25] Corsarios franceses e ingleses en la Inquisición de la Nueva España, Siglo XVI, Mexiko 1945, S. XIX, XXI.

verurteilte. In dem Bericht der Inquisition über das Autodafé heißt es, daß Simon sich vor der Hinrichtung provozierend verhielt, die ganze Zeit lächelte und auf die Ermahnungen der Mönche, zu bereuen, »mit großer Schamlosigkeit antwortete: Gebt euch keine Mühe, Väter, es ist nutzlos!« Seine mannhaften Äußerungen brachten die Inquisitoren so außer sich, daß sie ihm einen Knebel in den Mund zu stecken befahlen. Mit Empörung vermerkten sie in ihrem Bericht, Simon habe sich auf dem Wege zum Scheiterhaufen geweigert, das Kruzifix zu tragen ...

Von den hingerichteten Spaniern ruft Pedro Garcia de Arias besonderes Interesse hervor, ein ehemaliger Karmelitermönch; er war Autor verschiedener »häretischer« Schriften, die uns leider nicht erhalten geblieben sind, unter ihnen »Das Buch über Sünde und Tugend« und »Die enttäuschte Seele«. Die Inquisition erklärte ihn zu einem »Häretiker der Sekte der Illuminaten, Anhänger der häretischen Lehren der verbrecherischen Häresiarchen Pelagius, Nestorius, Erasmus, Luther, Calvin, Wiclif und ebenso der Begarden, Beginen, Semipelagianer und der modernen Häretiker.«[26] Für die Verweigerung der Reue wurde er im Jahre 1639 garrottiert und dann auf dem Scheiterhaufen verbrannt. Zur Zeit seiner Hinrichtung war er sechzig Jahre alt.

Auch der Franziskanermönch Francisco Manuel Quadros, geboren in Zacatecas (Mexiko), wurde von der Inquisition zu einem »hartnäckigen und aufrührerischen Häretiker, Lutheraner, Calvinisten und Sektierer« erklärt. Er wurde am 20. März 1678 in Anwesenheit des Vizekönigs und der Kolonialbehörden lebendig verbrannt. Quadros war das letzte Opfer der Inquisition in Neuspanien, das wegen seiner Zugehörigkeit zum Protestantismus hingerichtet wurde.

Die Inquisitoren übersahen auch nicht die verschiedenen Glaubensrichtungen wie Schwärmerei, Phantasten und Wahrheitsfanatiker, die die üppige Lebensweise der Geistlichkeit und die Grausamkeiten der Inquisitoren von ihrem Verständnis des Urchristentums aus verurteilten. Unter Mitwirkung erfahrener Henker zwang man sie, ihre Sympathien für Erasmus von Rotterdam und andere Koryphäen der Renaissance einzugestehen, die die Verbrechen des Papsttums und der spanischen Monarchie von den Positionen des Humanismus aus entlarvt hatten. Auch sie erwartete das Quemadero oder im besten Falle Geißelung und Galeere.

Schließlich forschte die Inquisition auch eifrig nach Religionsspöttern, Bigamisten, Magiern, Okkultisten, Zauberern, Lesern verbotener Bücher und ähnlichen Anhängern des Teufels – besonders dann, wenn sie Vermögen besaßen.

Obwohl die Selbstanzeige bei der Inquisition meist eine leichte Bestrafung nach sich zog, wurde diese Regel nicht immer eingehalten, besonders dann nicht, wenn

---

[26] *Gringoire, P.,* Protestantes enjuiciados por la Inquisición, in: Historia Méxicana, Bd. V, Nr. 2/1961, S. 167.

die Inquisitoren irgendwelche Vorteile aus den Opfern ziehen konnten. In dieser Beziehung ist die Geschichte des flämischen Malers Simon Pereyns, der im Jahre 1566 nach Mexiko kam, sehr lehrreich. Pereyns hatte in trunkenem Zustand seinem Freund, dem Maler Moralez, gesagt, daß der gewöhnliche Beischlaf keine Sünde sei und daß er es vorzöge, Porträts der Großen zu malen, weil man für sie mehr zahle als für die Gesichter der Heiligen. Als er dann wieder nüchtern war, fürchtete er eine Anzeige wegen solch »verbrecherischer« Äußerungen und erschien persönlich vor der Inquisition, wo er alles ehrlich bereute. Aber das half ihm nichts; man steckte ihn ins Gefängnis und folterte ihn, um herauszubekommen, ob er nicht ein Häretiker sei. In Wirklichkeit wollten die Inquisitoren ihn auf diese Weise zwingen, für sie unentgeltlich Heiligenbilder zu malen. Als die Folter kein Ergebnis brachte, verurteilten sie Pereyns zur Zahlung der Prozeßkosten und zum Malen eines Bildes der Gottesmutter. Der Künstler konnte froh sein, so billig von seinen Peinigern loszukommen.

Besonders grausam rechneten die Inquisitoren mit denen ab, die ihre Autorität angriffen. Der mexikanische Inquisitor Alonso Granero, der 1574 zum Bischof der Provinz Charcas ernannt worden war (gewöhnlich beendeten die Inquisitoren ihre Karriere mit der Erhebung in den Bischofsrang), befand sich auf einer Durchreise in Nicaragua, wo der örtliche Notar Rodrigues de Evora satirische Verse auf ihn dichtete. Der erzürnte Exinquisitor befahl, Evora in Ketten zu legen und zu foltern; dem Armen wurden Arme und Beine ausgerenkt. Aber das war dem blutdürstigen Granero noch zu wenig; er verurteilte seinen Feind zu 300 Geißelhieben, sechs Jahren Zwangsarbeit auf den Galeeren und zur Konfiskation seines Vermögens. Für diese seine »Mühen« eignete sich der Inquisitor ein wertvolles chinesisches Service an, das sein Opfer besaß und das, wie die Akte vermerkt, nur mit Mühe sich in vier große Kisten verpacken ließ.

Wenn die Inquisitoren keine ernsthaften Prozesse führten, scheuten sie sich nicht, auch gegen völlig unschuldige Menschen Anklagen zu fabrizieren, die sie sich förmlich aus den Fingern sogen. So geschah es dem etwas geschwätzigen Franzosen François Moyen, der im Jahre 1750 eine kleine Mauleselkarawane von Buenos Aires nach Chile begleitete. Der Maultiertreiber, mit dem sich der Franzose nicht verstand, denunzierte ihn bei der Inquisition; er gab an, der Franzose habe unterwegs »verdächtige« Gespräche geführt; er habe den Esel als ein »göttliches Geschöpf« bezeichnet und habe, auf den Nachthimmel blickend, erklärt, daß »ein solcher Überfluß an Sternen kompakter Unsinn« sei; außerdem habe er die örtliche Geistlichkeit wegen ihres freien Lebenswandels kritisiert. Auf Befehl des Inquisitors wurde Moyen inhaftiert und nach Lima überführt; dort machten sich die Inquisitoren daran, ihm einen Prozeß zu fabrizieren: Du hast den Maulesel ein »göttliches Geschöpf« genannt, d. h., du gehörst zur Sekte der Manichäer; du hast erklärt, der Überfluß an

Sternen sei sinnlos, aber Gott hat sie erschaffen; also hast du Gott beschuldigt, etwas Sinnloses getan zu haben, und dich einer häretischen Gotteslästerung strafbar gemacht; du hast das freie Leben der Geistlichkeit kritisiert? Bekenne, daß du Mitglied der »ansteckenden« Sekte Wiclifs bist! Zusätzlich dichteten sie ihm noch die Zugehörigkeit zu den »Sekten« Calvins, Jansens, Mohammeds an und, damit das Maß voll werde, auch noch das Judentum.

Vergebens versuchte der arme Franzose die Inquisitoren davon zu überzeugen, daß die ihm vorgeworfenen Äußerungen nur dummes Geschwätz gewesen seien, daß er ein rechtgläubiger Katholik wäre und gar keine Ahnung von irgendwelchen Sekten habe. Je hartnäckiger er seine Schuld leugnete, um so erbarmungsloser folterten sie ihn.

Die Untersuchung dauerte 13 Jahre! Letzten Endes erreichten die Henker ihr Ziel: Der Franzose »gestand« alle seine Sünden ein, bereute sie und wurde zu 200 Geißelhieben und zehn Jahren Galeere verurteilt ...[27] 23 Jahre wegen einiger unbedachter Äußerungen!

Zu den Aufgaben der Inquisition gehörte auch die Bestrafung falscher Priester, flüchtiger Mönche und verweltlichter Kleriker, die zusammen mit ihren »illegalen« Familien lebten. Aber wenn die Inquisition solche »Rechtsbrecher« zur Verantwortung zog, so tat sie es nur in Ausnahmefällen und zeigte ihnen gegenüber in der Regel eine außergewöhnliche Milde. In seltenen Fällen sperrte man sie für einige Jahre in ein Kloster; so geschah es 1721 mit dem Mönch Francisco Diego de Sarate in Mexiko, der auf die Anklage hin verhaftet wurde, er lebe mit 56 Frauen zusammen, Spanierinnen, Mulattinnen und Mestizinnen (nach seinen eigenen Angaben betrug die Zahl seiner Geliebten 76). Sarate wurde zu nur zwei Jahren Klosterhaft verurteilt. Das bedeutete, vermerkt H. Ch. Lea, wenn man die damaligen Verhältnisse in den Klöstern in Betracht zieht, soviel wie einen Hecht in den Fluß werfen.[28]

Die Berichte des Vizekönigs nach Madrid waren während der ganzen Kolonialperiode erfüllt von Klagen über die Zügellosigkeit der Kleriker, über ihre Habgier und ihre Verachtung der christlichen Tugenden. Der Marqués de Castelfuerte, Vizekönig von Peru, schrieb z. B. in seinem Bericht aus dem Jahre 1725 an den König, daß die Mönche und Weltgeistlichen öffentlich mit vielen Frauen in Wohngemeinschaften lebten, sich allen möglichen Lastern hingäben und die kirchlichen Gesetze verletzten.[29] Auch über die ausschweifende Lebensweise der Inquisitoren

---

[27] *Lea, H. Ch.*, a. a. O., S. 441.

[28] Ebenda, S. 243 ff.

[29] *Medina, J. T.*, Historia del Tribunal de la Inquisición de Lima (1569–1820), Bd. II, S. 416–418.

selbst und der Inquisitionskommissare, über ihre Gier nach Macht und irdischem Besitz berichteten die Vizekönige des öfteren nach Madrid. Die spanischen Monarchen übermittelten diese Klagen zur Überprüfung an das oberste Inquisitionstribunal, das ihnen in der Regel jedoch nicht nachging. Im Jahre 1696 teilte der Oberste Rat in Sachen Indiens Karl II. mit, daß die Inquisition in den Kolonien »sich in einen Staat im Staate verwandelt habe, daß ihr die einfachsten wie die einflußreichsten Menschen mit großem Haß und kriecherischer Angst gegenüberstehen«, daß die spanische Krone jedoch diesen Klagen bisher keine Aufmerksamkeit geschenkt habe. Das war verständlich – diente doch die Inquisition in Treu und Glauben ihren Interessen und half eifrig mit bei der Versklavung und Ausplünderung der weiten kolonialen Besitzungen.

Der chilenische Historiker Toribio Medina hatte recht, wenn er die Inquisitoren als Menschenverächter und Intriganten, als zänkisch, hochmütig, rachsüchtig, geizig, ehrgeizig, sadistisch und ausschweifend charakterisierte. Es besteht kein Zweifel daran, daß ihr finsterer Beruf in ihnen entsprechende Spuren hinterließ. So sahen also diese »Richter Gottes« aus, die berufen waren, über die christliche Tugend und die Reinheit der kirchlichen Dogmen in den Kolonien zu wachen.

Feinde der Unabhängigkeit der Kolonien

Wenn vom 16. bis 18. Jahrhundert die Inquisition hauptsächlich auf die vermeintlichen oder wirklichen Apostaten vom katholischen Glauben, auf Zauberer und Gotteslästerer Jagd machte[30], so war ihre Tätigkeit während des 18. Jh. in erster Linie auf die Ausrottung des politischen Aufruhrs gerichtet. Zunächst ging sie vor gegen die Anhänger der französischen Enzyklopädisten, dann gegen die Verfechter der Französischen Revolution und der Unabhängigkeit der Kolonien von der spanischen Krone.

Der erste Vorkämpfer für die Unabhängigkeit der Kolonien, der auf dem Scheiterhaufen der Inquisition ums Leben kam, war Guillermo Lombardo Guzman. Er wurde 1616 in Irland geboren; sein wahrer Name war William Lampart. Als fanatischer Katholik floh Lampart in seiner Jugend aus Irland nach Spanien. Dort änderte

[30] Medina bringt folgende Analyse von 1474 Fällen, die in Lima vor das Inquisitionsgericht kamen und sich auf diese Jahrhunderte beziehen: 297 Fälle von Bigamie, 243 Fälle von Judaismus, 172 Fälle von Zauberei, 140 Fälle von Ausschweifung, 109 Fälle von Versuchen, Frauen in der Beichte zu verführen, 90 Fälle von Gotteslästerung, 65 Fälle von Protestantismus, 45 Fälle von weltlichen Vergehen, die übrigen 306 Fälle mit verschiedenen Vergehen. – *Medina, J. T.,* Historia del Tribunal de la Inquisición de Lima, Bd. II, S. 452.

er seinen Namen um und nahm im Jahre 1640 mit Erlaubnis der ihm wohlgesinnten spanischen Behörden seinen ständigen Wohnsitz in Mexiko. Damals reifte in ihm der kühne Plan, die Unabhängigkeit dieser Kolonie auszurufen und sich zum »König von Amerika« und »Imperator der Mexikaner« zu erklären. Der Verschwörer versuchte, die Offiziere der örtlichen Garnison auf seine Seite zu ziehen, aber er wurde verraten und in Haft genommen.

Den Akten des gegen ihn geführten Inquisitionsprozesses zufolge hatte Guzman vorgeschlagen, den Sklaven die Freiheit zu geben, ihnen die Ausübung »ehrenhafter Handwerke« zu erlauben und ihnen, ebenso wie allen Mulatten und Indianern, die gleichen Rechte wie den Kreolen zuzuerkennen. Außerdem beabsichtigte er, den freien Handel mit Frankreich, Holland, England und Portugal zu gestatten.

Sechs Jahre lang hielten die Inquisitoren Lombardo Guzman im Gefängnis und folterten ihn mit ausgesuchten Methoden; aber es gelang ihnen nicht, diesen allem Anschein nach an Willensstärke und Standhaftigkeit ungewöhnlichen Menschen zu brechen. Mehr noch: im sechsten Jahre seiner Haft gelang es Guzman nicht nur, aus dem Gefängnis der Inquisition zu entfliehen, sondern auch nach drei Tagen in das Schlafgemach des Vizekönigs vorzudringen und ihm einen schriftlichen Protest gegen die verbrecherischen Methoden der Inquisitionshenker zu überreichen! Doch die Häscher kamen dem mutigen Iren bald auf die Spur, und er fiel von neuem in die Klauen seiner Peiniger. Noch zehn Jahre lang mußte er die Quälereien der Inquisitoren erdulden; trotzdem erreichten sie nicht, daß er seinen »aufrührerischen« Anschauungen entsagte. Am 19. November 1659 wurde Guzman zur öffentlichen Beschimpfung auf einem Autodafé in Mexiko ausgestellt und dann auf einem Scheiterhaufen verbrannt.

Im 18. Jh. hatte es die Inquisition schon nicht mehr mit Einzelgängern zu tun, sondern mit einer Vielzahl von Gegnern des Kolonialregimes; dies waren meist Anhänger der französischen Enzyklopädisten, deren Werke auf verschiedenen Wegen und in verhältnismäßig großer Anzahl nach den überseeischen Besitzungen Spaniens gelangten. Die Inquisition erkannte richtig die Gefahr, die diese Werke für die Kolonisatoren darstellten. In verschiedenen Edikten und Richtlinien bezeichnete sie die Schriften von Rousseau, Voltaire, Condillac, d'Alembert und anderen französischen fortschrittlichen Philosophen als »der Ruhe dieser Staaten und Königreiche feindlich«, als »subversiv und spalterisch, gerichtet gegen alle Könige und Machthaber, insbesondere gegen die christlich-katholischen Monarchen«; sie seien imstande, die Völker in die »schlimmste Anarchie« zu führen, sie seien schuld daran, daß man die verbrecherischen »Prinzipien der allgemeinen Gleichheit und Freiheit aller Menschen« verkündete.[31]

---

[31] *Pérez-Marchand, M. L.,* Dos etapas ideológicas del siglo XVIII en México a través de los papeles de la

Im Jahre 1803 verbot die Inquisition in Neuspanien auch die spanische Übersetzung von Rousseaus »Gesellschaftsvertrag« mit der Begründung, daß der Übersetzer die ergebenen Vasallen ihrer Majestät dazu begeistere, »sich zu erheben und die schwere Herrschaft unserer Könige abzuwerfen, indem er sie des verhaßten Despotismus beschuldige und die Vasallen dazu aufreize, wie er sage, die Fesseln und Ketten des geistlichen Standes und der Inquisition zu zerschlagen.«[32]

Mit besonderem Eifer verfolgte die Inquisition die Literatur der französischen Aufklärer, die ihre Verbrechen entlarvte. In dem Beschluß der Zensoren vom Jahre 1777, der das Buch eines anonymen Autors mit dem Titel »Kurze Chronologie der Geschichte Spaniens und Portugals« verbot, erklärten die mexikanischen Inquisitoren: »Die Christen halten die feurigen Schauspiele der Bestrafung der Häretiker durchaus nicht für grausam und außergewöhnlich. Im Gegenteil: sie achten sie und folgen ihren Führern und akzeptieren diese Schauspiele, loben sie und freuen sich an ihnen, denn sie sehen in ihnen nicht nur ein Instrument zur Bestrafung der Häresie und der Häretiker, sondern auch einen Akt des Glaubens.«[33] Die Autoren der obengenannten Schrift, die das Gegenteil behaupteten, wurden exkommuniziert, ihre Werke aber dem Feuer übergeben.

Im letzten Viertel des 18. Jh. begannen die freiheitlichen Ideen auch in die Reihen der kolonialen Geistlichkeit selbst einzudringen. Einzelne Kreolen, die damals die einheimische Intelligenz verkörperten, wurden unter dem Einfluß der ausländischen »subversiven« Literatur, aber auch durch die Unabhängigkeitskriege der amerikanischen Kolonien und die Französische Revolution von 1789 von patriotischen Ideen erfaßt und traten für die Unabhängigkeit der Kolonien von Spanien ein. Solche patriotischen Geistlichen verfolgte die Inquisition mit besonderer Grausamkeit. Einer von ihnen, der ein Opfer der Inquisition wurde, war der ehemalige Jesuit Juan José Godoy, der 1728 in Mendoza, im Vizekönigtum La Plata, geboren worden war. Godoy floh aus Spanisch-Amerika nach England; von da reiste er in die Vereinigten Staaten, wo er für die Unabhängigkeit der spanischen Kolonien einzutreten begann. Zu dieser Zeit war der Erzbischof Antonio Caballero y Gongora Vizekönig von Neugranada. Ihm gelang es mit Hilfe eines Agenten, Godoy auf spanisches Territorium zu locken; dort wurde er dem Inquisitionstribunal in Cartagena übergeben. Hier verhörte und folterte man ihn fünf Jahre lang. Im Jahre 1787 wurde er nach Cadiz verschleppt, wo er in der Festung der heiligen Catalina (Katharina) ums Leben kam.

Inquisición, Mexiko 1954, S. 122 ff.

32 *Medina, J. T.,* Historia del Tribunal del Santo Oficio de la Inquisición en México, Mexiko 1952, S. 293.

33 *Casanova, P. Gonzáles,* El misioneismo y la Modernidad Cristiana en el siglo XVIII, Mexiko 1948, S. 77.

Wie durch ein Wunder entkam der venezolanische Patriot Francisco Miranda, ebenfalls ein Vorkämpfer für die Unabhängigkeit, der Inquisition; er hatte im Range eines Oberstleutnants als Adjutant des Gouverneurs von Kuba gedient. Das Inquisitionstribunal in Cartagena erließ den Verhaftungsbefehl im Jahre 1783, aber der Inquisitionskommissar in Havanna teilte mit, daß der »Verbrecher zu den Amerikanern geflohen sei«, so daß keine Hoffnung bestehe, ihn der »verdienten Bestrafung« zuzuführen.[34]

Am 13. Dezember 1789 verbot die Inquisition in Cartagena das Lesen und die Verbreitung der »Rechte des Menschen und des Bürgers«, die von der Französischen Revolution verkündet worden waren. 1794 verhaftete sie in Mexiko den französischen Kapitän Jean-Marie Murget und den französischen Arzt Joseph François Morel; beide wurden angeklagt, revolutionäre Propaganda betrieben zu haben. Sie wurden gefoltert und beendeten ihr Leben durch Selbstmord.

Im Jahre 1797 wurde in der gleichen Stadt der 53jährige Franziskanermönch Juan Ramirez Orellano verhaftet und in das Inquisitionsgefängnis eingeliefert. Man warf ihm vor, er habe die Hinrichtung des französischen Königspaares gebilligt, die Könige Tyrannen genannt und die spanischen Monarchen beschuldigt, sie beuteten ihre Kolonien schonungslos aus. »Die Franzosen«, so behauptete dieser Franziskaner, »haben uns aus dem Schlafe aufgeweckt und uns die Augen geöffnet.« Beim Verhör erklärte er, wie aus dem uns erhaltenen Protokoll hervorgeht, daß die Franzosen durch ihre Revolution sich als die Retter des Menschengeschlechts erwiesen hätten und daß Voltaire der Papst dieses Jahrhunderts sei. Als die Rede auf die 40 000 Geistlichen kam, die das revolutionäre Frankreich verlassen hatten, rief er aus: »Seht, wieviel Motten im französischen Königreich waren!«[35] Das Urteil in diesem Prozeß ist uns nicht überliefert; auch über das weitere Schicksal Orellanos ist nichts bekannt. Sicher haben die Inquisitoren so viel Kühnheit und Mut übelgenommen.

Der Inquisitionsterror in den spanischen Kolonien, der auf die Unterdrückung der patriotischen Bewegung abzielte, konnte jedoch die unausweichliche Explosion in den Kolonien nicht verhindern. Im Jahre 1810 brachen überall in den spanischen Besitzungen Befreiungsaufstände aus. In Mexiko wurde der Kampf der Patrioten angeführt von dem kreolischen Geistlichen Miguel Hidalgo y Costilla (1753–1811). Die kirchlichen und weltlichen Kolonialbehörden beschuldigten ihn, er habe zum Kriege gegen »Gott, den heiligen Glauben und das Vaterland« aufgerufen. Diese Anklagen sind in dem gegen ihn gerichteten Inquisitionsedikt vom 13. Oktober 1810 enthalten, in dem diesem Patrioten alle möglichen Verbrechen gegen den Glauben

---

[34] *Medina, J. T.*, La Imprenta en Bogotá y la Inquisición en Cartagena de Indias, Bogotá 1952, S. 351.

[35] *Lewin, B.*, a. a. O., S. 253 ff.

vorgeworfen wurden. Der Prokuror erklärte ihn für einen »formellen Häretiker, Apostaten, Atheisten, Materialisten, Deisten, Wüstling, Aufrührer, Spalter, Lutheraner, Calvinisten, mit den Juden sympathisierenden Verbrecher, schuldig der Verletzung göttlicher und menschlicher Gesetze, einen Gotteslästerer, unversöhnlichen Feind des Christentums und des Staates«. Bei dieser langen Liste störte es die Inquisitoren wenig, daß viele der aufgezählten Beschuldigungen sich gegenseitig ausschlossen. Das Ziel des Edikts bestand darin, Hidalgo in den Augen der Gläubigen auf jede Weise zu kompromittieren. Indem die Inquisition ihm den eben aufgezählten Katalog von Verbrechen andichtete, exkommunizierte sie ihn und drohte ihm mit allen übrigen Strafen, »die von der Kirche gegen die Zerstörer der öffentlichen Ordnung, gegen die Anstifter zu Bürgerkrieg und Anarchie in der katholischen Gesellschaft festgesetzt sind, und gegen alle, die mit verhaßten Apostaten Gemeinschaft pflegen, gegen Eidesbrecher, Kirchenräuber und Häretiker, wie es der genannte Verbrecher ist.«[36]

Hidalgo wies die Beschuldigungen in einem »Manifest an die Nation« zurück. In ihm behauptete er, daß er und seine Gesinnungsfreunde keine Feinde der Religion seien, daß sie nur die römisch-katholische und apostolische Religion anerkennen und gewillt seien, sie »in allen ihren Teilen« zu erhalten. »Öffnet eure Augen, Amerikaner«, schrieb Hidalgo, »erlaubt euren Feinden nicht, euch in die Irre zu führen! Sie nennen sich Katholiken nur deshalb, weil es für sie vorteilhaft ist; aber ihr Gott ist das Geld, ihre Drohungen bezwecken die Aufrechterhaltung der Versklavung. Glaubt ihr wirklich, ein guter Katholik könne nur der sein, der dem spanischen Despoten sich unterwirft? Woher kommt dieses neue Dogma, diese neue Glaubensformel?«

Die Antwort der Inquisition ließ nicht lange auf sich warten. In einem weiteren Edikt überschüttete sie Hidalgo mit einer neuen Flut von Verwünschungen und nannte ihn einen »doppelzüngigen, falschen Propheten, ehrlosen Häretiker, grausamen Atheisten und Agnostiker«. Anfang Juli 1811 gelang es den Spaniern, diesen mannhaften Patrioten zu fassen. Da sie den Zorn des Volkes fürchteten, beeilten sie sich, ihn zu liquidieren. Bei dem Verhör beschuldigten ihn die Kleriker der Sympathie mit dem Judaismus, der Zugehörigkeit zu allen möglichen »verbrecherischen Sekten, darunter der nestorianischen, marcionitischen, jakobitischen, und darüber hinaus, daß er ein Verfechter der französischen Freiheit, ein Wüstling, Aufrührer, Schismatiker und Revolutionär sei, der, wie sich gezeigt habe, zum Generalkapitän der Aufständischen geworden sei.«[37]

---

[36] Ebenda, S. 258 ff.

[37] Los procesos militar e inquisitoria del Padre Hidalgo y de otros caudillos insurgentes Introducción

Hidalgo wurde seines geistlichen Amtes enthoben und heimlich am 27. Juli 1811 unweit der Stadt Chihuahua erschossen. Die Hinrichtung Hidalgos und anderer Patrioten wurde von den Inquisitoren und Mitgliedern des Domkapitels in Mexiko mit einem feierlichen Dankgottesdienst begangen zu Ehren der »unerschöpflichen Weisheit Gottes, die das Königreich vor verbrecherischen Ungeheuern gerettet hat, die einen Anschlag auf das kostbare und ehrenvolle Leben Seiner Majestät des Vizekönigs verübt hatten«.

Wie schon gesagt, faßten die Cortes von Cadiz im Jahre 1813 den Beschluß über das Verbot des Inquisitionstribunals und dessen Auflösung sowohl in Spanien als auch in seinen überseeischen Besitzungen. Aber dieser Beschluß wurde in den Kolonien, wo die Macht sich noch in den Händen der alten Ordnung befand, nicht verwirklicht. Allerdings zwang er die Inquisitoren, vorsichtiger vorzugehen; aber ihre Befürchtungen hielten nicht lange an. Schon im Jahre 1814 hob der aus Frankreich zurückgekehrte Ferdinand VII. das Gesetz von Cadiz auf und stellte die Tätigkeit des verhaßten Tribunals wieder her. So konnte es in den Kolonien wieder ungehindert seine übliche Arbeit verrichten.

Nach dem Tode Hidalgos wurde der Kampf um die Unabhängigkeit Mexikos von einem anderen Geistlichen angeführt, dem Mestizen José Maria Morelos y Pavón (1765–1815). In Anbetracht dessen, daß die Inquisition gegen die Patrioten ständig die Beschuldigung der Gottlosigkeit erhob, erklärte Morelos vorsorglich die katholische Religion zur herrschenden und achtete gewissenhaft darauf, daß in der Armee der Patrioten die kirchlichen Gebräuche genauestens befolgt wurden. Aber das rettete ihn auch nicht vor den gleichen Beschuldigungen, wie sie schon gegen seinen Vorgänger erhoben worden waren. Die Klerikalen, die die Spanier unterstützten, erklärten auch ihn für einen Gottlosen und Antichristen »mit Teufelshörnern und Bocksfüßen«.

Am 2. November 1815 wurde Morelos von den Spaniern gefangengenommen. Als Generalinquisitor Flores davon erfuhr, bot er dem Vizekönig Calleja sogleich seine Dienste an: »Die Beteiligung der Inquisition könnte sehr nützlich sein, sowohl zur Ehre und zum Ruhme Gottes als auch für die Interessen des Königs und des Staates, und wäre vielleicht das wirksamste Mittel zur Unterdrückung des Aufstandes, zur Wiedererlangung des unschätzbaren Gutes der Befriedung des Königreiches und zur Absage der Aufständischen an ihre Irrtümer.«

Morelos wurde wirklich an die Inquisition ausgeliefert. Im Verlauf von nur drei Tagen fabrizierte der Prokuror des »heiligen Tribunals« gegen ihn eine Anklageschrift von 26 Punkten, in der der Führer der patriotischen Bewegung zum »Häretiker und

---

y suplementos de L. Gonzáles Obregón, Mexiko 1953, S. 259 u. 262.

Verbreiter von Häresien, zum Verfolger der kirchlichen Obrigkeit, zum Schänder kirchlicher Sakramente, zum Spalter, Wüstling, Heuchler, unversöhnlichen Feind Christi, Verehrer der Ketzer Hobbes, Helvetius, Voltaire, Luther und diesen ähnlicher Autoren, Materialisten und Atheisten, Verräter Gottes, des Königs und des Papstes« erklärt wurde.

Den 23. und 24. Punkt seiner Anklage gegen Morelos hatte der Prokuror folgendermaßen formuliert: »Dieser Verbrecher hat, ähnlich wie die abscheulichen Tiere, die sich von faulen Abfällen nähren, entsprechend seiner Wollust, seinem Ehrgeiz und seiner Überheblichkeit ebenfalls aus den faulen Quellen Luthers und anderer von der Kirche verurteilter Häretiker getrunken mit dem Ziel, die gesetzgebende Gewalt der Kirche und die ihr zustehende Macht zu zerstören; er zielt darauf ab, gleichzeitig Religion und Altar zu stürzen. Aber nicht nur diese Ziele verfolgte er, er strebte auch danach, den Thron zu stürzen. Deshalb rechtfertigte er in seiner schädlichen Konstitution den Aufstand gegen den rechtmäßigen Herrscher und erklärte unserem Monarchen, dem heißgeliebten Señor Don Ferdinand VII. (Gott erhalte sein Leben!), den Krieg, er zieh ihn der Tyrannei und des Despotismus, wie es die Anhänger Wiclifs predigten, zu dessen Parteigängern auch der genannte Verbrecher gehört, der ein ebensolcher Häretiker ist wie die oben erwähnten, die für ihre Verirrungen vom Konstanzer Konzil verurteilt worden sind und ebenso vom obersten Pontifex Martin V. und Paul V. entsprechend den Normen der 4. Synode von Toledo.

Dieser Verbrecher rief nicht nur zum Sturze der geheiligten Person unseres Königs und seiner Macht auf, er versuchte nicht nur die Tugenden unseres geliebten Monarchen zu besudeln, sondern er entehrte auch die Haltung und die Ergebenheit der königlichen Vasallen, der Spanier und Amerikaner, indem er gegen sie aufrührerische Proklamationen sowie hetzerische und über die Maßen freche, beleidigende, persönlich von ihm unterschriebene Proklamationen verbreitete, die er mit Waffengewalt dem Volke aufzwingen und durch die er es veranlassen wollte, sich gegen den König zu erheben und sich ihm selbst unterzuordnen, diesem Ungeheuer, das sich zum Schiedsrichter und Herrn Amerikas zu erheben und Gott und den Menschen, der Kirche, dem König und dem Vaterland entgegenzustellen strebte.«[38]

Das Inquisitionstribunal verurteilte Morelos zu lebenslänglicher Zwangsarbeit. Das war jedoch nur eine widerwärtige Heuchelei seitens der Inquisitoren, denn sie

---

[38] *Medina, J. T.*, Historia del Tribunal del Santo Oficio de la Inquisición en México, 1952, S. 384 ff. Morelos hatte auf dem Nationalkongreß im Jahre 1813 ein Programm unter der Bezeichnung »Die Gefühle der Nation« und eine Unabhängigkeitserklärung verabschieden lassen, ferner einige andere Dekrete, die die Beseitigung der feudalen Ausbeutung und der Rassendiskriminierung zum Inhalt hatten.

wußten genau, daß Morelos nicht am Leben bleiben würde. Er wurde dem Kriegsgericht ausgeliefert, das ihn zum Tode durch Erschießen verurteilte und dieses Urteil 14 Tage nach seiner Gefangennahme vollstrecken ließ. Nur zwei Wochen hatten Inquisition und Militärbehörden gebraucht, um zwei Prozesse durchzuführen, einen geistlichen und einen weltlichen, und so mit ihrem Opfer abzurechnen.

In den Gebieten, wo es den Patrioten gelang, die Macht zu ergreifen, schafften sie unverzüglich die Inquisitionstribunale ab. Als erstes wurde das Tribunal in Cartagena durch ein Dekret der patriotischen Junta vom 12. November 1811 geschlossen. Einen Tag nach der Unabhängigkeitserklärung wurden die Inquisitoren und das übrige Inquisitionspersonal nach Spanien ausgewiesen.

Der venezolanische Kongreß bestimmte 1812, daß »für immer und in allen Provinzen Venezuelas die Tätigkeit der Tribunale zu beenden ist«[39]. Aber der Kommandeur des spanischen Strafexpeditionskorps, General Pablo Morillo, stellte zwei Jahre später in Neugranada und Venezuela die Inquisition wieder her; sie wirkte dort noch bis zur endgültigen Befreiung dieser Länder vom spanischen Joch im Jahre 1821. Damals schaffte der Kongreß von Groß-Kolumbien sie endgültig ab. Das gleiche Schicksal erlitt die Inquisition auch in den übrigen ehemaligen Kolonien Amerikas.

Auf Kuba und in Puerto Rico stellten die Inquisitoren ihre Tätigkeit erst 1834 ein, als die Inquisitionstribunale auch in Spanien endgültig aufgelöst wurden.

So endete ruhmlos die Kolonialzeit dieser terroristischen Einrichtung, in deren Mauern und auf deren Scheiterhaufen genauso wie im »Mutterland« Tausende unschuldiger Opfer, darunter viele der besten Söhne der Völker Lateinamerikas, den Märtyrertod fanden.

Sie hatte fast dreihundert Jahre lang die Interessen der kolonialen Ausbeuter in Amerika vertreten und nicht nur Andersdenkende sowie namhafte und ehrenhafte Patrioten vernichtet und verbrannt, sondern während der Zeit ihrer Schreckensherrschaft auch die Seelen der Gläubigen selbst verdorben, indem sie letzteren die Überzeugung beibrachte, daß Verrat, Gesinnungsschnüffelei und Denunziantentum eine Tugend und die Folter ein gesetzmäßiges Attribut der Rechtsprechung seien.

Wenn sie so der geistigen Entwicklung der Gesellschaft in den kolonialen Gebieten einen gewaltigen Schaden zufügte, erlitt sie nichtsdestoweniger eine völlige Niederlage auch vom Standpunkt der Interessen jener, in deren Namen sie ihre zahllosen Verbrechen verübte. Sie besserte nicht nur nicht die Situation, sie rottete nicht den »kleinen« Abfall vom katholischen Glauben aus (wie die Gotteslästerung,

---

[39] *Cardot, C. Felice,* El Impacto de la »Inquisición« en Venezuela y en la Gran Colombia (1811–1830), in: Boletin de la Academia Nacional de la Historia, Nr. 196, S. 481.

Bigamie, Mißachtung religiöser Gebräuche, den Glauben an Zauberei und ähnliches), sondern sie konnte auch die Verbreitung der Befreiungsidee in den Kolonien nicht verhindern. Gegen Ende der Kolonialperiode verfiel nicht nur die Oberschicht der spanischen Kolonialbehörden, sondern auch die Geistlichkeit als Ganzes, darunter selbst die Inquisitoren, in moralische Verwesung und versank in allen möglichen Lastern. Davon zeugen mit beredter Zunge die zahlreichen Erzählungen der Zeitgenossen, die Berichte der Vizekönige und andere unwiderlegbare Dokumente.

Aber das dunkle Erbe der Inquisition starb nicht mit ihr. Den verbrecherischen Normen der Inquisitionsmoral folgten und folgen die Reaktionäre aller Schattierungen und ihre ausländischen Beschützer, die immer noch Seele und Leib vieler Völker Lateinamerikas martern. Die Geschichte hat sie schon längst an den Pranger gestellt. Die modernen Inquisitoren erwartet das gleiche unrühmliche Ende wie ihre Vorgänger, die in der Kolonialperiode ihr Unwesen trieben.

Siebtes Kapitel

Die Verbrechen der portugiesischen Inquisition

Die Krone errichtet das »heilige Gericht«

Portugal gehört zu den wenigen katholischen Ländern Europas, die im Mittelalter trotz Inquisitoren keine Inquisition kannten. Möglicherweise lag der Grund dafür in der geographischen Lage am äußersten Rande der damaligen Welt, weitab vom päpstlichen Stuhl, als dessen Vasallen sich die portugiesischen Könige betrachteten; vielleicht spielte auch mit, daß Portugal im Mittelalter nicht von häretischen Bewegungen größeren Ausmaßes erschüttert wurde.

Faktisch beginnt die Geschichte der portugiesischen Inquisition erst mit dem Jahre 1492, als ein Massenzustrom von Juden hierher einsetzte und damit das Problem der »Neuchristen« entstand. Einige reaktionäre Historiker versuchen die Verfolgung der Juden durch die Inquisition damit zu rechtfertigen, daß diese dem Volke angeblich verhaßt waren. Eine solche »Erklärung« ist jedoch reinste Demagogie. Der portugiesische Historiker Antonio José Saraiva bemerkt mit Recht: »Wenn man alle Klagen, die in den Cortes gegen den Adel und den Klerus erhoben wurden, zusammentrüge, wären es sicherlich sehr viel mehr, als es solche gegen die Juden gab.« [1]

Als 1492 die Vertreibung der Juden aus Spanien begann, flohen Zehntausende von ihnen nach Portugal. Ihre genaue Zahl ist nicht bekannt; jedoch sind moderne Historiker der Ansicht, daß gegen Ende des 15. Jh. ungefähr 120 000 Juden nach Portugal gekommen sind. [2] König Johann II. führte Krieg in Afrika und benötigte dafür Geld; deshalb öffnete er die portugiesische Grenze für die spanischen Juden und nahm von jedem acht Gold-Cruzados. [3] Wer diese Summe zahlte, erhielt das Recht auf einen achtmonatigen Aufenthalt in Portugal. Nach Ablauf dieser Frist versprach der König zusätzlich eine kostenlose Überfahrt nach Afrika. Schmiede, insbesondere Waffenschmiede, brauchten nur vier Cruzados zu zahlen. Zur Finanzierung des Krieges in

---

[1] *Saraiva, A.*, A Inquisicão purtuguesa, Lisboa 1956, S. 17.

[2] *Kamen, H.*, Die spanische Inquisition (Originaltitel: The Spanish Inquisition, London 1965). Aus dem Englischen von Arno Dohm, München 1967, S. 242.

[3] Der Cruzado des Jahres 1472 zählte 324 Reis, der von 1500 hatte 390 Reis, das sind in heutiger Umrechnung ca. zwei Pfund Sterling und 7 Schilling. Die Cruzados aus dem Prägungsjahr 1517 zählten schon 400 Reis (2 Pfund Sterling und 17 Schilling). Der Real (Plural Reis) war eine portugiesische Münzeinheit aus Silber. Die Staatseinnahmen Portugals im Jahre 1534 betrugen 279 Millionen Reis, die des Jahres 1607 beliefen sich bereits auf 1 672 Millionen. Vgl. dazu *Livermore, H.*, A History of Portugal, Cambridge 1947, S. 479; *Lea, H. Ch.*, Geschichte der spanischen Inquisition, Bd. I, S. 83 u. 85.

Afrika wurde auch eine eigene Judensteuer erhoben, die allein in Lissabon pro Jahr 1 250 000 Reis einbrachte, ferner in Santarém 160 000, in Setúbal 80 000, in Portalegre 75 000, in Porto 60 000 Reis.[4]

Die spanischen Juden strebten danach, sich in Portugal einen ständigen Wohnsitz zu erwerben bzw. zu schaffen. Gab es doch in diesem Lande keine Inquisition und wurden ihre Glaubensgenossen nicht von der Krone verfolgt. Außerdem konnte man von Portugal aus leicht nach Spanien zurückkehren; viele von ihnen träumten nämlich von einer Rückkehr in die Heimat. 600 aus Spanien geflohenen reichen Familien gelang es, von der Krone die Erlaubnis für ein ständiges Verbleiben in Portugal zu erhalten. Eine solche Zusage wurde auch den Handwerkern erteilt. Alle übrigen Flüchtlinge waren jedoch von der Ausweisung bedroht.

Eine solche Masseneinwanderung von Ausländern in ein Land, dessen Bevölkerungszahl damals eine Million nicht überstieg, mußte die verschiedensten Konflikte und Komplikationen mit sich bringen. Unter dem Einfluß des entfesselten Inquisitionsterrors in Spanien verschärften sich beispielsweise die antijüdischen Stimmungen in den verschiedensten Kreisen Portugals. Die einen forderten ihre Ausweisung mit der Begründung, daß der Zustrom kastilischer Juden, die die katholische Lehre als Nachkommen der Mörder Christi ansah, das Land zum Untergang führe. Andere forderten aus Konkurrenzneid oder aus religiösem Fanatismus die Errichtung der Inquisition nach spanischem Muster.

Als die Aufenthaltsfrist der spanischen Juden in Portugal abgelaufen war, wurden viele von denen, die nicht ausreisten – meist weil der portugiesische König dem Hindernisse in den Weg gelegt hatte –, in die Gefangenschaft verkauft. Ihre minderjährigen Kinder wurden auf die westafrikanische Insel São Tomé verschickt, wo ein Großteil von ihnen infolge der ungewohnten Arbeit und der erlittenen Entbehrungen umkam.[5]

Im Jahre 1495 bestieg Manuel I. den portugiesischen Thron. Unter ihm besserte sich zunächst die Lage der spanischen Juden in Portugal. Doch zwei Jahre später heiratete er die seit 1491 verwitwete Prinzessin Isabella, eine Tochter des spanischen Königspaares; das eröffnete ihm beim Ableben Ferdinands die Aussicht auf den spanischen Thron. Ferdinand und seine Gemahlin gaben die Zustimmung zu dieser Ehe unter der Bedingung, daß Portugal sich dem Bund gegen Frankreich anschlösse und sowohl die spanischen als auch die portugiesischen Juden aus seinem Lande vertreibe, und Manuel akzeptierte dies. Im Jahre 1496 verbot er den jüdischen Kult,

---

4 *Kamen, H.*, a. a. O., S. 227.

5 *Herculano, A.*, History of the Origin and Establishment of the Inquisition in Portugal, Stanford 1926, S. 248.

ließ die Synagogen schließen, die jüdischen Gebetbücher verbrennen und befahl den Juden, entweder den katholischen Glauben anzunehmen oder unverzüglich Portugal zu verlassen. Da er jedoch nicht wünschte, so viele nützliche Untertanen zu verlieren, legte er der Ausreise der Juden alle möglichen Hindernisse in den Weg und bekehrte sie zwangsweise zum Katholizismus.[6]

Im Jahre 1499 verboten die Behörden den Portugiesen wie auch den Fremden, Wechsel ins Ausland zu bringen oder zu schicken, die sie im Austausch für Geld oder Waren erhalten hatten. Außerdem wurde untersagt, ohne besondere königliche Erlaubnis bei den »Neuchristen« irgendwelches Eigentum aufzukaufen. Der »Neuchrist« konnte in geschäftlichen Angelegenheiten nur unter der Bedingung ins Ausland reisen, daß seine Frau und seine Kinder, offensichtlich als Geiseln, im Lande blieben.[7]

Das rief naturgemäß eine große Unruhe unter den »Neuchristen« hervor; sie befürchteten das Schlimmste und versuchten mit allen Mitteln, sich, ihre Angehörigen und ihr Vermögen zu retten. Die Bestechung königlicher Beamter nahm gigantische Ausmaße an, was deren unersättliche Habgier jedoch nur noch vergrößerte und eine trügerische Vorstellung von den angeblich unbegrenzten finanziellen Möglichkeiten ihrer Opfer weckte. Im Jahre 1505 brach in Portugal eine Pestepidemie aus, und eine Mißernte rief eine Hungersnot hervor. In Lissabon entbrannte ein Judenpogrom – eine im Mittelalter häufige Erscheinung. Auch im übrigen Europa folgten solchen Katastrophen wie Pest und Hungersnot oft Judenpogrome. Fanatiker plünderten und steckten Häuser von »Neuchristen« in Brand; sie schleppten Juden auf die Scheiterhaufen, indem sie ihnen die Schuld an dem Unglück zuschrieben, das über das Land hereingebrochen war. Im Verlauf von zwei Tagen kamen bei diesem Pogrom über 3 000 Menschen ums Leben – unter ihnen 600, die verbrannt wurden.[8] Frauen, die sich in die Kirchen zu retten suchten, wurden vergewaltigt und dem Feuer überantwortet, Kinder vor den Augen der Eltern hingemordet.

Auf Befehl des Königs wurden jedoch Truppen gegen die Plünderer und Brandstifter entsandt. Ungefähr fünfzig von ihnen wurden nach einem Blitzgericht gevierteilt. Auch zwei Dominikaner, die den Pogrom angestiftet hatten, wurden gevierteilt und ihre Leichen verbrannt. Der Stadt Lissabon wurden viele Privilegien entzogen.

Im Jahre 1507 schaffte Manuel alle früheren einschränkenden Gesetze gegen die »Neuchristen« ab und versprach feierlich, in Zukunft niemals mehr ähnliche zu

---

[6] *Lozinskij, S. G.*, Istorija inkvizicii v Ispanii, SPb 1914, S. 230.

[7] *Herculano, A.*, a. a. O., S. 247.

[8] *Martins, J. Oliveira*, Historia de Portugal, Bd. II, Lissabon 1951, S. 22.

erlassen. Den außer Landes Geflüchteten wurde eine Amnestie versprochen. Den im Jahre 1496 Zwangsgetauften wurde von neuem zugesichert, sie für zwanzig Jahre wegen ihrer Nichtbeachtung katholischer Gebräuche straffrei zu lassen. Im Jahre 1512 wurde diese Gnadenfrist noch einmal auf sechzehn Jahre, d. h. bis zum Jahre 1532, verlängert. Allen Juden wurden die freie Ausreise sowie die ungehinderte Ausfuhr von Wertsachen aus dem Lande erlaubt.

Diese Änderungen in der Politik Manuels, schrieb Herculano, machten einen ungeheuren Eindruck sowohl auf die einheimischen als auch auf die spanischen Juden, die in Portugal lebten. Fast niemand verließ das Land; man zog die illusorische Freiheit, die man dank einer zeitweiligen Toleranz gewonnen hatte, vor und opferte auf diese Weise für eine zeitweilige Nachsicht die Zukunft.[9] Aber kann man den »Neuchristen« diese einfältige Gutgläubigkeit zum Vorwurf machen, da sie doch faktisch keine andere Wahl hatten, als in Portugal zu bleiben? Und man muß tatsächlich feststellen, daß sie in den folgenden vierzehn Jahren bis zum Tode Manuels keinen Grund hatten, sich über die königlichen Behörden zu beklagen. Selbst der Name »Neuchrist« kam außer Gebrauch und wurde ersetzt durch den Ausdruck »Menschen aus dem Volk«.

Im Jahre 1521 jedoch starb Manuel, und auf den Thron gelangte sein ältester Sohn Johann III., ein geldgieriger, grausamer und heimtückischer Fanatiker. Er war mit Catharina, der Schwester des spanischen Königs Karl V., verheiratet, eines eifrigen Anhängers der Inquisition. Mit ihr kamen zahlreiche Dominikaner nach Lissabon. Karl V. seinerseits heiratete Isabella, die Tochter des verstorbenen Königs Manuel, die ihm als Mitgift 800 000 Cruzados einbrachte. Diese Summe mußte natürlich die Bevölkerung Portugals aufbringen. Zu diesem Zweck rief Johann III. die Cortes zusammen, die ihm erlaubten, neue Steuern in einer Höhe von 150 000 Cruzados zu erheben. Das übrige, rieten sie, solle er von den »Neuchristen« nehmen, und damit diese »nachgiebiger« würden, solle er die Inquisition gründen. Darauf bestanden auch die Gattin des Königs, ihre zahlreichen spanischen »geistlichen Ratgeber« sowie Karl V. Johann III. fand Geschmack an der Idee, um so mehr, als er mit Hilfe der Inquisition sich auch den Adel botmäßig machen konnte, wie das in Spanien der Fall war. Um aber das »heilige Tribunal« ins Leben zu rufen, benötigte er gewichtige Gründe. Das spanische Beispiel lieferte ihm diese. Man mußte beweisen, daß die »Neuchristen« Heuchler seien, die nur äußerlich die katholische Religion angenommen hatten, aber heimlich dem Glauben ihrer Väter anhingen und so Gott, den König und das ihnen Herberge bietende Vaterland betrogen. Nun standen dem jedoch die feierlichen Versprechungen Manuels entgegen, der den »Neuchristen«

---

[9] *Herculano, A.*, a. a. O., S. 268.

Amnestie bis zum Jahre 1532 gewährt und feierlich zugesagt hatte, niemals mehr Strafgesetze gegen ihren Glauben zu erlassen. Versprechen, die Häretikern gemacht werden, haben für einen rechtgläubigen Christen keine bindende Kraft, urteilten dagegen jene ehrenwerten Katholiken. Wenn man sich des päpstlichen Einverständnisses zur Einführung der Inquisition versichern würde – wer könne es dann wagen, die portugiesischen Könige treubrüchiger Handlungen gegen die »Neuchristen« zu zeihen! Die Hauptsache aber war, »Beweisstücke« gegen sie in die Hände zu bekommen: kompromittierende Angaben oder Zeugnisse, die sie gottloser häretischer Verirrungen überführten.

Solche »Beweisstücke« zu beschaffen trug Johann III. persönlich einem gewissen Henrique Nuñez auf. Wer war dieser königliche Spion? Nichts weiter als ein spanischer »Neuchrist«, der dem »heiligen Tribunal« seinen eigenen Bruder preisgegeben hatte. Darauf hatte er dem blutgierigen spanischen Inquisitor von Cordoba, Diego Rodriguez Lucero, der im Volke wegen seiner zahllosen Grausamkeiten und seiner Heimtücke »der Treulose« hieß, als Agent provocateur gedient.[10] Offensichtlich wurde Nuñez von den spanischen Behörden Johann III. »ausgeliehen«, und die spanischen Ratgeber der Königin Catharina, vielleicht auch Karl V. selbst, empfahlen, ihn in Portugal zu den gleichen Zwecken zu benutzen. Nuñez kam nach Lissabon und stellte sich den dortigen »Neuchristen« vor als einer, der wie durch ein Wunder sich vor den Verfolgungen der spanischen Inquisition habe retten können, schlich sich in das Vertrauen der »Neuchristen« ein und begann, seinem neuen Herrn »vertrauliche« Informationen zu übermitteln. Was hatte diese käufliche Person nun mitzuteilen? Genau das, was der portugiesische König hören wollte: Die »Neuchristen« seien Betrüger, Häretiker und Abtrünnige, sie predigten heimlich den Judaismus, besudelten das Kreuz, die Hostie und die heiligen Sakramente; sie spotteten über die christlichen Bräuche, verlachten die Religion, begingen Ritualmorde, schmähten den portugiesischen König und schmiedeten gegen ihn ein Komplott.

Der König war begeistert von der Energie und dem Talent seines Meisterspions, dem er den sehr bezeichnenden Beinamen »standhafter Christ« (Firme-Fé) gab. Aber offensichtlich ging dieser »standhafte Christ« nicht vorsichtig genug zu Werke, denn er wurde als Spion und Provokateur entlarvt. Aus Furcht vor einer Vergeltung floh er überstürzt nach Spanien, ohne seinen neuen Herrn davon zu benachrichtigen. Aber sein Schicksal war schon entschieden: Von den »Neuchristen« beauftragte Personen erreichten ihn in der Nähe von Badajoz und töteten ihn. Übrigens vollzogen dieses mehr als gerechte Urteil zwei portugiesische Franziskanermönche,

---

[10] Ebenda, S. 286.

Diego Baz und André Bias. Das beweist, daß den »Neuchristen« damals schon die Aufnahme in die Mönchsorden möglich war. Die beiden Vollstrecker des Urteils hängte man später, nachdem man ihnen zunächst die Hände abgehackt hatte. Aber Johann III. war nicht besonders traurig über den Tod seines Spions. Jetzt konnte er behaupten, daß der Mord an dem »standhaften Christen« die Richtigkeit seiner Informationen bestätigt habe, so daß er sie mit voller Berechtigung dem päpstlichen Stuhl übermitteln und von diesem die Erlaubnis zur Gründung des »heiligen Tribunals« in Portugal fordern konnte.

Einen neuen Anstoß, der den König bewog, mit dieser Frage in Rom wiederum vorstellig zu werden, gab das Erdbeben vom Jahre 1531, das den Gegnern der »Neuchristen« willkommenen Anlaß zu der Behauptung bot, es sei eine »Strafe Gottes« für den diesen von der Krone erwiesenen Schutz.

Aber wiederum mußte Johann III. ganze zehn Jahre in Rom manövrieren und warten, ehe er sich formell an den päpstlichen Stuhl um die Erlaubnis zur Gründung der Inquisition wenden konnte. Waren die römischen Päpste nicht selbst eifrige Inquisitoren, hatten sie die Inquisition nicht in Spanien längst erlaubt? All das stimmte zwar, aber es gab trotzdem bestimmte Schwierigkeiten, mit denen der portugiesische König rechnen mußte.

Das Problem bestand in folgendem: Der päpstliche Stuhl war bestrebt, überall die Inquisition zum Instrument seines, des päpstlichen, Einflusses zu machen; er wollte sie benutzen, um die kirchliche Macht über die weltliche zu erheben, um mit ihrer Hilfe seine Kassen aufzufüllen. Die spanische Inquisition aber, die mit dem Segen Sixtus' IV. im Jahre 1478 entstanden war, erwies sich als eine Einrichtung von ungeheurer Macht im Dienste der Interessen des spanischen Königs. In dessen Taschen floß auch der Löwenanteil der durch sie erworbenen Geldsummen. Freilich war der König ein treuer Katholik und ging schonungslos gegen die Häresie vor, aber er tat dies, ohne mit dem Papst zu rechnen; er stellte sich gewissermaßen über den Papst. Indem er sich für glaubenstreuer als der Papst selbst hielt, erniedrigte und beleidigte der spanische König die Würde der päpstlichen Berufung. Was aber machte ihn so überheblich und stolz, wenn nicht die Inquisition, deren Schwert Sixtus IV. in seine Hände gelegt hatte? Um wieviel anders und angenehmer für den päpstlichen Stuhl wäre das Bild, wenn der spanische Generalinquisitor nur dem römischen Papst untergeordnet wäre, nur dessen Befehle ausführte, nur ihm die Ergebnisse der räuberischen Aktionen des »heiligen Tribunals« übersenden würde! Dann hielte nicht der spanische König den Papst in seinen Händen, sondern dieser wäre Herr über das Schicksal des kastilischen Herrschers!

Das spanische Beispiel hatte den Papst eines gelehrt: daß es gefährlich war, die Inquisition aus den Händen zu geben und sie einem weltlichen Herrscher zu überlassen.

Es gab auch noch einen anderen nicht unwichtigen Umstand, der die Verwirklichung des Projekts der portugiesischen Krone behinderte. Die Päpste der Renaissanceepoche benötigten wie nie zuvor Geld, das sie sich u. a. von Bankiers ausleihen oder schenken lassen mußten. Unter diesen aber gab es viele Juden. Die christlichen Bankiers konnte man schwer zwingen, Geld zu geben; die Juden dagegen waren nachgiebiger. Natürlich konnte man von ihnen nicht zur gleichen Zeit Geld erhalten und sie auf die Scheiterhaufen schicken lassen; folglich mußte man sich für das eine oder das andere entscheiden. Die Päpste zogen die Geldanleihen vor und gewährten der jüdischen Bevölkerung in ihren Besitzungen vollkommene Freiheit. Wie die Historiker festgestellt haben, »war die erste Hälfte des 16. Jh. die glücklichste Periode der Geschichte der Juden in den päpstlichen Besitzungen«[11].

Aber wie sich der päpstliche Stuhl auch drehen und wenden mochte bei seinem Versuch, für seine Toleranz und seinen Schutz aus den jüdischen Bankiers und den »Portugiesen« (so nannte man die »Neuchristen«, die aus Portugal nach Italien und in die Niederlande geflohen waren) möglichst viel Geld herauszuholen – letzten Endes behielt die portugiesische Krone doch die Oberhand, wenn sie auch keinen kleinen Preis für ihren Sieg zahlen mußte.

Im Jahre 1531 übersandte Johann III. seinem Vertreter beim päpstlichen Stuhl, Bras Neto, ein vertrauliches Dossier, das in der Hauptsache aus den Fälschungen des »standhaften Christen« bestand, und trug ihm auf, auf dieser Basis beim Heiligen Stuhl die Erlaubnis zur Gründung des Inquisitionstribunals in Portugal zu erwirken. Bras Neto begann Verhandlungen mit einer Vertrauensperson des Papstes Clemens VII., Kardinal Santiquatro, bei dem die Bitte des portugiesischen Königs jedoch keine besondere Begeisterung hervorrief. Er antwortete dem Gesandten Johanns geradewegs, das Ziel des Königs sei offensichtlich weniger der Kampf gegen die Häresie als vielmehr der Wunsch, die »Neuchristen« zu berauben und ihr Eigentum in Besitz zu nehmen.[12]

Bras Neto, der darüber seinem Herrn berichtete, bat gleichzeitig, ihn mit Bestechungsgeldern für die Kardinäle und die päpstlichen Beamten zu versorgen. Einen anderen Weg zur Lösung der ihm gestellten Aufgaben sehe er nicht – um so weniger, als sich in Rom zur gleichen Zeit auch ein Vertreter der portugiesischen »Neuchristen«, Diego Pires, aufhielt, der Zutritt zum Papst und zu den Kardinälen hatte und über große Bestechungssummen verfügte. Dadurch drohten die Pläne Johanns III. zu scheitern.

---

[11] *Poliakov, L.*, Les Banquiers Juifs et le Saint Siège du XIIIe au XVIIe siècle, Paris 1967, S. 209.

[12] *Herculano, A.*, a. a. O., S. 304.

Die Verhandlungen mit dem päpstlichen Stuhl zogen sich einige Monate hin. Neto gelang es letzten Endes, Clemens VII. auf die Seite Johanns III. zu ziehen. Am 17. Dezember 1531 erließ der Papst eine Bulle, in der er die Inquisition in Portugal begründete und den Franziskaner Diego da Silva zum Inquisitor bestellte – allerdings mit der Einschränkung, daß der Papst sich das Recht der Kontrolle über dessen Tätigkeit vorbehielt. Das entsprach nicht ganz den Absichten Johanns, aber er gab sich den Anschein, als habe er sein Ziel erreicht, und ging mit der ihm eigenen Hinterlist an die Verwirklichung seiner Pläne. In aller Stille wurden Listen der vermögendsten »Neuchristen« zusammengestellt, um diese zunächst zu verhaften und dann auszurauben. Die Ausreise der »Neuchristen« und die Ausfuhr ihrer Kapitalien ins Ausland wurden untersagt. Als die Mausefalle zugeschnappt war, wurde am 14. Juli 1532 die päpstliche Bulle über die Gründung der Inquisition veröffentlicht, und es begannen allgemeine Verhaftungen und Massenkonfiskationen von Eigentum der »Neuchristen«.

Auf dem Höhepunkt dieser Ereignisse trat jedoch ein unerwartetes Hindernis ein: Diego da Silva trat plötzlich vom Amt des Generalinquisitors zurück – nicht unter dem Druck der »Neuchristen«, sondern aus Gewissensgründen.

Das zwang Johann III., sich erneut nach Rom zu wenden, mit der Bitte, einen neuen Generalinquisitor zu ernennen. Inzwischen griffen die »Neuchristen«, außerstande, der Inquisition wirksamen Widerstand zu leisten, zum einzigen Mittel, das ihrer Meinung nach, wenn schon nicht sie retten, so doch ihr Schicksal erleichtern konnte: Sie sammelten eine große Summe Geldes und rüsteten damit ihren Unterhändler Duarte da Paz aus, den sie nach Rom sandten mit dem Auftrag, die päpstlichen Beamten zu bestechen und um jeden Preis die Abschaffung der verhaßten Inquisition zu erreichen. Duarte da Paz war eine für das damalige Portugal charakteristische Persönlichkeit. Als Sohn spanischer Juden, die nach Portugal geflohen waren, war er in seiner Kindheit zwangsweise von seinen Eltern getrennt, getauft und katholisch erzogen worden. Äußerlich ein eifriger Katholik, machte er eine glänzende Karriere; er wurde Richter und sogar Ritter des Christusordens. Johann III. hegte großes Vertrauen zu ihm; er sandte ihn in geheimer Mission nach Afrika, wo er in einer Schlacht gegen die Mauren verwundet wurde und ein Auge verlor. Alexandre Herculano charakterisiert ihn als einen listigen, redegewandten, energischen und in seinen Mitteln wenig wählerischen Abenteurer. In Rom angekommen, erhielt er vom Papst einen Schutzbrief und entfaltete in der Ewigen Stadt eine fieberhafte Tätigkeit. Der Agent der »Neuchristen« bestach die in Frage kommenden Persönlichkeiten in der römischen Kurie und erreichte am 17. Oktober 1532 von Clemens VII. ein Dekret, das der portugiesischen Inquisition befahl, zeitweilig ihre Tätigkeit einzustellen, und einen Nuntius in Lissabon ernannte, der den Auftrag erhielt, ihre Tätigkeit zu untersuchen und seine Schlußfolgerungen dem Papste vorzulegen, der dann eine endgültige Entscheidung über das Schicksal des »heiligen Tribunals« in Portugal fällen wollte. Das war ein wichtiger Erfolg des Duarte da Paz.[13]

Indem wir den Ereignissen vorauseilen, bemerken wir jetzt schon, daß dieser, der sich nach seiner Ankunft in Rom so glänzend bewährte, einige Zeit später seine Glaubensgenossen verriet, in den Dienst Johanns III. trat und im Verlauf der nächsten zehn Jahre seines römischen Aufenthaltes eine Doppelrolle spielte, was der Sache der »Neuchristen« nicht geringen Schaden zufügte. Ihnen fiel es schwer, auf seine Dienste zu verzichten. Ihre Agenten versuchten sogar, ihn zu töten, indem sie ihn auf einsamer Straße überfielen und ihm vierzehn Dolchstiche zufügten. Aber der Verräter hatte Glück: auch nach dem Attentat blieb er am Leben. Er verließ allerdings Rom und setzte seine provokatorische Tätigkeit in Venedig und anderen italienischen Städten fort. Von den »Neuchristen« ständig gehetzt, floh der Abenteurer schließlich in die Türkei, wo er den Islam annahm und seine Tage im Dienste eines türkischen Sultans beendete.

Wenn also die »Neuchristen« mit Duarte da Paz kein Glück hatten, so gelang es doch anderen ihrer Agenten, im Lager des Feindes diesen oder jenen zu gewinnen und ihn zu veranlassen, für sie zu arbeiten. Den größten Erfolg erzielten sie mit Miguel da Silva, dem Bruder des einflußreichen Hofgrafen Portelegre. Miguel da Silva, Bischof von Viseu, dem größten Bistum in Portugal, war eine Zeitlang Haupt der Regierung und persönlicher Sekretär Johanns III. Zum Gesandten Portugals beim päpstlichen Stuhl schon unter Leo X. ernannt, träumte er davon, den Kardinalshut zu erlangen. Das gelang ihm auch entgegen dem Wunsche seines Königs. Silva geriet in einen Konflikt mit ihm, weigerte sich, nach Portugal zurückzukehren, und blieb in Rom, wo er als Mitglied des Kardinalskollegiums standhaft die Interessen der »Neuchristen« vertrat und die Errichtung der Inquisition in Portugal verhinderte. Wohin seine Tätigkeit führte, werden wir später noch sehen.

Wir unterbrachen die Darstellung mit dem Dekret vom 17. Oktober 1532, in dem Clemens VII. die »Arbeit« der portugiesischen Inquisition einstellte und einen Nuntius für Lissabon zur Untersuchung ihrer Tätigkeit ernannte. Als Johann III. dessen Einreise alle möglichen Hindernisse in den Weg legte, veröffentlichte der Papst am 7. April 1533 eine neue Bulle »Sempiterno Regi«, in der er den portugiesischen König beschuldigte, er habe auf betrügerischem Wege, nämlich indem er ihm die Tatsache der zwangsweisen Bekehrung der Juden gegen Ende des 15. Jh. verheimlichte, von ihm die Erlaubnis zur Einführung der Inquisition erschlichen. »Die zwangsweise der Taufe unterworfen wurden«, erklärte Clemens, »können nicht als

---

[13] Ebenda, S. 319.

Mitglieder der christlichen Kirche gelten und haben volles Recht, sich darüber zu beschweren, daß man sie verurteilt und als Christen wegen Verletzung der Prinzipien der Gesetzlichkeit und Gerechtigkeit bestraft.«[14] In dieser Bulle befahl der Papst, alle von der Inquisition des Judaismus Angeklagten zu amnestieren und zu rehabilitieren, die Gefangenen in die Freiheit zu entlassen sowie ihnen ihr Eigentum und ihre Stellung zurückzugeben. Außerdem berief er eine Kardinalskommission, die den Auftrag erhielt, die Tätigkeit der portugiesischen Inquisition zu untersuchen.

Zur Ehre der Kardinäle sei gesagt: Sie unterschrieben ein Dokument, das mit äußerster Genauigkeit die Verbrechen der portugiesischen Inquisition aufdeckte. In ihm hieß es: »Die Inquisitoren ergreifen, bisweilen auf falsche Anzeigen hin, irgendeinen beliebigen dieser Unglücklichen, für deren Erlösung Christus gestorben ist, und werfen ihn ins Gefängnis, in dem ihm das Tageslicht versagt und das Gespräch mit Verwandten, die ihm Hilfe erweisen könnten, verboten ist. Geheime Zeugen beschuldigen ihn, aber man sagt ihm weder Ort noch Zeit der ihm angelasteten Verbrechen. Wenn er imstande war, den Namen des Denunzianten zu erraten, so werden die Aussagen des letzteren nicht zur Kenntnis genommen. Für den Angeklagten wäre es besser, ein Zauberer zu sein als ein Christ. Dann benennt man für ihn einen Advokaten, der, anstatt ihn zu verteidigen, meist mithilft, ihn aufs Schafott zu bringen. Wenn der Angeklagte zu behaupten beginnt, er sei ein wahrer Christ, und die ihm verlesenen Anklagen leugnet, so übergeben sie ihn als einen hartnäckigen Häretiker dem Feuer; sein Eigentum wird konfisziert. Wenn er dagegen diese oder jene Verbrechen eingesteht und damit erklärt, daß er sie ohne böse Absicht begangen habe, so bestrafen sie ihn auf die gleiche Weise, mit der Begründung, daß sein Bekenntnis nicht ehrlich sei. Wenn er aber in der Einfalt seiner Seele sich in allem für schuldig erklärt, so verwandeln sie ihn in einen Bettler und verurteilen ihn zu lebenslänglicher Haft. Und das nennt man: den Verbrechern mit Mildherzigkeit zu begegnen! Derjenige aber, der ohne jeden Zweifel seine Unschuld beweisen kann, wird ebenfalls bestraft, damit man nicht sage, er sei ohne Grund in Haft gehalten worden. Gar nicht zu reden davon, daß die Häftlinge mit allen möglichen Foltern gezwungen werden, sich jeden beliebigen Verbrechens schuldig zu bekennen, dessen man sie anklagt. Viele kommen in den Gefängnissen um; aber selbst diejenigen, die man freiläßt, sind zusammen mit ihren Angehörigen mit dem Makel einer ewigen Schmach behaftet. Die Ergebnisse des Mißbrauchs der Inquisitoren sind derart, daß jeder, der nur irgendeine Vorstellung davon hat, was das Christentum ist, verstehen kann, daß sie Diener des Teufels sind und nicht Diener Christi.«[15]

[14] Ebenda, S. 330.

[15] Ebenda, S. 345 f.

Die Kardinäle konnten nicht besser die Tätigkeit der portugiesischen Inquisition charakterisieren, die übrigens nichts Originelles aufwies. Die portugiesische Inquisition verfuhr genau so wie ihre »Schwestern« in den anderen Ländern der christlichen Welt. Die Kardinäle wußten das sehr gut, und wenn sie im gegebenen Falle nur die portugiesische Inquisition verurteilten, so hatten sie dafür durchaus gewichtige »materielle« Gründe – nämlich das Geld, mit dem Duarte da Paz sie so großzügig versorgte. »Die der Geschichte bekannten Dokumente«, so urteilt A. J. Saraiva, »bestätigen unwiderleglich, daß das Gold der ›Neuchristen‹ sowohl in Portugal als auch in Rom der Brennstoff war, der diese Frage so lange Zeit offenhielt.«[16]

Aber das von uns eben zitierte Dokument ist auch noch in anderer Hinsicht von Interesse. Es widerlegt eines der beliebten klerikalen Argumente zugunsten der Inquisition: daß deren Methoden angeblich dem »Zeitgeist« entsprachen und bei niemandem, außer natürlich bei den Opfern, Empörung hervorriefen. Sogar der Papst und die Kardinäle mußten den verbrecherischen Charakter des portugiesischen »heiligen Tribunals« anerkennen. Wir haben es hier also mit einer unwiderleglichen kirchlichen Anklageschrift gegen die Inquisition zu tun, die im Grunde für alle »heiligen Tribunale« galt.

Aber die Gegner der portugiesischen Inquisition in Rom mußten ihre Positionen bald räumen. Im Jahre 1534 starb Papst Clemens VII., und an seine Stelle trat Paul III., den der portugiesische König sofort mit seinen Bitten um die Einrichtung einer Inquisition in seinem Lande attackierte. Der neue Papst und seine Kardinäle antworteten jedoch wiederum mit einer Ablehnung und forderten die Freilassung der Häftlinge der Inquisition. Die portugiesischen Behörden mußten dieser Forderung im Jahre 1535 nachkommen. Der Vertreter des Hofes von Lissabon in Rom spie Gift und Galle vor Zorn und empfahl seinem König, nach dem Beispiel Englands mit dem Papst zu brechen. In einer seiner Mitteilungen nach Lissabon schrieb er über die Kardinäle, sie seien »keine Fürsten und überhaupt ein Nichts. Sie sind Krämer und Betrüger, die keine drei Kupfermünzen wert sind; sie sind Ignoranten; auf sie wirkt nur entweder Furcht oder irdisches Interesse; geistliche Dinge aber interessieren sie nicht.«[17]

Das entscheidende Wort in diesem Streit sprach Kaiser Karl V., dieser unermüdliche Verfechter der Inquisition, vor dem damals selbst der Stellvertreter Gottes auf Erden zitterte. Im Jahre 1536 eroberten seine Truppen Rom, und unter seinem Druck erklärte Paul III. sich mit der Errichtung der Inquisition in Lissabon einverstanden. Allerdings befriedigte die Einwilligung des Papstes auch dieses Mal den portugiesischen

---

[16] *Saraiva, A. J.*, a. a. O., S. 38.

[17] Ebenda.

König nicht vollständig. In der Bulle vom 23. Mai 1536 ernannte Paul als Inquisitoren für Portugal die drei Bischöfe von Coimbra, Lamego und Ceuta und erlaubte dem König nur, einen vierten dazuzugeben. Außerdem wurde es der Inquisition für zehn Jahre verboten, das Eigentum ihrer Opfer einzuziehen; drei Jahre lang sollten sie die Normen der weltlichen Gesetzgebung befolgen; und schließlich erhielten die Verurteilten das Recht auf Appellation an den Obersten Rat der Inquisition, der vom Generalinquisitor ernannt wurde. Für dieses Amt (portugiesisch: Inquisitor-Mor) berief der Papst einen Anhänger maßvoller Schritte: den Bischof von Ceuta, Diego da Silva. Das war der gleiche Mann, der vor vier Jahren von diesem Posten aus Gewissensgründen zurückgetreten war.

Der Handel mit dem päpstlichen Stuhl

Am 22. Oktober 1536 wurde die päpstliche Bulle, die die Inquisition begründete, in Évora, wo der königliche Hof weilte, feierlich verkündet, und von neuem machten sich die Inquisitoren an die Arbeit. Zunächst wurde ein Edikt veröffentlicht, das die Bevölkerung aufrief, die Judaisierenden, die Protestanten sowie die Zauberer, Wahrsager und anderen »Diener des Teufels« anzuzeigen. Den Denunzianten wurden die verschiedensten Belohnungen, geistliche wie weltliche, versprochen.

In den Kirchen wurde noch ein anderes Edikt verlesen, das eine Gnadenfrist für eventuelle Selbstanzeigen festsetzte. Danach begannen die Massenverhaftungen von »Neuchristen«. Durch Flucht konnten sich nur die vermögenden Leute retten, denen ihr Geld den Weg ins Ausland öffnete. Wohin flohen nun die Opfer der portugiesischen Inquisition? Die Mehrheit begab sich nach Italien in die päpstlichen Besitzungen, wo sie niemand verfolgte. Allein in Ancona sammelten sich an die 3 000 von ihnen. Hunderte gelangten nach Rom, wo sie die Kardinäle mit ihren Klagen über den Terror der portugiesischen Inquisition förmlich belagerten. Einige drangen sogar in die päpstlichen Gemächer vor, warfen sich dem Papst zu Füßen und baten um Schutz. Vielen gelang es, für gutes Geld von ihm »Schutzbriefe« zu erhalten für ihre Angehörigen, die in Portugal verblieben waren. Aber sie knüpften hieran vergebliche Hoffnungen, da die portugiesische Inquisition diese Schutzbriefe nicht anerkannte. Mehr noch: das Vorhandensein eines solchen Schutzbriefes zeugte in den Augen der Inquisitoren von großen Vermögensreserven seines Besitzers und diente oft zum Anlaß seiner Verhaftung. Aber der Inquisitor-Mor Diego da Silva war durchaus kein Torquemada und zeigte keinen besonderen Eifer bei der Verfolgung judaisierender Christen. Im Jahre 1539 wurden an die Türen einer Kirche in Lissabon Pamphlete mit Angriffen auf die Religion und zum Schutz der »Neuchristen« angeschlagen. Der Inquisitor-Mor äußerte die Ansicht, daß sie das Werk von Provokateuren seien, von Feinden der »Neuchristen«. Es ist nicht ausgeschlossen, daß diese Fälschung vom König selbst fabriziert bzw. in dessen Auftrag hergestellt worden war. A. Herculano veröffentlichte ein interessantes Dokument, das die Unterschrift Johanns III. trägt und in dem dieser ergebene Sohn der katholischen Kirche seinem Agenten in Malaga befiehlt, einen gewissen Bastiaum Roisa zu töten, was ihm eine königliche Belohnung einbringen sollte. »Der Mann«, bemerkte Herculano aus diesem Anlaß, »der sich des Dolches von Mördern als politisches Instrument bediente, hätte sicher keine Bedenken gezeigt, auch Fälschungen zu politischen Zwecken zu benutzen.«[18]

Die Weigerung Silvas, die provokatorischen Pamphlete als Anlaß zur Verstärkung des Terrors gegen die »Neuchristen« zu benutzen, zog ihm den Zorn des Königs zu. Johann entfernte ihn aus dem Amt des Inquisitor-Mor und ernannte an seiner Stelle den eigenen Bruder Don Henrique, Erzbischof von Braga. Der neue Großinquisitor zählte nur 27 Jahre, aber nach der päpstlichen Instruktion durften für dieses Amt keine Kleriker unter 40 Jahren ernannt werden. Jedoch bis der Protest des Papstes gegen die Ernennung Don Henriques eintraf, hatte dieser schon mit großer Energie Jagd auf die vermögenden »Neuchristen« oder besser auf ihr Eigentum gemacht. Am 20. September 1540 wurde in Lissabon das erste Autodafé mit der Verbrennung vieler Judaisierenden gefeiert. Danach brannten die Scheiterhaufen auch in Porto, Coimbra, Lamego, Tomar und Évora.

Da die Vollmachten des neuen Inquisitor-Mor vom päpstlichen Stuhl jedoch nicht bestätigt wurden, war die Tätigkeit der Inquisition vom Standpunkt des kanonischen Rechts aus ungesetzlich. Portugal bemühte sich weiterhin, von Rom das entsprechende Mandat für den Großinquisitor zu erlangen; und man kann sich leicht vorstellen, wie erfreut der königliche Hof war, als 1541 völlig unerwartet in Lissabon mit allem Prunk ein päpstlicher Legat namens Juan Pérez de Saavedra auftauchte. Wies dieser doch päpstliche Bullen vor, die ihn bevollmächtigten, sich mit der Tätigkeit der Landesinquisition bekanntzumachen und zu entscheiden, ob sie weiterhin bestehenbleiben solle oder nicht.

Die portugiesischen Behörden und der hohe Klerus nahmen ihn mit Schmeichelei und Kriecherei auf, zumal er offen seine Sympathien für das »heilige Tribunal« bekundete. Man führte ihn im Lande umher, veranstaltete ihm zu Ehren prunkvolle Autodafés und beschenkte ihn großzügig. Es ist nicht ausgeschlossen, daß er auch von den »Neuchristen«, die an seinem Wohlwollen interessiert waren, mehr als 1 000 Cruzados in Empfang nahm. Als jedoch der portugiesische Hof überzeugt war, die Sache werde zu seinen Gunsten entschieden, stellte sich dank der Wachsamkeit der Agenten der spanischen Inquisition, die die Geschehnisse im Lande überwachten,

---

[18] *Herculano, A.*, a. a. O., S. 505 f.

heraus, daß Saavedra kein päpstlicher Legat, sondern ein Hochstapler war, der beschlossen hatte, sich an der Inquisitionsaffäre ein wenig die Hände zu wärmen und die günstige Konjunktur auszunützen, die sich in Portugal infolge des Konflikts mit dem päpstlichen Stuhl ergeben hatte. Als geschickter Fälscher hatte er selbst päpstliche Bullen fabriziert und sie mit der Unterschrift und dem Siegel des Papstes versehen. Sein Legatenamt war für ihn ein äußerst einträgliches Geschäft gewesen: Bei seiner Verhaftung wurde ihm die hübsche Summe von 260 000 Cruzados abgenommen. Man übergab den Schwindler in die erfahrenen Hände der spanischen Inquisition, die ihn zu zehn Jahren Galeere verurteilte.[19]

Im Jahre 1544 übersandten die »Neuchristen« dem Papst ein Memorial mit einer genauen Darlegung der Verfolgungen, die sie in Portugal seit 1492 erlitten hatten.[20] Es nannte die Namen der Henker und ihrer Opfer sowie die genauen Daten und Orte der Verbrechen. An der Wahrheit der angeführten Fakten bestand kein Zweifel. Paul III. reagierte auf diese Anklageschrift gegen die portugiesische Inquisition, indem er nun wirklich einen Legaten nach Lissabon zur Überprüfung ihrer Tätigkeit sandte. Johann III. verbot diesem jedoch die Einreise ins Land. Da sistierte der Papst wiederum die Tätigkeit der portugiesischen Inquisition. Aber das war von seiner Seite aus nur ein Manöver. Paul III. hatte längst beschlossen, diese Frage ein für allemal zu bereinigen und die portugiesische Inquisition endgültig zu begründen; er versuchte nur, diesen seinen Beschluß so teuer wie möglich zu verkaufen. Daß das seine Absichten waren, beweist auch die Tatsache, daß er gleichzeitig mit der Einstellung der Inquisitionstätigkeit in Portugal den Inquisitor-Mor, den Infanten Henrique, in den Kardinalsrang erhob. Johann durchschaute das Spiel des Hauptes der katholischen Kirche. Er bot dem päpstlichen Vertrauten, dem Enkel Pauls III., Kardinal Farnese, der von ihm schon eine jährliche Pension von 2 500 Cruzados erhielt, das Bistum Viseu an, das jährlich 8 000 Cruzados einbrachte. Wie schon oben erwähnt, war Kardinal da Silva damals Bischof von Viseu; aber Johann entzog ihm die Einkünfte, da er den Kardinal für von den »Neuchristen« in Rom beeinflußt hielt. Indem der König sein Bistum nun dem Kardinal Farnese anbot, schlug er sozusagen zwei Fliegen mit einer Klappe – er versicherte sich der Unterstützung des

---

[19] *Llorente, J. A.*, Kritičeskaja istorija ispanskoj inkvizicii. Bd. I, Moskau 1936, S. 379. Nach der Befreiung Saavedras interessierte sich selbst König Philipp II. für diesen Abenteurer, empfing ihn persönlich und hörte mit Interesse den Bericht über seine Erlebnisse; war Saavedra doch nicht 10, sondern ganze 19 Jahre auf den Galeeren verblieben! Er erregte auch die Aufmerksamkeit des damaligen Generalinquisitors in Spanien, Diego de Espinosa, auf dessen Anregung hin er seine Autobiographie schrieb. Vgl. *Lea, H. Ch.*, a. a. O., Bd. II, S. 307, Anm. 1.

[20] Das Memorial trug den Titel: Memoriale perrectum a noviter conversis Regni Portugallia continens narrativam veram gestarum circa eos a Regibus et Inquisitoribus illius Regni spatio 48 annorum. Sein Inhalt wird bei Herculano wiedergegeben (a. a. O., S. 532–569).

Enkels Pauls III. und damit auch dessen Onkels und brachte endgültig seinen Feind, den Kardinal Silva, in die Isolierung.

Die Agenten der »Neuchristen« in Rom erfuhren von dem Erfolg des portugiesischen Königs; aber wie konnten sie dessen hinterhältige Pläne durchkreuzen, was sollten sie den kurialen Machthabern dagegen anbieten? Bestechungsgelder? Selbst die größte Summe konnte sich nicht mit jener Lebensrente messen, mit der der portugiesische König den 26jährigen Kardinal Farnese ausgestattet hatte.[21] Farnese behauptete, daß er einen Teil dieser Einkünfte zum Bau der Peterskirche in Rom verwendete. Sollte das wahr und die Mauern dieses Domes wirklich aus dem Blut der »Neuchristen« errichtet sein, so kann man auf dieses großartige Bauwerk eines Bramante, Raffael, Michelangelo und Bernini nicht ohne Schaudern blicken.

Die Schmiergelder des Königs für die kirchlichen Behörden in Rom beschränkten sich aber nicht allein hierauf. Kardinal Santiquatro erhielt ebenfalls eine Lebensrente von 1 500 Cruzados im Jahr, Kardinal Crescentis eine von 1 000 Cruzados; und viele andere päpstliche Beamte wurden auch bei der Gabenverteilung nicht übersehen. Insgesamt kostete dieses Geschäft Johann III. annähernd eine Million Cruzados. Aber wenn die portugiesische Krone so hohe Summen für das Recht, die »Neuchristen« mit Hilfe der Kirche ausplündern zu dürfen, zahlte, so hatte sie sich dabei nicht verkalkuliert. In den 200 Jahren der blutigen Tätigkeit der portugiesischen Inquisition brachte dieses Kapital ihr, wie wir sehen werden, einen stattlichen Gewinn, der alle Ausgaben mit Wucherzinsen wettmachte.

Solcherart war der Preis, für den der päpstliche Stuhl die »Neuchristen« der portugiesischen Krone und der Inquisition zum Fraße vorwarf. Sobald Kardinal Farnese die versprochene Summe erhalten hatte, unterschrieb Paul III. die Bulle, die die Tätigkeit der Inquisition in Portugal nach dem spanischen Beispiel, d. h. unter unmittelbarer Kontrolle des Königs, gestattete. Sie war auf den 16. Juli 1547 datiert.

Damit endete das tragische Spiel »für« und »wider« die portugiesische Inquisition, das sich zwanzig Jahre hingezogen hatte. In ihm hatten ungleiche Kräfte agiert: auf der einen Seite die römischen Päpste und Kardinäle, die portugiesischen und spanischen Könige, deren Agenten und Provokateure; auf der anderen Seite die »Neuchristen«.[22] Letztere verloren das Spiel, dessen Einsatz ihr Leben und ihr Vermögen

---

[21] Kardinal Farnese lebte noch 40 Jahre. Nach den Berechnungen A. Herculanos erhielt dieser kirchliche Würdenträger in jener Zeitspanne aus den Einkünften des Bistums Viseu nicht weniger als 320 000 Cruzados. Dabei ist die schon vorher festgesetzte jährliche Rente nicht mitgerechnet; sie machte für die ganze Zeit noch einmal 120 000 Cruzados aus. Insgesamt verdiente also dieser Diener Gottes am Blute der Opfer der Inquisition 440 000 Cruzados! Vgl. *Herculano, A.*, a. a. O., S. 625.

[22] Vgl. *Lea, H. Ch.*, a. a. O., Bd. II, S. 316 ff. Lea berichtet ausführlich über das diplomatische Hin und Her zwischen Paul III. und Johann III. Er schließt mit den Worten: »Und so war nach einem siebzehnjährigen Streit die Inquisition über Portugal gekommen. In der bunten Vielseitigkeit des Zwistes läßt sich beim

bildeten. Und das war unvermeidlich in einer Zeit und in einer Gesellschaft, wo unter dem Mantel christlicher Mildherzigkeit Wolfsgesetze regierten, die von den Interessen der kirchlichen Hierarchie und der königlichen Macht diktiert waren. So gelang es der portugiesischen Krone, sich eine eigene Inquisition zu schaffen, die der Festigung ihrer Macht diente; denn sie unterstellte die kirchliche Hierarchie ihrer Kontrolle. Sie schuf auch neue Einnahmequellen für den hohen Klerus, den in Portugal wie auch anderswo im wesentlichen die zweitgeborenen Söhne des Hochadels stellten. Sie beraubte auf der anderen Seite das Handelsbürgertum seiner Macht und seines Einflusses zugunsten der Krone und der Feudalherren. Sie erlaubte die systematische und ständige Verfolgung aller Andersdenkenden sowie sämtlicher Gegner der feudalen Ideologie.[23]

Das System, die Einkünfte, die Unterdrückung der Gedankenfreiheit

In Portugal war die Verschmelzung der Inquisition mit den Interessen der Krone noch enger als in Spanien. Es genügt zu sagen, daß für das Amt des Generalinquisitors in der Regel Mitglieder der königlichen Familie, häufig illegitime Söhne des Königs, ernannt wurden; auch die Könige selbst übten gelegentlich diese Funktion in »Personalunion« aus. In der Periode der Vereinigung Portugals mit Spanien (1580–1640) versahen dieses Amt des Inquisitor-Mor Regenten und Vizekönige. Dieses »Zusammenwachsen« von Krone und Inquisition hatte aber nicht nur Vorteile für die erstere, sondern gleichzeitig auch negative Folgen. Indem die Krone die Inquisition für ihre engen egoistischen Interessen benutzte, stattete sie diese mit solch reichen Privilegien und Rechten aus, daß sie letzten Endes selbst in Abhängigkeit von ihr geriet, ihre Gefangene wurde. Ein Inquisitor des 17. Jh., Antonio de Souza, der Autor des Handbuchs »Aphorismi Inquisitorum«, schrieb: »Die Inquisitoren haben das Recht, Kaiser, Könige und beliebige andere Vertreter der weltlichen Macht zur Verantwortung zu ziehen.«[24]

Die Inquisition stellte sich gegen die Krone immer dann, wenn diese nach ihrer Meinung ihre »geheiligten« Rechte antastete. Als z. B. im Jahre 1649 König Johann IV. einen Befehl erließ, der Konfiskationen verbot, drohte die Inquisition in einem speziellen Edikt allen mit der Exkommunikation, die irgendeine Beziehung zur

---

Hl. Stuhl kein höherer Beweggrund erkennen als der schmutzige Trieb, aus dem menschlichen Elend ein Geschäft mit der Schlüsselgewalt zu machen, die für den Meistbietenden zu haben war« (S. 318 f.).

[23] *Saraiva, A. J.*, a. a. O., S. 43.

[24] Ebenda, S. 49.

Veröffentlichung dieses Befehls und seiner Durchsetzung hatten, sowie allen, die es wagten, das genannte Inquisitionsedikt zu vernichten.

Die Inquisition stellte sich auch über die ordentliche kirchliche Hierarchie und forderte deren Unterordnung und Gehorsam. Geschaffen nach dem Vorbild der spanischen Inquisition, unterschied sich die portugiesische auch in ihrer Struktur wenig von dieser.

Sie wurde, wie schon gesagt, von einem Inquisitor-Mor (später Inquisitorgeneral) geleitet, dem ein Rat zur Seite stand, der die Urteile der örtlichen Tribunale bestätigte. Im Lande wirkten drei derartige Tribunale: in Lissabon mit Jurisdiktion über Zentralportugal, in Évora mit Jurisdiktion über den südlichen Teil und in Coimbra mit Jurisdiktion für den nördlichen Teil Portugals. Jedes davon wurde von drei Inquisitoren geleitet und verfügte über einen entsprechenden Beamtenapparat, über Prokuroren, Untersuchungsrichter und dergleichen. In den anderen Städten gab es Vertreter der Inquisition, »Kommissare«, die über die Bevölkerung wachten und das Recht besaßen, Verdächtige zu verhaften und zu verhören, aber keine Urteile fällen durften. Es gab auch einen besonderen Hafendienst der Inquisition (visitadores dos Portos e dos naus), der die Aufgabe hatte, die Passagiere und die Schiffe zu kontrollieren – hauptsächlich zu dem Zweck, die Einführung unerlaubter Literatur ins Land zu verhindern.

Zum System der Inquisition gehörten auch die Familiaren, geheime Mitarbeiter und Denunzianten, deren Zahl in Portugal in die Zweitausend ging.[25] Im Jahre 1699 wurde diese durch einen königlichen Befehl auf 604 reduziert. »Ein Familiare zu werden bedeutet soviel, wie eine Bestätigung der rechtmäßigen adligen Herkunft zu erhalten«, schrieb A. J. Saraiva. Deshalb beeilten sich die Adligen, freiwillig ihre Dienste der Inquisition anzubieten und die Rolle ihrer Spione und Henker zu spielen. Auf der anderen Seite kontrollierte die Inquisition dank ihrer Hilfe mit Leichtigkeit einige Schlüsselpositionen, wie z. B. die Generalcortes, unter deren Deputierten es nicht wenige Familiaren gab.[26] Anonyme Anzeigen hatten die gleiche Bedeutung wie die unterschriebenen. Dort, wo Inquisitionskommissare fehlten, nahm der Pfarrer die Anzeigen entgegen. Die Inquisitoren garantierten den Denunzianten volle Straffreiheit; ihre Namen wurden den Opfern gegenüber streng geheimgehalten.

Aber den »Neuchristen« drohten nicht nur Denunzianten, sondern auch Erpresser. Letztere hatten oft ganze Organisationen zur Verfügung, die aus ihren Opfern im Verlaufe von Jahrzehnten Gelder durch die Drohung erpreßten, sie in die Hände der Inquisition auszuliefern. Die Erpresser hatten vielfach Erfolg, da der

---

[25] Ebenda.

[26] Ebenda, S. 50.

»Neuchrist«, der sich mit ihnen einließ, nur einen Teil seines Eigentums verlor und sein Leben rettete, während die Inquisition bei der Verhaftung sein ganzes Eigentum konfiszierte und ihn vor das Dilemma stellte, sich entweder schuldig zu bekennen und es zur Strafe zu verlieren oder seine Schuld zu leugnen und sein Leben auf dem Scheiterhaufen zu beenden.

Indem sie das Eigentum des Angeklagten konfiszierte, war die Inquisition sehr daran interessiert, seine Schuld nachzuweisen, da sie es im entgegengesetzten Fall wieder zurückgeben mußte. Aber das geschah faktisch nie – auch nicht in den seltenen Fällen, in denen man den Angeklagten für unschuldig erkannte. Selbst dann mußte er seinen Aufenthalt im Gefängnis bezahlen, der sich in der Regel jahrelang hinzog und dessen Kosten ein kleines Vermögen womöglich noch überstiegen.

Die Häftlinge der portugiesischen Inquisition wurden unter barbarischen Bedingungen gefangengehalten. Die Keller der Lissabonner Inquisition waren eng, kalt, feucht und übelriechend, denn der Kübel wurde nur einmal in der Woche geleert; man verwehrte den Gefangenen auch die frische Luft, wenn man von dem wöchentlichen Besuch der Messe absieht. Zu ihm aber wurden nur Auserwählte zugelassen, d. h. solche, die mit der Inquisition zusammenarbeiteten, obwohl man auch sie in der Kirche in geschlossenen Käfigen unterbrachte, um ihnen die Möglichkeit zu nehmen, miteinander in Verbindung zu treten.[27]

Man hielt die Untersuchungshäftlinge jahrelang bis zum Urteilsspruch gefangen. Aus den uns erhaltenen Häftlingslisten des 17. Jh. geht hervor, daß 57 von ihnen über vier Jahre im Gefängnis zubrachten. Neun Häftlinge aus ihren Reihen schmachteten dort sieben Jahre, sechs zehn und elf Jahre, einer dreizehn und einer sogar vierzehn Jahre.

In der Instruktion des »heiligen Tribunals« vom Jahre 1525 heißt es, daß nur der bußfertige Häretiker als gut gilt, d. h. derjenige, der mithilft, seine Mitschuldigen zu entlarven, und besonders die ihm teuren Verwandten und Freunde preisgibt. Den widerspenstigen Häftlingen aber entrissen die Inquisitoren die gewünschten Geständnisse mit Drohungen und Foltern. Die Autodafés in Lissabon fanden auf dem Platz Terreiro do Paço statt, auf dem Tribünen errichtet wurden, die ungefähr 3 000 Zuschauer faßten. Auf einer speziellen Tribüne nahmen die Mitglieder des königlichen Hofes sowie die kirchlichen Hierarchen und Inquisitoren Platz; ihnen gegenüber saßen ihre Opfer, die Häretiker, »hartnäckige« und »widerrufende«, denen nach einem Gebet und der üblichen Predigt die Urteile verlesen wurden, die sie zu den verschiedensten Strafen verdammten – bis zur Übergabe an die weltlichen

---

[27] Ebenda, S. 59.

Behörden zur »angemessenen« Bestrafung, nämlich zum Verbrennen auf dem Scheiterhaufen.

Die Häretiker verbrannte man auf dem Platz Ribeira sofort nach dem Autodafé. Denen, die im katholischen Glauben zu sterben wünschten, gewährte man eine besondere Gnade: Man garrottierte sie vorher und warf sie dann tot auf den Scheiterhaufen. Wer sich vom Glauben losgesagt hatte, wurde lebendig verbrannt; hierfür waren Scheiterhaufen von vier Meter Höhe errichtet. Auf ihrer Spitze war ein Podium aufgestellt mit einem Pfahl in der Mitte. Dorthin begaben sich auf einer Leiter die Verurteilten, der Henker und zwei Jesuitenprediger, die die Hoffnung nicht aufgegeben hatten, die Häretiker »zur Vernunft zu bringen«, bevor man sie an den Pfahl band. Danach stiegen der Henker und die Prediger wieder auf den Boden herunter.

Unter den ohrenbetäubenden Schreien der Menge, deren Fanatismus von den Geistlichen angeheizt wurde, stießen sie und ihre Helfer gegen die Köpfe der Verurteilten mit langen Stangen, an deren Enden brennendes Werg befestigt war. Die gigantischen Scheiterhaufen loderten bisweilen zwei Stunden lang und brieten die Gepeinigten im buchstäblichen Sinne des Wortes aus. Während der »Prozedur« warfen die den Scheiterhaufen umstehenden Fanatiker mit Steinen nach den Unglücklichen, um ihnen die Köpfe zu zerschmettern ... [28]

Die portugiesische Krone verwandelte die Inquisition in eines ihrer einträglichsten Unternehmen. Wenn man als Orientierungspunkt nur die Summe nimmt, die von den »Neuchristen« als Lösegeld für eine zeitweilige Einstellung des Inquisitionsterrors gezahlt wurde, so wird klar, welch sagenhafte Einkünfte sie aus der Verfolgung der Häretiker bezog. Im Jahre 1577 erreichten die »Neuchristen« von König Sebastian für 225 000 Cruzados die Erlaubnis, in die Überseekolonien Portugals auszuwandern. [29] Im gleichen Jahre zahlten sie ihm weitere 250 000 Cruzados dafür, daß er der Inquisition verbot, während der nächsten zehn Jahre Konfiskationen durchzuführen. Aber nach zwei Jahren schon sagte sein Nachfolger, der sogar den Titel eines Kardinals besaß, sich von diesen Versprechungen los, ohne allerdings die erhaltenen Gelder zurückzuzahlen.

Im Jahre 1605 zahlten die »Neuchristen« der Krone die für die damalige Zeit astronomische Summe von 1 700 000 Cruzados für ein Versprechen, das ihnen vom Papst garantiert wurde: nämlich sie für frühere »Verbrechen« nicht mehr zu verfolgen; das verschaffte ihnen eine Atempause. 1649 »opferten« sie der königlichen Generalkompanie für den Handel mit Brasilien 1 250 000 Cruzados; das errettete sie vor der Errichtung einer Inquisition in diesem Lande.

---

[28] Ebenda, S. 73–77.

[29] *Saignes, M. Acosta,* Historia de los portuguesos en Venezuela, Caracas 1959, S. 17 ff.

Die Inquisitoren empfanden keine besondere Begeisterung über solche Geschäfte, da diese Summen geradewegs in die königliche Kasse flossen, ohne erst ihre bodenlosen Taschen zu passieren; bezogen sie doch ihre Einkünfte aus der Konfiskation und den Strafen, die sie ihren Opfern auferlegten – einschließlich derer, die sie wegen erwiesener Unschuld freilassen mußten. Sie befürchteten eine Verringerung ihrer Einkünfte und suchten die königliche Macht davon zu überzeugen, daß sie imstande seien, aus den »Neuchristen« unvergleichlich mehr Geld herauszuholen, als der König auf dem Wege von Abkommen mit ihnen bekommen könne.

Im Jahre 1673 warnte der Inquisitor Leira den König Pedro II.: »Wenn die ›Neuchristen‹ für eine allgemeine Amnestie 500 000 Cruzados versprechen, so wisset, Eure königliche Majestät, daß man durch Anwendung der gerechten heiligen Gesetze (d. h. der Inquisition, J. G.) bedeutend mehr erhalten kann.«[30]

Die Mehrheit der »Neuchristen«, die von der Inquisition verfolgt wurden, gehörte dem Städtebürgertum an. Nach den Listen der Opfer, die wegen Neigung zum Judentum in den Jahren 1682 bis 1691 verurteilt wurden, gab es unter ihnen 185 Kaufleute, 69 Beamte (Notare, Buchhalter, Steuerbeamte, aber auch Advokaten, Ärzte und Apotheker), 129 Eigentümer verschiedenster Unternehmen, 195 Handwerker sowie 80 Arbeiter, Bauern oder Soldaten.[31]

Die Verfolgung dieser Menschen untergrub den Einfluß der bürgerlichen Schichten der Bevölkerung: er hemmte die Entwicklung kapitalistischer Verhältnisse und der städtischen Kultur Portugals.

Für die portugiesischen Inquisitoren existierten, besonders im 16. Jh., nur zwei Arten von Häresie: die jüdische und die lutherische. Zu den Anhängern der letzteren zählten sie sowohl die Lutheraner und die übrigen Protestanten als auch die Humanisten und überhaupt alle Kritiker der kirchlichen Doktrinen oder der Politik des päpstlichen Stuhls.

Große Energie zeigten die Inquisitoren bei der Verwirklichung der kirchlichen Zensur über Bücher und andere Druckerzeugnisse – einschließlich päpstlicher Verlautbarungen, kirchlicher Gebetbücher und ähnlicher Werke, die nur nach vorheriger Billigung durch das »heilige Tribunal« in Umlauf gelangen durften. Im Jahre 1547 gab der Kardinal-Infant Portugals, Don Henrique – er war damals der Inquisitor-Mor –, den ein Jahr zuvor erstmalig veröffentlichten spanischen Index der verbotenen Bücher, der auf Befehl Karls V. zusammengestellt worden war, für Portugal neu heraus. Vier Jahre später erschien die portugiesische Ausgabe des

---

[30] *Martins, J. Oliveira,* a. a. O., Bd. II, S. 51 ff.

[31] *Moreira, A. J.,* Historia dos Principais Actos e Procedimentos da Inquisicão em Portugal, Lissabon 1845, S. 184 ff.

zweiten spanischen Index, in dem 495 Titel aufgeführt waren, darunter auch einige Bücher in portugiesischer Sprache.[32] Der nächste Index wurde 1561 veröffentlicht. Er enthielt schon über 1 100 Titel, darunter über 50 in portugiesischer und spanischer Sprache. Im Jahre 1565 kam in Lissabon der sog. Tridentinische Index der römischen Inquisition mit einer zusätzlichen Liste portugiesischer Bücher heraus. Auf einem weiteren Index, der 1584 veröffentlicht wurde, befanden sich auch die Werke des hervorragenden Dichters Luis Vaz de Camões, der Schriftsteller Jorge Ferreira de Vasconcelles und João de Barros, des Dramatikers Gil Vicente, des portugiesischen Shakespeare, des Dichters Garcia de Resende, des Prosaikers Bernardino Ribeiro und vieler anderer. Der letzte Index, der von dem Jesuiten Baltasar Alvarez zusammengestellt wurde, erschien im Jahre 1624. Er bestand aus drei Teilen; der erste enthielt den römischen Index, der zweite die verbotenen Bücher in portugiesischer Sprache, der dritte Auszüge aus verschiedenen von der Inquisitionszensur verbotenen portugiesischen Werken.

Die Bücherläden standen unter strenger Kontrolle der Inquisition. Periodisch wurden Haussuchungen durchgeführt – in der Regel unverhofft am gleichen Tage und zur selben Stunde in allen Läden der Stadt, damit ihre Inhaber sich nicht gegenseitig warnen und ihre »häretischen« Waren verstecken konnten. Der Briefwechsel der Buchhändler mit ihren ausländischen Lieferanten und Herausgebern wurde ebenso streng von der Inquisition kontrolliert wie ihre Rechnungsbücher. In ihren Läden mußte zur Kenntnisnahme der Käufer der Index an einem sichtbaren Platze ausgelegt werden. Das Lesen und die Verbreitung von unerlaubten Handschriften wurden ebenfalls mit strengen Strafen bedroht. Privatbibliotheken wurden gleichfalls durch das »heilige Tribunal« periodisch kontrolliert; beim Ableben ihrer Besitzer durften sie erst nach einer entsprechenden »Säuberung« durch die Inquisition den Erben übergeben bzw. von diesen in Besitz genommen werden.

Im allgemeinen war die Zensur der portugiesischen Inquisition sogar noch strenger als die der spanischen oder römischen. So nahm die portugiesische Inquisition im »Don Quichote« des Cervantes bedeutend mehr Kürzungen als die spanische vor. Ein anderes Werk des Cervantes, »Cölestina«, das in Spanien erlaubt worden war, wurde in Portugal verboten. In den portugiesischen Indizes finden sich die Werke Keplers, die in den spanischen und römischen Listen fehlen. Eine Reihe bedeutender literarischer Veröffentlichungen, die von der Inquisition verboten wurden, und viele von ihr konfiszierte Seiten aus zensurierten Büchern verschwanden für immer oder für mehrere Jahrhunderte aus der Literatur und waren dem

[32] Rol dos Livros defensos por o Cardeal Infante, Inquisidorgeral nestes Reinos de Portugal, Lissabon 1551.

portugiesischen Leser nicht mehr zugänglich. Ein solches Schicksal erlitten z. B. viele Werke des Dramatikers Gil Vicente. Außer dem, was gänzlich von der Inquisition verboten wurde, strich man insgesamt 1 163 Strophen aus seinen Gedichten heraus. Für immer verloren sind die Kürzungen, die von der Inquisition in dem »Ulisippo« eines anderen Klassikers der portugiesischen Literatur vorgenommen wurden, Jorge Ferreiras de Vasconcelles. Die Inquisitoren schreckten auch vor direkten Fälschungen der Werke nicht zurück, indem sie ihnen unangenehme Stellen durch ihre eigenen Texte ersetzten.

Gewaltig ist der Verlust, den die portugiesische Kultur durch eine solche Handlungsweise seitens der Inquisition erlitten hat. Eine Atmosphäre der Angst, durch ihren Terror erzeugt, erstickte das intellektuelle Leben des Landes. Der Dichter Antonio Ferreira (1528–1569) schrieb: »Ich lebe in Furcht. Ich fürchte mich, wenn ich schreibe und spreche. Ich empfinde Furcht sogar, wenn ich mit mir selbst spreche, wenn ich schweige oder denke.«[33] Es ist schwer zu sagen, wie viele talentvolle Veröffentlichungen durch diese Furcht schon im Keime erstickt wurden ... Eigentlich gestanden das die Lobredner der Inquisitionszensur selbst ein. Einer von ihnen, der Mönch Francisco de San Agostino, schrieb nämlich im 17. Jh.: »Die Wachsamkeit, die auf das Auftauchen verdächtiger Doktrinen gerichtet war, war unvorstellbar; sie war immer so in diesem Königreich, wo die Manuskripte so viele Kontrollen durchlaufen und die Billigung so zahlreicher Qualifikatoren erhalten müssen, die mit einem solchen Eifer handeln, daß dies eine der Ursachen ist, warum bei uns so wenig Bücher erscheinen, und selbst diese werden der strengsten und detailliertesten Säuberung unterzogen.«[34]

Die Inquisitoren in den Kolonien

Im 16. Jh. verwandelte sich das kleine Portugal in ein mächtiges Kolonialimperium. Vasco da Gama und andere portugiesische Eroberer stießen nach dem Osten vor und drangen mit Feuer und Schwert in Indien, Ceylon und China ein. Ihr Stabsquartier wurde Goa, das reichste indische Fürstentum. Hier ließen sich die obersten Kolonialbehörden und katholischen Missionare nieder. Die Eroberer zerstörten in den unterworfenen Ländern barbarisch viele hinduistische, islamische und buddhistische Tempel und Kultgegenstände, bekehrten mit Gewalt die Massen der »Ungläubigen« zum Katholizismus. Die sich Widersetzenden wurden schonungslos ausgerottet.

---

[33] *Saraiva, A. J.*, a. a. O., S. 103.

[34] Ebenda, S. 104.

Besonders wüteten die Jesuiten, an deren Spitze einer der Jünger des Ignatius von Loyola stand: der Spanier Franciscus Xaverius, der in den Dienst der portugiesischen Krone getreten war und in der Folgezeit wegen seiner »Heldentaten« vom päpstlichen Stuhl in die Schar der Heiligen eingereiht wurde.

Im Jahre 1561 wurde in Goa das Inquisitionstribunal errichtet. Inquisitor-Mor wurde der Erzbischof, sein Stellvertreter ein Dominikaner. Gegen wen richtete sich nun diese Kolonialinquisition?

Unter dem Vorwand des Kampfes gegen die Häresie raubten die Inquisitoren hier ebenfalls die »Neuchristen« sowie ausländische Kaufleute aus. Da das Fürstentum Goa von Spanien und Rom Tausende von Meilen entfernt lag, war es für sie praktisch unmöglich, sich von den örtlichen Inquisitoren loszukaufen. Diese konnten ungestraft und unbehindert ihre Opfer ausplündern, sie quälen und auf den Scheiterhaufen bringen. In den Gefängnissen vergewaltigten die »heiligen Väter« ihre Gefangenen.[35] »Die Autodafés in Goa waren berühmt durch ihre Pracht.« Wie der französische Historiker des »heiligen Tribunals« Y. Lavalle mit Recht vermerkt, übertraf die Inquisition hier an Grausamkeit sogar die spanische und portugiesische.[36]

Die Kolonialinquisition verfolgte nur selten die Einheimischen, die mit Gewalt zum Katholizismus bekehrt worden waren, denn die Kolonisatoren hatten diese ohnehin ihrer Rechte und ihres Vermögens beraubt. Von den Eingeborenen wurde nur eines verlangt: Gehorsam und rein äußerliche Beachtung der katholischen Gebräuche. Wer Widerspenstigkeit zeigte, den vernichtete man ohne Gericht und Untersuchung.

Außer den »Neuchristen« stellten die Rivalen der Portugiesen beim Kolonialraub, die Engländer und Franzosen, ein beliebtes Objekt der Inquisition dar. Um ihnen die Lust zu nehmen, ihre Nase in portugiesische Übersee-Angelegenheiten zu stecken, übergab sie die portugiesische Kolonialverwaltung, wenn sie in deren Hände fielen, der Inquisition zur Aburteilung; diese erklärte sie für Häretiker mit allen sich daraus ergebenden Folgen. Einer dieser Pseudohäretiker war der Franzose Délon, der die »Vorzüge« der goanischen Inquisition des 17. Jh. voll auskostete und später seine Leiden in dreibändigen Erinnerungen beschrieben hat.[37]

Wie seltsam es auf den ersten Blick auch erscheinen mag: Der bittere Kelch der Inquisition ging an Brasilien vorüber. Dafür gab es verschiedene Gründe. Das gewaltige Territorium Brasiliens, das von kriegerischen Indianerstämmen besiedelt

---

[35] *Rao, R. R.*, Portuguesa Rule in Goa, 1510–1961, London 1963, S. 43.

[36] *Lavallée, J.*, Histoire des Inquisitions religieuses d'Italie, d'Espagne et de Portugal, Bd. II, 1809, S. 5.

[37] Voyages de Mr. Delon avec sa relation de l'Inquisicion de Goa augmenté de diverses curieuses, et l'Histoire des dieux qu'adorent des gentiles des Indes, Bd. I–II, Köln 1711.

war, konnte nur schwer erobert und kolonisiert werden. Das kleine Portugal besaß weder die Kräfte noch die Menschen und Mittel, um neben seinen übrigen gewaltigen Besitzungen in Asien und Afrika noch ein so weit entferntes und ausgedehntes Land fest in Händen zu behalten. Außerdem lagen die Schätze in Asien und Afrika auf der Hand, und man brauchte nur die Hände auszustrecken, um sie in Besitz zu nehmen. Im Brasilien des 16. und 17. Jh. aber waren damals die Diamantenfelder noch nicht entdeckt und auch die Zuckerrohrkultur noch nicht entwickelt; das Land erschien wild und arm und zog deshalb weder die portugiesischen Händler an noch die Abenteurer, die plündern und schnell reich werden wollten. Um es also irgendwie unter ihrer Kontrolle zu behalten und es vor den ständigen Einfällen der Franzosen und Holländer zu schützen, die bei der kolonialen Aufteilung Amerikas übergangen worden und nun bestrebt waren, auf Kosten des schwachen Portugals ihren Schnitt zu machen, war dieses gezwungen, die Dienste der »Neuchristen« anzunehmen, die im Jahre 1649 die Gründung der Generalkompanie für den Handel mit Brasilien finanzierten und dadurch das Recht erwarben, in dieser Kolonie Handel zu treiben – was natürlich dazu beitrug, die Positionen der Kolonisatoren dort zu festigen. In den Fällen, wo die örtlichen Kolonialbehörden es für zweckmäßig erachteten, unliebsame »Neuchristen« loszuwerden, sandten sie diese zur gerichtlichen Aburteilung nach Portugal.

Das spanische Intermezzo

Im Jahre 1557 starb Johann III.; Regentin wurde nun seine Frau Catharina, die Schwester des spanischen Königs Karl V. Dieser begann nun, Pläne zur Gewinnung des portugiesischen Throns zu schmieden. Um Catharina in dieser Richtung zu bearbeiten, wurden Jesuiten entsandt mit dem Kardinal Francesco Borgia an der Spitze. Die Portugiesen jedoch ersetzten Catharina durch einen neuen Regenten, den Generalinquisitor Kardinal Henrique; dann erhoben sie den minderjährigen Sohn Johanns III., Sebastian, zum König. Als dieser während eines Feldzuges in Afrika ums Leben kam, wurde der erwähnte Henrique 1578 zum König ausgerufen. Er starb jedoch nach zwei Jahren, im Januar 1580, ohne einen Erben zu hinterlassen. Der spanische König Philipp II. entsandte, den Plänen seines Vaters folgend, sofort seine Truppen unter dem Kommando des Herzogs Alba nach Portugal. Dieser eroberte Lissabon und verkündete die »freiwillige« Vereinigung des Landes mit der Krone Spaniens. Die Union dieser beiden Staaten dauerte sechzig Jahre.

Mit der Ankunft der Spanier erreichte die Tätigkeit der portugiesischen Inquisition ihren Höhepunkt. Schon im Jahre 1544 hatten Don Henrique, der Inquisitor-Mor

Portugals, und Pardo de Tavera, der Generalinquisitor Spaniens, sich über den gegenseitigen Austausch ihrer Häftlinge entsprechend deren nationaler Zugehörigkeit geeinigt.[38] Die portugiesische Inquisition übergab gerne ihren spanischen Kollegen die der Häresie verdächtigen spanischen Untertanen, die ihr ins Netz gegangen waren. Die spanische Inquisition jedoch weigerte sich in der Regel, ein Gleiches zu tun, da sie sich besser qualifiziert fühlte und darauf aus war, die Kontrolle über ihre portugiesische Schwester auszuüben. Jetzt erhielt sie die Möglichkeit, diese Kontrolle tatsächlich zu verwirklichen. Nach der Bildung der Union verstärkte die spanische Suprema durch ihre »erfahrenen« Kader das portugiesische »heilige Tribunal« und hauchte ihm sozusagen neues Leben ein. Die Resultate ließen nicht lange auf sich warten.

Während vorher in einem Zeitraum von 33 Jahren, nämlich von 1547 bis 1580, in Portugal 34 Autodafés stattgefunden hatten, auf denen 169 Häretiker lebend, 51 in effigie verbrannt und 1 998 zu anderen Strafen verurteilt worden waren, stieg in den ersten zwanzig Jahren der spanischen Herrschaft, von 1581 bis 1600, die Zahl der Autodafés auf 45 an; auf ihnen wurden lebend verbrannt 162 Personen, in effigie 51, andere Strafen erhielten insgesamt 2 979 Personen.[39] In dieser Zeit wurde das Land durch einen Statthalter des spanischen Königs, den österreichischen Großherzog Albert, regiert, der von 1586 bis 1596 in Personalunion auch das Amt des Inquisitor-Mor ausübte. Nach dem Machtantritt Philipps III. (1598) unternahmen die »Portugiesen«, wie die Spanier die portugiesischen »Neuchristen« nannten, neue Anstrengungen, um mit Hilfe des einzigen ihnen zur Verfügung stehenden Mittels, nämlich des Geldes, ihre Lage zu erleichtern. Philipp III. zeigte sich für solche »Argumente« durchaus aufgeschlossen: Im Jahre 1601 erlaubte er für die Summe von 200 000 Cruzados den »Neuchristen« die freie Ausreise in die spanischen und portugiesischen Kolonien. Einige Jahre später fand ein weiteres grandioses Tauschgeschäft zwischen den »Neuchristen« und dem König statt. Dieser erhielt 1 860 000 Cruzados, sein Statthalter sowie der Sekretär der spanischen Inquisition bekamen je 100 000, der Günstling des Königs, Minister von Lerma, 50 000 Cruzados. Für diesen Preis wurde eine Generalamnestie für die Opfer der portugiesischen Inquisition erkauft, aus deren Gefängnissen im Jahre 1605 insgesamt 410 Häftlinge freigelassen wurden.

Philipp III. starb im Jahre 1621, und den Thron bestieg sein Sohn Philipp IV. (1621–1665). Er benötigte nicht weniger Geld als sein Vater. Über den »Neuchristen« schwebte wiederum das Damoklesschwert der Verfolgungen, und von neuem

[38] *Llorente, J. A.*, a. a. O., Bd. I, S. 443 ff.

[39] *Kamen, H.*, a. a. O., S. 243 ff.

mußten sie ihren Verfolgern zahlen. Im Jahre 1627 übergaben sieben große »portugiesische« Bankiers mit Juan Nuñez Saravia an der Spitze dem König eine Anleihe von 2 159 438 Cruzados. Im folgenden Jahre erhielt Philipp noch weitere 80 000 als »Geschenk«.[40] Aber sein Geldhunger kannte keine Grenzen. Er entschloß sich, trotz allem die Verfolgung der »Neuchristen« wieder aufzunehmen, verlockt durch die Behauptung der Inquisitoren, daß diese angeblich über Kapitalien im Werte von 70 bis 80 Mill. Cruzados verfügen. Außerdem befreite die Wiederaufnahme des Terrors ihn von der Verpflichtung, die von ihm und seinem Vater bei den Opfern gemachten Anleihen zurückzuzahlen. Vergeblich schlugen die »Portugiesen« vor, sämtliche Ausgaben der Inquisition auf sich zu nehmen sowie für alle Mitglieder und Angestellten des »heiligen Tribunals« in Spanien und Portugal die Gehälter aufzubringen; vergebens stellten sie neue Anleihen in Aussicht. Solche Versprechungen reizten nur den Appetit des Königs und der Inquisitoren an und überzeugten sie davon, daß sie mit Hilfe des »heiligen Tribunals« bedeutend mehr erpressen konnten, als die Opfer selbst vorschlugen.

Im Jahre 1633 machte sich die portugiesische Inquisition von neuem an die »Arbeit«. In zehn Jahren, d. h. bis zur Befreiung des Landes von der spanischen Herrschaft, verurteilte sie über 2 000 Personen, von denen 48 lebend verbrannt wurden. Am 13. Dezember 1637 sprach sie in Toledo den dem Leser schon bekannten Bankier Juan Nuñez Saravia schuldig, dem Philipp IV. auf diese Weise die ihm vor zehn Jahren gewährte Anleihe »zurückerstattete«. Zusammen mit ihm wurde auch sein Bruder Henrique verurteilt. Beide mußten wieder zahlen. Alle Angeklagten wurden zu »Judaisierenden« erklärt, bekannten sich schuldig und bezahlten für ihr Leben eine gewaltige Strafe. Drei Jahre später wurden bei einem Mann namens Diego de Saravia, wahrscheinlich einem Verwandten der beiden, 250 000 Dukaten in Gold, Silber und Münzen konfisziert. Die Familie Saravia kostete das ganze also über 300 000 Dukaten.[41]

Mit nicht geringerer Grausamkeit verfolgte die Inquisition die »Portugiesen« in den spanischen Kolonien Amerikas. Schon im Jahre 1571 hatte Philipp II. bei der Gründung der Inquisition in Neuspanien (Mexiko) unter deren Obliegenheiten genannt, »das Land von den es ansteckenden Juden und Häretikern zu befreien, insbesondere von den Vertretern der portugiesischen Nation«[42].

Der größte Prozeß gegen die »Portugiesen« fand in Lima (Peru) statt, und zwar in der sogenannten Sache des großen Komplotts (gran complicidade). Hier hatte die

---

[40] Ebenda, S. 247.

[41] Ebenda, S. 247 ff.

[42] *Saignes, M. Acosta,* a. a. O., S. 21.

Inquisition 99 Personen verhaftet, von denen schon fünf während der vierjährigen Untersuchungshaft an den Foltern starben oder wahnsinnig wurden. Am 23. Januar 1639 wurde ein großes Autodafé veranstaltet, auf dem 68 »Portugiesen« zu den verschiedensten Strafen verurteilt wurden. Von ihnen wurden elf lebend verbrannt sowie zwanzig für eine Frist bis zu zehn Jahren und fünf lebenslänglich auf die Galeeren geschickt. 37 bekamen Gefängnisstrafen, darunter dreißig lebenslänglich.[43] Die übrigen in der Sache des »großen Komplotts« Angeklagten wurden später verurteilt.

Wen richtete sie?

Wenn wir uns mit einigen Prozessen der portugiesischen Inquisition im einzelnen bekanntmachen, so sehen wir, wen sie wofür richtete. In dieser Beziehung war der Prozeß gegen George Buchanan, einen Professor der Universität Cambridge, überaus charakteristisch. Schotte von Geburt und ein angesehener Humanist, der an verschiedenen französischen Universitäten Philosophie gelehrt hatte, wurde Buchanan von Johann III. an die neu errichtete Universität Coimbra berufen. Hier wurde die Inquisition durch eine Anzeige des Dominikaners Pineira sofort auf ihn aufmerksam und begann, ihn zu überwachen. Im Jahre 1550 verhaftete sie ihn zusammen mit den zwei portugiesischen Lehrern Teiva und Costa mit der Begründung, sie seien Lutheraner. Die Inquisitoren verhörten Buchanan ein ganzes Jahr lang und warfen ihm außer Sympathien für den Protestantismus auch noch solche für den Judaismus vor. Buchanan bekannte sich nur zum Teil schuldig. Er glaube nicht, so sagte er, daß die Hostie der »Leib des Herrn« sei, er zweifele an der Existenz des Fegefeuers wie an der Notwendigkeit, die Fasten zu beachten usw.; aber diese Zweifel fühle er nur »zeitweilig«, und als er sich in Frankreich befand, habe er ihnen entsagt vor einem Franziskaner, dessen Namen er jedoch nicht nennen konnte. Außerdem berief er sich auf irgendeine päpstliche Bulle, die ihm angeblich Absolution erteilte. Die Inquisition suchte sie, konnte sie aber nicht entdecken. Um seine Rechtgläubigkeit zu beweisen, gab Buchanan sein Einverständnis, noch einmal zu bereuen und sich mit der Kirche versöhnen zu lassen. Die Inquisitoren, die keine Beweise gegen ihn hatten, gaben sich damit zufrieden, daß sie Buchanan zwangen, seine »Verbrechen« noch einmal zu verurteilen; dann hielten sie ihn noch für einige Zeit in einem Kloster fest und überprüften seine Rechtgläubigkeit.[44] Die Portugiesen Teiva und

---

[43] *Friedländer, Y.*, Los Heroes Olvidados, Santiago 1966, S. 57; *Medina, J. T.*, Historia del Tribunal de la Inquisición de Lima (1569–1820), Bd. II, Santiago de Chile 1956, S. 45–147.

[44] *Macauly, R.*, Ingleses em Portugal, Porto 1950, S. 75.

Costa wurden für einige Jahre im Gefängnis gehalten. Nachdem Buchanan freigelassen worden war, verließ er bald darauf Portugal und kehrte später, nach zwanzigjähriger Abwesenheit, in seine Heimat zurück (1560), wo er zum Protestantismus übertrat und 1582 als einer der bedeutendsten Gelehrten seiner Zeit starb. Über seine Erlebnisse in den Gefängnissen der Lissabonner Inquisition berichtete er in seinen Erinnerungen.[45]

Des Luthertums wurde auch der hervorragende portugiesische Humanist Damian de Goes (1502–1574) beschuldigt. Goes war aus einer aristokratischen Familie der »Altchristen« gebürtig und am Hofe des Königs Manuel erzogen worden. Er hatte dann eine Zeitlang als Sekretär einer portugiesischen Faktorei in Flandern gearbeitet und war durch Deutschland gereist, wo er u. a. auch Luther kennengelernt hatte; in Basel traf er mit Erasmus zusammen, mit dem er sich befreundete und über viele Jahre enge Beziehungen unterhielt; er hatte fünf Monate in dessen Haus verbracht. Im Jahre 1546 wurde Goes zum Leiter des Staatsarchivs Lissabon ernannt und zehn Jahre später zum königlichen Chronisten. In dieser Stellung als Hofhistoriograph schrieb er eine Reihe von Geschichtswerken, die ihm sowohl in der Heimat als auch im Ausland Ruhm einbrachten. Eine seiner frühen Schriften über den »Glauben und die Sitten der Äthiopier« (Fides, religio moresque Aethiopum), die 1540 in Löwen, dann in Paris und Brüssel erschien, wurde von der portugiesischen Inquisition verboten, die in ihm eine Propagierung des Toleranzgedankens erblickte. Im Jahre 1545 zeigte ihn der portugiesische Jesuit Simon Rodriguez, einer der Schüler des Ignatius von Loyola, bei der Inquisition an und beschuldigte ihn protestantischer Neigungen. Seit dieser Zeit stellte der Jesuitenorden ununterbrochen Nachforschungen über Goes an und sammelte kompromittierende Materialien. Ein gutes Bild über deren Charakter gibt die Anklageschrift, die die Inquisition dem 69jährigen Goes nach dessen Verhaftung im Jahre 1571 vorlegte. Sie machte dem berühmten Historiker zum Vorwurf, daß er während der Fastenzeit Schweinefleisch gegessen, Verbindungen zu Erasmus unterhalten, sich mit Luther getroffen, verbotene Bücher gelesen, sich unehrerbietig über die römischen Päpste sowie über die katholischen Gebräuche geäußert und bei sich zu Hause viele Ausländer empfangen und mit ihnen »unverständliche« Lieder gesungen habe.

Nach anderthalb Jahren Haft und ununterbrochenen Verhören erklärte das »heilige Tribunal« Goes zum »Häretiker, Lutheraner und Apostaten«. Vor dem Scheiterhaufen bewahrte ihn nur der Umstand, daß er sich bereit erklärte, zu bereuen und sich mit der Kirche zu versöhnen. Um ihn zur Unterwerfung geneigt zu machen, versprachen die Inquisitoren ihm eine geheime Versöhnung anstelle

---

[45] *Irving, D.*, Memoirs of life and Writings of George Buchanan, London 1817.

einer öffentlichen Bloßstellung auf einem Autodafé. In dem Beschluß des Tribunals hieß es zur Erklärung: Da »der Verbrecher in den ausländischen Staaten, die von der Häresie angesteckt sind, bekannt ist, kann ihm das (d. h. ein öffentliches Autodafé) nur Ruhm bringen ...«[46] Goes verzichtete auf den Ruhm eines Märtyrers, bekannte alles, was die Henker von ihm verlangten, und wurde zu ewiger Gefangenschaft in einem der Klöster Lissabons verurteilt. Nach einiger Zeit erlaubten die Inquisitoren dem kranken Greis jedoch, nach Hause zurückzukehren. Er starb bald darauf. Nach einigen Zeugnissen erlitt er einen Herzschlag, nach anderen erstach ihn ein Diener. Wenn das letztere wahr ist, so erhebt sich die Frage: War der Mörder nicht einer der »Familiaren«, der im Auftrage der Inquisition handelte?

Am 23. August 1606 verhaftete die Inquisition in Lissabon den englischen Kaufmann Hugo Gorgeny und klagte ihn des Luthertums an. Trotz der langen Verhöre verteidigte Gorgeny sein Recht, den Protestantismus zu bekennen, und bestritt der Inquisition die Berechtigung, ihn dafür zu verurteilen. Die Untersuchung seines Falles zog sich zwei Jahre und neun Monate hin. Die Inquisition erkannte ihn schließlich für schuldig der Häresie und verurteilte ihn zur Exkommunikation und zur Auslieferung an die weltlichen Behörden. Von der englischen Regierung im Stich gelassen, willigte Gorgeny, um dem Scheiterhaufen zu entgehen, nunmehr ein, sich von der »häretischen Unflätigkeit« zu reinigen. Er bekannte sich als schuldig, tat Buße und nahm den katholischen Glauben an.[47] Die Inquisition begnadigte ihn daraufhin und ließ ihn nach einem halben Jahr frei. Er verblieb in Portugal, da er sich offensichtlich fürchtete, nach England zurückzukehren, weil er dort wegen seines Übertritts zum Katholizismus Repressalien unterworfen werden könne. Die spanischen und damals auch die portugiesischen Behörden zahlten den Protestanten, die zum Katholizismus übertraten, eine kleine Pension, die möglicherweise auch er bis zu seinem Lebensende erhielt.

Nach der Befreiung des Landes von der spanischen Herrschaft im Jahre 1640 und dem Abschluß eines Verteidigungspaktes mit England war die portugiesische Krone gezwungen, ihren »antilutherischen« Eifer zu mäßigen. Jedenfalls waren die in Portugal lebenden Engländer nun nicht mehr wegen ihrer religiösen Überzeugung Verfolgungen ausgesetzt.

Am 19. Oktober 1739 wurde in Lissabon der 34jährige berühmte Autor vieler populärer Komödien, Antonio José da Silva, genannt der portugiesische Plautus, garrottiert und dann verbrannt. Er studierte an der Universität kanonisches Recht, als die Inquisition ihn zusammen mit seiner Mutter wegen Häresieverdachts verhaftete. Man folterte beide, versöhnte sie auf einem Autodafé mit der Kirche und

---

[46] *Menéndez y Pelayo, M.*, Historia de los Heterodoxos españoles, Bd. II, Buenos Aires 1945, S. 535.

[47] *Brearley, M.*, Hugo Gorgeny, Prisoner of the Lisbon Inquisition, New Haven 1948, S. 161.

entließ sie.[48] Einige Zeit später wurden sie jedoch auf die Anzeige eines Dienstmädchens hin von neuem eingekerkert. Auch die schwangere Frau da Silvas, Leonore-Maria Corvado, eine Spanierin, fiel dieses Mal der Inquisition in die Hände; sie war früher schon von der spanischen Inquisition in Valladolid verfolgt worden. Nach zweijähriger Haft wurde da Silva hingerichtet. Seine Frau kam im Gefängnis nieder; sie und ihre Mutter wurden zu langen Freiheitsstrafen verurteilt.[49]

Das unrühmliche Ende

Die »Neuchristen« begrüßten die Befreiung Portugals von der spanischen Herrschaft. Sie hofften, daß mit dem Abzug der spanischen Machthaber die Inquisition ihren Eifer zumindest dämpfen, wenn nicht ihre Tätigkeit gänzlich einstellen würde. Aber ihre Wünsche erfüllten sich nicht.

Der Inquisitor-Mor Francisco de Castro und das Mitglied des Inquisitionsrates Johann de Vasconcellos blieben dem spanischen Monarchen treu. Der päpstliche Stuhl nahm im Konflikt zwischen Portugal und Spanien eine abwartende Haltung ein, um seine Position erst nach der Entscheidung festzulegen: deshalb verweigerte er Johann IV. (1640–1656) die Ernennung von Bischöfen in Portugal. Die Pariser Sorbonne sprach sich für das Recht des Königs auf Ernennung von Bischöfen ohne vorherige Zustimmung des Papstes aus. Der Rat der Inquisition aber verurteilte diese Meinung der französischen Theologen als häretisch.[50]

Bei der Befreiung ihres Landes von der »Vormundschaft« der Spanier war es den Portugiesen nicht gelungen, auch das Kind Spaniens, den Jesuitenorden, loszuwerden, diese »Zeitbombe«, die ihm das Vaterland des Ignatius von Loyola als Erbe hinterlassen hatte. Der Orden gewann auch in Portugal eine ungeheure Macht und verwandelte das Land nach einem damals gebräuchlichen Wort in das »Paraguay Europas«.[51] Die portugiesische Inquisition befand sich ganz unter der Kontrolle der

---

48 *Parnach, V.*, Ispanskie i portugal'skie poety, žertvy inkvizicii, Leningrad/Moskau 1934, S. 98.

49 Ebenda, S. 99–101.

50 *Llorente, J. A.*, a. a. O., Bd. I, S. 445 ff.

51 Es leitet sich her von den Jesuitenreduktionen in Paraguay, in denen die Mitglieder dieses Ordens über 100 000 Indianer zu einem »christlichen Leben« erzogen, zur Arbeit anhielten und vor allem mit den Mitteln der Religion, insbesondere durch den Kirchengesang, auf sie einwirkten. Es waren dies aber doch Methoden, die sich in den Augen der Indianer von den primitiven und brutalen Unterdrückungs- und Ausbeutungspraktiken der spanischen und portugiesischen Kolonialherren vorteilhaft abhoben. Dieser »Jesuitenstaat«, der relativ selbständig blieb, brachte es zeitweise zu hoher wirtschaftlicher Blüte mit den billigen und willigen Arbeitskräften der Indianer, so daß mit Jahreseinnahmen bis zu 3 Millionen Dollar gerechnet werden konnte.

Jesuiten, die nach wie vor nach Macht strebten und ebenso nach dem Geld der »Häretiker« und der »Neuchristen«.

Allerdings gab es auch unter den Jesuiten Ausnahmen. Der diesem Orden angehörende Antonio Vieira (1608–1697), Berater König Johanns IV., überzeugte seinen Herrscher davon, die Verfolgung der »Neuchristen« einzustellen und diese zur Belebung der portugiesischen Wirtschaft zu nutzen. Im Jahre 1646 schrieb er in einem Memorandum an den König (»Über die Unterstützung der Menschen aus dem Volk und über die Änderung des Vorgehens des heiligen Tribunals und der Steuerbehörde«)[52], daß Portugal für den Kampf gegen Spanien im Interesse seiner Unabhängigkeit Geld benötige. »Diese Gelder aber kann man mit Erfolg in Portugal wie auch an anderen Orten erhalten, indem man den Handel entwickelt; für den Handel aber gibt es keine fähigeren Menschen als die, die über Kapital verfügen und Arbeitseifer besitzen, d. h. die ›Neuchristen‹.«

In einem anderen Memorandum unter der Überschrift »Vorschlag an den König Johann IV., in dem der beklagenswerte Zustand des Königreiches geschildert und die Notwendigkeit dargelegt wird, die jüdischen Kaufleute auf seine Seite zu ziehen, die in den verschiedenen Ländern Europas umherirren«[53], bewies Vieira, welch große Vorteile Portugal erzielen könne, wenn es über gemeinsame Aktionen mit den jüdischen Kaufleuten portugiesischer Herkunft verhandle, die im Ausland wohnten und über große Kapitalien und weit verzweigte Handelsbeziehungen verfügten.

Johann IV. war nicht abgeneigt, dem Rat Vieiras zu folgen, um so mehr, als die »Neuchristen«, die sich in Frankreich, den Niederlanden und England niedergelassen hatten und sehr wohl verstanden, daß eine Union mit Spanien für ihre portugiesischen Brüder nur den Inquisitionsterror mit sich bringen würde, wärmstens für die Unterstützung der portugiesischen Unabhängigkeit eintraten. Eben deshalb aber bestand die portugiesische Inquisition, die von einer erneuten Wiedervereinigung Portugals mit Spanien träumte, auf einer Fortsetzung der Verfolgung der »Neuchristen«.

Als der König im Jahre 1647, gestützt auf die Dienste des »Neuchristen« Duarte da Silva, versuchte, bei den Niederländern einige Kriegsschiffe anzukaufen, die für die Verteidigung Portugals gegen Spanien notwendig waren, zögerte die Inquisition nicht, Silva ins Gefängnis zu werfen, um dadurch das Geschäft zu zerschlagen. Silva wurde in den Mauern der Inquisition gefangengehalten und dann nach Brasilien ausgewiesen. Die Inquisition rechnete auch mit anderen Vertrauenspersonen des Königs ab, so mit Manuel Fernandez Vila-Real, ebenfalls einem »Neuchristen«,

---

[52] *Vieira, A.*, A favor da »gente da nasão« sobre a mudanca dos estilos do Santo Ofisio e do fisco, 1646.

[53] *Vieira, A.*, Proposta feita a el rei D. João IV. em que se representava o miseravel estado do Reino e a necessidade que tinha de admitir os juedos mercadores que andavam por diversas partes de Europa.

durch den Johann IV. Verbindungen zum Kardinal Richelieu unterhielt, der für die Unabhängigkeit Portugals eintrat. Die Inquisition verhaftete Vila-Real und brachte ihn trotz der Proteste des Königs auf den Scheiterhaufen.

Die königliche Kasse benötigte dauernd Geld, vor allem für den Schiffsbau. Im Jahre 1649 schlugen die »Neuchristen« daher dem König vor, 36 Kriegsschiffe (Galeonen) im Werte von 1 250 000 Cruzados zur Verteidigung der Handelsflotte zu bauen, die zwischen Lissabon und Brasilien kreuzte. Als Gegenleistung sollte mit der Konfiskation ihrer Güter Schluß gemacht werden. Der König willigte in diesen Handel ein und verbot durch ein spezielles Dekret der Inquisition, bei den Portugiesen oder Ausländern, die der Häresie oder des Judaismus angeklagt bzw. deswegen verurteilt wurden, irgendwelches Eigentum zu konfiszieren. Die Inquisition verweigerte jedoch dem König in diesem Falle den Gehorsam und trug den Fall dem Papst vor. Dieser, der immer noch vor der spanischen Krone liebedienerte und Johann IV. nicht anerkannte, setzte in zwei speziellen Breven vom Jahre 1650 die Verfügung des portugiesischen Monarchen außer Kraft; dieser mußte sich fügen, da er weitere Komplikationen mit dem apostolischen Stuhl fürchtete. Das hinderte ihn allerdings nicht, sich noch weitere 1 250 Escudos[54] in die Tasche zu stecken, so daß die »Neuchristen« wieder einmal gerupft und von der portugiesischen Krone betrogen worden waren. Allerdings verzieh die Inquisition dem König ein so großes »Opfer« nicht; sie fuhr fort, ihn in Rom zu denunzieren und ihn der Begünstigung der Juden zu bezichtigen. Und sie hatte Erfolg: Der Papst exkommunizierte Johann IV. und alle, die an der Ausarbeitung des königlichen Dekrets vom Jahre 1649 Anteil gehabt hatten. Nach dem Tode des Königs im Jahre 1656 gewann die Inquisition auch wieder ihre volle Gewalt zurück; sie erneuerte sogleich die Verfolgung der »Neuchristen« und ebenso derjenigen, die für deren Schutz eintraten.

1663 wurde auch der Jesuit Antonio Vieira verhaftet und wegen Begünstigung der Juden unter Anklage gestellt. Nur mit Mühe gelang es ihm vier Jahre später, dem Gefängnis der Inquisition zu entfliehen und nach Rom zu emigrieren, wo er mit Unterstützung des spanischen Regenten Don Pedro II. fortfuhr, beim päpstlichen Stuhl für die Einschränkung der Rechte der portugiesischen Inquisition einzutreten. Die »Neuchristen« versorgten Vieira großzügig mit Geld; schließlich gelang es ihm im Jahre 1667, vom Papst eine Verfügung zu erlangen, die es der portugiesischen Inquisition untersagte, künftig Autodafés zu veranstalten und irgend jemand zu richten oder zu verurteilen. Es wurde angeordnet, daß künftig alle Prozesse wegen Häresie nach Rom überantwortet werden sollten. Das war eine schwere Niederlage für die Inquisition, die um so bitterer war, als sie diese ihrem entflohenen Häftling

---

[54] Escuda = Goldmünze im Werte von ca. 90 Reis.

zu verdanken hatte. Sie hätte das Ende ihrer Tätigkeit in Portugal bedeuten können; jedoch zu dieser Zeit war es den Inquisitoren gelungen, sich mit dem Regenten Pedro II. zu verständigen, indem sie ihm ihre Unterstützung bei der Erlangung der Krone zusagten. Nun weigerte der Regent sich, dem päpstlichen Befehl Folge zu leisten, und verbot dessen Veröffentlichung und Verlesung in Portugal. Der Konflikt dauerte bis zum Jahre 1681; da aber änderte Rom seinen früheren Beschluß und erlaubte dem »heiligen Tribunal« wiederum, seine Tätigkeit aufzunehmen. Die portugiesische Inquisition feierte ihren Sieg mit grandiosen Autodafés in Lissabon, Coimbra und Évora.

In der ersten Hälfte des 18. Jh. konnte man unter den »Klienten« der Inquisition auch verschiedene Mönche und Geistliche finden, die »ihre Seele dem Teufel verkauft« hatten. 1725 wurde in Lissabon Manuel Lopez de Carvalho verbrannt, der sich als wiedergeborener Christus ausgab und dazu aufrief, die Inquisitoren zu richten. 1740 erlitt eine Nonne namens Theresa wegen ihrer »verbrecherischen Verbindung mit dem Teufel« das gleiche Schicksal. 1741 kam auf dem Scheiterhaufen der Geistliche Antonio Ebro-Loureiro ums Leben, der sich für den Messias ausgab, und im gleichen Jahre verschlang das Feuer den Kleriker Pedro de Patez Enechim, der behauptete, im Paradiese gewesen zu sein, dessen Bewohner »portugiesisch sprachen«. 1748 bestieg die Nonne Maria Theresia Inacia den Scheiterhaufen, die ebenfalls »verbrecherischer Beziehungen zum Teufel« bezichtigt wurde. Im gleichen Jahre richtete die Inquisition wegen ihres »Konkubinats mit dem Teufel« die Nonne Maria do Rosario hin, die bei der Untersuchung gestanden hatte, sie habe vom Höllenfürsten Kinder bekommen – Hunde, Katzen und Monster. Derartige Prozesse nahmen einen wichtigen Platz in der Tätigkeit der Inquisition während einer Zeit ein, die den fortgeschrittenen Ländern Europas die Aufklärung brachte.[55]

Alle diese »hartnäckigen Häretiker« waren offensichtlich psychisch abnorme Menschen oder Opfer einer religiösen Ekstase. Als Beweis dafür dient gerade ihre »Hartnäckigkeit«: Keiner von ihnen sagte sich, trotz Folter, von seinen phantastischen Behauptungen los. Die »Hartnäckigen« aber schonte die Inquisition bekanntlich nicht.

Es hatte den Anschein, als ob es keine Kraft gäbe, die die portugiesische Inquisition zu zügeln imstande sei, und daß ihr Terror ewig andauern würde. Das Volk hatte sich mit den Scheiterhaufen abgefunden und sich an den Gedanken gewöhnt, daß alle seine Übel von den Ränken der Häretiker und deren Beschützer, dem Teufel, herrührten. Die Mächtigen befanden sich in der geistigen Gefangenschaft des Jesuitenordens, und nur sehr scharfsichtige Menschen aus ihrer Mitte konnten auf Grund einiger kühner Stimmen, die sich in Frankreich erhoben hatten und forderten,

[55] *Martins, J. Oliveira*, a. a. O., S. 217–222.

»das Reptil zu zerdrücken«, das herannahende Ende nicht nur der Inquisition, sondern auch der ganzen mit ihr verbundenen alten Ordnung voraussehen.

Wie paradox es auch scheinen mag – aber die Geschichte liebt solche Paradoxien –: Den ersten ernsthaften Schlag erhielt die Inquisition von einem Menschen, der sich in seiner Jugend in der Rolle eines Familiaren betätigt hatte und deshalb sehr genau über ihre Geheimnisse unterrichtet war. Er hieß Sebastião José Carvalho e Mello und lebte von 1699 bis 1782; in die Geschichte ging er ein unter dem Namen Marquês de Pombal. In den Jahren von 1739 bis 1745 diente er als Sekretär der portugiesischen Botschaft in London und Wien, wo er zum Anhänger des aufgeklärten Absolutismus und zu einem Gegner der Jesuiten wurde. 1756 wurde er nach der Thronbesteigung des Königs José I. zum ersten Minister ernannt und blieb in diesem Amte bis zum Tode des Herrschers im Jahre 1777. Pombal erwies sich als talentvoller und kühner Reformer. Er schränkte die Macht der Klerikalen ein, nahm die Tätigkeit der Inquisition unter die Kontrolle der Regierung, förderte allenthalben die Entwicklung der Industrie, verwirklichte eine Bildungsreform und förderte die Entwicklung der Wissenschaften. Im Jahre 1755 wurde Lissabon durch ein starkes Erdbeben erschüttert. Die Klerikalen benutzten wie gewöhnlich die sich daraus ergebende Notlage für ihre Zwecke; sie begannen ihre Gläubigen davon zu überzeugen, daß die Katastrophe eine Strafe Gottes für das Wirken des gottlosen Pombal sei. Dieser brach 1760 die Beziehungen zum Heiligen Stuhl ab und ließ den aktivsten Gegner seiner Regierung, den Jesuiten Gabriel Malagrida, verhaften und vor Gericht stellen. Malagrida war von Geburt Italiener; er hatte sich schon lange in Portugal aufgehalten und war zu einem Freund aristokratischer Familien geworden, deren Interessen er überall vertrat, indem er fanatisch alles Progressive und Fortschrittliche seiner Zeit bekämpfte. Er gehörte zu dem schlimmsten Typ reaktionärer Enthusiasten, wie der englische Biograph Pombals, John Smith, im vorigen Jahrhundert schrieb.[56] Malagrida wurde zum Hauptgegner der Reformen des ersten Ministers; er benutzte das Erdbeben zum Anlaß für heftige Ausfälle gegen diesen. Im Jahre 1756 veröffentlichte er ein Pamphlet unter der Überschrift »Meinung über die wahren Ursachen des Erdbebens«[57], in dem er u. a. schrieb: »Wisse, o Lissabon, daß die Zerstörer unserer Häuser, Schlösser, Kirchen und Klöster, die Ursachen des Todes so vieler Menschen und des Feuers, das so viele Werte verschlang, deine abscheulichen Sünden sind und nicht die Kometen, die Sterne, der Dampf, die Gase und ähnliche natürliche Erscheinungen.«[58] Malagrida

---

[56] *Smith, J.*, Memoirs of the Marquis of Pombal, Bd. II, London 1843, S. 16.

[57] Ynizo da verdadeira causa do terremoto.

[58] *Kendrick, T. D.*, The Lisbon earthquake, London 1956, S. 89.

rief dazu auf, nicht die Hauptstadt wieder aufzubauen, sondern die Vergebung der Sünden zu erflehen. All das geschah entgegen dem Beschluß der Regierung, die verboten hatte, das Erdbeben mit übernatürlichen Ursachen zu erklären. In den aristokratischen Häusern rief Malagrida zum Sturz der Regierung auf. In bildlichen Ausdrücken schrieb er darüber auch in seinem Pamphlet »Traktat vom Leben und der Regierung des Antichrist«, als den er Pombal ansah. Dieser befahl der Inquisition, Malagrida zu verurteilen. Er vertrieb den Inquisitor-Mor José, einen illegitimen Sohn des Königs, und ernannte an seiner Stelle seinen eigenen Bruder Paolo de Carvalho. Unterdessen fuhr Malagrida im Inquisitionsgefängnis fort, Pombal zu verfluchen und fernerhin ein Werk zu schreiben unter dem Titel »Das heroische und wunderbare Leben der berühmten heiligen Anna, der Mutter der unbefleckten Jungfrau Maria, genannt die Allerheiligste, mit Unterstützung, Hilfe und Zustimmung des allmächtigen Souverains, ihres Sohnes (d. h. Jesus Christus)«. Die Hauptthese dieser Schrift war, daß Anna schon im Schoße ihrer Mutter heilig geworden sei, woraufhin der Inquisitor-Mor sich beeilte, diese so offensichtlich häretische Behauptung zu benutzen, um Malagrida der Ketzerei zu beschuldigen. Im September 1761 sprach die Inquisition das Urteil über ihn, in dem es u. a. hieß: »Der Pater Gabriel Malagrida wurde des Verbrechens der Häresie für schuldig befunden; er behauptete, dachte, schrieb und verteidigte Thesen und Lehren, die den wahren Dogmen und der Lehre widersprachen, welche von der heiligen Kirche vorgelegt und verkündet werden. Als Häretiker und Feind der katholischen Kirche verfiel er infolge des gefällten Urteils der großen Exkommunikation und erhielt auch andere übliche Strafen, entsprechend dem Gesetz gegen derartige Verbrechen. Die Inquisitoren befehlen daher, daß dieser Häretiker und Autor neuer Häresien, der der Lüge und Doppelzüngigkeit für schuldig befunden wurde und mehrmals und hartnäckig seine Fehler verteidigte, aus dem Orden ausgestoßen, degradiert und entsprechend den Regeln und Vorschriften der heiligen Canones, angekleidet mit dem Schandkittel (Sanbenito), der weltlichen Macht übergeben werde. Die Inquisitoren flehen diese inständig an, dem besagten Verbrecher Güte und Wohlwollen zu zeigen, auf daß er nicht hingerichtet und sein Blut nicht vergossen werde.« [59]

Natürlich war dieses Urteil eine Komödie, gespielt nach den bösen Vorbildern des inquisitorischen Gerichtsverfahrens – nur mit dem Unterschied, daß es sich gegen einen der eifrigsten Verfechter der Inquisition selbst richtete.

Am 21. September 1761 wurde der 73jährige Malagrida auf der Praça do Rocio garrottiert und dann verbrannt. Pombal benutzte diese Hinrichtung des Jesuiten zu

[59] *Smith, J.*, a. a. O., S. 13 ff.

einer breiten Propaganda für seine Politik im Ausland, indem er Pamphlete, Broschüren und Bücher in französischer und englischer Sprache verbreiten ließ, die die obskurantistische Tätigkeit der Kleriker in Portugal anprangerten.

Im Jahre 1768 befahl er, alle Listen von »Neuchristen«, auf Grund deren die Inquisition ihre Prozesse fabriziert hatte, zu vernichten. 1771 wurden die Autodafés verboten, und einige Jahre später wurde der Inquisition auch das Recht der Zensur entzogen. Die Zertifikate für die »Reinheit des Blutes« schaffte man ebenfalls ab. Selbst der Gebrauch der Ausdrücke »Neuchristen« und »Menschen aus dem Volk« wurde verboten. Die »Neuchristen« waren nun in ihren Rechten den übrigen Portugiesen völlig gleichgestellt. Im Jahre 1774 schließlich wurde dem »heiligen Tribunal« verboten, die Folter anzuwenden.

Nach dem neuen Reglement war die Inquisition vom päpstlichen Stuhl unabhängig; in prozessualer Beziehung sollte sie der Praxis der weltlichen Gerichte folgen. Die Angeklagten erhielten das Recht auf Verteidigung; die Namen der Anklagezeugen wurden jetzt veröffentlicht. So hatte Pombal die Tätigkeit der Inquisition durch seine Reformen faktisch unterbunden, obwohl er sie formell nicht abzuschaffen wagte. Eine der Folgen, die dies hatte, war auch die endgültige Lösung des jüdischen Problems in Portugal. Die rechtliche Gleichstellung der »Neuchristen« und die Beendigung ihrer Verfolgung erlaubten es ihnen, vollständig mit dem übrigen Teil der Bevölkerung zu verschmelzen, wonach sie eigentlich im Verlauf der letzten Jahrhunderte gestrebt hatten; allein der Terror der Inquisition hatte das künstlich verhindert. Der Assimilationsprozeß schritt in der Folgezeit so rasch voran, daß schon einige Jahrzehnte nach den Reformen Pombals in Portugal jegliche Spuren der »Neuchristen« verschwanden.

Die Macht Pombals endete mit dem Tode Josés I. im Jahre 1777 und der Thronbesteigung seiner geisteskranken Tochter Maria, die der katholischen Kirche ihre früheren Privilegien wieder zurückgab.

Maria entließ Pombal; dieser wurde verhaftet, des Mißbrauchs der Macht beschuldigt und zum Tode verurteilt. Aber die Reaktion wagte es nicht, den großen Reformator hinzurichten; sein Todesurteil wurde in lebenslängliche Haft umgewandelt. Im Jahre 1782 starb er.

Nach dem Sturz Pombals lebte mit dem Triumph der Reaktion auch die Inquisition neu auf. Aber jetzt verfolgte sie nicht mehr die »Neuchristen«, sondern die Anhänger der französischen Enzyklopädisten. Im Jahre 1778 rechnete sie mit dem Dichter und ehemaligen Professor für Mathematik an der Universität von Cambridge José Anastasio da Cunha ab; die Anklage gegen ihn lautete, er habe in seinen Gedichten pantheistische Häresien propagiert. Man hielt ihn sieben Jahre lang in Haft, und nur das Reuebekenntnis und die Versöhnung mit der Kirche retteten den Gelehrten vor einer noch grausameren Strafe. Trotzdem starb er bald nach seiner

Befreiung aus der Haft. Opfer der portugiesischen Inquisition wurden auch die Dichter António Diniz und Manuel Maria de Barbosa du Bocage. Letzterer war wegen seiner »zersetzenden und gottlosen« Werke zweimal Repressalien der Inquisition ausgesetzt: im Jahre 1797 und im Jahre 1803. Der Dichter und Philologe Francisco Manuel de Nascimento hatte sich vor den Verfolgungen des »heiligen Tribunals« im Jahre 1785 durch die Flucht nach Frankreich gerettet; als er 1792 in sein Vaterland zurückkehrte, drohte dieses ihm wiederum mit gerichtlicher Verfolgung, so daß er sich gezwungen sah, sein Land von neuem zu verlassen.

Der Terror der Inquisition hielt bis zum Jahre 1808 an; in diesem Jahre jedoch besetzten die französischen Truppen unter dem Kommando des Generals Junot Portugal. König Johann VI. floh mit seinem Hof nach Brasilien und überließ sein Land dem Schicksal. Die Franzosen bemühten sich, die Unterstützung der fortschrittlichen Portugiesen zu erlangen, und schafften die Inquisition ab. Nach der Niederlage Napoleons wurde sie allerdings wieder eingesetzt, jedoch nicht für lange. Im Jahre 1821 beseitigte die provisorische Regierung, die sich als Ergebnis der liberalen Revolution gebildet hatte, sie schließlich für immer; die Lissabonner Bevölkerung zerstörte das Gebäude dieser verhaßten Einrichtung.

Damit endete auch in Portugal die Tätigkeit dieser verbrecherischen Institution, die mit geringen Unterbrechungen auch hier dreihundert Jahre lang gewütet hatte. Wieviel Opfer hat sie nun während dieser Zeit gefordert? Wie wir uns erinnern, sind uns nur etwa 40 000 Prozeßsachen erhalten geblieben. In der Regel wurden in jedem Prozeß mehrere Personen abgeurteilt. Wieviel Häretiker haben überhaupt hinter den Mauern der Inquisitionsgefängnisse gesessen? Waren es hunderttausend oder zweihunderttausend? Auf diese Frage kann wohl kaum jemand eine erschöpfende Auskunft geben. Die englische Historikerin Mary Brearly bringt folgende Aufrechnung für das Lissabonner Tribunal: Von 1536 bis 1821 wurden in der Hauptstadt Portugals lebend verbrannt 355 Männer und 221 Frauen, gefoltert 6 005 Männer und 4 910 Frauen; es starben im Gefängnis der Inquisition 706 Männer und 546 Frauen. Insgesamt handelte es sich also um 12 743 Personen, darunter 5 727 Frauen.[60]

Es versteht sich, daß diese Zahlen unerheblich sind, wenn man sie etwa mit der Zahl der Opfer von faschistischen Diktaturen vergleicht, die in den verschiedenen Ländern der kapitalistischen Welt wüteten und teilweise noch wüten. In den 35 Jahren des faschistischen Regimes Salazars z. B. kamen im gleichen Portugal wahrscheinlich nicht weniger Menschen ums Leben als während der gesamten Tätigkeit

---

[60] *Brearley, M.*, a. a. O., S. 12; vgl. dazu die Zahlen bei *Lea*, a. a. O., Bd. II, S. 320, 326, 333, 339 f., 347, 360, 362, die nicht wesentlich hiervon abweichen.

der portugiesischen Inquisition. Aber wenn in quantitativer Beziehung der Terror der reaktionären Bourgeoisie auch den der Inquisition um vieles übertraf, so »kannte doch die Inquisition als Maschine, die alles Wertvolle, was es im Leben des Volkes gibt, zerstörte, nicht ihresgleichen«[61]. Auch in dieser Hinsicht bildete die portugiesische Inquisition keine Ausnahme von der allgemeinen Regel.

[61] *Smith, J.*, a. a. O., S. 39.

Achtes Kapitel

Die Päpste in der Rolle von Inquisitoren

Die römische und die Konzilsinquisition

Am 21. Juli 1542 gründete Papst Paul III. (1534–1549) mit der Bulle »Licet ab initio« die »Heilige Kongregation der römischen und katholischen Inquisition, ihr heiliges Gericht« mit dem Recht, »in der ganzen christlichen Welt diesseits und jenseits der Berge (d. h. der Alpen, J. G.), in ganz Italien« zu wirken.[1] Bald erhielt sie die Bezeichnung »Oberste« Kongregation. In der Literatur wird diese Einrichtung auch »heiliges Gericht« oder »Heiliges Offizium« genannt. Die päpstliche Inquisition war die langlebigste von allen; sie hat ununterbrochen bis in unsere Tage gewirkt. Erst im Jahre 1965 wurde sie von Paul VI. reorganisiert und in eine »Kongregation für die Glaubenslehre« umgewandelt. Doch wir wollen nicht vorgreifen, sondern untersuchen, was diese »oberste« kirchliche Inquisition in den über vier Jahrhunderten ihres Bestehens darstellte.

Der klerikale französische Historiker Charles Pichon erklärt die Gründung dieser Superinquisition wie folgt: »Das Heilige Offizium war vor allem eine Reaktion, häufig eine grobe wie die Situation jener Zeit, oft eine willkürliche wie die Tribunale jener Zeit, aber stets die Reaktion einer Gesellschaft, die sich selbst verteidigte.«[2] Was war das für eine Gesellschaft, und gegen wen verteidigte sie sich?

Seit dem 13. Jh., schon über dreihundert Jahre, dauerte in der christlichen Welt die Jagd auf die Häretiker an, wirkten unaufhörlich »zu Ehren Gottes« die Inquisitionstribunale, rauchten die Scheiterhaufen. Es schien, als ob dank der unermüdlichen Tätigkeit der »Hunde des Herrn« die katholische Kirche mit all ihren Feinden fertig geworden sei. Die Katharer waren fast vollständig vernichtet, die Spiritualen, die Flagellanten, Beginen und Begarden sowie viele andere bürgerliche und bäuerliche Häresien waren unterdrückt. Ausgerottet waren auch Zehntausende von »Hexen«. Dem Feuer übergeben bzw. über die ganze weite Welt verstreut waren die aufsässigen Juden, nach Afrika zurückgeworfen die Mauren. Zum Dank für eine so segensreiche Tätigkeit, für ihre Ergebenheit gegenüber dem »wahren« römisch-katholischen Glauben hatte der Allerhöchste gerade den katholischen Königen Spaniens und Portugals die unermeßlichen Länder mit den sagenhaften Schätzen in

---

[1] *Pastor, L.*, Allgemeine Dekrete der römischen Inquisition aus den Jahren 1555–1597, in: Historisches Jahrbuch der Görres-Gesellschaft, Bd. 3 (1912), S. 479.

[2] *Pichon, Ch.*, Le Vatican, Paris 1960, S. 251.

Asien, Afrika und Westindien oder, wie man dieses später nannte, Amerika »geschenkt«. Und jetzt, da der römisch-katholische Glaube nicht nur in Europa, sondern auch in allen anderen Kontinenten gefestigt schien und all seine Feinde in den Staub getreten waren, schlug wie ein Blitz aus heiterem Himmel 1517 die lutherische Häresie ein, die die deutschen Staaten ergriff. Auch das »gottlose« England trennte sich von seiner »Mutter«, der römisch-katholischen Kirche, im Jahre 1534.

So bot sich die Situation den Augen der Päpste und Kardinäle dar. Daß die frühbürgerliche Revolution aus den neuen sozialökonomischen Verhältnissen gesetzmäßig herangereift war, daß sich die »Irrlehren« Luthers bereits seit langem angekündigt hatten und nicht plötzlich und unverhofft in die Kirche einschlugen, das konnten die Kirchenführer aus ihrem Geschichtsverständnis heraus weder wahrnehmen noch begreifen.

Die häretische »Pest« drohte auch alle anderen christlichen Staaten zu erfassen, darunter selbst die päpstlichen Besitzungen in Italien, wo sie eine große Verbreitung erfuhr. Dann waren da jene Gelehrten, die sich Humanisten nannten, diese ewig Zweifelnden, ewig Negierenden, die alle heiligen Dogmen der Kirche verspotteten und ihre »böswilligen« Werke mit Hilfe des Buchdrucks, jener »satanischen« Erfindung des Deutschen Gutenberg, verbreiteten. Die örtliche Inquisition war zu machtlos, um gegen sie vorgehen zu können, obwohl in vielen Königreichen die Monarchen selbst sie unterstützten. In Frankreich, Polen und anderen Staaten jedoch wurde die Inquisition von der Königsmacht sogar abgeschafft und ihre Funktion weltlichen Gerichten übertragen.

Es schien, als ob der Kirche noch nie eine so große Gefahr gedroht hätte, als ob in ihr noch nie soviel Unordnung, eine so große Zügellosigkeit der Sitten, soviel Unglauben an ihre göttliche Mission der Rettung der Menschheit geherrscht hätten wie in der ersten Hälfte des 16. Jh. Aber, so lehrten die Theologen, unerforschlich sind die Wege Gottes; wenn er die Kirche für ihre Schwächen und für die Sünden der Häretiker auch noch so hart züchtigt, so streckt er ihr doch gleichzeitig seine helfende Hand entgegen. Eben in dieser Zeit bot der Spanier Ignatius von Loyola dem päpstlichen Stuhl seine Compañía de Jesús zum Einsatz gegen die vordringenden protestantischen Häresien an. Paul III. erkannte diese Chance und nahm das Angebot verhältnismäßig rasch an; schon im Jahre 1540 bestätigte er durch die Bulle »Regimini militantis ecclesiae« den neuen Orden. In diesem erhielt der sich den neuen Verhältnissen anpassende und zum Gegenangriff übergehende Katholizismus seine schlagfertigste und ergebenste Truppe, die sich durch ein besonderes Gelübde des unbedingten Gehorsams gegenüber dem Papst in ganz besonderer Weise dem Vatikan zur Verfügung stellte. Der Orden wurde zum Vortrupp der Gegenreformation. In der Wahl seiner Mittel ging er der damaligen Zeit entsprechend vor, wobei er versuchte, den Feind mit seinen eigenen Waffen zu schlagen. »So heiligen wir das sündhafte Mittel durch den reinen Zweck«, läßt Blaise Pascal seinen Jesuiten in den Lettres provinciales sagen. »Auf diese Weise haben unsere Patres Mittel und Wege gefunden, die Gewalttätigkeiten zu erlauben, die man bei der Verteidigung seiner Ehre anwendet. Man braucht nur seine Absicht von dem Wunsch nach Rache, der sündhaft ist, abzuwenden und sie auf den Wunsch, seine Ehre zu verteidigen, hinzulenken, denn das ist nach unseren Patres erlaubt.«[3]

Diese macchiavellistische Einstellung erleichterte später den jesuitischen Beichtvätern an den europäischen Fürstenhöfen ihre Arbeit, trug ihnen aber auch das Mißtrauen und den Haß der ihren Intrigen Unterlegenen oder sich von ihnen bedroht Fühlenden ein. Die Strategie Loyolas und seiner Nachfolger aber war einfach und klar: Die Feinde der Kirche, die Lutheraner, Zwinglianer und Calvinisten, fordern eine Reformation der Kirche und führen sie auf ihre Weise durch? Wir antworten ihnen mit einer Gegenreformation der katholischen Kirche! Die Feinde der Kirche stellen dem Glauben die Wissenschaft entgegen? Unsere Leute werden sich mit der Wissenschaft befassen und Spitzenpositionen erringen, um mit ihren Mitteln die Gegner zu schlagen; aber die Wissenschaft muß eine Magd der Theologie bleiben! Die aufstrebenden Volksschichten fordern Bildung? Die Jesuiten werden Schulen und Universitäten als Musterstätten der Bildung eröffnen; aber diese werden der Kirche dienen! Unsere Gegner fordern Bücher? Sie sollen sie erhalten; aber das werden Bücher sein, in denen die Häresie und der ganze übrige Aufruhr gebrandmarkt werden! Aber mit List allein kann man den Feind nicht besiegen; es ist auch ein Schwert vonnöten, lehrte Loyola. Wir brauchen eine Inquisition, sagte er, und zwar nicht irgendwo, sondern in Rom, dem Herzen der

---

3 *Pascal, B.*, Briefe gegen die Jesuiten (Lettres provinciales). Eingeleitet von M. Christlieb, übersetzt von E. Russel, Jena 1907, S. 92 (Siebenter Brief); die zweite Stelle ist zitiert nach: *Winter, E.*, Aus den ›Lettres provinciales‹, in: »Über die Perfektibilität des Katholizismus. Grundsätzliche Erwägungen in Briefen von Pascal, Bolzano, Brentano und Knoll« (Beiträge zur Geschichte des religiösen und wissenschaftlichen Denkens, Bd. 9), Berlin 1971, S. 54.
Der viel zitierte Satz »Der Zweck heiligt das Mittel« findet sich in dieser Form natürlich nicht in den moraltheologischen Lehrbüchern der Jesuiten, und diese haben viel getan und geschrieben, um zu beweisen, daß ihre Morallehre und -praxis mit diesem Satz nichts zu tun habe. Der Exjesuit Graf Paul von Hoensbroech, der dieser Frage eine ganze Schrift widmete (Der Zweck heiligt die Mittel. Eine ethisch-historische Untersuchung nebst einem Epilogus galateus, 3. Aufl., Berlin 1904), schreibt: »Der oft genannte Satz ›Der Zweck heiligt die Mittel‹ findet sich in dieser schnöden Form nicht in den moraltheologischen Lehrbüchern des Ordens. Sein Sinn, d. h. daß in sich schlechte, verwerfliche Mittel durch den guten Zweck, den man mit ihnen erreichen will, ›geheiligt‹, d. h. erlaubt werden, ist aber *eine der Grundlagen jesuitischer Moral und Ethik*« (14 Jahre Jesuit. Persönliches und Grundsätzliches. Teil II: Das Ordensleben: Wesen, Einrichtung und Wirksamkeit des Jesuitenordens. Dritte, verbesserte und erweiterte Aufl., Leipzig 1910, S. 498; Hervorhebung vom Hrsg.). Genauer müßte man sagen: Für einen guten Zweck, d. h. zur Ehre Gottes und der Kirche, duldet die katholische Moral auch die Anwendung anrüchiger Mittel, wenn diese allein Erfolg versprechen.

christlichen Welt. Und diese soll kein anderer leiten als der Stellvertreter Christi auf Erden selbst, der römische Papst. Sie muß – unabhängig von der weltlichen Gewalt und durch diese nicht behindert – zu Gericht sitzen über die Häretiker nicht nur in Rom, sondern in der ganzen christlichen Hemisphäre.

Die Vorschläge Loyolas wurden von dem engsten Berater Pauls III., dem Kardinal Caraffa, und dem spanischen Kardinal Juan Alvarez de Toledo eifrig unterstützt. Beide waren fanatische Gegner Luthers, und beide hofften, die Kirche mit Hilfe der »Soldaten« des Ignatius von Loyola, der Compañía de Jesús, zu retten, so wie sie im 13. Jh. von den Söhnen des heiligen Dominikus und des heiligen Franziskus gerettet worden war.

Was Paul III. betraf, so empfand er am Vorabend des Tridentiner Konzils, wie Ch. Pichon bemerkt, »die Notwendigkeit eines wahrhaft universalen Tribunals, das unter seiner unmittelbaren Aufsicht tagen müsse und sowohl selbst in Sachen des Glaubens entscheiden als auch die örtlichen Richter dazu bevöllmächtigen könne; auf jeden Fall müßte es schnell und entschlossen handeln können und gleichzeitig die erste und letzte Instanz sein (ohne die schon wirkenden Inquisitionstribunale abzuschaffen).«[4]

Der Papst hoffte, und das nicht ohne Grund, mit Hilfe des Heiligen Offiziums seine Gegner, die Anhänger einer Versöhnung mit der Reformation, unter Druck setzen, ihre Positionen schwächen und auf diese Weise auf dem bevorstehenden Konzil einen vollständigen Sieg erringen zu können.

Die päpstliche Inquisitionskongregation wurde mit dem Recht der Untersuchung und mit richterlichen Vollmachten ausgestattet und verwandelte sich schnell in die höchste theologische Instanz. Ihre Beschlüsse und Verlautbarungen zu strittigen Glaubensfragen wurden für die ganze katholische Kirche verbindlich. Sie erhielt das Recht, sowohl die Theologen als auch die einfachen Gläubigen zu bestrafen, über sie das Anathema zu sprechen und sie aus der Kirche auszuschließen. Außerdem wurde ihr die oberste Zensur über alle Druckerzeugnisse der ganzen christlichen Welt übertragen, eine Zensur, die sie durch den Index der verbotenen Bücher ausübte, der mit der Zeit sich in eine drohende Waffe der internationalen klerikalen Reaktion verwandelte. Papst Paul III. leitete persönlich die Inquisitionskongregation; zu seinem Stellvertreter ernannte er Kardinal Caraffa, dem er den Titel eines obersten Inquisitors verlieh. Diesem zur Seite standen fünf Kardinäle als Inquisitoren; zusammen mit dem Papst und ihm bildeten sie das Richterkollegium des höchsten Tribunals der katholischen Kirche.

Caraffa ging unverzüglich an die Erfüllung seines Auftrages und entwickelte einen Eifer und eine Energie, um die ihn Torquemada hätte beneiden können. Er

---

4 *Pichon, Ch.*, a. a. O., S. 252.

erwarb eines der römischen Schlösser, in dem er die von ihm geleitete Einrichtung unterbrachte. Unter seiner Aufsicht wurde im Keller ein Gefängnis eingerichtet mit einer Folterkammer, die sämtliche damaligen Marterinstrumente enthielt. Dann ernannte er seine bevollmächtigten Vertreter (die kommissarischen Inquisitoren) in den anderen katholischen Ländern. Den Posten des kommissarischen Inquisitors in Rom erhielt der Beichtvater des Papstes, Teofilo di Tropea. Folgende Regeln hatte Caraffa sich nach seiner handschriftlichen Lebensbeschreibung aufgestellt: »Erstens, in Sachen des Glaubens dürfe man nicht einen Augenblick warten, sondern gleich auf den mindesten Verdacht müsse man mit äußerster Strenge zu Werke gehen; zweitens sei keinerlei Rücksicht zu nehmen auf irgendeinen Fürsten oder Prälaten, wie hoch er auch stehe; drittens, vielmehr müsse man gegen die am strengsten sein, die sich mit dem Schutz eines Machthabers zu verteidigen suchen sollten; nur wer das Geständnis ablegt, sei mit Milde und väterlichem Erbarmen zu behandeln; viertens, Ketzern und besonders Calvinisten gegenüber müsse man sich mit keinerlei Toleranz herabwürdigen.« [5]

Der Terror der neuen Inquisition überflutete nun die päpstlichen Besitzungen. Viele angesehene Kirchenmänner, die der Sympathie gegenüber der Reformation verdächtig waren, unter ihnen der angesehene Generalvikar des Kapuzinerordens Bernardino Ochino sowie die Theologen Vermigli, Curione, Castelvetro und andere, flohen in die Schweiz und nach Deutschland. Aber bei weitem nicht alle konnten entkommen. Auf diejenigen aber, die in die Hände Caraffas und seiner Häscher fielen, warteten Gefängnis, Folter und möglicherweise sogar der Tod auf dem Scheiterhaufen. »Kaum ist es möglich«, schrieb voller Bitterkeit einer der italienischen Humanisten jener Zeit, Antonio dei Pagliarici, »ein Christ zu sein und auf seinem Bette zu sterben.«

Besonderes Mißtrauen hegte die päpstliche Inquisition gegen die Gelehrten und Humanisten; sie hielt sie für gefährliche Propagandisten häretischer Anschauungen. Unter dem Druck Caraffas wurden die Akademien der Wissenschaften in Modena und Neapel aufgelöst und alle die, die sich mit Wissenschaft beschäftigten, unter Aufsicht gestellt und beschattet. Von neuem begann eine Verfolgung der Franziskaner, dieser unverbesserlichen Aufrührer innerhalb der Kirche. Die Scheiterhaufen begannen in ganz Italien zu rauchen. In Venedig erfanden die Inquisitoren eine billigere Methode, die Häretiker loszuwerden: man ersäufte sie in den Lagunen.

Schließlich wurde der oberste Inquisitor Caraffa selbst zum Papst gewählt und nannte sich als solcher Paul IV. (1555–1559). Trotz seines vorgerückten Alters (zur

---

[5] *Ranke, L. von,* Die römischen Päpste in den letzten vier Jahrhunderten, Frankfurt/Wien/Zürich 1962, S. 133.

Zeit seiner Wahl war er 79 Jahre alt) fuhr er mit gewohntem Eifer und Sadismus fort, die Häretiker zu verfolgen. Die Chronisten vermerken, daß der neue Papst keine einzige der wöchentlichen Sitzungen des Inquisitionstribunals ausließ. Überall, selbst in seiner eigenen Umgebung, glaubte er Häretiker zu sehen. Auf seinen Befehl wurden sogar die Kardinäle Morone und Foscarari verhaftet, die in seinem Auftrag die Zensur ausübten und den Index zusammenstellten; sie waren nach seiner Meinung nicht eifrig genug in der Unterdrückung des Geistes und deshalb selbst Sympathisanten der Häresie. Paul IV. erhob den heiligen Dominikus zum himmlischen Patron der Inquisition. Noch auf dem Totenbett rief er die Kardinäle zusammen und trug ihnen als sein Vermächtnis auf, seinem liebsten Kinde, dem »heiligen Tribunal«, die größtmögliche Unterstützung zu erweisen. Obwohl Paul nur vier Jahre lang den päpstlichen Stuhl innehatte, war seine ganze Regierungszeit doch durch solch ungeheuerliche Gesetzlosigkeit gekennzeichnet, daß die Römer nach seinem Tode das Kapitol stürmten, wo schon zu seinen Lebzeiten eine Statue zu seinen Ehren aufgestellt worden war, und diese zerstörten. Den Kopf des Bildwerkes wälzten sie im Kot der Straße und warfen ihn in den Tiber. Das Volk überfiel auch das Schloß der Inquisition, zündete es an, befreite die Häftlinge und verprügelte die Inquisitoren sowie die Diener des Tribunals.

Aber dieser spontane Ausbruch der Empörung hatte keine weittragenden Folgen. Die römischen Päpste blieben auch nach dem Tode Pauls IV. Befürworter und Beschützer der Inquisition. In seiner Bulle vom 21. Dezember 1566 festigte Pius V. (1566–1572) endgültig deren Position; er annullierte alle Bestimmungen und Verfügungen früherer Päpste, die in irgendeiner Weise die Tätigkeit des Inquisitionstribunals eingeschränkt hatten. Alle Beschlüsse und Verfügungen künftiger Päpste, die auf eine Milderung der Inquisitionsurteile gerichtet sein könnten, erklärte er von vornherein für ungültig. Durch diese Bulle wurde das Inquisitionsgericht formell über den päpstlichen Stuhl gestellt.[6]

---

[6] Es handelt sich um eine Neuausgabe der Bulle »In coena Domini« (Abendmahlsbulle), d. h. der an jedem Gründonnerstag zu verlesenden Verdammnisbulle der römischen Päpste, in die 1521 auch Luther aufgenommen wurde. Dieser übersetzte sie erstmalig, mit einer Vorrede und mit Glossen versehen, unter dem Titel »Bulla vom Abendfressen des Allerheiligsten Herrn, des Papstes«. Der älteste bekannte Text stammt aus der Zeit Gregors IX. (1229). Pius V. erhob sie zum kirchlichen Strafgesetz. Im § 21 verfügte er, daß »alles und jedes, was in dieser Verordnung enthalten, so lang bis andere dergleichen Prozesse von uns oder dem jedesmaligen römischen Papst gemacht oder publiziert werden, dauern und seine Wirkung im ganzen haben soll« (durare suosque effectus omnino fortiri). Vgl. dazu: Pragmatische Geschichte der so berufenen Bulle »In coena Domini« und ihren fürchterlichen Folgen für den Staat und die Kirche, zur Beurteilung aller Streitigkeiten unseres Jahrhunderts mit dem römischen Hof. Erster Teil, zweite verbesserte Auflage, Frankfurt und Leipzig 1772, S. 146. Der Autor gibt dazu folgenden Kommentar: »Hierdurch wird unsere Bulle ein Grundgesetz aller Päpste und des Päpstlichen Stuhls und Hofs zu allen Zeiten und in allen Angelegenheiten ... Pius V. hat sie nun in eine solche Würde gesetzt, daß

Die Folterungen wurden von der päpstlichen Inquisition mit dem gleichen Eifer gegenüber den Häftlingen angewendet wie von den »nationalen« Inquisitionen. Durch Paul IV. hatten sie Eingang in die offizielle Gesetzgebung gefunden.

Das »Summarium des Dominikanerordens«, von dem sich die päpstlichen Inquisitoren bei ihrer Tätigkeit leiten ließen, zählt in seinem 14. Kapitel die Kampfmittel auf, die gegen die hartnäckigen Häretiker angewandt werden sollten: »Die Schlechtigkeit der Verbrecher ist so groß, daß sie alle Anstrengungen unternehmen, um die Richter daran zu hindern, ihre Verbrechen aufzuklären. Wenn sie einem Verhör unterzogen werden, leugnen sie hartnäckig ihre Schuld. So entstand die Notwendigkeit, verschiedene Mittel zu finden, um die Wahrheit ihrem Munde zu entreißen. Solcher Mittel gibt es drei: den Eid, die Gefängnishaft und die Folter. Eigentlich müßte man dem einfach Gesagten Glauben schenken; aber die Menschen sind ohne Ausnahme so lügnerisch, daß festgelegt wurde, von dem Angeklagten, gegen den Beweise vorhanden sind, den Eid zu fordern. Unter der Drohung, daß er der Todsünde bezichtigt werden kann, ist er dann verpflichtet, die Wahrheit zu offenbaren ... Wenn es nicht möglich ist, mit einem Eide die Wahrheit herauszubekommen, und wenn ernsthafte Beweise vorliegen, so muß man zur Gefängnishaft schreiten, die drei nützliche Resultate zeitigt: Wenn der Angeklagte schuldig ist, so zwingt ihn die Haft, seine Verbrechen zu bekennen; sie beraubt ihn der Möglichkeit zu erfahren, was die Zeugen mitgeteilt haben, und sie zu widerlegen; sie verhindert seine Flucht ... Wenn obengenannte Mittel nicht helfen, so bleibt das letzte, die Folter. Auf Grund der vorhandenen Zeugnisse über den Grad der Schuld können die Richter physische Qualen auferlegen, zu denen Enthaltsamkeit, Nötigung und ähnliches gehören, solange bis der Sünder bekennt. Wenn es gegen einen Bruder Zeugnisse von Laien gibt, so darf man ihn nicht allein auf dieser Grundlage richten, aber man kann ihn der Folter überantworten und zum Verhöre führen ...«

Außer den eben erwähnten Begründungen, nach denen der Angeklagte gefoltert werden konnte, gab es noch folgende: »Erstens, wenn der Angeklagte schwankt, sowohl in der Form der Aussage als auch im Wesen der Sache, wenn er sich zunächst für schuldig erklärt und dann leugnet oder zuerst leugnet und dann bekennt, oder wenn er beim Verhör das eine sagt, dann aber das genaue Gegenteil. Zweitens, wenn außerhalb des Gerichts ein genügend glaubwürdiges Zeugnis existiert. Drittens, wenn sich wenigstens ein Zeuge findet, der genügend kompromittierende Aussagen macht. Viertens, wenn sich ein Zeuge findet, der die Anklage bestätigt. Fünftens, wenn es viele offenkundige Zeugen gibt.« Der Inquisitor Antonio Panormita legte in seinem

---

sie alle Nachfolger des Ghisleri verpflichtet, wenn sie anders als würdige Päpste angesehen werden wollen, dieselbe zu beachten und andere zur Beachtung derselben anzuhalten.«

Leitfaden für die Inquisitoren, der im Jahre 1646 erschien, die Anwendung der Folter durch das »heilige Tribunal« eingehend dar und begründete sie. Er schrieb: »Die Inquisitoren sehen sich besonders häufig gezwungen, zur Folter zu schreiten, weil die häretischen Verbrechen zu den geheimen und schwer zu beweisenden gehören. Außerdem bringt das Geständnis der Häresie nicht nur dem Staate Nutzen, sondern auch dem Häretiker selbst. Deshalb ist die Folter nützlicher als die anderen Mittel, die die Untersuchung zu Ende führen und die Wahrheit dem Angeklagten zu entreißen helfen.«[7]

Die päpstliche Inquisition inspirierte auch Terrormaßnahmen und Feldzüge gegen die Häretiker. Europa erlebte eine Periode der Religionskriege. In den Niederlanden vernichteten die spanischen Okkupanten mit dem blutgierigen Herzog Alba an der Spitze Zehntausende von Protestanten, und der päpstliche Stuhl begrüßte begeistert diesen Genozid. In Frankreich kamen Tausende von calvinistischen Hugenotten in der berüchtigten Bartholomäusnacht am 24. August 1572 ums Leben. Im Verlauf der Hugenottenjagden der dann folgenden zwei Wochen wurden in diesem Land über 30 000 Menschen ermordet. Der damalige Papst Gregor XIII. (1572–1585) hielt zum Andenken an diese »ruhmwürdigen« Siege über die französischen Häretiker einen feierlichen Gottesdienst in der Kirche des hl. Ludwig, des Patrons Frankreichs ab. Auf Befehl des gleichen Papstes wurde im Jahre 1578 durch den Theologen Peña das »Directorium der Inquisitoren« neu herausgegeben, das der dem Leser schon bekannte Nicolas Eymeric zweihundert Jahre zuvor verfaßt hatte und das als »klassischer« Leitfaden für die Verfolgung der Häretiker galt. Seine ganze schändliche Weisheit wurde von der päpstlichen Inquisition, wie wir noch sehen werden, ihren Opfern gegenüber praktiziert.

Das Verbrechen und die Bestrafung des Giordano Bruno

Am 17. Februar 1600 wurde in Rom auf dem Campo di Fiore auf Befehl der päpstlichen Inquisition einer der bedeutendsten Denker der Renaissanceepoche verbrannt – Giordano Bruno. Zum Zeitpunkt seiner Hinrichtung war Bruno 52 Jahre alt; davon hatte er acht Jahre in den Kerkern der Inquisition verbracht.

Giordano Bruno wurde im Jahre 1548 in der Stadt Nola, in der Nähe Neapels, geboren. Obwohl er sein ganzes Leben formal als Dominikaner galt, haßte er diese »Hunde des Herrn« leidenschaftlich und machte daraus in seinen Schriften keinen

[7] *Rožicyn, V. S.*, Džordano Bruno i inkvizicija, Moskau 1955, S. 331–334.

Hehl. Das zeigt sich z. B. in seinem Werk »Das Lied der Circe«. Auf die Frage, wie man unter einer Vielzahl von Hunderassen die allerschlimmste erkennen könne, die eine wirkliche Hunderasse und trotzdem nicht weniger berühmt sei als das Schwein, antwortet Circe: »Das ist jene Rasse von Barbaren, die mit ihren Zähnen alles erfaßt und verurteilt, was sie nicht versteht. Du erkennst sie daran, daß diese kläglichen Hunde, die schon durch ihr Äußeres erkenntlich sind, auf schamlose Art alle Unbekannten anbellen, auch wenn es tugendhafte Menschen sind, den Bekannten gegenüber aber Sanftmut zeigen, auch wenn es sich um erklärte Bösewichte handelt.« [8]

Sein Verhältnis zum Mönchsstand als Ganzem formulierte Bruno in seinem Werk »Kunst des Überzeugens«: »Wer vom Mönch spricht, der meint mit diesem Wort Aberglauben, Personifizierung des Geizes und der Habgier, Verkörperung der Heuchelei und sozusagen den Inbegriff aller Laster. Wenn du also alles mit einem Wort ausdrücken willst, so sage ›Mönch‹.« [9]

Zu dieser Zeit gehörte das neapolitanische Königreich zur spanischen Krone. Aber alle Versuche von ihrer Seite wie auch seitens des römischen Papstes, eine ständige Inquisition in Neapel einzurichten, scheiterten an dem Widerstand der Neapolitaner, die ihre traditionellen Freiheiten verteidigten. Sie gewährten damals den aus Spanien geflüchteten Juden und Mauren Asyl; bei ihnen fand auch der spanische Philosoph Juan Vives Zuflucht, der die Kirche von der Position der Reformation aus kritisiert hatte. In diesem Königreich hatte die protestantische ebenso wie früher die waldensische Häresie eine weite Verbreitung erfahren. Wenn also in Neapel auch kein ständiges Inquisitionstribunal existierte, so gelang es dem päpstlichen Stuhl aber bisweilen doch, Inquisitoren in dieses Land zu entsenden, die mit Unterstützung der spanischen Truppen Massenhinrichtungen veranstalteten. In den Jahren 1560/61 inszenierten sie einen Kreuzzug gegen die neapolitanischen Waldenser. Besonders tat sich damals durch seine Grausamkeit der Inquisitor Panza hervor, der wahllos Männer, Frauen und Kinder foltern und hinrichten ließ. Über die Massenhinrichtungen von Häretikern, die auf Befehl der päpstlichen Inquisitoren in der Stadt Montalto stattfanden, ist uns das Zeugnis eines Zeitgenossen erhalten geblieben: »Ich beabsichtige, über ein schreckliches Gericht zu berichten, das heute, am Morgen des 11. Juni, über die Lutheraner dieser Stadt erging. Um die Wahrheit zu sagen: ich kann diese Hinrichtungen nur mit einer Abschlachtung von Vieh vergleichen. Die Häretiker wurden in das Haus wie in einen Stall gejagt. Der Henker trat ein, wählte einen von ihnen aus, schleppte ihn hinaus, warf über sein Gesicht ein Tuch, die ›benda‹, wie man hier sagt, führte ihn auf einen Platz in der Nähe des

---

[8] Ebenda, S. 62.

[9] Ebenda.

Hauses, drückte ihn auf die Knie nieder und durchschnitt ihm die Kehle mit einem Messer. Dann nahm er das blutbefleckte Tuch herunter, ging von neuem in das Haus und schleppte den nächsten hinaus, den er dann in der gleichen Weise abschlachtete. So wurden alle bis auf den letzten Mann umgebracht. Es waren insgesamt 88 Personen. Stellen Sie sich vor, was das für ein schreckliches Schauspiel war! Ich kann die Tränen nicht zurückhalten, indem ich dies beschreibe. Und es gab keinen Menschen, der beim Anblick dieser Massenabschlachtung sich imstande gefühlt hätte, ruhig dazustehen und zu beobachten. Die Gefaßtheit und Mannhaftigkeit der Häretiker bei ihrem Gang zum Martyrium kann man sich kaum vorstellen. Einige hatten den gleichen Glauben wie wir alle, und trotzdem führte man sie zum Tode. Aber die Mehrheit starb mit ungebeugtem Mut in ihren Überzeugungen. Die Greise sahen dem Tode ruhig ins Auge; nur einige Jünglinge zeigten sich kleinmütig. Jetzt noch zittere ich, wenn ich mich daran erinnere, wie der Henker mit dem Messer im Munde, das blutige Tuch in seinen Händen, im blutüberströmten Panzer das Haus betrat und ein Opfer nach dem andern hinausschleppte, wie ein Schlächter, der die Schafe zur Schlachtbank führt. Nach einem schon vorher ergangenen Befehl waren Wagen bereitgestellt worden, auf denen die Leichen abtransportiert wurden, um sie daraufhin zu vierteilen und diese Teile auf allen Straßen von der einen Grenze Kalabriens bis zur anderen auszustellen. In Kalabrien wurden insgesamt 1 600 Häretiker ergriffen, von denen man bis zum heutigen Tage 88 hingerichtet hat. Ich habe nicht gehört, daß sie irgend etwas Schlechtes getan hätten. Das sind einfache, ungebildete Leute, die nur Spaten und Pflug besitzen und, wie ich schon sagte, sich auch in der Stunde des Todes als Gläubige erwiesen.« [10]

Wir wissen nicht, ob der junge Bruno mit den Häretikern sympathisierte; jedoch ist glaubwürdig verbürgt, daß er großes Interesse für die Wissenschaft zeigte und eifrig von der Kirche verbotene Bücher las. Das lenkte die Aufmerksamkeit der Inquisition auf ihn. Der 28jährige Bruno rettete sich vor ihrer Verfolgung, indem er das Kloster verließ und über Rom nach Norditalien floh; im Verlauf der nächsten dreizehn Jahre lebte er abwechselnd in der Schweiz, in Frankreich, England und Deutschland, wo er mit den hervorragenden Humanisten Bekanntschaft schloß, selbst Philosophie lehrte und seine zahlreichen Werke schrieb, in denen er die aristotelisch-thomistische Scholastik der Kirche ablehnte und die ersten Grundlagen einer wissenschaftlichen Kritik der Religion, die Grundlagen eines wissenschaftlichen Atheismus oder der »neuen Philosophie« legte, wie er später seine Lehre nannte.

---

[10] Ebenda, S. 72 ff.

Abb. 25
Giordano Bruno
(Anonymer Stich aus dem 17. Jh.).

IORDANVS
BRVNVS NOLANVS,
DE IMMENSO ET INNVMERA-
bilibus, ſeu de vniuerſo &
Mundis.

AD ILLVSTRISS. ET REVEREN
diſs. Heroem HENRICVM IVLIVM
Brunſuicenſium & Lunæburgenſium
Ducem, Halberſtadenſium,
Epiſcopum, &c.

CAPVT I.

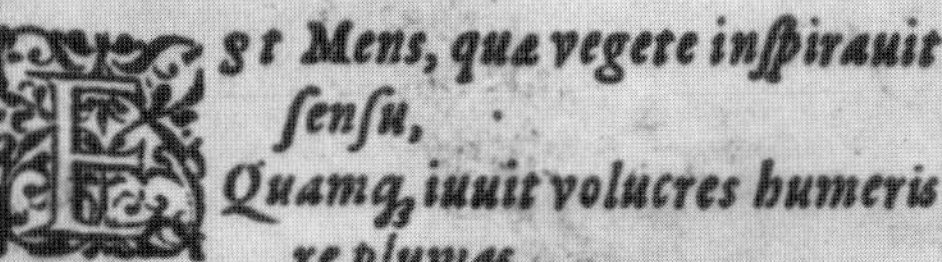

Est Mens, quæ vegete inſpirauit pectora
ſenſu,
Quamq; iuuit volucres humeris ingigne
re plumas,
Corq; ad præſcriptam celſo rapere ordine metam:
Vnde & Fortunam licet & contemnere mortem;
Arcanaq; patent portæ, abruptaq; cathenæ,
Quas pauci exceſſere, quibus paucíq; ſoluti.
Secla anni, menſes, luces, numeroſaq; proles,
K 2 *Temporis*

Abb. 26
Erste Seite aus Giordano Brunos »Vom Unermeßlichen und Unzählbaren« (Paris, 1591).

Die Spione der Inquisition verfolgten sorgsam jeden Schritt Brunos; der päpstliche Stuhl sah in ihm einen gefährlichen Feind der Kirche und wartete nur auf eine günstige Gelegenheit, um mit ihm abzurechnen.

Eine solche bot sich im Jahre 1591, als Bruno auf Einladung des venezianischen Patriziers Giovanni Mocenigo nach dessen Heimatstadt reiste. Dieser wollte ihn als Lehrer für die Kunst des Gedächtnisses anstellen. Er gehörte zur herrschenden Elite der venezianischen Republik und war seit 1583 Mitglied des »Rates der Weisen« für Häresien, der die Tätigkeit der venezianischen Inquisition kontrollierte. Deshalb ist es nicht ausgeschlossen, daß dieser Aristokrat, der Bruno nach einem Jahr der Inquisition auslieferte, von vornherein als deren Agent provocateur handelte. Venedig befand sich damals auf dem Höhepunkt seiner Macht. Die Wissenschaften genossen große Achtung; wissenschaftliche Gesellschaften und Akademien verschiedenster Art sorgten für ein reges geistiges Leben. Venedig trieb nicht nur mit den katholischen Staaten Handel, sondern auch mit den protestantischen und islamischen Ländern. Man verhielt sich nachsichtig gegenüber häretischen Lehren, gegenüber Schriftstellern, Gelehrten und Philosophen, die Kritik an der Kirche übten.

Venedig war damals auch eines der größten Verlagszentren Westeuropas, wo nicht nur orthodoxe theologische Schriften gedruckt wurden. Die Republik hatte vielen Juden, die aus Spanien geflohen waren, ihre Tore geöffnet. Allerdings wirkte auch in Venedig die Inquisition; jedoch sie stellte hier mehr eine Art politischer Polizei dar, die in erster Linie die Interessen der Republik schützte.

Die im 15. Jh. gegründete venezianische Inquisition wurde anfänglich von drei Inquisitoren geleitet: diese waren Mitglieder des Zehnerrates, dem die oberste Macht in der Republik gehörte. In seinem Auftrag beschäftigten sie sich auch mit Spionage. Zum Unterschied von den anderen Inquisitionen veranstaltete die venezianische keine Autodafés, sondern rechnete heimlich mit ihren Gegnern ab.

Man hielt diese im Gefängnis, das an den Dogenpalast angrenzte. Dort wurden sie auch hingerichtet, und die Leichen warf man in den Kanal. Andere zum Tode Verurteilte führte man in einer Gondel aufs hohe Meer, wo eine andere sie erwartete, auf die man die Verurteilten umsteigen ließ. Sobald sie das Brett betreten hatten, das als Verbindungssteg zwischen den beiden Gondeln hinübergeworfen worden war, legten sich die Ruderer in die Riemen, die Schiffe strebten auseinander, und die Opfer sanken ins Meer.

Das Gefängnis der venezianischen Inquisition, in dem sich Giordano Bruno nach seiner Verhaftung befand, ist ohne besondere Veränderungen erhalten geblieben – so wie es in den Erinnerungen eines russischen Reisenden des 19. Jh. beschrieben wurde: »Wenn du aus der Kirche durch die Senatssäle und die vier Säulenhallen zurückkehrst, gelangst du zum schrecklichsten Abschnitt des Schlosses, zum Palast der zehn geheimen Herrscher der Republik und der drei Inquisitoren ... In der Vorhalle des Saales, wo die Schriftführer saßen und die Angeklagten das Gericht, die Verurteilten aber die Vollstreckung erwarteten, sind noch die Öffnungen für den Empfang von Meldungen erhalten ... Eine eicherne Schranktür führt in ein kleines Zimmer, das die drei Inquisitoren für ihre Sitzungen wählten. Nur ein erhalten gebliebenes Wandbild mit phantastischen Abbildungen von allen möglichen Strafgerichten schmückt diesen Mittelpunkt der Regierung der Republik. Bei dem Zimmer der Inquisitoren sind einige enge Durchgänge zu den Zellen, wo die Archive aufbewahrt sind und wo einst die Folterungen stattfanden; in einer Ecke befindet sich jene verhängnisvolle Tür, die von diesem einen Ort gleichzeitig in mehrere Richtungen führt; über die sogenannte Seufzerbrücke in das Gefängnis, das hinter dem Kanal liegt, in die tiefen Keller des Schlosses und hinauf unter das Bleidach, zu den Bleikammern[11], wo die Häftlinge von der Hitze gequält wurden.

Dieses Gefängnis aber war nicht so schrecklich und blieb weniger wichtigen Verbrechern vorbehalten ... Man muß bis auf den Grund des Brunnens steigen, um dort den ganzen Schrecken dieser Gefängnisse zu erfahren, wo in Feuchtigkeit und völliger Finsternis die Opfer der Rache der Decemviri[12] dahinsiechten und ohne Spuren jene verschwanden, die ihren Verdacht auf sich gezogen hatten. Noch ist der steinerne Sessel zu sehen, auf den man die Verurteilten setzte, um sie von hinten mit einer übergeworfenen Schlinge zu erdrosseln, und jene Öffnung im Gewölbe, zu der man die Gondel vorfuhr, die die Leichen aufnahm, um sie zu dem entfernt liegenden Kanal Orfano zu bringen und dort zu versenken ...«[13]

Im 16. Jh. standen an der Spitze der venezianischen Inquisition drei Männer: der päpstliche Nuntius, der Patriarch von Venedig und der eigentliche Inquisitor. Ersterer wurde vom Papst ernannt, die übrigen vom Dogen der Republik. In den Provinztribunalen saß jeweils einer der drei dafür benannten Senatoren, der die Sitzungen eröffnete und schloß sowie gegen Beschlüsse, die nach seiner Meinung den Interessen der Republik zuwiderliefen, sein Veto einlegen konnte; außerdem hatte er darauf zu achten, daß dem Senat nichts verborgen blieb, was in den Provinzen vor sich ging. Er erlaubte oder verbot auch die Veröffentlichung von Dokumenten, die die Kirche herausgab – selbst der päpstlichen Bullen. Die Tätigkeit der venezianischen Inquisition erweckte in Rom keine sonderliche Begeisterung. Papst Pius IV. beklagte sich, daß die Signoria sich nicht genügend streng erweise in den

---

[11] Die Bleikammern waren das berüchtigte Staatsgefängnis unter dem Bleidach des Dogenpalastes; es handelte sich um enge und niedrige Räume, durch deren Bleidächer im Sommer eine unerträgliche Hitze eindrang.

[12] Vom lat. decem = zehn und viri = Männer.

[13] *Rožicyn, V. S.*, a. a. O., S. 281.

Fällen von Häresie, die in Venedig, Verona und Vicenza aufgedeckt wurden. »Es ist notwendig, größere Härte zu zeigen und bessere Heilmittel anzuwenden als bisher. Der Staat befindet sich in unmittelbarer Nachbarschaft zu den häretischen Ländern. Man muß Vorsichtsmaßnahmen ergreifen, damit diese Pest nicht über die Grenzen dringt. Wenn ein Fall von Häresie aufgedeckt wird, muß er schonungslos bestraft werden. Ein Beweis dafür, daß bisher nicht die erforderlichen Mittel eingesetzt wurden, ist die Tatsache, daß sich in Padua viele deutsche Studenten, offene Häretiker, aufhalten, die die Toleranz mißbrauchen und andere anstecken.« [14]

Das Papsttum war bestrebt, die venezianische Inquisition seiner Kontrolle zu unterwerfen. Im Jahre 1555 versuchte Paul IV., durch den obersten Inquisitor (das Haupt der Kongregation des Heiligen Offiziums) Michele Ghislieri, sie in seine Hände zu bekommen. Ghislieri sandte als Inquisitor den Kardinal Felice Peretti nach Venedig und versah ihn mit Instruktionen, in denen u. a. stand: »Die Hauptpflicht des Inquisitionsgerichtes besteht darin, die Sache und die Ehre Gottes gegen die Schmäher, die Reinheit der heiligen katholischen Religion gegen jeden Gestank der Häresie und gegen alle, die Schisma säen, zu verteidigen, mag das Lehre, Personen oder Taten betreffen. Es geziemt ihr, stets auf der Wacht zu stehen für die Unantastbarkeit der Kirche und der Rechte des heiligen apostolischen Stuhles ...

Besonders sorgfältig muß man die Agenten aus der Zahl jener Leute auswählen, denen man vertrauen kann. Sie müssen über die Ärgernisse berichten, die in der Stadt Venedig sowohl unter den Laien als auch unter den Geistlichen vorkommen, über die Religionsspöttereien und andere Verbrechen gegen die Heiligtümer. Der Generalinquisitor ist nicht dem Nuntius unterstellt, sondern der obersten Inquisition in Rom; er ist unmittelbar seiner Heiligkeit, unserm Gebieter, verantwortlich.

Angesichts dessen ist es erforderlich, aus Achtung gegenüber dem Ersten Geistlichen über alle bedeutenden Ereignisse zu informieren, die in der Woche passiert sind, insbesondere wenn sich irgend etwas ereignet hat, was für den Heiligen Stuhl von Interesse ist ...

Die Venezianer hassen das Inquisitionstribunal, da sie Anspruch darauf erheben, über die Kirche zu herrschen; das stimmt jedoch mit der Ordnung und den Statuten der Inquisition nicht überein. Außerdem lieben sie eine zügellose Freiheit, die in dieser Stadt Venedig außergewöhnlich groß ist, und verhalten sich geringschätzig gegenüber der Lehre der Religion und den Dogmen. Viele leben nicht so, wie es Christen geziemt. Es wäre jedoch traurig, wenn der straff gespannte Faden gänzlich risse; das könnte die Ursache für irgendwelche kleineren oder größeren Komplikationen sein. Es versteht sich, daß man die Interessen Gottes verteidigen muß. Angesichts

---

[14] Ebenda, S. 278.

dessen erwartet der Herr, daß seine Diener sich zusammenschließen gegen jede menschliche Verderbtheit in dieser Welt. Es ist notwendig, mit Hartnäckigkeit und Eifer gegen die Zügellosigkeit vorzugehen, die bedauerlicherweise in Venedig sehr groß ist. Es ist notwendig, in einigen Fällen die Augen zu verschließen vor den Ansprüchen der Venezianer, sich in die kirchlichen Angelegenheiten einzumischen; denn die göttliche Vorsehung selbst zeigt uns die Mittel, mit Hilfe derer der Heilige Stuhl diese Unordnung mit der Wurzel ausrottet, die der heiligen Kirche so großen Schaden zufügt. Aber da es unmöglich ist, alle Mißbräuche auf einmal auszumerzen, so muß man dafür Sorge tragen, daß das Übel sich wenigstens nicht vergrößere. Wenn sich jedoch die Gelegenheit bietet, irgendeinen Zweig der vorgenannten Macht abzubrechen, so darf man diese nicht vorüberlassen. Eine solche Gegebenheit muß man mit aller Entschiedenheit ergreifen, ohne daß dabei die Klugheit Schaden leidet ...

Über alles, was dort vorgeht, müssen besondere Berichte dem Tribunal in Rom vorgelegt werden, ohne jedoch viel Zeit mit der Beschreibung von Einzelheiten zu verlieren; denn häufig geht sozusagen der gute Wille bei der Erfüllung der Beschlüsse verloren, wenn zuviel Aufmerksamkeit auf Berichte gelegt wird. Wenn sich die Möglichkeit bietet, muß man seine eigenen Heilmittel bei der Behandlung gewöhnlicher Fälle anwenden, ohne Vorschriften aus Rom abzuwarten ... «[15]

Obwohl es Peretti nicht gelang, die venezianische Inquisition der Kontrolle des Heiligen Offiziums zu unterwerfen, so stellte doch die Existenz dieser Inquisition unzweifelhaft eine Gefahr für Giordano Bruno dar; die folgenden Ereignisse bestätigen das.

Am 23. Mai 1592 sandte Mocenigo dem Inquisitor seine erste Anzeige gegen Bruno. Darin hieß es: »Ich, Zuan Mocenigo, denunziere Ihnen, hochwürdiger Vater, gezwungen von meinem Gewissen und auf Befehl meines Beichtvaters, daß ich den Giordano Bruno aus Nola bei verschiedenen Gelegenheiten, indem er sich mit mir in meinem Hause unterhielt, sagen hörte, es sei ein großer Blödsinn seitens der Katholiken, zu behaupten, das Brot verwandle sich in Fleisch; er sei ein Feind der Messe; ihm gefalle keine Religion; ... es gebe nicht mehrere unterschiedliche Personen in Gott, das würde eine Unvollkommenheit in Gott sein; die Welt sei ewig und es gebe unzählige Welten ...; Christus habe nur scheinbare Wunder verrichtet und sei ein Magier gewesen ebenso wie die Apostel, und er selbst könne ebenso viele und größere Wunder verrichten; Christus habe gezeigt, daß er den Tod fürchtete, und sei vor ihm geflohen, solange er konnte; es gebe keine Strafen für die Sünden, und die Seelen, die von der Natur geschaffen würden, wanderten von

[15] Ebenda, S. 275 ff.

einem Tier zum anderen und entstünden, wie die niederen Tiere, aus der Verwesung, so entstünden auch die Menschen, so oft sie nach den Fluten ins Leben zurückkehrten.

Er bezeugte die Absicht, eine neue Sekte zu begründen unter dem Namen ›neue Philosophie‹, er hat gesagt, die Jungfrau habe nicht gebären können, und unser katholischer Glaube sei voll von Lästerungen gegen die Majestät Gottes, man müsse den Brüdern die Lehrfähigkeit und überhaupt den Eintritt versagen, da sie die Welt verdummen und alle Esel seien, und unsere Ansichten seien die Ansichten von Eseln, wir hätten keinen Beweis, daß unser Glaube bei Gott verdienstlich sei; einem andern nicht zu tun, was man selber nicht wolle, das uns getan werde, genüge um ehrlich zu leben ...

Ich hatte die Absicht, wie ich ihm gesagt hatte, von ihm unterrichtet zu werden, da ich nicht wußte, wie schlecht er ist, und habe mir diese Sachen vermerkt, um Eurer Hochwürden Rechenschaft darüber zu geben; als ich fürchtete, er könnte abreisen, wie er sagte, daß er es wolle, habe ich ihn in einem Zimmer eingeschlossen, und weil ich ihn für einen Besessenen halte, so bitte ich baldmöglichst Entscheidung über ihn zu treffen.

Konform wird aussagen können vor dem heiligen Amt der Buchhändler Ciotto und Herr Giacomo Bertano, auch Buchhändler ...

Ich übersende Ew. Hochwürden auch drei Druckschriften desselben, in denen von mir einige Sachen angestrichen sind, und ein kleines Werk von seiner Hand über Gott, zum Beweise seiner allgemeinen Eigenschaften, woraus Sie sich ein Urteil bilden können.

Er hat auch in einer Akademie des Herrn Andrea Morosino ... verkehrt, wo viele Edelleute verkehren, die zufällig ihn von mancherlei Dingen dürften sprechen gehört haben.

Alle Ärgernisse, die er mir angetan, die übrigens nicht von Belang sind, werde ich gern Eurer Zensur unterwerfen, da ich wünsche, in jedem Betracht ein gehorsamer echter Sohn der heiligen Kirche zu sein. Und zum Schluß küsse ich Eurer Hochwürdigkeit verehrungsvoll die Hände.«[16]

Am 25. und 26. Mai kamen von Mocenigo neue Anzeigen gegen Giordano Bruno, worauf der Philosoph verhaftet und ins Gefängnis geworfen wurde.

Das Inquisitionstribunal begann unverzüglich, Zeugenaussagen zu sammeln und seinen Gefangenen zu verhören. Das Ziel all dessen bestand darin, ihn der Ketzerei und deren Propaganda zu überführen; das hätte es erlaubt, ihn nach Rom auszuliefern

---

[16] *Bruno, G.*, Gesammelte Werke, Bd. 6, hrsg. v. L. Kühlenbeck, Jena 1909, S. 146–148.

und vom Papst aburteilen zu lassen. Aber Bruno lehnte alle Beschuldigungen ab und weigerte sich, seine »Fehler« einzugestehen.

Die Verhöre führte der venezianische Inquisitor Gabriele Saluzzi im Verein mit dem päpstlichen Nuntius Ludovico Taberna und dem Mitglied des Rates der Weisen Aloiso Fuscari, dem Bevollmächtigten des Senats für den Kampf gegen die Häresien, durch.

Die Protokolle darüber wurden in Kopien durch spezielle Boten nach Rom gebracht. Am 12. September 1592 forderte die päpstliche Inquisition dann offiziell die Auslieferung Giordano Brunos. Das venezianische Tribunal antwortete zustimmend und bat den Rat der Weisen um die entsprechende Erlaubnis. Dieser weigerte sich jedoch, Bruno auszuliefern. Rom bestand weiterhin darauf und drohte mit dem Abbruch der diplomatischen Beziehungen sowie der Verhängung des Interdikts über die Republik.

In der Befürchtung, daß die Anwendung solcher Repressivmaßnahmen seitens des päpstlichen Stuhls den Handelsbeziehungen Venedigs Schaden zufügen könne, faßte dieses am 7. Januar 1593 folgenden Beschluß über die Auslieferung des Häftlings an die päpstliche Inquisition: »Nachdem der Monsignor Nuntius an unsere Signoria im Namen des Summus Pontifex das Gesuch gestellt hat, daß der Bruder Giordano Bruno aus Neapel, der zuerst in Neapel und dann in Rom wegen sehr schwerer Anschuldigungen in puncto Ketzerei angeklagt und eingekerkert worden und aus dem Gefängnis sowohl des einen wie des anderen Platzes entflohen und schließlich angeklagt und verhaftet worden ist vom Inquisitionsamte dieser Stadt, nach Rom geschickt werde, damit das heilige Tribunal die gebührliche Gerechtigkeit wider ihn verfolgen könne, in Erwägung, daß es angemessen erscheint, in einem so außerordentlichen Falle Seiner Heiligkeit einen Dienst zu erweisen, wird man ihr mitteilen, daß man aus Verbindlichkeit gegenüber dem Pontifex besagten Giordano Bruno dem Inquisitionstribunal zu Rom ausliefern wird. Der Monsignor Nuntius ist zu benachrichtigen, er könne ihn mit solcher Geleitschaft und in der Weise überführen, wie es Seiner Hochwürden am besten erscheine. Dies soll dem besagten Nuntius morgen bei der Audienz mitgeteilt werden oder ihm durch einen Notar unserer Kanzlei in seiner Wohnung eröffnet werden, und es soll auch unserem Gesandten in Rom mitgeteilt werden, damit dieser es Seiner Heiligkeit als Zeichen der beständigen Geneigtheit unserer Republik, sich ihr angenehm zu erweisen, unterbreite.« [17]

Papst Clemens VIII. (1592–1605) frohlockte, als er durch den venezianischen Gesandten Paolo Parutta hiervon erfuhr. »Ich habe Seiner Heiligkeit zu wissen

---

17 Ebenda, S. 222.

gegeben«, berichtete letzterer am 16. Januar 1593, »was Eure Hoheit mir aufgetragen haben in Ansehung jenes Bruders Giordano Bruno, indem ich diesen Entschluß vorlegte, und habe ihm alle Umstände auseinandergesetzt, die mir am besten den guten Willen Eurer Hoheit, ihm eine Annehmlichkeit zu erweisen, ins Licht zu setzen schienen, und er hat mir darauf mit sehr höflichen und verbindlichen Worten erwidert, indem er sagte, er wünsche allezeit mit unserer Republik in gutem Einvernehmen zu stehen, daß er übrigens nicht wünsche, daß ihr jemals harte Knochen zu benagen vorgelegt würden von anderen, die es nicht gut mit ansehen könnten, daß er so viel Wert auf die Ergebenheit lege, welche wir gegen ihn betätigten. Worauf ich mit anderen verbindlichen Worten geantwortet habe und die Verehrung der Republik für ihn noch mehr zum Ausdruck gebracht habe. Da diese Worte nichts Wesentliches enthielten, brauche ich sie wohl nicht mitzuteilen.«[18]

Am 19. Februar 1593 wurde Giordano Bruno in Ketten auf dem Seewege in Begleitung einer Eskorte von Kriegsschiffen – man befürchtete einen Überfall der türkischen Flotte – nach Rom überführt. Als Hauptwächter begleitete ihn der Dominikaner Ippolito Maria Beccaria, den in Rom die Ernennung zum Ordensgeneral erwartete. Er sollte später aktiven Anteil am Gericht über Giordano Bruno nehmen und ihn »ermahnen«, seine Verirrungen einzugestehen und zu bereuen. Nach seiner Ankunft in Rom am 27. Februar 1593 wurde Bruno in das Gefängnis der Inquisition eingeliefert. Aber erst am 16. Dezember 1596 begann diese mit seinem Verhör. Fast vier Jahre lang war Bruno also faktisch in den Kasematten der Inquisition lebendig begraben, die ihn einerseits durch die »Vergessenheit« zermürben und seinen Widerstandswillen brechen wollte, auf der anderen Seite aber auch bestrebt war, Zeit zu gewinnen für ein eingehendes Studium der zahlreichen Schriften des Philosophen, um aus ihnen Beweise für seine häretischen Anschauungen herauszusuchen.

Die Kongregation der Inquisition, die Bruno richtete, bestand aus dem ehemaligen Obersten Inquisitor, dem Dominikaner Kardinal San Severino; dem Obersten Inquisitor Kardinal Ludovico Madruzzi, dem ehemaligen päpstlichen Kommissar für Sachen der Inquisition in Deutschland; dem Kardinal Pedro de Deza, der durch seine als Generalinquisitor in Spanien begangenen Verbrechen bekannt wurde; dem Kardinal Domenico Pinelli, der sich durch seine Grausamkeit und seinen Geiz auszeichnete; dem Kardinal Sarnino, Leiter der Index-Angelegenheiten; Kardinal Paolo Sfondrati, dem illegitimen Sohn Papst Gregors XIV., von dem man sagte, daß er in einem Jahr der Herrschaft seines Vaters mehr zusammengeraubt habe als andere in zehn Jahren; Kardinal Camillo Borghese, dem künftigen Papst Paul V.;

---

[18] Ebenda, S. 224.

dem Kardinal Datarius Sasso und dem Jesuitenkardinal Roberto Bellarmino, einem Ideologen der Gegenreformation, der in der Folgezeit maßgeblichen Anteil an dem Gericht über Galilei hatte.

Diese ganze Schar von Kirchenfürsten haßte den ketzerischen Philosophen grimmig und war fest entschlossen, mit ihm fertig zu werden. Aber sie interessierte weniger die physische Abrechnung mit diesem Philosophen und Humanisten als vielmehr seine geistige Hinrichtung, besser gesagt: sein geistiger Selbstmord, den sie dadurch zu erreichen hofften, daß sie ihn zu Selbstverurteilung, Reue, Widerruf und Wiederversöhnung mit der Kirche, d. h. zur Unterwerfung unter den päpstlichen Stuhl zwangen.

Wenn sie dieses ersehnte Ziel erreichten, so war das für sie gleichbedeutend mit einem Sieg über alle Humanisten und philosophischen Kritiker der Kirche und der Religion, da sie sehr richtig in Bruno einen ihrer talentvollsten und kühnsten ideologischen Führer sahen.

Am 16. Dezember 1596 beschloß die Inquisition, mit dem Verhör Brunos »über die aus seinen Schriften exzerpierten Texte« zu beginnen. Der Philosoph antwortete jedoch auf die Fragen der Inquisitoren ausweichend, indem er behauptete, er habe nie die ihm zugeschriebenen häretischen Anschauungen vertreten. Als die Inquisitoren erkannten, daß ihr Häftling sich entschieden weigerte, seine Schuld einzugestehen und sich mit der Kirche zu »versöhnen«, bestimmten sie am 24. März 1597, ihn »streng« zu befragen, d. h. zu foltern. Nach den uns erhalten gebliebenen Protokollen brachte jedoch auch dies nicht die gewünschten Resultate. Das standhafte Verhalten des Philosophen entsprach seiner Lehre. In seinem Traktat »Druck der Drucke« hatte er einst geschrieben: »Wen die Größe seiner Sache gefangen nimmt, spürt nicht mehr die Schrecken des Todes. Wen die Liebe zum göttlichen Willen (den er für den allerfestesten hält) mehr als alles andere anzieht, der gerät nicht in Verwirrung – weder durch irgendwelche Drohungen noch durch herannahende Schrecken. Was mich betrifft, so werde ich nie glauben, daß der sich mit der Gottheit vereinigen kann, der körperliche Qualen fürchtet. Wahrhaftig: der Weise und Tugendhafte erreicht nur dann das Vollkommene (soweit Vollkommenheit unter den Bedingungen des irdischen Lebens überhaupt möglich ist), wenn er keine Leiden fühlt, wenn er darauf nur durch das Fenster der Vernunft schauen will.«[19]

Am Ende des Jahres 1598 erlebte Rom eine Überschwemmung; auch das Inquisitionsgefängnis stand unter Wasser, und Bruno wäre beinahe ums Leben gekommen. Aber das wirkte sich auf seinen Prozeß in keiner Weise aus; bald gingen nämlich die Inquisitoren mit neuer Energie an die Sache.

---

[19] *Rožicyn, V. S.*, a. a. O., S. 372.

Um Beweise für seine »Schuld« zu erlangen, benutzten sie eine traditionelle und in ihrer Praxis vielfach bewährte Methode: Sie schleusten in die Gefängniszelle Provokateure ein, deren Aussagen schließlich als Grundlage für die Verurteilung des Nolaners dienten. Die Provokateure wurden auf ihn angesetzt sowohl während seiner Haft in Venedig als auch in Rom. Ihre Aussagen werden breit zitiert in der »Kurzen Darlegung der Untersuchungssache gegen Giordano Bruno darüber, was Bruder Giordano Bruno über den heiligen katholischen Glauben dachte, daß er ihn und seine Diener verurteilte«, die auf Veranlassung der Inquisition im Jahre 1597 zusammengestellt worden war. Aus dieser Quelle führen wir den Abschnitt an, der von der Existenz einer Vielzahl von Welten handelt und der für die Untersuchungstechnik des »heiligen Gerichts« sehr charakteristisch ist:

»82. Giovanni Mocenigo, Berichterstatter: ›Ich hörte einige Male in meinem Hause von Giordano Bruno, daß unendliche Welten existieren und daß Gott ständig unendliche Welten erschafft, denn es heißt, daß er alles, was er will, auch kann!‹

83. Der gleiche, befragt: ›Er behauptete oft, daß die Welt ewig sei und daß eine Vielzahl von Welten existiere. Auch sagte er, daß alle Sterne Welten seien und daß das in den von ihm herausgegebenen Büchern bestätigt wird. Eines Tages, als er über diesen Gegenstand sich ausließ, sagte er, daß Gott der Welt so sehr bedürfe wie die Welt Gottes und daß Gott nichts wäre, wenn nicht die Welt existiere, und daß Gott nur deshalb neue Welten schaffe.‹

84. Bruder Celestino, Nachbar Giordanos in der Zelle in Venedig, berichtete: ›Giordano sagte, daß es eine Vielzahl von Welten gebe, daß alle Sterne Welten seien und daß es die größte Unwissenheit wäre zu glauben, daß nur diese Welt existiere.‹ Er berief sich auf Zeugen, nämlich die Zellennachbarn Giulio de Saló, Francesco Vaia und Matteo Orio.

85. Der gleiche, befragt, sagt aus: ›Er behauptete, daß eine gewaltige Vielzahl von Welten existiere und daß alle Sterne, soviel ihrer sichtbar sind, Welten seien.‹

86. Bruder Giulio, von dem oben die Rede war: ›Ich hörte von ihm, daß alles Welt sei, daß jeder Stern eine Welt wäre und daß oben und unten viele Welten existierten.‹ Ein zweites Mal wurde er nicht befragt.

87. Francesco Vaia, Neapolitaner: ›Er sagte, daß eine Vielzahl von Welten existiere und eine große Vermischung von Welten, und daß alle Sterne Welten seien.‹ Ein zweites Mal wurde er nicht mehr befragt; er starb.

88. Francesco Graziano, Zellennachbar in Venedig: ›In seinen Gesprächen behauptete er, daß viele Welten existieren; daß diese Welt ein Stern sei und anderen Welten als solcher erscheine, ähnlich wie die Gestirne, die Welten sind, uns als Sterne erschienen. Als ich ihm widersprach, antwortete er, daß er als Philosoph urteile, denn außer ihm gebe es keine anderen Philosophen, und in Deutschland würde man außer seiner Philosophie keine andere anerkennen.‹

89. Derselbe, befragt: ›Eines Abends führte er den Francesco aus Neapel ans Fenster, zeigte ihm einen Stern und sagte, das sei eine Welt, und daß alle Sterne Welten seien.‹

90. Matteo de Solvestris, Zellennachbar: ›Weiter sagte er, daß die Welt ewig sei und daß tausend Welten existieren; alle Sterne, soviel man sehe, seien Welten.‹

91. Der gleiche, ein zweites Mal befragt: ›Er lehrte mich viele Male, daß alle Sterne, wie sie zu sehen seien, Welten darstellten.‹

92. Der Angeklagte beim dritten Verhör: ›In meinen Büchern kann man Anschauungen finden, die insgesamt auf folgendes hinauslaufen: Ich nehme an, daß das Weltall unendlich ist, daß es eine Schöpfung der unbegrenzten göttlichen Macht darstellt. Denn ich halte es für der göttlichen Gnade und Macht unwürdig, daß Gott, der die Macht besitzt, außer dieser Welt noch eine andere und viele andere unendliche Welten zu schaffen, nur eine endliche Welt geschaffen habe. So erklärte ich, daß unendliche Welten existieren, Welten ähnlich unserer Erde, die ich zusammen mit Pythagoras für einen Stern halte, ähnlich dem Monde, den Planeten und anderen Sternen, deren Zahl unendlich ist. Ich bin der Ansicht, daß alle diese Himmelskörper Welten darstellen ohne Zahl, die eine endlose Gesamtheit im unbegrenzten Raume bilden, der sich unendliches Weltall nennt und in dem sich endlose Welten befinden. Daraus folgt unmittelbar, daß die Wahrheit sich im Widerspruch zum Glauben befindet. In diesem Weltall sehe ich eine göttliche Vorsehung, dank derer jedes Ding lebt, wächst, sich bewegt und vollendet in dieser Welt. Sie befindet sich in der Welt ähnlich wie die Seele im Körper, alles in allem und alles in jedem beliebigen Teil, und das nenne ich Natur, den Schatten und das Gewand der Gottheit. Das verstehe ich so, daß Gott sich seinem Wesen nach, seiner Anwesenheit und seiner Macht nach auf unaussprechliche Weise in allem und über allem befindet: Nicht wie ein Teil, nicht als Seele, sondern auf unerklärliche Weise.‹

93. Beim zwölften Verhör: ›Aus allen meinen Werken und Äußerungen, die von kundigen und vertrauenswürdigen Personen mitgeteilt worden sein könnten, ist folgendes ersichtlich: Ich bin der Ansicht, daß diese Welt und die Gesamtheit der Welten entstehen und vergehen. Auch diese Welt, d. h. die Erdkugel, hatte einen Anfang und kann ein Ende haben, ähnlich den übrigen Sternen, die ebensolche Welten sind wie diese Welt, möglicherweise bessere oder aber schlechtere; sie sind ebensolche Sterne wie diese Welt. Sie alle werden geboren und sterben, wie die Lebewesen, die aus widersprüchlichen Elementen bestehen. Das ist meine Meinung bezüglich der allgemeinen und der Teilschöpfungen, und ich bin der Ansicht, daß sie in ihrem ganzen Sein von Gott abhängen.‹

94. Beim 14. Verhör antwortete er im wesentlichen in der gleichen Art bezüglich der Vielzahl der Welten und sagte, daß unendliche Welten existierten in einem unendlichen leeren Raum, und er führte Beweise an.

95. Der Befragte antwortete: ›Ich sage, daß in jeder Welt mit Notwendigkeit vier Elemente existieren, wie auch auf der Erde, daß es dort Meere, Flüsse, Berge, Täler, Feuer, Tiere und Pflanzen gibt. Was die Menschen betrifft, d. h. vernünftige Geschöpfe, so stelle ich es anheim, darüber zu urteilen, ob man sie so nennen soll. Aber man muß annehmen, daß es dort vernunftbegabte Lebewesen gibt. Was ferner deren Körper betrifft, so sind sie sterblich wie die unseren oder nicht sterblich; die Wissenschaft gibt darauf keine Antwort. Die Rabbiner und die Heiligen des Neuen Testaments glaubten, daß Lebewesen existieren, die durch die Gnade Gottes unsterblich sind. Sie hat man im Auge, wenn man von dem Land der Lebenden und dem Orte der Seligen spricht im Psalm: 'Ich glaube, daß ich die Gnade Gottes im Lande der Lebenden sehen werde', von wo die Engel in Form des Lichtes und der Flammen ausgehen. So interpretierte der heilige Basilius auch folgende Verse: 'Du schaffst durch deine Engel, deine Diener, die Geister – das flammende Feuer', indem er annahm, daß die Engel körperlich seien; und der heilige Thomas sagte, daß es keine Frage des Glaubens sei, ob die Engel körperlich wären oder nicht. Darauf gestützt, halte ich meinerseits die Meinung für zulässig, daß in diesen Welten vernünftige Lebewesen existieren, lebende und unsterbliche, die man infolgedessen eher Engel nennen könnte als Menschen. Wie die Plato folgenden Philosophen, so bestimmen auch die christlichen Denker, die durch die Lehre Platos erzogen worden sind, sie als vernünftige Lebewesen, die sich in höchstem Maße von uns Menschen unterscheiden.‹

96. Befragt, antwortete er: ›Es ist nicht ausgeschlossen, daß sie sich ähnlich den Tieren ernähren, essen und trinken auf eine ihrer Natur entsprechende Weise; aber wenn sie nicht sterben, so werden sie sich wahrscheinlich auch nicht vermehren.‹

97. Befragt, ob er den Unterschied darin sehe, daß die Lebewesen dieser Welt sterblich sind, die Lebewesen anderer Welten aber unsterblich, antwortete er: ›Ich gehe von der Autorität der Heiligen Schrift aus, die keine sterblichen Menschen in den Himmel und um die Erde herum setzt, sondern vom Land der Lebenden spricht. Außerdem würde es auch in dieser Welt noch menschenähnliche Lebewesen geben, die die Unsterblichkeit besäßen, unabhängig davon, daß sie essen und sich ernähren, wenn es keine Erbsünde gegeben hätte. Die Ursache dieser Unsterblichkeit läge nicht in der Natur, denn diese Wesen würden auch aus entgegengesetzten Elementen bestehen, sondern in der Gnade Gottes. So hat Gott unseren Stammvater von Haus aus unsterblich geschaffen, der, indem er vom Baum des Lebens sich nährte, die Möglichkeit besaß, sich nicht nur zu ernähren, sondern auch sein ganzes Wesen zu restaurieren und seine Naturelemente und Bestandteile voll und ganz zu bewahren.‹« [20]

---

[20] Kratkoe izloženie sledstvennogo dela Džordano Bruno. O tom, čto brat Džordano Bruno dumal o

Am 4. Februar 1599 faßte die Inquisitionskongregation, die unter dem Vorsitz Papst Clemens' VIII. tagte, in der Sache Brunos folgenden Beschluß: »Die Väter der Theologie, und zwar der Pater General des genannten Ordens der Predigerbrüder, ferner Bellarmino und der Kommissar, müssen dem genannten Bruder Bruno einschärfen, daß seine Thesen häretisch und dem katholischen Glauben entgegengesetzt sind und als solche nicht nur heute erklärt werden, sondern schon von den ältesten Vätern, von der katholischen Kirche und dem heiligen apostolischen Stuhl als solche verurteilt und verdammt wurden. Wenn er sie als solche verwirft, sie zu widerrufen wünscht und Bereitwilligkeit zeigt, so wird er zur Reue zugelassen mit den entsprechenden Strafen. Wenn aber nicht, so wird eine vierzigtägige Frist für den Widerruf angesetzt, wie sie gewöhnlich den unbußfertigen und hartnäckigen Häretikern gewährt wird. So wird all das nach Möglichkeit auf die beste Weise geordnet und geschieht, wie es sich gebührt.«[21]

Wie aus diesem Text hervorgeht, stellte die Inquisition Bruno ein Ultimatum: entweder Eingeständnis der Fehler, Widerruf und Rettung des Lebens oder Exkommunikation und Tod. Bruno wählte das letztere. Trotz Folter und Qualen, die sich nun schon über sieben Jahre hinzogen, lehnte er es kategorisch ab, sich schuldig zu bekennen. Aber die Inquisitoren gaben die Hoffnung noch nicht auf, daß es ihnen gelingen werde, den eisernen Willen ihres Häftlings zu brechen und ihn zur Reue zu zwingen. Sie gedachten den Zeitpunkt ihres Sieges auf das Jahr 1600 ansetzen zu können, das vom Papst zum »heiligen« Jubiläumsjahr erklärt worden war. Die Buße eines so bekannten Häretikers wie Giordano Bruno sollte als Zeichen des Sieges des päpstlichen Stuhls über seine Gegner dienen.

Inzwischen folgte Verhör auf Verhör; doch Bruno beharrte fest auf seinem Standpunkt, wie man den Protokollen des Inquisitionsgerichts entnehmen kann, die erhalten geblieben sind. In einem von ihnen steht geschrieben: »21. Oktober 1599 (Entwurf eines Protokolls); Bruder Giordano, Sohn des Giovanni Bruno von Nola, Priester des Predigerordens, Magister der heil. Theologie, ist besucht worden. Er hat erklärt, daß er nichts zu bereuen hat und nichts bereuen will und nichts hat, was er widerrufen könne, und keinen Anlaß zum Widerruf habe, und nichts weiß, worüber er einen Widerruf und ein reuiges Bekenntnis abgeben kann. Die Hochw. Herren haben verfügt, daß der Hochw. Vater ... ihm seine Verblendung und die Falschheit seiner Lehre klarmachen soll.«[22]

svjatoj katoličeskoj vere, osuždal jejo i jejo služitelej, v perevode i s kommentarijami *A. Ch. Gorfunkelja*, in: Voprosy istorii religii i ateizma, Bd. 6, Moskau 1958, S. 373–375.

21 *Rožicyn, V. S.*, a. a. O., S. 352.

22 *Bruno, G.*, Gesammelte Werke, Bd. 6, S. 226.

Die Inquisition trug dem Ordensgeneral der Dominikaner, Ippolyto Maria Beccaria, sowie dem Generalprokuror des gleichen Ordens auf, ein letztes ermahnendes Gespräch mit dem Häftling zu führen, das aber, wie die vorausgehenden, nicht das gewünschte Resultat brachte.

Am 20. Januar 1600 versammelte sich das Inquisitionsgericht zur endgültigen Entscheidung in der Sache Brunos. Der Beschluß lautete: »In der Sache dieses Apostaten wurde sodann durch den General seines Ordens, Hippolytus Maria, Bericht erstattet, daß jener Jordanus von ihm befragt sei, wieweit er die von ihm in Schriften und Protokollen aufgestellten Behauptungen als ketzerisch erkenne und abschwöre, daß derselbe aber behauptet habe, er habe nie ketzerische Sätze aufgestellt, sondern seine Lehren seien von den Beamten des hl. Amtes falsch aufgefaßt worden. Der heilige Vater entschied nach Anhörung der Kongregation, daß man jetzt in dieser Sache die letzten Schritte tun und unter Wahrung aller Förmlichkeiten das Urteil sprechen und den Bruder Jordanus der weltlichen Gewalt übergeben soll.«[23]

Mit diesem päpstlichen Befehl war das Schicksal Brunos entschieden. Am 8. Februar 1600 verkündete das Inquisitionstribunal dem Philosophen das Urteil in der Kirche der heiligen Agnes, wohin man ihn in Begleitung des Henkers geführt hatte. Das Urteil, das von den Inquisitoren mit Roberto Bellarmino an der Spitze unterschrieben war, legte noch einmal die Einzelheiten des Prozesses dar und lautete in seinem beschließenden Teil wie folgt: »Wir nennen, verkünden, verurteilen und erklären dich, Bruder Giordano Bruno, als einen unbußfertigen, hartnäckigen und unbeugsamen Häretiker. Deshalb unterliegst du allen Verurteilungen und Strafen der Kirche, entsprechend den heiligen Canones, Gesetzen und Bestimmungen, den allgemeinen wie den speziellen, die sich auf solche offenen, unbußfertigen, hartnäckigen und unbeugsamen Häretiker beziehen. Und als einen solchen stoßen wir dich aus dem geistlichen Stande aus und erklären, daß du in Wirklichkeit, entsprechend unserem Urteil und Befehl, jedes großen und kleinen kirchlichen Ranges verlustig bist, welchen du bis heute auch bekleidet haben magst, entsprechend den Satzungen der heiligen Canones. Du sollst exkommuniziert sein, wie wir dich aus unserem kirchlichen Orden und aus der heiligen unversehrten Kirche ausschließen, deren Barmherzigkeit du dich unwürdig erwiesen hast. Du sollst dem weltlichen Gericht übergeben werden, und wir übergeben dich dem Gericht des Herrn Gouverneurs in Rom, der hier anwesend ist, damit er dich mit der gebührenden Strafe belege, wobei wir inständig bitten, es möge ihm belieben, die Strenge der Gesetze zu mildern, die sich auf die Strafe für deine Person beziehen. Möge sie ohne Gefahr des Todes und der Gliederverstümmelung sein.

[23] Ebenda, S.227.

Darüber hinaus verurteilen, tadeln und verbieten wir alle obengenannten und alle deine anderen Bücher und Schriften als häretisch und fehlerhaft, da sie zahlreiche Häresien und Verirrungen enthalten. Wir befehlen, daß von heute an alle deine Bücher, die sich beim Heiligen Offizium befinden und in Zukunft in dessen Hände fallen werden, öffentlich zerrissen und auf dem Platz des hl. Petrus verbrannt sowie als solche eingetragen werden in die Liste der verbotenen Bücher; so soll es sein, wie wir es befehlen. So verkünden wir denn feierlich, verurteilen, erklären und degradieren, befehlen, exkommunizieren, übergeben und beten wir, wobei wir in all diesem und allem übrigen auf unvergleichlich mildere Weise verfahren, als wir mit vollem Grund tun könnten und müßten. Dies verkünden wir, die Kardinäle Generalinquisitoren, die unten genannt sind.«[24]

Bruno nahm die Entscheidung der Inquisition ruhig entgegen und antwortete: »Wahrscheinlich verkündet ihr dies Urteil mit größerer Furcht, als ich es anhöre.« Dann wurde über dem Verurteilten die Zeremonie der Degradierung und Exkommunikation ausgeführt. Diese ging nach der Beschreibung des Jesuiten Pravetta, der in der Kirche der hl. Agnes anwesend war, wie folgt vor sich: »Man führte Bruno zum Altar, indem Kleriker ihn unter die Arme nahmen. Er trug alle Ornate, die er erhalten hatte, entsprechend den Graden der Weihe, angefangen vom Chorhemd des Novizen bis zu den Zeichen der Priesterwürde. Der Bischof, der diese Zeremonie der Degradierung vornahm, war im Omophor, einem weißen Ornat mit Spitzen, die Epitrachilen von roter Farbe, und dem priesterlichen Meßgewand. Auf dem Kopfe trug er eine einfache Mitra; in den Händen hielt er den Bischofsstab. Am Altar angekommen, setzte er sich auf den vorgerückten Bischofssitz mit dem Gesicht zu den versammelten Richtern und zum Volk.

Man zwang Bruno, die Kultgegenstände in die Hände zu nehmen, die beim Gottesdienst gewöhnlich benutzt werden – so, als ob er sich anschicke, an die Verrichtung des Gottesdienstes zu gehen. Dann zwang man ihn, sich vor dem Bischof bis zur Erde zu verneigen. Der Bischof sprach die vorgeschriebene Formel: ›Durch die Macht des allmächtigen Gottes, des Vaters, des Sohnes und des Heiligen Geistes, und durch die Macht unseres Ranges nehmen wir dir die Amtstracht des Priesters und entfernen und stoßen dich aus jeder geistlichen Würde und nehmen dir sämtliche Titel.‹ Dann schnitt der Bischof mit einem entsprechenden Instrument die Haut von Daumen und Zeigefinger beider Hände ab, gleichsam um die Folgen der Salbung zu vernichten, die bei der Priesterweihe erfolgt war. Danach nahm er dem Verurteilten die Priestertracht ab, und schließlich vernichtete er die Spuren der Tonsur, indem er die bei der Degradierung vorgeschriebenen verbindlichen Formeln sprach.«

---

[24] *Rožicyn, V. S.*, a. a. O., S. 366 ff.

Am 17. Februar des Jahres 1600 fand auf dem Campo di Fiore in Rom die Hinrichtung des Philosophen statt. »Heute«, so lesen wir in dem uns erhalten gebliebenen Bericht der »Bruderschaft der Enthauptung des heiligen Johannes des Täufers«, die eine Art Zunft der im Dienste der Inquisition stehenden Henker darstellte, »um zwei Uhr nachts wurde der Bruderschaft mitgeteilt, daß morgens das Gerichtsurteil über einen gewissen Unbußfertigen vollstreckt werden solle. Deshalb versammelten sich um sechs Uhr morgens die geistlichen Väter und der Kaplan in der Kirche der hl. Ursula und begaben sich zum Gefängnis im Turm Nona, gingen in unsere Kapelle und verrichteten die üblichen Gebete, weil sich dort der unten genannte zum Tode Verurteilte befand, nämlich Giordano, Sohn des verstorbenen Bruno, ein abtrünniger Bruder, Nolaner aus dem Königreich, ein unbußfertiger Häretiker. Unsere Brüder redeten ihm in aller Liebe zu und riefen zwei Väter aus dem Orden des heiligen Dominikus, zwei aus dem Orden der Jesuiten, zwei aus der neuen Kirche und einen aus der Kirche des hl. Hieronymus, die mit aller Nachsicht und großer Gelehrsamkeit ihm seine Verirrungen erklärten, aber letzten Endes vor seinem verfluchten Starrsinn zurückweichen mußten, denn sein Gehirn und sein Verstand waren verderbt von tausend Verirrungen und von Eitelkeit. So blieb er hartnäckig in seiner Unnachgiebigkeit, bis ihn die Gerichtsdiener auf den Campo di Fiore führten, ihn entblößten, an den Pfahl banden und verbrannten. Dabei sangen unsere Brüder, die sich die ganze Zeit bei ihm befanden, Gebete; die Geistlichen ermahnten ihn bis zum letzten Moment und suchten ihn zu überreden, von seiner Hartnäckigkeit zu lassen, in der er jedoch letzten Endes sein klägliches und unglückliches Leben beendete.«[25]

Es ist bekannt, daß die Henker Bruno zum Richtplatz führten mit einem Knebel im Munde, ihn mit einer eisernen Kette an den Pfahl banden, der sich in der Mitte des Scheiterhaufens befand, und darüber einen nassen Strick zogen, der unter der Einwirkung des Feuers sich zusammenzog und in den Körper eindrang.[26]

Giordano Brunos letzte Worte waren: »Ich sterbe freiwillig als Märtyrer.«

Alle seine Werke wurden auf den Index der verbotenen Bücher gesetzt, wo sie bis zum Jahre 1948 verblieben.

Am 9. Juni 1889 wurde auf dem Hinrichtungsplatz ein Denkmal für den Philosophen eingeweiht, das sich dort noch bis zum heutigen Tage befindet.

Bruno schrieb einst: »Der Tod in einem Jahrhundert schenkt das Leben in den kommenden Jahrhunderten.« Und er hatte recht. Durch seine Standhaftigkeit und Treue gegenüber der wissenschaftlichen Weltanschauung, deren Grundlagen er

---

[25] Ebenda, S. 373 ff.

[26] Der Knebel wurde meist beim Anbinden an den Pfahl abgenommen.

verteidigte, eroberte sich Giordano Bruno die Achtung und Liebe der kommenden Generationen.

Die Kommunisten ehren das Andenken dieses großen Denkers, den Palmiro Togliatti einen Vorläufer des wissenschaftlichen Kommunismus nannte.

Die Kleriker und ihre Apologeten hingegen verteidigten bis in die jüngste Zeit noch die »Gesetzlichkeit« des Urteils über Giordano Bruno. Als Kardinal Mercati 1942 den Prozeß gegen den berühmten Nolaner kommentierte, behauptete er zynisch: »Die Kirche konnte und mußte einschreiten – und sie schritt ein. Die Dokumente des Prozesses bezeugen seine Gesetzlichkeit ... Wenn man die Verurteilung des Angeklagten konstatieren muß (d. h. die Verbrennung Brunos, J. G.), so muß man den Grund dafür nicht bei den Richtern, sondern bei dem Angeklagten suchen.«[27]

Die gleiche Meinung äußerte auch der jesuitische Historiker Luigi Cicuttini in einer Schrift von 1950: »Die Art und Weise, wie die Kirche in der Angelegenheit Brunos einschritt, wird durch die damalige historische Situation gerechtfertigt, in der so gehandelt werden mußte; das Recht, in diesem Falle und in allen ähnlichen Fällen einzuschreiten, ist ein natürliches Recht, das nicht der Einwirkung der Geschichte unterliegt.«[28]

Das war die Haltung der Kirche zum Mord an Giordano Bruno bis in die letzte Zeit.

Die »Reue« des Galilei

Im Jahre 1543 erschien kurz vor dem Tode des Autors das Werk des damals noch unbekannten polnischen Astronomen Nikolaus Kopernikus (1473–1543) »Über die Umläufe der Himmelskörper« (De revolutionibus orbium coelestium). Obwohl es Papst Paul III. gewidmet war und den traditionellen Regeln der Beachtung kirchlicher Normen folgte, stand es doch seinem Wesen nach in einem grundlegenden Widerspruch zu dem damals allgemein anerkannten biblisch-ptolemäischen Weltbild, dem zufolge die Erde das Zentrum des Weltalls bildete. Friedrich Engels nannte die Herausgabe dieses unsterblichen Werkes des Kopernikus einen »revolutionären Akt, wodurch die Naturforschung ihre Unabhängigkeit erklärte und die Bullenverbrennung Luthers gleichsam wiederholte«.[29]

---

[27] *Mercati, A.*, Il sommario del processo di Giordano Bruno con appendice di documenti sull' eresi e l'inquisizione a Modene nel secolo XVI (Studi e testi, Nr. 101), Vatikanstadt 1942, S. 52.

[28] *Gorfunkelja, A.*, Džordano Bruno pered sudom inkvizicii, in: Voprosy istorii religii i ateizma, a. a. O., S. 356. Zitat aus: *Cicuttini, L.*, Giordano Bruno, Mailand 1950, S. 46.

[29] *Engels, F.*, Dialektik der Natur. Einleitung, in: Marx/Engels, Werke Bd. 20, S. 313.

Anfangs zogen die hier vorgetragenen Erkenntnisse nicht die besondere Aufmerksamkeit der katholischen Kirche auf sich, da im Vorwort zu dem genannten Buch, das freilich nicht vom Autor selbst, sondern vom Verleger, dem protestantischen Theologen Osiander, geschrieben worden war, die Entdeckungen des großen Astronomen dem Leser nur in Form einer Hypothese nahegebracht wurden. Mehr noch: die ersten, die gegen diese Entdeckungen zu Felde zogen, waren Luther und Calvin. Die katholischen Theologen wurden sich erst ein halbes Jahrhundert später, nämlich als sie es mit den häretischen Anschauungen Giordano Brunos über das Weltall zu tun hatten, darüber klar, daß das heliozentrische System des Kopernikus die Grundlagen der religiösen Weltanschauung zerstörte.

So schätzte auch Galileo Galilei (1564–1642) die Theorie des Kopernikus ein, noch dazu, da seine Beobachtungen die Grundthese seines polnischen Vorläufers über die Achsendrehung der Erde bestätigten. Galilei schrieb seinem Gesinnungsgenossen Prinz Cesi: »Ich vermute, daß die astronomischen Entdeckungen das Signal für die Beerdigung oder besser für ein schreckliches Gericht über die Lügenphilosophie sein werden.« Unter diesem Terminus verstand er die theologischen Anschauungen über den Aufbau der Welt.[30]

Zu Beginn des 16. Jh. teilten die Entdeckungen des Kopernikus und Galileis die Theologen in zwei feindliche Lager: in Anhänger und Gegner des heliozentrischen Weltsystems. In den katholischen Ländern der damaligen Zeit waren die Gelehrten nicht selten von Haus aus Theologen, Mitglieder verschiedener Mönchsorden. Ihre Werke, die die biblischen Legenden widerlegten, fanden in den Ordens- und Theologenkreisen Verbreitung und riefen Verwirrung in der Kirche hervor, die sich ohnehin in einem Zustand permanenter Gärung befand, hervorgerufen durch das Schisma, die Religionskriege und die Kritik der kirchlichen Dogmen seitens der Humanisten. Einer der ersten im katholischen Lager, der die revolutionäre Bedeutung der Arbeiten von Kopernikus und Galilei erkannte, war der dem Leser schon bekannte Kardinal Bellarmino (1542–1621), der aktiven Anteil an der Verurteilung Giordano Brunos genommen hatte und in der hier zu beschreibenden Periode die Inquisitionskongregation leitete.

Bellarmino war, wie der amerikanische Philosoph B. Dunham schreibt, deshalb »einer der gefährlichsten und grausamsten Inquisitoren, weil er einer der gelehrtesten Theologen war. Er machte sich unsterblich durch seine Forderung, alle jungen Häretiker zu verbrennen, die er damit begründete, daß diese, je länger sie lebten, um so größerer Verdammung ausgesetzt seien. Mit seiner Behauptung indes, die Entdeckung des Kopernikus zerschlage die ganze christliche Lehre von der Erlösung

---

[30] *Gurev, G. A.*, Učenie Kopernika i religija, Moskau 1961, S. 76.

des Menschen, sagte er die reine Wahrheit. Die Inquisitoren irrten sich in vielen Dingen; sie irrten voll und ganz auf dem Gebiet der moralischen Prinzipien; aber sie irrten fast nie in bezug auf die Entwicklungstendenz. Sie errieten die Zukunft einer beliebigen Idee, wie der Hund das Wild wittert, wenn er der Spur folgt ...«[31]

Zunächst suchten der päpstliche Stuhl und die Inquisition mit Bellarmino an der Spitze eine Art Kompromiß mit Galilei und seinen Anhängern unter folgenden Bedingungen zu schließen: Die Gelehrten sollten ihre Entdeckungen als Hypothesen ausgeben, sie nicht der Bibel entgegenstellen und nicht versuchen, die biblische Version der Entwicklung zu widerlegen; dafür ließen die Kirche und die Inquisition sie in Ruhe und enthielten sich aller Verfolgungen und Repressionen. Dieser Standpunkt wurde durch Kardinal Bellarmino in einem Brief vom 12. April 1615 an den neapolitanischen Karmelitermönch Paolo Antonio Foscarini, einen Anhänger Galileis, formuliert:

»1. Ich stelle fest, daß meiner Meinung nach Sie und Herr Galilei klug handeln würden, wenn Sie sich darauf beschränkten, hypothetisch und nicht absolut zu sprechen. Ich habe immer geglaubt, daß es so auch Kopernikus gehalten hat. Es ist trefflich und völlig unbedenklich zu sagen: Unter der Voraussetzung, daß sich die Erde bewegt und die Sonne feststeht, lassen sich alle Erscheinungen besser erklären ... Etwas anderes ist es, wenn man behaupten wollte, daß tatsächlich die Sonne im Mittelpunkt der Welt ruht ... Das ist sehr bedenklich. Denn nicht nur ärgert eine solche Behauptung alle scholastischen Philosophen und Theologen, sondern es schadet auch dem heiligen Glauben, da es Stellen der heiligen Schrift als falsch erscheinen läßt ...

2. Ich stelle fest, was Ihnen ja bekannt ist, daß das Konzil verbietet, die Schrift gegen die übereinstimmende Ansicht der Kirchenväter auszulegen. Und wenn ich Sie darauf aufmerksam machen darf: Nicht nur die Kirchenväter, sondern alle neueren Kommentare über die Genesis, die Psalmen, die Bücher Jesus Sirach und Josua stimmen alle darin überein, daß sie wörtlich auslegen und feststellen, daß die Sonne am Himmel steht und mit großer Geschwindigkeit die Erde umkreist, daß die Erde weit vom Himmel entfernt ist und unbeweglich im Mittelpunkt der Welt ruht. Ich appelliere an Ihre Klugheit: Kann es die Kirche zulassen, daß man der Schrift einen Sinn unterlegt gegen die Kirchenväter und gegen alle griechischen und lateinischen Kommentatoren? Sie können auch nicht einwenden, daß es sich dabei nicht um Glaubenssachen handele. Denn wenn es auch keine Angelegenheit des Glaubens der Sache nach ist, so gehört es doch als Aussage der Schrift zum Glauben ...

---

[31] *Dunham, B.,* Geroi i Eretiki, Moskau 1967, S. 346.

Abb. 27
Galileo Galilei
(Gemälde von Justus Sustermans, 1635).

Abb. 28
Titelbild von Galileo Galileis »Dialog« (Erstausgabe, 1632).

3. Gäbe es wahre Beweise dafür, daß die Sonne im Mittelpunkt ... steht und daß die Erde um die Sonne und nicht die Sonne um die Erde kreist, dann müßte man sich mit viel Bedachtsamkeit um die Auslegung der Schriftsteller kümmern, die dem zu widersprechen scheinen, und es wäre dann besser zu sagen, daß wir das Bewiesene nicht verstehen, als zu sagen, es sei falsch ... In Zweifelsfällen muß man an der Heiligen Schrift und der Auslegung der Kirchenväter festhalten.«[32]

Aber Galilei und zahlreiche seiner Anhänger – und solche gab es selbst unter den kirchlichen Hierarchen – lehnten diesen ihnen vorgeschlagenen Kuhhandel ab. Sie drangen kühn in das »verbotene« Gebiet der Theologie ein und forderten die Anerkennung der von ihnen gemachten Entdeckungen – nicht als zweifelhafte Hypothese, sondern als unabänderliche Wahrheit. Sie verstanden sehr wohl, daß die Wissenschaft nur dann ihren wahren Sinn und ihre wahre Bedeutung erlangt und sich nur dann erfolgreich entwickeln kann, wenn sie alle Fesseln der Theologie abwirft und sich aus deren Magd in eine Dienerin der objektiven Wahrheit verwandelt. Die Partei der Gegenreformation, geführt vom römischen Papst, von den Jesuiten und Dominikanern, nahm jedoch die ihnen von Galilei hingeworfene Herausforderung an und beschloß, ihm eine Lektion zu erteilen. Die Inquisition erhielt den Befehl, sich mit der »Sache« Galilei zu befassen, und sie begann, ihrer Tradition folgend, zunächst belastendes Material zu sammeln. Wie gewöhnlich waren es Denunzianten, die solches zur Verfügung stellten, und einer der ersten war der Dominikaner Thomas Caccini. Das Verhör dieser für die Inquisition so typischen »Quelle« ist uns erhalten geblieben und sei hier ausführlich zitiert: »Freitag, den 20. März 1615.

Auf eigenen Wunsch erschien in Rom im Schloß des Heiligen Offiziums im großen Saal der Verhöre vor dem ehrenwerten Bruder des Ordens der Dominikaner, Pater Michael Angelo Seghizzio de Landa, Magister der hl. Theologie und Generalkommissar der römischen und katholischen Inquisition ... der ehrenwerte Pater Bruder Thomas, Sohn des Johannes Caccini, aus Florenz, Priester des Dominikanerordens, Magister und Bakkalaureus der Pfarrei Maria super Minervam in Rom, im Alter von ungefähr 39 Jahren. Nachdem ihm der Eid abgenommen worden war, die Wahrheit zu sagen usw., machte er folgende Aussage: ›Ich sprach mit dem hochwürdigsten Herrn Kardinal Aricelli über einige Ereignisse, die sich in Florenz zugetragen haben, und er trug mir gestern auf, von alledem Mitteilung zu machen; er sagte zu mir, daß ich hier erscheinen und alles sagen müßte; da er mir sagte, es sei notwendig, darüber in gerichtlicher Form Anzeige zu erstatten, bin ich hier erschienen. Und so teile ich mit, daß ich am 4. Sonntag der vorweihnachtlichen

---

32 Zitiert nach *Bieberbach, L.*, Galilei und die Inquisition, München 1938, S. 63–65.

Fastenzeit im vergangenen Jahr in der Kirche Santa Maria Novella in Florenz predigte; in jenem Jahre war mir aufgetragen worden, die Heilige Schrift zu lesen und zu erläutern; und ich fuhr in der Darstellung der von mir begonnenen Geschichte des Josua fort. Am erwähnten Sonntag kam ich gerade an die Stelle des 10. Kapitels dieses Buches, wo der heilige Autor von dem großen Wunder berichtet, das der Herr vollbrachte, indem er auf das Gebet des Josua hin den Lauf der Sonne anhielt, d. h. die Stelle: 'Sonne, steh still über Ghabaon ...' (Jos. 10, 12; J. G.) Ich legte zunächst ihren Wortsinn dar, dann ihren moralischen und erbauenden Sinn und begann weiterhin, mit der meiner Stellung gebührenden Bescheidenheit mich mit der Lehre auseinanderzusetzen, die früher Nikolaus Kopernikus angenommen und vorgetragen hatte und die in unseren Tagen, nach einem in Florenz weit verbreiteten Gerücht zu urteilen, der Mathematiker Signor Galileo Galilei vertritt, d. h. die Lehre, daß die Sonne das Zentrum der Welt und deshalb unbeweglich in bezug auf die Fortbewegung von einem Himmelsrand zum anderen sei. Ich sagte, daß eine solche Meinung von den größten Autoritäten für unvereinbar mit dem katholischen Glauben gehalten wird, da sie vielen Stellen der Heiligen Schrift widerspricht, deren Wortsinn, wie er von allen heiligen Vätern ermittelt wurde, vom Gegenteil zeugt, wie es z. B. außer der zitierten Stelle aus dem Buch Josua auch der Psalm 19 und ebenso Jesaia 38 bezeugten. Damit meine Zuhörer sich davon überzeugen konnten, daß diese Auslegung von meiner Seite aus nicht willkürlich sei, las ich ihnen die Exegese des Nikolaus Serrari vor, Frage 14, über das Buch Josua; er schreibt darin, daß die These des Kopernikus der allgemeinen Meinung aller Philosophen, scholastischen Theologen und aller heiligen Väter widerspricht, und kommt zu dem Schluß, daß er auf Grund der genannten Stellen der Schrift nicht umhin kann, diese Lehre als quasi häretisch zu bezeichnen. Danach lenkte ich die Aufmerksamkeit meiner Zuhörer darauf, daß es niemandem erlaubt sei, die Heilige Schrift anders auszulegen als in dem Sinne, wie sie alle heiligen Väter interpretieren, weil das vom Lateranischen Konzil und vom Tridentinum verboten worden sei.

Obwohl diese meine gottesfürchtige Belehrung vielen edlen, frommen und gebildeten Menschen sehr gefiel, paßte sie jedoch gewissen Schülern des obengenannten Galilei nicht; einige von ihnen wandten sich an den Domprediger, um ihn zu veranlassen, sich mit einer Predigt gegen die von mir vertretenen Thesen zu wenden. Als ich davon Kenntnis erhielt, erklärte ich, getrieben vom Eifer für die Wahrheit, dem ehrwürdigsten Vater der florentinischen Inquisition, wie notwendig es mir nach meiner Gewissenspflicht erscheine, über die obengenannte Stelle des Buches Josua zu predigen; ich richtete seine Aufmerksamkeit darauf, daß man einige freche Leute, die Schüler des obengenannten Galilei, zügeln müsse, von denen mir der ehrwürdige Vater, Bruder Fernando Ximen, der Regent der Kirche Santa Maria Novella, erzählt hatte. Er hatte mir mitgeteilt, daß einige von ihnen folgende drei

Thesen verkünden: Gott sei nicht Substanz, sondern Akzidenz; Gott fühle, denn er habe göttliche Gefühle; die Wunder, die die Heiligen nach allgemeiner Meinung vollbracht haben, seien keine wahren Wunder.

Nach diesen Ereignissen zeigte mir der Pater Maestro, Bruder Nicolò Lorini, die Kopie eines Briefes, den der obengenannte Signor Galileo Galilei an Pater Benedetto Castelli, einen Benediktinermönch und Professor der Mathematik in Pisa, geschrieben hatte und in dem, wie mir schien, eine Lehre enthalten war, die vom theologischen Standpunkt aus nicht zulässig ist. Da die Kopie dieses Briefes schon dem Herrn Kardinal von Santa Cecilia übermittelt wurde, besteht keine Notwendigkeit, eine andere zu schicken. So teile ich also dem heiligen Gericht mit, daß das allgemeine Gerücht besagt, der obengenannte Galilei vertrete folgende zwei Thesen: Die Erde bewege sich in sich selbst auch in täglicher Umdrehung; die Sonne aber sei unbeweglich – Thesen, die nach meiner Ansicht der Heiligen Schrift widersprechen, wie sie die heiligen Väter auslegen, und die folgerichtig dem Glauben widersprechen, der alles das für wahr anzunehmen fordert, was in der Schrift enthalten ist. Mehr habe ich nicht zu sagen.‹

Auf die Frage, woher er wisse, daß Galilei die Meinung vertritt und vorträgt, die Sonne sei unbeweglich, die Erde aber bewege sich, und ob er das von irgend jemandem erfahren habe und von wem, antwortete er: ›Ich habe schon gesagt, daß darüber überall Gerüchte im Umlauf sind. Außerdem habe ich von Monsignore Filippo de Bardi, dem Bischof von Cortona, gehört, als er hier weilte, und ebenso in Florenz, daß Galilei die obengenannten Thesen für wahr hält. Der Monsignore fügte hinzu, daß ihm das seltsam erscheine, da diese Thesen mit der Schrift nicht übereinstimmten. Ferner hörte ich jenes von dem Florentiner Adligen Attavanti, einem Anhänger Galileis, der mir sagte, daß der obengenannte Galilei die Heilige Schrift auf eine solche Weise auslege, daß die Widersprüche zu seiner Meinung ausgeräumt werden. An den genauen Namen dieses Adligen erinnere ich mich nicht; ebenso weiß ich nicht, wo er wohnt. Ich weiß aber sicher, daß er häufig in der Kirche Santa Maria Novella in Florenz weilt, die Kleidung eines Geistlichen trägt und dem Aussehen nach 28 bis 30 Jahre zählt. Er hat eine braune Gesichtsfarbe und einen kastanienbraunen Bart, ist von mittlerem Wuchs und hat feine Gesichtszüge. Er sprach mir davon im vergangenen Sommer, etwa im August, in der Pfarrei Santa Maria Novella in der Zelle des Bruders Fernando Ximen im Zusammenhang damit, daß Ximen erwähnte, ich werde in nicht ferner Zukunft über das Sonnenwunder bei Josua eine Predigt halten, der er beiwohnen wolle. Ich las diese Meinung auch in einem zu Rom gedruckten Buch, das von den Sonnenflecken handelt und von dem erwähnten Galilei herausgegeben wurde. Pater Ximen gab es mir.‹

Frage: Wer ist dieser Domgeistliche, den die Schüler des Galilei überredeten, öffentlich eine Rede zu halten, die gegen die Predigt gerichtet war, die jener in der

Kirche gehalten habe; und wer sind jene Schüler, die sich mit dieser Bitte an den erwähnten Geistlichen gewandt hätten?

Er antwortete: ›Der Prediger des Florenzer Domes, an den sich die Schüler des Galilei wandten, damit er eine Predigt gegen meine Darlegungen halte, ist ein Jesuitenpater aus Neapel, dessen Namen ich nicht kenne. Ich weiß davon nicht durch den Geistlichen selbst, weil ich mit ihm niemals gesprochen habe; darüber machte mir vielmehr der Jesuitenpater Emanuel Ximen Mitteilung, den der erwähnte Prediger um Rat gefragt hatte; Ximen hatte ihm abgeraten, die gewünschte Predigt zu halten. Ich weiß auch nicht, wer jene Schüler des Galilei sind, die den Prediger um das eben Gesagte gebeten hatten.‹

Auf die Frage, ob er irgendwann einmal mit dem erwähnten Galilei gesprochen habe, antwortete er: ›Ich kenne ihn nicht einmal von Antlitz.‹ Auf die Frage, welchen Ruf Galilei in religiöser Hinsicht in Florenz genieße, antwortet er: ›Viele halten ihn für einen guten Katholiken, andere halten ihn für verdächtig in religiöser Beziehung, weil er, so sagen sie, sehr eng mit Bruder Paolo vom Servitenorden befreundet sei, der in Venedig wegen seiner unfrommen Haltung so berüchtigt ist; man sagt, sie stünden im Briefwechsel miteinander.‹

Auf die Frage, ob er nicht sagen könne, von wem er das wisse, antwortet er: ›Ich habe das vom Pater Nicolò Lorini und vom Prior Ximen gehört, dem Vorsteher des Klosters der Ritter des hl. Stephan. Sie berichteten mir das oben Gesagte, d. h. Pater Nicolò Lorini sagte, daß zwischen Galilei und dem Maestro Paolo ein Briefwechsel und eine große Freundschaft bestehe, und fügte hinzu, daß letzterer in Glaubensfragen sehr verdächtig sei; er sprach mehrere Male davon und schrieb mir darüber auch hierher nach Rom. Der Prior Ximen sagte zu mir nichts über die Freundschaft zwischen Maestro Paolo und Galilei; er erwähnte nur, daß Galilei Verdacht erwecke und daß er einmal, als er in Rom weilte, gehört habe, das Heilige Officium schicke sich an, sich mit Galilei zu befassen, denn dieser habe sich ihm gegenüber schuldig gemacht. Das sagte er mir im Zimmer des Paters Fernando, seines Vetters; ich erinnere mich nicht, ob Pater Fernando selbst dabei anwesend war.‹

Auf die Frage, ob er von den obengenannten Vätern Lorini und Ximen gehört habe, worin sie Galilei in Fragen des Glaubens für verdächtig hielten, antwortet er: ›Sie sagten mir nur, daß sie ihn für einen verdächtigen Menschen halten, weil er die Ansicht vertritt, daß die Sonne unbeweglich sei und die Erde sich bewege, und weil er die Heilige Schrift entgegen dem Sinn auszulegen wünscht, der von den heiligen Vätern allgemein als verbindlich erklärt würde.‹ Dabei fügte er aus eigenem Antrieb hinzu: ›Galilei ist mit anderen in der Akademie angestellt – ich weiß nicht, ob sie von ihnen auch gegründet wurde –, die Accademia dei Lincei genannt wird. Sie stehen miteinander in Briefwechsel, d. h. der obengenannte Galilei mit anderen Personen aus Deutschland, wie es scheint, über sein Buch über die Sonnenflecken.‹

Auf die Frage, ob ihm von Pater Fernando Ximen gesagt worden ist, von wem er die Thesen gehört habe, daß Gott nicht Substanz, sondern Akzidenz sei, daß er Gefühle besitze und daß die von den Heiligen gewirkten Wunder in Wirklichkeit keine Wunder seien, antwortet er: ›Es ist, als ob ich mich erinnere, daß er mir den gleichen Attavanti nannte, von dem ich schon gesprochen habe als einem von denen, die die genannten Thesen vertreten. An andere erinnere ich mich nicht.‹ Auf die Frage: ›Wo, wann, in wessen Beisein und aus welchem Anlaß erzählte Fernando, daß die Schüler Galileis die erwähnten Thesen geäußert haben?‹ antwortet er: ›Pater Fernando sagte mir, daß er diese Thesen von den Schülern Galileis viele Male sowohl im Hof des Klosters als auch in seiner Zelle gehört habe. Das war, nachdem ich diese Predigt gehalten hatte; er erzählte mir davon und teilte mit, daß er mich im Streit mit ihnen verteidigt habe. Ich erinnere mich allerdings nicht, ob dabei noch andere anwesend waren.‹

Auf die Frage, ob er keine Feindschaft gegen Galilei, gegen Attavanti und andere Schüler Galileis hege, antwortet er: ›Ich hege nicht nur keine Feindschaft gegenüber Galilei, sondern ich kenne ihn nicht einmal. Ebenso hege ich auch keinerlei Mißgunst gegen Attavanti und die übrigen Schüler Galileis, für die ich im Gegenteil zu Gott bete.‹ Auf die Frage: ›Lehrt der genannte Galilei öffentlich in Florenz und hat er viele Schüler?‹ antwortet er: ›Ich weiß nur, daß er in Florenz viele Anhänger besitzt, die Galileisten genannt werden. Das sind die, die seine Meinung und Lehre billigen und verkünden.‹ Auf die Frage: ›Woher ist der genannte Galilei gebürtig, welches ist sein Beruf und wo hat er studiert?‹ antwortet er: ›Er nennt sich selbst Florentiner, aber ich habe gehört, daß er Pisaner sei; von Beruf ist er Mathematiker; soviel ich weiß, hat er in Pisa studiert und in Padua gelehrt. Er ist etwa 60 Jahre alt.‹

Danach wurde er entlassen. Er wurde vereidigt, über das oben Gesagte Stillschweigen zu bewahren, und er unterschrieb: ›Ich, Bruder Thomas Caccini, habe das oben Gesagte angezeigt.‹«[33]

Als Galilei davon erfuhr, daß man in Rom über ihn zu Gericht sitzen wolle, begab er sich, ausgerüstet mit Empfehlungsbriefen, die ihm der Großherzog von Toscana, Graf Cosimo II., bei dem er in Dienst war, mitgegeben hatte, an den päpstlichen Hof. Er hegte die Hoffnung, daß es ihm gelingen werde, hier die Anerkennung seiner Entdeckungen zu erlangen. Er sah in ihnen nichts, was nach seiner Ansicht der christlichen Lehre widerspräche.

Aber während er in der Ewigen Stadt die päpstlichen Magnaten besuchte und seine Anschauungen verteidigte, bat die Inquisition ihre Zensoren, einen Beschluß

---

[33] *Vygodskij, M. Ja.*, a. a. O., S. 144–149; *Gebler, K. von*, Galileo Galilei und die Römische Curie, Bd. 2: Die Acten des Galileischen Prozesses. Nach der Vatikanischen Handschrift, Stuttgart 1877, S. 25–31.

über die beiden Hauptthesen der kopernikanischen Theorie zu fällen, die Galilei verteidigt und weiterentwickelt hatte: Die Sonne ist das Zentrum der Welt und demgemäß ohne örtliche Bewegung; die Erde aber ist nicht das Zentrum der Welt und nicht unbeweglich, sie bewegt sich vielmehr auch in täglicher Rotation um sich selbst. Über den ersten Satz erklärten die Zensoren einstimmig, daß er »töricht und absurd (ist) in der Philosophie und formell ketzerisch, insofern er ausdrücklich den Sätzen der heiligen Schrift in vielen Stellen nach dem eigentlichen Wortsinn wie nach der allgemeinen Auslegung und Auffassung der heiligen Väter und gelehrten Theologen widerspreche.« Über die zweite These stellten sie ebenso einstimmig fest, »daß (sie) in der Philosophie demselben Tadel unterliege und bezüglich der theologischen Wahrheit zum mindesten irrig im Glauben sei (erronea in fide).«[34]

Diese Entscheidung wurde am 24. Februar 1616 unterschrieben, und am 5. März des gleichen Jahres faßte die Indexkongregation im Auftrag der Inquisition einen Beschluß, der die kopernikanische Lehre vom Weltall verurteilte. Darin hieß es: »Es ist zur Kenntnis der eingangs genannten Heiligen Kongregation gekommen, daß jene falsche pythagoräische, der heiligen Schrift durchaus widersprechende Lehre von der Bewegung der Erde und der Unbeweglichkeit der Sonne, die Nikolaus Kopernikus in seinem Buche über die Umläufe der Himmelskörper und Didacus Astunica im Kommentar zum Hiob lehren, neuerdings verbreitet und von vielen angenommen wird. Das ergibt sich aus einem ›Brief des Karmeliterpaters Paul Anton Foscarini über die pythagoräisch-kopernikanische Ansicht von der Bewegung der Erde und der Unbeweglichkeit der Sonne und das neue pythagoräische Weltsystem, Neapel, bei Lazarus Scorigi 1615‹. Darin sucht jener Pater zu zeigen, daß die genannte Lehre von der Unbeweglichkeit der Sonne im Zentrum der Welt und von der Bewegung der Erde mit der Wahrheit übereinstimme und nicht der heiligen Schrift zuwider sei. Damit nun eine solche Lehre nicht zum Schaden der katholischen Wahrheit weiterkriecht, wird angeordnet, daß die genannten Schriften des Nikolaus Kopernikus über die Umläufe der Himmelskörper und des Didacus Astunica zum Hiob zu verbieten sind, bis sie verbessert sind. Das Buch des Karmeliterpaters Paul Anton Foscarini indessen ist völlig zu verbieten und zu verdammen. Alle anderen Bücher, die das gleiche lehren, sind zu verbieten. Daher ergehen durch dies Dekret entsprechende Verurteilung, Suspendierung und Verbot.«[35]

Nach der Annahme dieser Dokumente begannen Bellarmino und andere Inquisitoren Galilei zu überreden, er möge von einer öffentlichen Verteidigung seiner Ansichten Abstand nehmen, und versprachen ihm dafür, ihn in Ruhe zu lassen.

---

[34] Vgl. *Lämmel, R.*, Galileo Galilei im Licht des zwanzigsten Jahrhunderts, Berlin 1927, S. 157.

[35] *Bieberbach, L.*, a. a. O., S. 58 ff.

Aber es war nicht leicht, den Gelehrten zu überzeugen. Der florentinische Gesandte in Rom, Guicciardini, machte dem Herzog von Toscana, einem Gönner Galileis, folgende Mitteilung über die entstandene Lage: »Ich denke, daß Galilei persönlich nicht leiden wird, denn als ein vernünftiger Mensch wird er das wünschen und denken, was auch die heilige Kirche wünscht und denkt. Aber er sagt seine Meinung, ereifert sich, zeigt äußerste Leidenschaft und läßt Kraft und Vernunft vermissen, diese zu überwinden. Deshalb ist die Luft in Rom für ihn sehr schädlich, besonders in unserer Zeit, da unser Herrscher Widerwillen gegen die Wissenschaften und deren Männer hegt und nichts von neuen und feinen wissenschaftlichen Gegenständen hören will. Und jeder bemüht sich, seine Gedanken und seinen Charakter den Gedanken und dem Charakter seines Herrn anzupassen, so daß die, die irgendwelche Kenntnisse und Interessen haben, wenn sie vernünftig sind, sich ganz anders stellen, um nicht Verdacht und Mißfallen auf sich zu ziehen.«[36] Am 22. Mai 1616 sandte ferner Curtius Pichen, der ein Vertrauter des Herzogs von Toscana war, an Galilei einen Brief: »Sie haben schon die Verfolgungen der Mönche erfahren und ihre Vorzüge gekostet. Ihre Hoheiten[37] befürchten, daß Ihr weiteres Verbleiben in Rom Ihnen Unannehmlichkeiten bereiten könnte; deshalb würden sie Ihnen Lob spenden, wenn Sie jetzt, nachdem Sie mit Ehren aus der Affäre gekommen sind, die Hunde nicht reizen würden, solange sie schlafen, und bei der ersten Gelegenheit hierherkommen, denn hier gehen durchaus unliebsame Gerüchte um, und die Mönche sind allmächtig. Ich, Ihr ergebener Diener, möchte Sie ebenfalls meinerseits warnen, indem ich Ihnen die Meinung Ihrer Hoheiten zur Kenntnis bringe. Ihr sehr ergebener Diener Curtius Pichen.«[38]

Bald danach kehrte Galilei nach Florenz zurück. Was aber geschah während seines Aufenthaltes in Rom? Die darüber veröffentlichten Dokumente der Inquisition antworten auf diese Frage durchaus widersprüchlich. In einigen heißt es, daß er einen Befehl erhielt, von der Verteidigung der kopernikanischen Häresie Abstand zu nehmen; in anderen, daß Kardinal Bellarmino ihn nur ermahnte, es in dieser Frage nicht zu einem Konflikt mit der Kirche kommen zu lassen. Bellarmino selbst gab Galilei jedenfalls ein von eigener Hand geschriebenes Zeugnis mit, welches das Datum des 26. Mai 1616 trägt: »Wir, Robert Kardinal Bellarmino, da wir vernommen, daß dem Herrn Galileo Galilei verleumderisch angedichtet worden sei, in unsere Hand abgeschworen und infolgedessen heilsame Bußen erlitten zu haben, erklären, um Bezeugung der Wahrheit ersucht, hiermit, daß obengenannter Herr

---

36 *Vygodskij, M. Ja.*, a. a. O., S. 176.

37 Gemeint sind der Großherzog von Toscana, Ferdinand II., und sein Bruder.

38 *Vygodskij, M. Ja.*, a. a. O., S. 180 f.

Galilei weder in unsere noch eines anderen Hand, in Rom so wenig als an einem anderen Orte, soviel wir wissen, irgendeiner seiner Meinungen oder Lehren abgeschworen, noch irgendeine heilsame Buße auferlegt erhalten habe, sondern nur, daß ihm die von unserem Herrn abgegebene und von der Heiligen Kongregation des Index publizierte Erklärung mitgeteilt worden sei, laut welcher die dem Kopernikus zugeschriebene Lehre, daß die Erde sich um die Sonne bewege und die Sonne im Zentrum der Welt stehe, ohne sich von Ost nach West zu bewegen, der Heiligen Schrift zuwider sei und deshalb weder verteidigt noch festgehalten werden dürfe. Und zur Beglaubigung dessen haben wir Gegenwärtiges eigenhändig geschrieben und unterzeichnet.«[39]

Diese Dokumente bezeugen eines: Zur Zeit seiner Zusammenkünfte mit Bellarmino und ebenso mit Papst Paul V., der gleichfalls sich mit dem Gelehrten unterhalten hatte, wurde auf Galilei ein Druck ausgeübt mit dem Ziel, ihn zu veranlassen, künftig wenigstens nicht mehr öffentlich die heliozentrische Theorie zu verteidigen. Wenn man die Verfügung der Indexkongregation, die diese Theorie als der kirchlichen Lehre widersprechend erklärte, in Betracht zieht, so bedeutete ein Sich-Widersetzen in dieser Hinsicht für Galilei ernste Schwierigkeiten und sogar den Scheiterhaufen, wie das Schicksal Giordano Brunos gezeigt hatte. Unter den damaligen Umständen beschloß Galilei daher, Klugheit zu beweisen, kein Risiko einzugehen und sich den Forderungen des Papstes und Bellarminos zu fügen. Auf der anderen Seite zogen letztere es in Anbetracht der gewaltigen Autorität und des Einflusses des Gelehrten vor, mit ihm eine gütliche Vereinbarung zu erreichen und von ihm nicht die erniedrigende Prozedur eines Abschwörens und einer Verurteilung der kopernikanischen Lehre zu fordern. So war dieses erste Gefecht des Gelehrten mit der Inquisition durch eine Art Kompromiß beendet worden.

Die Haltung Galileis zeigte jedoch bald, daß er durchaus nicht gewillt war, sich dem »heiligen Officium« zu beugen und von der Verteidigung und Propaganda seiner von der Kirche verurteilten Anschauungen Abstand zu nehmen.

Allerdings wirkte er in dieser Beziehung nur noch indirekt, indem er bei der Rechtfertigung seiner Entdeckungen und der des Kopernikus nicht mit offenem Visier auftrat, sondern zu Winkelzügen seine Zuflucht nahm. In seinen Werken äußerte er jetzt seine Unterwerfung und verurteilte sogar das Kopernikanertum; jedoch wurde es dem Leser bei näherem Hinschauen klar, daß er in Wirklichkeit nicht seine Anschauungen und die des Kopernikus verurteilte, sondern den kirchlichen Standpunkt in dieser Frage. Als Beispiel einer solchen sophistischen Diktion,

---

39 *Gebler, K. von,* Galileo Galilei und die Römische Curie, Bd. 1, Stuttgart 1876, S. 110 (deutsch) und 402 (italienisch); *Lämmel, R.,* a. a. O., Facsimile zwischen S. 160–161.

zu der in der Epoche der Renaissance die bürgerlichen Gelehrten häufig in ihrem Kampf mit der Theologie ihre Zuflucht nahmen, sei folgende Äußerung Galileis in seinem Werk über die Kometen »Der Goldwäger« (Il Saggiatore), das 1623 herauskam, angeführt: »Da die der Erde zugeschriebene Bewegung, die ich als frommer Katholik für vollkommen falsch halte, sehr gut eine Menge verschiedener Erscheinungen erklärt, so vermute ich, daß sie bei all ihrer Falschheit doch bis zu einem gewissen Grad die Erscheinung der Kometen erklärt.«

Im gleichen Jahre, in dem »Der Goldwäger« veröffentlicht wurde, bestieg Kardinal Maffeo Barberini den päpstlichen Stuhl und nahm den Namen Urban VIII. an. Der neue Papst hatte schon zuvor freundschaftliche Beziehungen zu Galilei unterhalten; deshalb rechnete dieser jetzt mit dessen Schutz und begann, kühner in der Verteidigung seiner Anschauungen aufzutreten. Im Jahre 1630 reiste er nach Rom mit einem Manuskript seines neuesten Werkes »Dialog über die zwei grundsätzlichen Weltsysteme, das ptolemäische und das kopernikanische« (Dialogo sopra i due massimi sistemi del mondo, ptolemaico e copernicano). In ihm treten drei Personen auf: Filippo Salviati, Giovanni Francesco Sagreo und Simplicio. Salviati ist ein Anhänger des kopernikanischen Systems, Sagreo spielt die Rolle eines neutralen Vorsitzenden, und Simplicio fungiert als Verteidiger der ptolemäischen (kirchlichen) Theorie von der Erschaffung der Welt. Obgleich das Streitgespräch, wie man heute sagen würde, »auf hohem theoretischem Niveau« geführt wird und der Autor mit äußerster Objektivität die Argumentation des Gegners darlegt, besteht kein Zweifel, auf wessen Seite er steht – allein schon deshalb, weil er den Vertreter des kirchlichen Standpunktes Simplicio tauft.[40] Dieser Einfaltspinsel wiederholt alle Argumente der Jesuiten, Peripatetiker und Inquisitoren gegen das kopernikanische System und erklärt zum Schluß, daß er sich um keinen Preis mit ihm einverstanden erklären könne, selbst wenn es der Wirklichkeit entspräche, weil er ihm gegenüber Abscheu hege. Gott ist allmächtig, ihm ist »kein Gesetz geschrieben, seine Wege sind unerforschlich« – solcherart sind die »gewichtigen« Einwände des Simplicio gegen das kopernikanische System. In Wirklichkeit zielen diese gegen Galilei selbst, der unter dem Namen Salviati mit ihm dieses Streitgespräch führt und den ganzen Widersinn, die Lächerlichkeit und wissenschaftliche Insolvenz seines Gegners bloßlegt.

Diese bittere, genauer gesagt: tödliche Pille für die Kirche war in eine süße Umhüllung gekleidet. Sie bestand aus einem Vor- und einem Nachwort, in dem der vorsichtige Autor erklärte, daß er dieses Werk zur Verteidigung der kirchlichen Verurteilung der kopernikanischen Lehre geschrieben habe. Offensichtlich waren es

---

[40] Simplicio: lat. simplicitas = Geradheit, Offenheit, Einfalt; ital. semplice = einfältig; sempliciotto = Einfaltspinsel.

dieser Umstand und ebenso die Form des Dialogs, in der seine Lehre als eine unter mehreren Hypothesen vorgetragen wurde, die es Galilei möglich machten, in Rom von der kirchlichen Zensur die Druckerlaubnis für sein Werk zu erlangen. Es erschien dann auch 1632 in Florenz in italienischer Sprache[41], fand eine rasche Verbreitung und rief einen neuen Wutanfall seiner Gegner hervor. Die Jesuiten wie die übrigen Feinde Galileis suchten Papst Urban zu beweisen, daß dieses Buch eine große Gefahr für die ganze Christenheit bedeute, daß es »schrecklicher und für die Kirche verderblicher sei als die Schriften Luthers und Calvins«. Besonders gefährlich war ihre Anschuldigung, der Autor habe unter dem Namen Simplicio wohl gar den römischen Papst selbst der Lächerlichkeit preisgegeben. Jedenfalls, so behaupteten sie, werde in seinem Werk die Autorität der Wissenschaft der der Kirche entgegengestellt.

Es gelang den Gegnern Galileis ohne besondere Mühe, Urban VIII. davon zu überzeugen, daß der Autor des »Dialogs« sein Vertrauen mißbraucht und ihn hinters Licht geführt habe, daß er von neuem der Häresie verfallen sei und deshalb streng bestraft werden müsse. Aber es vergingen noch mehrere Monate, bis der Papst den Verkauf des Buches verbot und der Inquisition den Befehl gab, gegen seinen Autor von neuem Anklage wegen häretischer Verirrungen zu erheben.

Als der Großherzog von Toscana, Ferdinand II., dem der Dialog gewidmet war, durch seinen Gesandten in Rom, Niccolini, versuchte, bei Urban VIII. für Galilei einzutreten, antwortete der bis aufs äußerste gereizte Papst dem florentinischen Diplomaten: »Ihr Galilei hat sich auf einen falschen Weg begeben und sich erkühnt, über die wichtigsten und gefährlichsten Fragen zu urteilen, die man in unserer Zeit aufwerfen kann.« Einige Tage später wagte es Niccolini erneut, mit dem Papst über Galilei zu sprechen, und dieser erwiderte ihm: »Schon seit 16 Jahren sind die von Galilei vertretenen Anschauungen verurteilt; er hat sich da in eine komplizierte Sache verwickelt. Diese ist sehr gefährlich und das Buch äußerst schädlich. Die Angelegenheit ist schlimmer, als der Großherzog denkt – ich bitte, ihm das zu schreiben. Er darf nicht dulden, daß Galilei seine Schüler verdirbt und ihnen gefährliche Ansichten vermittelt.« Niccolini, der über diese Gespräche mit Urban VIII. nach Florenz berichtete, bemerkte: »... was den Papst anbelange, so könne dieser für den armen Herrn Galilei gar nicht mehr übler gesinnt sein.«[42]

Am 30. September 1632 übergab der florentinische Inquisitor Galilei einen Befehl des päpstlichen Offiziums, unverzüglich in Rom zu erscheinen. Der Gelehrte zählte

---

[41] *Galilei, G.*, Dialog über die beiden hauptsächlichen Weltsysteme, das ptolemäische und das kopernikanische, Leipzig 1891.

[42] *Gurev, G. A.*, Učenie Kopernika, S. 98 ff., *Gebler, K. von*, Galileo Galilei, S. 207.

damals 70 Jahre und war krank; in den päpstlichen Besitzungen grassierte die Pest. Galilei bat unter Hinweis auf diese Umstände, seine Angelegenheit in Florenz zu behandeln. Er hoffte dabei auf den Schutz seines Großherzogs. Obwohl dieser mit ihm sympathisierte und vom Papst eine größere Geneigtheit ihm gegenüber zu erreichen suchte, wagte er es jedoch nicht, deswegen einen Konflikt mit dem päpstlichen Stuhl hervorzurufen. Galilei blieb somit nichts anderes übrig, als der Aufforderung nachzukommen und sich in Rom zu stellen. Dort nahm er zunächst im Schloß des Gesandten Niccolini Aufenthalt. Die Inquisitoren verhörten den Gelehrten viermal.

Welche Position nahm Galilei nun bezüglich der gegen ihn erhobenen Anklage ein? Wenn er sich für nicht schuldig erklärte und seinen wahren Anschauungen nicht entsagte, konnte man ihn, wie vorher Giordano Bruno, auf den Scheiterhaufen bringen. Wenn er sich aber schuldig bekannte und seiner Anschauung abschwor, so glich das einem Verrat an sich selbst und an seinen Anhängern. Galilei wählte einen dritten Weg: Den offensichtlichen Fakten zum Trotz leugnete er kategorisch, daß er die kopernikanische Lehre noch vertreten habe, nachdem die Inquisition sie im Jahre 1616 für häretisch erklärt hatte. Die Inquisitoren jedoch legten ihm einen Beschluß des »heiligen Officiums« vom 25. Februar 1616 vor, in dem ihm nicht nur verboten wurde, die Theorie des Kopernikus zu lehren und zu verteidigen, sondern auch sie als Hypothese darzulegen. Im Falle einer Nichterfüllung dieser Vorschrift sollte Galilei mit Gefängnishaft belegt werden. Der Text dieses Beschlusses widerspricht jedoch dem oben erwähnten Schreiben Bellarminos vom 26. Mai 1616, in dem nur davon die Rede war, daß der Wissenschaftler die Lehren des Kopernikus weder verteidigen noch vertreten dürfe, in dem aber nichts von einem derartigen Verbot steht – ebensowenig wie von irgendwelchen Verpflichtungen, die Galilei der Inquisition gegenüber in dieser Beziehung übernommen hätte. Daraus haben viele Forscher die einzig richtige Schlußfolgerung gezogen, daß das Dokument vom 25. Februar von der Inquisition gefälscht wurde zu dem Zweck, den Angeklagten zu kompromittieren.

Beim ersten Verhör am 12. April 1633 erklärte Galilei den Inquisitoren: »Bezüglich der strittigen Frage, die die Bewegung der Erde betrifft, wurde von der Indexkongregation beschlossen, daß eine solche Meinung über die Unbeweglichkeit der Sonne und die Bewegung der Erde der Heiligen Schrift vollkommen widerspricht und nur als Hypothese zugelassen werden darf, als welche sie Kopernikus darlegt ... Mir wurde dieser Beschluß durch Kardinal Bellarmino mitgeteilt, der wußte, daß auch ich, ähnlich dem Kopernikus, diese Meinung als Hypothese vertrete ... Er sagte mir: Da die Meinung des Kopernikus, als Behauptung angenommen, der Heiligen Schrift widerspricht, darf man sie weder festhalten noch verteidigen noch sie als Hypothese annehmen, und nur in diesem Sinne darf man darüber schreiben ... Ich kann mich nicht mehr erinnern, weil das viele Jahre zurückliegt, ob mir noch irgend etwas anderes gesagt oder aufgetragen wurde, und ich weiß nicht, ob ich mich erinnere, wenn mir das Gesagte vorgelesen würde. Ich sage offen, daß ich mich nicht erinnere, denn ich denke nicht, daß ich in irgend etwas von dem mir Aufgetragenen abgewichen bin ...« Dem Hauptkommissar und Ankläger der Inquisition erklärte Galilei jedoch: »Ich entsinne mich nicht, daß dieser Befehl mir von jemandem sonst als mündlich von dem Herrn Kardinal zur Kenntnis gebracht worden wäre, und ich erinnere mich, daß der Befehl lautete, daß ich nicht festhalten noch verteidigen dürfe; es kann sein, daß noch dabei gewesen: ›und nicht zu lehren‹. Ich erinnere mich auch nicht dessen, daß die Bestimmung ›in irgendeiner Weise‹ (quovis modo) dabei gewesen wäre; aber es kann sein, daß sie dabei war. Denn ich habe darüber nicht weiter nachgedacht noch gesorgt, die Worte meinem Gedächtnis einzuprägen, da ich wenige Monate später jenes hier vorgelegte Zeugnis des genannten Herrn Kardinals vom 26. Mai erhielt, in welchem sich die mir erteilte Vorschrift, jene Meinung nicht festzuhalten noch zu verteidigen, ausgedrückt findet. Die beiden anderen Bestimmungen der besagten Vorschrift, welche mir eben bekannt gemacht wurden, lautend ›nicht zu lehren‹ und ›in irgendeiner Weise‹, habe ich nicht im Gedächtnis behalten; ich glaube, weil sie nicht in dem bewußten Zeugnisse, auf das ich mich verlassen und das ich zu meiner Erinnerung aufbewahrt habe, erwähnt sind.« Auf die Beschuldigung, daß Galilei sich in betrügerischer Weise vom Hauptzensor der Indexkongregation, Ricardi, die Druckerlaubnis für sein Werk erschlichen habe, indem er diesem den Befehl Bellarminos verschwieg, antwortete der Gelehrte: »Ich sagte dem Palastmeister nichts von dieser Vorschrift, als ich ihn um eine Druckerlaubnis für das Buch bat. Ich hielt es nicht für nötig, es ihm zu sagen, denn ich hatte keinerlei Bedenken, da ich in diesem Buche die Lehre des Kopernikus von der Bewegung der Erde und der Sonne weder vertreten noch sie verteidigt habe. Ich schreibe ja in meinem Buch auch das Gegenteil von der Lehre des Kopernikus und zeige, daß die Gründe jenes Kopernikus hinfällig und nicht schlüssig sind.«[43] Nach dem dritten Verhör wurde der Gelehrte in Haft genommen und im Schloß der Inquisition festgesetzt – freilich nicht in einem Kerker, sondern in einem der Zimmer, von dem es jedoch nur ein Schritt bis zur nächsten Gefängniszelle war.

Im Verlauf der folgenden acht Tage wurde er dann vom Kommissar der Inquisition, Mocolani, »ermahnt«, d. h. terrorisiert. Am 20. April 1633 erklärte Galilei, daß er die Fragen, die ihm im Verhör gestellt worden seien, gründlich überdacht und

---

43 *Gurev, G. A.*, Kopernikovskaja eres' v prošlom i nastoja ščem, Moskau 1933, S. 130 ff., *Gebler, K. von*, S. 251 ff.

seinen »Dialog« von neuem durchgelesen habe; er erscheine ihm dieses Mal gleichsam als ein neues Werk eines fremden Autors. Er müsse eingestehen, daß viele Stellen dieses Werkes so gedruckt seien, daß sie nach ihrer Aussagekraft eher die falsche Meinung unterstützten als deren Widerlegung erleichterten.

Obwohl Niccolini fortfuhr, den Papst um ein nicht so strenges Schicksal des Häftlings zu bitten, erklärte dieser kategorisch: »Ich wiederhole noch einmal, daß man Galilei keine Erleichterung gewähren darf. Gott möge ihm verzeihen, daß er sich in solche Fragen eingelassen hat, wo es um neue Lehren und um die Heilige Schrift geht. Es ist immer besser, den allgemein anerkannten Lehren zu folgen ... Signor Galilei war mein Freund; wir haben uns häufig privat unterhalten und mit ihm an einer Tafel gespeist; aber hier handelt es sich um den Glauben und die Religion.«[44]

Mehr noch: am 16. Juni 1633 befahl Urban VIII. auf der geheimen Sitzung der Inquisitionskongregation, wie es im Protokoll heißt, Galilei unter Androhung der Folter zu verhören.

Am 20. Juni nahm man sich den Gelehrten wiederum vor und erklärte ihm, wie Niccolini bezeugt, daß er am folgenden Tage »einem Verhör und der Folter« ausgesetzt werde. Am 21. Juni unterzog man den Gelehrten dann einer »strengen« – der letzten – Befragung.

Hat man während dieses Verhörs den 70jährigen Gelehrten nun gefoltert oder ihm nur mit der Folter gedroht? Die Apologeten der Kirche behaupten, er sei nicht gefoltert worden. Aber im Urteil der Inquisition wird klar ausgesprochen, daß Galilei einem »strengen Verhör« unterzogen wurde – ein Terminus, unter dem die Inquisitoren die Folter verstanden. Wie dem auch sei: es gelang ihnen, den Widerstand Galileis zu brechen und ihm am 21. Juni 1633 eine Erklärung zu entreißen, in der er die Lehre des Ptolemäus für »wahr und unzweifelhaft« erklärte.

Am gleichen Tage noch fällte das Tribunal das Urteil, welches Galilei zum Abschwören verdammte. Es wurde am 22. Juni in der Kirche Santa Maria sopra la Minerva verkündet.

Dieses Urteil bestätigte erneut, daß der zweifelhafte »Befehl« von 1616 der Inquisition als Grundlage für den zweiten Prozeß gegen den Gelehrten diente. In ihm heißt es: »Da du, Galilei, Sohn des Vinzenz Galilei aus Florenz, 70 Jahre alt, im Jahre 1615 bei diesem Heiligen Offizium angezeigt wurdest, daß du die falsche, von vielen verbreitete Lehre als eine wahre festhaltest: nämlich die Sonne sei im Zentrum der Welt und unbeweglich, und die Erde drehe sich auch in täglicher Umdrehung; ferner, daß du einige Schüler habest, welche du in dieser Lehre unterrichtest; ferner, daß du

---

[44] *Gurev, G. A.*, Učenije Kopernika, S. 49.

mit einigen Mathematikern Deutschlands über dieselbe eine Korrespondenz unterhaltest; ferner, daß du einige Briefe erscheinen ließest mit dem Titel: ›Über die Sonnenflecken‹, in welchen du diese Lehre als wahr erklärtest; und weil du auf die Einwände, die dir zu wiederholten Malen aus der heiligen Schrift gemacht wurden, durch Erklärung der heiligen Schrift nach deinem Sinne antwortetest; und da eine Kopie eines in Briefform verfaßten Schriftstückes vorgelegt ward, welches sich als ein von dir an einen deiner ehemaligen Schüler geschriebenes herausstellte, und du darin, der Hypothese des Kopernikus anhängend, einige Sätze gegen den wahren Sinn und die Autorität der heiligen Schrift aufnimmst:

Wollte infolgedessen das heilige Tribunal gegen die Unzukömmlichkeiten und Nachteile, welche daraus entspringen und zum Schaden des heiligen Glaubens überhandnehmen, Fürsorge treffen, und es wurden im Auftrage unseres Herrn und Ihrer Eminenzen, der Herren Kardinäle dieses höchsten und allgemeinen Inquisitionsgerichtes, von den Qualifikationstheologen die Behauptung von dem Stillstehen der Sonne und der Bewegung der Erde folgendermaßen begutachtet:

Der Satz, die Sonne sei im Zentrum der Welt und ohne örtliche Bewegung, ist absurd und philosophisch falsch und formell ketzerisch, weil er ausdrücklich der Heiligen Schrift widerspricht.

Der Satz, die Erde sei nicht das Zentrum der Welt und nicht unbeweglich, sondern bewege sich, und zwar auch in täglicher Umdrehung, ist ebenfalls absurd und philosophisch wie theologisch falsch und zumindest irrig im Glauben.

Da es uns indessen gefiel, mit Milde gegen dich zu verfahren, so wurde in der am 25. Februar 1616 in Gegenwart unseres Herrn gehaltenen Kongregation beschlossen: Seine Eminenz, der Herr Kardinal Bellarmin soll dir auftragen, die erwähnte falsche Lehre ganz aufzugeben, und im Weigerungsfalle sollte dir vom Kommissär des Heiligen Offiziums der Befehl erteilt werden, diese Lehre aufzugeben, weder andere darin zu unterrichten, noch dieselbe zu verteidigen oder zu erörtern, und falls du dich bei diesem Befehl nicht beruhigen würdest, solle man dich einkerkern. Behufs Ausführung dieses Dekretes wurde dir tags darauf im Palaste seiner Eminenz, des genannten Kardinals Bellarmin, nachdem du von ihm sanft ermahnt worden warst, von dem damals fungierenden Herrn Kommissar des Heiligen Offiziums in Gegenwart eines Notars und vor Zeugen der Befehl erteilt, daß du von der erwähnten falschen Meinung gänzlich abstehen mögest, und daß es dir in Zukunft nicht erlaubt sei, sie zu verteidigen oder in irgendeiner Weise (quovis modo) zu lehren, weder mündlich noch schriftlich; und als du Gehorsam versprochen hattest, wurdest du entlassen.

Und damit eine so verderbliche Lehre gänzlich ausgerottet werde und nicht weiter zum großen Schaden der katholischen Wahrheit um sich greife, erschien von der heiligen Kongregation des Index ein Dekret, durch welches jene Bücher verboten wurden, die von der obigen Lehre handeln, und sie selbst ward für falsch und der heiligen und göttlichen Schrift als ganz widersprechend erklärt. Und als endlich im letztverflossenen Jahre in Florenz dieses Buch erschien, dessen Titel zeigte, daß du der Verfasser desselben seiest, da nämlich der Titel lautete: ›Dialogo di Galileo Galilei ...‹, da zugleich die heilige Kongregation erfahren hatte, daß durch den Druck des obigen Buches die falsche Lehre von der Bewegung der Erde und dem Stillstand der Sonne täglich mehr Boden gewinne, so wurde dieses Buch sorgfältig untersucht und in demselben offenbar eine Übertretung des obigen Befehls, welcher dir erteilt worden war, gefunden, weil du in demselben Buche die erwähnte, schon verdammte und in deiner Gegenwart als solche erklärte Lehre verteidigt hattest, wenn du gleich in diesem Buche dich bemühst, durch verschiedene Wendungen zu überzeugen, sie sei von dir als unentschieden und ausdrücklich nur als wahrscheinlich zugelassen worden, was gleichfalls ein grober Irrtum ist, da eine Lehre auf keine Weise wahrscheinlich sein kann, die bereits als der heiligen Schrift widersprechend befunden und erklärt ward.

Deshalb wurdest du auf unseren Befehl vor dieses Heilige Offizium berufen, wo du verhört unter deinem Eide bekanntest, das Buch sei von dir geschrieben und in den Druck gegeben worden. Ferner bekanntest du, daß du beiläufig vor zehn oder zwölf Jahren, nachdem dir der obige Befehl erteilt worden war, das genannte Buch zu schreiben angefangen habest; ferner, daß du um die Erlaubnis nachgesucht, dasselbe zu veröffentlichen, ohne denjenigen, die dir dazu die Ermächtigung gaben, anzuzeigen, daß dir befohlen worden sei, diese Lehre weder in irgendeiner Weise festzuhalten, zu verteidigen, noch zu lehren.

Du bekanntest gleichfalls, der Inhalt des genannten Buches sei an vielen Stellen so verfaßt, daß der Leser sich die Meinung bilden könne: die für den falschen Teil vorgebrachten Argumente wären derart ausgedrückt, daß sie vermöge ihrer Kraft den Verstand eher umstricken könnten, als leicht zu widerlegen seien; zu deiner Entschuldigung bringst du vor, du seiest darum in einen Irrtum geraten, der (wie du behauptest) deiner wirklichen Absicht so ganz ferne liege, weil du das Buch in Form von Dialogen abgefaßt habest, und auch wegen des natürlichen Wohlgefallens, das jeder über seine scharfsinnigen Erfindungen empfindet, wie auch um sich in dem Erdenken von sinnreichen und wahrscheinlich klingenden Reden, selbst zugunsten von falschen Behauptungen, geistreicher zu zeigen, als es die Leute gemeiniglich sind.

Und da dir ein angemessener Termin zur Abfassung deiner Verteidigungsschrift ausgesetzt worden war, brachtest du ein handschriftliches Zeugnis seiner Eminenz, des Herrn Kardinals Bellarmin, vor, das du, wie du sagtest, dir verschafft hast, um dich gegen die Verleumdungen deiner Feinde zu verteidigen, welche behaupteten, du habest abgeschworen und seiest von dem Heiligen Offizium mit einer Strafe belegt worden. In diesem Zeugnis wird nun gesagt, daß du weder abgeschworen habest, noch bestraft, sondern nur von der Erklärung in Kenntnis gesetzt worden seiest, die von unserem Herren gegeben und von der Kongregation des Index veröffentlicht wurde, des Inhalts, daß die Lehre von der Bewegung der Erde und dem Stillstand der Sonne der heiligen Schrift zuwiderlaufe und deswegen nicht verteidigt und nicht festgehalten werden dürfe. Weil darin somit keine Erwähnung der zwei Bestimmungen des Befehls geschieht, nämlich ›zu lehren‹ und ›auf irgendeine Weise‹, so müsse man annehmen, daß sie dir im Verlaufe von vierzehn oder sechzehn Jahren entfallen seien, und du infolgedessen diesen Befehl verschwiegen habest, als du um die Erlaubnis, das Buch drucken lassen zu dürfen, einkamst; und dies werde von dir nicht vorgebracht, um deinen Irrtum zu entschuldigen, sondern damit er eitlem Ehrgeiz und nicht bösem Willen zugeschrieben werde. Aber gerade dieses Zeugnis, welches du zu deiner Verteidigung beibrachtest, hat deine Sache noch verschlimmert, insofern darin gesagt wird, die vorerwähnte Meinung sei der heiligen Schrift zuwider und du es dennoch wagtest, dieselbe zu erörtern, sie zu verteidigen und als wahrscheinlich darzustellen. Dabei spricht die von dir mit Künsten und Listen herausgelockte Erlaubnis keineswegs zu deinen Gunsten, da du den dir auferlegten Befehl nicht mitteiltest.

Weil es uns aber schien, daß du in betreff deiner Intention nicht die volle Wahrheit gesagt habest, so erachteten wir es für nötig, zur strengen Untersuchung (rigorosum examen) gegen dich zu schreiten, in welcher du (ohne irgendeine Präjudiz betreffs deiner Bekenntnisse und der obigen Folgerungen hinsichtlich deiner Intention) katholisch geantwortet. Deshalb sind wir nach Betrachtung und reiflicher Erwägung des Meritorischen dieser deiner Sache sowie deiner oben angeführten Bekenntnisse und Entschuldigungen und alles dessen, was nach dem Rechtswege zu untersuchen und zu erwägen kam, zu folgender definitiven Sentenz gelangt: ... behaupten, verkünden, urteilen und erklären wir ... dir, Galileo Galilei,... daß du,... wegen dessen, was sich im Prozesse ergab und du selbst wie oben gestandest, dich bei diesem Heiligen Offizium der Häresie sehr verdächtig gemacht habest; das heißt, daß du eine Lehre geglaubt und festgehalten hast, welche falsch und der heiligen und göttlichen Schrift zuwider ist, nämlich: Die Sonne sei das Zentrum des Erdkreises, und dieselbe gehe nicht von Osten nach Westen, die Erde bewege sich und sei nicht das Zentrum der Welt, und es könne diese Meinung für wahrscheinlich gehalten und verteidigt werden, nachdem sie doch als der heiligen Schrift zuwiderlaufend befunden und erklärt worden war; daß du infolgedessen in alle Zensuren und Strafen verfallen seiest, welche durch die heiligen Canones und andere allgemeine und besondere Konstitutionen gegen derartig Fehlende bestimmt und über sie verhängt sind. Von diesen wollen wir dich freisprechen, sobald du mit aufrichtigem Herzen und nicht erheucheltem Glauben abschwörst, verfluchest und verwünschest die obengenannten Irrtümer und Ketzereien und jeden anderen

Irrtum, welcher der katholischen und apostolischen Kirche zuwiderläuft, nach der Formel, wie sie dir von uns wird vorgelegt werden.

Damit aber dieser, dein schwerer und verderblicher Irrtum und Ungehorsam nicht ganz ungestraft bleibe und du in Zukunft vorsichtiger verfahrest, auch anderen zum Beispiel dienest, daß sie sich von dergleichen Vergehen enthalten, so bestimmen wir, daß das Buch ›Dialog von Galileo Galilei ...‹ durch eine öffentliche Verordnung verboten werde; dich aber verurteilen wir zum förmlichen Kerker bei diesem Heiligen Offizium für eine nach unserem Ermessen zu bestimmende Zeitdauer und tragen dir als heilsame Buße auf, in den drei folgenden Jahren wöchentlich einmal die sieben Bußpsalmen zu sprechen, uns vorbehaltend, die genannten Strafen und Bußen zu ermäßigen, umzuändern, ganz oder teilweise aufzuheben.

So sagen, verkünden und erklären wir durch Sentenz, bestimmen und verurteilen und behalten uns vor, in dieser und jeder anderen besseren Weise und Form, wie wir von Rechts wegen können und müssen. So verkünden wir endesunterzeichneten Kardinäle ... (folgen die Unterschriften von sieben Kardinälen).«[45]

Nach der Urteilsverkündung mußte Galilei niederknien und die Abschwörungsformel verlesen, in der es hieß: »Ich, Galileo, Sohn des Vinzenz Galilei aus Florenz, siebzig Jahre alt, stand persönlich vor Gericht, und ich kniee vor Euch Eminenzen, die ihr in der ganzen Christenheit die Inquisitoren gegen die ketzerische Verworfenheit seid. Ich habe vor mir die heiligen Evangelien, berühre sie mit der Hand und schwöre, daß ich immer geglaubt habe, auch jetzt glaube und mit Gottes Hilfe auch in Zukunft glauben werde, alles was die heilige katholische und apostolische Kirche für wahr hält, predigt und lehrt. Es war mir von diesem Heiligen Offizium von Rechts wegen die Vorschrift auferlegt worden, daß ich völlig die falsche Meinung aufgeben müsse, daß die Sonne der Mittelpunkt der Welt ist, und daß sie sich nicht bewegt, und daß die Erde nicht der Mittelpunkt der Welt ist, und daß sie sich bewegt. Es war mir weiter befohlen worden, daß ich diese falsche Lehre nicht vertreten dürfe, sie nicht verteidigen dürfe und daß ich sie in keiner Weise lehren dürfe, weder in Wort noch in Schrift. Es war mir auch erklärt worden, daß jene Lehre der Heiligen Schrift zuwider sei. Trotzdem habe ich ein Buch geschrieben und zum Druck gebracht, in dem ich jene bereits verurteilte Lehre behandele und in dem ich mit viel Geschick Gründe zugunsten derselben beibringe, ohne jedoch zu irgendeiner Entscheidung zu gelangen. Daher bin ich der Ketzerei in hohem Maße verdächtig befunden worden, darin bestehend, daß ich die Meinung vertreten und geglaubt habe, daß die Sonne Mittelpunkt der Welt und unbeweglich ist, und daß die Erde nicht Mittelpunkt ist und sich bewegt.

---

[45] *Lämmel, R.*, a. a. O., S. 238–246.

Ich möchte mich nun vor Euren Eminenzen und vor jedem gläubigen Christen von jenem schweren Verdacht, den ich gerade näher bezeichnete, reinigen. Daher schwöre ich mit aufrichtigem Sinn und ohne Heuchelei ab, verwünsche und verfluche jene Irrtümer und Ketzereien und darüber hinaus ganz allgemein jeden irgendwie gearteten Irrtum, Ketzerei oder Sektiererei, die der Heiligen Kirche entgegen ist. Ich schwöre, daß ich in Zukunft weder in Wort noch in Schrift etwas verkünden werde, das mich in einen solchen Verdacht bringen könnte. Wenn ich aber einen Ketzer kenne, oder jemanden der Ketzerei verdächtig weiß, so werde ich ihn diesem Heiligen Offizium anzeigen oder ihn dem Inquisitor oder der kirchlichen Behörde meines Aufenthaltsortes angeben.

Ich schwöre auch, daß ich alle Bußen, die mir das Heilige Offizium auferlegt hat oder noch auferlegen wird, genauestens beachten und erfüllen werde. Sollte ich irgendeinem meiner Versprechen und Eide, was Gott verhüten möge, zuwider handeln, so unterwerfe ich mich allen Strafen und Züchtigungen, die das kanonische Recht und andere allgemeine und besondere einschlägige Bestimmungen gegen solche Sünder festsetzen und verkünden. Daß Gott mir helfe und seine heiligen Evangelien, die ich mit den Händen berühre.

Ich, Galileo Galilei, habe abgeschworen, geschworen, versprochen und mich verpflichtet, wie ich eben näher ausführte. Zum Zeugnis der Wahrheit habe ich diese Urkunde meines Abschwörens eigenhändig unterschrieben und sie Wort für Wort verlesen, in Rom im Kloster der Minerva am 22. Juni 1633.

Ich, Galileo Galilei, habe abgeschworen und eigenhändig unterzeichnet.«[46]

Nach der Legende soll der Gelehrte mit dem Fuß aufstampfend ausgerufen haben: »Eppur si muove!« (Und sie bewegt sich doch!) Für diesen Ausspruch gibt es jedoch keine historischen Beweise. Der allgemeine physische und psychische Zustand Galileis macht ihn auch wenig wahrscheinlich. Der Satz findet sich erstmalig in den Memoiren seines Schülers Vincenzo Viviani, die zwölf Jahre nach seinem Tode geschrieben wurden.

Aber es steht fest, daß sich die Anschauungen Galileis auch nach seiner Verurteilung nicht änderten. Einst hatte er in seinen handschriftlichen Zusätzen zum »Dialog« geschrieben: »Hütet euch, ihr Theologen, die ihr aus der Lehre über die Bewegung oder Ruhe der Sonne und der Erde einen Glaubensartikel machen wollt ... Ihr selbst schafft damit den Boden für Häresien, indem ihr ohne jegliche Begründung annehmt, daß die Heilige Schrift das sage, was euch genehm ist, und fordert, daß die wissenden Menschen von ihrer eigenen Meinung und unwiderlegbaren Beweisen sich lossagen sollen. Von beiden Systemen ist eines hell, das andere dunkel; wer nicht

[46] *Bieberbach, L.*, a. a. O., S. 108–111; vgl. *Gebler, K. von*, a. a. O., S. 301–303.

blind ist, muß das weiße unterscheiden können; so sagt mir, was euch weiß erscheint!«[47]

Das Urteil und die Abschwörungsformel des Gelehrten wurden in alle katholischen Länder versandt und auch in der Kathedrale von Florenz in Anwesenheit der Geistlichkeit sowie der Freunde und Verwandten des Verurteilten verlesen.

Galilei wurde zum Häftling der Inquisition erklärt. Es war ihm verboten, sich mit jemandem ohne die Anwesenheit der Inquisitoren zu treffen und irgend etwas ohne ihre Kontrolle zu lesen oder zu schreiben. Im Jahre 1634 starb seine Tochter, die ihn gepflegt hatte; drei Jahre später erblindete er völlig, und man zwang seinen Sohn, sich um ihn zu kümmern.

Erst acht Jahre nach diesem Urteilsspruch, als er schon fast im Sterben lag, befreite man ihn von der Aufsicht der Inquisition. Am 8. Januar 1642 ist er gestorben. Nach seinem Tode versuchte die Inquisition sofort, seine Papiere zu beschlagnahmen, und verhinderte seine Bestattung in geweihter Erde.

Jahrhundertelang hielt die Kirche auch seine Schriften unter Verbot. Aus dem Index der verbotenen Bücher wurden sie, wie auch die Werke des Kopernikus und anderer berühmter Entdecker auf dem Gebiet der Astronomie, erst im Jahre 1835 herausgenommen. Aber die Verurteilung Galileis hielt die Kirche nach wie vor für gerechtfertigt. Und sie hat sie bis heute nicht zurückgenommen – ja der uns schon bekannte Marino Marini behauptete in einem 1850 erschienenen Werk, daß es »schwer ist, ein weiseres und gerechteres Urteil zu finden als das, welches die Inquisition über Galilei aussprach«[48].

Die modernen Verteidiger der Inquisition gehen da »diplomatischer« vor. »Was geschah mit Galilei?« fragt der Jesuit Domenico Mondrone in dem bekannten Jesuitenjournal »Civiltà Cattolica«. Das war durchaus kein Zusammenstoß zwischen Glauben und Wissen, die immer gute Freunde waren, meint er. Der Streit entstand vielmehr zwischen Theologen und Gelehrten. Die Theologen empfanden Angst um das Schicksal der Heiligen Schrift; das führte sie zu einer »kollektiven Blindheit«. Galilei seinerseits beging eine Unvorsichtigkeit, indem er die Heilige Schrift angriff.[49] Hätte er nur ein wenig mehr Umsicht gezeigt, behauptet Mondrone, es hätte keinen Prozeß gegen ihn gegeben – um so mehr, da er sich durch einen tiefen Glauben an Gott auszeichnete und der Kirche ehrlich ergeben war.

---

[47] *Galilei, G.,* Dialog über die beiden hauptsächlichen Weltsysteme, das ptolemäische und das kopernikanische, Leipzig 1891, S. 489 ff.

[48] *Marini, M.,* Galileo e l'Inquisicione, Rom 1850, S. 141.

[49] Civiltà Cattolica, 8, XXI, 1963, S. 33.

Ein anderer Verteidiger der Inquisition, Luigi Firpo, behauptet, daß aus dem ganzen Prozeß Galileis angeblich nur zwei Umstände unbestreitbar sind: die Orthodoxie der religiösen Überzeugungen des Gelehrten und seine ehrliche Unterwerfung unter das Diktat der kirchlichen Behörden. Ebenso will der Autor glauben machen, daß jene Verurteilung niemals offiziellen Charakter trug, denn sie wurde vom Papst nicht »ex cathedra« bestätigt; nur unter solchen Bedingungen aber seien die Verlautbarungen des Oberhauptes der katholischen Kirche unfehlbar.

Nach Firpo ist alles übrige im Prozeß Galileis »Niemandsland«, das mit Lügen und tendenziösen Erfindungen vollgestopft ist.[50] Die jesuitischen Reflexionen dieser Marini, Mondrone, Firpo und anderer Apologeten der Inquisition werden jedoch durch die angeführten Dokumente widerlegt. Von welcher »Orthodoxie« der religiösen Anschauungen Galileis kann denn die Rede sein, wenn seine Entdeckungen die Grundlage der kirchlichen Lehre, den Glauben an die Wahrheit der Bibel, untergruben? Eben deshalb wurde der große Gelehrte ja von der Inquisition unter Vorsitz des Papstes verurteilt! Die Behauptung Firpos aber, deren Urteil trage keinen »offiziellen« Charakter, ist einfach lächerlich. Die Inquisition wurde vom Papst geleitet; sie sprach ihre Urteile mit seiner Zustimmung und ließ sie von ihm bestätigen. Die Werke Galileis wurden in den Index der verbotenen Bücher aufgenommen; für das Lesen dieser Bücher aber wurden die Gläubigen automatisch exkommuniziert. Das alles waren offizielle Akte des päpstlichen Stuhls. Daß der Papst eine Aussage der Bibel, die sich nicht auf Fragen der Moral und des Glaubens, sondern auf naturwissenschaftliche Dinge bezog, nicht in den Rang eines Dogmas erhob, war selbstverständlich. Das mindert die Schuld der Kirche in dieser Angelegenheit aber in keiner Weise.

Und was die Verfolgungen Galileis durch die Inquisition betrifft, so sind sie durchaus nicht »Niemandsland«. Die römischen Päpste, die kirchlichen Hierarchen und die Inquisitoren waren es ja, die das Urteil über Galilei, wie auch über viele andere Gelehrte, sprachen und auf diese Weise der Entwicklung der Wissenschaft und damit auch dem menschlichen Fortschritt nicht wiedergutzumachenden Schaden zugefügt haben. »Eine der für ganz Italien schädlichen Folgen der Verurteilung Galileis«, urteilt der progressive Philosoph Antonio Banfi, »besteht darin, daß sie die wissenschaftlichen Entdeckungen ihrer Wirkung beraubte; daran litt unsere Kultur im Verlauf einer langen Zeit und leidet sie noch heute, insbesondere auf dem Gebiet der philosophischen Wissenschaft.«[51]

---

[50] *Firpo, L.*, Il processo di Galilei, in: Nel quarto centenario della nàscita di Galileo Galilei, Mailand 1966, S. 85.

[51] *Banfi, A.*, Vita di Galileo Galilei, Mailand 1962, S. 6.

Die Schädlichkeit des Prozesses gegen Galilei wird heute von vielen Historikern, selbst von kirchlich gesinnten, zugegeben und bedauert. Manche freilich sehen seine schlimmsten Folgen in dem ganz natürlichen Prozeß der Herauslösung der Naturwissenschaften aus dem Glaubensbereich und in der bei der wissenschaftsfremden Haltung der Kirche zunehmenden Entfernung vieler Wissenschaftler vom Glauben. So schreibt Friedrich Dessauer z. B.: »Man hatte mit Galilei die Naturforschung verscheucht. Wer konnte als Katholik noch Forschung wagen? Wer als Forscher die verbotenen Schriften und andere Konflikte vermeiden? Und wenn auch anfangs und noch lange gottesfürchtige Männer anderer Konfessionen unter den Großen der Physik zu finden sind: sie werden seltener. Katholiken sind nur vereinzelt noch darunter. Mehr und mehr aber wird die Forschung durch ihre Trennung kirchenfremd zuerst, kirchenfeindlich sodann und gerät im Laufe der Generation in Gottesferne ... Ein furchtbarer Zustand, der auch noch auf unseren Tagen lastet!«[52]

Ganz ähnlich urteilt ein anderer Wissenschaftler, seines Zeichens ein Mathematiker, über die Tragödie Galileis: »Das Ereignis (gemeint ist die Loslösung der Naturwissenschaft aus der ›Gesamtwissenschaft‹, aus der einheitlichen mittelalterlichen gläubigen Geisteshaltung), verbunden mit der Tragik des Galileischen Schicksals, wurde zu einer Krise für die Christenheit, ja für die Menschheit bis zur gegenwärtigen Stunde.«[53] In diesen und ähnlichen Äußerungen wird ein positives Ergebnis bedauert, das mit dem Vorgehen der Kirche gegen die Pioniere der Wissenschaft verbunden war: Die intransigente Haltung der Geistlichkeit förderte und beschleunigte den zwangsläufigen, gesetzmäßigen Prozeß der Loslösung der Wissenschaft und der Wissenschaftler vom religiösen und ihre Hinwendung zum atheistischen Denken.

Alle nachträglichen Versuche der Kirche, die»Harmonie von Glauben und Wissen« – die eigentlich nie bestanden hatte – wiederherzustellen, den Glauben wieder mit dem Wissen zu versöhnen, waren nach solch schockierender Konfrontation zum Scheitern verurteilt. Deshalb bedauerten bis heute weitsichtige Kirchenmänner, selbst Hierarchen, immer noch den »Fall Galilei« und forderten seine endgültige Bereinigung durch die Rehabilitierung des Gelehrten. Jener damalige Prozeß warf somit seine Schatten bis in unsere Zeit. Papst Johannes Paul II. hat die Rehabilitierung im Jahre 1979 endlich ausgesprochen.

---

[52] *Dessauer, F.,* Der Fall Galilei und wir. Abendländische Tragödie, Frankfurt a. M. 1957, S. 89.

[53] *Bays, S.,* in: ebenda, S. 7.

Der Index der verbotenen Bücher

Zu dem Arsenal der Inquisition gehörte auch die schon mehrfach erwähnte mächtige Waffe des Index der verbotenen Bücher (Index librorum prohibitorum) – eine Waffe, die sie vierhundert Jahre lang nicht aus den Händen ließ.

Die erste offizielle Ausgabe des Index datiert vom Jahre 1559. Sie war von der römischen Inquisition unter unmittelbarer Aufsicht Papst Pauls IV. besorgt worden. Pius V. (1566–1572) übertrug die Weiterführung der Zusammenstellungen 1571 einer besonderen Indexkongregation.

Wie die Inquisition, so hatte auch der Index seine Vorläufer. Die Bischöfe wie auch später die Päpste hatten es stets für ihre »heilige« Pflicht und ihr »göttliches« Recht gehalten, alle theologischen, wissenschaftlichen und literarischen Veröffentlichungen ihrer Zensur zu unterziehen und die ihnen nicht genehmen zu verbieten und zu vernichten. Die christlichen Bischöfe hatten zunächst die Werke der griechischen und römischen Literatur ausgemerzt. Nachdem der kanonische Bibeltext zusammengestellt worden war, wurden dann alle übrigen Bibelvarianten, die sog. Apokryphen, verboten. Ein noch schlimmeres Schicksal erlitten die Werke der frühchristlichen und mittelalterlichen Häresiarchen, von Arius bis hin zu den Katharern. Man verbrannte sie zusammen mit den Häretikern. Auch der Talmud, der Koran und andere Schriften der Juden und Muslime kamen im Verlauf der Jahrhunderte auf den Scheiterhaufen.

Die erste literarische Schöpfung, die nachweislich durch den Klerus vernichtet wurde, ist die Dichtung »Thalia« des Häresiarchen Arius; sie wurde im Jahre 325 auf Beschluß des Konzils von Nicäa dem Feuer übergeben. Achtzig Jahre später stellte Papst Innozenz I. die erste Liste häretischer Schriften zusammen, die ausgerottet werden sollten. Die Verfolgung der nicht konformen oder oppositionellen Literatur im Mittelalter stellte kein besonderes Problem dar, da die Zahl der gebildeten Menschen gering und die der Schriften noch geringer war. Aber mit dem Beginn des Buchdrucks, der von den Kirchenvertretern als »teuflischer Anschlag« aufgefaßt wurde, komplizierte sich das Problem sofort. Der Buchdruck verbreitete sich rasch und förderte die Bildung. In der Zeit von 1448 bis 1500 wurden in 246 Städten Europas 1 099 typographische Anstalten eingerichtet, die in dieser Periode rund 40 000 Buchausgaben mit einer Gesamtauflagenhöhe von etwa 12 Mill. Exemplaren produzierten.

Die Druckerpresse wurde zu einer mächtigen Waffe in den Händen der Gegner des Papsttums, der Humanisten der Renaissanceepoche, der Protestanten, der Gelehrten. Die katholischen Würdenträger schauten mit wachsender Sorge auf den ständig anschwellenden Strom von Druckerzeugnissen; sie kam ihnen vor wie eine Art neuer Sintflut, die sie zu verschlingen drohte. Sie versuchten sich davor zu schützen, indem sie einen mächtigen Wall von Anathemen, Verboten und Exkommunikationen auftürmten. Ihrer Anweisung nach sollte nichts mehr gedruckt werden ohne vorherige Billigung der eigens hierfür ermächtigten Inquisitoren.

Man unterschied eine Vorzensur (censura praevia) und eine Nachzensur (censura subsequens). Eine Vorzensur hatte erstmals Papst Sixtus IV. im Jahre 1471 eingeführt. Rund vierzig Jahre später wandte sich Leo X. (1513–1521) in einer speziellen Bulle »Inter sollicitudines« an das V. Laterankonzil und erreichte eine Bestimmung über die Zensur sämtlicher Druckerzeugnisse durch die Ortsbischöfe in der ganzen christlichen Welt. In Spanien war eine solche Maßnahme schon früher beschlossen worden. In Frankreich schließlich stellten auf Befehl König Franz' I. die Theologen der Sorbonne im Jahre 1535 eine Liste der verbotenen Bücher zusammen, für deren Herausgabe, Druck, Verbreitung und Studium den Schuldigen die Exkommunikation, Gefängnishaft und unter Umständen sogar der Scheiterhaufen drohten.[54] Dem Beispiel seines französischen Amtsbruders folgte der spanische König Karl V., auf dessen Geheiß die Theologen der Universität Löwen im Jahre 1546 ihrerseits einen Index von verbotenen Büchern zusammenstellten, den die spanische Inquisition übernahm und mit entsprechenden Ergänzungen und Veränderungen, unabhängig vom römischen Index, mehrfach herausgab. Auch die portugiesische Inquisition schuf sich eigene Indexausgaben. Indizes mit geringfügigen Varianten gab ferner die Inquisition in Venedig (1551), Florenz (1552) und Mailand (1554) heraus.

Mit der Veröffentlichung des römischen Index im Jahre 1559 wurde dann die Zensur über alle in den katholischen Ländern erscheinenden Bücher in den Händen der päpstlichen Inquisition konzentriert. Paul IV. verbot überhaupt die Herausgabe irgendwelcher Druckerzeugnisse in den päpstlichen Besitzungen ohne eine vorherige censura praevia durch die Inquisition. Er verpflichtete alle Buchhändler, diese über die bei ihnen eintreffenden Neuerscheinungen zu informieren, und verbot den Handel mit diesen Erzeugnissen ohne spezielle Erlaubnis des »heiligen Gerichts«. Die Inquisitoren ließen periodisch nicht nur die Buchläden, sondern auch Privatbibliotheken kontrollieren. Die hierbei konfiszierten verbotenen Bücher wurden feierlich auf öffentlichen Autodafés verbrannt.

Das Vorgehen Pauls IV. wurde durch das Trienter Konzil (1545–1563) bestätigt. Im Jahre 1562 wählte dieses eine Kommission aus achtzehn Bischöfen und trug ihr auf, den Index von 1559 durchzusehen und zu ergänzen. Die Kommission nahm in den »Index Tridentinus« u. a. alle Schriften der protestantischen Theologen auf.

---

[54] Welche Ausmaße dort die Verfolgung der Kirche und Königtum nicht genehmen Literatur annahm, zeigt die Tatsache, daß von 1660–1756 insgesamt 869 Autoren, Typographen, Herausgeber und Buchhändler in die Bastille geworfen wurden.

Auf seiner 25. Sitzung vom 4. Dezember 1563 erließ das Konzil ein Dekret über das Verzeichnis der verbotenen Bücher. Es setzte fest, daß »alle Werke, die vor 1540 von den Päpsten wie von den Ökumenischen Konzilien verurteilt wurden, aber im vorliegenden Verzeichnis nicht erfaßt waren, ebenso als verurteilt gelten, wie sie früher verurteilt waren.«[55] Papst Pius IV. bestätigte am 24. März 1564 in seiner Bulle »Dominici gregis« dieses Dekret und stellte dabei zehn Regeln über die Bücherzensur auf.

Im Jahre 1571 schuf Pius V., der schon unter Paul IV. und Pius IV. die Stellung eines Großinquisitors bekleidet hatte, eine spezielle Indexkongregation, die sich in ein ständiges Zensurdepartement des Vatikans verwandelte. Diese Kongregation hatte auch richterliche Funktionen; sie konnte kirchliche Strafen bis zur Exkommunikation über Autoren verhängen. Gegen Ende des 16. Jh. hatte der Jesuitenkardinal Roberto Bellarmino, der, wie wir sahen, bei den Prozessen gegen Giordano Bruno und Galileo Galilei mitwirkte, großen Anteil an der Vervollständigung des Index. Obwohl er als bedeutendster gegenreformatorischer Theologe galt und gilt, wurden jedoch auch einige seiner eigenen Ansichten vorübergehend zensiert. Trotzdem hat ihn die Kirche 1930 heiliggesprochen und ein Jahr darauf zum Kirchenlehrer erhoben.

Seit dem 17. Jh. befand sich die Indexkongregation faktisch unter der Kontrolle der Jesuiten. Im Jahre 1908 nahm Pius X. ihr ihre richterlichen Vollmachten; am 5. März 1917 vereinigte Benedikt XV. sie durch das Dekret »Alloquentes« wieder mit dem »Heiligen Offizium«, wo sie als eine Art Zensurbehörde verblieb. Erst 1966 wurde unter dem Einfluß des Zweiten Vatikanischen Konzils und der durch dieses eingeleiteten Reformen die Arbeit am Index eingestellt.

Seine letzte Ausgabe stammt aus dem Jahre 1948. In der ganzen Zeit seines Bestehens, vom 16. bis zur Mitte des 20. Jh., gab es insgesamt 32 Ausgaben. Davon entfallen auf das 16. Jh. nur vier (1559, 1590, 1593, 1596), auf das 17. Jh. drei (1632, 1665, 1681); im 18. Jh. wächst die Zahl der Neuausgaben auf sieben an (1704, 1711, 1716, 1744, 1758, 1786, 1787); im 19. Jh. sind es sechs Auflagen (1819, 1835, 1841, 1877, 1881, 1887). Die Flut der Publikationen in der ersten Hälfte des 20. Jh. veranlaßte das Heilige Offizium zu zwölf Neuausgaben (1900, 1901, 1907, 1911, 1917, 1922, 1924, 1929, 1930, 1938, 1940, 1948). Diese Statistik bedarf keines Kommentars.

Gegen die anschwellende Flut der zu verbietenden Publikationen half schließlich kein Index mehr; die vatikanische Zensur sah sich deshalb gezwungen, ihre Arbeit etwas zu »rationalisieren«. Zu diesem Zwecke wählte die Kirche noch im 19. Jh.

[55] *Garbovskij, B.*, Kresty, kostry i knigi, Moskau 1965, S. 54. Über die Geschichte des Index siehe: *Reusch, F. H.*, Der Index der verbotenen Bücher, 2 Bde., Bonn 1883–1885.

zwei Formen des Verbots: 1. Die von Rechts wegen verbotenen Bücher, z. B. alle, die gegen die Religion gerichtet waren und deshalb nicht namentlich aufgeführt zu werden brauchten; 2. die namentlich verbotenen Bücher, entweder sämtliche Werke eines Autors (opera omnia), die dann im einzelnen ebenfalls nicht genannt werden mußten, oder einzelne Schriften bestimmter Verfasser, die dann mit ihrem Titel genannt wurden. Im 20. Jh. beschränkte sich die vatikanische Zensurbehörde im wesentlichen darauf, ihr nicht genehme Werke katholischer Autoren zu verbieten, und zwar nur die bekanntesten, die eine große Verbreitung unter den Gläubigen gefunden hatten. So kommt es, daß im Index sich weder Darwin noch viele andere Naturwissenschaftler finden, deren Werke die kirchlichen Dogmen von Grund auf widerlegten, weil ihr Verbot sich von selbst verstand. Da die Kirche den Kommunismus und Sozialismus namentlich verurteilt hatte, waren eo ipso auch alle Bücher und Schriften, die diese Lehre propagierten oder verteidigten, »von Rechts wegen« verboten. Daraus erklärt sich, daß im Index weder die Werke von Marx, Engels und Lenin noch die der hervorragendsten Vertreter der internationalen Arbeiterbewegung oder die Bücher sowjetischer Autoren zu finden sind.

Im Jahre 1917 billigte Benedikt XV. den Codex juris canonici, der bis heute Gültigkeit hat, wenn auch eine Neuausgabe mit wesentlichen Änderungen in Vorbereitung ist. Dieses Gesetzbuch der katholischen Kirche droht allen Gläubigen für eine Verletzung seiner Paragraphen mit kirchlichen Strafen bis zur Exkommunikation. In den §§ 1384 bis 1405 des 23. Abschnitts sind die Grundsätze formuliert, von denen man sich beim Verbot von Druckerzeugnissen leiten läßt.[56]

Kanon 1384 lautet im § 1: »Bezüglich der Bücher kommt der Kirche ein doppeltes Recht zu: a) sie kann verlangen, daß die Gläubigen nur solche Bücher herausgeben, welche die Kirche vorher prüfend anerkannt hat; b) ferner kann sie Bücher verbieten, von wem immer sie auch herausgegeben sein mögen.«

Das Gesagte bezieht sich auch auf alle anderen Publikationsarten, wie Zeitungs- und Zeitschriftenartikel oder ähnliches (§ 2). Der Kanon 1385 verbietet den Druck von Ausgaben der Heiligen Schrift sowie von Kommentaren und Anmerkungen dazu ohne vorherige kirchliche Zensur; desgleichen den Druck von Büchern, die Gegenstände der Heiligen Schrift, der Theologie, der Kirchengeschichte, des Kirchenrechts, der natürlichen Theologie, der Ethik oder anderer ähnlicher Wissenszweige behandeln, ja überhaupt jedes beliebige Druckerzeugnis, in dem sich etwas findet, »das in besonderer Weise in Beziehung zur Religion oder zur Sittlichkeit steht«, und

---

[56] *Jone, H.,* Gesetzbuch der lateinischen Kirche. Erklärung der Kanones, Bd. 2: Sachenrecht (Kan. 726–1531), 2. erw. u. verb. Aufl., Paderborn 1952, S. 573 ff. (Dreiundzwanzigster Titel: Bücherzensur und Bücherverbot).

schließlich auch alle Arten von »heiligen Bildern« mit oder ohne Beifügung von Gebetstexten. Der gleiche Kanon verpflichtet alle Geistlichen, für die Publikation ihrer Arbeiten die Erlaubnis ihrer unmittelbaren Vorgesetzten einzuholen – ganz gleich, über welchen Gegenstand sie handeln.

Ohne besondere Erlaubnis darf auch nichts gedruckt werden, was sich auf die Kanonisation von Heiligen und Seligen oder auf Ablässe bezieht. Nicht einmal Verlautbarungen und Bestimmungen der römischen Kongregation, Gebetbücher oder die Bibel selbst dürfen in der jeweiligen Nationalsprache ohne eine solche Erlaubnis gedruckt oder nachgedruckt werden. Für die Herausgabe der Übersetzung eines von der kirchlichen Zensur schon approbierten Werkes ist eine neue Konzession erforderlich. Der Kanon 1393 setzt für alle Diözesen das Amt eines kirchlichen Zensors fest, dessen vom Bischof bestätigte Entscheidung als Grundlage für die Erteilung der Druckerlaubnis dient. Entsprechend Kanon 1395 verkündet die Kirche ihr Recht und ihre Verpflichtung, im Interesse der Sache (ex iusta causa) Bücher zu verbieten; außer dem römischen Papst besitzen dieses Recht auch die Kardinäle sowie die Bischöfe, Äbte und Ordensgenerale. Der Kanon 1397 verpflichtet die Gläubigen und Kleriker, den örtlichen geistlichen Behörden, d. h. den bischöflichen Ordinariaten oder unmittelbar dem Vatikan selbst, alle schädlichen Neuerscheinungen anzuzeigen. Besonders wird den päpstlichen Legaten diese Pflicht eingeschärft, ferner den Bischöfen und den Rektoren der katholischen Universitäten. Die Anzeigen selbst sollen streng geheimgehalten werden. »Das Verbot eines Buches«, heißt es im Kanon 1398, »hat die Wirkung, daß es ohne die nötige Erlaubnis weder herausgegeben noch gelesen noch aufbewahrt noch verkauft noch übersetzt noch in irgendeiner Weise anderen überlassen werden darf.«

In dem Kommentar, den Jone hierzu nach Vermeersch-Creusen (Epitome iuris canonici) gibt, wird erklärt, wann bei Übertretung des Verbots eine »schwere« und wann eine »leichte« Sünde gegeben ist: »Die Übertretung des Bücherverbotes ist an sich eine schwere Sünde. Bei geringfügigen Sachen liegt aber eine läßliche Sünde vor. Durch Lesen wird eine schwere Sünde begangen, wenn man etwas liest, das für viele Menschen eine große Gefahr zur Sünde ist, auch wenn für den, der es liest, keine Gefahr besteht. Je nach dem Inhalt wird man daher größere oder kleinere Partien lesen können, ohne schwer zu sündigen. Wenn es sich um obszöne Sachen handelt, kann schon das Lesen einer halben Seite eine schwere Sünde sein. Wenn das Buch aber nicht sehr gefährlich ist, kann man wohl auch dreißig Seiten ohne schwere Sünde lesen. – Wenn ein in sich ungefährliches Buch bloß deshalb verboten ist, weil es neue Erscheinungen usw. berichtet, aber ohne kirchliche Druckerlaubnis erschienen ist, so dürfte wohl nur eine läßliche Sünde vorliegen, selbst wenn man das ganze Buch liest. Durch Lesen verbotener Zeitungen und Zeitschriften begeht man eine schwere Sünde, wenn man sie gewohnheitsmäßig liest oder wenn man auch nur einmal einen bedeutenden Teil (nach Inhalt oder Umfang) liest, der gegen den Glauben oder die guten Sitten gerichtet ist. – Durch das Aufbewahren von verbotenen Büchern sündigt man schwer, wenn man ein unter schwerer Sünde verbotenes Buch etwa über einen Monat aufbewahrt.« Man muß dem Kommentator bestätigen, daß er sich bemüht, im Rahmen des Zulässigen großzügig zu sein; andere seiner Kollegen setzen die Todsünde schon bei zehn Seiten an.

Welche Bücher sind nun von der Kirche eo ipso, »von Rechts wegen« verboten, d. h. ohne daß darüber in jedem einzelnen Falle eine Entscheidung gefällt werden muß? - Ihre Kategorien werden im Kanon 1399 aufgeführt: »Von Rechts wegen sind ohne weiteres die folgenden Schriftwerke verboten:

1. Die von irgendwelchen Akatholiken besorgten Ausgaben des Urtextes und der alten katholischen Übersetzungen der Hl. Schrift, auch wenn die letzteren der orientalischen Kirche angehören. Außerdem sind verboten die von irgendwelchen Akatholiken angefertigten Übersetzungen der Hl. Schrift in irgendeine Sprache, sowie auch alle von irgendwelchen Akatholiken besorgten Ausgaben von Übersetzungen der Hl. Schrift in die Volkssprache.
2. Die Bücher aller beliebigen Schriftsteller, die Häresie oder Schisma verfechten oder die Grundlagen der Religion in irgendeiner Weise zu untergraben suchen.
3. Bücher, welche die Religion und guten Sitten vorsätzlich bekämpfen.
4. Die Bücher aller Nichtkatholiken, die ihrem Hauptinhalt nach von Religion handeln, außer es sei gewiß, daß diese Bücher nichts gegen den katholischen Glauben enthalten.
5. Die in Kan. 1385, §1 n. 1 und Kan. 1391 genannten Bücher, wenn sie ohne Druckerlaubnis erschienen sind (i. e. die Bücher der Hl. Schrift oder auch Kommentare und Anmerkungen zu diesen, die nicht durch die kirchliche Zensur gegangen sind; ferner die Übersetzungen in lebende Sprachen, die nicht vom Apostolischen Stuhl approbiert oder nicht unter Aufsicht der Bischöfe herausgegeben und mit Anmerkungen versehen wurden; J. G.). Ferner von den in Kan. 1385, §1 n. 2 genannten Schriftwerken jene Bücher und Broschüren, die neue Erscheinungen, Offenbarungen, Gesichte, Prophezeiungen, Wunder erzählen, oder die neue Andachten einführen, auch unter dem Vorwande, sie seien private, falls sie ohne kirchliche Druckerlaubnis erschienen sind.
6. Bücher, die ein katholisches Dogma bekämpfen oder verspotten, Bücher die vom Apostolischen Stuhle verworfene Irrtümer in Schutz nehmen, den Gottesdienst schmähen, die kirchliche Disziplin zu untergraben suchen, die kirchliche Hierarchie, den Klerikal- oder Ordensstand vorsätzlich beschimpfen.
7. Bücher, die irgendeine Art von Aberglauben, Erforschen der Zukunft durch Lose, Wahrsagerei, Zauberei, Geisterbeschwörung u. dgl. lehren oder empfehlen.

8. Bücher, die Duell, Selbstmord, Ehescheidung als erlaubt darstellen, Bücher, die über Freimaurerei und ähnliche Gesellschaften handeln und dieselben als nützlich oder wenigstens als ungefährlich für die Kirche und die bürgerliche Gesellschaft hinstellen.
9. Bücher, die laszive oder obszöne Dinge ausgesprochenermaßen behandeln, erzählen oder lehren.
10. Ausgaben der vom Apostolischen Stuhle bestätigten liturgischen Bücher, an denen irgend etwas verändert wurde, so daß sie mit den authentischen vom Apostolischen Stuhl approbierten Ausgaben nicht übereinstimmen.
11. Bücher, durch die unechte sowie vom Apostolischen Stuhl verworfene oder widerrufene Ablässe weiterverbreitet werden.
12. Irgendwie durch Druck hergestellte Bilder unseres Herrn Jesus Christus, der seligsten Jungfrau Maria, der Engel, der Heiligen oder anderer Diener Gottes, die gegen den Geist und die Vorschriften der Kirche verstoßen.«[57]

Der Codex juris canonici verbietet die Benutzung indizierter Bücher allen Gläubigen und Klerikern mit Ausnahme der Kardinäle, der Bischöfe und anderer Ordinarien; zum Lesen ist eine besondere Erlaubnis (Dispens) erforderlich, die der zuständige Ordinarius erteilt. Jede Erlaubnis wird jedoch nur unter dem Vorbehalt gegeben, daß die Lektüre dem »Seelenheil« des Dispensierten nicht schade; besteht eine solche Gefahr, dann hat der Dispensierte von Gewissens wegen auf den weiteren Gebrauch der Erlaubnis zu verzichten (cp. 1405, § 1). Selbstverständlich darf er von seinem Dispens nur persönlich Gebrauch machen und nicht einen anderen in ihn einbeziehen. Hätte also ein Katholik die Erlaubnis erhalten, Marx, Engels oder Lenin zu lesen, so müßte er spätestens damit aufhören, wenn er anfängt, ihre wesentlichen Aussagen für richtig zu halten, da dann seinem »Seelenheil« Gefahr droht.

Das Verbot eines einzelnen Werkes oder sämtlicher Schriften eines Autors kann mit dessen Exkommunikation verbunden sein. Automatisch (ipso facto) ist exkommuniziert, wer trotz Kenntnis des Verbots ein auf dem Index stehendes Werk herausgibt, verkauft, kauft, liest oder anderen gibt (cp. 2318). Wenn ein Autor nach dem Verbot seiner Veröffentlichung nicht »bereut« und seinen Fehler verurteilt, ist er gleichfalls allein schon hierdurch exkommuniziert.

Diese »Prinzipien« sind noch in der letzten Ausgabe des Index aus dem Jahre 1948 dargelegt. Hier ist auch das Vorwort des ehemaligen Hauptes der Kongregation des Heiligen Offiziums von 1914 bis 1930, Raphael Merry del Val, wieder abgedruckt, das erstmalig in der Ausgabe von 1929 enthalten war. Der Kardinal

---

[57] Ebenda, S. 590–593. Zum folgenden vgl. den Index liborum prohibitorum, Rom 1841, 1948.

wendet sich darin nicht gegen einzelne »aufrührerische Bücher«, sondern gegen den »Aufruhr« der Presse insgesamt. Er schreibt: »Die heilige Kirche war im Verlauf des Jahrhunderts das Opfer großer und schrecklicher Verfolgungen, die Helden in großer Zahl geboren haben, welche mit ihrem Blut den christlichen Glauben kräftigten (daß die Inquisition die Andersdenkenden verfolgt und Tausende von Menschen hingerichtet hat, hält er für überflüssig zu erwähnen, J. G.); jetzt aber führt die Hölle einen noch schrecklicheren, noch heimtückischeren und raffinierteren Kampf gegen die Kirche, und sie tut das durch die aufrührerische Presse. Keine der Gefahren stellt eine so große Bedrohung für Glauben und Sitte dar wie diese; deshalb fordert die heilige Kirche die Christen unermüdlich auf, sie zu meiden.«

Dann weist der Kardinal darauf hin, daß für die Sache des Glaubens besonders gefährlich jene »aufrührerischen Werke« sind, die sich durch wissenschaftliche und literarische Qualitäten auszeichnen. »Literarische und wissenschaftliche Vorzüge«, warnt er, »geben nicht das Recht, Bücher zu verbreiten, die gegen den Glauben und die guten Sitten gerichtet sind; mehr noch: Die Repressivmaßnahmen müßten um so strenger sein, je feiner das Lügengewebe und je größer die Anziehungskraft des Bösen ist.«

Die letzte Ausgabe des Index zählte noch rund 4000 Einzeltitel auf; sie enthielt ferner viele Autoren, deren sämtliche Werke (opera omnia) verboten sind. Eine solche Ehre wurde u. a. zuteil: Honoré de Balzac, Giordano Bruno, Voltaire (François-Marie Arouet), Thomas Hobbes, Paul Thiry d'Holbach, Jean Le Rond d'Alembert, René Descartes, Denis Diderot, Émile Zola, Jean La Fontaine, Juan Antonio Llorente, Jean Meslier, Morelly, Ernest Rénan, Jean-Jacques Rousseau, Baruch Spinoza, George Sand und David Hume. Das Verbot einzelner Werke traf u. a.: Francis Bacon, Pierre Bayle, Jeremy Bentham, Heinrich Heine, Claude-Adrien Helvetius, Edward Gibbon, Victor Hugo, Immanuel Kant, Étienne Cabet, Marie-Jean-Antoine-Nicolas Condorcet, Victor Considerant, Felicité-Robert de Lamennais, Julien-Offray de La Mettrie, John Locke, Jean François Marmontel, Adam Mickiewicz, John Stuart Mill, Michel de Montaigne, Charles de Montesquieu, Blaise Pascal, Pierre Joseph Proudhon, Leopold von Ranke, Jean-Baptiste-René Robinet, Stendhal (Marie-Henri Beyle), Gustave Flaubert und viele andere hervorragende Denker, Schriftsteller und Gelehrte.[58]

Émile Zola hatte durchaus recht, wenn er schrieb: »Der Katholizismus ... war dahin gekommen, die Bücher haufenweise in das Feuer seiner Hölle zu werfen. Und welch ein Haufen war das! Fast die ganze Literatur, Geschichte, Philosophie und Wissenschaft der vergangenen Jahrhunderte und des jetzigen! Gegenwärtig werden wenige Bücher veröffentlicht, die nicht unter den Bannstrahl der Kirche geraten

---

[58] *Šul'gin, M. I.,* Iz papskogo Indeksa zapreščennych knig, in: Voprosy istorii religii i ateizma, Bd. 4, Moskau 1956, S. 413 ff.

würden. Wenn sie die Augen zu schließen scheint, so geschieht es, um der unmöglichen Aufgabe, alles zu verfolgen und alles zu zerstören, aus dem Wege zu gehen.«[59]

Nach dem Zweiten Weltkrieg wurden auch Werke solch weltbekannter Schriftsteller wie Alberto Moravia und Jean-Paul Sartre verboten.

Wie stand es nun um die Wirksamkeit des Index? Bis zur Französischen Revolution von 1789 war er eine durchaus wirksame Waffe der Kirche und der feudalen Reaktion gegen alles Progressive. Aber im 19. und erst recht im 20. Jh. verlor er seine frühere Macht und Bedeutung in einem solchen Ausmaß, daß der Vatikan davon Abstand nahm, ihn zu propagieren, und ihn sogar nicht mehr in den öffentlichen Handel gab. So verwandelte sich der Index selbst gleichsam in ein verbotenes Buch. In ihn aufgenommen worden zu sein, bedeutete für einen modernen Autor sogar eine ausgezeichnete Reklame, und viele rühmten sich dessen, daß ihre Werke auf den Index gekommen seien.

»In einigen Gegenden«, schrieb kürzlich der englische Historiker Christopher Hollis, »wollte die Kirche in den letzten Jahren die Gläubigen noch zwingen, den Index ernst zu nehmen, so auf Malta, in Quebec, in Irland. Aber dort werden überhaupt wenig Bücher gelesen. Die Bewohner Maltas protestieren nicht sehr gegen das Verbot, indizierte Bücher zu lesen, weil sie kein Verlangen tragen, überhaupt irgendein Buch in die Hand zu nehmen.«[60]

Der Index der verbotenen Bücher hat die Inquisitionskongregation nicht überlebt. Er wurde im Jahre 1966, bald nach deren Umwandlung in eine »Kongregation für die Glaubenslehre«, abgeschafft.

Einzelheiten über sein ruhmloses Ende bringen wir im abschließenden Teil dieses Buches.

Im Zeichen des Syllabus

Die Revolution von 1789, die in Frankreich den Zusammenbruch der alten feudalen Ordnung und den Machtantritt der neuen Ausbeuterklasse, der Bourgeoisie, besiegelte, untergrub auch die »ewigen« Pfeiler der katholischen Kirche. Sie entriß ihr Massen von Gläubigen und beraubte sie in einer Reihe von Ländern ihres Bodenbesitzes. Napoleon beschränkte Papsttum und Kirche in Frankreich auf die klägliche Rolle einer gehorsamen Dienerin des Kaisers, zu dessen Ehren sie gezwungen wurde, Gottesdienste zu halten; sie sah sich jetzt genötigt, vor ihren neuen Herrschern unterwürfiger zu liebedienern, als sie das je vor ihrem himmlischen Herrn getan hatte.

---

[59] *Zola, É.*, Rom. Übersetzt von A. Berger. Einzige autorisierte Übersetzung, Berlin (1930), S. 423 f.

[60] *Hollis, Ch.*, The Roman Index, in: History Today 10/1966, S. 717 f.

Doch nicht nur innerhalb der Grenzen des Napoleonischen Reiches wurde die Kirche ihrer alten Macht entkleidet. Selbst in Spanien, diesem katholischsten aller katholischen Länder, dieser Festung der Gegenreformation, beseitigten die Cortes von Cadiz die Inquisition und nahmen der Kirche ihre jahrhundertealten Privilegien und Ausnahmerechte. Und schließlich erhoben sich auch in den überseeischen Gebieten, den spanischen Kolonien Amerikas, die Völker zum Kampf gegen ihre Unterdrücker unter den der Kirche so verhaßten Losungen der Französischen Revolution. Deren Zielen folgend, drohten sie auch dort, die Macht der Geistlichkeit zu brechen und sie ihres Einflusses wie auch ihrer in Jahrhunderten zusammengerafften Reichtümer zu berauben.

Im Jahre 1815 kehrte Europa jedoch zu der alten Ordnung zurück; Thron und Altar erlangten wieder ihre früheren Rechte, und das reaktionäre Europa schloß sich in der »Heiligen Allianz« fester zusammen. Die Inquisition wurde in Spanien, Portugal und den päpstlichen Besitzungen wiederhergestellt. Die Reaktion hatte einen Sieg über die Kräfte des »Bösen« errungen; jedoch von einer vollkommenen Rückkehr zur Vergangenheit konnte keine Rede sein. Das verstanden nicht nur die, die ihre angestammten Throne zurückerhalten hatten, sondern auch viele Diener des Altars, ja selbst der römische Papst.

Obwohl in den päpstlichen Besitzungen nach der Restauration alles »Französische« vernichtet und sogar die Pockenimpfung und die Straßenbeleuchtung, die die Franzosen eingeführt hatten, verboten wurden, obwohl die wiedererstandene Inquisition insgesamt 737 Personen unter Anklage auf Häresie vor Gericht zog, sah Pius VII. sich aus den obengenannten Gründen doch gezwungen, andere Mittel einzusetzen als seine Vorgänger. Im Jahre 1816 verbot er der Inquisition die Anwendung der Folter und paßte ihre Rechtsprechung derjenigen der zivilen Tribunale an. Und mehr noch: im gleichen Jahre wandelte er das Todesurteil, das von der Inquisition in Ravenna gegen Salomon Moise Viviani gefällt worden war, weil er als Konvertit angeblich in den jüdischen Glauben zurückgefallen und damit abtrünnig geworden sei, in Gefängnishaft um. In seinem Begnadigungsdekret wies er darauf hin, daß »das göttliche Gesetz andere Eigenschaften besitzt als das menschliche, daß es ein Gesetz der Sanftmut und der Überzeugung ist, während Verfolgung, Verbannung und Gefängnis den Lügenpropheten und Aposteln falscher Lehren geziemen. Wir bedauern den Menschen, der das Licht nicht sieht, und sogar den, der sich weigert, es zu sehen; die Ursache seiner Verblendung aber kann den verborgenen Plänen der göttlichen Vorsehung dienen.«[61] Wenn das auch heuchlerische Phrasen waren, da die Behörden in den päpstlichen Besitzungen fortfuhren, die Republikaner

[61] *Llorente, J. A.,* Kritičeskaja istorija ispanskoj inkvizicii, Bd. II, Moskau 1936, S. 404 f.

zu verfolgen, zu foltern und hinzurichten – und zwar nicht nur die »Lügenpropheten und -apostel«, sondern auch einfache Republikaner und Anhänger der Einigung Italiens –, so war der päpstliche Stuhl doch gezwungen, im Jahre 1835 die Inquisition abzuschaffen. Damals schmachteten in den Gefängnissen des Kirchenstaates ca. 13 000 politische Häftlinge, mit denen sich jetzt die päpstliche Geheimpolizei befaßte. Aber diese wagte es nicht mehr, sie der Häresie anzuklagen. Im 19. Jh. galt es als »wohlanständiger«, sie auf Grund eines Polizeigerichtsurteils zu bestrafen, als sie mit Hilfe des verhaßten Inquisitionstribunals auf den Scheiterhaufen zu bringen.

Das Papsttum schaffte im Jahre 1835 zwar die örtlichen Inquisitionstribunale ab, beließ aber die römische »Kongregation der Inquisition« am Leben, die ihre traditionellen Funktionen der Exkommunikation und der Herausgabe des Index weiterhin ausübte. Gerade in jenem Jahre erschien eine neue Ausgabe des letzteren, in der sich jetzt z. B. die »Worte eines Gläubigen« des französischen Geistlichen Felicité-Robert de Lamennais fanden, der wegen seines »Modernismus« exkommuniziert worden war. Lamennais forderte die Trennung der Kirche vom Staat sowie die Freiheit des Gewissens, der Presse und der Bildung. Er war einer der Begründer jener neuen aufrührerischen Lehre vom christlichen Sozialismus. Der päpstliche Stuhl setzte gegen diesen neuen Häresiarchen das ganze erprobte Arsenal der Kirchenstrafen bis hin zur Exkommunikation ein.

Im Jahre 1846 bestieg Pius IX. den päpstlichen Thron. Seine Regierung war eine der längsten der Kirchengeschichte, sie dauerte 32 Jahre. Dieser Papst war ein Exponent der reaktionärsten Kräfte in der katholischen Kirche, die zum Schutz ihrer feudalen Privilegien und der weltlichen Macht des Papsttums angetreten waren. Ein unversöhnlicher Feind der Einigung Italiens, der Demokratie, der Wissenschaft und des Fortschritts, fand Pius IX. für sich einen würdigen Beschützer in Gestalt des französischen Kaisers Napoleon III., dessen Truppen auf seine Bitten hin Rom besetzten. Sie gingen mit aller Härte gegen die Bevölkerung des Kirchenstaates vor, die demokratische Freiheiten und den Abzug sowohl der französischen als auch der österreichischen Truppen verlangte.[62] Nunmehr jagte das »Gespenst« des Sozialismus und Kommunismus den römischen Päpsten eine nicht geringere Angst ein als seinerzeit die mittelalterlichen Häresien. Auf der Plattform eines gemeinsamen Kampfes gegen diesen neuen Gegner verschmähte es das Papsttum daher nicht, sich mit seinem früheren Rivalen, der Bourgeoisie, zu versöhnen, die in nicht minderem Maße vor diesem »Gespenst« zitterte als der Stellvertreter Gottes auf Erden.

---

[62] Letzere hatten Lombardo-Venezien besetzt und halfen bei der Unterdrückung der Aufstände in Italien, auch im Kirchenstaat.

Aber bevor es zu einer solchen Vereinbarung kam, mußte das Papsttum noch einen bitteren Kelch leeren, der ihm von seinem künftigen Bundesgenossen gereicht wurde ... Im Jahre 1865 veröffentlichte Pius IX. den »Syllabus«, eine »Zusammenstellung der hauptsächlichsten Irrtümer unserer Zeit«. In ihm haben wir ein in seiner Art einmaliges Manifest der kirchlichen Inquisition des 19. Jh. vor uns. Das Oberhaupt der katholischen Kirche verurteilte hier alle Gläubigen, die sich der Sympathie zum Pantheismus, Naturalismus, Rationalismus, Liberalismus, Protestantismus, Sozialismus und Kommunismus schuldig gemacht hatten; es verdammte weiterhin jene, die auf der Forderung einer Trennung von Kirche und Staat bestanden, die irdische Gewalt der Päpste ablehnten, den Vorrang der weltlichen Macht vor der geistlichen anerkannten und die Freiheit des Gewissens verteidigten. Einer der achtzig Irrtümer, die im Syllabus aufgezählt und verdammt werden, hatte folgende Formulierung: »Der römische Papst kann und muß sich mit dem Fortschritt, dem Liberalismus und der modernen Zivilisation aussöhnen und verständigen.«

Pius IX. nannte die Gewissensfreiheit in der Enzyklika »Quanta cura«, der der Syllabus beigefügt ist, nach dem Vorbilde Gregors XVI. einen »Wahnwitz« (deliramentum)[63] und eine »Freiheit des Verderbens«[64].

Dieser Papst verherrlichte seine Regierung auch dadurch, daß er das Dogma von der »unbefleckten Empfängnis« der Jungfrau Maria verkündete, den spanischen Inquisitor Pedro Arbués, der im Jahre 1485 von den Verwandten seiner Opfer erschlagen worden war, in die Schar der Heiligen aufnahm und das Erste Vatikanische Konzil im Jahre 1870 veranlaßte, das Dogma von der Unfehlbarkeit des Papstes (Infallibilität) anzunehmen.

Darf man sich da wundern, daß gerade er den Index der verbotenen Bücher mit den Namen so hervorragender Schriftsteller der damaligen Zeit füllte wie Alexandre Dumas d. Ä., Heinrich Heine, Victor Hugo, Émile Zola und Ernest Rénan? Aber die alte feudale Ordnung, die er mit Energie und Fanatismus jahrzehntelang verteidigt hatte, erlebte ihre letzten Tage. Im Jahre 1870, als in Rom noch das Vatikanische Konzil tagte, befreiten italienische Truppen die »Ewige Stadt« und beendete der Kirchenstaat seine ruhmlose Existenz, die über tausend Jahre gedauert hatte. Der »unfehlbare« Papst erklärte sich zum »Gefangenen des Vatikans«; er schloß den italienischen König Victor Emanuel, das Haupt der italienischen Regierung Cavour, den Nationalhelden Italiens Garibaldi und viele andere bedeutende Männer, die für die Einigung des Landes gekämpft hatten, feierlich aus der Kirche aus und sprach

---

63 *Gregor XVI.*, Epistola encyclica »Mirari vos« vom 15.VIII.1832: *H. Denzinger*: Enchiridion Symbolorum, hrsg. v. *Rahner, C.*, Freiburg 1955, Nr. 1613.

64 Pius IX., Quanta cura, in: ebenda, Nr. 1690 ff.; Syllabus, in: ebenda, Nr. 1700 ff.

das Anathema über sie. Er erklärte dem neuen italienischen Staat, der ihm seine weltliche Macht und seine »rechtmäßigen« irdischen Besitzungen genommen hatte, den Boykott und rief die Katholiken auf, ihm keine Steuern zu zahlen und sich der Teilnahme am politischen Leben des Landes zu enthalten. Aber obwohl er sein ganzes Arsenal kirchlicher Bannflüche gegen das geeinte Italien und seine Politiker einsetzte: die Wirksamkeit dieser kirchlichen Waffen war durchaus gering geworden.

Die päpstliche Inquisition konnte keinen Sturm mehr entfachen und keinen Schrecken mehr hervorrufen, denn sie war nicht mehr in der Lage, jemanden hinter Gitter zu bringen, zu foltern oder gar auf dem Scheiterhaufen zu verbrennen, wie sie das in den »guten alten Zeiten« noch unbeschränkt hatte tun können, als ihr Haupt, der römische Papst, nicht nur die geistliche, sondern auch die weltliche Macht besaß. Alles dies hatte sich jetzt grundlegend geändert.

Wenn Pius IX. der letzte »feudale« Papst war, so wurde sein Nachfolger, Leo XIII. (1878–1903), der erste »bürgerliche«. Zwar setzte er den Boykott des italienischen Staates fort, dem der Vatikan seinen »Raub«, d. h. den Entzug der weltlichen Macht, nicht verzeihen konnte; aber er suchte die frühere Autorität des Papsttums durch die Schaffung eines Bündnisses mit der internationalen Bourgeoisie wiederherzustellen. Er schlug ihr eine Zusammenarbeit im Kampf gegen die wachsende sozialistische Bewegung vor und veröffentlichte 1891 die erste soziale Enzyklika der katholischen Kirche »Rerum novarum«[65], in der er gegen den Sozialismus und Kommunismus sowie die revolutionäre Arbeiterbewegung zu Felde zog, den Klassenkampf verurteilte und diesem die Zusammenarbeit der Klassen entgegenstellte. Weiterhin erklärte er hier auch das kapitalistische Eigentum für gottgegeben und unantastbar. Er forderte die Schaffung von »gelben« Organisationen, die dem Zusammenschluß des Proletariats in den Einheitsgewerkschaften entgegenwirken sollten, sowie anderer weltlicher Vereinigungen und klerikaler Parteien, deren Aufgabe es sein sollte, gegen die sozialistische Bewegung zu kämpfen. »Verlaßt die Sakristei und geht zum Volk!« rief er den Klerikern zu.

Diese Orientierung auf die Bourgeoisie war begleitet von einer Wiedergeburt des mittelalterlichen Thomismus, der Lehre des Thomas von Aquino, die von Leo XIII. in der Enzyklika »Aeterni patris« zur offiziellen Doktrin des modernen Katholizismus proklamiert wurde. Wenn das Papsttum auch der Bourgeoisie seine Dienste anbot, so entsagte es damit doch nicht seiner längst überholten Weltanschauung, sondern suchte diese den modernen Bedingungen anzupassen.

Auf der anderen Seite trug der Aufruf Leos an die Geistlichkeit, sich aktiv mit den »sozialen Fragen« zu befassen, dazu bei, die Positionen der Anhänger eines

---

[65] Acta Leonis XIII., Bd. XI, Rom 1892, S. 97–148.

»christlichen Sozialismus« zu festigen; das aber mußte wiederum die konservativen Kreise des Klerus und auch der Bourgeoisie auf den Plan rufen. Für sie war jeder Sozialismus, selbst der »pfäffische«, ein Schreckgespenst. Sie verlangten, die übermäßig radikalen christlichen Reformatoren zu zügeln, was Leo XIII. dann auch mit der 1901 erschienenen Enzyklika »Graves de communi re« tat; in ihr verurteilte er den »katholischen Sozialismus« und forderte eine strenge Unterwerfung aller katholischen Massenorganisationen unter die kirchliche Kontrolle.

Die Inquisition im 20. Jahrhundert

Gegen Ende des 19. Jh. entstand unter den Klerikern und Gläubigen eine Bewegung, die für eine Erneuerung der Kirche im Geiste einer aktiven Anpassung an die Bedingungen der kapitalistischen Gesellschaft eintrat. Diese Strömung erhielt die Bezeichnung »Modernismus«. Der Modernismus, gegen den besonders Papst Pius X. (1903–1914) sein Leben lang kämpfte, stellte keine einheitliche Doktrin dar. Gemeinsam aber war allen seinen Anhängern, daß sie die traditionellen Lehrsätze der Kirche zu revidieren und sie den Erfordernissen der Zeit anzupassen suchten. Sie betrachteten die Religion als eine Sache des persönlichen Gewissens; der Glaube dürfe ihnen zufolge nicht auf Autorität beruhen, sondern müsse sich auf persönliche Erfahrung stützen. Die Kirche sei nicht eine vom historischen Jesus gestiftete Heilsanstalt, sondern eine Frucht religiösen Gemeingeistes; sie müsse als Entwicklungsprodukt angesehen werden und verhalte sich zum Urchristentum etwa wie der Baum zum Samenkorn. Auch das Dogma sei eine sekundäre Bildung, und nur seine »Substanz« sei unvergänglich; seine Form dagegen sei geworden, sei menschlich und daher wandelbar (philosophisch-dogmatischer Modernismus). Die biblischen Erzählungen seien keine objektive Berichterstattung, sondern vom Glauben geformt; ihr Glaubensinhalt müsse durch die Bibelkritik herausgeschält werden (historisch-exegetischer Modernismus). Einige Modernisten hielten die kirchlichen Gebräuche für christentumsfremd; sie führten nach ihrer Meinung zur Veräußerlichung der Frömmigkeit. Dagegen stellten sie die Herzensfrömmigkeit, die mehr wert sei als der ganze äußerliche kirchliche Betrieb, stark heraus (praktisch-religiöser Modernismus). Der Katholizismus dürfe sich der modernen Wissenschaft nicht länger verschließen, sonst werde er geistig und schließlich auch religiös verkümmern (Bildungsmodernismus). Auch gegen die Kirchenverfassung richteten sich die Angriffe einiger Modernisten, so gegen den päpstlichen Primat und die Unfehlbarkeit des Papstes. Politisch standen die Modernisten meist den christlichdemokratischen Strömungen nahe, und einige näherten sich dem »christlichen Sozialismus« (sozial-politischer Modernismus).

In vielen der genannten Forderungen stimmten die Modernisten mit den Protestanten überein und holten also eine Anpassung nach, die der Protestantismus zum Teil schon längst vollzogen hatte.[66] Die rasche Verbreitung des Modernismus in Frankreich (Pius X. nannte ihn sogar die »französische Krankheit«), in Italien, Deutschland, England und den USA jagte der italienischen Hierarchie, in der die mittelalterlichen Traditionen noch äußerst lebendig waren, einen großen Schrecken ein. Die italienischen Kirchenfürsten, die den zentralen Apparat der katholischen Kirche, die römische Kurie, faktisch beherrschten und die nach alter Tradition aus ihrer Mitte auch den neuen Papst wählten, befürchteten speziell, bei einem Sieg der modernistischen Tendenzen ihre privilegierte Stellung in der Kirche zu verlieren.

Die Regierung Pius' X. wird charakterisiert durch einen erbitterten Kampf gegen diese neue »Ketzerei«. Der Modernismus war für diesen Papst ein »Sammelsurium aller möglichen Häresien« (omnium haereseon collectum), das nicht nur die katholische Religion, sondern alle Religionen überhaupt zerstöre. »Was übrig bleibt, ist Atheismus und das Ende der Religion« (Restat atheismus et religio nulla).[67]

Besondere Aufmerksamkeit widmete Pius deshalb der Tätigkeit der Inquisitionskongregation, die er zum Kampf gegen den Modernismus mobilisierte. Einer seiner ersten Regierungsakte war das Dekret »Romanis Pontificibus« vom 17. Dezember 1903, worin er dieser Kongregation die Auswahl der Kandidaten für die Bischofsstühle übertrug. Einige Zeit später wies er ihr auch die Gewährung von Ablässen zu.

Die Thesen des Modernismus verurteilte der Papst in dem Dekret »Lamentabili«, das am 3. Juli 1907 veröffentlicht wurde. Es stellt eine Art Neuauflage des Syllabus dar, denn hier werden 65 modernistische Irrtümer verdammt, die hauptsächlich den Schriften von George Tyrell und Alfred Loisy entnommen waren. Die am 8. September des gleichen Jahres herausgegebene Enzyklika »Pascendi dominici gregis« versuchte, den Modernismus als ein zusammenhängendes System nach seinen philosophischen, historischen und praktisch-kirchlichen Seiten darzustellen, und sprach dann seine Verdammung aus. Sie befahl, in allen Bistümern der katholischen Kirche spezielle »Überwachungsausschüsse« einzusetzen, die das Wirken und das Schrifttum der Modernisten sorgfältig kontrollieren sollten.

Mit ausdrücklicher Billigung Pius' X. wurde eine Geheimorganisation unter der Leitung des ihm vertrauten Prälaten U. Benigni gegründet, die den Namen Sodalitium pianum trug und auch unter der Bezeichnung La Sapinière bekannt ist. Sie hatte die Aufgabe, alle kirchlichen Hierarchen, einschließlich der Kardinäle, hinsichtlich

---

[66] *Šejnman, M.M.*, Vatikan i katolicizm v konce XIX – načale XX v., Moskau 1958, S. 33 ff.

[67] *Denzinger*, Enchiridion, Nr. 2109.

eventueller Sympathien für den Modernismus zu überwachen. So entstand eine Atmosphäre der Furcht und des gegenseitigen Mißtrauens, die Denunziationen, anonyme Beschuldigungen und Intrigen im Gefolge hatte. Die der Sympathie gegenüber dem Modernismus überführten Hierarchen wurden von ihren Posten entfernt, Verfolgungen der Inquisition ausgesetzt und, wenn sie hartnäckig blieben, sogar aus der Kirche ausgeschlossen. Im Jahre 1910 führte Pius X. einen speziellen Antimodernisteneid ein, den alle Professoren der theologischen Fakultäten, sämtliche Personen geistlichen Standes vor der jeweils nächsthöheren Weihe, alle Angestellten der päpstlichen Kurie sowie der vatikanischen Einrichtungen, alle Prediger und die Oberen der geistlichen Orden und Kongregationen zu leisten hatten. Zur gleichen Zeit zwangen die sich häufenden Proteste gegen die Inquisitionsmethoden bei der Verfolgung Andersdenkender den Papst, die Bezeichnung »Heilige Kongregation der römischen und katholischen Inquisition« zu ändern. Durch die Konstitution »Sapienti consilio« vom 29. Juni 1908 wurde sie in »Kongregation des Heiligen Offiziums« umgewandelt. Der allgemein verhaßte Name »Inquisition« war damit endlich aufgegeben; aber durch diesen Namenswechsel änderte sich nichts an der Tätigkeit der Kongregation. Auch unter der neuen Bezeichnung übte sie ihre alten Funktionen aus: gegen alles Progressive sowohl innerhalb als auch außerhalb der Kirche zu kämpfen.

Pius X. hegte äußerstes Mißtrauen gegenüber den Massenorganisationen christlich-demokratischer Prägung, weil sie für bürgerlich-demokratische Reformen eintraten. In Italien bemühte sich diese Bewegung um eine aktive Teilnahme der Katholiken am politischen Leben des Landes; das aber widersprach der politischen Linie des Vatikans, der am Boykott des italienischen Staates festhielt. Überdies befürchtete der Papst, daß die Bewegung unter den Einfluß der Sozialisten geraten könne. Im Jahre 1907 forderte er, die katholische Massenorganisation »Opera dei congressi« aufzulösen, und suspendierte ihren demokratischen Führer Romulo Murri, dessen Schriften in den Index aufgenommen wurden und den er zwei Jahre später exkommunizierte. Im August 1910 verurteilte er in einem »Brief an die Erzbischöfe und Bischöfe Frankreichs« die französische christlich-demokratische Organisation »Sillon« (Die Furche), die im Jahre 1894 von einer Gruppe Katholiken unter Führung Marc Sangniers[68] gegründet worden war und die für eine Versöhnung der Kirche mit der Republik und gegen die Zusammenarbeit des Klerus mit der Reaktion aufgetreten war. Sangnier unterwarf sich und zog sich von der Leitung des »Sillon« zurück, dessen Mitglieder als »Sillons catholiques« sich unter bischöflicher Leitung neu

---

[68] Über ihn vgl. *Madaule, J.*, Marc Sangnier – unermüdlicher Sämann, in: begegnung 5/1973, S. 11 ff.; ferner: *Fuchs, O. H.*, Erinnerungen an Marc Sangnier, in: begegnung 1973, H. G., S. 14.

organisierten. Die Werke der Modernisten kamen auf den Index. Dieses Schicksal erlitten alle Schriften des Theologen Alfred Loisy, die »Kritische Geschichte der alten Kirche« von Louis Duchesne, die beiden reformkatholischen Programmschriften »Der Katholizismus als Prinzip des Fortschritts« (1897) und »Die alte Zeit und der neue Glaube« (1898) von Hermann Schell, ebenso dessen »Katholische Dogmatik« (3 Bde., 1899–1903), die beiden ersten Bände seiner »Apologetik« (Gott und Geist, 1895/96) und viele andere.

Gleichzeitig mit der entschlossenen Unterdrückung aller demokratischen Tendenzen in der Kirche führte Pius X. die Politik seines Vorgängers Leo XIII. fort, die auf eine Festigung des Bündnisses mit der Großbourgeoisie Italiens und anderer Länder gerichtet war. In Italien stand der Vatikan positiv zu den Repressalien der Regierung gegen die Werktätigen, die um ihre Rechte kämpften. Auf dem Gebiet der Außenpolitik billigte er die Eroberung von Tripolis im Jahre 1911 und beteiligte sich an der Ausbeutung dieser neuen italienischen Kolonie vermittels der vatikanischen Banco di Roma. Pius X. unterstützte auch die kolonialen Eroberungen Frankreichs, geriet aber zu Beginn des 20. Jh. in einen scharfen Konflikt mit der französischen Regierung, der 1904 zum Abbruch der diplomatischen Beziehungen führte.

Um den religiösen Fanatismus anzuheizen, wurde im Jahre 1909 Jeanne d'Arc, die seinerzeit vom Inquisitionstribunal zum Scheiterhaufen verurteilt worden war, in die Schar der Seligen aufgenommen. Der Haß gegen das republikanische Frankreich trieb Pius X. in die Arme Deutschlands und Österreichs. Zu Beginn des ersten Weltkrieges hoffte er offensichtlich auf einen Sieg der Mittelmächte über das »gottlose« Frankreich und über Italien, dem er den Raub des Kirchenstaates vom Jahre 1870 nicht verzeihen konnte. Das Ende des ersten Weltkrieges erlebte der Papst nicht mehr. Er starb kurz nach Beginn dieses großen Konflikts. Zu seinem Nachfolger wurde Benedikt XV. (1914–1922) gewählt, der ebenfalls mit Deutschland und Österreich sympathisierte, obwohl er offiziell Neutralität wahrte.

Der Sieg der Großen Sozialistischen Oktoberrevolution versetzte den Vatikan und die katholischen Hierarchen aller Länder in große Furcht und Verwirrung. Die zwei folgenden Päpste, Pius XI. (1922–1939) und Pius XII. (1939–1958), zeichneten sich durch eine äußerst reaktionäre Haltung, durch Antisowjetismus und Antikommunismus aus. Unter Pius XI. wurde die katholische Kirche auf der gemeinsamen Basis der Feindschaft gegen den Kommunismus und die Sowjetunion zu einem treuen Bundesgenossen des Weltimperialismus, selbst des Faschismus. Dieser Papst versöhnte sich mit dem italienischen Staat und unterschrieb im Jahre 1929 zusammen mit Mussolini die Lateranverträge, die den Kirchenstaat in der Form einer Città del Vaticano wiederherstellten. In den Jahren 1929 und 1930 trat er international als Vorkämpfer des »Kreuzzuges« gegen den jungen sowjetischen Staat hervor. 1931 veröffentlichte er eine neue soziale Enzyklika »Quadragesimo anno« (Im vierzigsten

Jahre; soviel waren seit dem Erscheinen der ersten sozialen Enzyklika Leos XIII., Rerum novarum, vergangen), in der er die faschistische »ständische Ordnung« dem Sozialismus und Kommunismus als christliches Gesellschaftsideal entgegenstellt.[69] Pius XI. mobilisierte die katholische Kirche zur Unterstützung der Diktatoren in Italien, Spanien und Portugal, Mussolini, Franco und Salazar; er segnete auch die faschistische Aggression in Äthiopien und begrüßte das Vorgehen gegen die Arbeiter und die demokratische Bewegung in Deutschland.[70]

Dieser Kurs, dessen Hauptinhalt der Antikommunismus war, wurde mit noch größerer Energie von Pius XII. fortgesetzt. In der Zeit des Zweiten Weltkrieges waren die Sympathien dieses Papstes zunächst auf seiten der faschistischen Mächte; er hoffte auf ihren Sieg über die Sowjetunion und den Kommunismus. In seiner Weihnachtsbotschaft vom Jahre 1942 erklärte er: »Die Kirche, die sich immer von religiösen Motiven leiten ließ, hat die verschiedenen Formen des marxistischen Sozialismus verurteilt. Sie verurteilt sie auch jetzt ...«[71] Damit appellierte Pius XII. an die englische und amerikanische reaktionäre Bourgeoisie und erinnerte sie daran, daß nicht Hitler, sondern der Sozialismus und die revolutionäre Arbeiterklasse ihr Hauptfeind sei. »So war also die Weihnachtsbotschaft des Papstes ein offener Aufruf, mit Hitler Frieden zu schließen und einen Krieg gegen die UDSSR ... vom Zaune zu brechen.«[72] Als die ruhmreiche Sowjetarmee die faschistischen Heere zu zerschlagen begann und die Unvermeidlichkeit der Niederlage Hitlers und seiner Bundesgenossen offensichtlich wurde, suchte Pius die faschistischen Regimes durch den Abschluß eines Separatfriedens hinter dem Rücken der Sowjetunion zu retten. Der Vatikan nahm eine Umorientierung seiner Politik auf die antikommunistischen und antisowjetischen Kreise der Vereinigten Staaten und Englands vor.[73]

Die neue Welt, die nach der Zerschlagung der faschistischen Mächte entstand, entsprach jedoch bei weitem nicht den Hoffnungen des Papstes. In der Zeit des Krieges hatten viele Gläubige und auch prominente Vertreter der katholischen

---

[69] Quadragesimo anno. Papst Pius XI. Weltrundschreiben über die gesellschaftliche Ordnung, hrsg. vom Bischöflichen Ordinariat Berlin, Berlin 1947.

[70] Vgl. darüber: *Šejnman, M. M.*, Der Vatikan im zweiten Weltkrieg, Berlin 1954, S. 32 ff.; *Mohr, H.*, Katholische Orden und deutscher Imperialismus, Berlin 1964, S. 139 ff.; *Manhattan, A.*, Der Vatikan im 20. Jahrhundert, Berlin 1958, S. 78 ff.; *Deschner, Karlheinz*, Mit Gott und den Faschisten, Stuttgart 1965, S. 15 ff. (Der Vatikan und der italienische Faschismus), S. 51 ff. (Der Vatikan und der spanische Bürgerkrieg), S. 97 ff. (Der Vatikan und Hitlerdeutschland); *Winter, E.*, Die Sowjetunion und der Vatikan, Berlin 1972.

[71] *Šejnman, M. M.*, Der Vatikan im zweiten Weltkrieg, S. 296 ff.

[72] Ebenda, S. 298; *Winter, E.*, a. a. O., S. 222 ff.

[73] Ebenda.

Kirche entgegen dem Willen des Vatikans sich aktiv an der antifaschistischen Widerstandsbewegung beteiligt. In einer Reihe europäischer Länder entstanden nun Regierungen der nationalen Einheit, an denen neben demokratischen Katholiken auch Kommunisten sich beteiligten. Der Zug zum gewerkschaftlichen Zusammenschluß mit den Kommunisten und Sozialisten verstärkte sich unter den Massen der katholischen Werktätigen. Über diese neuen Erscheinungen zeigte sich der Vatikan sehr besorgt. Pius XII. drängte die herrschenden Kreise der USA zu einem offenen Bruch der antifaschistischen Koalition und drohte ihnen mit dem oft strapazierten Gespenst des Kommunismus. Als der »kalte Krieg« ausbrach, betrachtete er das als einen persönlichen Triumph. Er begrüßte den Ausschluß der Kommunisten aus den Regierungen der nationalen Einheit in Italien und Frankreich, die Annahme des Marshallplanes, die Schaffung des aggressiven NATO-Blocks, die »Hexenjagd« in den USA und die Entfachung einer antikommunistischen Hysterie, wie sie von reaktionären Gruppierungen in anderen kapitalistischen Ländern betrieben wurde.

Weite Kreise der Werktätigen, die im Kriege durch das Feuer des antifaschistischen Kampfes geschritten waren, weigerten sich jedoch, den antikommunistischen Kurs des Vatikans mitzuvollziehen. Millionen Werktätiger stimmten entgegen den Direktiven der katholischen Hierarchie bei den Parlamentswahlen in Italien, Frankreich und anderen Ländern für kommunistische oder ihnen nahestehende Kandidaten und nahmen aktiven Anteil am Kampf für den Frieden. Sie stärkten die Einheitsgewerkschaften und verurteilten die aggressive Politik der imperialistischen Mächte. Um sie zu zügeln und zu veranlassen, auf den imperialistischen Kurs einzuschwenken, setzte Pius XII. alle erprobten Mittel der katholischen Kirche gegen ihre Gegner wieder in Gang: Ermahnungen, Verwarnungen (Monita) – und schließlich die Exkommunikation mit deklaratorischer oder kondemnatorischer Sentenz. Man braucht sich deshalb nicht darüber zu wundern, daß dieser Papst während seiner Regierungszeit der Kongregation des Heiligen Offiziums mit besonderer Aufmerksamkeit und Liebe zugetan war. Bald nach Beendigung des Zweiten Weltkrieges hielt er vor ihren Mitarbeitern eine Ansprache und sagte dabei unter anderem: »Eure Verpflichtungen sind sehr schwer, meine geliebten Kinder, schwer nicht nur wegen der gewaltigen Aufgaben, die vor euch stehen, sondern vor allem wegen der Verantwortung, die auf euch lastet, und der Energie, die von euch bei der Erfüllung dieser verantwortlichen Aufgaben gefordert wird. Eure heilige und fromme Arbeit ist vielen unbekannt; andere haben von ihr eine verkehrte Vorstellung. Aber der Herr blickt auf eure heilige Sache mit Genugtuung herab; er sieht, mit welchem Eifer ihr am Werke seid zu seiner Ehre, zur Ehre seiner Kirche, zum Nutzen der Seelen und zur Rettung der Gesellschaft. Deshalb gießt er über euch im Überfluß seine Zärtlichkeit aus, von der erfüllt wir euch allen hier Versammelten aus unserem ganzen väterlichen Herzen den apostolischen Segen erteilen.«[74]

Am 1. Juli 1949 schloß die Kongregation des Heiligen Offiziums auf Befehl Pius' XII., der nach alter Tradition als ihr Oberhaupt fungierte, durch ein offizielles Dekret alle Kommunisten aus der Kirche aus und verbot den Gläubigen auf der Grundlage des schon erwähnten Kanons 1399 des CIC, »Bücher, Zeitschriften, Zeitungen oder Flugblätter, welche die kommunistische Doktrin oder Aktion verteidigen, herauszugeben, zu verbreiten, zu lesen oder darin zu schreiben«[75]. Aber dieses Dekret, dem noch weitere folgten, machte auf die Gläubigen nicht den gewünschten Eindruck. Millionen von katholischen Werktätigen unterstützten auch weiterhin die Kommunisten. Das beweist die Tatsache, daß die Zahl der für diese bei den Parlamentswahlen abgegebenen Stimmen in Ländern wie Italien und Frankreich auch nach dem Erlaß jener Verfügung weiter anstieg. Der antikommunistische, prokapitalistische und proimperialistische Kurs des Vatikans stieß aber auch auf immer größeren Widerstand in den Reihen der Geistlichkeit selbst. Im Jahre 1953 verbot die Kongregation des Heiligen Offiziums das Buch des italienischen Klerikers Zeno Saltini, das unter dem Titel »Wir sind nicht einverstanden« erscheinen sollte. Saltini hatte die Kolonie Nomadelphia (Stadt der Brüderschaft) für elternlose Kinder, Opfer des Zweiten Weltkrieges, gegründet und stand ihr vor. Die Polizei der christ-demokratischen Regierung schloß diese Kolonie und jagte die Kinder auf die Straße; die kirchlichen Behörden ihrerseits verboten eine weitere Tätigkeit Saltinis zu deren Gunsten. Don Zeno wurde zum Sekretär des Heiligen Offiziums, Kardinal Pizzardo, zitiert. Das Streben, die Gerechtigkeit auf dieser Erde herzustellen, sei eine kommunistische Häresie, belehrte der Kardinalinquisitor den aufrührerischen Geistlichen, denn wenn man eine solche Gerechtigkeit herstellen könnte, so entfiele die Notwendigkeit der Erlösung und damit auch die Notwendigkeit der Kirche selbst. Die kirchliche Doktrin lehre, daß man das Übel erdulden und an die himmlische Gerechtigkeit glauben müsse. Für die Leiden hier auf Erden, für die irdische Hölle, gäbe es nach dem Tode eine hundertfache Belohnung im Paradies. Saltini fragte darauf den Inquisitor, warum, wenn das so sei, dann der Papst und die Kardinäle, speziell Kardinal Pizzardo selbst, auf jede Weise die irdischen Leiden mieden und es vorzögen, irdische Güter

---

[74] Atti e discorsi di Pio XII., Bd. XIII, Vatikanstadt 1950, S. 370 f.

[75] Acta Apostolicae Sedis 41 (1949), S. 334. Deutscher Text nach den kirchenamtlichen Verlautbarungen in: Kirche und Kommunismus (Religiöse Quellenschriften, Heft 9/10), Düsseldorf 1956, S. 94. – Außerdem wurden gegen die Kommunisten erlassen: eine Erklärung des heiligen Offiziums vom 11.8.1949 betr. Eheschließung mit Kommunisten (Acta Apostolicae Sedis 41, S. 427) und ein Monitum des heiligen Offiziums vom 28.6.1950 betr. kommunistischer Jugendorganisationen (ebenda 42, S. 553).

zu genießen? Glaubten sie etwa nicht an das Paradies, oder wollten sie nicht hineingelangen?

Saltini erkannte die Beweisführung des Inquisitors nicht an und veröffentlichte sein Buch: »Wir sind nicht einverstanden« (Non siamo d'accordo). Er wandte sich darin an den Monsignore Montini, den damaligen stellvertretenden Staatssekretär des Vatikans und späteren Papst Paul VI.: »Sechs Millionen Italiener leben in Armut und Hunger nicht deshalb, weil der Staat keine Mittel besitzt, sondern weil diese Mittel im Interesse der herrschenden Kaste ausgegeben werden – speziell für die Polizei und die Gendarmen, die dazu da sind, die Hungernden in Gehorsam zu halten. Vergessen Sie nicht, Eure Eminenz, daß der Magen eine göttliche Bedeutung besitzt! Es wäre interessant zu sehen, wie sich die Würdenträger des Heiligen Stuhls selbst fühlen würden, wenn sie so hungrig wie die Nomadelphier leben müßten.«[76] Don Zeno geißelte zornig die verschwenderische Pracht des päpstlichen Hofes, die stets intrigierende und moralisch korrupte vatikanische Aristokratie und den päpstlichen Nepotismus. Wenn das die Früchte der christlichen Lehre seien, so lohne es nicht, Christ zu sein – mit einer solchen logischen Schlußfolgerung beschloß Zeno Saltini seine Anklageschrift gegen den Vatikan und dessen klerikale Regierung.

Als Antwort setzte diese das Buch auf den Index und forderte von seinem Autor Unterwerfung und Widerruf. Saltini kam dem nach, legte aber im Jahre 1955 aus Protest gegen die Handlungsweise des Vatikans sein Priesteramt nieder.

1953 wurde auf Beschluß der Kongregation des Heiligen Offiziums in Frankreich das Institut der sogenannten Arbeiterpriester aufgelöst, das noch in der Zeit des Zweiten Weltkrieges entstanden war. Es war vom französischen Episkopat ersonnen worden als eine Methode des Kampfes gegen den kommunistischen Einfluß in der Arbeiterklasse. Der Episkopat hatte zu diesem Zweck eine Gruppe junger Priester ausgewählt und nach einer entsprechenden antikommunistischen Schulung in die Fabriken und Betriebe entsandt; sie sollten dort als einfache Arbeiter wirken und zugleich die priesterlichen Funktionen ausüben, damit sie auf diese Weise bei den Werktätigen Autorität gewännen. Damit sollte der Vorwurf entkräftet werden, die Kirche stehe auf seiten der Kapitalisten und sei deren Instrument; man wollte beweisen, daß sie ernstlich bereit sei, die Arbeiter vor der kapitalistischen Ausbeutung zu schützen. Dieses Manöver der französischen Oberhirten endete jedoch mit einem Mißerfolg. Viele von den Arbeiterpriestern, die in den Fabriken mit den kommunistischen Werktätigen zusammenarbeiteten, gewannen echte Hochachtung vor diesen und begannen, mit ihnen in gemeinsamer Front aufzutreten. Einige wurden zusammen mit ihnen polizeilichen Repressalien unterworfen. Andere traten

---

[76] *Saltini, Z.*, Non siamo d'accordo!, Turin 1953, S. 23 ff.

sogar der Kommunistischen Partei bei. Im Vatikan mußte man die Niederlage eingestehen und beschloß, das Institut der Arbeiterpriester aufzulösen, da es die Hoffnung der klerikalen Antikommunisten nicht erfüllt hatte. Im September 1953 befahl Kardinal Pizzardo als Leiter der Kongregation des Heiligen Offiziums im Namen des Papstes Pius XII. dem französischen Episkopat, die Arbeiterpriester aus den Fabriken und Betrieben abzuberufen und sie zur »Umerziehung« in Klöster zu schicken. Das war jedoch leichter gesagt als getan. Am 5. Oktober jenes Jahres unterschrieben die Arbeiterpriester eine Deklaration, die an das Haupt des französischen Episkopats, Kardinal Feltin, gerichtet war. Aus diesem Dokument, das bis heute seine Aktualität nicht verloren hat, ist folgender Auszug aufschlußreich: »Während wir uns unter den Arbeitern befanden, haben wir vieles gelernt. Unserer Hierarchie fällt es schwer, das zu verstehen ...«[77]

Im Besitz eines solch vielsagenden Zeugnisses wandte sich der französische Episkopat nach Rom und teilte mit, daß eine sofortige Abberufung der Arbeiterpriester bei diesen einen starken Widerstand erzeugen und in weiten Kreisen der katholischen Öffentlichkeit Empörung auslösen würde. Und tatsächlich: Meldungen über das Zirkular des Kardinals Pizzardo sickerten in die Presse und riefen bei vielen Gläubigen einen Proteststurm gegen die päpstliche Entscheidung hervor. Angesehene katholische Schriftsteller wie François Mauriac, Daniel Ropes, Etienne Borne, George Gourdin und eine Reihe anderer Publizisten äußerten sich in der Presse zugunsten der Arbeiterpriester, die auch durch die einflußreiche Zeitschrift der liberalen Katholiken »Esprit« aktiv unterstützt wurden. Nicht ohne Ironie forderte die Redaktion dieses Blattes in einem Kommentar zu dem Befehl des Vatikans, daß, wenn die Arbeiterpriester angeblich vom Geist des Kommunismus infiziert seien, Sanktionen auch gegen die Kapitalistenpriester ergriffen werden müßten, d.h. gegen die Geistlichen, die die kapitalistischen Kreise betreuten; sie begründete das damit, daß diese ja schon längst vom kapitalistischen Geiste beeinflußt und viele von ihnen selbst Kapitalisten geworden seien.

Im Januar 1954 wurde eine Bischofskonferenz einberufen, die entsprechend den Weisungen des Vatikans verkündete, daß »der Beruf eines Geistlichen mit dem eines Arbeiters unvereinbar« sei. Sie schrieb den Arbeiterpriestern vor, unverzüglich ihre »weltlichen Funktionen«, in die sie durch die Arbeiter gewählt worden waren – darunter verstand man vor allem Gewerkschaftsfunktionen –, aufzugeben und ihre Arbeit in den Fabriken zum 1. Mai 1954 zu beenden. Der Episkopat verpflichtete die Priester, in Zukunft von den kirchlichen Behörden in jedem einzelnen Fall eine besondere Erlaubnis für die »körperliche Arbeit« einzuholen, und ließ sie wissen,

---

[77] Les Prêtres ouvriers, Paris 1954, S. 230–237; Herder-Korrespondenz 8 (1953/54).

daß eine solche Erlaubnis in Zukunft höchstens für drei Stunden am Tage erteilt würde. Die Konferenz bestimmte ferner, daß diejenigen Kleriker, die sich mit der Arbeiterfrage beschäftigten, in Zukunft den Pfarrgeistlichen unterstehen und nicht in Arbeitervierteln, sondern im Pfarrhaus wohnen sollten, von wo sie sich nur mit Erlaubnis der kirchlichen Behörden entfernen dürften. 73 Arbeiterpriester, denen sich in der Folgezeit fast alle übrigen zugesellten, veröffentlichten daraufhin ihre Antwort an die Bischöfe, die wie schon die vorhergehende Deklaration von der tiefen Geisteswandlung unter einem Teil der Geistlichen zeugt. »In einem Augenblick«, so heißt es dort, »wo Millionen von Arbeitern in Frankreich und im Ausland auf dem Weg zu ihrer Einheit sind, um ihr Brot, ihre Freiheit und den Frieden zu verteidigen, während Unternehmertum und Regierung Ausbeutung und Unterwerfung verschärfen, um den Fortschritt der Arbeiterklasse um jeden Preis aufzuhalten und ihre Privilegien zu bewahren, legen die religiösen Autoritäten den Arbeiterpriestern Bedingungen auf, die eine Aufgabe ihres Arbeiterlebens und eine Verleugnung des Kampfes darstellen, den sie solidarisch mit allen ihren Kameraden führen.

Diese Entscheidung stützt sich auf religiöse Motive. Wir glauben jedoch nicht, daß unser Arbeiterleben uns jemals daran gehindert hat, unserem Glauben und unserem Priestertum treu zu bleiben. Wir verstehen nicht, wie man im Namen des Evangeliums Priestern verbieten kann, an den Lebensverhältnissen von Millionen unterdrückter Menschen teilzunehmen und mit ihren Kämpfen solidarisch zu sein.

Aber man darf auch nicht vergessen, daß das Dasein und die Tätigkeit der Arbeiterpriester Verwirrung in die Kreise getragen hat, die daran gewöhnt waren, die Religion in den Dienst ihrer Interessen und ihrer Klassenvorurteile zu stellen. Den von diesen Kreisen ausgeübten Pressionen und Denunziationen aller Art und Herkunft sind die gegenwärtigen Maßnahmen in keiner Weise fremd.

Wenn diese Maßnahmen aufrechterhalten würden, so würden sie dazu beitragen, das Gewissen der im Kampfe der Arbeiterklasse engagierten Christen in einem Augenblick zu beunruhigen, wo so viele Bemühungen unternommen werden, sie vom gemeinsamen Kampf abzuziehen und ihren Glauben zu diskreditieren. Die Arbeiterpriester fordern für sich und für alle Christen das Recht der Solidarität mit den Arbeitern in ihrem gerechten Kampf ...

Die Arbeiterklasse braucht keine Leute, die sich ›über ihr Elend beugen‹, sondern Menschen, die an ihren Kämpfen und ihren Hoffnungen teilnehmen.«[78]

Am 7. Februar 1954 veröffentlichten 250 Katholiken, Funktionäre der Arbeiterbewegung, ihrerseits ein Manifest, in dem sie gegen die Auflösung des Instituts der

---

[78] L'Unità vom 4.2.1954.

Arbeiterpriester protestierten. Diese ganze Protestflut sowie die Furcht, die Werktätigen noch mehr gegen sich aufzubringen, veranlaßte das Heilige Offizium, keine harten Maßnahmen gegen die unfolgsamen Geistlichen zu treffen – unter der Bedingung, daß sie sich der Kritik am Vatikan enthielten. Zehn Jahre später, im Juni 1964, unternahmen fünfzehn französische Arbeiterpriester einen neuen Vorstoß, indem sie einen ausführlichen Brief an vierzig Kardinäle und Bischöfe veröffentlichten. Sie resümierten hier ihre zehn- bis siebzehnjährigen Erfahrungen als Arbeiterpriester und bestätigten die Richtigkeit einiger Thesen des Marxismus-Leninismus, besonders der vom Klassenkampf: »... Es handelt sich wahrlich um eine Ausbeutung des Menschen durch den Menschen, einer Klasse durch eine andere ... Der Klassenkampf ist nicht eine Theorie, die Wirklichkeit drängt ihn auf. Sehr oft ist dieser Kampf, von außen gesehen, auch in den Dokumenten der Bischöfe, als haßerfüllte Bewegung bezeichnet worden, die der Barmherzigkeit widerspricht; und die Christen wurden aufgefordert, sich von ihm fernzuhalten ... Das bedeutet einerseits zu verkennen, daß dieser Kampf für den Arbeiter eine harte Wirklichkeit ist und sich ihm als Gegebenheit aufdrängt; er entdeckt ihn zuerst bei den Unternehmern ... Andererseits bedeutet es zu übersehen, daß sich die Arbeiterklasse gerade das Ziel gesetzt hat, den Klassenkampf auf die einzig mögliche Art zu beseitigen, nämlich indem durch die Vergesellschaftung der Produktionsmittel die Existenz von Lohnempfängern und Unternehmern abgeschafft wird ...« Sie gehen dann auch auf das für sie besonders schwierige Problem des Atheismus ein und stellen sachlich fest: »Aber in der Praxis ist der Arbeiterfunktionär atheistisch. Er erklärt es und glaubt es auch. Und je aktiver er ist, desto atheistischer ist er. Das Ausmaß seines Klassenbewußtseins und seiner Verantwortung erfordert in seinen Augen diese Bekräftigung des Atheismus. Wir werden häufig über den Atheismus des Arbeiterfunktionärs befragt. Ist es nicht erstaunlich, daß dieser bis zur Selbstaufopferung edle Mensch, der sich entschlossen in den Dienst der anderen stellt, den Glauben an Gott, der die höchste Erfüllung seines menschlichen Verhaltens sein könnte, ablehnt? Zweifellos sind dafür viele Gründe vorhanden ... Das Volk sieht, daß die Kirche faktisch immer Unterwerfung gepredigt und die Revolte verurteilt hat; damit trägt sie dazu bei, die Ausbeutung einer Klasse durch die andere zu verlängern. Im übrigen beurteilt der Arbeiter die Kirche mehr nach ihren Taten als nach ihren Worten ...«

Die Arbeiterpriester schließen mit der Aufforderung: »Deshalb ist es notwendig, diese Wirklichkeit zu kennen und zu akzeptieren, zu versuchen, sie zu verstehen, ihre tieferen Beweggründe zu erfassen und ohne jedes Vorurteil herauszufinden, was sie beseelt: Der Wille nach Gerechtigkeit und der Sinn für den Wert des Menschen.«[79]

---

[79] begegnung 6/1965, S. 22 f. Über die Geschichte der Arbeiterpriester vgl. das Buch von *Stern, K. und J.,*

Dieses Mal hatte ihr Appell größeren Erfolg. Die Vollversammlung der französischen Bischöfe beschloß noch im gleichen Jahr, das 1954 offiziell eingestellte und nur noch vereinzelt geduldete Experiment der Arbeiterpriester unter der neuen Bezeichnung »Priester am Arbeitsplatz« wieder aufzunehmen, zunächst für drei Jahre. Und der neue Papst Johannes XXIII. bestätigte diesen Beschluß.

Wenn sich die kirchliche Inquisition gegenüber den Arbeiterpriestern verhältnismäßig milde verhielt und ihnen im eigenen Interesse schließlich nachgab, so fuhr sie doch unter Pius XII. fort, alle zu verfolgen, die gegen den reaktionären antikommunistischen Kurs auftraten. Während der Regierungszeit dieses Papstes, in den Jahren des »kalten Krieges«, gerieten die Werke so bekannter Schriftsteller und Publizisten wie des Nobelpreisträgers André Gide (alle Werke), Jean-Paul Sartres, Alberto Moravias (alle Werke), Simone de Beauvoirs und vieler anderer auf den Index. Mit Mißtrauen betrachtet wurden auch einige Schriften des Theologen und Paläontologen Teilhard de Chardin, der die Religion mit der Wissenschaft zu versöhnen suchte. Das Heilige Offizium veröffentlichte am 30. Juni 1962 ein Monitum, in dem vor den Gefahren für den Glauben gewarnt wird, die in dessen Werken enthalten seien. Diese auf den Index zu setzen wagte es angesichts der steigenden Popularität des Gelehrten jedoch nicht.

Der Antikommunismus, der Haß gegen alles Progressive und vor allem gegen die sozialistischen Länder, das Festhalten an den längst überlebten mittelalterlichen Dogmen, die Furcht vor dem wissenschaftlichen Fortschritt, die Kriecherei vor dem US-Imperialismus, die Verfolgung liberaler Geistlicher – all diese für die Regierung Pius' XII. charakteristischen Erscheinungen riefen eine tiefe Unzufriedenheit unter der Geistlichkeit selbst hervor und trieben Millionen von Gläubigen aus der Kirche. Diese Unzufriedenheit zeigte sich besonders nach dem Tode des Papstes in der Periode seines Nachfolgers Johannes XXIII. (1958–1963).

Johannes ging in die Geschichte des Papsttums ein als Kirchenreformator, als Initiator einer Politik der Anpassung der Kirche an die Bedingungen der heutigen Zeit (Aggiornamento). Er vermied den offen antikommunistischen Kurs seines Vorgängers und wurde zum Inspirator und Haupt einer flexibleren Richtung, der Anhänger der Kirchenreform, die bekanntlich auf dem Zweiten Vatikanischen Konzil den Sieg davontrug.

Mit der Thronbesteigung dieses Papstes begann in den Kreisen der Würdenträger des Vatikans ein erbitterter Richtungskampf zwischen denen, die sein Reformprogramm unterstützten, und den Anhängern des früheren Kurses Pius' XII., die noch

---

Schauplatz Paris, Berlin 1972, Vorabdruck in: begegnung 9–10 1972, unter dem Titel: Ein Kapitel »Aufruhr in der Kirche« – Das Schicksal der französischen Arbeiterpriester.

die römische Kurie kontrollierten – vor allem auch die Kongregation des Heiligen Offiziums, an deren Spitze seit dem Tode Pizzardos im Jahre 1953 der reaktionäre Kardinal Alfredo Ottaviani stand. Man muß allerdings feststellen, daß Johannes XXIII. nicht immer konsequent war bei der Verwirklichung seines neuen Kurses und daß ihm seine einflußreichen Gegner in der Kurie mehr als einmal ihren Standpunkt aufzwangen. So bestätigte er unter deren Einfluß im Jahre 1959 das Dekret des Heiligen Offiziums vom 1. Juli 1949, billigte zunächst die Sanktionen gegen die französischen Arbeiterpriester und duldete die Verurteilung und Indizierung einer Reihe von Werken, die die starre Politik der Kirche, welche er selbst ja ändern wollte, kritisierten.[80] Gegen Ende des Jahres 1958 setzte die Kongregation des Heiligen Offiziums beispielsweise das Buch des italienischen Pfarrers von San Donato, Lorenzo Milani, auf den Index, der sich das Ziel gesetzt hatte, am Beispiel seiner Pfarrei die Ursachen für den Rückgang des kirchlichen Einflusses auf die verschiedenen Gesellschaftsschichten zu erforschen. Zu dieser Zeit existierten in Italien über 25 000 Pfarreien, schrieb er, größtenteils kleinere; San Donato sei eine von diesen. Im Jahre 1957 gab es dort 275 Häuser mit 1 197 Menschen. Die Pfarrei sei eine der ältesten in Italien; sie entstand schon im 9. Jh. Zehn Jahrhunderte hindurch also werde hier schon der christliche Glaube verkündet. Man sollte meinen, dieses Dorf müsse jetzt eine Festung der Religion sein. Aber Milani zeigte in seinem Buch, daß dem durchaus nicht so war. Er behauptete, daß die überwiegende Mehrheit der Bevölkerung dieser Pfarrei nicht gläubig sei. Ein Teil der Bewohner besuche zwar die Kirche und erfülle von Zeit zu Zeit seine religiösen Pflichten, aber das geschehe mechanisch, formal, ohne irgendwelche Überzeugung. Die religiösen Kenntnisse der erwachsenen Bevölkerung seien gleich Null, die junge Generation aber verhalte sich in Fragen der Religion indifferent.

Der Exkommunikation der Kommunisten zum Trotz stimmte ein großer Teil der Bewohner von San Donato für linke Parteien, darunter auch für die Kommunistische Partei. Entgegen der in kirchlichen Kreisen verbreiteten Meinung, schreibt Milani, seien es nicht die Kommunisten, die die Gläubigen zu Atheisten machten, sondern die Gläubigen verlören zunächst ihren Glauben an Gott, und dann erst würden sie Kommunisten. Milani stellt sich nun die Aufgabe, die Ursachen für diese Erscheinung aufzudecken. Er tut das mit der Absicht festzustellen, mit welchen Mitteln man die Kommunisten veranlassen könne, ihrer Weltanschauung zu entsagen und in den Schoß der Kirche zurückzukehren. Die Ergebnisse, zu denen er gelangt, besagen, daß drei Hauptursachen nach seiner Erfahrung die Verbreitung des Atheismus und kommunistischer Ideen unter den Gemeindemitgliedern förderten. Die

[80] Osservatore Romano vom 13./14.4.1959. Herder-Korrespondenz 13 (1959/60), Heft 9, S. 114 ff.

erste bestehe darin, daß die Geistlichkeit und die mit ihr eng verbundene Christlich-Demokratische Partei die Interessen der Bourgeoisie, der Ausbeuter, verteidigten; die *zweite* sei, daß die religiösen Gebräuche nur mechanisch und ohne innere Überzeugung ausgeübt würden; der Gottesdienst sei für die Mehrheit der Gemeindemitglieder unverständlich und mache auf sie nicht mehr den Eindruck wie früher. Die *dritte* Ursache schließlich sei darin zu sehen, daß die Versuche der Geistlichkeit, ihren Einfluß auf die Gemeinde mit nichtreligiösen Mitteln zu wahren[81], nicht nur die Autorität der Kirche nicht festigten, sondern dem weiteren Autoritätsschwund dienten.[82]

Auf derartige »häretische« Behauptungen mußten natürlich die entsprechenden Strafen folgen, die Johannes XXIII. zu sanktionieren hatte. Das Buch Milanis wurde in den Index aufgenommen, der Autor seiner Stellung als Gemeindepfarrer enthoben und in die Gebirgspfarrei San Andrea di Borbiana, die aus vier Höfen bestand, strafversetzt. Diese Entscheidung des Heiligen Offiziums wurde im offiziellen Organ des Vatikans, dem »Osservatore Romano«, am 20. Dezember 1958 veröffentlicht; das war zwei Monate nach der Wahl des neuen Papstes.

In der von der Zeitung mitgeteilten Begründung der Strafe wurde u. a. folgendes gesagt: »In seinem Bestreben, sich Autorität zu erobern und Einflußmöglichkeiten auf junge Proletarier zu gewinnen, fand Milani nichts Besseres, als den rohesten und unvernünftigsten Klassenantagonismus anzunehmen, die Methode des gewerkschaftlichen und politischen Kampfes, den Aufstand gegen die äußere Struktur und Organisation der Gesellschaft, die systematische Anschwärzung der katholischen sozialen und politischen Führer und nicht minder eine durchgängige und schonungslose Verurteilung der Bourgeoisie, die ständig als ›Feind Nr. 1‹ der nichtbesitzenden Menschen klassifiziert wird.«[83] Mit anderen Worten: der Geistliche Milani wurde von der vatikanischen Inquisition nur deshalb verurteilt, weil er es gewagt hatte – von christlichen Positionen ausgehend! –, sich auf die Seite der Werktätigen zu begeben und gegen die Bourgeoisie Stellung zu nehmen. Das Heilige Offizium mußte eine solch große »Missetat« natürlich verurteilen. »Auf diese Weise«, bemerkte das Organ des Vatikans, »wird noch einmal der unglückliche Versuch wiederholt, der während der letzten Jahre in anderen Ländern schon so traurige Früchte zeitigte: Die Geistlichen, die sich entschlossen in den Kampf stürzen aus dem Wunsch heraus, mit der Predigt des Evangeliums die Seelen zu erleuchten,

---

[81] Unter den »nichtreligiösen« Mitteln werden hier die verschiedenen Arten von Laienorganisationen in den Pfarreien verstanden, wie z. B. die Katholische Aktion, aber auch Kinos, Cafés, Bars, Sportklubs und ähnliche Einrichtungen, die von Pfarrgeistlichen geleitet werden.

[82] *Milani, L.*, Experienze pastorali, Mailand 1958.

[83] Osservatore Romano vom 20.12.1958.

enden damit, daß sie, wenn nicht gänzlich, so doch teilweise, von einer Ideologie begeistert werden, die dem Evangelium diametral entgegengesetzt ist.«

Das war ein in seiner Offenheit erstaunliches Eingeständnis über die Kraftlosigkeit der toten, vertrockneten, unfruchtbaren religiösen Ideologie gegenüber der lebendigen, siegreichen Ideologie der Arbeiterklasse – dem Marxismus!

1962 wurde in den genannten Index auch das Buch eines Jesuiten eingetragen. Es war die Schrift des bekannten Ricardo Lombardi: »Konzil – Für eine Reform in der Liebe.«

Wodurch hatte sich Lombardi schuldig gemacht? Wofür wurde er bestraft? Dieser Mann war kein einfaches Mitglied des Jesuitenordens, sondern damals eine seiner profiliertesten Persönlichkeiten. Er war Mitglied des Redaktionskollegiums der bekannten Jesuitenzeitschrift »Civiltà Cattolica« und einer der Berater des Papstes Pius XII. Als erklärter Feind des Kommunismus und alles Fortschrittlichen hielt er viele Jahre lang Rundfunkansprachen über die italienischen Sender, was ihm die Bezeichnung »Mikrophon Gottes« eintrug. In den fünfziger Jahren war er Leiter des sogenannten Feldzuges für die »große Rückkehr« (der Kommunisten) in den Schoß der Kirche, der Bewegung »für eine bessere Welt«. Doch vergebens hatte das »Mikrophon Gottes« seine Stimme strapaziert und viele hundert Male in seinen Reden die Kommunisten aufgefordert, ihren Anschauungen zu entsagen und zur Religion zurückzukehren. Der mit so großem Aufwand geführte Feldzug endete mit einem Mißerfolg; Lombardi und seine Mitarbeiter, die sich in vielen Ländern befanden, konnten sich nicht einer einzigen »Bekehrung« rühmen. Offensichtlich veranlaßte diese Niederlage den Jesuiten zu einer kritischen Überprüfung seiner Anschauungen und Methoden.

Ende des Jahres 1961 erschien sein erwähntes Buch, das dem bevorstehenden Konzil gewidmet war und im Vatikan wie eine Sprengbombe wirkte. Lombardi forderte nämlich, das ganze System der kirchlichen Leitung zu »reformieren«. »Bei den führenden Kreisen der katholischen Kirche«, schrieb er, »überwiegt ein schändlicher Karrierismus; die ›heiligen Väter‹ sorgen sich mehr um sich selbst als um die Angelegenheiten der Kirche; in der römischen Kurie gibt es keine ›Freiheit der Meinungen‹; für ›Kritik‹ bestraft man die Schuldigen hart; die Prälaten leben in Luxus, was die Empörung der Gläubigen hervorruft; das Kardinalskollegium ist überlebt, man müßte es ersetzen durch eine Art Weltsenat der katholischen Kirche, in dem nicht nur Prälaten vertreten sein sollten, sondern auch Laien, wie die Führer der kirchlichen Massenorganisationen und Parteien.«

Schließlich plädierte Lombardi für die Ausarbeitung eines »Christlichen Manifestes«, das man dem »Kommunistischen Manifest« entgegenstellen müßte. Der jesuitische »Protestant« vertrat nicht ohne Grund die Ansicht, daß die sozialen Enzykliken und ähnliche Erzeugnisse, an denen die kirchliche Literatur nicht arm ist, nicht den entsprechenden Eindruck auf die modernen Gläubigen ausübten. Lombardi überreichte sein Werk, das übrigens sowohl das Imprimatur des zuständigen Kardinalbischofs Cicognani als auch seines Ordensobern trug, in einer Privataudienz dem Papst persönlich mit einer handgeschriebenen Widmung. Obwohl, nach allem zu urteilen, seine Anschauungen den Erwartungen Johannes' XXIII. entsprachen, erreichte Kardinal Ottaviani doch die Aufnahme des Buches in den Index.[84]

Noch war der Skandal in dieser Angelegenheit nicht abgeklungen, als in Rom ein Buch des Franziskaners Sixto Pelaya erschien; es trug den Titel »Geistliche sind auch Menschen«. Über den Autor dieses Buches brachen die gleichen Strafen herein wie über den Jesuiten Lombardi. Pelaya forderte unter anderem für die Geistlichen die Erlaubnis zur Heirat, d. h. die Abschaffung des Zölibats, der nach der Meinung des Autors die Priester geistig und körperlich verkrüppele.

Aber es war nicht dies, was die vatikanischen Hierarchen so sehr erzürnte. Pelaya verurteilte auch die Unterstützung der herrschenden Ausbeuterklasse durch die Kirche. Diese habe sich in eine reaktionäre politische Partei verwandelt, behauptete er nicht ohne Grund; sie habe ihr Schicksal eng mit dem der Kapitalisten und Großgrundbesitzer verbunden; dadurch aber sei sie vom Volk isoliert und ihr ein nicht wiedergutzumachender Schaden zugefügt worden.

Mit nicht minderer Leidenschaft geißelte Pelaya auch die Spekulationsgeschäfte der Kardinäle und anderer Großer des Vatikans. Er schrieb: »Die skandalösen Fälle, die täglich in die Öffentlichkeit gelangen und in welche Kirchenfürsten verwickelt sind, bestätigen unsere Anschuldigung. Wir möchten die Aufmerksamkeit auf den Umstand lenken, daß viele kirchliche Hierarchen ihrem Amte nicht entsprechen – viele klammern sich an ihre Ämter, ungeachtet ihrer geistigen und physischen Unfähigkeit –, oder auf die allen bekannten zahlreichen finanziellen und moralischen Beziehungen, die die ganze Geistlichkeit mit Schande bedecken.« Pelaya schloß sein entlarvendes Buch mit folgenden Worten: »Die Bräuche des Mittelalters sind allen bekannt. Torquemadas sind immer in Mode. Heute sind sie allerdings nicht mehr in der Lage, die Körper zu quälen; dafür fahren sie fort, die Seelen und das Bewußtsein zu martern. Sie richten Unschuldige, ohne ihnen die Möglichkeit zu geben, sich zu verteidigen ... Die Geistlichen befinden sich in einer schlimmeren Lage als seinerzeit die Sklaven des Altertums. Wenn sie vor dem Großinquisitor stehen, haben sie nicht das Recht zu sagen: ›Foltere mich, aber vorher höre mich an!‹«

Eben dieses Schicksal traf auch den Franziskaner Pelaya. Kaum war das Werk erschienen, als der »Großinquisitor«, Kardinal Ottaviani, seinen Autor aus dem Franziskanerorden ausstieß und es auf den Index setzte.

---

[84] Vgl. dazu: begegnung 2–3/1962.

Aber all das waren die letzten Zuckungen eines Systems, das sich längst überlebt hatte. Die Repressalien des Kardinals Ottaviani, seine wütenden Angriffe gegen den Kommunismus und seine Aufrufe, kein Jota von den alten Dogmen, Institutionen und Vorurteilen abzuweichen, vertieften nur die Widersprüche im katholischen Lager selbst. Die alte koloniale Ordnung brach zusammen; die Völker Asiens und Afrikas erhoben sich, um ein unabhängiges Leben zu beginnen. In Kuba wurde das Banner des Sozialismus entrollt. Das sozialistische Lager wuchs und festigte sich. Der Mensch eroberte den Kosmos, und es war ein sowjetischer Kommunist, der dabei voranging. Die Welt begab sich auf den Weg einer gigantischen wissenschaftlich-technischen Revolution, die die Widersprüche auch in den kapitalistischen Ländern vertiefte. Hunderte Millionen von Menschen aller Rassen und Kontinente eröffneten sich den Weg zum Wissen. Unter diesen Bedingungen erschien selbst vielen Geistlichen das Kirchengebäude, geschmückt mit den mittelalterlichen Dogmen, als Anachronismus. Die Mehrheit von ihnen forderte Änderungen, Erneuerungen, Reformen, ja einige von ihnen eine Anpassung nicht nur an die sich vor unseren Augen verändernde Welt von heute, sondern auch an jene erneuerte, vom Nebel der Unwissenheit und Ausbeutung befreite von morgen ...

Neues Aushängeschild – alte Ordnungen

Diese Stimmungen, dieser Wunsch nach Änderungen, das Bestreben, sich den neuen Bedingungen in der zweiten Hälfte des 20. Jh. anzupassen, herrschten auf dem Zweiten Vatikanischen Konzil vor, das von 1962 bis 1965 tagte. Das Übergewicht hatten hier die sogenannten Erneuerer, die reformfreudigen Kräfte.[85] Sie forderten, die Fassade der Kirche zu erneuern, ihre Struktur zu reformieren, derart verhaßte Einrichtungen wie das Heilige Offizium und den Index zu beseitigen sowie mit der Politik der Exkommunikationen und Anathemata Schluß zu machen. Die Reformer traten für einen »Dialog« mit den Häretikern, den Protestanten und Orthodoxen, sowie mit den Andersgläubigen, den Mohammedanern und Juden, ein; sie plädierten für eine vorbehaltlose Anerkennung der gesicherten wissenschaftlichen Errungenschaften, für eine geschmeidigere Politik in der sozialen Frage und für eine

[85] Die Anpassungspartei nannte man auch Reformer, Progressisten oder Progressive, Fortschrittler bzw. Liberale; die Konservativen wurden auch als Traditionalisten, Kurialisten oder gar als Reaktionäre bezeichnet. Es versteht sich, daß alle diese Namen standpunktbedingt und daher relativ sind. So traten z. B. politisch durchaus konservative und reaktionäre Prälaten, wie Kardinal Frings, gegen das »Heilige Offizium« und den Index auf und wurden von anderen Konservativen deswegen als Fortschrittler bezeichnet.

stärkere Unterstützung der Länder der »Dritten Welt«. Sie wünschten ebenso einen Dialog mit den Nichtgläubigen, den Marxisten, da sie der Ansicht waren, daß die kirchliche Verurteilung des Kommunismus und die Exkommunikation seiner Anhänger der Kirche mehr Schaden als Nutzen gebracht habe.

Die Anhänger des früheren reaktionären Kurses, die Traditionalisten bzw. Konservativen, als deren Führer das Haupt der Kongregation des Heiligen Offiziums, Kardinal Ottaviani, auftrat, erlitten auf dem Konzil eine vernichtende Niederlage. Einer der ersten, der auf dem Konzil Kritik am Heiligen Offizium übte, war der englische Erzbischof T. D. Roberts (SJ); er forderte die Errichtung einer »heiligen Inquisition der Allerheiligsten Inquisition«.[86]

Im Pressezentrum des Konzils erklärte Roberts den Journalisten: »Die Mitglieder des Heiligen Offiziums wenden Methoden an, für die man sie in England unverzüglich vor Gericht stellen würde. Es wäre gut, wenn die heutige Inquisition der mittelalterlichen nicht ähnlich wäre. Aber nach meiner Meinung bestehen zwischen ihnen keine großen Unterschiede. Es versteht sich: im 20. Jh. ist es bedeutend schwerer, jemanden ins Gefängnis zu bringen oder gar zu töten; aber die Inquisition fährt fort, die Menschen zu entehren und ihr Schicksal zu zerstören.«[87]

Nicht weniger scharf äußerte sich auf dem Konzil selbst am 25. Oktober 1963 der Kölner Kardinal Frings über dieses Thema: »Die Verfahrensweise des Hl. Offiziums entspricht in vielen Fällen nicht mehr unserer Zeit, gereicht der Kirche zum Schaden und den Nichtkatholiken zum Ärgernis.«[88] Diese Erklärung wurde von vielen Konzilsvätern mit Beifall aufgenommen. Der erzürnte Ottaviani bat um das Wort zu einer Entgegnung und erklärte in gereiztem Tone: »Erstens protestiere ich entschieden und kategorisch gegen das, was hier über das Heilige Offizium gesagt wurde. Ohne Zweifel geschah das aus reiner Unkenntnis; ich gebrauche absichtlich dieses Wort, um nicht mehr zu sagen, was der christlichen Liebe widersprechen würde. Man begeht einen großen Fehler, wenn man leugnet, daß das Heilige Offizium immer die Mitarbeit erster Fachleute aus dem Ausland und der bedeutendsten Theologen der römischen Universitäten gewährleistet hat. Mit den Angriffen auf die Kongregation des Heiligen Offiziums wird der Papst selbst beleidigt, der ihr Haupt ist.«[89] Aber der Versuch, sich hinter der Autorität des Heiligen

---

86 *Serafian, M.,* Der Pilger oder Konzil und Kirche vor der Entscheidung, Hamburg 1964, S. 151.

87 *Seibel, W./Dorn, L.,* Tagebuch des Konzils, 3 Bde., Nürnberg/Eichstätt 1964 ff.

88 Vaticanum Secundum, Bd. II: Die zweite Konzilsperiode, in Zusammenarbeit mit W. Becker und J. Gülden, hrsg. von *Müller, O.,* Leipzig 1965, S. 466.

89 Die Kontroverse Frings – Ottaviani fand ein starkes Echo in der Presse. Die Äußerungen Ottavianis, »der frei formulierte und in der Erregung die Sätze oft nicht vollendete« *(Seibel/Dorn,* a. a. O., S. 148), werden in den Berichten sehr unterschiedlich wiedergegeben. Vaticanum Secundum (Bd. II: Die zweite

Vaters zu verstecken, half dem Inquisitor nicht. Paul VI. ließ Frings wissen, daß er seine Meinung in der genannten Frage teile.

Im Oktober 1964 trat ferner der Schweizer Konzilstheologe Hans Küng, damals Professor an der Tübinger Universität, mit der Forderung auf, den Index abzuschaffen und die Inquisitionsprozesse einzustellen.

Im selben Jahre erschien auch das Buch von Hans Kuehner, betitelt »Index Romanus«, gleichzeitig in italienischer und französischer Sprache.[90] Darin forderte der Autor ebenfalls die Abschaffung des Index und nannte ihn »töricht und fossil, er hat sich völlig kompromittiert; er ist das einzige Buch, das man verbieten muß«. Diese Anklageschrift kursierte auch unter den Konzilsvätern. Einige von ihnen forderten offen die Abschaffung des Index, so der US-Kardinal Cushing, der französische Bischof Vigue, Bischof Cleven aus der BRD und andere. Ihre Ausführungen waren stets vom Applaus vieler Konzilsväter begleitet.[91] »Die Kirche kommt immer zu spät«, erklärte am 18. September 1965 der indische Erzbischof D'Souza. »Erst jetzt versuchen wir, uns für die Freiheit des Glaubens auszusprechen, obwohl sie schon 150 Jahre zuvor in vielen Ländern verkündet worden ist. 40 Jahre vergingen seit dem Kommunistischen Manifest von Karl Marx, bis der päpstliche Stuhl die Enzyklika ›Rerum novarum‹ erließ. Wir wissen von der Verurteilung Galileis, aber das ist nicht das einzige Urteil dieser Art. Verurteilt wurden auch Lamennais, Freud, Teilhard de Chardin und viele andere. Wir müssen hier erklären: Genug der Verurteilungen und der Eintragungen in den Index.«[92]

Über Galilei sprachen auch andere Konzilsteilnehmer und forderten seine Rehabilitierung. Der elsässische Weihbischof Arthur Leon Elchinger aus Straßburg beschuldigte die Kirche, daß sie stets eine retrospektive Position in bezug auf Kultur und Wissenschaft einnehme. »In der heutigen Zeit gilt der Fall Galilei als Symbol dieses Verhaltens«, erklärte er, »und man sollte nicht unbedacht sagen, daß dieser Prozeß einer fernen Vergangenheit angehöre. Die Verurteilung dieses Menschen wurde nicht rückgängig gemacht.

Konzilsperiode, Leipzig 1965, S. 467), bietet sie in indirekter Rede dar. In unserem Text werden sie zitiert nach: *Fesquet, H.*, Diario del Concilio. Tutto il Concilio per giorno, Mailand 1967, S. 258. Vgl. auch: derselbe, Rom vor einer Wende, Basel/Freiburg/Wien 1968.

[90] *Kuehner, H.*, Index Romanus. Auseinandersetzung oder Verbot, Nürnberg 1963. Der Autor setzt seinem Werk als Motto einen Aphorismus von Georg Christoph Lichtenberg voran: »Das Buch, das in der Welt am ersten verboten zu werden verdiente, wäre ein Katalog von verbotenen Büchern« (S. 7); siehe dazu weiter S. 54.

[91] *Fesquet, H.*, Diario del Concilio, S. 628 ff.

[92] Ebenda, S. 857; vgl.: Tagebuch des Konzils, Bd. 3, S. 140, 246, 266.

Zahlreiche Gelehrte sind aber der Ansicht, daß die Kirche sich auch heute noch der Wissenschaft gegenüber so verhalte wie jene Theologen, die vor 400 Jahren diesen großen und ehrlichen Mann verurteilten. Es wäre eine bedeutsame Geste, wenn die Vierhundertjahrfeier der Geburt Galileis benutzt würde, um ihn zu rehabilitieren. Die heutige Welt erwartet von der Kirche nicht nur gute Absichten, sie erwartet Taten.«[93]

Die Forderungen der Konzilsväter, Inquisition und Index abzuschaffen, veranlaßten Ottaviani, seine Taktik zu ändern. Da er an seinem Amte hing, begann er zu erklären, er sei bereit, sich den Entscheidungen des Konzils zu unterwerfen. Im Oktober 1965 gab der Inquisitor anläßlich seines 75. Geburtstages einem Journalisten der Zeitung »Corriere della Sera« ein Interview, in dem er u. a. sagte: »Ich bin der Carabiniere, der die Goldreserve hütet. Meinen Sie, daß ich meine Pflicht erfülle, indem ich diskutiere, meinen Posten verlasse, ein Auge zudrücke? Geliebte Söhne, 75 Jahre sind 75 Jahre! Ich habe sie gelebt, wobei ich gewisse Prinzipien und gewisse Gesetze verteidigte. Wenn du dem alten Carabiniere sagst, die Gesetze würden sich ändern, ist es klar, daß er sich als alter Carabiniere fühlt und alles tun wird, damit sie sich nicht ändern. Wenn sie sich aber dennoch ändern, gäbe ihm Gott gewiß die Kraft zur Verteidigung eines neuen Schatzes, an den er glaubt. Sobald die neuen Gesetze zum Schatze der Kirche, zur Bereicherung der Goldreserve werden, gibt es nur noch ein Prinzip, das zählt: der Kirche dienen. Und dieser Dienst heißt: ihren Gesetzen treu sein. Wie ein Blinder, der ich bin.«[94]

Zu dieser Zeit war der Inquisitor nämlich fast erblindet, aber die ihm eigene Energie und Hingabe an sein Amt hatte er noch nicht verloren. Niemand glaubte jedoch seinen Beteuerungen, er sei bereit, sich umzustellen. Die Konzilsväter wußten, daß man dem obersten Inquisitor nicht trauen dürfe, und wie wir noch sehen werden, hatten sie sich in dieser Hinsicht nicht getäuscht. Papst Paul VI. mußte ihrem Wunsche entgegenkommen. In seiner Ansprache am 18. November 1965 vor dem Konzil erklärte er, daß er eine Reform der römischen Kurie durchführen wolle. »Und damit unsere Worte nicht ohne Beweis klingen, können wir mitteilen, daß in der nächsten Zeit ein neues Statut des Heiligen Offiziums veröffentlicht wird.«[95] Gleichzeitig nahm er jedoch die Kurie in Schutz, indem er sagte: »Zu Unrecht hält man sie für veraltet, ungeeignet, egoistisch und korrupt. Wir müssen ihr vielmehr das Zeugnis eines guten Dienstes aussprechen.«[96] Er opferte also einen Teil, um das Ganze zu retten.

---

[93] Generalkongregation vom 4.11.1964. Konzilsnachrichten für den Klerus 8/III, S. 114; vgl.: Tagebuch des Konzils, Bd. 3, S. 288.

[94] Corriere della Sera vom 28.10.1965.

[95] *Fesquet, H.*, Diario del Concilio, S. 1059.

[96] begegnung 12/1965, S. 22.

Schon bald darauf, am 7. Dezember des gleichen Jahres, wurde im »Osservatore Romano« das neue päpstliche Dekret »Integrae servandae« veröffentlicht, das die Bezeichnung »Oberste Kongregation des Heiligen Offiziums« änderte und eine Reihe neuer Normen für die Tätigkeit dieser Institution aufstellte. Sie wurde in eine »Kongregation für die Glaubenslehre« umgewandelt, das Beiwort »oberste« entfiel; auch die Funktion des Kommissars, des Prokurors, wurde abgeschafft. Die Kongregation erhielt jetzt den Auftrag, neue Lehren und neue Meinungen zu prüfen; zu diesem Zweck sollte sie diese studieren und »wissenschaftliche Kongresse« für ihre Erörterung anregen. Das Dekret behielt für die Kongregation jedoch das Recht bei, Lehren, die dem Glauben entgegenstehen, zu verurteilen. Aber nunmehr durfte eine entsprechende Entscheidung nur unter Berücksichtigung der Meinung des zuständigen Ortsbischofs gefällt werden. In dem Dekret wurde schließlich versprochen, ein Statut der Kongregation zu veröffentlichen. Diese Ankündigung ist jedoch bis heute nicht erfüllt worden; das Statut wird immer noch streng geheimgehalten.

Das Dekret beließ der Kongregation auch das Recht, Bücher zu zensieren, wies jedoch darauf hin, daß sie in Zukunft die verdächtigen Werke sorgfältig studieren solle, bevor sie sie verurteile. Dem Autor wurde jetzt das Recht zugestanden, sich zu verteidigen, und der Bischof, in dessen Diözese er lebt, wird über den Prozeß informiert. Der Index selbst wurde in dem Dokument mit keinem Wort mehr erwähnt.[97]

Alles in allem hinterließ dieses Dekret einen zwiespältigen Eindruck. Auf der einen Seite zeigte es, daß in der Tätigkeit der alten Inquisition wichtige Änderungen vorgenommen wurden. Auf der anderen Seite aber mußte man in Betracht ziehen, daß die Kirche in der Vergangenheit mehr als einmal das Aushängeschild der Inquisition gewechselt hatte, ohne deren Wesen zu ändern. Deshalb wurde die Frage laut, ob nicht auch dieses Mal alles beim Alten bleibe – um so mehr nämlich, weil als Haupt der neuen Kongregation der konservative Ottaviani bestätigt wurde. Papst Paul VI. sandte ihm im Februar 1967 ein in warmen Worten gehaltenes Schreiben, in dem er die Hoffnung aussprach, Ottaviani möge noch viele Jahre mit dem gleichen Eifer der Kirche dienen wie bisher. In dieser Botschaft nannte der oberste Kirchenhirt den Kardinal seinen »früheren Vorgesetzten und Lehrer«.[98] Das bezog sich auf die Jahre von 1929 bis 1937, in denen Ottaviani Stellvertreter des Staatssekretärs im Vatikan war und der damalige Prälat Giovanni Battista Montini unter seiner Leitung im gleichen Staatssekretariat arbeitete.

Aber selbst wenn der Papst wirklich seinen alten »Vorgesetzten und Lehrer« in seinem Amt weiter wirken lassen und keine wesentlichen Änderungen in der

---

97 Osservatore Romano vom 6./7.12.1965.

98 Informations Catholiques Internationales vom 5.3.1967, S. 5 ff.

Tätigkeit der Inquisition vornehmen wollte – dazu hatte er nicht mehr die Kraft. Der Kurs auf den Dialog mit den übrigen Kirchen und mit den Andersdenkenden, einschließlich der Nichtgläubigen, der vom II. Vatikanum initiiert worden war, bedeutete in letzter Konsequenz eine Verurteilung der Inquisition und ihrer Methoden. Die Verwirklichung dieses Kurses, der von Paul VI., wenn auch in gemäßigter Form, unterstützt wurde, war unvereinbar mit der früheren Politik der Exkommunizierungen und Anathemata. Die alte Inquisition mußte verschwinden – dies war das Urteil, das ihr das Konzil gesprochen hatte. Auch wenn es in seinen Beschlüssen nicht direkt formuliert war, so ging es doch indirekt aus ihnen hervor.

Gleich nach der Reorganisation des Heiligen Offiziums häuften sich im Vatikan die Anfragen der Ortsbischöfe bezüglich des Index. Bleibt er wie früher in Kraft? Wird er geändert? Das päpstliche Dekret »Integrae servandae« schwieg darüber. Aber nach dem Konzil noch weiter auf dem Index beharren konnte der Vatikan nicht mehr. Die kirchliche Hierarchie selbst forderte seine Beseitigung. Dem »alten Carabiniere« blieb also nichts anderes übrig, als sich dem Willen der Zeit zu beugen und mit seinen eigenen Kräften dem ihm so sehr ans Herz gewachsenen Kinde ein Ende zu bereiten. Am 14. Juni 1966 veröffentlichte er eine offizielle »Bekanntmachung« darüber, daß der Index abgeschafft sei. Das Lesen der in ihm verurteilten Bücher, hieß es da, bleibe auch weiterhin eine Sünde, aber dem Schuldigen drohen keine Kirchenstrafen mehr. Der »Osservatore Romano« widmete der Abschaffung des Index einen Leitartikel; er würdigte in diesem »Requiem« die »historischen Verdienste« dieser Verbotsliste im Kampf gegen die Häresie und die »Irrtümer der Presse«. »So wird es also in Zukunft keine feierliche Verurteilung von Büchern, wie die Indizierung, mehr geben?« fragte das Organ des Vatikans und beruhigte seine Leser mit den Worten: »Die Bekanntmachung macht darauf aufmerksam, daß der Heilige Stuhl sich entsprechend den Erfordernissen des Naturrechts und seines göttlichen Mandats das Recht vorbehält, auch weiterhin öffentlich jedes Buch zu verurteilen, das den Glauben und die guten Sitten beleidigt; aber er tut das nur für den Fall, daß der Autor sich weigert, die entsprechenden Korrekturen in seinem Werke vorzunehmen.«[99]

Ottaviani selbst kommentierte seine eigene Bekanntmachung wie folgt: »In Zukunft wird kein Buch mehr auf dem Index erscheinen. Der Index bleibt ein historisches Dokument; wer will, kann es jetzt als Nachschlagewerk benutzen.«[100] Das war das Ende dieser schmählichen Liste, deren sich die katholische Inquisition im Verlauf von über 400 Jahren bedient hatte, um den Gang der Geschichte aufzuhalten.

---

[99] Osservatore Romano vom 15.6.1966.

[100] History Today, 1966, Nr. 10, S. 718.

Auch jetzt fuhr der päpstliche Stuhl allerdings fort, ihm nicht genehme Bücher zu verurteilen; aber die Kirche beschuldigte ihre Autoren und deren Leser nicht mehr der Häresie; sie sprach nicht das Anathema über sie und beraubte sie nicht des Himmelreiches. Die Zeiten waren nicht mehr danach!

Bringen wir hierfür einige Beispiele. Im Jahre 1966 veröffentlichte der holländische Episkopat den »Neuen Katechismus« (für Erwachsene), dessen Manuskript Tausende von Theologen verschiedener Länder begutachtet hatten; die überwiegende Mehrheit von ihnen hatte seinen Inhalt gebilligt. Aber der »Neue Katechismus« rief im Vatikan Unwillen hervor: Er wich von der traditionellen Darlegung der kirchlichen Dogmen ab, was ihm heftige Angriffe seitens der Reaktionäre vom Typ eines Ottaviani eintrug. Daher forderte Rom vom holländischen Episkopat, dieser möge davon Abstand nehmen, den »Neuen Katechismus« zu verwenden, bevor nicht notwendige Korrekturen angebracht seien, die zu formulieren der Vatikan einer eigens dafür eingesetzten Kardinalskommission übertrug. Diese traf im Dezember 1968 ihre Entscheidung; sie billigte dem genannten Erwachsenenkatechismus »ungewöhnliche Vorzüge« zu, wies jedoch darauf hin, daß er »andererseits aber durch seine neuen Lehrmeinungen von Grund auf nicht wenige Christgläubige verwirre«. Der vatikanische Pressesprecher, der die vom Papst autorisierte Erklärung der Kommission kommentierte, betonte mit Rücksicht auf den holländischen Episkopat, der bei einer Verurteilung ja als Ganzes in Verdacht geraten wäre, die Erklärung unterstreiche nur »jene Formulierungen, die unvollständig oder ungenau sind, ohne dabei jedoch irgendwann das Wort ›Häresie‹ zu gebrauchen«. Die Kommission riet den Holländern, an ihrem Text zehn Änderungen vorzunehmen, insbesondere folgende:

1. zu verkünden, daß Gott nicht nur die sichtbare Welt geschaffen habe, sondern auch die unsichtbare, die Seelen der Menschen und ebenso die Engel;
2. die Lehre von der Erbsünde zu bestätigen;
3. die Doktrin von der Jungfräulichkeit Mariens und ihrer »unbefleckten Empfängnis« dazulegen;
4. festzustellen, daß der päpstliche Stuhl unfehlbar sei, wenn er in Fragen des Glaubens und der Auslegung der Mysterien ex cathedra Aussagen treffe.

Für solche »Auslassungen« hätte die Kirche die Schuldigen früher auf den Scheiterhaufen gebracht oder zumindest exkommuniziert! Jetzt beschränkte sich die Kardinalskommission, die den Katechismus beurteilte, jedoch auf eine Empfehlung, ihre kritischen Bemerkungen bei einer Neuausgabe zu berücksichtigen. Die holländischen Katholiken reagierten hierauf in einer für die Nachkonzilssituation charakteristischen Weise: Das Höhere Katechetische Institut der Universität Nimwegen, in dem der Katechismus entstanden war, lehnte die Änderungswünsche der Kommission »aus theologischen und katechetischen Gründen« ab und kündigte die Herausgabe eines Weißbuches über die Auseinandersetzungen mit dem Vatikan an. Der holländische Episkopat verhielt sich ein wenig nachgiebiger; er erklärte, daß die Bemerkungen der Kardinäle in einer gesonderten Ergänzung zum Katechismus veröffentlicht werden sollten, weigerte sich jedoch, in diesem selbst irgendwelche Korrekturen vorzunehmen. Mehr noch: der »Neue Katechismus« wurde in der beanstandeten Form ins Französische, Englische, Deutsche und in andere Sprachen übersetzt.[101]

Härtere Maßnahmen wurden gegen den Autor eines anderen aufrührerischen Katechismus ergriffen, nämlich gegen den Geistlichen Mazzi, der die Arbeiterpfarrei Isolotto am Rande von Florenz leitete. Während der holländische Katechismus, der auch antikommunistische Pflichtübungen enthielt, theoretisch blieb und nur eine moderne Theologie zu bieten suchte, verurteilte Mazzi in seinem Kinderkatechismus »Begegnung mit Gott« die kapitalistische Ausbeutung und rief die Gläubigen auf, gegen sie zu kämpfen. Das erregte im Vatikan Unwillen, und der Jesuit Giuseppe de Rosa unterzog Mazzi in der Zeitschrift »Civiltà Cattolica« einer heftigen Kritik. Dieser, so schrieb er, »entstellt den Inhalt des Evangeliums, dessen Sinn in erster Linie in der Rettung der Seelen und ihrer Wiedergeburt besteht; was die soziale und menschliche Wiedergeburt betrifft, so ist diese eine Folge der religiösen Wiedergeburt ...«[102] Mazzi versuche, Jesus Christus durch Marx zu ersetzen, bemerkte de Rosa mit Empörung.

Der Erzbischof von Florenz, Kardinal Florit, dem Mazzi unterstand, verbot den Gläubigen die Benutzung des Katechismus; dieser enthalte »lehrhafte Lücken«, trage »antiautoritäre Züge und interpretiere das Evangelium als ›Befreiung von Unterdrückung und Ausbeutung‹.«[103]

Auch eines anderen Vergehens machte sich Mazzi schuldig. Als eine katholische »Spontangruppe« aus Protest gegen das Bündnis von Kirche und Kapital den Dom von Parma besetzt hatte, richteten er und seine Gemeinde einen Solidaritätsbrief an diese »Aufrührer«. Der Kardinal-Erzbischof forderte ihn daraufhin auf, sich von diesem Schreiben öffentlich zu distanzieren. Mazzi weigerte sich selbstverständlich, und seine Gemeindemitglieder übermittelten das Ansinnen des Kardinals der Presse. Dieser enthob nun den rebellischen Priester seines Amtes. Aber wie sehr sich die Zeiten geändert hatten, zeigten die nun folgenden Ereignisse. Mazzi erschien mit

---

[101] Glaubensverkündung für Erwachsene. Deutsche Ausgabe des Holländischen Katechismus, Freiburg i. Br. 1969; vgl. dazu: Report über den Holländischen Katechismus, Freiburg i. Br. 1969; begegnung 1/1969, S. 24, und 7–8/1968, S. 58; eine marxistische Analyse der Vorgänge gibt *Šejnman, M. M.*, Gollandskij katechizis (Kritičeskij analiz), in: Voprosy naučnogo ateizma, Bd. 14, Moskau 1973, S. 247–266.

[102] Civiltà Cattolica vom 4.1.1969, S. 38.

[103] begegnung 1/1969, S. 30 (Priester – Rebell in Florenz).

einigen seiner Gemeindemitglieder vor dem erzbischöflichen Palast in Florenz und verteidigte in einem öffentlichen Disput mit Florit seine Ansichten. Daraufhin reiste eine Delegation der Pfarrei nach Rom, wo sie vor einem Vertreter des Papstes, dem Prälaten Benelli, und in Anwesenheit von Journalisten ihren Pfarrer verteidigte. Und was geschah? Der Vatikan wagte es nicht, die Ungehorsamen zu verurteilen, und noch viel weniger, über sie das Anathema zu sprechen. Florit und Benelli waren beide gezwungen, ihr Vorgehen vor Mazzi und seinen Anhängern zu rechtfertigen; sie mußten mit ihnen diskutieren. Was waren das doch für gesegnete Zeiten gewesen – die dazu noch gar nicht so ferne lagen –, als man solche Werke einfach auf den Index und ihre Autoren auf den Scheiterhaufen bringen oder wenigstens exkommunizieren konnte!

Aber kehren wir zu Ottaviani zurück. Wenn er auch den Index opferte, so wünschte er doch durchaus nicht, auf alle übrigen Attribute seiner Macht zu verzichten. In einem geheimen Zirkularbrief, der am 24. Juni 1966 an die Bischöfe aller Länder gerichtet wurde, formulierte er zehn häretische Verirrungen, die in der heutigen Kirche im Ergebnis des Zweiten Vatikanischen Konzils angeblich entstanden seien. Und so lautet der neue »Syllabus«:

1. Die kirchliche Tradition wird abgelehnt; der Schwerpunkt wird auf die Heilige Schrift als die Hauptquelle der Offenbarung gelegt.
2. Es wird behauptet, die Glaubenslehre könne sich ändern, d. h., in Abhängigkeit von den konkreten historischen Verhältnissen müsse sie revidiert werden.
3. Die Rolle der Kirche als Instrument der Erlösung der Gläubigen wird herabgemindert oder ignoriert.
4. Die absolute, objektive, ewige und unabänderliche Wahrheit wird nicht anerkannt; sie wird von den Positionen eines Relativismus aus betrachtet; die Wahrheit, so wird fälschlich behauptet, muß sich im Zusammenhang mit der Entwicklung des Bewußtseins und der Geschichte ändern.
5. Selbst die Gestalt Jesu Christi wird Angriffen ausgesetzt. Daß Maria ihn unbefleckt empfangen habe, sowie seine Wunder und seine Auferstehung sucht man aus natürlichen Ursachen zu erklären.
6. und 7. Viele Thesen der Theologie über die Sakramente werden einer Revision unterzogen.
8. Es werden Zweifel an der Wahrheit der Lehre von der Erbsünde geäußert.
9. Verschiedene Thesen der Moraltheologie werden revidiert.
10. Es zeigt sich ein schädlicher Enthusiasmus in der Politik des Ökumenismus; als Folge dessen gleitet man auf Positionen des Protestantismus ab.

Ottaviani forderte von den Bischöfen lediglich, diese häretischen Verirrungen zu erörtern und ihre Vorstellungen über den Kampf gegen sie der Kongregation für die

Glaubenslehre bis zum Ende des Jahres mitzuteilen. Dabei sollte über alles strengstes Stillschweigen gewahrt werden. Aber diese Aktion, die gegen die Reformer gerichtet war, endete mit einem Skandal. Mitteilungen über das Geheimdokument Ottavianis sickerten in die katholische Presse. Der französische Episkopat hatte sogar den Mut, die Vorschrift des Kardinals zu übertreten, und veröffentlichte seine Antwort auf das Zirkular, in der er die Existenz der aufgezählten häretischen Verirrungen kategorisch abstritt. Die Bischöfe der überwältigenden Mehrheit der anderen Länder lehnten ebenfalls die Anschuldigungen des Inquisitors ab, obgleich sie natürlich nicht aus der Luft gegriffen waren, sondern sich auf schriftlich und mündlich vorgetragene Lehren bezogen. Es kam soweit, daß der Vatikan sich gezwungen sah, selbst das Geheimnis zu lüften und das Zirkular Ottavianis zu veröffentlichen.[104] Der Inquisitor sah sich völlig isoliert, und die Tage seiner Macht waren gezählt.

Am 8. Januar 1968 veröffentlichte dann das Organ des Vatikans, der »Osservatore Romano«, eine kurze Mitteilung darüber, daß der Leiter der Kongregation für die Glaubenslehre, Kardinal Ottaviani, von seinem Amt zurückgetreten sei, daß Paul VI. den Rücktritt angenommen und an seine Stelle den Kardinal Franciscus Šeper, einen Jugoslawen, gesetzt habe. Zum Unterschied von Ottaviani wurde Šeper zum Präfekten (Haupt) der Kongregation ernannt. Bisher war dieses Amt dem Papste vorbehalten gewesen; die Kardinäle hatten sich jeweils mit dem Amt des Propräfekten begnügt. Diese Neuerung bedeutete, daß der römische Papst die unmittelbare Verantwortung für die oft unliebsamen Entscheidungen dieser Kongregation von sich abgeschoben und sich damit aus der »Schußlinie« gebracht hatte.

So endete die Karriere des letzten Obersten Inquisitors der katholischen Kirche, der dieses Amt seit 1953, also rund 15 Jahre, innegehabt hatte.

Der neue Leiter der Kongregation für die Glaubenslehre, Kardinal Šeper, galt als Reformer. In einer Erklärung, die er im Juli 1968 der Presse übergab, versuchte er die Tätigkeit der ihm unterstellten Einrichtung in den freundlichsten Farben zu malen. »Meine Eindrücke sind ausgezeichnet«, erklärte er, »ich konnte mich überzeugen, daß meine Kongregation keine geheimnisvolle Einrichtung ist, kein Schreckgespenst, als welches sie sogar Katholiken häufig ansehen. Hier wird energisch für das Wohl der Kirche gearbeitet. Alle Entscheidungen werden kollektiv getroffen – in den wöchentlichen Sitzungen auf den verschiedenen Ebenen. Dabei haben wir nicht so sehr die Verurteilung doktrinärer Fehler im Auge als vielmehr die Unterstützung theologischer Forschungen ... Wie in allen Wissenschaften, so ist auch in der Theologie der Fortschritt nur unter der Bedingung möglich und notwendig, daß

[104] Civiltà Cattolica vom 5.11.1966, S. 34.

die Substanz und der Sinn der Wahrheit, die Offenbarung, unerschütterlich bleibt, wie das der wahren Lehre der Kirche entspricht.«[105]

Aber diese beruhigenden und optimistischen Beteuerungen des Kardinals entsprachen nicht der Wirklichkeit. Die Kongregation für die Glaubenslehre fuhr fort, die dem Vatikan nicht genehmen Theologen mit Sanktionen zu bedrohen. Im Jahre 1968 zog sie den schon genannten Schweizer Theologen Hans Küng zur Verantwortung, der die päpstliche Enzyklika »Humanae vitae«, die die Geburtenkontrolle verurteilte, abgelehnt hatte. Küng weigerte sich, als Angeklagter vor der Kongregation zu erscheinen. Mehr noch – er erklärte öffentlich: »Vom schändlichen Prozeß gegen Galilei bis zum heutigen Tage hat die Inquisition mehr Schaden angerichtet als wir Theologen alle zusammengenommen. Ich sage ›Inquisition‹ und nicht ›Kongregation für die Glaubenslehre‹, wie man sie jetzt nennt, denn es sind keine Veränderungen vor sich gegangen. Sie war Inquisition und ist Inquisition geblieben. Die Konzilsreformen wurden von der römischen Kurie eingefroren.«[106]

Die entschiedenen Neuerer – und solche gibt es mit jedem Tage mehr, selbst unter den kirchlichen Hierarchen – sehen nicht ohne Grund auch weiterhin in der Kongregation für die Glaubenslehre die frühere Inquisition, die den Erneuerungsprozeß der Kirche hemmt. Im Dezember 1968 wurde in der Schweizer Presse eine Erklärung veröffentlicht, die von vierzig prominenten katholischen Theologen unterschrieben war; unter ihnen befanden sich der Holländer Edward Schillebeeckx, der Schweizer Hans Küng, die Franzosen M. D. Chenu und Y. M. J. Congar sowie die Amerikaner John Mackenzie und Roland Murphy. Sie forderten, das Personal der Kongregation für die Glaubenslehre auszuwechseln, das in der heutigen Etappe nicht mehr die Vielfalt der theologischen Schulen und des modernen Denkens widerspiegele. »Wir geben uns darüber Rechenschaft«, heißt es in ihrer Erklärung, »daß wir Theologen uns in unseren Äußerungen irren können, aber wir sind überzeugt, daß unsere fehlerhaften Meinungen nicht mit Mitteln der Nötigung korrigiert werden sollten. Wir hoffen, daß unsere Freiheit jedesmal respektiert wird, wenn wir unsere neuen theologischen Anschauungen verkünden oder publizieren ...«[107]

Solche Vorgänge veranlaßten den Vatikan zu lavieren und verschiedene Zugeständnisse zu machen. Es ist deshalb nicht zufällig, daß im gleichen Jahr, auf dem Höhepunkt der Polemik zwischen den Anhängern und den Gegnern der Kongregation für die Glaubenslehre, Kardinal König aus Wien, der das Sekretariat für die

---

[105] Informations Catholiques Internationales vom 15.7.1968; begegnung 1/1968, S. 20 ff. (Wachablösung an der Kurie).

[106] Paese Sera vom 28.12.1968.

[107] Neue Zürcher Zeitung vom 17.12.1968.

Nichtgläubigen leitete, auf dem Kongreß der Nobelpreisträger in Lindau mit der sensationellen Ankündigung auftrat, die Kirche sei bereit, das Urteil gegen Galilei »einer Revision zu unterziehen«. Er rief zur Zusammenarbeit zwischen den Gelehrten und der Kirche auf und versprach, »alle Barrieren und Hindernisse, die in der Vergangenheit aufgetürmt wurden, zu beseitigen«. Er erklärte: »Für die katholische Kirche nach dem II. Vatikanum, die sich in ihrer Zuwendung zur Welt auch als Anwalt der legitimen Rechte und der Freiheit des menschlichen Geistes versteht, scheint nunmehr die Zeit gekommen zu sein, so gründlich wie möglich jenen Zustand des Unbehagens und des Mißtrauens zu beenden, der mit der Verurteilung Galileis im Jahre 1633 begonnen hat. Die wissenschaftliche Welt hat es seit über drei Jahrhunderten mit Recht als eine schmerzende und nicht vernarbte Wunde empfunden, daß einer jener Männer, die am Anfang ihres Weges standen, von der Kirche zu Unrecht verurteilt wurde. Dies wird heute um so schmerzlicher empfunden, als alle denkenden Menschen innerhalb und außerhalb der Kirche der Überzeugung sind, daß der Wissenschaftler Galilei recht hatte und daß gerade sein Werk der modernen Mechanik und Physik die ersten festen Grundlagen geliefert hat. Durch seine Erkenntnisse war es der menschlichen Vernunft möglich, ein neues Verständnis von Natur und Weltall zu finden und damit von der Antike ererbte Vorstellungen zu ersetzen. Eine offene und ehrliche Bereinigung des Falles Galilei scheint heute sehr notwendig, soll der Anspruch der Kirche, für Wahrheit, Gerechtigkeit und Freiheit einzutreten, nicht unglaubwürdig klingen.«

Die katholische Kirche, so sagte König weiter, sei ohne Zweifel zu einer solchen Bereinigung bereit. Seine Absicht ging jedoch über deren scheinbare Versöhnung mit der Wissenschaft und den Wissenschaftlern, über die Beseitigung dieses Steines ständigen Anstoßes hinaus. Der Ketzer Galilei wurde von ihm umfunktioniert zu einem Vorbild für alle gläubigen Wissenschaftler: »Was für die Zeitgenossen Galileis noch ein unüberwindliches Hindernis war, existiert für den heutigen gebildeten Gläubigen nicht mehr. Aus diesem Gesichtspunkt erscheint Galilei daher nicht bloß als Begründer einer neuen Wissenschaft, sondern ebenfalls als *hervorragender Vertreter gläubigen Denkens.*«[108]

Die innere Krise von Glaube und Religion vertieft und verschärft sich ständig weiter. »Die Angespanntheit der Strukturen der katholischen Kirche«, schreibt der katholische Journalist Henri Fesquet, »springt in die Augen; der Papst wiederholt fast in jeder seiner Reden die Worte ›Schmerz‹, ›Trauer‹, ›Unruhe‹, ›Besorgnis‹. Es gibt kaum ein wichtiges oder auch zweitrangiges Dogma, das nicht in Zweifel

---

[108] begegnung 9/1968, S. 11 ff. (Hervorhebung durch den Hrsg.). Im Jahre 1979 sprach Papst Johannes Paul II. schließlich die öffentliche Rehabilitierung aus. Vgl. Neues Deutschland vom 12.11.1979, S. 1.

gezogen würde. Die Krise trägt theoretischen (d. h. zugleich philosophischen wie theologischen), geistigen, psychologischen, seelsorgerlichen, priesterlichen, liturgischen und disziplinären Charakter. Sie berührt alle, angefangen vom Papst und endend beim letzten Gläubigen.« [109]

Auch in anderen Veröffentlichungen wird immer wieder von einer »Autoritäts-« und »Glaubenskrise« gesprochen. Der »autoritäre Amtsstil der Kirche« ist ständig Gegenstand heftiger Angriffe und Protestaktionen; er bewirkte Amtsniederlegungen, wie z. B. die des Benediktinerabtes Heising, oder gar Austritte. [110] »Es gibt Männer und Frauen, die der Kirche wegen in ihrem Glauben leiden«, stellte ein Theologenkongreß im Jahre 1970 fest. »In vielen Ländern werden Priester wegen ihres politischen Engagements zurechtgewiesen. Die Bestrebungen ganzer Gemeinschaften, sich im Glauben zu engagieren, werden verdächtigt. Theologen werden in der Freiheit ihrer Forschung eingeschränkt, Bischöfe werden zum Schweigen gebracht. Geschiedene müssen am Rande der christlichen Gemeinschaft bleiben. Laisierte Priester finden nur schwer Arbeit ... Wir protestieren gegen all diese Praktiken, welche die Unglaubwürdigkeit der Kirche in den Augen der heutigen Menschen noch verstärken.« [111]

Die »Civiltà Cattolica« versuchte Anfang 1969 in einem Leitartikel ihre Leser zu beruhigen, indem sie daran erinnerte, daß die katholische Kirche in der Vergangenheit mehr als einmal »noch radikalere innere Erschütterungen durchgemacht habe, aus denen sie stets als Siegerin hervorging. Es genüge, an die Fraticellen, die Spiritualen und die Waldenser, an Wiclif, Hus, Luther und Calvin, die Jansenisten und Modernisten zu erinnern«, meinte die Zeitschrift.

Worauf läuft nun die heutige Kritik »von innen« an der katholischen Kirche hinaus? Die Kirche, resümiert die »Civiltà Cattolica«, wird beschuldigt, sie sei autoritär, nicht demokratisch, eng mit dem kapitalistischen Ausbeutersystem verbunden und den Interessen des bürgerlichen Staates untergeordnet. Die Kritik an ihrer Hierarchie, beklagt das Journal, habe entschiedenen, scharfen Charakter; sie lasse Versöhnlichkeit und christliche Barmherzigkeit vermissen; ihr fehle die notwendige Achtung vor der kirchlichen Obrigkeit. »Es ist für keinen ein Geheimnis, daß innerhalb der offiziellen Kirche eine Kirche der Katakomben, eine Untergrundkirche existiert, die die Dissidenten vereinigt, von denen ein Teil sich leider geistig schon außerhalb der offiziellen Kirche stehend fühlt.« [112]

---

[109] Le Monde vom 11.12.1968.

[110] *Malik, A.*, Autoritätskrise und Unfehlbarkeit, in: begegnung 4/1969, S. 11 ff.

[111] Forderungen an die Kirche der Zukunft, in: begegnung 11/1970, S. 19 ff. (zitierter Text auf S. 20).

[112] Civiltà Cattolica vom 4.1.1969, S. 213.

Zu welcher Schlußfolgerung gelangt nun die Jesuitenzeitschrift? Die Anschuldigungen, die von den heutigen »Dissidenten« erhoben werden, charakterisiert sie als »ernste Verirrungen«, gesteht aber gleichzeitig zu, daß sie »begründete Forderungen, Lebensfermente, rechtmäßige Absichten enthalten.«[113] Dieser Leitartikel ist an und für sich sehr symptomatisch. Er zeugt deutlich davon, daß die offizielle Kirche nicht mehr in der Lage ist, gegen ihre Gegner die Methoden der Inquisition anzuwenden, sie zu maßregeln oder gar zu exkommunizieren. Das »heilige Offizium« existiert zwar noch unter dem neuen Aushängeschild der »Kongregation für die Glaubenslehre«, wie Hans Küng richtig feststellte, aber es schreckt heute niemanden mehr, seine Urteile jagen selbst den orthodoxesten Katholiken keine Angst mehr ein. Die Inquisition ist tot; sie wird kaum jemals wieder auferstehen. Denn Wunder gibt es sogar in der Kirche nicht, sosehr die alten Theologen das auch behaupten mögen.

Allerdings bedeutet das eben Gesagte alles andere, als daß der Vatikan etwa seinen autoritären Leitungsmethoden entsagt und von Repressalien gegen unbequeme Theologen Abstand genommen hat. Man denke in diesem Zusammenhang nur an die von Papst Paul VI. 1968 in Bogota öffentlich ausgesprochene Verurteilung der Parteinahme von Katholiken für den Sozialismus und für revolutionäre Aktionen![114] Auch die drei Jahre später von Kardinal Šeper erlassene neue »Verfahrensordnung zur Prüfung von Lehrfragen«, auf deren Grundlage z. B. die Bischofskonferenz von Fulda 1972 eine Ordnung für das »Lehrbeanstandungsverfahren bei der deutschen Bischofskonferenz« verabschiedete[115], scheint Theorie zu bleiben. Obwohl in ihr wichtige Neuerungen enthalten sind (Einsetzung mehrerer Gremien, Gewährung eines Verteidigers, Unterrichtung des Autors über die gegen ihn erhobenen Vorwürfe, Möglichkeit einer Diskussion zwischen ihm und seinen Kontrahenten usw.), zeigt die Praxis des römischen Verfahrens gegen bestimmte Gegner wenig von einer Geistesänderung. Wie Prof. Dr. J. Neumann, Tübingen, feststellte, hat die römische Glaubensbehörde diesen weder eine Einsicht in die Verfahrensunterlagen noch einen sach- und rechtskundigen Verteidiger zugestanden, ja die Aussagen dieser Theologen gar nicht in ihrem vollen Zusammenhang gewürdigt, sondern einzelne Sätze herausgerissen und so den Glauben dieser Wissenschaftler in Zweifel gezogen.[116] Auf der anderen Seite aber hat sie ihnen auch nicht die Lehrbefugnis

---

[113] Ebenda, S. 214.

[114] Vgl. begegnung 11/1968, S. 20 f.

[115] Acta Apostolicae Sedis 63 (1971), S. 234–236. Deutsche Übersetzung in: Kongregation für die Glaubenslehre. Neue Verfahrensordnung zur Prüfung von Lehrfragen. Von den deutschen Bischöfen approbierte Übersetzung. – Deutsche Bischofskonferenz. Lehrbeanstandungsverfahren bei der deutschen Bischofskonferenz. Eingeleitet und kommentiert von *Heinemann, H.*, Trier 1974.

[116] begegnung 4/1975, S. 21.

(missio canonica) entzogen, sondern sie lediglich ermahnt, bestimmte Lehrmeinungen nicht weiter zu vertreten. All dies zeigt klar die Zwiespältigkeit und Unsicherheit der Kirchenführung gegenüber den heutigen Modernisten.

Damit haben wir unseren Bericht über die Inquisition beendet, deren Tätigkeit wie ein roter Faden die Geschichte der katholischen Kirche durchzieht. Unser Buch ist nur ein kurzer historischer Abriß dieser Einrichtung, es umfaßt bei weitem nicht alle Epochen und alle Länder, in denen Inquisitoren am Werke waren, und es zählt nicht alle ihre schlimmen Taten auf. Wir haben lediglich, gestützt auf historische Fakten und Dokumente, das am meisten Charakteristische und Typische in der Arbeit des »heiligen Gerichts« zu zeigen versucht; wir wollten seine sozialen Wurzeln bloßlegen und klarstellen, in wessen Namen, im Interesse welcher Klassen seine schauderhaften Verbrechen begangen wurden und welche Ursachen bei seinem Verschwinden von der historischen Szene zusammenwirkten.

Quellen- und Literaturverzeichnis

Marx, K. / Engels, F.: Über Religion. Berlin 1958
Marx, K.: Das revolutionäre Spanien, in: MEW, Bd. 10. Berlin 1961, S. 431–485
Engels, F.: Der deutsche Bauernkrieg, in: MEW, Bd. 7, S. 329–413
Engels, F.: Dialektik der Natur. Einleitung, in: MEW, Bd. 20, S. 313. Archiv Marksa i Engel'sa, Bd. 5. Moskau 1958, S. 235, 240 f

Literatur zur Inquisition als Ganzes

Alatri, M. da: E l'inquisizione? Tabu e realtà sul Tribunale della Fede. Rom 1959
Baker, I. A.: Complete History of the Inquisition in Portugal, Spain, Italy, the East and West Indies in all branches, from the origin of its, in the year 1163, to its present state. London 1735
Chowanetz, J.: Die Inquisition; was und wie sie wirklich war. Eine populär historisch-critische Darstellung dieser Anstalt in ihrer Gesamtheit. Nach den beiderseitigen Quellenwerken. Aachen 1857
Deromien, G.: L'Inquisition. Paris 1946
Douais, C.: L'Inquisition, ses origines, sa procédure. Paris 1906
Goulton, G. G.: Inquisition and liberty. London 1938
Gui, B.: Manuel de l'Inquisiteur. Edition C. Mollat, 2 Bde. Paris 1927
Guiraud, J.: Histoire de l'Inquisition en moyen âge. Bd. I: Origine de l'Inquisition dans le midi de la France et Vaudois. Paris 1935; Bd. II: L'Inquisition au XIIIe siècle en France, en Espagne et en Italie. Paris 1938
Hauck, A.: Kirchengeschichte Deutschlands. 5 Bde., 8 Aufl. Berlin 1952 f.
Hainchelin, Ch.: Les origines de la religion. Paris 1955
Hayward, F.: The Inquisition. New York 1966
Hayward, F.: Was muß man über die Inquisition wissen? Ins Deutsche übertragen von C. Wagner. Aschaffenburg 1959
Hinschius, P.: System des katholischen Kirchenrechts mit besonderer Rücksicht auf Deutschland. Bd. 5. Graz 1959
Lavallée, J.: Histoire des Inquisitions religieuses d'Italie, d'Espagne et de Portugal. 2 Bde. Paris 1809
Lea, H. Ch.: Geschichte der Inquisition im Mittelalter. Autorisierte Übersetzung, bearbeitet von H. Wieck und M. Rachel, revidiert und hrsg. v. J. Hansen. 3 Bde. Bonn 1905–1913
Maisonneuve, H.: Études sur les origines de l'Inquisition. Paris 1942
Marsollier, J.: Histoire de l'Inquisition et son origine. Köln 1733
Nickerson, N.: The Inquisition, a political and military study of its establishment. New York 1923
Nicoara, P.: Inchvizitia. Bucureşti 1963
Nowicki, A.: O swietej Inkwizycji. Bialystok 1951
Pallares, E.: El Procedimiento inquisitorial. Mexiko 1951
Pichon, Ch.: Le Vatican. Paris 1960
Robertson, A.: The origins of Christianity. London 1953
Shannon, A. Ch.: The popes and heresy on the thirteenth century. Villanova, Penn. 1949
Vacandard, E.: L'Inquisition. Étude historique et critique sur le pouvoir coërcif de l'église. Paris 1907
Арны, А.: История инквизиции. Ленинград 1926

Галлуа, Л.: История инквизиции, 2 тома, 2 издание. Ст. Петербург 1873
Гусев, Н. Н.: Рассказы об инквизиции. Москва 1906
Данем (Dunham), Л. Б.: Герои и еретики. Политическая история западной мысли. Москва 1967
Кадмин, Н.: Философия убийства. Москва 1913
Крывелев, И.: Костром и пыткой против науки и ученых. Москва 1932
Лаврецкий, И.: Ватикан. Религия, финансы и политика. Москва 1957
Лаврецкий, И.: Кардиналы идут в ад. Москва 1961
Ланглуа (Langlois), С. В.: Инквизиция по новейшим исследованиям. Москва 1903
Лебедев, А.: Тайный инквизиции. Москва 1912
Лозинский, С. Г.: Святая инквизиция. Москва 1927
Лозинский, С. Г.: История папства. Москва 1961
Покровский, М.: Средневековые ереси и инквизиция, в: Книга для чтения по истории средних веков. издания: П. Г. Виноградов, 2 издание. Москва 1897
Поршнев, В. Ф.: Феодализм и народные массы. Москва 1965
Шейнман, М. М.: Огнем и кровью во имя бога. Москва 1924
Шейнман, М. М.: Папство. Москва 1959
Шейнман, М. М.: От Пия IX до Иоанна XXIII. Москва 1966

Der Kampf der Kirche gegen die Häresien bis zur Gründung der Inquisitionstribunale

Alfaric, P.: Les écritures manichéennes. 2 Bde. Paris 1918
Babut, G.: Priscillien et le priscillianisme. Paris 1913
Bohlin, Th.: The Theology of Pelagius and Genesis. Uppsala/Wiesbaden 1953
Borst, A.: Die Katharer. Stuttgart 1953
Boyd, W. K.: The ecclesiastical edicts of the Theodosian code. New York 1905
Büttner, T., Werner, E.: Circumcellionen und Adamiten. Zwei Formen mittelalterlicher Häresie (Forschungen zur mittelalterlichen Geschichte, Bd. 2). Berlin 1959
Dupré-Theseider, E.: Introduzione alle eresie medievali. Bologna 1953
Fearns, J.: Ketzer und Ketzerbekämpfung im Hochmittelalter. Göttingen 1968
Ferguson, J.: Pelagius. A Historical and Theological Study. Cambridge 1936
Frend, W. H. C.: The Donatist Church. A movement of protest in Roman North Africa. Oxford 1952
Grundmann, H.: Religiöse Bewegungen im Mittelalter, 2. Aufl. Berlin 1961
Grundmann, H.: Ketzergeschichte des Mittelalters. Göttingen 1963
Loos, M.: Dualist heresy in the Middle Ages. Prag 1974
Manselli, R.: Studi sulle eresie del secolo XII. Rom 1953
Pendh, H. Ch.: Le Manichéisme, son fondateur, sa doctrine. Paris 1949
Pliuval, G. de: Pélage. Lausanne 1943
Volante, C.: La Pretura milanese e la reforma ecclesiastica. Rom 1955
Werner, E.: Die gesellschaftlichen Grundlagen der Klosterreform im 11. Jh. Berlin 1953
Werner, E.: Pauperes Christi. Studien zu sozial-religiösen Bewegungen im Zeitalter des Reformpapsttums. Leipzig 1956
Бартинян, П. М.: Источники для изучения истории павликанского движения. Ереван 1961
Бортник, Н. А.: Арнолд Брешианский. Москва 1956
Дилигенский, Г. Г.: Северная Африка в IV-V веках. Москва 1961

Заборов, М. И.: Папство и крестовые походы. Москва 1960
Каждан, А. П.: Деревня и город в Византии в IX–X вв. Москва 1960
Ковалев, С. И.: Основные вопросы происхождения христианства. Москва 1964
Козик, П. З.: Социальные основы христианского сектантства II-III вв. Казань 1961
Липшиц, Е. Е.: Очерки истории византийского общества и культуры. Москва/Ленинград 1961
Литаврин, Г. Г.: Болгария и Византия в XI–XII вв. Москва 1960
Машкин, Н. А.: Движение агностиков. в: Историк марксист, 1935 нр. 1
Машкин, Н. А.: Агностики или циркумцеллионы в кодексе Феодосия в: Вестник древней истории, 1938 нр. 2
Сидорова, Н. А.: Очерки по истории ранней городской культуры во Франции. Москва 1959
Стам, С. М.: Учение Иоахима Калабрийского, в: Вопросы истории религии и атеизма, том 7. Москва 1959
Чаисковская, О. Г.: Клюнийское движение X–XI вв., его социальный и политический характер, в: Вопросы истории религии и атеизма. том 8. Москва 1960

Die päpstliche Inquisition

Alberi, A.: Galileo Galilei e l'inquisizione. Pisa 1864
Anagnine, E.: Dolcino e il movimento eretico all' inizio del Trecento. Florenz 1964
Andrieu, P.: Histoire des prêtres ouvriers. Paris 1960
Banfi, A.: Vita di Galileo Galilei. Mailand 1962
Beham, A. von: Regesten Papst Innozenz' IV., hrsg. von C. Höfler. Stuttgart 1847
Berti, D.: Il processo originale de Galileo Galilei, pubblicato per la prima volta. Rom 1876
Bieberbach, L.: Galilei und die Inquisition. München 1938
Bruno, G.: Brunos gesammelte philosophische Werke, verdeutscht von L. Kuhlenbeck, 6 Bde. Jena 1890–1909
Cimino, G.: Galilei und seine Zeit. Wiesbaden 1968
Dessauer, F.: Der Fall Galilei und wir. Abendländische Tragödie. Frankfurt a. M. 1957
Deutsches Museum: Galileo Galilei zum 400. Geburtstag. München 1964
De Vooght, P.: L'hérésie de Jean Huss. Louvain 1960
Douie, D. L.: The nature and the effect of the heresy of the Fraticelli. Manchester 1932
Falconi, C.: I Papi nel ventesimo secolo. Mailand 1967
Flade, P.: Das römische Inquisitionsverfahren in Deutschland bis zu den Hexenprozessen. 1902
Foreville, R.: Lateran I–IV. Mainz 1970
Friedenthal, R.: Ketzer und Rebell. Jan Hus und das Jahrhundert der Revolutionskriege. München 1972
Galileo e l'inquisizione, documenti … pubblicati da Antonio Favaro. Florenz 1907
Gebler, K. von: Die Akten des Galileischen Prozesses. Nach der Vatikanischen Handschrift. Stuttgart 1877
Gebler, K. von: Galileo Galilei und die römische Kurie. Stuttgart 1876
Gherardi, S.: Il processo Galileo riveduto sopra documenti di nuova fonte. Florenz 1870
Gill, J.: Konstanz und Basel-Florenz (Geschichte der ökumenischen Konzilien, hrsg. von G. Dumeige und H. Bacht, Bd. IX). Mainz 1967
Gilquin, P.: Le Saint Office de Rome, ses procédures secrètes à notre époque. Paris 1904
Hoensbroech, Graf P. von: Das Papsttum in seiner sozial-kulturellen Wirksamkeit, Bd. I. Leipzig 1900
Index librorum prohibitorum. Rom 1841, 1948

John Hus at the Council of Constance. New York/London 1965
Jone, H.: Gesetzbuch der katholischen Kirche. Erklärung der Kanones, 3 Bde. Paderborn 1950–1953
Kuehner, H.: Index Romanus. Auseinandersetzung oder Verbot. Nürnberg 1963
Lämmel, R.: Galileo Galilei im Lichte des zwanzigsten Jahrhunderts. Leipzig 1927
Lecler, J.: Vienne. Mainz 1965
Leiber, R.: Die mittelalterliche Inquisition. Wesen und Unwesen. Kevelaer 1963
Manselli, R.: Spirituali e beghini in Provenza. Rom 1959
Marini, M.: Galileo e l'Inquisizione. Memorie storico-critiche dirette alla Romana Accademia di Archeologia. Rom 1850
Mariotti, L.: Historical Memoir of Fra Dolcino and his times. London 1853
Müller, A.: Der Galileiprozeß (1632–1633) nach Ursprung, Verlauf und Folgen. Freiburg 1909
Muzzey, D. S.: The Spiritual Franciscans. New York 1907
Nel quarto centenario della nascita di Galileo Galilei. Mailand 1966
Pastor, L. von: Allgemeine Dekrete der Römischen Inquisition aus den Jahren 1555–1557, in: Historisches Jahrbuch 33 (1912), S. 479–549
Pastor, L. von: Geschichte der Päpste seit dem Ausgang des Mittelalters, 16 Bde. Freiburg i. Br. 1886–1933
Pichon, Ch.: Geschichte des Vatikans. Essen 1950
Plöchl, W.: Geschichte des Kirchenrechts, 5 Bde. Wien/München 1966–1970
Ré, N. del: La Curia Romana. Rom 1952
Schumacher, E.: Der Fall Galilei. Das Drama der Wissenschaft. Berlin 1964
Sorrentino, A.: La Letteratura Italiana e il Santo Uffizio. Neapel 1935
Storia dell'Inquisizione in Italia. Corredata di opportuni e rari documenti, 2 Bde. Florenz 1859/60
Theloe, H.: Die Ketzerverfolgungen im 11. und 12. Jahrhundert. Ein Beitrag zur Geschichte der Konstituierung der päpstlichen Ketzerinquisitionsgerichte. Berlin und Leipzig 1913
Vischer, M.: Jan Hus. Aufruhr wider Papst und Reich. Frankfurt a. M. 1955
Wohlwill, E.: Der Inquisitionsprozeß des Galileo Galilei. Berlin 1870
Гурев, Г. А.: Коперниковская ересь в прошлом и настоящем. Москва 1933
Гурев, Г. А.: Учение Коперника н религия. Москва 1961
Giordano Bruno перед судом инквизиции (Краткое изложение следственного дела Джордано Бруно). Перевод и комм. А. Х. Горфункель, в: Вопросы истории религии и атеизма. том 6. Москва 1958, ст. 347–416
Котляревский, С. А.: Францисканский орден и римская курия в XIII и XIV вв. Москва 1901
Крывелов, И. А.: Современное богословие и наука. Москва 1950
Мчедлов, М. П.: Эволюция современного католицизма. Москва 1967
Пулен, З. К.: Церковь и рабочий класс. Москва 1962
Решетников, Н. А.: Клерикализм. Москва 1965
Рожицын, В. С.: Протоколы процесса Джордано Бруно в венецианской инквизиции. Документы о выдаче Джордано Бруно римской инквизиции и о его сожжении в: Вопросы истории религии и атеизма. том 1. Москва 1950, ст. 325–412
Рожицын, В. С.: Джогдано Бруно и инквизиция. Москва 1955
Руколь, Б. М.: Письмо Браччолини к Леонардо Аретинскому и рассказ Младеновица как источник об Иерониме Пражском в: Ученые записки Института славяноведения. том 1. Москва 1948
Рутенбург, В. И.: Ватикан в прошлом и настоящем. Ленинград 1955
Рутенбург, В. И.: Народные движения в городах Италии (XIV – начало XX в.). Москва/Ленинград 1959
Сказкин, С. Д.: Исторические условия восстания Лольчино. Москва 1955

Шейнман, Н. М.: Ватикан и Католицизм в конце XIX – начале XX в. Москва 1958
Великович, Л. И.: Кризис современного католицизма. Москва1955
Выгодский, М. Я.: Галилеи и инквизиция. Москва/Ленинград 1934

Hexenprozesse

Aubens, R.: La sorcière et l'inquisition. Aix-en-Provence 1956
Baranowski, B.: Procesy o czary w Polsce w XVII i XVIII wieku. Łódź 1952
Baranowski, B.: Najdawnejsze procesy o czary w Kaliszu. Lublin/Łódź 1961
Cirac Estopiñan, S.: Los procesos de hechicerias en la Inquisición de Castilla la Nueva (tribunales de Toledo y Cuenca). Madrid 1941
Ferraironi, F.: Le streghe e l'inquisizione. Rom 1955.
Lea, H. Ch.: Materials toward a history of witchcraft, 3 Bde. Philadelphia 1939
Murray, M.: The witchcult in Western Europe. Oxford 1962
Summers, M.: The History of Witchcraft and Demonology, 2. Aufl. New York 1956
Summers, M.: The Geography of Witchcraft. Evenson/New York 1958
Williams, Ch.: Witchcraft. Cleveland/New York 1961
Wright, H. B.: Witness to Witchcraft. London 1957
Anhofer, H.: Aberglauben und Hexenwahn heute. Aus der Unterwelt unserer Zivilisation. Freiburg 1960
Bader, G.: Die Hexenprozesse in der Schweiz. Diss. der rechts- und staatswissenschaftlichen Fakultät der Universität Zürich. Affoltern a. A. 1945
Baroja, J. C.: Die Hexen und ihre Welt. Mit einer Einführung und einem ergänzenden Kapitel von W. E. Peuckert. Stuttgart 1967
Baschwitz, K.: Hexen und Hexenprozesse. Die Geschichte eines Massenwahns und seiner Bekämpfung. Gütersloh 1967
Baeyer-Katte, W. von: Die historischen Hexenprozesse. Der verbürokratisierte Massenwahn, in: W. Bitter (Hrsg.): Massenwahn in Geschichte und Gegenwart. Stuttgart 1962, S. 210 ff.
Byloff, Fr.: Hexenglaube und Hexenverfolgung in den österreichischen Alpenländern. Berlin und Leipzig 1934
Cécile, E.: Teufelsaustreibungen. Die Praxis der katholischen Kirche im 16. und 17. Jh. Bern/Stuttgart/Wien 1972
Diefenbach, J.: Der Hexenwahn vor und nach der Glaubensspaltung in Deutschland. Mainz 1886. Reprint Leipzig 1969
Exorzismus. Beuron 1938
Exorzismus gegen den Satan und die höllischen Geister. Basel 1940
France, A.: Das Leben der heiligen Johanna. München-Feldafing 1930
Francke, J. Ch. (G. Wahlieb): Deutliche Vorstellung der Nichtigkeit derer vermeynten Hexereyen und des unbegründeten Hexenprozesses. Amsterdam 1720. Reprint Leipzig 1973
Gerdner, G. B.: Ursprung und Wirklichkeit der Hexen. Einführung von M. Murray. Weilheim/Oberbayern 1965
Haag, H. (Hrsg.): Teufelsglaube. Tübingen 1974
Hansen, J.: Quellen und Untersuchungen zur Geschichte des Hexenwahns und der Hexenverfolgung im Mittelalter. Mit einer Untersuchung der Geschichte des Wortes Hexe von J. Franck. Reprint Hildesheim 1963
Hansen, J.: Zauberwahn, Inquisition und Hexenprozesse im Mittelalter. München und Leipzig 1900

Der Hexenhammer von Jakob Sprenger und Heinrich Institoris. Zum ersten Male ins Deutsche übertragen und eingeleitet von J. W. R. Schmidt, 3 Bde., 3. Aufl. Berlin 1922/23
Der Kehlheimer Hexenhammer (1487), Facsimile-Ausgabe. München-Allach 1970
Kemper, Z.: Hexenwahn und Hexenprozesse in Deutschland. Mainz 1927
Krämer, W.: Kurtrierische Hexenprozesse im 16. und 17. Jh. München 1959
Kuebert, H.: Zauberwahn. Die Greuel der Inquisition und Hexenprozesse. München 1913
Kruse, J.: Hexen unter uns? Magie und Zauberglaube in unserer Zeit. Hamburg 1951
Lautenbacher, S.: Hexerei und Zauberei, belegt in der Literatur von 1450–1550. Mit Hinweisen auf die Praxis im Herzogtum Bayern. Berlin 1972
Lehmann, A.: Aberglaube und Zauberei von den ältesten Zeiten bis zur Gegenwart, 3. dt. Aufl. Stuttgart 1925
Merkel, E.: Der Teufel in hessischen Hexenprozessen. Gießen 1939
Merzbacher, Fr.: Die Hexenprozesse in Franken, 2. Aufl. München 1970
Paulus, N.: Hexenwahn und Hexenprozeß vornehmlich im 16. Jh. Freiburg i. Br. 1910
Petersdorff, E. v.: Daemonologie, 2 Bde. München 1956/57
Petersdorff, E. v.: Daemonen, Hexen, Spiritisten. Mächte der Finsternis einst und jetzt. Wiesbaden 1960
Ray-Atkinson, A. H.: Hexenwahn und Hexenprozesse. Berlin 1958
Reiß, W.: Die Hexenprozesse der Stadt Baden-Baden 1627–1631, in: Freiburger Diözesanarchiv 91 (1971). Freiburg 1972, S. 202 ff.
Riegler, F.: Hexenprozesse. Graz 1926
Riezler, S. von: Geschichte der Hexenprozesse in Bayern. Im Lichte der allgemeinen Entwicklung dargestellt. Stuttgart 1896. Reprint mit Nachwort, Register und Karte von Fr. Merzbacher. Aalen 1968
Rosenfeld, E.: Friedrich von Spee. Eine Stimme in der Wüste. Berlin 1958
Roskoff, G.: Geschichte des Teufels. 2 Bde. Leipzig 1869. Neudruck Aalen 1967
Sammlung der Landrechte, Landesordnung der Markgrafschaft Baden-Baden wie auch der Statuten der neuacquirierten Länder von Offenburg, Gengenbach und Zell, der Lahrer und Mahlberger Erbordnung und dem in sämtlichen Badischen Kurlanden gültigen Frankfurter Wechselrecht etc. Nebst einem Anhange aller späteren Verordnungen, welche das Badische Landrecht abgeändert haben. Erster Band: Das Baden-Badische Landrecht. Karlsruhe 1805
Schacher, J.: Das Hexenwesen im Kanton Luzern. Nach den Hexenprozessen von Luzern und Sursee 1400–1675. Luzern 1947
Schwager, J. M.: Versuch einer Geschichte der Hexenprozesse, Bd. 1. Berlin 1784. Reprint Frankfurt a. M. 1970
Schwarz, G.: Die Entstehung der Hexenprozesse. Darmstadt 1917
Soldan, W. G.: Geschichte der Hexenprozesse. Stuttgart und Tübingen 1843
Soldan-Heppe: Geschichte der Hexenprozesse. Nach der Originalausgabe neu bearbeitet. Lübeck/Leipzig 1938
Spee, Fr. v.: Cautio criminalis oder Rechtliches Bedenken wegen der Hexenprozesse. Deutsche Ausgabe v. J.-F. Ritter. Darmstadt 1967
Spielmann, K.: Die Hexenprozesse in Kurhessen. Marburg 1932
Wiegand, P.: Denkwürdigkeiten für Staats- und Rechtswissenschaft, Sitten und Gewohnheiten des Mittelalters, gesammelt aus dem Archiv des Reichskammergerichts zu Wetzlar. Reprint Osnabrück 1964
Канторович, Я.: Процессы животных в средние века. Ст. Петербург 1897

Канторович, Я.: Средневековые процессы о ведьмах. Ст. Петербург 1899
Сперанский, Н.: Ведьмы и ведовство. Москва 1906
Тухолка, С.: Процессы о колдовстве в западной Европе в XV–XVII вв. Ст. Петербург 1909

Inquisition in Frankreich

Armana, J.: Études cathares. Paris 1953
Borst, A.: Die Katharer. Stuttgart 1953
Bossard, E.: Gilles de Rais, Maréchal de France dit Barbe-Bleu (1404–1440). Paris 1886
Dossat, Y.: Les crises de l'Inquisition toulousaine au XIIIe siècle (1233–1273). Bordeaux 1959
Dossier de l'Affaire des templiers, édité et traduit par G. Lizeraud. Paris 1923
Douais, C.: Documents pour servir à l'histoire de l'inquisition dans le Languedoc au XIIIe et au XIVe siècle, 2 Bde. Paris 1900
Fabre, J.: Les bourreaux de Jeanne d'Arc et la fête national. Paris 1915
Fornairon, E.: Le Mystère Cathare. Paris 1964
Gilles, R.: Les templiers sont ils coupables? Leur histoire, leur règle, leur procès. Paris 1957
Gmelin, J.: Schuld oder Unschuld des Templerordens. Stuttgart 1893
Grundmann, H.: Religiöse Bewegungen im Mittelalter, 2. Aufl. Berlin 1961
Havemann, W.: Geschichte des Ausganges des Tempelherrenordens. Stuttgart/Tübingen 1845
The Inquisition at Albi. 1299–1300. New York 1948
Jeanne d'Arc: Die Akten der Verurteilung. Übertragen und eingeleitet von Josef Bütler. Einsiedeln/Köln 1943
Kienast, W.: Der französische Staat im 13. Jh., in: Historische Zeitschrift 148 (1953)
Labet, M.: La tragique Histoire de l'Ordre du Temple. Bruxelles 1954
Madaule, J.: Das Drama von Albi. Der Kreuzzug gegen die Albigenser und das Schicksal Frankreichs. Mit einem Nachwort von K. Rinderknecht. Olten/Freiburg i. Br. 1961
Marx, J.: L'inquisition en Dauphiné. Étude sur le développement et la répression de l'hérésie et de la sorcellerie du XIVe siècle au début du régne de François I. Paris 1914
Merville, M.: La vie des templiers. Paris 1951
Molinier, Ch.: L'inquisition dans le midi de la France au XIIIe et au XIVe siècle. Étude sur les sources de son histoire. Paris 1880.
Nelli, R.: Écritures cathares. Paris 1959
Niel, F.: Albigeois et cathares. Paris 1955
Ollivier, A.: Les templiers. Paris 1958
Les procès de Jeanne la Pucelle. Manuscrit inédit légue par Benoit XIV à la Bibliothèque de l'Université de Bologne et publié par A. du Bois de la Villerabel. Saint Brieno 1890
Der Prozeß Jeanne d'Arc. Akten und Protokolle 1431/1456. Übersetzt und hrsg. von R. Schirmer-Imhof. München 1961
Les procès des templiers. Présentés et annotés par R. Oursel. Paris 1955
Procès des templiers. Publié par M. Michlet. 2 Bde. Paris 1957
Prutz, H.: Entwicklung und Untergang des Tempelherrenordens. Berlin 1888
Puech, H. Ch.: Catharisme médiéval et bogomolisme. Rom 1957
Rahn, O.: Kreuzzug gegen den Gral. Tragödie des Katharismus. Stuttgart 1964
La réhabilitation de Jeanne la Pucelle. L'enquête ordonné pour Charles VII. en 1450 et le Codicille de Guillaume Bonille. Texte établi, traduit et annoté par P. Doncoeur et Y. Lanhers. Paris 1956

Schmitz–Valckenberg, G.: Grundlehren katharischer Sekten des 13. Jh. Eine theologische Untersuchung. München/Paderborn/Wien 1971
Scholz, R.: Die Publizistik zur Zeit Philipps des Schönen und Bonifaz VIII. Stuttgart 1903
Schottmüller, K.: Der Untergang des Templerordens, 2 Bde. Berlin 1887
Sönderberg, H.: La religion des cathares. Uppsala 1945
Tanon, S. L.: Histoire des Tribunaux de l'inquisition en France. Depuis le haut Moyen Âge jusqu'à la réforme. Paris 1893
Thouzellier, Ch.: Catharisme et valdéisme en Languedoc à la fin du XIIe et au début du XIIIe siècle. Politique pontifical-controverses. Paris 1966
Vaux de Cernay, P. de: Histoire albigensis. Nouvelle traduction par P. Guebin et H. Maisonneuve. Paris 1951
Левандовский, А. П.: Жанна д´Арк. Москва 1962
Мишле (Michelet), Ж. (Jules): Жанна д´Арк. Москва 1920
Осокин, Н. А.: Первая инквизиция и завоевание Лангедока французами. Козлов 1872
Райцес, В. И.: Процесс Жанны д´Арк. Москва/Ленинград 1964

Die Inquisition in Spanien und Portugal (allgemeine Arbeiten)

Llorente, J. A.: Histoire critique de l'inquisition d'Espagne depuis l'époque de son établissement par Ferdinand V., jusqu'au règne de Ferdinand VII., tirée des pièces originales des archives du Conseil de la Suprême et de cettes des Tribunaux subalternes du Saint-Office. Traduite de l'Espagnol sur le manuscrit et sous les yeux de l'Auteur par A. Pellier, 4 Bde. Paris 1817–1818
Deutsche Übersetzung: Kritische Geschichte der spanischen Inquisition von ihrer Einführung durch Ferdinand V. an bis zur Regierung Ferdinands VII. Übersetzt und mit Anmerkungen begleitet von Höck, J. K., 4 Bde. Gmünd 1819–1822
Amador de los Rios, J.: Historia social, politica y religiosa de los judios en Expaña y Portugal, 3 Bde. Madrid 1875–1876
Eymericus, Nicolas: Directorium inquisitorum ... cum commentariis Francisci Pegnae. Rom 1570, 1575, 1578, 1585, 1587, Venedig 1595, 1607 und öfter.
Le Manuel des Inquisiteurs à l'usage des Inquisitions d'Espagne et de Portugal. En abrégé l'ouvrage intitulé Directorium inquisitorum, composé vers 1358 par Nicolas Eymeric. Lissabon 1762
Menéndez y Pelayo, M.: Historia de los Heterodoxos españoles, 4 Bde. Buenos Aires 1945
Roth, C. A.: History of the Marranos. New York 1959
Парнах, В.: Испанские и португальские поэты, жертвы инквизиции. Ленинград/Москва 1934

Die Inquisition in Spanien und dessen europäischen Besitzungen

Amabili, L.: Santo Officio della Inquisizione in Napoli, narrazioni con molti documenti inediti, 2 Bde. Città di Castello 1812
Bataillon, M.: Erasme et l'Espagne. Paris 1937
Castañeda y Alcover, V.: Relación del auto de fé en que se condenó a Don Pablo de Alavide, natural de Lima, caballero des hàbito de Santiago. Madrid 1916

Castillo y Magone, J.: El tribunal de la Inquisición, llamado de la Fe o del Santo Officio. Su origen, prosperidad y justa abolición. Barcelona 1835
Duverger, A.: L'Inquisition en Belgique. Verviers 1887
Finke, H.: Spanische Forschungen der Görres-Gesellschaft. Erste Reihe I. Münster 1928
Gonzáles de Montes, R.: Die Praktiken der spanischen Inquisition (Inquisitiones Hispanicae Artes). Aus dem Lateinischen des Reginaldus Gonsalvius Montanes. Übersetzt und erläutert von F. Goldscheider. Berlin 1925
Hefele, K.F. von: Der Kardinal Ximénez und die kirchlichen Zustände Spaniens am Ende des 15. und Anfang des 16. Jahrhunderts. Tübingen 1851
Heus, A.: Histoire populaire et illustré de l'Inquisition en Espagne. Paris 1934
Ingegneri, F.: Torquemada. Mailand 1966
Kamen, H.: Die spanische Inquisition. Aus dem Englischen von A. Dohm. München 1967
Kamen, H.: Intoleranz und Toleranz zwischen Reformation und Aufklärung. München 1967
Lea, H. Ch.: Geschichte der spanischen Inquisition. Bearbeitet von P. Möllendorf, 3 Bde. Leipzig 1911–1912
Llorca, B.: La Inquisición en España. Madrid/Barcelona 1936
Llorca, B.: Die spanische Inquisition und die »Alumbrados« (1509–1667), nach den Originaltexten in Madrid und in anderen Archiven. Berlin und Bonn 1934
Llorente, J. A.: Memoria histórica sobre cuàl ha sido la opinión nacional de España acerca del Tribunal de la Inquisición. Madrid 1812
Llorente, J. A.: Anales de la Inquisición de España. Desde al establecimiento de la Inquisición por los reyes católicos hasta el año 1505, 3 Bde. Madrid 1812–1813
López Martinez, N.: Los judaizantes castellanos y la Inquisición en tiempo de Isabel la Católica. Burgos 1954
Lucka, E.: Torquemada und die spanische Inquisition. Wien 1926
Maistre, Joseph de: Briefe an einen russischen Edelmann über die spanische Inquisition, übersetzt von Pfeilschifter und M. v. S. Offenbach 1836
Malênes, E. de: Torquemada et l'Inquisition. Paris 1887
Palacio Atard, V.: Razón de la Inquisición. Madrid 1954
Paz y Mélla, A.: Papeles de la Inquisición, catàlogos y extractos. Madrid 1942
Pinta Llorente, M. de la: La Inquisición española y los problemas de la cultura y de la intolerancia. Madrid 1953
Plaidy, J.: The Rise of the Spanish Inquisition. London 1959
Puigblanch, A. (Natanael Jamtob): La Inquisición sin màscara. Disertación en que se prueba hasta la evidencia los vicios de este tribunal y la necesidad de que se suprima. Cádiz 1811
Reuß, J. D.: Sammlung von Instruktionen des spanischen Inquisitionsgerichts. Hannover 1788
Sabatine, R.: Torquemada and the Spanish Inquisition. Boston 1930
Schäfer, E. H. J.: Beiträge zur Geschichte des spanischen Protestantismus und der Inquisition im 16. Jh. Nach den Originalakten in Madrid und Simancas bearbeitet, 3 Bde. Gütersloh 1902. Reprint Aalen 1969
Suberwick, de (F. V. von): Geheimnisse der Inquisition und anderer geheimen Gesellschaften Spaniens. Leipzig 1848
Turbervilles, A. S.: La Inquisición española. Mexiko 1954
Vincke, J.: Zur Vorgeschichte der spanischen Inquisition in Aragón, Katalonien, Mallorca und Valencia während des 13. und 14. Jh. Bonn 1941
Vorschriften für das heilige Inquisitionsgericht. Stuttgart/Tübingen 1830

Walsh, W. Th.: Personajes de la Inquisición. Madrid 1948
Альтамира-и-Кревеа, Р.: История Испании. 2 тома. Москва 1951
Барро, М. В.: Торкемада. Ст. Петербург 1893
Кудрявцев, А. Е.: Испания в средние века. Ленинград 1937
Лозинский, С. Г.: История инквизиции в Испании. Ст. Петербург 1914
Майский, И. М.: Испания 1808–1913. Москва 1957
Пискорский, В. К.: История Испании и Португалии. Ст. Петербург 1909
Шахнович, М. И.: Гоя против папства и инквизиции. Москва 1955

Die Inquisition in Spanisch-Amerika

Acosta Saignes: Historia de los portugueses en Venezuela. Caracas 1959
Adler, E. N.: The Inquisition in Peru. Baltimore 1910
Besson, P.: La Inquisición en Buenos Aires. Buenos Aires 1910
Botem, G.: Nuevos antecedentes para una historia da los Judios en Chile colonial. Santiago 1963
Cabada Dancourt, O.: La Inquisición en Lima. Lima 1935
Carreño, A. M.: Don Fray Juan de Zumárraga (Documentos inéditos). Mexiko 1950
Chinchilla Aguilar, E.: La Inquisición en Guatemala. Guatemala 1953
Corsarios franceses e ingleses en la Inquisición de la Nueva España. Siglo XVI. Mexiko 1945
Fergusson, D.: Trial of Gabriel de Granada by the Inquisition in Mexico (1642–1645). Baltimore 1899
Fernándes de Recas, G.: Aspirantes americanos a cargo del Santo Oficio. Mexiko 1956
Friedländer, G.: Los héroes olvidados. Santiago 1966
Garcia, G.: La Inquisición de México. Mexiko 1906
Garcia, G.: Autos de fé de la Inquisición de México, con extractos de sus causas. 1646–1648. Mexiko 1910
Garcia, S.: La Inquisición en el Peru. Lima 1953
Gonzales Obregón, L./Guillén de Compart, D.: La Inquisición y la Independencia en el siglo XVIII. Paris/Mexiko 1908
Jiménez Rueda, J.: Herejias y supersticiones en la Nueva España. Mexiko 1942
Jiménez Rueda, J.: Don Pedro Moya de Contreras, primer inquisidor de México. Mexiko 1944
Junco, J.: Inquisición sobre la Inquisición. Mexiko 1956
Las Casas, Bartolomé de: Collección de tratados, 1552–1553. Buenos Aires 1924
Lea, H. Ch.: The Inquisition in the Spanish dependencies. New York 1908
Lewin, B.: La Inquisición en Hispanoamérica. Buenos Aires 1962
Liebmann, S. B.: The Jews of colonial Mexico, in: Hispanic American historical review, 1963, Bd. 43, Nr. 1
Libro primero de votos de la Inquisición de México, 1573–1600. Mexiko 1949
Lohmann, Villena, G.: Informaciones genealógicas de peruanos perseguidos ante el Santo Oficio. Lima 1956
Mariel de Ibanez, J.: La Inquisición en México durante el siglo XVI. Mexiko 1945
Medina, J. T.: La primitiva Inquisición américana. Santiago de Chile 1914
Medina, J. T.: La Inquisición en el Rio de la Plata. Buenos Aires 1945
Medina, J. T.: La imprenta en Bogotá y la Inquisición en Cartagena de Indias. Bogotá 1952
Medina, J. T.: Historia del Tribunal del Santo Oficio de la Inquisición en Chile. Santiago de Chile 1952
Medina, J. T.: Historia del Tribunal del Santo Oficio de la Inquisición en México. Mexiko 1952

Junco, J.: Inquisición sobre la Inquisición. Mexiko 1956
Las Casas, Bartolomé de: Collección de tratados, 1552–1553. Buenos Aires 1924
Lea, H. Ch.: The Inquisition in the Spanish dependencies. New York 1908
Lewin, B.: La Inquisición en Hispanoamérica. Buenos Aires 1962
Liebmann, S. B.: The Jews of colonial Mexico, in: Hispanic American historical review, 1963, Bd. 43, Nr. 1
Libro primero de votos de la Inquisición de México, 1573–1600. Mexiko 1949
Lohmann, Villena, G.: Informaciones genealógicas de peruanos perseguidos ante el Santo Oficio. Lima 1956
Mariel de Ibanez, J.: La Inquisición en México durante el siglo XVI. Mexiko 1945
Medina, J. T.: La primitiva Inquisición américana. Santiago de Chile 1914
Medina, J. T.: La Inquisición en el Rio de la Plata. Buenos Aires 1945
Medina, J. T.: La imprenta en Bogotá y la Inquisición en Cartagena de Indias. Bogotá 1952
Medina, J. T.: Historia del Tribunal del Santo Oficio de la Inquisición en Chile. Santiago de Chile 1952
Medina, J. T.: Historia del Tribunal del Santo Oficio de la Inquisición en México. Mexiko 1952
Medina, J. T.: Historia del Tribunal de la Inquisición de Lima (1569–1820), 2 Bde. Santiago de Chile 1956
Monin, J.: Los judios en la América Española. 1492–1810. Buenos Aires 1939
Palma, M. R.: Anales de la Inquisición de Lima. Lima 1863
Pérez Marchand, L.: Dos etapas ideológicas del siglo XVIII en México a traves de los papeles de la Inquisición. Mexiko 1945
Procesos de indios y hechiceros (1636–1648). Mexiko 1912
Procesos de Luis Carvajal (El Mozo). Mexiko 1935
Los procesos Militar e Inquisitorial del Padre Hidalgo y de otros Caudillos Insurgentes. Mexiko 1953
Revello de Torre, J.: Nuevos datos para el estudio de la Inquisición en el Rio de La Plata. Buenos Aires 1930
Sierra, V. D.: El sentido misional de la Conquista de América. Mexiko 1944
Toro, A.: La familia Carvajal en México, 2 Bde. Mexiko 1944
Vicuña Mackenna, B.: Francisco Moyen o lo que fué la Inquisición en América. Valparaiso 1868
Villaseñor Bordes, R.: La Inquisición en la Nueva Galicia. Guadalajara 1962

Die Inquisition in Portugal

Grigulevič, J. R.: Prestuplenie portugal'skoj inkvizicii, in: Novaja i novejšaja istorija, 1969, Nr. 1/2
Aitken, J. M.: The Trial of George Buchanan before the Lisbon Inquisition. London 1939
Azevedo, J. L. de: Historia dos cristãos novos portugueses. Lisboa 1922
Azevedo, J. L. de: Os processos da Inquisicão como documentos da Historia. Lissabon 1924
Baiáo, A. E. S.: Episodos dramaticos da Inquisicão portuguesa. Bd. I: Hómens de lètras e de sciencias por ela condemnados. Porto 1919; Bd. II: Rio de Janeiro 1924; Bd. III: Rio de Janeiro 1938
Braga, Th.: O mártyr da Inquisicão portuguesa. Antonio José da Silva. Lissabon 1904
Brandao, M.: O processo na Inquisicão de Mestre João da Costa. Coimbra 1944
Brearly, M.: Hugo Gurgeny, Prisoner of the Lisbon Inquisition. New Haven 1948

Moreira, A. J.: Historia dos Prinzipais Actos e Procedimentos da Inquisicão em Portugal. Lissabon 1845
Oliveira Cavaleiro, X. de: Oposculos contra o Santo Officio. Coimbra 1942
Paulo, A.: A Inquisicão no Porto. Porto 1959
Os pereiros livres na inquisicão e corografia insulana. Transcricão e notas de control do Nascimento. Lissabon 1949
Proceeding and sentence of the Spiritual Court Inquisition of Portugal against Gabriel Malagrida Jesuit. London 1762
Ronchini, A.: Giovanni III di Portogallo, il Cardinale Silva e l'Inquisizione. Modena 1879
Saraiva, A. J.: A inquisicão portuguesa. Lissabon 1956
Saraiva, A. J.: A politica de descriminacão social e a repressao da heterodoxia. Coimbra 1958
Schwarz, S.: Os Cristãos Novos em Portugal. Lissabon 1925
Vieira, A.: Defensa perante o Tribunal do Santo Officio, Introduccão e notas do Por. Hernani Cidade, 2 Bde. Bahia 1957
Григулевич, И. Р.: Преступление португальской инквизиции. в: Новая и новейшая история, 1969 нр. 1/2

Die Inquisition in den portugiesischen Kolonien

Baiáo, A. E. S.: A Inquisicão de Goa. Correspondencia dos Inquisidores da India (1569–1830). Coimbra 1930
Baiáo, A. E. S.: A Inquisicão de Goa. Lissabon 1915
Furtado de Mendoca: Primeira visitacão de Santo Officio as partes de Brasil pero licenciado Heitor Curtado de Mendoca, Bd. I: Denunciacões da Bahia, 1591–1593. São Paulo 1925; Bd. II: Denunciacões de Pernambuco, 1593–1595. São Paulo 1929; Bd. III: Confessões da Bahia, 1591–1592. Rio de Janeiro 1935
Livro das denunciacões que se fezarão na visitacão do Santo Officio à cidade de Salvador de Bahia de Todos os Santos do Brasil, no anno de 1618, Inquisidor e visitador o licenciado Marcos Texeira. Rio de Janeiro 1936
Voyages de Mr. Delon avec sa relation de l'Inquisition de Goa, augmentée de diverses pièces sérieuses et l'Histoire des dieux qu'adorent des gentiles des Indes, 2 Bde. Köln 1711
Wiznitzer, A.: Jews in Colonial Brasil. New York 1960

Nachschlagewerke und Quellensammlungen

Denzinger, H.: Enchiridion Symbolorum, hrsg. von C. Rahner. Freiburg i. Br. 1953
Dorn, L., Denzler, G.: Tagebuch des Konzils, 3 Bde. Nürnberg/Eichstätt 1964–1965
Enciclopedia cattolica, Bd. 7. Rom 1951
Fesquet, H.: Diario del Concilio. Tutto il Concilio per giorno. Mailand 1967
Grundmann, H.: Bibliographie zur Ketzergeschichte des Mittelalters (1900–1966). Rom 1967
Lexikon für Theologie und Kirche, 2. neu bearb. Aufl., hrsg. von J. Hofer und K. Rahner, 10 Bde. Ergänzungs- und Registerbde. Freiburg i. Br. 1957 ff.
Mirbt, C.: Quellen zur Geschichte des Papsttums und des römischen Katholizismus. Tübingen 1924
Reallexikon für Antike und Christentum. Sachwörterbuch zur Auseinandersetzung des Christentums mit der antiken Welt, hrsg. von Th. Klauser, Bd. I. Stuttgart 1950

Die Religion in Geschichte und Gegenwart. Handwörterbuch für Theologie und Religionswissenschaft, 3. völlig neu bearbeitete Aufl., hrsg. von K. Galling, 6 Bde. Tübingen 1957–1962

Thomas von Aquino: Summa theologiae. Vollständige ungekürzte deutsch-lateinische Ausgabe. Übersetzt von Dominikanern und Benediktinern Deutschlands und Österreichs, hrsg. von der Albertus-Magnus-Akademie Walberberg b. Köln. Heidelberg/München/Graz/Wien. 36 Bde., 2 Erg.-Bde. 1936 ff.

Vaticanum secundum. Hrsg. von O. Müller, 3 Bde. Leipzig 1964–1966

Vekené, E. van der: Bibliographie der Inquisition. Ein Versuch. Hildesheim 1963

Nachträge

Grendler, Paul, F.: The Roman Inquisition and the Venetian Press 1540–1605. Princeton University Press. New Jersey 1977

Patschovsky, Alexander (Hrsg.): Quellen zur Böhmischen Inquisition im 14. Jahrhundert (Monumenta Germaniae Historica. Quellen zur Geistesgeschichte des Mittelalters, Bd. 11). Weimar 1979

Todesgeschichte des Johannes Hus und des Hieronymus von Prag ... geschildert in Sendbriefen des Poggius Florentinus. Johannes-Hus-Verlag, Konstanz o. J. (1930).

Personenregister

Vorbemerkung

Das Personenverzeichnis enthält nicht die Namen der im Literaturverzeichnis aufgeführten Autoren, soweit sie nicht gleichzeitig Beamte oder Opfer der Inquisition waren. Bei allgemein bekannten Persönlichkeiten werden außer den Lebensdaten keine weiteren Angaben gemacht, bei den übrigen nur solche, die Hinweise auf ihre hauptsächliche Tätigkeit enthalten. Die Zahlen unmittelbar hinter dem Namen bedeuten die Lebensdaten, die hinter der Tätigkeitsbezeichnung Regierungs- bzw. Amtsantritt oder -dauer, bei den sonst unbekannten Opfern der Inquisition das Jahr ihrer Inhaftierung oder Hinrichtung.

Der Ahriman-Verlag interessiert sich sehr für die Meinung seiner Leser zu seinen Veröffentlichungen und seinem Programm. Er testet natürlich auch gerne die Zuverlässigkeit der Post, über die sich zu beklagen er leider schon allzuviel Anlaß hatte. Und wenn sein Büro gerade nicht besetzt ist, so ist ***immer*** *sein Anrufbeantworter angeschaltet.*

AHRIMAN-Verlag

Unser Programm ist die

Wiederkehr des Verdrängten

KETZERBRIEFE

Flaschenpost für unangepaßte Gedanken

Entstanden als Prozeßinformation über die laufende Verfolgung von Atheisten, sind die KETZERBRIEFE seit 1989, thematisch erweitert, zur »Flaschenpost für unangepaßte Gedanken« geworden und bieten – neben der fortgesetzten Dokumentation religiöser und politischer Verfolgung – inmitten der inzwischen gesamtdeutsch gleichgeschalteten Medienlandschaft eine Fülle von Informationen und übergreifenden Analysen, die man sonst nirgendwo findet.

Ausgewählte Artikel:
10 Die lange Geschichte einer Karikatur und der Antiklerikalen Wochen in der BRD **Sonderausgabe aus 11/12** F. E. Hoevels: SEKTE – oder: »ein völlig sinnentleertes Plädoyer für die Meinungsfreiheit« (KONKRET) **19** P. Priskil: Bhagwan – ein Nachruf **24** S. Sarial: §218 – Die Würde des Menschen ist abschaffbar **26** S. Sarial: Peter Singer – Deutsche Reaktionen auf eine menschenfreundliche Philosophie **36** Die kleine Wannseekonferenz, oder: Wie das Vierte Reich seine Gegner vernichtet **37** P. Priskil: Galilei, der Vatikan und einige Wölfe im Schafspelz **43 Sonderausgabe Entartete Kunst 1993**: Interviews mit Gottfried Helnwein und Chick Corea **47** Jugoslawien: Dichtung und Wahrheit **49** F. E. Hoevels: Die sogenannten modernen Operninszenierungen **50** F. E. Hoevels: Egoismus und kollektive Selbstbestimmung. Ein wenig Grundsätzliches zu dem, was wir wirklich wollen **54** S. Sarial: Verhüllungszwang und Feminismus **55** Algerien: Grüner Faschismus · Essay von Rachid Boudjedra · Interview mit Omar Belhouchet **61** Der Fall Schimmel – eine Chronik auf dem Weg ins Mittelalter **66** F. E. Hoevels: Päpstliches – Ein ungelegtes Ei des Papstes Pius und der späte Wind darum – Wie der Papst unfehlbar wurde **68** S. Flounders: Die bosnische Tragödie – Die unbekannte Rolle der USA **71** F. E. Hoevels: Wer ist die »herrschende Klasse«? **73** Türkei: Kongreß gegen religiösen Fundamentalismus · Kopftuchskandal in Baden-Württemberg **75** A. Maestro: Jasenovac – Ein Augenzeuge berichtet aus dem Vernichtungslager der Kroaten **79 Sonderhefte Dokumente I:** Bert Wallace: Der Sturm zieht auf – Die Lebenserinnerungen eines deutschen Juden bis zu seiner Flucht 1939 **80** Warum wünscht die herrschende Klasse eine SPD-Regierung? **82** V. Sanning: Paradies Amerika? **84** S. Wallenborn: Die Bombardierung von Bagdad – ein Augenzeugenbericht · Massimo Introvigne: Schluß mit den Sekten! (Rezension von F. E. Hoevels) **85** Separatismus – das ungleich verteilte »Menschenrecht« · S. Sarial: Kalkulierter Enthüllungsjournalismus oder: wie geheim sind die jüngsten Geheimdienstnachrichten? **86** Schwerpunktthema Iran, u.a.: S. Sarial: ein Gottesstaat gibt sich die Ehre · Die Verfolgung der Bahaï im Iran **87** P. Bronsky: American Way of Life – ein Ausblick in die Zukunft der neuen Weltordnung **88** NATO-Krieg der Medien **91** F. E. Hoevels: Nicht willkommen, sechsmilliardster Erdenbürger · P. Priskil: Warum erscheint das ›National Geographic‹ jetzt auf deutsch? **92** F. E. Hoevels: Warum wird die CDU zerstört? **Sonderhefte Kritische Medizin (Auswahl): VII (Nr. 67)** F. E. Hoevels: BSE – Merkwürdigkeiten oder: Propaganda und Wirklichkeit des Rinderwahns · Die Kassen werfen ihre Netze aus – oder: Die Einführung des Einkaufsmodells · Zurück zu Knaus-Ogino? **VIII (Nr. 77)** Zur Ausstellung »Körperwelten« in Mannheim · Interview mit Prof. Gunther von Hagens · Die plastische Chirurgie im Fadenkreuz der Medien und die drohende Zerstörung der Ästhetik **IX (Nr. 90)** P. Priskil: Genitalverstümmelung – ein Mullahrecht · Berichte aus dem Gesundheitswesen **Sonderhefte Naturwissenschaft (Auswahl): III (Nr. 81)** F. E. Hoevels: Galápagos, Archipel der Lüge · Pressewelten – Einsichten in die deutsche Medienlandschaft **IV (Nr. 83)** Von wegen Atom*modell*! · B. Skalée: Die neuesten Angriffe gegen Ernst Haeckel · *Latimeria chalumnae* – das lange Überleben und schnelle Sterben eines »lebenden Fossils« · Keine Tiere mehr in großwestdeutsche Zoos! **V (Nr. 89)** F. E. Hoevels: Gibt es eine biologische Grundlage der »Moral«? · S. Sarial: Gelbe Säcke, braune Tonnen · B. Skalée: Beobachtungen in einem »Naturschutzgebiet«

Herausgeber: Bund gegen Anpassung

Einzelheft DM/sFr 9,- / öS 66,- • im Abo: 6 Hefte DM 45,- / sFr 41,50 / öS 329,- zzgl. Versandspesen

Nr. 43 DM/sFr 12,- / öS 88,- • Nr. 61 DM/sFr 14,- / öS 102,- • Nr. 77 und 79 DM 18,- / sFr 17,- / öS 131,- • ISSN 0930-0503

Reihe: Unerwünschte Bücher zur Kirchengeschichte

»Als Jude hat man gewisse Vorteile, wenn man versucht, die Evangelien zu verstehen ... « – so beginnt Maccoby sein Werk, das nicht zufällig so lange vergriffen war und nun von uns wiederaufgelegt wird; und in der Tat, die im Neuen Testament so breitgetretene Feindschaft zwischen Jesus und »den Pharisäern« erweist sich bei der einem Juden selbstverständlichen Kenntnis des Sachverhalts als völlig widersinnig und erklärungsbedürftig, ebenso wie die Merkwürdigkeit, daß in einer Zeit des heroischsten Widerstandskampfes der Juden gegen ihre römischen Besatzer letztere bei allen Aposteln so penetrant gut wegkommen ...

Wie Maccoby diesen Fragen nachgeht, Schicht um Schicht aus den, wie sich erweist, haarsträubend verlogenen Evangelien die historisch plausibelste Annäherung an die Wahrheit erschließt, liest sich nicht nur spannend wie ein Kriminalroman, es wird zugleich klar, warum die »jüdische Sekte« (wie sie von den christlichen Inquisitoren im Mittelalter genannt wurde), die angeblich den Gründer des Christentums auf dem Gewissen hat, von ihrem Ableger so barbarisch wie unbarmherzig verfolgt wurde. Wenn die Jesusfigur überhaupt einen historischen Kern hat, was keineswegs sicher ist, hat ihn Maccoby, wie ein literarischer Schliemann streng den historischen Quellen folgend, freigelegt.

176 S., mit Namens- und Sachregister
DM 32,- / sFr 29,50 / öS 234,-
ISBN 3-89484-501-5

G. B. Guerri schildert in seinem Buch am Beispiel der heiligen Maria Goretti der Pontinischen Sümpfe, wie die »Heiligenfabrik« der katholischen Kirche funktioniert. Dabei eröffnen sich hochinteressante Einblicke in ihre Motive, Machenschaften und Fälschungen bei der Heiligenproduktion. Der Vatikan hat – mangels Index – ganze Heerscharen von »Wissenschaftlern« aufgeboten, um das Buch, das in Italien für entsprechende Furore gesorgt hat und jetzt ersrmals in deutscher Übersetzung erscheint, zu widerlegen und den Autor zu diskreditieren.

Es ist ihm nicht gelungen.

219 S., 63 Abb., 2 Faks., 1 Übersichtskarte
DM 32,- / sFr 29,50 / öS 234,-
ISBN 3-89484-503-1

Reihe: Unerwünschte Bücher zum Faschismus

»Um dem Vatikan das Eingeständnis zu erleichtern und die fehlenden Eintragungen in die Geschichtsbücher nachzuholen, hat der Ahriman-Verlag jetzt diese Dokumentensammlung über den Serben-Holocaust vorgelegt, die den Schuldanteil des katholischen Klerus und der vatikanischen Hierarchie bis hinauf zu Pius belegt.«
DIE ZEIT

»Wer näheres wissen will, ... dem sei dieses Buch empfohlen.«
WDR 3

4. erweiterte Auflage
383 S., 106 Abb., 22 Faks.,
1 Übersichtskarte, mit Personenregister
DM/sFr 26,-/öS 190,- / ISBN 3-922774-06-7

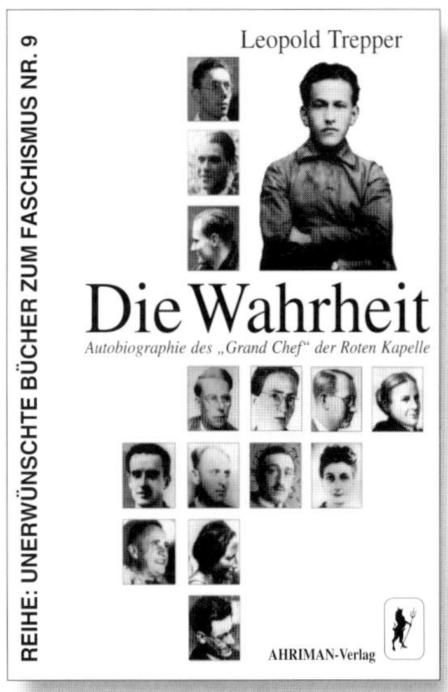

»Seine Erinnerungen zeigen ihn als einen Mann, der unermüdlich zu Widerstand gegen Anpassung und Unterdrückung aufgerufen hat. ... eine zeitgeschichtliche Analyse aufwühlender und erschütternder Art.«
NEUE ZÜRCHER ZEITUNG

440 S., 61 Abb., 26 Faks., 1 Schaubild
mit Personenverzeichnis, DM/sFr 48,-/öS 350,-
ISBN 3-89484-554-6

Die anderen Bände der Reihe:

Nr. 2: Jules Fourrier, **Rote Saat** – Eine politische Autobiographie, 198 S., DM/sFr 22,- / öS 161,- / ISBN 3-922774-63-6 • Nr. 3: Bernard Goldstein, **»Die Sterne sind Zeugen«** – Der bewaffnete Aufstand im Warschauer Ghetto – Bericht eines der Anführer, 2. Aufl., 266 S., DM/sFr 29,- / öS 212,- / ISBN 3-922774-69-5 • Nr. 4: Walther Hofer et al., **Der Reichstagsbrand** – Eine wissenschaftliche Dokumentation, 577 S., DM/sFr 48,- / öS 350,- / ISBN 3-922774-80-6 • Nr. 5: Eva Brück, **Im Schatten des Hakenkreuzes** – Kindheit und Jugend 1926–1949, 158 S., DM/sFr 24,- / öS 175,- / ISBN 3-89484-550-3 • Nr. 6: Monika Zorn (Hrsg.), **Hitlers zweimal getötete Opfer** – Westdeutsche Endlösung des Antifaschismus auf dem Gebiet der DDR, 412 S., DM/sFr 38,- / öS 277,- / ISBN 3-89484-401-9 • Nr. 7: Arnold Sherman, **Die Zerschlagung Jugoslawiens**, 2. erw. Auflage, 286 S., DM/sFr 32,- / öS 234,- / ISBN 3-89484-802-2 • Nr. 8: Karl Heinz Jahnke, **Ermordet und ausgelöscht** – Zwölf deutsche Antifaschisten, 162 S., DM/sFr 26,- / öS 190,- / ISBN 3-89484-553-8 • Nr. 10: Efraim Zuroff, **Beruf: Nazijäger** – Die Suche mit dem langen Atem: Die Jagd nach den Tätern des Völkermordes, 340S., DM/sFr 42,- / öS 307,- / ISBN 3-89484-555-4 • Nr. 11: José Ramos-Horta, **Funu** – Ost-Timors Freiheitskampf ist nicht vorbei!, 241 S., DM 32,- / sFr 29,50 / öS 234,- / ISBN 3-89484-556-2

AHRIMAN – *flugschriften*

»Unbestechlich und unwiderlegt weist Deschner der Kirche eine lange Reihe von Verbrechen und Untaten nach, herauf bis in unser Jahrhundert: die grauenhaften Massenmorde an den orthodoxen Serben 1941–1943, wo Jesuiten als KZ-Kommandanten an ihren Opfern Grausamkeiten begingen, die selbst abgebrühte SS-Männer erschreckten.«

ALTERNATIV-MAGAZIN, Linz

60 S., 4 Faks.
DM/sFr 8,50/öS 62,- · ISBN 3-922774-05-9

»Ein Aufsatz über den von sämtlichen Vertretern aller Religionen gehaßten Scharlatan. Und was ihn so verhaßt macht, macht schon das Wesen von Religionen deutlich. Jede neue ist eine Parodie der alten und wirkt aufklärerisch, schreibt Hoevels. Wenn es also keine Religionskriege mehr geben darf, weil sie sich als atheismusfördernd erwiesen haben, so rat ich allen, lest und laßt uns massenhaft Religionen gründen! Jeder eine neue!«

F. K. Waechter in DER RABE

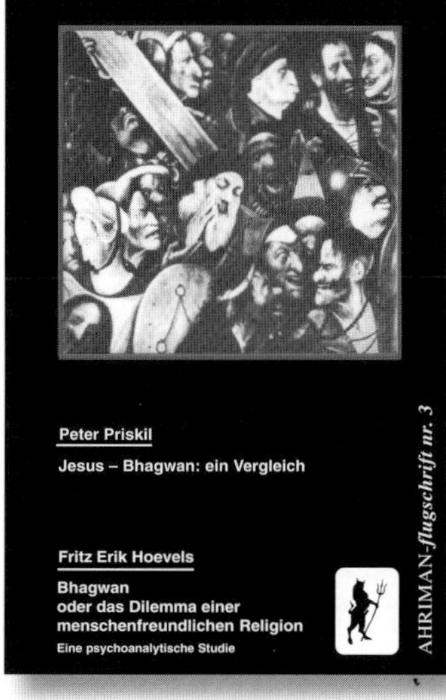

95 S., DM/sFr 10,-/öS 73,-
ISBN 3-922774-04-0

Die anderen Ahriman – *flugschriften*:

Nr. 1: Fritz Erik Hoevels, **Tabuthema AIDS-Stop**, Gedanken eines Ketzers, 81 S., DM/sFr 10,- / öS 73,- / ISBN 3-922774-03-2 • Nr. 4: Peter Priskil, **Salman Rushdie** – Portrait eines Dichters, 3. erweiterte Aufl., 112 S., DM/sFr 10,- / öS 73,- / ISBN 3-922774-28-8 • Nr. 5: Manfred Histor, **Willys Erben** – Vom Hamburger zum Rostocker Modell, Berufsverbote in der DDR, 101 S., DM/sFr 10,- / öS 73,- / ISBN 3-922774-58-X (vergriffen, ein geringer Bestand von Mängelexemplaren zum halben Preis noch erhältlich) • Nr. 6: Autorenkollektiv (Hrsg.), **Von Ehrenberg bis Seehofer** – Reportagen und Analysen aus dem Gesundheitswesen, 154 S., 2 Abb., 6 Faks., 5 Schaubilder, DM/sFr 15,- / öS 110,- / ISBN 3-89484-400-0 • Nr. 7: Peter Priskil: **Taslima Nasrin**, Der Mordaufruf und seine Hintergründe, 107 S., 3 Abb., DM/sFr 16,- / öS 117,- / ISBN 3-89484-402-7